长春统计年鉴

2013

长春市统计局　编

中国统计出版社
China Statistics Press

图书在版编目（CIP）数据
长春统计年鉴. 2013 / 长春市统计局编. - 北京：
中国统计出版社，2013. 12
ISBN 978-7-5037-7003-6

Ⅰ. ①长…
Ⅱ. ①长…
Ⅲ. ①统计资料-长春市-2013-年鉴
Ⅳ. ①C832. 341-54
中国版本图书馆 CIP 数据核字（2013）第 242999 号

长春统计年鉴—2013

作　　者/长春市统计局
责任编辑/陈越月　曹军飞　高岩
装帧设计/王德宇
出版发行/中国统计出版社
地　　址/北京市丰台区西三环南路甲 6 号　　邮政编码/100073
电　　话/邮购（010）63376909　书店（010）68783171
网　　址/http://csp.stats.gov.cn
印　　刷/吉林华源印务有限公司
经　　销/新华书店
开　　本/880mm×1240 mm　1/16
字　　数/1970 千字
印　　张/39.5
版　　别/2013 年 12 月第 1 版
版　　次/2013 年 12 月第 1 次印刷
定　　价/300.00 元

《长春统计年鉴——2013》编委会

《长春统计年鉴——2013》编辑人员

总　　编　　辑：　李　立

责 任 编 辑：　曹军飞　高　岩

英 文 翻 译：　方　铭

校　　　　对：　曹军飞　高　岩　齐　激　刘艳秋　梅　虹

承　　　　印：　吉林华源印务有限公司

编 者 说 明

一、《长春统计年鉴——2013》是一部全面反映长春市2012年经济和社会发展情况的资料性刊物。本书收录了2012年长春市经济和社会各方面大量的统计数据，以及重要年份的主要统计数据，是认识和研究长春市经济社会发展，指导经济工作和进行决策的经济类工具书。

二、全书共包括四部分。(一)特载，(二)县(市)区开发区经济，(三)统计资料，(四)主要统计指标解释。统计资料按其内容分为18个篇目，即(1)综合；(2)人口；(3)单位从业人员及劳动报酬；(4)固定资产投资；(5)能源消费与库存；(6)财政；(7)物价；(8)人民生活；(9)城市建设；(10)农业；(11)工业；(12)交通运输邮电通信业；(13)建筑业；(14)批发零售贸易和住宿餐饮业；(15)对外经济贸易和旅游业；(16)金融保险业；(17)教育、科技及文化事业；(18)体育、卫生及其他事业。

三、本书资料大部分来自于各专业年报资料，部分资料取自抽样调查。

四、本书中文字资料主要是统计部门人员撰写。

五、本书中所使用的价值量指标及构成，除已注明外，均按当年价计算，发展速度按可比价格计算。

六、本书采用国际统一标准计量单位。

七、书中符号使用说明："#"表示其中的主要项，"空格"表示该项指标数据不详或无该数据。

PREFACE

Ⅰ. *Changchun statistical yearbook*—2013 *is an annual statistical publication, which comprehensively reflects the conditions of economic and social development of changchun in* 2012. *We select various aspects of statistical data on economic and social development in* 2012 *and main statistical data in important years of changchun. It is an economic reference book for recognizing and researching on economic and social development of changchun guiding economic work and making decisions.*

Ⅱ. *This book covers the following four parts* 1. *Special reports.* 2. *Economy of counties (cities) and districts and developing area*; 3. *Statistical data*; 4. *Explanatory notes on main statistical indicators. Statistical data contains* 18 *lists of articles. That is* (1) *General survey* (2) *Population*, (3) *Employment and wages*, (4) *Investment in fixed assets*, (5) *Energy consumption and inventory*, (6) *Government finance*, (7) *Commodity price*, (8) *People's livehood*, (9) *City construction*, (10) *Agriculture*, (11) *Industry*, (12) *Transportation , post and telecommunications services*, (13) *Construction*, (14) *Wholesale , retail trade and hotels catering*, (15) *Foreign trade and tourism*, (16) *Finance and insurance*, (17) *Education*, *science and technology*, *culture* (18) *Sports , health care and others.*

Ⅲ. *The major data sources of this publication are obtained from annual statistical reports , and some from sample survey.*

Ⅳ. *Special reports and special topics are obtained from statistical departments and relative departments.*

Ⅴ. *The quantity of value indicators and composition used in this book are at current price except notes have made , growth rate is calculated by constant price.*

Ⅵ. *The units of measurement used in this book are internationally standard measurement units.*

目　　录

特　　载

SPECIAL REPORT

政府工作报告 …… 1
REPORT ON THE WORK OF THE GOVERNMENT
2012 年长春市国民经济和社会发展统计公报 …… 7
STATISTICAL COMMUNIQUE ON SOCIAL – ECONOMIC DEVELOPMENT OF CHANGCHUN IN 2012

县（市）区开发区经济

ECONOMY OF COUNTY（CITY）AND DISTRICT AND DEVELOPING AREA

农安县 …… 15
NONG'AN
九台市 …… 16
JIUTAI
榆树市 …… 18
YUSHU
德惠市 …… 20
DEHUI
南关区 …… 21
NANGUAN
宽城区 …… 21
KUANCHENG
朝阳区 …… 22
CHAOYANG
二道区 …… 23
ERDAO
绿园区 …… 24
LVYUAN
双阳区 …… 24
SHUANGYANG

经济技术开发区 …… 26
ECONOMIC AND TECHNICAL DEVELOPING AREA
净月开发区 …… 27
JINGYUE DEVELOPING AREA
高新技术产业开发区 …… 29
HIGH - TECHNICAL DEVELOPING AREA
西新经济技术开发区 …… 31
XIXIN ECONOMIC - TECHNICAL DEVELOPING AREA
莲花山开发区 …… 33
LIAN HUA MAITAIN DEVELOPING AREA

统计资料

STATISTICS

第一篇 综合

1. GENERAL SURVEY

1 - 1 行政区划 …… 39
DIVISIONS OF ADMINISTRATIVE
1 - 2 自然概况 …… 39
NATURAL CONDITIONS
1 - 3 1993 - 2012 年长春市社会经济主要指标 …… 40
MAIN INDICATORS OF SOCIETY AND ECONOMIC（1993 - 2012）
1 - 4 1993 - 2012 年长春市平均水平主要指标 …… 44
PER CAPITA MAIN INDICATORS（1993 - 2012）
1 - 5 长春市国民经济主要指标占全省比重 …… 45
PROPORTION OF CHANGCHUN' S NATIONAL ECONOMIC INDICATORS TO JILIN PROVINCE
1 - 6 按当年价格计算的地区生产总值 …… 45
GROSS DOMESTIC PRODUCT（AT CURRENT PRICE）
1 - 7 2012 年长春市地区生产总值构成项目 …… 46
COMPOSITION OF GROSS DOMESTIC PRODUCTS（2012）
1 - 8 2011 - 2012 年长春市地区生产总值 …… 48
GROSS DOMESTIC PRODUCT（2011 - 2012）

第二篇 人口

2. POPULATION

2 - 1 1993 - 2012 年全市户数与人口 …… 53
POPULATION AND HOUSEHOLDS（1993 - 2012）

2－2 2012 年县（市）区户数与人口 …… 53
POPULATION AND HOUSEHOLDS BY REGION IN 2012
2－3 1993－2012 年全市人口增减变动 …… 54
BASIC STATISTICS ON POPULATION CHANGING（1993－2012）
2－4 2012 年县（市）区人口增减变动 …… 54
BASIC STATISTICS ON POPULATION CHANGING BY REGION IN 2012
2－5 2012 年非农业人口增减人数 …… 55
BASIC STATISTICS ON NON－AGRICULTURAL POPULATION CHANGING IN 2012
2－6 1993－2012 年全市人口出生率、死亡率、自然增长率 …… 56
BIRTH RATE，DEATH RATE AND NATURAL GROWTH RATE（1993－2012）
2－7 2012 年县（市）区人口出生率、死亡率、自然增长率 …… 56
BIRTH RATE，DEATH RATE AND NATURAL GROWTH RATE BY REGION IN 2012
2－8 1993－2012 年镇人口 …… 57
POPULATION IN TOWNS（1993－2012）
2－9 2012 年县（市）区镇人口 …… 57
POPULATION IN COUNTY IN 2012

第三篇　单位从业人员与劳动报酬

3. EMPLOYMENT AND WAGE

3－1 1993－2012 年全市非私营单位在岗职工工资总额 …… 63
TOTAL WAGES OF STAFF AND WORKERS IN NON－PRIVATE UNITS（1993－2012）
3－2 1993－2012 年全市非私营单位在岗职工平均工资 …… 63
AVERGE WAGE OF STAFF AND WORKERS IN NON－PRIVATE UNITS（1993－2012）
3－3 全市非私营单位从业人员数 …… 64
NUMBER OF EMPLOYED PERSONS IN NON－PRIVATE UNITS
3－4 全市非私营单位从业人员工资总额 …… 70
TOTAL WAGES OF EMPLOYED PERSONS IN NON－PRIVATE UNITS
3－5 全市非私营单位从业人员平均工资 …… 76
AVERAGE MWAGE OF EMPLOYED PERSONS IN NON－PRIVATE UNITS
3－6 全市非私营单位在岗职工人数 …… 78
NUMBER OF STAFF AND WORKERS IN NON－PRIVATE NUITS
3－7 全市非私营单位在岗职工工资总额 …… 84
TOTAL WAGES OF STAFF AND WORKERS IN NON－PRIVATE NUITS
3－8 全市非私营单位在岗职工平均工资 …… 90
AVERAGE WAGE OF STAFF AND WORKERS IN NON－PRIVATE NUITS

第四篇　固定资产投资

4. INVESTMENT IN FIXED ASSETS

4－1 1993－2012 年全社会固定资产投资总额 …… 97
TOTAL OF INVESTMENT IN FIXED ASSETS（1993－2012）

4－2 2012 年长春市全社会固定资产投资完成情况综合表 …… 98
TABLE OF CHANG CHUN' S 2012 WHOLE SOCIETY FIXED ASSETS PROJECTS INVESTMENT COMPLETION STATUS
4－3 2012 年长春市房地产开发投资完成情况 …… 100
BASIC CONDITIONS ON INVESTMENT OF REAL ESTATE DEVELOPMENT COMPLETED IN 2012
4－4 2012 年长春市房地产面积综合表 …… 102
COMPREHENSIVE CONDITIONS ON CHANGCHUN REAL ESTATE IN 2012

第五篇　能源消费与库存

5. CONSUMPTION AND STORAGE OF ENERGY

5－1 工业企业能源购进、消费及库存情况（2012） …… 106
ENERGE PURCHASE CONSUMPTION AND INVENTORY OF INDUSTRY ENTERPRISES IN 2012
5－2 工业企业能源购进、消费与库存情况（能源合计） …… 108
ENERGE PURCHASE CONSUMPTION AND INVENTORY OF INDUSTRY ENTERPRISES IN (TOTAL OF ENERGY)

第六篇　财政

6. GOVERNMENT FINANCE

6－1 2012 年全市一般预算全口径财政收入 …… 115
GOVERNMENT REVENUE BY REGION IN 2012
6－2 2012 年全市地方级财政收入及一般预算财政支出 …… 116
THE CITY' S LOCAL FINANCIAL REVENUE AND GENERAL BUDGETARY FINANCIAL EXPENDITURE IN 2012

第七篇　物价

7. PRICE

7－1 2011－2012 年长春市居民消费价格分类指数 …… 123
CONSUMER PRICE INDICES BY CATEGORY (2011－2012)
7－2 2011－2012 年长春市商品零售价格分类指数 …… 124
RETAIL PRICE INDICES BY CATEGORY (2011－2012)
7－3 2012 年长春市零售价格类指数 …… 125
RETAIL PRICE INDICES BY CATEGORY (2012)

第八篇　人民生活

8. PEOPLE'S LIVELIHOOD

8－1 主要年份农民家庭生活基本情况 …… 131
BASIC CONDITIONS OF RURAL HOUSEHOLDS
8－2 城市住户基本情况 …… 132
BASIC STATISTICS ON URBAN HOUSEHOLDS
8－3 农村人口状况 …… 140
BASIC STATISTICS ON RURAL POPULATION

8－4 农村生产性固定资产及土地经营、耕地流转情况 …… 142

PRODUCTIVE FIXED ASSETS, LAND OPERATION AND CHANGE OF CULTIVATED LAND

8－5 农村住房情况 …… 146

BASIC STATISTICS ON RURAL HOUSES

8－6 主要农作物产量 …… 146

YIELD OF MAJOR AGRICULTURAL PRODUCTS

8－7 农村粮食收、支、存情况 …… 148

BASIC STATISTIC ON RURAL GRAIN

8－8 农村总收入和纯收入 …… 152

GROSS AND NET INCOME OF RURAL HOUSEHOLDS

8－9 农村总支出 …… 154

EXPENDITURES OF RURAL HOUSEHOLDS

8－10 农村住户食品消费情况 …… 156

CONSUMPTION OF MAJOR FOOD IN RURAL HOUSEHOLDS

8－11 农村现金收、支、存 …… 158

RURAL CASH INCOME EXPENDITURE AND SAVINC

8－12 农村购买生活消费品情况 …… 160

BASIC STATISTICS ON RURAL PURCHASING OF CONSUMER GOODS

8－13 农村出售产品情况 …… 180

BASIC STATISTICS ON BURAL PRODUCTS SALED

8－14 农村主要耐用物品拥有量 …… 182

DURABLE CONSUMER GOODS OWNED IN RURAL HOHSEHOLDS

8－15 主要年份平均每百户农民家庭年末耐用消费品拥有量 …… 184

NUMBER OF DURABLE CONSUMER GOODS OWNED PER 100 RURAL HOUSEHOLDS AT YEAR END

第九篇　城市建设

9. GENERAL SURVEY OF CITY

9－1 长春市城区用气情况 …… 187

BASIC STATISTICS ON SUPPLY OF GAS IN CITY

9－2 长春市政设施情况 …… 188

BASIC STATISTICS ON PUBLIC UTILITIES

9－3 长春市园林绿化情况 …… 188

BASIC STATISTICS ON PARKS, GARDENS AND GREEN ARENS

9－4 长春市城区集中供热情况 …… 188

BASIC STATISTICS ON HEATING IN CITY

9－5 长春市城区自来水供应情况（公共供水） …… 189

BASIC STATISTICS ON TAP WATER SUPPLY IN CITY（WATER SUPPLY PUBLICLY）

9－6 长春市公共交通情况 …… 189

BASIC STATISTICS ON PUBLIC TRANSPORTATION

9－7 长春市主要年份市区房屋情况 …… 190

BASIC STATISTICS ON BUILDING CONSTRUCTION AND HOUSING

9 - 8 长春市主要年份全市供电情况 …… 190
BASIC STATISTICS ON ELECTRICITY SUPPLY IN CITY

第十篇　农业
10. AGRICULTURE

10 - 1 1993 - 2012 年农林牧渔业总产值（现价） …… 195
GROSS OUTPUT VALUE OF AGRICULTURE AT CURRENT PRICE（1993 - 2012）
10 - 2 1993 - 2012 年农作物播种面积 …… 195
TOTAL SOWN AREAS OF FARM CROPS（1993 - 2012）
10 - 3 农作物总播种面积 …… 196
TOTAL SOWN AREAS OF FARM CROPS
10 - 4 农作物总产量 …… 197
YIELD OF MAJOR FARM CROPS
10 - 5 农村基本情况及农业生产条件 …… 198
BASIC CONDITIONS OF RURAL GRASSROOTS UNTIS
10 - 6 林业生产情况 …… 202
BASIC STATISTICS ON FORESTRY PRODUCTION
10 - 7 畜牧业主要产品生产及存栏情况 …… 204
BASIC STATISTICS ON ANIMAL HUSBANDRY
10 - 8 农作物每公顷产量 …… 208
YIELD OF MAJOR FARM CROPS FOR UNIT AREA
10 - 9 水果生产情况 …… 209
BASIC STATISTICS ON FRUITS
10 - 10 渔业生产情况 …… 210
BASIC STATISTICS ON FISHERY
10 - 11 农林牧渔业总产值（现价） …… 210
GROSS OUTPUT VALUE OF FFAT（AT CURRENT PRICE）
10 - 12 农林牧渔业增加值（现价） …… 211
ADDED VALUE OF FFAF（AT CURRENT PRICE）

第十一篇　工业
11. INDUSTRY

11 - 1 2012 年长春市主要工业产品产量 …… 217
MAIN INDUSTRIAL PRODUCTS' OUTCOME OF CHANGCHUN IN 2012
11 - 2 规模以上工业企业主要经济指标（大行业）(2012) …… 218
MAIN ECONOMIC INDICATORS OF INDUSTRIAL ENTERPRISES ABOVE DESIGNATED SIZE IN 2012
11 - 3 规模以上工业企业主要经济指标（总表）(2012) …… 234
MAIN ECONOMIC INDICATORS OF INDUSTRIAL ENTERPRISES ABOVE DESIGNATED SIZE IN 2012

第十二篇　交通运输、邮电通信业

12. TRANSPORTATION, POST AND TELECOMMUNICATION

12－1 2012年长春市机动车辆保有量 …… 271
NUMBER OF CIVIL MOTOR VEHICLE OWNED (2012)

第十三篇　建筑业

13. CONSTRUCTION

13－1 2012年长春市建筑业企业施工房屋竣工面积表 …… 276
COMPIETED SPACE OF CONSTRUCTION ENTERPRISES IN 2012
13－2 2012年长春市建筑业企业主要财务状况表 …… 278
MAIN FINANCIAL CONDITIONS OF CONSTRUCTION ENTERPRISES IN 2012
13－3 2012年长春市建筑业企业生产情况指标 …… 286
PRODUCTIVE INDICATIONS ABOUT CONSTRUCTION ENTERPRISES IN 2012

第十四篇　批发零售贸易和住宿餐饮业

14. WHOLESALE RETAIL TRADES AND HOTELS CATERING

14－1 社会消费品零售总额（2012） …… 293
TOTAL RETAIL SALES OF CONSUMER GOODS (2012)
14－2 限额以上批发和零售业法人基本情况（2012） …… 294
GENERAL INFORMATION OF THE ABOVE－NORM WHOLESALE AND RETAIL (2012)
14－3 限额以上批发和零售业法人企业财务状况综合表（2012） …… 306
LIMITATION ABOVE WHOLESALE AND RETAIL BUSINESS AS A LEGAL PERSON
ENTERPRISE COMPREHENSIVE TABLE OF CHANGES IN FINANCIAL POSITION (2012)
14－4 限额以上批发零售法人企业商品购进、销售和库存（2012） …… 378
TOTAL PURCHASE, SALES AND INVENTORY IN WHOLESALE AND RETAIL TRADE ABOVE DESIGNATED SIZE (2012)
14－5 限额以上住宿和餐饮法人企业基本情况（2012） …… 390
GENERAL INFORMATION OF THE ABOVE－NORM HOTELS AND CATERING (2012)
14－6 限额以上住宿业和餐饮业法人企业经营情况（2012） …… 396
COMPREHENSIVE CONDITIONS OF ENTERPNSES ABOVE DESIENATED SIZE IN HOTELS AND RESTAURANTS (2012)
14－7 限额以上住宿和餐饮业法人企业主要财务状况综合表（2012） …… 402
MAIN FRNANCIAL INDICATIONS OF ANTERPRISES ABOVE DESIGRATED SIZE IN HOTELS AND RESTAURANTS (2012)

第十五篇　对外经济贸易和旅游业

15. FOREIGN TRADE AND TOURISM

15－1 对外经济贸易指标 …… 463
FOREIGN TRADE AND ECONOMIC COOPERATION
15－2 2000－2012长春市旅游经济情况 …… 464
DEVELOPMENT OF TOURISM (2000－2012)

15－3 主要出口商品情况 …… 466
MAIN EXPORT GOODS
15－4 主要进口商品情况 …… 467
MAIN IMPORT GOODS
15－5 外贸进出口总值分国别（地区）出口情况（2012） …… 468
BASIC CONDITIONS OF FOREIGN TRADE BY COUNTRY（2012）
15－6 外贸进出口总值分国别（地区）进口情况（2012） …… 469
BASIC CONDITIONS OF IMPORT IN FOREIGN TRADE BY COUNTRY（2012）
15－7 2012 年新批外商项目（企业）分类表 …… 470
NEW REGISTERED FOREIGN PROJECTS（ENTERPRISES）BY CATEGORY IN 2012

第十六篇　金融保险业
16. BANKING AND INSURANCE

16－1 主要年份城乡居民储蓄存款（人民币） …… 475
DEPOSITS OF URBAN AND RURAL RESIDENTS（RMB）
16－2 1993－2012 年保险费收入和赔款支出 …… 475
PREMIUM AND CLAIM OF INSURANCE（1993－2012）
16－3 2012 年全市金融机构信贷收支（人民币） …… 476
CREDIT FUNDS BALANCE SHEET OF FINANCIAL INSTITUTIONS（RMB）IN 2012
16－4 2012 年全市金融机构年末储蓄存款余额（人民币） …… 477
DEPOSITS BALANCE SHEET OF FINANCE INSTITUTIONS IN 2012（RMB）
16－5 2012 年全市保险业务状况 …… 477
BASIC STATISTICS ON INSURANCE IN 2012

第十七篇　教育、科技及文化事业
17. EDUCATION AND TECHNOLOGY CULTURE

17－1 长春市各级各类教育基本情况 …… 483
BASIC STATISTICS ON EDUCATION
17－2 中学概况 …… 484
BASIC STATISTICS ON SECONDARY SCHOOLS
17－3 小学概况 …… 485
BASIC STATISTICS ON PRIMARY SCHOOLS
17－4 幼儿园 …… 485
BASIC STATISTICS ON KINDERGARTENS
17－5 文化事业基本情况 …… 486
BASIC STATISTICS ON CULTURAL INSTITUTIONS
17－6 文化事业机构、人数 …… 487
INSTITUTIONS AND PERSONNEL IN CULTURE AND ART

17－7 2012 年全部工业企业基本情况 …… 488
BASIC CONDITIONS OF ALL INDUSTRIAL ENTERPRISES IN 2012
17－8 2012 年全部工业企业 R&D 人员 …… 494
BASIC STATISTICS ON R&D PERSONNEL OF ALL INDUSTRIAL ENTERPRISES IN 2012
17－9 2012 年全部工业企业 R&D 经费情况 …… 498
EXPENDITURE FOR R&D FUNDS OF ALL INDUSTRIAL ENTERPRISES IN 2012
17－10 2012 年全部工业企业全部 R&D 项目情况 …… 502
SUMMARY OF ALL R&D PROJECTS OF ALL INDUSTRIAL ENTERPRISES IN 2012
17－11 2012 年全部工业企业办科技机构情况 …… 506
BASIC CONDITIONS OF R&D INSTITUTIONS OF ALL INDUSTRIAL ENTERPRISES IN 2012
17－12 2012 年全部工业企业自主知识产权保护情况 …… 510
INDEPENDENT INTELLECTUAL PROPERTY RIGHTS OF ALL INDUSTRIAL ENTERPRISES AND RELEVANT CONDITIONS IN 2012
17－13 2012 年全部工业企业新产品开发、生产及销售情况 …… 514
NEW PRODUCT DEVELOPMENT, MANUFACTURING AND SALE OF ALL INDUSTRIAL ENTERPRISES IN 2012
17－14 2012 年全部工业企业政府相关政策落实情况 …… 518
IMPLEMENTATION OF GOVERNMENT'S RELEVANT POLICIES OF ALL INDUSTRIAL ENTERPRISES SIZE IN 2012
17－15 2012 年全部工业企业技术获取和技术改造情况 …… 520
BASIC STATISTICS ON TECHNOLOGICAL TRANSFORMATION TECHNOLOGY DEVELOPING OF ALL INDUSTRIAL ENTERPRISES SIZE IN 2012
17－16 2012 年全部工业企业限额以上 R&D 项目情况 …… 524
R&D PROJECTS STATUS ABOVE NORM OF ALL INDUSTRIAL ENTERPRISES IN 2012

第十八篇 体育、卫生及其他事业

18. SPORTS, PUBLIC HEALTH AND OTHERS

18－1 公共体育场 …… 531
STADIUMS AND GYMNASIUMS
18－2 卫生机构床位、人员数 …… 531
BEDS AND PERSONNEL IN HEALTH INSTITUTIONS
18－3 计划生育情况 …… 532
BASIC STATISTICS ON BIRTH CONTROL
18－4 节育情况 …… 533
BASIC CONDITION OF CONTRACEPTION
18－5 火灾基本情况 …… 533
BASIC STATISTICS ON FIRES
18－6 交通事故情况 …… 534
BASIC STATISTICS ON TRAFFIC ACCIDENTS
18－7 刑事案件情况 …… 534
BASIC STATISTICS ON PUBLIC ORDER
主要统计指标解释 …… 537
EXPLANATORY NOTES ON AMIN STATISTICAL INDICATORS

特载

SPECIAL REPORT

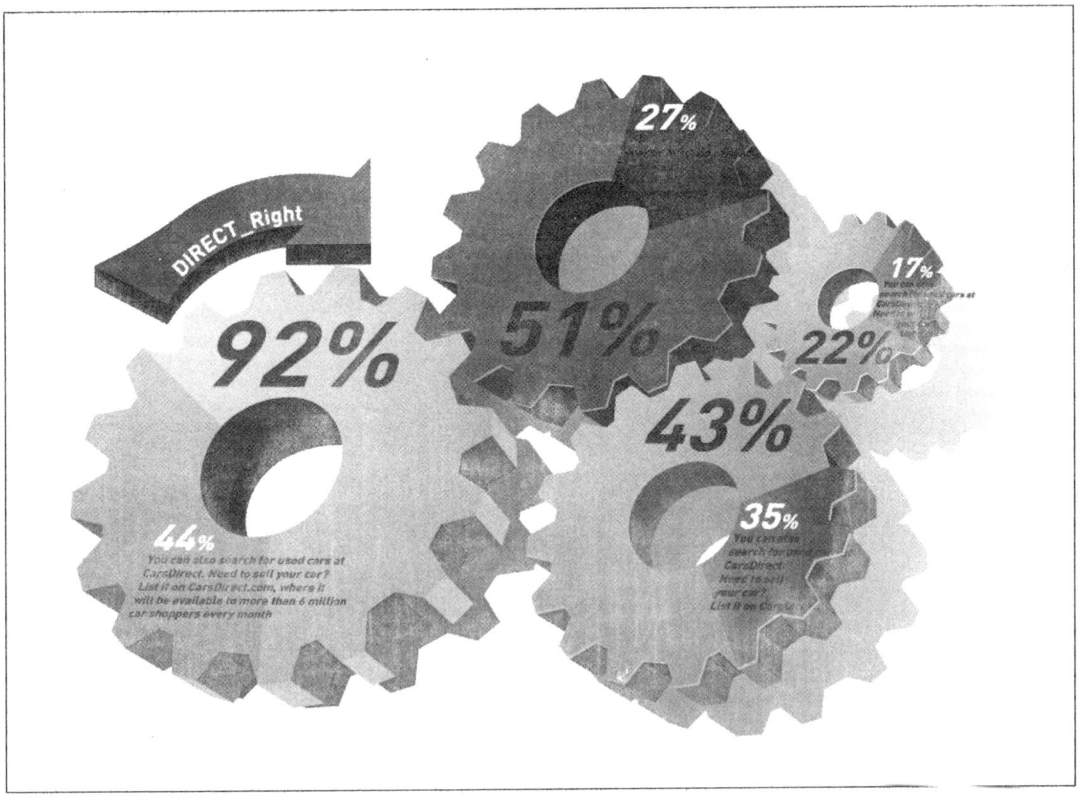

政府工作报告

各位代表：

现在，我代表市人民政府，向大会报告工作，请各位代表审议，并请市政协委员提出意见。

一、2012年和本届政府工作回顾

2012年是极不寻常的一年。在市委的坚强领导下，在人大、政协的监督支持下，我们紧紧依靠全市人民，坚定信心，迎难而上，顽强拼搏，从容应对复杂多变的外部环境，成功保持了经济社会持续健康发展的良好态势。

预计地区生产总值完成4506.6亿元，增长12%；工业增加值完成1997.5亿元，增长12.5%；服务业增加值完成1854.5亿元，增长12.1%；固定资产投资完成3100亿元，增长27.4%。这些主要经济指标的增长速度在15个副省级城市中均排在前列。

实现全口径财政收入927.7亿元，增长15.5%；地方财政收入340.8亿元，增长18.1%；规模以上工业企业利润630亿元，增长23%；城市居民人均可支配收入23089元，增长12.7%；农民人均纯收入8570元，增长12.1%。这些体现经济增长质量和群众收入水平的指标均与经济实现了同步增长。

实践表明，长春经受住了困难和风险的考验，在全面振兴的道路上又迈出了新的坚实步伐。

一年来，我们主要做了以下工作：

（一）积极克服下行压力，经济增长实现稳中有进

先后出台25项稳增长政策，连续采取促进自主品牌汽车销售、壮大战略性新兴产业等一揽子措施，不仅稳定了经济大局，还促进了结构调整。

全年生产汽车185万辆，增长13.4%，完成产值4910亿元，增长17.5%，这两项指标增速分别高于全国8.8个和4.8个百分点。

农产品加工业产值增长29.5%，为工业增长做出了突出贡献。

先进装备制造、光电信息、生物医药、新能源、新材料五大战略性新兴产业产值突破千亿元大关，科技创新引领发展作用日益显现。

现代物流产业增加值增长18.5%，金融服务业增加值增长21%，文化产业增加值增长40%，旅游业总收入增长27%，现代服务业占经济比重稳步提高。

引进富士康等9户世界500强、国内500强企业，实际利用内外资均增长20%以上。

农业战胜春旱、虫灾、台风灾害喜获丰收，粮食产量达到220亿斤，再创历史新高。

在全省县域综合发展考评中，四县（市）全部进入综合排序前十名，农安县连续两年位列第一。

（二）全力加快项目建设，城市发展后劲明显增强

“十二五”规划确定的5大类150个重大项目按预定计划顺利推进，全市投资3000万元以上项目总数达到2480个，比上年增加400余个。

城市中心区，实施了300多个投资亿元以上项目，推动服务业全面扩容、提档升级。

城市西南，一汽丰越10万辆整车竣工投产，轿股三厂50万辆整车、轴齿工业园、乘用车研发中心等重大项目相继开工，世界级汽车产业集群正在崛起。

城市西北，36个轨道客车配套项目开工建设，建筑面积28万平方米的轨道客车装备园区初具规模。城市东北，北远达大街、北湖大桥建成通车，打通了连接城市中心区的两条主干线，引进并建设了67个战略性新兴产业项目，总投资额同比提高近一倍。兴隆保税区具备封关运营条件，首批落位18个外向型项目，长春对外开放的新高地正在形成。

城市东部，莲花山度假区、二道物流产业园区、九台空港新城、长德新区竞相建设、齐头并进，长吉一体化步伐不断加快。

净月西部，直通新立城坝下的生态大街全线贯通，重大项目纷纷落位，总长15公里的高端服务业产业带已现雏形，正在全力建设创新型生态城。

（三）努力加大投入力度，城市建设改造全面铺开

今年，城市建设实施了78项重点工程，资金投入达到408亿元，相当于上年5.4倍。

“两横三纵”快速路全线开工，亚泰大街跨繁荣路、自由大路高架桥投入使用，机场大道建设顺利推进，三环路开始拓宽改造，初步构建起立体化的城市道路主框架。

轻轨4号线投入运营，地铁1号线转入全程施工，地铁2号线开工建设，长春西站综合换乘中心、长春站综合换乘中心北枢纽投入使用，长春大踏步地迈向轨道交通时代。

长平高速改扩建以及长春至双辽、九台至双阳高速公路开工建设，哈大高铁正式投入运营。

新建扩建4座净水厂、5座污水处理厂。伊通河城区段截污干管完成改造，串湖水系及3条城市明沟实现污水截流。改造燃气危旧管网340公里、供热管网311公里、供水管网264公里、排水管网130公里。新增供热能力2799万平方米。主次街路机械化清扫率由21.4%提升到47.2%。

新建续建7座公园，9.7平方公里的长东北湿地公园正式对游人开放。改造精品绿地63处，绿化彩化街路121条，新建城市绿地500余公顷。

新一轮土地利用总体规划通过国务院审批，新增建设用地指标4.82万公顷。

强化交通管理，在全年新增12万辆新车、城市道路改造全面铺开的情况下，城市交通基本保持通畅。

深入开展市容环境综合整治，城市管理水平不断提高。

（四）坚持民生第一目标，切实办好惠民利民实事

今年,我们把市级新增财力70%以上用于改善民生,为群众办了100余件实事。

创业促就业工作取得突出成效,被国务院命名为全国创业先进城市。

提高了职工最低工资标准、个体工商户个税起征点、退休人员养老金标准以及“三无”人员、农村五保户供养标准。

新增农村居民、城市居民、城镇职工养老保险参保人数170余万,养老保险扩面取得历史性突破。为4.9万户低保群众发放“幸福惠民卡”,低保救助力度进一步加大。

建立了贫困家庭子女从学前教育到高等教育全程资助的政策体系,力争不让一个孩子因贫失学。

积极开展听障、脑瘫、孤独症儿童康复医疗救助,一批残疾人家庭实施无障碍改造,残疾人康复中心启动建设。

新建保障性住房10645套。2123户低保家庭入住廉租房。200万平方米无籍房完成确权。1221万平方米老旧楼宇完成“暖房子”改造。600余栋住宅完成楼道粉刷。拆除D级危房117栋。综合整治老旧散住宅区33个。住房公积金覆盖面稳步提高。

深入创建幸福社区,社区管理和公共服务能力进一步增强。

提高了职工医保、居民医保和新农合报销封顶线,新增20个定额治疗病种,70余项常规诊疗项目费用平均降低23%。全面推广五城区成功经验,四县(市)和双阳区中心医院启动基本药物制度改革。率先在全国免费开展乙肝病毒母婴阻断工程。市中医院开工建设,市中心医院扩建顺利推进,市心理医院建成投入使用。首轮健康长春行动计划全面完成。国家卫生城市复检顺利通过验收。

新建改建38所公办幼儿园,增加普惠性幼教学位5500个。孤独症儿童康复教育中心、2所民族中小学、4所城乡接合部学校建成投入使用,40所中小学完成校舍、操场、消防设施标准化改造。开展“大学区”改革,推动义务教育学校资源共享、优势互补,稳步提高教育均衡水平。大力发展职业教育,合隆职教园区前期准备顺利推进,农业学校异地新建项目一期工程竣工。新购657台标准校车,4.5万名农村中小学生获得安全校车服务。

深入开展国家公共文化服务体系示范区创建,孔子文化园建成开放,市档案馆完成改造,市图书馆改造顺利推进,新建改建7个县级图书馆、文化馆,114个乡镇(街道)综合文化站、1320个村(社区)文化活动室达到国家规定标准,308个社区、841个行政村配备文化专干,公共图书馆、文化馆、乡镇(街道)综合文化站实现免费开放。市县两级文化体制改革顺利完成。

圆满完成第十二届全国冬季运动会长春赛区承办任务,以29块金牌的成绩荣列金牌榜第二名。奥林匹克公园3个体育场馆完成主体工程。

(五)加强和创新社会管理,社会大局保持和谐稳定

自觉接受人大及其常委会的法律监督、工作监督和政协的民主监督,坚持重大事项向人大报告、与政协协商制度。认真听取各民主党派、工商联以及无党派人士的意见建议。办理人大议案4件、人大代表建议191件、政协提案287件。

按照“人性化、网格化、信息化”的要求,夯实基层基础,创新社会管理服务体系,积极化解社会矛盾,强化为民服务能力。

深入开展“安全建设年”活动,排查整改安全隐患2.2万处,安全生产事故发生起数、死亡人数、经济损失分别下降43.5%、20.4%和49.6%。

深入开展平安创建活动,严厉打击各类刑事犯罪,110有效警情、刑事案件立案数分别下降31%和13.3%,命案破案率达到95.9%,群众安全感进一步提升。

深入开展食品安全专项整治和“百日会战”,食品安全监管取得新成效。

充分利用信访机构接待、市长公开电话、局长接待日、读报读网制度等各种渠道,及时掌握群众诉求,主动解决群众困难,群众信访总量降低12%。

扎实开展“三满意”机关建设和“万人评议机关”活动,经济发展软环境进一步改善。

强化依法治市,严格依法行政,坚持从严治政,政府自身建设取得新进展。

深入开展双拥共建,实现全国双拥模范城“七连冠”。

国家安全、工商、质监、统计、民族、宗教、外事、侨务、保密、人防、气象、地方志、红十字等工作都取得了新成绩。

各位代表,今年我们取得的丰硕成果,标志着长春经济社会发展跃上了一个新台阶,为本届政府五年任期画上了圆满句号。

自2007年市十三届人大一次会议以来的五年,长春不仅肩负着老工业基地调整改造的艰巨任务,而且遭遇了国际金融危机影响的严重冲击。全市人民战胜重重困难大踏步前行,经济社会发生了前所未有的深刻变化。

过去的五年,是综合经济实力全面跃升的五年。地区生产总值比2007年增长1.2倍,全口径财政收入增长2.2倍,规模以上工业总产值增长1.9倍,固定资产投资增长1.3倍,进出口总额增长1.5倍。在15个副省级城市中,经济增长速度始终位居前列,全口径财政收入由第14位前移到第12位,规模以上工业总产值由第12位前移到第9位,固定资产投资由第13位前移到第11位。主要指标翻番式增长、位次明显前移,标志着长春踏上了全面振兴的新征程,进入了大发展、快发展的新阶段。

过去的五年,是改革开放攻坚突破的五年。国有企业完成改制攻坚任务,国企改革遗留问题基本得到解决。民营企业由3.5万户增加到5.4万户,新增纳税超千万元民营企业230余户。先后与5个外国城市建立友城关系。引进13家世界500强、227户外资企业,外资企业税收占工业税收比例

达到1/3以上。高新区、经开区新区建设取得实质性突破，汽车区、净月区晋升为国家级开发区，19个省级开发区迅速发展壮大，开发区进入了新一轮快速成长期。改革开放为长春发展注入了强大活力，也为未来奠定了坚实基础、拓展了广阔空间。

过去的五年，是产业结构不断优化的五年。200万辆整车、2000辆轨道客车、百万吨化工醇扩能工程顺利完成，三大世界级产业基地初具规模。国家创新型城市建设取得明显进展，五大战略性新兴产业迅速发展壮大，成为支撑长春经济增长的新生力量。服务业投资连续5年位居三次产业之首，对经济增长的贡献率持续递增。长春已经基本形成了多业支撑、多业并举的产业格局，经济运行的稳定性和抗波动能力显著增强。

过去的五年，是农业农村蓄势变革的五年。新增粮食综合生产能力30亿斤，3个县(市)稳居全国十大产粮县行列，榆树连续9年产粮全国第一。农机化综合水平稳步提高，解放了农村劳动力，促进了土地规模经营。农产品加工业成为支柱产业，工业在县域经济中开始发挥主导作用，县(市)财政收入增长近4倍。农村人口开始向城镇集聚，县城人口均达到中等城市规模。现在的县域，以农耕为主的传统模式正在快速转型，初步形成了工业化、城镇化、农业现代化加速推进、良性互动的新局面。

过去的五年，是城市面貌日新月异的五年。先后启动了南部新城、西部新城、长东北、莲花山等区域开发建设，进一步加快北部新城、西南工业区改造开发，建成区每年以15平方公里以上的速度快速扩张。基础设施建设扎实推进，道路面积增长1.2倍、发电能力增长1.3倍、供热能力增长1.5倍、天然气供应能力增长1.4倍。29个公园、460余处绿地完成新建改造，30余条主要街路实施综合整治，2000余万平方米棚户区变成了环境优美、功能齐全的现代化居住区。2008年长春被命名为国家卫生城市，2011年进入全国文明城市先进行列，城市综合质量显著提升，正向绿色宜居城市的目标阔步前进。

过去的五年，是社会事业繁荣进步的五年。医疗卫生体制改革取得突破性进展，率先在全国实行医疗保险付费方式改革，公办基层医疗机构全部完成标准化改造并实施了基本药物制度。基本完成中小学校舍安全改造，学前教育、基础教育、职业教育、特殊教育长足发展。修缮改造沙俄领事馆、南大营抗战陈列馆、南广场等历史建筑和历史街区，新建改造科技文化中心、光学博物馆、艺术剧场、杂技宫等文化设施。广场和社区演出、数字电影放映、送戏下乡等活动已成常态，群众文化生活日益丰富。全民健身活动蓬勃开展，冬夏奥运会均实现金牌零的突破。

过去的五年，是民生状况显著改善的五年。坚持每年召开一次民生大会、出台一个民生行动计划、为群众办100件左右实事。五年城镇新增就业45万人，城镇登记失业率始终控制在4%以内。职工最低工资、社会平均工资、离退休人员养老金都提高了80%以上。养老、失业、工伤、生育保险和住房公积金参保人数均增加70%以上，城乡医疗保障基本实现全覆盖。4次提高城乡低保标准、困难劳模补助标准，及时根据物价上涨情况向困难群众发放生活补贴。贫困家庭精神病人、白内障患者、唇腭裂儿童康复医疗救助基本实现“有一助一”。二次供水设施不达标、居民小区临时用电、退休职工进医保、困难群体接续养老保险等历史遗留问题的解决使60余万群众受益。棚户区改造、保障房建设、泥草房改造、“暖房子”工程帮助100余万中低收入群众改善了居住条件。民生工作得到了群众的认可和社会的高度评价，长春连续5年被评为最具幸福感城市，全市人民在更加和谐的社会环境中不断增进福祉、共享发展成果。

各位代表，在过去五年发展实践中我们深刻地体会到：只要我们在市委的坚强领导下，坚定方向、坚持不懈，就一定能够战胜各种困难和险阻；只要我们自觉接受人大、政协的监督，汲取力量、争取支持，就一定能够科学民主决策；只要我们把人民群众的利益高高举起，以人为本、执政为民，就一定能够赢得可靠持久的动力源泉。在此，我代表市政府，向为长春发展做出突出贡献的全市人民致以崇高的敬意！向给予我们监督与支持的人大代表、政协委员和社会各界人士，向积极参与长春发展建设的中省直驻长单位，人民解放军和武警驻长部队以及海内外的朋友们，表示衷心的感谢！

成绩鼓舞人心，经验弥足珍贵。我们也清醒地认识到，经济社会发展和政府工作还面临着许多困难和问题。主要是：经济总量仍然偏小，产业结构不尽合理，自主创新能力不强，资源环境矛盾突出，部分群众生活仍然比较困难，社会还存在一些不稳定因素，政府管理和服务水平有待提高，廉政建设需要进一步加强。这些问题都需要我们在今后工作中高度重视并着力加以解决。

二、未来五年主要任务

党的十八大、省十次党代会、市十二次党代会，为我们明确了未来五年的主要任务，这就是建设幸福长春，率先全面建成小康社会，让城乡居民生活得更加美好。

为完成这样的任务，我们要坚持以邓小平理论、“三个代表”重要思想、科学发展观为指导，紧紧围绕主题主线，围绕科学发展、改善民生、建好城市、促进和谐大局，进一步实施好“三化”、“三动”、“三大板块”协调发展、工业和服务业“双拉动”等重大战略，以提高经济增长质量和效益为中心，坚持稳中求进总基调，促进经济持续健康发展，加快调整产业结构，积极稳妥推进城镇化，深化改革开放和创新驱动，着力保障和改善民生，促进社会和谐稳定，切实把经济建设、政治建设、文化建设、社会建设、生态文明建设的各项任务落到实处。

实际工作中，我们要采取以下措施：

——推动经济转型增长。我们不仅要连续保持不低于副省级城市平均水平、全省平均水平的增长速度，还要更加重视质量、更加重视效益、更加注重科技创新,在不断转变发展方式、优化经济结构、提高发展可持续性的基础上,力争实现地区生产总值和地方财政收入翻番,人均 GDP 达到 15000 美元以上,综合经济实力进入中等发达城市行列。

——大力调整经济结构。我们要调整城乡结构,稳步提高城镇化率和城镇化质量,初步形成城乡一体化发展格局。调整产业结构,充分发挥科技创新对产业升级的支撑引领作用,做精一产、做强二产、做大三产。调整工业结构,加快建设汽车、轨道客车、农产品加工三大世界级产业基地,推动战略性新兴产业在全国形成较强的竞争力。调整投资与消费结构,在发挥投资对经济增长关键作用的同时,逐年提高消费对经济增长的贡献率。

——加强城市建设管理。我们要保持城市化的旺盛势头,高标准建设"三城两区",构建"双心、两翼、多组团"的城市空间结构。建设快速路、轨道交通、现代公交和慢行交通系统,形成能够承载百万辆汽车的现代交通体系。全面改造地下管网设施,确保水、电、气、热等生产要素能够满足当期需求并适度超前。基本完成夹馅棚户区、危旧房屋、历史文化街区改造,切实加强城市管理,实现城市形象全面提升。——统筹"三大板块"发展。我们要坚定不移地支持开发区转型升级、率先增长、带动发展,加速成为以新型工业化、高端服务业为主要产业内容的现代化新城区。各城区要成为服务业的主战场,在环境建设、城市管理、民生改善、社会和谐等各领域实现全面进步。各县(市)都要成为中等城市,尽快形成以二、三产为主的经济结构,人口加速向城镇集聚,社会主义新农村建设全面推进。

——强力推进改革开放。我们要以更大的勇气和智慧,不失时机深化重要领域改革,坚决破除一切不合时宜的束缚和桎梏。不断深化国有企业体制机制创新,推动国有资本更多地投向公益性行业和关键领域。支持和引导民营经济加快发展,完善中小企业发展政策,善待和支持小微企业。实施更加积极主动的开放战略,吸引国内外资金、技术、人才向长春快速集聚,全面提升开放型经济水平。

——全力改善生态环境。我们要加快建设城市森林、城市湿地、城市水域、城市绿地,不断加大自然生态系统修复保护力度。全面强化节能减排,能源、土地、水消耗强度大幅降低,主要污染物排放总量显著减少。增强全民节约意识、环保意识、生态意识,积极推行循环经济、低碳经济等绿色经济模式,努力把长春建设成为天蓝、地绿、水净、城美的绿色宜居森林城。

——推进社会管理创新。我们要加强基层社会管理和服务体系建设,引导社会组织健康有序发展,充分发挥群众参与社会管理的基础作用。畅通和规范群众诉求表达渠道,建立健全重大决策社会稳定风险评估机制,从源头减少和化解社会矛盾。健全民主法制,保障公共安全,提高社会公平正义水平,努力开创社会和谐人人有责、和谐社会人人共享的生动局面。

——提高人民生活水平。我们要实施更加积极的就业政策,努力让更多群众实现更加稳定、更高质量的就业。大力推动富民增收,力争城乡居民收入实现倍增,群众收入差距不断缩小,中等收入群体持续扩大。加快完善基本公共服务体系,努力办好人民满意的教育,群众健康水平明显提高,基本文化权益得到更好保障,保障性住房力争应保尽保,城乡养老保险基本实现全覆盖,人人享有基本生活保障。

各位代表,长春人民为了生活得更美好,始终在不懈地努力、顽强地奋斗。现在我们比以往任何时候都更接近这个目标。让我们携手并肩、戮力同心,坚定地朝着这个目标奋勇前进。长春人民应该过上更美好的新生活,也一定能够过上更美好的新生活。

三、2013 年重点工作

明年是新一届政府的开局之年。长春发展外部环境有向好的趋势,但我们要对困难有清醒的认识,做充分的准备,争取最好的结果,确保新一届政府各项工作顺利起步、扎实开局。

全市经济社会发展主要预期目标是:地区生产总值增长 13% 左右,地方财政收入、城乡居民收入与经济保持同步增长,固定资产投资增长 25% 以上,工业增加值增长 14%,进出口总额增长 15%,社会消费品零售总额增长 15% 左右。

实际工作中,我们不仅要保持经济持续健康发展的好势头,取得质量效益同步提升的好成绩,还要在转变发展方式上取得新进展,在改革开放上取得新突破,在改善民生上取得新成效。

(一)突出增量调整,做大做强工业

明年,我们要坚持大上工业不动摇,依靠增量推动工业转方式、调结构、提质量。

狠抓工业项目建设,一汽轿股三厂 50 万辆整车、轴齿工业园、大成老厂区搬迁、长客装备等重大项目取得实质性进展。积极吸引世界 500 强、国内 500 强等战略投资者来长投资,在建投资 10 亿元以上工业项目数量达到 50 个,3000 万元以上工业项目达到 1000 个,工业投资增长 20% 以上。

大力发展产业集群,汽车区核心零部件、经开北区生物化工、宽城和绿园轨道客车、净月汽车电子、高新北区战略性新兴产业、皓月清真产业要尽快达到千亿元产值规模。

加快建设创新型城市,强化"四位一体"创新驱动联盟,新建科技孵化器 50 万平方米,转化重大科技成果 100 项以上,战略性新兴产业增加值增长 20% 以上。突出企业科技创新主体作用,尽快壮大光显示、激光技术、半导体照明、稀土镁合金等重点产业,使之成为长春未来发展的重要支撑。

实施骨干企业成长工程,努力培育一批产值超百亿元、超 500 亿元的大企业。全面加大对中小企业的扶持力度,年内新增规模以上企业 50 户、中小企业 1500 户。

加快调整产品结构,提高产品附加值,抢占产业链中高端,工业增加值率提高 2 个百分点以上。大力实施质量强市、商标品牌战略。

（二）突出融合互动，强化动力支撑

明年，我们要更加重视服务业，积极促进工业、服务业深度融合、良性互动，加快构建“双拉动”的发展格局。

加快建设长东北核心区、南部新城核心区、净月生态大街三大高端服务业聚集区，在建项目力争达到80个以上。北部新城要加快构建环铁商圈。经开南区部分区域要“退二进三”。长春西站周边、汽车区汽车公园周边要尽快启动服务业开发。莲花山度假区高端生态旅游开发要出形象、出进度。各城区要启动建设一批商业中心、特色商业街区，完善商贸流通体系，推动传统服务业晋档升级。支持国内外企业在长设立区域性总部、研发中心、数据中心。新建续建4家五星级酒店、8家区域性批发市场。积极引进域外金融机构。大力支持企业上市融资。

加快建设区域性教育中心、医疗中心、购物中心、旅游中心、会展中心，集聚省内外高端消费。加快培育一批拉动力强的消费增长点，消费对经济增长贡献率提高2个百分点。

全面推进新一代信息技术应用，建设数字城市、无线城市、智慧旅游城市。大力发展软件与服务外包、电子商务、云计算数据平台等现代高端服务业。

启动建设长东北铁路物流园区，加快完善汽车物流通道，不断提升物流服务功能。

（三）突出城乡统筹，加快县域突破

明年，我们要以工促农、以城带乡，推动城乡一体化发展，努力开创县域发展振兴的新局面。

推动农安合隆、德惠米沙子、九台卡伦等县域开发区尽快与主城区融为一体，承接产业、吸纳就业、集聚人口、建设新城，成为拉动县域发展的强大引擎。长德新区要完成3平方公里项目摆放，经九合作区要启动建设，尽快形成国家级开发区带动县域发展的新格局。

四县（市）要以更大的力度推进工业化、城镇化，都要培育有特色的工业集群，都要按照中等城市标准抓好县城建设，都要突出培育一批重点乡镇。

启动新一轮粮食增产工程，逐步推广高光效农业，建设50万亩标准化粮田，玉米保护性耕作面积达到150万亩。推广农业机械深松。进一步提高农机化综合水平。创新农业经营体制。积极引导城郊退出普通粮食种植，向都市农业转型。抓好“菜篮子”工程，当年新增棚膜菜田2万亩。实施现代畜牧业提升计划，建成标准化养殖示范区200个。大力发展农业信息化。严格保护耕地，强化节约集约用地。

建立农业产业化发展基金，扶持农产品加工企业，农产品加工业增加值增长10%以上。

大兴农田水利，改造3处大型灌区、22处中型灌区，推进德惠五大围堤加固工程，完成10座病险水库除险加固。

启动幸福乡村建设计划，新建160个省级新农村示范村，绿化美化村屯200个，更新改造农防林600公顷，新建科学储粮仓5万套，解决20万农村群众饮水安全问题。

（四）突出建管并重，提升城市形象

明年，我们要以更大的力度推动城市建设、强化城市管理，力争城市绿色宜居水平有新的明显提高。

“两横三纵”快速路力争主线通车，机场大道城区段投入运行，三环路拓宽改造以及吉林大路、南湖大路东延长线等骨干工程取得实质性进展。加快建设腾飞大路跨绕城高速等立交桥。打通50条卡脖路、断头路。

续建地铁1、2号线，启动建设轻轨3号线东延长线、北湖快轨，54路有轨电车延伸线力争投入运营。加快扩建一、三水厂，完成二、四水厂升级改造，启动建设六水厂。新建第五热电厂，供热能力新增1000万平方米。改造供热管网200公里、燃气危旧管网240公里。加快升级城市电网。新建生活垃圾焚烧发电厂、餐余垃圾处理厂。

新建续建4座污水处理厂，力争3座污水处理厂建成投入使用。实施伊通河城区段雨污分流改造，启动新凯河、西部串湖和城市明沟生态综合整治，尽快形成美丽、生态、清澈的城市水系。

新建续建17座公园，新植街路40条、绿化彩化街路100条，新增城市绿地600公顷。

深入开展市容环境综合整治，从严治理城市管理顽疾，提高精细化管理水平。

伴随城市建设改造高峰的来临，明年城市交通拥堵压力将有增无减。我们要采取一切可以采取的措施，保畅通、保运转、保出行，全力克服暂时的困难，确保平稳有序地度过这段阵痛期。

（五）突出健全体系，推动文化繁荣

明年，我们要以健全基本公共服务体系为突破口，加快提升文化软实力，更加主动地迎接城市文化的大发展、大繁荣。

推动文化和科技融合，大力扶持文化创意、数字出版、影视传媒、动漫游戏等新兴行业和新型业态，壮大知合动漫、净月广告创意等一批文化产业园区，扶持100户文化骨干企业，尽快把文化产业培育成新的支柱产业。

加快推进市博物馆、市规划展览馆建设，新建群众文化活动中心、朝鲜族群众艺术馆、市图书馆铁南分馆，完成长影老厂区、方志馆改造，长影世纪城二期对外开放，县、乡、村文化基础设施全部达到国家规定标准，确保通过国家公共文化服务体系示范区验收。开展全民阅读活动，举办广场文化活动200场，放映公益数字电影22000场以上。

不断深化文化体制改革，加快构建有利于文化繁荣发展的体制机制。

广泛开展全民健身活动。社区健身路径实现全覆盖，为10个乡镇、100个行政村安装健身器材。体育职业技术学院新建工程竣工，奥林匹克公园部分投入使用。

（六）突出改善民生，强化公共服务

明年，我们要围绕增收富民、保障惠民、实事利民三大工程，制定实施幸福长春行动计划，努力为长春群众创造更多的福祉。

增收方面，新增城镇就业12万人，农村劳务输出100万人次，应届高校毕业生就业率达到85%以上，“零就业家庭”保持动态为零，城镇登记失业率控制在4%以内。健全职工工资正常增长、集体协商和支付保障机制，努力增加职工收入。强化创业培训，增加创业贷款，力争新增小微型企业5000户、个体工商户2万户，推动创业成为富民的重要途径。多渠道增加居民财产性收入。

养老方面，积极推动城镇职工、城乡居民进入养老保险体系，力争年内实现城乡养老保险基本全覆盖。进一步提高养老金发放标准。加快建设第二福利院，回族福利院投入使用。增加非营利性养老机构建设补贴和运营补贴，鼓励社会力量兴办养老服务机构。采取政府购买服务的方式为生活困难的居家老人提供日常养老服务。

救助方面，深入开展“万户特困户结对救助”活动。进一步提高城区最低生活保障标准、失业保险金发放标准和“三无”人员、农村五保户供养标准。向城乡低保和低保边缘家庭中小学生发放营养午餐补贴。城区17岁以下贫困听障少年助听器配发、贫困残疾人家庭无障碍改造基本实现“有一助一”。制定出台城镇贫困残疾人参加养老保险优惠政策。残疾人康复中心完成主体工程。

教育方面，全面实施基础教育质量提升工程。新建改建15所公办幼儿园，新增普惠性幼教学位4000个。积极扶持民办幼儿园特别是普惠性民办幼儿园发展。规范幼儿园办学行为。提高义务教育生均公用经费，推动办学设施标准化，加强教师队伍建设，创建新优质学校。实施新一轮特殊教育三年规划。积极推动国家高职改革试点，合隆职教园区主体工程竣工，农业学校新校区投入使用。

健康方面，启动实施第二轮健康长春行动计划，创建国家健康促进示范城市。加快推进儿童重症诊疗中心、市中医院、市中心医院建设改造工程。在部分市级公办医院推广基本药物制度。大幅度提高职工医保、居民医保门诊报销限额。建立儿童白血病、再生障碍性贫血等10个重大疾病定额治疗制度，超出定额费用由医保全额报销。建立城镇居民大病保险制度，完善新农合大病二次补助制度，设立贫困群众大病救助专项资金，减轻群众大病医疗支出负担。加强全科医生培养，提高基层医疗卫生服务水平。

居住方面，加快建设保障性住房，年内力争竣工1万套。完成老旧楼宇“暖房子”改造1000万平方米。加大D级危房改造力度。确权无籍房200万平方米。综合整治老旧散住宅区30个。下大气力解决居民小区弃管问题，力争用三年左右时间实现基本物业管理全覆盖。充分发挥住房公积金作用，帮助中低收入家庭改善住房条件。

出行方面，新建农村公路1000公里以上，确保村村通、屯屯通覆盖率分别达到100%和65%。建立村村通公路维修养护长效机制，力争三年内道路完好率提高到90%以上。改造农村公路危桥险桥，力争两年内全部达到安全标准。改造城区巷道1000条，四环内街路路灯基本实现全覆盖。新建公交候车亭100个，新购公交车500台以上，进一步增加公交专用道，建设智能公交管理系统，全面提升公交服务水平。

（七）突出改革创新，加强社会管理

明年，我们要以改革创新为统领，全面强化社会管理体制机制建设，努力营造既充满活力又和谐稳定的社会环境。

按照“人性化、网格化、信息化”的要求，不断加强和创新社会管理、公共服务体系。进一步简政放权，强化区级政府社会管理职能。积极推动街道办事处转型，把主要精力转到社会管理和改善民生上来。全面创建幸福社区，努力提高社区服务能力，城区社区公共服务用房面积五年内力争全部达到1000平方米。培育社会组织，强化居民自治。

继续开展“大排查、大走访、大接访”活动，不断完善联合接访机制，充分利用市长公开电话等各种载体，畅通诉求表达渠道，排查化解民生难题。推行政务公开，加强行风建设。

深入开展“安全建设年”活动，全面排查整治生产、交通、消防等领域安全隐患，坚决遏制重特大事故发生。加强防灾减灾基础设施建设，逐步完善应急物资储备和联动救援机制。

建立食品安全质量可追溯体系，批发市场、农贸市场、大型超市食品快速检测基本实现全覆盖，强化食品安全监管，创建食品安全城市。

深入开展平安创建活动，落实社会治安打、防、控措施，严厉打击各类刑事犯罪活动，坚决做到黄赌毒必治、黑恶势力必除，命案破案率保持在90%以上，不断提高人民群众安全感。

推进“六五”普法和法律服务惠民行动。进一步做好国家安全和民族宗教工作。

创新开展双拥共建，推动军民融合式发展，为争创全国双拥模范城“八连冠”打下坚实基础。

各位代表，为了肩负起建设幸福长春这一艰巨而光荣的历史重任，我们必须高度重视并切实加强政府自身建设。

一定自觉接受人大及其常委会的法律监督、工作监督和政协的民主监督，坚持依法行政，努力建设法治型政府。

一定认真学习党的方针政策、各种专业知识，适应不断变化的新形势，努力建设学习型政府。

一定奋发有为地努力工作，全面提高工作效率，狠抓各项工作落实，努力建设务实型政府。

一定全心全意为群众谋福祉，始终与长春人民同甘共苦、团结奋斗，努力建设服务型政府。

一定加大反腐倡廉力度，做到干部清正、政府清廉、政治清明，努力建设廉洁型政府。

各位代表，幸福长春的美好前景鼓舞人心，全面建成小康社会的宏伟蓝图催人奋进。在新的五年征程里，让我们紧密团结在以习近平同志为总书记的党中央周围，在市委的坚强领导下，满怀激情，锐意进取，为建设幸福长春、让全市人民生活得更加美好而努力奋斗！

2012年长春市国民经济和社会发展统计公报

全市人民在市委、市政府的正确领导下，深入学习实践科学发展观，认真贯彻落实各项宏观调控政策，积极应对复杂多变的国际国内经济环境，扎实推进各项工作，国民经济实现平稳较快增长，各项社会事业全面进步，民生状况不断改善，为全面建成小康社会奠定了良好基础。

一、综合

初步核算，全年实现地区生产总值4456.6亿元，按不变价格计算，比上年增长12.0%。其中，第一产业增加值317.1亿元，比上年增长4.3%；第二产业增加值2291.9亿元，增长13.1%；第三产业增加值1847.6亿元，增长11.8%。三次产业结构为7.1∶51.4∶41.5。对经济增长的贡献率分别为：2.5%、57.2%、40.3%。人均生产总值达到58691元（按户籍年平均人口数计算），比上年增长12.1%，折合9338美元。

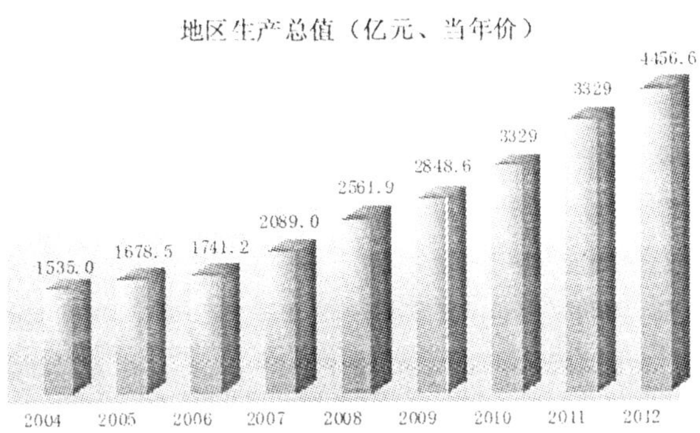

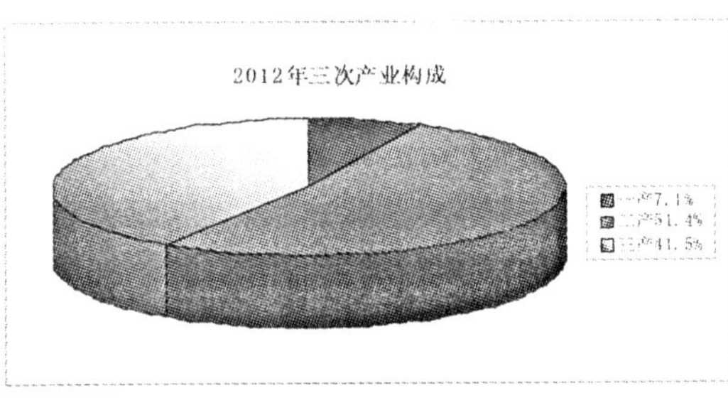

全市一般预算全口径财政收入927.7亿元，增长15.5%。全市地方财政收入340.8亿元，增长18.1%，其中，税收收入276.7亿元，增长22.0%。地方财政支出555.5亿元，增长7.1%，其中，教育支出102.8亿元，增长42.5%；社会保障和就业支出61.7亿元，下降10.7%；医疗卫生支出40.1亿元，增长17.5%；交通运输支出14.2亿元，下降29.2%。全口径财政收入占GDP的比重为20.8%，比上年提高0.7个百分点。

全年居民消费价格总指数为102.3%，增幅比上年回落3.2个百分点，分八大类看，食品、烟酒及用品、衣着、家庭设备用品及维修服务、医疗保健和个人用品、娱乐教育文化用品及服务、居住价格比上年有所上涨，交通和通讯价格有所下降。

工业品出厂价格上涨1.8%，其中：生产资料价格上涨2.1%，生活资料价格上涨1.5%。工业生产者购进价格上涨1.5%。

居民消费价格指数

单位：%

指　　标	2011年	2012年
居民消费价格总指数	105.5	102.3
服务项目价格指数	104.9	101.3
消费品价格指数	105.7	102.7
食　　品	111.7	105.4
烟酒及用品	102.8	101.4
衣　　着	103.7	101.1
家庭设备用品及维修服务	101.6	101.2
医疗保健和个人用品	102.2	101.0
交通和通讯	97.9	99.6
娱乐教育文化用品及服务	99.3	101.6
居　　住	109.3	100.9
商品零售价格指数	104.8	101.8

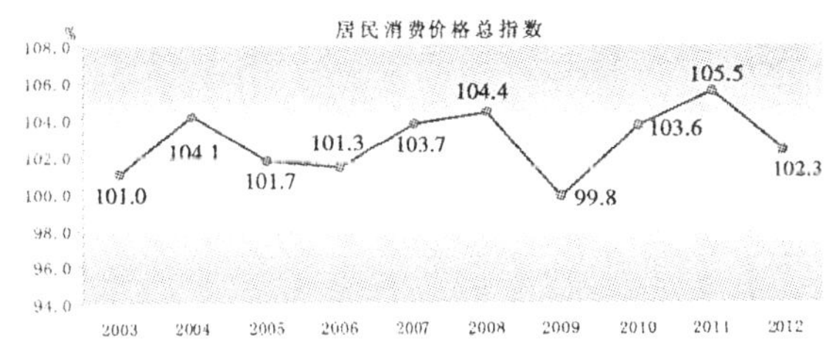

全市从业人员总数已达到386.3万人，增长0.5%。其中，城镇单位从业人员100万人，从事个体劳动的有34.5万人。2012年城镇非私营单位就业人员平均工资46272元，比上年增长12.2%。

二、农业

全年完成农林牧渔业总产值562.5亿元，比上年增长5.4%。其中，种植业产值284.1亿元，增长5.2%；林业产值3.8亿元，增长20.6%；牧业产值255.2亿元，增长5.5%；渔业产值4.2亿元，增长9.0%；农林牧渔服务业产值15.1亿元，增长3.5%。

全年农作物总播种面积134.4万公顷，比上年增长0.8%。粮食总产量达到911.2万吨，比上年增加98.7万吨。其中，玉米产量743.4万吨，增长20.1%；水稻产量127.1万吨，减少17.1%。猪出栏602.8万头，增长6.8%，牛出栏

122.1万头，增长1.8%，羊出栏35.3万只，增长5.3%，家禽出栏2.6亿只，增长8.3%。肉蛋奶产量分别达到118.6万吨、33.9万吨和6.8万吨，分别增长5.2%、4.6%和7.9%。

主要农副产品产量

指标	单位	2012年	比上年增长%
粮食总产量	万吨	911.2	12.1
蔬菜总产量	万吨	254.1	-8.7
肉类总产量	万吨	118.6	5.2
禽蛋总产量	万吨	33.9	4.6
牛奶总产量	万吨	6.8	7.9
出栏生猪	万头	602.8	6.8
出栏家禽	亿只	2.6	8.3

全年农业机械总动力为500万千瓦，比上年增长6.8%。

全市蔬菜耕地面积为72300公顷、蔬菜总产值85.2亿元，分别比上年增长2.8%和3.9%。全市已认定无公害农产品和绿色食品基地120个，新认证无公害农产品3个，新认证绿色产品10种。全市有效使用绿色食品标志产品162个，有机食品36个，无公害农产品453个，认定无公害农产品基地64个，面积73.7万亩。

全年落实国家粮食直补、农资综合直补、农机购置补贴和重大技术补贴资金共25.3亿元。全市高标准建设省级新农村示范村167个，落实新农村建设项目6大类167项，获得省新农村建设项目补助资金3157万元；重点打造了合隆镇陈家店村、卡伦镇任家村、龙嘉镇红光村、合心镇新农家村4个新农村建设标杆村和一批样板村群。

全市农产品加工业规上企业产值实现1360亿元，同比增长9.5%。新开工建设3000万元以上项目105个，完成投资262亿元，同比增长11%。省级以上和市级龙头企业数量分别发展到90户和122户。

三、工业 建筑业

全年完成规模以上工业增加值1822.3亿元，比上年增长11%。规模以上工业企业万元增加值综合能源消耗降低率为6.61%。

全年完成规模以上工业总产值8263.5亿元，比上年增长17.4%。汽车制造业累计完成产值4888.5亿元，增长16.5%，占规模以上工业总产值的59.2%；农副食品加工业完成产值1251.7亿元，增长27.8%，占规模以上工业总产值的15.1%；生物与医药工业完成产值106.4亿元，增长21.2%，占1.3%；光电子信息工业完成产值102.8亿元，增长15%，占1.2%；建材工业完成产值562.7亿元，增长21.8%，占6.8%；能源工业完成产值566.6亿元，增长15.4%，占6.9%；装备制造业完成产值468亿元，增长7.4%，占5.7%。51户重点工业企业完成工业总产值6464.4亿元，占规模以上工业总产值的比重达到78.2%。

规模以上工业总产值（亿元）

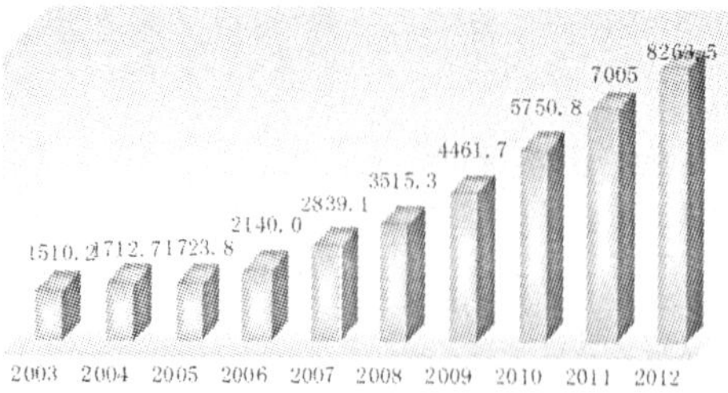

2012年主要工业产品产量

产品	单位	产量	比上年增减%
汽车	万辆	186.9	14.5
#轿车	万辆	145.5	22.1
#公路客车	万辆	5.6	-15.5
#载货汽车	万辆	22.1	-15
铁路客车	辆	1891	26.7
变压器	万千伏安	547.7	-1.1
子午线轮胎	万条	390	1.0
电子元件	万只	888	15.9
中小型拖拉机	台	1919	-42.3
工业自动调节仪表与控制系统	台	30	20
金属切削机床	台	266	-52.8
发电量	亿千瓦时	250.9	8.1
水泥	万吨	1683.4	-17.6
原煤	万吨	600.3	-4.3
焦炭	万吨	52.4	16.0
钢材	万吨	54.4	-9.1
卷烟	万支	1860000	8.1
啤酒	万吨	32.8	-14.7
中成药	吨	4164.4	49.7
饲料	万吨	359.2	44.9
精炼食用植物油	万吨	18.5	50.2
软饮料	万吨	48	4.4
农用塑料薄膜	吨	1.8	36.1
服装	万件	693.2	-12.3

全年实现主营业务收入8595.1亿元，比上年增长11.9%；利税总额1083.1亿元，增长14.9%；盈亏相抵后实现利润总额623.2亿元，增长10.1%。

全年建筑业完成增加值369.4亿元，比上年增长18.8%。资质以上建筑业完成总产值971.8亿元，比上年增长23.4%。实现工程结算收入869亿元，增长9.4%。

四、固定资产投资

全年完成全社会固定资产投资总额3172.9亿元，比上年增长 30.4%。其中:房地产开发投资 649.7 亿元,下降 2.5%。新增固定资产 2340.8 亿元。固定资产交付使用率为 75.4%,比上年提高 0.8 个百分点。房屋面积竣工率为 30%,比上年提高 1.1 个百分点。

从各产业完成投资情况看,第一产业投资 32.3 亿元,增长 3.9%;第二产业投资 1425.2 亿元,增长 26.3%;第三产业投资 1646.0 亿元,增长 37.0%。从投资主体看,国有经济投资 796.8 亿元,增长 43.2%;非国有经济投资 2306.8 亿元,增长 27.9%,占全社会固定资产投资的比重为 74.3%。全市工业投资 1400 亿元,增长 25.2%,对全社会投资增长的贡献率达 37.9%。民间投资 2147.7 亿元,增长 30.4%。全市商品房施工面积 5123.7 万平方米,比上年增长 25.3%。商品房竣工面积 913.9 万平方米,增长 22.2%。商品房销售面积 908.0 万平方米,增长 3.1%。商品房销售额 503 亿元,下降 6.9%。空置面积 320.3 万平方米,增长 32.4%。

2012 年,二手房成交 3.39 万套,成交面积 333.5 万平方米,同比下降 7.3%;其中:二手住房成交 3.18 万套,成交面积 257.2 万平方米,同比下降 4.3%。

五、国内贸易

全年实现社会消费品零售总额 1739.6 亿元,比上年增长 15.0%。分行业看,批发零售贸易业零售额 1567.3 亿元,增长 14.8%。其中:限额以上批发零售贸易业零售额 720.4 亿元,增长 10.5%;限额以下批发零售贸易业零售额 846.9 亿元,增长 18.2%。住宿和餐饮业零售额 172.3 亿元,增长 17.0%。其中:限额以上住宿餐饮业零售额 26.5 亿元,增长 10.0%;限额以下住宿餐饮业零售额 145.8 亿元,增长 18.0%。

2012 年社会消费品零售额及其增速

单位:亿元

指　标	2012 年	比上年增长%
社会消费品零售总额	1739.6	15.0
按行业分:		
批发、零售贸易业	1567.3	14.8
其中:限额以上批发零售贸易业	720.4	10.5
住宿、餐饮业	172.3	17.0

社会消费品零售总额(亿元)

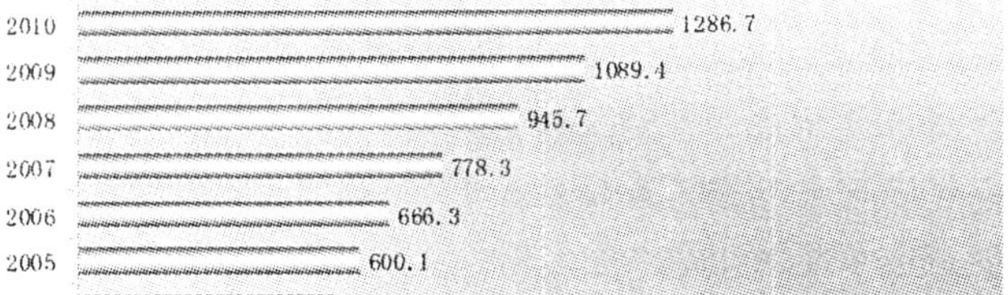

2012 年,我市限额以上批发和零售企业汽车类零售额 199.2 亿元,增长 3.1%;粮油、食品、饮料、烟酒类零售额 77.2 亿元,增长 24.7%;服装鞋帽针纺织品类零售额 139.3 亿元,增长 11.9%;金银珠宝类零售额 23.6 亿元,增长 26.0%;家用电器和音像器材类零售额 46.5 亿元,增长 5.7%;石油及制品零售额 108.8 亿元,增长 10.7%。

六、对外经济 旅游 会展

全年实现进出口总额 196.8 亿美元,比上年增长 13.4%。其中,进口 167.8 亿美元,增长 11.3%;出口 29.0 亿美元,增长 27.9%。在出口企业中:一般贸易企业出口 20.4 亿美元,增长 24.6%,加工贸易企业出口 8.5 亿美元,增长 43.1%。

全年新批外资项目(企业)42 个,其中投资总额超千万美元项目 10 个。全年实际利用外资 36.8 亿美元,比上年增长 19.6%。其中,直接利用外资 8.5 亿美元,增长 9.9%。

全年来长旅游人数达到 3655.87 万人次,比上年增长 17.4%。其中,接待入境游客 35.66 万人次,比上年增长 18.2%;接待国内旅游者 3620.21 万人次,增长 17.4%。全年旅游总收入 548.3 亿元,增长 27.0%。旅游外汇收入 22379.1 万美元,增长 31.8%。

全市共举办各类会展活动 238 项,展会直接收入 30 亿元,带动其他相关产业收入 270 亿元,分别比上年增长 20% 和 21%。

七、交通邮电业

全年公路货物周转量 312.5 亿吨公里,增长 22.7%;旅客周转量为 50.9 亿人公里,增长 6.8%。民航完成货邮吞吐量 6.6 万吨,增长 6.4%;完成旅客吞吐量 582 万人,增长 17.1%。2012 年末全市民用汽车保有量 87.7 万辆,增长 13.5%。其中,私人汽车保有量 70.6 万辆,增长 17.6%。

2012 年完成邮电业务总量 143.5 亿元,增长 6.5%。其中:邮政业务总量 4.5 亿元,增长 5%;电信业务总量 139 亿元,增长 6.5%。全年特快专递完成 86 万件,下降 11%;邮政储蓄平均余额 202.5 亿元,增长 24%。全市市话年末达到 156 万户,增长 9.9%;农话年末达到 27 万户,下降 27%;小灵通电话用户 7 万户,下降 68.2%。移动电话年末达到 1118 万户,增长 3.7%。互联网用户已经达到 640 万户,增长 23.6%,其中宽带用户 92 万户,增长 4.5%。

八、金融　证券　保险

截至 2012 年末,全市拥有银行 24 家,保险公司 28 家,本地和异地驻长证券公司 22 家。

金融机构本外币各项存款余额 6643.3 亿元,比年初增长 18.2 %。其中,单位存款余额 3393.2 亿元,增长 19.1%;储蓄存款余额 2790.5 亿元,增长 18.3%。全市金融机构本外币各项贷款余额 5828.3 亿元,比年初增长 11.0%。

全市证券公司 22 家,其中本地证券公司 2 家,异地证券公司 20 家,拥有股票交易网点 47 个。A 股上市企业 19 家。股民帐户数达到 130.2 万户,比上年增长 1.5%。全市有价证券成交总额 3331.5 亿元,比上年下降 11.8%。其中,股票交易成交额2442.1亿元,下降31.2%;国债成交额740.3亿元,增长5.5倍;基金成交额38.4亿元,下降25.3%。

2012年金融机构本外币存贷款及其增长速度

单位:亿元

指　　标	2012年	比年初增长%
各项存款余额	6643.3	18.2
其中:单位存款	3393.2	19.1
储蓄存款	2790.5	18.3
其中:人民币	2767.4	18.4
各项贷款余额	5828.3	11.0
其中:短期贷款	1464.4	11.2
中长期贷款	4170.5	9.8

全市拥有保险公司28家,保险专业中介法人机构34家。全年保费收入89.5亿元,比上年增长5.9%。其中,财产险保费收入38.92亿元,增长17.9%;人身险保费收入50.6亿元,下降1.8%。全年赔付总金额31.7亿元,增长25.5%。其中,财产险赔付金额20.3亿元,增长35.4%;人身险赔付金额11.4亿元,增长11.1%。

九、城建　公用事业

2012年末,全市完成道路新建和扩建长度168.62公里,全市道路总面积达到6456.58万平方米,道路长度达到2850.24公里,人均道路面积17.89平方米。

2012年,全市水厂日综合生产能力为118.9万立方米/日,城区使用自来水人数达359.92万人。全市人工煤气和天然气供气总量分别达到14641.39和29974.54万立方米;液化石油气供气总量达到6.86万吨。城区使用煤气、天然气、石油液化气户数达到119.2万户。城区集中供热面积达到13305.93万平方米。

到2012年末,全市园林绿地面积达到9868公顷,公园绿地面积达到4567公顷,建成区绿化覆盖面积达到11220公顷,建成区绿化覆盖率达到41.5%。

十、科技　质量技术监督　教育

全年专利申请量由上年的5387件增加到6165件,增长14.4%。全年通过鉴定、验收和认定的科技成果235项,获得市以上科技进步奖励成果231项。其中:获国家级奖励10项,省级奖励173项。

2012年末,在全市各级各类科技人员中,“两院”院士27人。全市拥有独立科学研究与技术开发机构95个。其中,自然科学和技术领域研究与开发机构60个,社会科学与人文领域研究与开发机14个,科技信息与文献领域机构5个。全市民营科技企业技术合同成交额达20.87亿元,累计技术合同成交额219.69亿元。市科技管理部门共投入科技经费7850万元。全市新认定高新技术企业22户,新认定产值超亿元的高新技术企业10家。

全市有法定产品质量检验机构6个,法定计量技术机构6个。全年共定期监督检验产品1703批次。受理委托检验17426批次。国家和省的监督抽查产品质量平均合格率分别达到95.5%和94.2%。

2012年,长春市各级各类教育学校(园)2533所,其中:在长普通高校37所,成人高校8所,中等职业学校104所,普通高中65所,普通初中265所,职业初中3所,小学1349所,特殊教育9所,工读学校1所,幼儿园692所。

全市各级各类学校(园)招生人数43.6万人,其中:在读研究生1.6万人,普通本专科11.1万人,成人本专科4.1万人,中等职业学校2.7万人,普通高中招生4.8万人,初中阶段招生6.3万人,小学招生7万人,特殊教育学校招生139人,入园儿童6万人。

全市各级各类学校在校(园)人数146.3万人,其中在读研究生4.8万人,普通本专科在校生38.8万人,成人本专科生9.1万人,中等职业学校在校生8.1万人,普通高中在校生14.5万人,初中阶段在校生19.7万人,小学在校生40.2万人,特殊教育在校生0.12万人,在园儿童11万人。

全市各类教育学校专任教师9.8万人。其中:普通高等学校专任教师2.5万人,成人高校专任教师0.14万人,中等职业学校专任教师0.57万人,普通高中专任教师0.94万人,初阶段专任教师1.94万人,小学专任教师2.91万人,特殊教育学校专任教师326人,幼儿园专任教师0.78万人,小学适龄儿童入学率达99.98%。

十一、文化　卫生　体育

2012年全市共有文化(文物)事业机构228家,其中艺术表演团体3家,艺术表演场馆4家,公共图书馆12家,艺术馆、文化馆12家,文化站161家,文化艺术科技、科研机构2家,文物保护研究机构1家,文物保护管理机构4家,其他文化事业6家,其他文化企业1家,博物馆7家,文化市场管理机构15家。公共图书馆总藏量401万册,其中少儿图书馆藏量75万册。

全市共有国家综合档案馆11个,馆藏档案138.8万卷、94.3万件,开放档案15.2万卷、6.8万件。

2012年,全市有各类文化经营场所1440家,其中互联网上网服务营业场所827家(连锁70家);文化娱乐场所327家;演出场所31家;音像制品经营场所246家,古玩(美术品)经营店9家。其中市区(含开发区)文化经营场所1049家,其中互联网上网服务营业场所578家(连锁69家);文化娱乐场所253家;演出场所23家(其中市直3家);古玩(美术品)经营店9家。

长春电影制片厂全年共生产故事片6部,科教片10部。

2012年,全市有广播电台5座,节目10套,中波发射台和转播台2座,转播台7座,广播人口覆盖率为100%;电视台5座,节目9套,电视人口覆盖率为100%。

2012年末,全市卫生医疗机构4092个,下降1.47%。其中:医院、卫生院302所,下降1.31%,拥有医疗、疗养床位4.23万张,比上年增长6.47%。卫生技术人员为4.3万人,比上年增长5.5%。每千人拥有执业医师和执业助理医师2.44人。

2012年末,市辖区建成社区卫生服务中心51家,城区人口覆盖率达到100%,367万农民参加了新型合作医疗,参合率达到99.7%,共筹集资金10.6亿元,已有121万参合农民受益,支付补偿金10.2亿元,占筹资总额的96.2%。

全年成功承办了全球华人羽毛球球锦标赛、瓦萨国际越野滑雪赛、世界杯自由式滑雪赛等国际国内大型体育赛事20项次。举办了市青少年短道、速滑、篮球等省市各级各类体育赛事220项次。我市代表团参加了十二届全国冬季运动会3大项10分项91小项角逐,夺得金牌29枚、银牌16枚、铜牌20枚、金牌总数列全国第二的优异成绩,继续保持了我市冬季项目全国前列位置。

以"健康长春——体育伴随你我他"为主题,开展全民健身活动1000项次,公布了《长春市民体质状况报告》。投入资金450万元,为城区安装43套健身路径,为10个乡镇、62个行政村安装健身器材。全年体育彩票销售9.9亿元,占全省销售比例的42.3%。

十二、环境保护

2012年,全市工业废水排放达标率和工业固体废物综合治理率分别达到97.4%和100%,重点工业污染源实现全面达标排放。到2012年末,全市烟尘控制区面积327.71平方公里,环境噪声达标区面积236.46平方公里,区域环境噪声平均值控制在53.6分贝,道路交通噪声平均值控制在68.6分贝,噪声达标区覆盖率78%以上,达到全国文明城市A类标准。

全市开展生态示范区试点面积1.9万平方公里,达到了幅员面积的91.4%,国家级生态示范区建成率达到100%。

全年城区空气污染指数(API)为69;空气环境质量优良级天数339天,占总天数的92.6%,其中,优级天数78天,占21.3%;良级天数261天,占71.3%;空气首要污染物总悬浮颗粒物(PM10)年日均值每立方米87微克,比上年上升4微克;二氧化硫年日均值每立方米30微克,比上年下降4微克;二氧化氮年日均值每立方米44微克,比上年下降2微克;饮用水源水质达标率100%。

十三、人口　人民生活　社会保障

2012年末,全市户籍总人口为756.9万人。其中,市区人口363万人,四县(市)人口393.9万人。全市人口出生率为10.2‰。

2012年,城市居民人均可支配收入达到22969.7元,比上年增长12.1%;人均消费性支出17863元,增长9.4%。城市恩格尔系数为29.6%。城市居民每百户拥有汽车21.57台,拥有彩电124.84台,电冰箱及冰柜97.71台,洗衣机97.97台,拥有家用电脑和移动电话83.99台和237.58部。城市人均住宅建筑面积由上年的32.8平方米增加到34.2平方米。农村居民人均纯收入9064元,增长13.8%。农村人均生活费支出5855.3元,比上年增长27.4%。农村恩格尔系数为38.5%。农村居民每百户拥有彩电120台,电冰箱90台,移动电话230部,摩托车70辆。农村人均住房面积由上年的26.91平方米下降到25.8平方米,下降4.1%。

2012年底,全市城镇企业职工基本养老保险参保人数达到177.8万人,比上年增长6.1%。其中,在职职工126.1万人,增长7.5%;城镇失业保险参保人数达到87万人,增长4.5%。全年征缴养老保险基金88.8亿元,增长21.3%;征缴失业保险基金9.5亿元。全年共为51.7万名离退休人员发放养老金91.5亿元,增长19.8%;为2.4万名失业人员发放失业金1.9亿元。城镇医疗保险参保人数达到405.8万人,其中城镇职工参保160.6万人。城镇居民基本医疗保险参保总数达到245.2万人,工伤和生育保险参保人数分别达到111.6万人和111.9万人。

全年共开发就业岗位13.9万个,实现城镇新增就业11.3万人,安置下岗失业人员实现在就业5.2万人,其中大龄就业困难对象再就业1.4万人。全市就业困难群体从事公益性岗位人员稳定在2.2万人以上,当年扶持686户零就业家庭实现就业。创建充分就业社区280个。累计实现农村劳动力转移就业120万人次。到年底,城镇登记失业率为3.78%。

截止到年末,全市城市居民共有7.66万户、14.14万人享受最低生活保障;农村居民共有10.69万户、15.82万人享受最低生活保障。累计全年发放城乡低保资金5.83亿元。

全市建设保障性住房10645套、建筑面积58.13万平方米、总投资额223366万元。其中:建设廉租住房2845套、建筑面积13.66万平方米、投资额52108万元;建设公共租赁住房7800套、建筑面积44.47万平方米、投资额171258万元。

全市在民政部门注册养老服务机构共有191家,总床位数15043张。其中:国家办养老机构10家,社会力量投资兴办的养老机构181家。农村社会福利服务中心97所。全年销售社会福利彩票9.96亿元。募集善款4417万元,总支出慈善募捐款3426万元,受助群众达8万人次。

注:1、本公报各项统计数据为初步统计数。

2、本公报行业数据系有关部门(行业)提供。

3、本公报长春市生产总值、各产业增加值绝对数按现价计算,增长速度按可比价格计算。

县(市)区开发区经济

ECONOMY OF COUNTY(CITY) AND DISTRICT

【农安县】2012年,县委、县政府团结带领全县广大干部群众,深入贯彻落实科学发展观,牢牢把握发展和民生两大主题,紧紧抓住扩充经济总量和转变经济发展方式两条主线,深入实施新兴工业强县、现代农牧大县、特色文化名县和现代绿色宜居城市战略,统筹"三化"发展,着力改善民生,促进社会和谐,戮力同心,克难攻坚,强化措施,狠抓落实,圆满完成了县十七届人大一次会议确定的各项目标,经济社会发展迈出了坚实步伐。

(一)经济运行质量稳步提高,经济综合实力进一步提升。初步核算,全年实现地区生产总值3169177万元,按可比价计算,比上年增长13.5%。其中,第一产业增加值887927万元,增长9.9%;第二产业增加值935885万元,增长9.7%;第三产业增加值1345365万元,增长18.9%。三次产业结构为28.0:29.5:42.5。按常住人口计算,全县人均地区生产总值达到26594元,比上年增长12.3%。

2008-2012年农安县地区生产总值完成情况

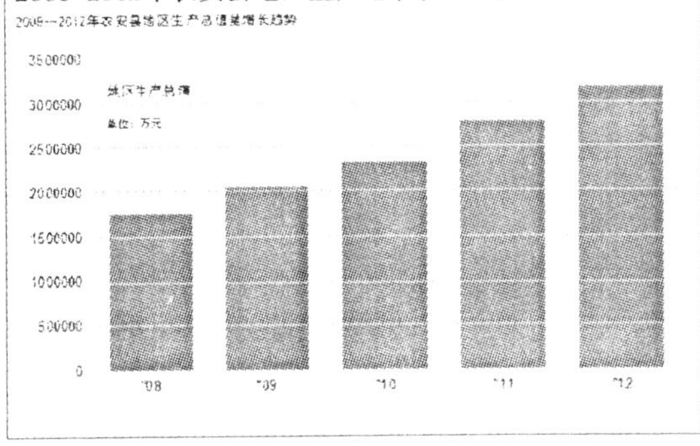

(二)推进农牧现代化,农业生产呈现高产增收、效能提速的发展态势。今年,我县农业经济克服了二代粘虫和台风等自然灾害产生的影响,粮食总产量实现五连增。加大农业科技和基础设施投入,投资4.2亿元,加强农田水利工程建设和农村电网改造;新增膜下滴灌面积7.2万亩,落实卷移式喷灌机898台。农机总动力达到163万千瓦,农业综合机械化率达到85%,继续保持全省领先水平。农业产业化龙头企业达到30户,位居外四县、市之首,牧业龙头企业屠宰加工量达到6500万头只,产业化水平不断提高,农业综合生产能力和效益显著增强。

农业:全年实现农业(第一产业)增加值887927万元,比上年增长9.9%。全年粮食播种面积395894公顷,比上年增长3.99%,其中:玉米播种面积334422公顷,比上年增长5.22%;水稻播种面积11993公顷,比上年增长7.14%;经济作物播种面积34259公顷,比上年减少27.04%。

全年粮食产量410.25万吨,比上年增加2.54%。其中:玉米产量388.2万吨,比上年增长3.11%;大豆产量2.07万吨,比上年减少13.57%;水稻产量12.03万吨,比上年增长10.29%。全年油料总产量2.28万吨,比上年减少40.47%。其中:葵花籽产量1.12万吨,比上年减少35.18%;蔬菜产量26.04万吨,比上年减少42.36%;瓜果产量8.42万吨,比上年减少43%。

林、牧、渔业:全年完成造林面积878公顷,比上年增长137.94%。全年实现牧业总产值672090万元,比上年下降5.9%。畜禽总量达到2.4亿头只,肉类总产量达到77万吨,继续保持全国第一。全年水产品产量5650万吨,比上年增长0.9%。

(三)坚持转型升级和集约发展取向,加快现代产业聚集区建设。加大园区建设,全年园区基础设施投入4.5亿元,承载能力大幅提升,合隆开发区达到省级强区规模,农安集中区即将晋级为省级开发区,烧锅园区晋升为省级特色园区,开安、华家、哈拉海三个市级园区建设快速推进,启动建设王义商贸经济区、开安-合隆工业园和小城子、伏龙泉油气产业园。通过加强工业园区建设、集中签约开工项目,工业经济实现快速发展。

全年实现规模以上工业总产值1928038万元。全年实现工业增加值655856万元,比上年增长6.7%,其中,规模以上工业增加值559131万元,比上年增长59.9%,全县规模以上企业共89户,比上年增加5户。在规模以上工业中,食品加工业、石油化工业增加值分别增长12.7%和18.5%。

(四)举力促进投资稳增长,项目快建设。一年来,全县主攻招商引资和项目建设。全年新建、续建项目167个,其中3000万元以上项目145个,引进建设了轨道客车配套园、一汽整车试验场、职业教育园、旺旺食品、财经大学、铭仁学院、华润天然气、北方建材、禾丰牧业、旺泉饲料等一大批重点项目。以大项目带动快发展,全县固定资产投资保持了平稳较快的增长态势。

固定资产投资:全年全社会固定资产投资完成1606009万元,比上年增长22%。其中:工业投资1159873万元,增长24.2%,占全社会固定资产投资的72.2%;城镇固定资产投资完成1488122万元,比上年增长45.3%。全年新增固定资产1464652万元。全县共有建筑企业10家。建筑业实现增加值280029万元,比上年增长17.6%。全年完成房地产开发投资117887万元,比上年下降10.7%。全县新开发楼房147万平方米,合隆、烧锅、伏龙泉等重点乡镇开发建设势头强劲,新建楼房84.5万平方米,对外影响力不断扩大。

招商引资:全年引进内资62亿元、外资5600万美元,同比增长20.5%和19.1%。

(五)突出城乡发展,贸易服务呈现流通扩大、城乡联动的发展态势。今年以来,我县贸易流通规模进一步扩大,流通结构日趋合理,市场载体建设更加完善,辐射功能不断增强,经济总量和贡献份额稳步上升。

全年实现社会消费品零售总额928061万元,比上年增长15.7%。其中,限额以上零售额33919.1万元,限额以下零售额894142万元。

2008-2012年社会消费品零售总额及其增长速度

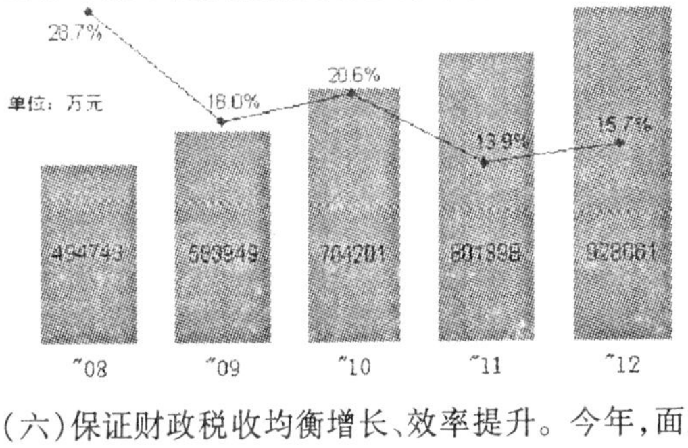

(六)保证财政税收均衡增长、效率提升。今年,面对全国经济紧缩趋势短期内不会改变、增长性税源严重不足、财政收入基数越来越大的困难局面,各主体税种完成情况较好,财政收入保持稳定健康良性增长,收入规模再创历史新高。强化财政资金管理,财政支出预算执行情况良好,进一步优化支出结构,各项重点支出得到了较好保障。

财政:全年完成财政总收入222590万元,比上年增长

10.7%,完成年度预算的101.2%;地方一般预算财政收入123768万元,比上年增长20.1%,完成年度预算的103.1%;地方一般预算财政支出367430万元,比上年增长1%。

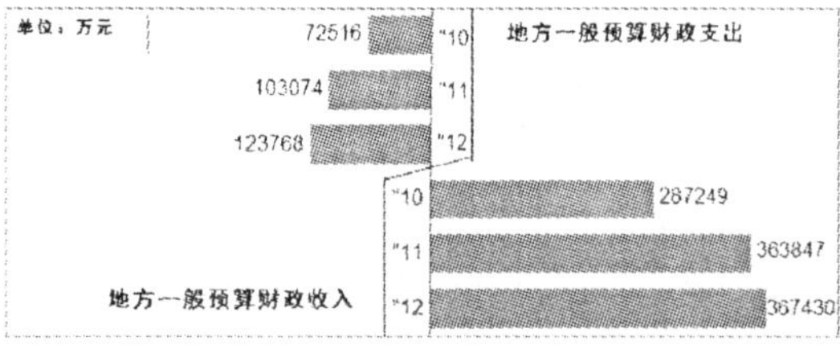

分部门看,国税部门完成96145万元,比上年增收1941万元,比上年增长2.1%,完成年度预算的92.4%;地税部门完成94711万元,比上年增收9040万元,比上年增长10.6%,完成年度预算的100.8%;财政部门完成31734万元,比上年增收10562万元,比上年增长49.9%,完成年度预算的144.2%。

从主要税种收入完成情况看,增值税完成26213万元,同比下降6.9%;营业税完成25657万元,同比增长6.3%;企业所得税完成12380万元,同比增长12.2%;个人所得税完成1863万元,同比下降25.4%;耕地占用税完成29252万元,同比增长25.9%;消费税完成61574万元,同比增长6.1%。

2012年主要税种收入完成情况

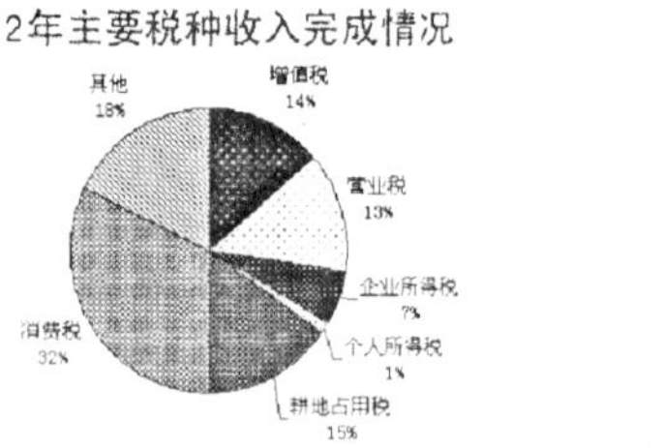

金融:金融机构各项存款余额1648701万元,增长16.5%,其中,城乡居民储蓄存款1296227万元,增长20.8%。年末金融机构各项贷款余额1057376万元,增长29.6%,其中,短期贷款余额608371万元,中长期贷款余额419691万元。

(七)突出社会公平,社会事业全面发展。加快推进教育均衡发展,启动第二幼儿园建设,校舍标准化建设全覆盖,校车运营模式在全省推广,高考理科高分段和考取清华、北大人数列长春地区外县、市之首。加快推进文化产业化,辽塔申报"国家级文物保护单位"获得国务院批准,成功举办黄龙府文化艺术节和全民运动会,城乡居民幸福指数日益提高。加快推进卫生城建设,创建国家级卫生城顺利通过初检,城乡环境日益优化。加快完善公共卫生服务体系,公立医院改革试点工作扎实推进,人口低生育水平持续稳定;新农合、新农保、城镇居民医保和养老保险参保率处于全省前列,城乡低保和城镇职工保险、失业保险实现提标扩面。深入开展食品药品专项整治,设立28个食品安全检测室,县乡村组四级网络初步形成。

教育:全县共有6所高级中学、42所初级中学、1所职业中学、303所小学和69所幼儿园。教育从业人员共13272人。全县所有在校学生118594人。其中高级中学21173人;初级中学24500人;职业中学2962人;小学55563人;幼儿园14239人。

卫生:年末全县共有卫生机构(医院和乡村卫生所)36处,其中县直医疗机构7处;乡村卫生院29处。全县共有卫生技术人员2565人,每万人(常住人口)拥有卫生技术人员21.93人。拥有医院床位数2235张,每千人(常住人口)拥有床位1.91张。

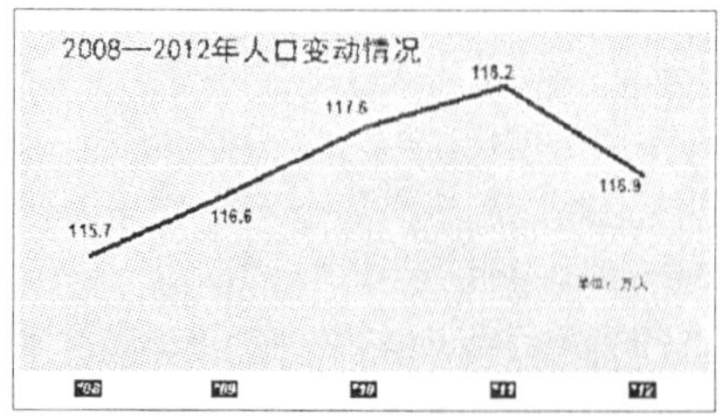

(八)改善民生保障,建设幸福新农安。全年民生投入突破30亿元,民生得到全面改善;人民收入水平不断提高,幸福指数连年攀升;人民生活条件不断改善,城乡建设实现提速发展;人民就业机会不断增加,劳务输出逐年增多。

人口:2012年末,全县总人口达到1169106人,比上年同期减少1.13%。其中,农业人口930739人,非农业人口238367人。全县人口出生率8.63‰,人口死亡率7.28‰,人口自然增长率1.34‰。

全县年末在岗职工36352人,在岗职工年平均工资30948元,比上年增长43%。转移剩余劳动力35万人次,实现劳务收入32亿元。

人民生活:全年城镇居民可支配收入16309元,比上年增长9.3%,农民人均纯收入8694元,比上年增长14.0%。主城区建设成效明显,实施暖房子改造63万平方米,完成棚户区改造3.3万平方米,新建回购廉租住房363套。在连续三年提高工资基础上,财政供养人员每人每月提薪400元。

(九)强化城市建设管理,大力改善城乡环境面貌。城乡基础设施建设向纵深发展,完成垃圾处理场、粪便处理场建设,净水厂扩建工程顺利实施;修建6条主要街路和41条巷道,铺装人行步道2.5万平方米;建设县城北出口、西出口及农村公路267公里;新增绿地面积5.2公顷,创建国家级卫生城顺利通过验收,文明城建设正在有序推进,城乡环境日益优化。

社会管理强化创新。扎实推进社会管理创新试点,成立县社会服务管理中心,126个村建立了社会服务管理站;县城安排20辆警车和240名警力昼夜巡逻,"天网工程"实现县城重点区域全覆盖,并向乡镇主要街路和重点部位延伸,社会管理水平不断提升,人民安全感不断增强。

【九台市】

九台市位于吉林省中部,东经125°24′50″~126°29′50″,北纬43°50′30″~44°31′30″,属长白山与松辽平原过渡地带,四季分明。东及东北与舒兰市和榆树市为界;南及东南同永吉县接壤;西与长春市为邻;西南同双阳毗连;北及西北均界德惠市。周边境线381.5公里,幅员3 375.27平方公里。其中,耕地面积185110公顷,林地面积56 089公顷,水域面积22 726.6公顷。九台市位于吉林省长春市和吉林市中间,处于长春市和吉林市之间的交通走廊地带和长吉经济圈的核心位置,九台火车站西距长春市火车站50公里,东至吉林市火车站75公里。长春龙嘉国际机场坐落境内。长吉高速公路、长吉北线公路、长图铁路纵贯境内。长图铁路在九台设有7个编组站,已经开工建设的长吉城际高速铁路在九台留有出口。九台市地表结构为"三山一水六分田",域内有"一江三河"(松花江、饮马河、雾开河、沐石河),总储水量8亿立方米,长春市最重要的水源地石头口门水库坐落在境内。2012年全年降雨量474.7毫米。年平均气温5.9℃,最高32.2℃,

最低-32.5℃,正常无霜期141天,年积温3035.4℃。全市共有12个建制镇,2个民族乡,4个街道。总人口82.55万人。九台市苗木花卉种类繁多远销全国各地,被称为“北方苗木花卉之乡”。矿藏种类较多,储量大,品位高。煤、沙、矿泉水、沸石、钠基膨润土资源丰富。有年产300万吨优质煤的龙家堡煤田,4台66万千瓦的华能九台电厂。耕地土质肥沃,是国家主要的商品粮基地,盛产玉米、水稻、大豆、高粱、谷子,以及油料、甜菜、瓜果、蔬菜等作物,是各种杂粮、杂豆的高产区域。

2012年九台市以科学发展观为指导,紧紧抓住推进长吉一体化的机遇,紧紧围绕“三化三动”和“三城并进,二三产业并举”的发展战略,加快推进工业化、城镇化和农业现代化进程,合力拼搏,开拓创新,经济社会呈现出良好的发展态势。

一、综合经济实力显著增强 产业结构得到优化

2012年,全市地区生产总值达3319901万元,按可比价格计算比上年增长13.5%。其中,第一产业增加值达375945万元,比上年增长9.0%;第二产业增加值达1702746万元,比上年增长16.5%;第三产业增加值达1241210万元,比增长10.7%。第一产业对经济增长的贡献率为11.9%,第二产业对经济增长的贡献率为51.8%,第三产业对经济增长的贡献率为36.3%,非农产业比重为88.7%。三次产业结构为11.3:51.3:37.4。经济发展保持了第二产业拉动为主,第一、第二产业协同发展的格局。全市人均地区生产总值为39797元,比上年增加5039元,按可比价格同比增长14.7%。城镇居民人均可支配收入达16291元,比上年增长9.7%。农民人均纯收入达8885元,比上年增长14.8%。

二、农村经济迅猛发展 农业生产条件明显改善

2012年,全市农林牧渔业总产值达697384万元,按可比价格计算比上年增长8.3%;实现农业增加值375945万元,按可比价格计算比上年增长9.0%。农林牧渔业增加值占地区生产总值的比重为11.3%。农民人均纯收入达8885元,比上年增长14.8%。2012年粮食作物播种面积达到172505公顷,粮食产量达到23.55亿斤。畜牧小区通过改、扩、新建达352个,猪、牛、羊、禽出栏数分别达到115.8万头、27.5万头、1.9万只和3373万只。肉类总产量达到19.1万吨,其中猪肉产量为9.6万吨,牛肉产量3.29万吨,家禽肉产量达到6.1万吨。牧业集约化生产经营的规模和档次进一步提高。

农业产业化步伐不断加快,农民专业合作社发展到1500个,辐射带动农民7.8万人,合作种类不断增加。

农业基础设施建设成效显著,完成水利工程量235万立方米,退耕还林后续产业90公顷,更新造林306公顷,森林覆盖率达10.5%。农机化水平进一步提升,农机总动力达79.06万千瓦,比上年增长11.7%;拖拉机保有量达28956台,比上年增长6.7%,配套机具达62207台(套),机具配套比达1:2.14;联合收割机达736台,其中:玉米收获机329台,水稻收获机407台。环境保护力度加大,土地资源利用率明显提高。

三、工业经济增势强劲 运行质量和效益稳步提高

2012年末,全市共有规模以上工业企业197户,规模以上工业企业总资产达169亿元。全年规模以上工业实现总产值350亿元,比上年增长26.6%;全市工业形成了以机械加工、农副产品加工、生物制药、矿产能源、建材材料五个行业为主导产业,这五大主导产业占规上工业总产值的75%左右。全市实现工业增加值109亿元,其中规上工业实现增加值76.3亿元,按可比价格计算,比上年增长17.2%;实现利润19.6亿元,比上年增长60.66%;完成销售收入341亿元,比上年增长30.1%;实现税金11.1亿元,比上年增长21.1%;工业产品产销率达92.1%,比上年增长5.4%。

四、商贸经济繁荣 居民消费水平显著提高

2012年实现社会消费品零售总额89.9亿元,比上年增长15.5%。分地域看,城镇实现消费品零售额61.1亿元,比上年增长12.4%;乡村实现消费品零售额28.8亿元,比上年增长22.5%。分行业看,批发和零售业实现零售额75.6亿元,比上年增长15.4%;住宿和餐饮业实现零售额14.3亿元,比上年增长20.5%。

五、财政收入稳步增长支出结构趋优 金融经济运行总体平稳

2012年,全市全口径财政收入完成23.3亿元,比上年增长27.9%,其中,税收收入实现20.3亿元,比上年增长25.1%。全市地方级财政收入完成15.1亿元,比上年增长32.3%,其中地方级税收收入完成12.1亿元,比上年增长28.4%。2012年全市财政一般预算支出完成38.2亿元,比上增长8.6%。其中:一般公共服务支出2.64亿元,教育支出6.75亿元,社会保障和就业支出5.65亿元,医疗卫生支出3.48亿元,城乡社区事务支出5.17亿元,农林水事务支出5.04亿元。

2012年,金融机构人民币各项存款余额196.94亿元,比上增长23.6%,其中居民储蓄存款130.45亿元,比上年增长27.9%,人民币各项贷款余额118.9亿元,比上年增长34.7%。

六、固定资产投资力度加大 城乡面貌大为改观

2012年末,九台市全社会固定资产投资(500万元及以上项目)项目574个,完成全社会固定资产投资额204亿元,比上年增长59.6%,其中房地产完成投资9.59亿元,同比增长23.01%。全年新增固定资产165亿元。按建设性质分:新建项目完成投资额34.1亿元,扩建项目完成投资额7.25亿元,改建和技术改造项目完成投资额141.9亿元;按构成分:投资用于建筑工程97.37亿元,投资用于安装工程12.79亿元,投资用于设备工器具购置81.04亿元,投资用于其它费用3.91亿元;按国民经济行业分:第一产业完成投资额7.88亿元,其中畜牧业完成投资额3.78亿元。第二产业完成投资额149.85亿元,其中工业完成投资额147.15亿元。第三产业完成投资额37.39亿元。在第三产业中交通运输、仓储和邮政业完成投资额17.1亿元,水利、环境和公共设施管理业完成投资额2.4亿元,公共管理和社会组织完成投资额2.86亿元,房地产业完成投资额9.59亿元。

城市道路总长度106.11公里,新修道路15.39公里,更新改造道路0.6万平方米;路灯总数1493,新安装路灯205盏;排水管道总长度106.42公里,新增12.48公里;园林绿化覆盖面积达到360公顷,新增15公顷;绿地面积新增15公顷;供热管道总长度142.14公里,新增8.14公里;供热总面积520万平方米,新增60万平方米;供水管道总长度达到213.16公里,新增6.9公里;道路清扫保洁总面积达到210万平方米,新增20万平方米;污水处理量新增8万立方米,达到630万立方米;天然气管道长度新增6.66公里,总长度达到101.92公里,供气总量达到153.83万立方米,新增32.04万立方米。

七、社会事业繁荣进步 发展成果惠及民生

社会事业协调发展。市实验幼儿园和莽卡、庆阳"一乡一校"工程竣工,16所"一乡一校"寄宿制学校附属工程交付使用;投资3000万元,为百所农村中小学配备了音体美卫及多媒体器材,装备了理化生等"五室";116辆标准校车上线运行,解决了9120名农村中小学生上下学交通问题。2012年全市中学数35所,在校学生3.17万人,专任教师2641人,小学数200所,在校学生4.03万人,专任教师4385人。

投资2.4亿元的新市医院投入使用。低生育水平保持稳定,出生人口质量进一步提升,发放计生家庭奖扶资金631万元。文化旅游活动丰富多彩,成功举办了长春九台农民节和长春市第二届乡村旅游节等文化旅游活动,文化馆、图书馆、文化站免费对市民开放。新建全民健身场地40处,农村文化大院发展到193家,公共文化服务体系示范区建设初见规模。发展农村数字有线电视8万户,农村数字电影放映3720场。全市有乡镇综合文化站18个、农家书屋310个、文化馆1个、图书馆1个,藏书量10.1万册,影剧院1个、综合性体育场馆1个、体校1个,二人转剧团1个。

2012年,全市有医院、卫生院37所,医院床位3007张。卫生技术人员数2899人,其中执业医师(助理)1021人,全市卫生防疫人员数218人。2012年全市参加城镇基本养老保险4.22万人,发放养老金180.68万元;全市参加农村社会养老保险29.57万人,参加失业保险的人数为3.15万人;参加新型农村合作医疗56.03万人,参合率达99.0%;参加城镇职工医疗保险人数为5.85万人,参加城镇居民医疗保险的人数为17.5万人,参保率100.0%;建立健全了城乡低保、大病救助机制,为4.24万低保对象发放低保金8540万元,发放困难群体救助金2200万元。

2012年,全市民用汽车拥有量37214辆,公路客运量1122万人,旅客周转量48430万人/公里,完成货运量1390万吨,货物周转量289504万吨/公里。邮电局所20个,邮政业务总量3566万元,电信业务总量26500万元。本地固定电话用户18.8万户,移动电话54万户,国际互联网用户4.75万户。有线电视用户11.73(吉视传媒45290户,广电:72000户)万户。全年申请专利36件,全年专利授权数为30件。

2012年末,全市总人口为82.5万人,其中非农业人口为19万人,出生人口为6996人,出生率为8.5‰。死亡人口为4689人,死亡率5.7‰,人口自然增长率为2.8‰。

2012年,九台市城镇非私营单位从业人员为4.23万人,单位从业人员劳动报酬为13.48亿元;在岗职工工资总额为13.44亿元,比上年增长29.8%;城镇非私营单位在岗职工平均工资为31130元,比上年增长29.9%。本级财政投入8.4亿元实施了百项民生行动计划。就业再就业工作成效显著。新开发城镇用工岗位9868个,下岗失业人员再就业4012人,发放小额担保贷款2250万元,全口径劳务输出30.5万人次,城镇登记失业率控制在4.0%以下。

2012年,九台市人民在市委、市政府的正确领导下,在社会各界的和关怀和支持下,通过自己的努力拼搏,使经济社会快速发展,创造了辉煌成绩。

【榆树市】榆树市位于吉林省东北部,处于长春、吉林、哈尔滨三市构成的三角区中心,享有"松辽平原第一仓"和"鱼米之乡"的美誉,连续九年被国家授予"全国粮食生产标兵县(市)"荣誉称号;连续七年荣获"全国最具投资潜力中小城市百强"荣誉称号。全市幅员面积4712.49平方公里。全市辖15个建制镇、9个乡、4个街道。总人口1307748人,总户数432414户。

一、综合 2012年,全市生产总值实现3405056万元,按不变价格计算,比上年增长12.9%。其中:第一产业增加值实现962246万元,按不变价格计算,比上年增长7.1%;第二产业增加值实现873814万元,按不变价格计算,比上年增长17.0%;第三产业增加值实现1568996万元,按不变价格计算,比上年增长13.9%。

二、农业 农业生产稳步增长,粮食总产量再创新高。全市总播种面积391126公顷,比上年增加12000公顷。其中:粮食播种面积378093公顷,比上年增加10922公顷。水稻播种面积72240公顷,玉米播种面积289441公顷,大豆播种面积6463公顷,马铃薯播种面积9949公顷。蔬菜播种面积11524公顷,瓜类播种面积852公顷,烤烟播种面积508公顷,药材播种面积139公顷。粮食总产量达到3207389吨,其中玉米2392851吨,水稻629199吨,大豆27617吨,薯类157722吨。我市连续九年获得"全国粮食生产标兵县(市)"的荣誉称号。农业总产值实现1693004万元,比上年增长8.6%,其中:种植业产值985051万元,比上年增长10.4%,林业产值5356万元,比上年增长13.1%,牧业产值653315万元,比上年增长5.8%,渔业产值9389万元,比上年增长31.3%,农林牧渔服务业产值39893万元,比上年增长6.6%。

2012年,园艺作物面积达到5.4万公顷,总产值实现65亿元。无公害农产品认证总量达到99个。全市棚膜蔬菜面积达到3533公顷,产值实现26亿元。

2012年末,全市生猪发展到2396792头,比上年增长6.7%,牛发展到1080358头,比上年增长2.9%,羊发展到155970只,比上年增长7.7%,禽发展到5258.6万只,比上年增长11.3%。奶类总产量25663吨,其中:牛奶25400吨。禽蛋总产量121364吨。肉类总产量241474吨。

三、工业和建筑业 2012年,全口径工业总产值实现2877046万元,比上年增长18.7%。增加值实现610357万元,按不变价格计算,比上年增长13.1%。规模以上工业企业发展到52户,总产值实现1257772万元,比上年增长35.9%,增加值实现245634万元,按不变价格计算,比上年增长12.3%,主营业务收入实现1214231万元,比上年增长32.6%,利润总额实现17123万元,实缴税金12120万元%。

2012年,全市建筑业增加值实现263457万元,按不变价格计算,比上年增长27.8%。全市有资质建筑企业6户,建筑业产值实现36407万元。

四、民营经济 2012年,全市民营经济户数发展到69159户,比上年增长11.7%,从业人员达到262470人,比上年增长8.0%。民营经济总产值实现8520438万元,比上年增长26.7%。利润总额实现653418万元,比上年增长22.6%,实交税金84140万元,比上年增长21.5%,民营经济增加值实现2627149万元,按不变价格计算,比上年增长20.1%。民营经济增加值占全市生产总值的比重达到76.8%。

五、固定资产投资 2012年,全市共引进内资28.8亿元,引进外资5490万美元。全社会固定资产投资完成额1551237万元,比上年增长28.8%,其中:工业固定资产投资完成额800276万元,比上年增长30.1%。城镇固定资产投资完成额1493493万元,比上年增长24.0%,其中:工业固定资产投资完成额800276万元,比上年增长30.1%。房地产开发投资完成额57744万元,同比增长7.0%。

六、交通运输及邮电业 进一步完善客货运输网络和农村客运网络,运输保障服务能力极大提升。投资1.3亿元,建设农村屯屯通、户户通公路260公里。投资2亿元,完成科铁西线15公里中修工程、建设农村公路357公里、改造危桥12座。投资200万元,建成了松花江水域秀水腰围渡口等5个渡口。投资1500万元,新建公交公司办公楼一栋,总建筑面积3000平方米。投资5000万元,购置校车100台,已投入到24个乡镇使用。新开辟榆树至青岛长途客运班线,我市交通客运线路达到495条。

2012年,邮电业务总量达到42139万元,比上年增长6.5%,本地电话用户总数达到122132户,其中:农村电话用户总数达到77869户,其中:住宅用户66547户;市内电话用户达到44263户,其中:住宅用户42056户。移动电话用户总数达到709862部,互联网上网用户48718户。

七、国内贸易 2012年,全市社会消费品零售额实现937801万元,比上年增长16.7%。其中:批发、零售贸易业零售额实现721225万元,比上年增长13.5%,住宿、餐饮业零售额实现216576万元,比上年增长28.6%。

八、财政、金融、保险业 2012年,全市一般预算全口径财政收入128541万元,比上年增长27.9%,市本级一般预算财政收入100206万元,比上年增长33.9%,财政支出总计405150万元,比上年增长11.2%。

2012年,金融机构各项存款余额1387963万元,比上年增长17.5%,其中:城乡居民储蓄存款余额1091232万元,比上年增长22.2%;金融机构各项贷款余额1098357万元,比上年增长7.8%。

2012年,社会商业保险业蓬勃发展。全市保费收入32741万元,比上年增长24.2%;赔款、给付支出15348万元,比上年增长16.9%。

九、科学技术和教育 认真抓好"东北平原中部(吉林)春玉米、水稻丰产高效技术集成与研究"项目的实施工作。切实加强在建项目的实施和管理工作。以科技之冬、科技之春、送科技下乡、赶科普大集等多种形式,加快科技成果转化步伐。开展了"榆树市人才服务月暨专家博士百乡行活动专题讲座"。4月份,邀请长春市科协、长春教育局组办的"科普大篷车进校园"活动来榆树进校园展出。重新制定了"榆树市破坏性地震应急预案",加大了防震减灾知识的宣传力度。

在全省首推了"政府主导、部门联动、企业运作"管理模式,启动实施了中小学"校车计划",前后两期投入资金2700万元,购买校车90辆。全年共补充教师754人,其中补聘430人,招聘154人,申请"特岗计划"和"硕师计划"170人。充分发挥重点高中推荐生的杠杆平衡作用,扩大推荐生比例,把推荐生指标向农村、向薄弱校倾斜,稳定了农村初中生源,进一步调动了农村初中办学积极性。推进了"新标准学校"创建活动。切实加强了中、高考管理,加大了对非法销售高考作弊器材的打击力度。社会、考生、家长满意,维护了政府形象,促进了社会公平正义。制定出台了《学校安全管理办法<试行>》,实施了罚则制度,加大了安全工作检查指导力度。2012年我市高考再创佳绩,600分以上77人,重点本科进线773人,一般本科进线3244人,二级本科进线5068人。

十、文化体育和卫生 文体活动中心被省里推荐为"全国优秀全民健身中心",榆树市被吉林省象棋协会命名为"象棋之乡"。争取文化部、文化厅投资584万元,完成了24个国家标准的乡镇综合文化站建设任务。新打造省级农村文化大院68个,对已建成的农村文化大院进行规范化管理,全部达到"五有"标准。百镇千村农民健身工程有新进展。争取省体育局支持,为我市3个乡镇20个村配备体育健身器材245件。文体活动蓬勃开展。开展推广普及中华人民共和国第九套广播体操活动。文体局与总工会、市直机关工委联合举办了"农商银行杯"职工篮球、乒乓球赛。成立了31个文体产业协会。我市体育项目在国家级比赛中获金牌10枚、省级比赛获金牌27枚,长春市级比赛获金牌22枚。我市的举重项目在全省县级城市中位居首位。

广播电视充分利用无线、有线、多路微波等技术手段,大力推进广播电视通村入户工程。新闻内容贴近群众。在及时有效宣传市委、市政府中心工作的基础上,精办时政新闻,增加社会新闻,扩大经济新闻,强化民生新闻。新建成的数字影院功能齐全,填补了我市没有数字影院的空白。建成了制播一体化系统,实现了数字化播出。交通文艺广播不断创新改版,本地特色节目增加,服务、娱乐和教育功能进一步显现。"两台"节目在省市评比中,有35件获得一、二、三等奖。有线电视以"满意客户、感动客户"服务为宗旨,服务质量整体提升。2012年末,我市城乡网络数字用户达到21.5万户。

卫生系统认真开展"三好一满意"活动,全面提高医护人员服务水平和服务质量。2012年我市新农合参合97,5899人。社区居民建档、健康教育、妇幼保健、老年人保健、慢病管理、传染病防治六项基本公共卫生服务项目进展顺利。对2012年以来凡在广播、电视做过医疗广告的医疗机构进行全面核查。按照《吉林省乡镇卫生院预防接种门诊建设标准》的要求,遵循科学设置、规范化管理的原则,达到乡镇预防接种门诊全覆盖。

食品药品监督、技术质量监督、工商行政管理、行政执法、卫生防疫、酒类管理等部门积极履行行政执法职能,积极开展"安全建设年"活动,深入开展源头打假工作,加大对医药、食品卫生质量监督检查管理和治理力度,有效地控制了假冒伪劣产品流入市场,保护了消费者合法权益,整顿和规范了市场经济秩序。

十一、人口和人民生活 2012年末,全市总人口达到1307748人,比上年增长0.13%。其中,农业人口1100501人,比上年增长0.11%;非农业人口207247人,比上年增长0.21%。全市总户数432414户,其中农业户数321138。人口自然增长率3.22‰。

2012年,城镇居民人均可支配收入16211元,比上年增长8.3%;全市非私营单位在岗职工年平均工资31812元,比上年增长15.9%;农民人均纯收入实现11001元,比上年增长29.9%。

十二、劳动就业和社会保障 2012年,市委、市政府积极实施扩大就业的发展战略,推进全民创业促就业进程。全年共开发就业岗位7017个,城镇新增就业6056人,城镇失业人员再就业人数达到2119人,安置高校毕业生就业614人,征集创业项目150个,农村劳动力转移就业50.38万人,劳务经济收入达到83亿元,政府全年社会保障和就业补助支出69426万元。参加基本养老保险职工45347人,参加基本医疗保险职工83369人,参加失业保险职工40272人,城镇居民最低生活保障31995人,农村居民最低生活保障57823人,参加农村合作医疗保险975899人。城镇居民医疗保险参保182536人。

十三、生态环境保护 继续实施"蓝天工程",大气环境质量稳步提升。巩固"碧水工程"成果,集中式饮用水和境内流域水质保持安全稳定。对城市饮用水源和境内"一江三河"段面开展常规性监测。境内"一江三河"流域水质稳中有升,城市集中饮用水质达标率为100%。打造"安静工程",区域噪声功能进一步改善。开展了"绿色护考"行动,为中高考考生营造了安静舒适的应试环境。发挥联动合力,组织环保、工商、公安等部门开展联合执法行动6次,集中组织监察执法人员开展了专项检查11次,突击检查8次,检查重点企业和业户1035户,有力地震慑了环境违法行为。构筑信息共享平台,推进"绿色信贷"机制。深入推进"生态工程",生态建设与农村环保迈上新台阶。全市28个乡镇(街)、388个行政村、445个自然屯开展农村深度治理工作,取得了明显的示范效应。弓棚镇水泉村、五棵树合发村等34个村被命名为长春市级生态村,创建榆树市级生态村48个。

【德惠市】德惠市位于吉林省中北部,松辽平原腹地,全市幅员面积3435平方公里,辖12个镇、4个乡、4个街道办事处,308个村,全市总人口为93.5万人,设有省级经济开发区、省级工业集中区、长德新区各一处。德惠区位优越,交通便捷。市区位于长春、吉林、哈尔滨三大城市之间,距长春龙嘉国际机场85公里、哈尔滨机场173公里、大连港700公里。南北物流大动脉京哈铁路、102国道和同三高速公路平行纵贯境内百余公里,哈大高速铁路预计今年正式通车,并留有出口,县乡级公路联接成网,四通八达。境内有"一江四河",沿第二松花江航道,可上溯吉林市,下经哈尔滨市、佳木斯市至同江口岸。

2012年,全年地区生产总值完成343.4亿元,同比增长11.1%,其中第一产业完成65.4亿元,同比下降1.7%;第二产业完成135.3亿元,同比增长13.2%,第三产业完成142.7亿元,同比增长13.1%;规模以上工业产值实现375.2亿元,同比增长29.0%;一般预算全口径财政收入实现17.7亿元,同比增长32.4%。其中地方级财政收入实现11.8亿元,同比增长34.8%;全社会固定资产投资实现197.0亿元,同比增长38.2%;社会消费品零售总额实现94.7亿元,同比增长15.7%;城镇居民人均可支配收入实现16948.49元,同比增长12.2%;农民人均收入实现9465.72元,同比增长16.7%。

(一)经济发展空前强劲。本着"高端化、集约化"原则,积极引进高质量项目,提升传统产业,培育新兴产业,经济结构呈现产业体系逐步健全、板块格局逐步清晰的良好局面。

项目质量大幅提高。坚持高起点、高标准,引进了一批大项目、新项目和税源项目,项目规模、效益和科技含量显著提高。全市(不含长德新区)共引进项目227个。其中,超亿元项目31个,超10亿元项目4个。圣泉集团酚醛泡沫板材项目投产后运营良好。增加我市农民收入6亿元,实现税收5亿元,安排就业1万余人。大成公司通过设备更新和技术改造,赖氨酸年产量达到30万吨,市场份额占全球三分之二以上,拥有产品国际定价权。20万吨赖氨酸硫酸盐项目生产车间已建成使用。中国航天海鹰集团、长春安可精密电子有限公司、卡尔蔡司夹具系统长春有限公司、长春蓝天高新技术密封材料有限公司的产品广泛用于航天、军工、通信等领域,部分技术达到国际先进水平。

经济园区承载能力显著增强。德惠经济开发区新建、续建工业项目42个。现入区企业达到168户。其中,工业企业115户。米沙子工业集中区完成招商引资28.4亿元,新建项目46个。其中,超10亿元的项目8个,超亿元的项目15个。高速公路出口工程主体完工。在全省集中区评比中,综合实力位列第一。长德新区共投入资金30亿元,40平方公里基础设施建设全面启动,"七横五纵"路网正在建设,100万平方米回迁楼已入住。总投资260亿元的东北亚国际医药港等16个项目已经落位。大成(德惠)生化工业区架设了66千伏双回线路,建成了陆港及铁路专用线。朱城子食品加工产业园新拓展2平方公里。总投资6.6亿元的达利休闲食品、饮料扩建项目完成投资6.3亿元,新上休闲食品生产线8条,改造饮料生产线2条。汇商健康产业园和汇商新型建材产业园已有5户企业入驻。万宝化工产业园规划、建设1平方公里,昆仑能源、昆仑利用、珈士濠玄武岩纤维项目已成功签约。

主导产业的板块经济初步形成。2012年,通过经济战线的共同努力,支撑县域经济发展的特色产业板块更加鲜明,初步形成了以泉林、大成、达利、德大为代表的农产品加工业板块;以天林工贸、大华机械、东方机械为代表的汽车配件产业板块;以圣泉倍进、都邦药业、银河制药为代表的医药化工业板块;以长春建工、鑫雨水泥、昌驰混凝土为代表的建材业板块;以香江物流、海洋物流、德惠物流园区为代表的物流业板块,使德惠经济结构更加优化,逐步向有序集聚、科学集约的方向转变,形成了多轮驱动、各业竞相发展的良好格局。

(二)城乡建设步伐不断加快。投资6.8亿元,修建城区道路31条,总面积61.3万平方米。影响城市发展的振兴街(民族路－松柏路)、东风路(新华街－光明街)、新华街(松柏路－环城路)等15个重要节点全部打通,"内路成网、外路成环"的路网格局基本形成,通达能力得到全面提升。4平方公里的东部新城初具雏形。高铁德惠西站已竣工,高速铁路已试运行,站前广场完成初步建设,3.5平方公里的西部新城框架已经形成。南部环保工业区、北部工业集中区已有近百个项目落位,新收储土地90公顷。东部行政、西部商住、南北工业支撑的城市发展框架基本拉开。建设同太、朱城子等变电所8座,改造10千伏线路197公里,新建输电线路125公里。改造危桥16座,修建农村公路129.5公里,通村率达到99.7%。

(三)农业生产能力稳步提高。坚持用工业化思维谋划农业,提升农业产业结构层次,农村经济呈现结构趋优、效益提高的发展态势。

种植业高效发展。积极推进粮油高产创建整体推进县项目,建设粮油高产创建示范片25个,辐射带动面积320万亩。园艺特产业种植面积发展到35万亩。粮食总产量达到43.7亿斤。

现代畜牧业健康发展。牧业生产抵御了市场波动,新建、扩建标准化牧业小区66个,完成9个乡级畜牧站建设任务。肉鸡出栏达2.4亿只,规模化饲养蛋鸡达450万只,生猪发展到300万头。

农业基础设施逐步加强。完成了塘沽围堤一期度汛工程、2011年重点县尾工工程和伊通河护岸工程,推进了中小河流沐石河治理、塘沽围堤二期工程和松沐灌区节水改造与续建配套工程。植树造林250公顷,50个村屯绿化工作全部通过省里验收。完成深松整地80万亩、保护性耕作22万亩。公共气象服务体系和农村气象灾害防御体系逐步完善,气象服务能力进一步提高。

新农村建设水平全面提升。实施了新农村建设示范提升工程,动员社会各界力量,投入4660万元,重点打造了6个样板村。共完成省级新农村建设项目31个,促进了公共基础设施建设和公共服务向农村延伸,实现了新农村建设重点推进、整体提升。

(四)民生福祉得到全面提高。年初制定的10大类100项民生行动计划任务全部完成,围绕民生工作总投入超过20亿元。社会建设呈现统筹协调、全面进步的和谐局面,百姓的幸福感进一步增强。"十件惠民实事"全部完成年度任务。东部新城惠民公园已完成沐德湖土方工程;"引松入德"工程德惠净水厂已完成设备安装和调试。城区供水管网铺设2332延米;新建农民科学储粮仓10000套;学校资源整合建设工程,三中、五中、特殊教育学校建成投入使用;完善城乡文体设施工程,共打造6个乡镇文化站、40个村级文化活动室、52个文化大院、2个社区文化室,建立文化信息资源共享工程站点102个。改造了体育场,更新了彩砖并新建了大理石面旱冰场。福利中心整合任务全部完成,集中供养人员生活标准提高到年人均3700元;光网德惠建设工程,完成了36个小区光纤网络建设,现已接入5000余户。城区数字电视用户达到3.8万户,建设农村有线电视网主干线300公里。德惠西综合客运站建设工程进入征地实施阶段;东部新城路网建设工程已有德福街、惠民路等6条街路竣工通车;老城区及西部新城道路建设工程,新华街(松柏路-环城路)、德惠路(迎新街-环城路)、东风路(新华街-光明街)全部通车;松柏路拓宽改造工程,拓宽102线至西立交桥段1800延米,主路宽达到33米,新安装和改造路灯750盏。绿化改造3600延米,栽植灌木46万株,乔木2700余株;供热资源整合工程,完善了城区供热管理办法,整合、撤并小供热站及问题站10余个。完成"暖房子"工程66万平方米。

各项民生实事高质量推进。在生存性民生上,就业再就业工作成效明显,城镇新增就业岗位6750个。职工养老保险、失业保险参保扩面工作均超额完成任务。新型农村社会养老保险达到33.7万人,参保率位居全省前列。城镇居民社会养老保险做到了应保尽保。在全省率先开展了新的被征地农民养老保险,受益农民近万人。在确保城镇职工和居民基本医疗保险实现全覆盖的基础上,提高了最高报销支付限额,城镇职工、城镇居民、中小学生基本医疗保险支付最高限额分别达到9万元、6万元和10万元。发放城乡低保金1.15亿元,基本实现了应保尽保。完成廉租房建设3万平方米。在发展性民生上,第七中学等43所新建校舍投入使用。完成19所中小学操场改造任务。新建了朱城子和米沙子中心小学幼儿园,将第五小学改造成为市第二幼儿园。义务教育均衡发展成效显著,代表长春地区接受省督查组检查,并通过验收。高考一般本科进线率连续六年、重点本科进线率连续两年居长春外县市首位。筹资5000余万元,解决了城市街道社区办公用房问题。运行路线覆盖全市的74辆校车运营顺利,更新更换出租车667台。市医院运行状况好于预期。传染病防控工作效果明显。医药卫生体制改革顺利推进,在乡镇卫生院全面实施基本药物制度,药品价格平均下降20%。新农合基金累计支出1.9亿元,使用率达90%以上。农村饮水安全工程铺设管网80万米,新解决了7.4万农村人口饮水不安全问题。市殡仪馆及烈士陵园迁建项目近期投入使用,文化公园正在土地整形。文化体制改革和创建国家级公共文化服务体系示范区工作深入推进。成功举办了中小学生第48届运动会暨第六届艺术节和首届农村、社区文化艺术节。科技兴市富有成效,我市被科技部确定为国家知识产权试点县。深入开展了创建幸福家庭活动,完善了"五星级幸福家庭"标准。广播电视事业进一步发展,舆论宣传作用得到充分发挥。

【南关区】2012年,在区委的领导、区政府正确领导下,积极转变经济发展方式,突出"服务业立区",着力提高经济运行质量,全区经济发展情况良好。

一、综合 初步核算,全年国内生产总值198.19亿元,比上年增长11.2%。其中,第一产业增加值0.19亿元,下降16%;第二产业增加值24.56亿元,增长25.55%;第三产业增加值173.44亿元,增长9.4%。第一产业增加值占国内生产总值的比重为0.1%,第二产业增加值比重为12.4%,第三产业增加值比重为87.5%。

全年全口径财政收入40亿元,比上年增加9亿元,增长29%;其中区本级财政收入7.39亿元,增加1.29亿元,增长33%。

二、农业 全区耕地面积600公顷,比上年减少520公顷。全年粮食作物总产量2500吨,其中玉米2000吨。全年肉类总产量608吨,其中猪肉产量538吨;牛肉产量28吨。农林牧渔业总产值完成3290万元,其中农业产值678万元,牧业产值2007万元。

三、工业和建筑业 区属规模以上工业企业鼎丰真食品有限公司实现工业总产值4930万元,增长13.8%。全年三级以上资质建筑业企业177户,比上年增加68户,实现建筑业总产值69.74亿元,增长155.93%。

四、固定资产投资和招商引资 全年全社会固定资产投资130亿元,比上年增长34.4%。其中,房地产开发投资94.67亿元,比上年增长5.2%。全年招商引资引进内资30亿元,同比增长20%,利用外资5000万美元。

五、商贸和服务业 传统商贸业规模档次不断提升,经营业态日趋丰富,全区社会消费品零售总额完成101.8亿元,同比增长16.3%。现代服务业发展迅速,以金融业为代表的高端业态快速集聚,银行、信托、保险等各类机构入驻已达150多户;楼宇经济和总部经济不断壮大,已建成达效商务楼宇35座,入驻企业2300余户。

六、民营经济 民营经济进一步发展壮大,新增民营企业3140户,私营企业户数达到9100户,增长52.17%,个体工商户达到16000户,增长47%,民营增加值完成150亿元,增长42.86%。

【宽城区】2012年宽城区在区委、区政府的正确领导下,紧紧围绕深度改造、加快崛起、富民强区的目标,深度推进"六区一城"建设,全区经济和社会各项事业取得大发展。

——综合实力进一步增强。经初步核算,全年实现地区生产总值191.7亿元,比上年增长12.0%。其中,第一产业增加值1.7亿元,比上年增长1.6%;第二产业增加值51.1亿元,比上年增长15.9%;第三产业增加值138.9亿元,比上年增长10.8%。产业结构得到进一步优化,三次产业比重分别为0.9%:26.6%:72.5%。

全口径财政收入完成31.3亿元,比上年增长25.0%,地方财政收入完成8.0亿元,比上年增长14.3%。全年税收收入完成28.6亿元,比上年增长30.7%。其中,增值税完成6.5亿元,比上年增加75.9%;营业税完成9.5亿元,比上年增长14.7%;企业所得税完成6.5亿元,增长13.1%。地方财政支出18.9亿元,比上年增长5.7%。其中,教育事业费支出5.0亿元,比上年增长33.5%;社会保障和就业支出1.5亿元,比上年增长65.9%;医疗卫生支出1.2亿元,比上年增长1.1%;一般公共服务支出4.4亿元,比上年减少9.6%;城乡社区事务支出2.9亿元,比上年减少4.3%。

——全年农作物播种面积6044公顷,比上年减少1.3%。其中,粮食播种面积4000公顷,比上年增加7.7%;蔬菜播种面积1908公顷,比上年减少20.9%,分占总播种面积的66.2%和31.6%。2012年,粮食总产量达1.2万吨,由于粮食播种面积增加,产量增加明显;蔬菜产量达到4.9万吨,由于播种面积下降,产量比上年减少30.0%。

2012年全区畜牧业生产受各方面条件的影响,发展有所下降。肉类总产量0.8万吨,比上年下降42.9%;奶类产量0.9万吨,比上年下降90%;禽蛋产量0.5万吨,与上年基本持平;肉猪出栏3.7万头,比上年下降70.4%;家禽出栏95.1万只,比去年下降17.2%

——2012年,由于规模以上工业销售额提高到2000万元,我区规模以上工业企业变为35户;完成工业总产值27.0亿元,比上年增长20.4%;工业产品销售率达到了99.9%,比上年提高了2.0个百分点;产品销售收入完成25.2亿元;实现利润总额0.6亿元。

——完成固定资产投资186.0亿元,比上年增长30.1%。

——实现社会消费品零售总额189.9亿元,比上年增长15.4%。

——招商引资工作成效显著。实际利用外资5560万美元,比上年增长13.7%;引进内资项目235个,引进内资总额44.4亿元。其中,投资亿元以上项目38个,占项目总数的16.2%;在引进内资项目中,工业项目37个,占项目总数的15.7%。

——全区城市基础建设改造步伐加快,改造效果显著。市、区两级政府投入资金7965万元,完成大、中修道路9条,新建道路面积10.1万平方米,并为社区铺设方砖步道总面积0.76万平方米。2012年末,全区道路总面积达274.0万平方米,道路总长度达207.8公里,道路完好率达91.1%。

城市绿化水平不断提高。绿化面积达946.8公顷,绿化覆盖率达38.0%。

——全区列入市级各类科技发展计划项目14项;获得市级科技进步奖5项;共有区外高新技术企业6户;企业中通过ISO系列标准认证的有48家;全年专利授权数406件;全年科学技术支出1868万元,比上年增长24.7%。

教育工作稳步推进,教育事业健康有序发展。全区共有初中11所,在校学生1.0万人;小学27所,在校学生2.0万人;职业高中1所,在校学生0.2万人。义务教育发展指标持续巩固,小学适龄儿童入学率达100.0%,毕业率达到100.0%;小学毕业升入初中比例为100.0%,毕业率达到100.0%。教师队伍素质再度提高,在专任教师中,中学专任教师本科以上学历者占94.6,比上年提高0.9个百分点;小学专任教师专科以上学历者占96.7%,比上年提高1.6个百分点。

——2012年图书馆藏书14.5万册,全年接待读者14.2万人(次)。

2012年末,全区共有区属卫生医疗机构272家,可开放床位数1795张。平均每千人拥有病床数为4张,病床使用率达到42.0.0%。卫生技术人员1923人,其中,注册执业医师955人。诊疗人次数为108千人次。

体育事业蓬勃发展。2012年,全区体育场所拥有量达到20个,社区体育设施拥有量达到100件,举办群众性体育活动25次,参加群众性体育活动人数达13万人次。

——环境保护事业持续发展,加大了对污染企业的整治力度,环境质量得到明显改善。2012年全区共投入环境保护资金5134万元。改造排污管网2151延米,生活垃圾无害化处理26.7万吨。烟尘控制区总面积78.51平方公里,烟尘控制区覆盖率达100.0%,烟尘排放达标率96.0%。环境噪声达标区覆盖率77.0%。清洁能源使用率92.0%。

——2012年末,全区户籍总人口为37.7万人,其中,男性为18.6万人,女性为19.1万人,非农人口32.2万人。总户数15.4万户。出生率8.65‰,死亡率4.20‰,自然增长率4.45‰;

农村居民人均纯收入6773元,比上年增长18.4%。

2012年,全区开发各类用工岗位1.5万个,新增1.3万人员就业,其中安置下岗失业人员实现再就业0.89万人,城镇登记失业率控制在4.0%。

2012年末,全区有48445名企业退休人员实行了社会化管理,社会化管理率达100.0%。全区共有1.1万人得到最低生活保障,全年共发放保障金5148万元。全区重点优抚对象1146人,发放抚恤款411万元。通过活动募集善款162万元,全区共有社会福利机构39家,床位1817张。

【朝阳区】2012年,全区地区生产总值实现359亿元,同比增长16%;全口径财政收入实现60.1亿元,同比增长23%,其中本级财政收入实现9.9亿元,同比增长20%;规模以上工业产值完成116亿元,同比增长20%;服务业增加值实现272亿元,同比增长17%;社会消费品零售总额实现502亿元,同比增长18%;引进内资45.2亿元,同比增长20%,利用外资7500万美元,同比增长19%;固定资产投资完成193.6亿元,同比增长39.2%,其中工业投资完成55.03亿元,同比增长41.1%;农村经济总收入实现18亿元,同比增长15%,农民人均纯收入实现9198元,同比增长15%。

(一)采取有效工作措施,切实抓好经济运行

2012年朝阳区完善经济运行机制,坚持月调度、季分析、经济运行预警、约谈和重点企业走访制度,以月保季,以季保年。加强沟通协调能力,获得更多要素支持,为79户企业(社会事业类项目46个)申报11大类专项资金2000万元,电影博物馆项目获国家扶持资金2亿元,审批项目124件,新入统及市直报一汽四环毯业有限公司等企业纳入朝阳区统计口径范围;通过举办购物节、旅游节等活动,活跃市场氛围。

(二)全力推进项目建设,投资规模稳步增长

成立了朝阳区推进项目建设考核工作领导小组,制定出台《朝阳区项目建设管理办法》。全年批转项目办理单38件,现场办公12次,涉及项目58个,企业用电、明沟改造、土地征收等61个问题都得以顺利解决,有效推进项目进程,使年初计划开工、总投资544亿元的75个项目全部实现开工建设。卓展扩建、绿地蓝海、兆丰国际等一批重点建设项目达产运营;凯悦酒店、电影文化主题广场、中泰海洋世界、万科柏翠园、融大天玺、福耀(长春)巴士玻璃等一批项目进入快速建设期;万达中心、欧亚购物中心、欧亚卖场扩建、卫星路商务楼宇、大连圣海、集商国际城市商业综合体、广东大厦等一批项目进入启动建设期。

(三)加大招商引资力度,增强经济发展后劲

对辖区内闲置资源和可开发地块进行全面梳理,整理资源面积379万平方米,包装重点项目74个,对外进行推介。年初以来,利用夏洽会、东盟会、东博会等契机,赴北京、南京、芜湖、沈阳、大连、广西等地进行商务考察和招商活动,接待来自韩国、北京、天津、深圳等各

地考察团200余人次，与南京苏宁、大连中海、江苏润恒、深圳华强、上海绿地、江苏高力、北京中关村管委会、星巴克公司、上海企业家考察团和外地各大驻长商会等进行了深入的接触。实现了与富士康玉山新天地、永辉超市、吉林广东大厦、远创未来城等重大项目的签约，签约总额136.8亿元。同时积极围绕“四大投资主战场”，瞄准世界500强和重大战略投资者，主动出击，定点跟踪。

(四)强化服务企业意识，优化经济发展环境

加强市双百、省千户成长型企业调研工作，有9户企业申报市百户成长型企业，17户企业申报市百强企业。聘请专家为企业开展法律、融资、企业管理等辅导，提升了企业整体素质。组织企业申报贷款贴息、战略性新兴产业、服务业发展等专项资金。开展走访企业、建立企业服务QQ群等活动，加强服务企业力度，给企业提供良好的发展环境。成立了朝阳区中小企业服务联盟，构建了人才培训、融资担保、创业咨询、电子商务、法律维权等服务体系。开展银企对接活动，通过举办座谈会、对接会等形式，探索企业融资渠道，区政府与光大银行、建设银行建立了中小企业融资服务战略合作伙伴关系，共为企业提供贷款8.2亿元。成立10家小额贷款公司，贷款额度达3亿元。

(五)科学合理制定规划，现代服务业快速发展

完善体制机制，成立了服务业发展局，与经济局合署办公，强化了服务业管理职能。编制完成了朝阳区服务业发展规划、特色街区发展专项规划、同志街时尚文化休闲街区发展规划，制定了“掘金、南下、强树”计划、特色商业街区建设、国家电子商务示范基地实施方案，向商务部申报了国家级示范中央商务区。孵化器建设取得新进展，万易大学生创业园、金谷鸿业孵化器、安华孵化器、吉林青年创业园内在孵企业151个，华洋教育产业园入驻率90%。目前，欧亚e购正式开通运营，年营业额可达亿元以上，新引进东北主流粮仓网、吉林省天亿寐文化传播有限公司等创意企业21户，谋划亿元以上服务业项目121个，已获批城市商业综合体3个，申报城市商业综合体2个，谋划城市商业综合体项目6个。

(六)加快园区载体建设，全面启动永春新区

投资1300万元，完成开发区内部分道路续建、供水、排水、绿化工程，基本满足入驻企业需求。为加快项目开工，召开市土地、规划、发改、建委等相关部门参加的服务要素对接会、现场办公会，开展前置手续办理流程培训，进行分类指导，为企业争取工期。为提高土地利用效率，收回占而未建土地13万平方米，其中7万平方米已开工建设。支持重点企业加快发展，为长春华维汽车部件公司金山汽车部件项目落实用地1万平方米，为长春一汽四环制动器有限公司新征地块3000平方米，利用开发区融资担保平台，为20余户企业融资3.89亿元。积极推进富锋新城开发建设，完成了A、B地块控制性详规的衔接与调整和C区控制性详规编制工作，吉塔集团20万平方米回迁房已全面开工建设，预计年底主体完工。编制完成永春新区总体规划和控详规，镇域土地利用调整有序进行，积极推进大学城建设，目前有6所大学有意向进驻。洽谈对接了欧亚储备中心、润恒物流、北京东方时尚汽车售后服务园区等一批项目。

(七)调整农业产业结构，农村经济不断发展

编制完成了现代都市观光农业示范区发展规划，制定了千顷蔬菜基地三期建设方案，完成了选址。计划投资1.007亿元开展乐山土地综合整治工程，计划投资1000余万元开展农村环境连片整治示范建设。落实农村村屯整治资金100万元、农机具购置补贴100万元，建设标准化畜禽养殖小区(场)16个，新增露地菜200公顷、苗木花卉100公顷，农民专业合作社增加到31家，修建乡村道路48公里，养护农村公路120公里，组织农民专题培训25次，发放科普宣传资料20000份。

(八)民生工程扎实推进，社会事业和谐发展

构建大就业格局。开发城镇就业岗位12580个，城镇新增就业10800人，异地转移就业1009人，城镇登记失业率控制在4%以内，保持零就业家庭动态为零。

完善大救助体系。开展长江爱心助学基金、三帮扶、代理妈妈等活动，努力构建全方位、广覆盖、多层次的社会救助体系，发放救助金3447万元。

实施大教育战略。投资3700万元建成永春镇九年一贯制寄宿学校及中心幼儿园；投资150万元，对农村校车实施补贴，签订校车安全管理工作责任书，规范校车管理；南湖小学成为全市特殊教育培训基地；开展名师评选活动，发挥名师带动作用，提高教师教学水平。推进创新朝阳发展，建立朝阳区产学研合作促进会。

实施大健康目标。成立健康联盟，提高全区人民健康水平，“八免七减”救助8478人次，社区家庭医生签约服务家庭42671户；稳定低生育水平，提高人口素质，人口自然增长率稳定在1.81‰，政策生育率99.3%。

推动大文化建设。积极开展公共文化服务体系示范区建设，新增4个文化大院和7个文化站，投资148万元改造图书馆，组织大型文体活动150余场，完成1500人国民体质监测工作。构建大幸福社区。按照“十加六”总体创建思路，投资310万元，建立和完善社区网格化信息系统和网络化服务体系，新增幸福社区5个，总数达到28个。

推动大环境建设。投资2250.22万元，新建街路4条，新增绿化面积3.1万平方米，绿化覆盖率44.13%。

实施大平安建设。开展40天安全生产集中大检查，排查安全隐患18185处。每月开展局长接待日活动，共接待来访群众648人次，处理问题101件，办复率100%。新增“天网工程”社会监控探头105个，化解纠纷91起。

明年是贯彻落实党的十八大提出宏伟目标的起始年，肩负着光荣的使命。我们将在区委的正确领导下，开拓创新，克难攻坚，扎实工作，加快推进朝阳二次创业步伐，为全面完成各项任务而努力奋斗！

【二道区】二道区现辖6个街道、1个物流园区、1个镇共有35个社区、8个行政村，面积452.02平方公里。总人口为302787人，其中非农人口为276304人，人口自然增长率为5.19‰。区内交通便利，哈大高速、102国道、长吉南线、长吉北线、长营、长哈、长沈、双九等公路，长－双－烟铁路均经过二道区，是长春市向北延伸和向省内周边城市地区辐射的出入口。全省唯一的内陆港座落区内，有48条铁路专用线和数十座仓储库。

2012年，二道区国民经济保持平稳较快的增长态势，全区年度生产总值(GDP)增速首次跃居长春市五城区第一，高出长春市2个百分点。

全年二道区各行业运行基本情况

一、生产总值(GDP)

全年二道区 GDP 完成 122.45 亿元,完成市里下达年计划 116 亿元的 105.6 %,现价增长 14.2%,按可比口径同比增长 14%。其中第一产业达到 0.41 亿元,按可比口径同比减少 0.6%,第二产业达到 41.4 亿元,按可比口径同比增长 16.7%。其中工业为 27.6 亿元,同比增长 11.8%。建筑业达到 13.8 亿元,按可比口径同比增长 28.9%;第三产业达到 80.64 亿元,按可比口径同比增长 12.7%。三次产业比重为 0.3∶33.8∶65.9。

二、固定资产投资运行情况

固定资产投资累计完成 118 亿元,同比增长 36.1%,完成全年投资任务的 103.5%。其中:城镇固定资产投资完成 39.9 亿元,占总投资额的 33.8%;房地产完成投资 78.1 亿元,同比增长 2%,占全年投资额的 66.2%。

从全年投资完成情况看,全区工业投资完成 10.2 亿元,占全年投资额的 8.6%;三产投资完成 107.8 亿元,同比增长 28.8%,占全区总投资额 91.4%。其中:房地产投资完成 78.1 亿元,占三产投资额的 72.4%,其他三产投资完成 29.7 亿元,占三产投资额的 27.6%。今年全年,在二道区投资开发的地产项目中已开工建设的项目有 30 个,其中续建项目有 22 个,本年新开工项目有 8 个。截止 12 月末,30 个地产项目有 26 个项目上报了投资数据。目前累计完成了 78.1 亿元,占全年投资总额的 66.2%。

三、消费品市场

二道区全年完成社会消费品零售总额 146.52 亿元,同比增长 16.33%。

(注:本文中生产总值、各行业增加值增长速度和贡献率均按不变价计算,其他经济指标绝对值及增长速度均按现价计算。)

【绿园区】2012 年,在区委、区政府的正确领导下,全区上下团结拼搏、争先创优、开拓进取、扎实工作,继续保持了国民经济健康快速发展,社会事业全面进步,城乡居民生活水平不断提高。

一、综合 国民经济持续快速发展,综合经济实力明显增强。2012 年,全区实现生产总值 180.5 亿元,比上年同期增长 12.0%,其中,第一产业完成增加值 3.3 亿元,比上年同期增长1.8 %;第二产业完成增加值 119.7 亿元,比上年同期增长 15.0%,;第三产业完成增加值57.5 亿元,比上年同期增长 8.6%。三次产业比重为 1.8∶66.3∶31.9。

二、农业 2012 年,全区实现农林牧渔业总产值 70963 万元,比上年同期下降 21.0 %。其中,农业产值 40611 万元,比上年同期增长 43.0 %;林业产值 3922 万元,比上年同期增长 638.1%;牧业产值 22849 万元,比上年同期下降 13.1 %;农林牧渔服务业产值 3581 万元,比上年同期增长 6.5%。

2012 年全年粮食播种面积 4382 公顷,粮食总产量达 37579 吨。蔬菜播种面积 5481 公顷,总产量 223092 吨。葡萄发展到 2315 公顷,花卉苗木 3 公顷。全区完成造林面积 150 公顷,栽植各类苗木 51 万株。规模饲养户达到 702 户。肉类总产量达到 6091 吨,比上年增长 11.2 %;禽蛋产量 9050 吨,比上年同期增长 5.4%。

三、工业、建筑业 工业经济快速发展,整体水平明显提高。2012 年,全区实现区属口径工业总产值 230 亿元,比上年同期增长 23.3%;完成全口径工业增加值 101.2 亿元,比上年同期增长 15.6%,其中,全口径规模以上工业增加值完成 93.4 亿元,比上年同期增长 16.2 %。工业产销衔接良好,产品产销率达到 99.68%。

建筑业稳步发展。随着城市建设规模的扩大、棚户区的改造,以及道路的建设,为建筑业带来了发展商机。2012 年建筑业完成增加值 18.5 亿元,比上年同期增长 10.3%。

四、固定资产投资 固定资产投资增势强劲。2012 年,全区固定资产投资整体呈现出投资快速增长、投资规模扩大、投资结构改善的发展态势。2012 年,全区固定资产投资开工项目 115 个,其中工业项目 93 个。完成全社会投资 185 亿元,同比增长 33.6%,其中,完成工业投资 96 亿元,同比增长 33.8 %。

五、国内贸易、国外贸易 2012 年,全区实现社会消费品零售额 75 亿元,比上年同期增长 12.7%。全区各类市场发展到 70 个。营业面积 1 万多平方米的大自然鱼鸟花市落户正阳街道的皓月大路与春城大街交汇处,该市场的运营极大地促进了全区商业的发展。占地面积 16.5 万平方米,建筑面积 10 万平方米的长春蔬菜中心批发市场运营顺畅。四季青市场、春城综合市场、娜奇美综合市场、欧亚春城店等几个大型商贸网点发展状况较好。万福街小吃一条街正在逐步形成。

对外贸易继续平稳发展。2012 年,实现出口额 1.0 亿美元。

【双阳区】双阳区位于长春市东南部,是长春市幅员最广、人口密度最小、生态环境最佳、自然资源最丰富、发展空间和发展潜力最大的新城区。东濒饮马河与永吉县隔河相望,南与磐石市为邻,西与伊通县接壤,北与南关区、二道区相连。区政府驻西双阳大街 599 号,距离长春市中心城区 37 公里,距长春龙嘉国际机场 60 公里。全区幅员 1677.42 平方公里,占长春市区总面积的 46.8%。全区辖 1 个乡、3 个镇、4 个街道。总人口 38.32 万人,其中,农业人口 28.53 万人。有满族、回族、朝鲜族、蒙古族等 20 个少数民族。有民族乡 1 个,民族村 17 个。一、经济总量初步核算,全区实现地区生产总值 172.07 亿元,按可比价格计算,比上年增长 12.4%。分产业看,第一产业实现增加值 17.96 亿元,增长 1.2%;第二产业实现增加值 81.41 亿元,增长 14.8%;第三产业实现增加值 72.70 亿元,增长 12.7%。按户籍年平均人口数计算,人均生产总值达到 44479 元,比上年增长 14.0%。三次产业的结构比例为 10.4∶47.3∶42.3,非农产业比重达到 89.6%,比上年提升 0.7 个百分点。第二、三产业对经济增长的贡献率分别为 57.4% 和 41.5%,拉动经济增长分别达到 7.1 和 5.1 个百分点。

表 1:双阳区生产总值

单位:亿元

	2012 年	比上年增长(%)
地区生产总值	172.07	12.4
第一产业	17.96	1.2
第二产业	81.41	14.8
工业	62.03	11.3
建筑业	19.38	28.9
第三产业	72.70	12.7
#交通运输、仓储及邮政业	15.74	11.6
批发和零售业	14.69	13.4
住宿和餐饮业	7.25	7.7
房地产业	5.77	8.8

二、财政收入与支出

全区一般预算全口径财政收入达到130193万元,比上年增长27.9%;地方财政收入72077万元,增长20.8%;区本级财政收入40468万元,增长21.2%;全年税收收入28782万元,增长16.9%。全区财政一般预算支出180124万元,比上年增长8.0%。

表2:2012年财政一般预算支出情况

单位:万元

	2012年	比上年增长(%)
财政一般预算支出	180124	8.0
一般公共服务	18928	22.0
教育	47006	35.2
社会保障和就业	29795	14.8
医疗卫生	17398	7.4
环境保护	4135	8.1
城乡社区事务	19284	12.4
农林水事务	20252	-28.8

三、农业

全年实现农林牧渔业增加值17.96亿元,按可比价格计算,比上年增长1.2%。其中,实现种植业增加值8.55亿元,增长19.9%;林业增加值0.08亿元,增长101.9%;牧业增加值8.50亿元,下降13.8%;渔业增加值0.41亿元,增长35.1%;农林牧渔服务业增加值0.42亿元,增长1.5%。

全区粮食作物播种面积为89126公顷。其中:玉米播种面积69954公顷;水稻播种面积11463公顷;大豆播种面积1007公顷。全年粮食总产量48.25万吨,比上年增长17.7%。其中:玉米产量为38.01万吨,比上年增长27.2%;水稻产量为9.91万吨,比上年下降5.5%;大豆产量为0.36万吨,比上年下降11.2%,全区牛、猪、禽、鹿存栏分别达到15.1万头、8.6万头、8715千只、17.1万头,比上年分别增长4.1%、1.2%、0.1%,而鹿下降了11.4%。牛、猪、禽出栏分别为8.4万头、19.1万头、2052千只,分别增长1.2%、6.7%、8.3%。

表3:主要农副产品产量

指　标	单位	2012年	比上年增减(%)
粮食总产量	万吨	48.25	17.7
蔬菜总产量	万吨	8.2	5.1
肉类总产量	吨	33502	1.3
禽蛋总产量	吨	65374	-0.5
牛奶总产量	吨	2330	4.8
鹿茸总产量	公斤	46117	-2.8

截至2012年末,全区农机总动力达到33.7万千瓦,比上年增长7.3%。主要农业机械与设备均有增加,拥有大中型拖拉机2183台,比上年增加360台;小型拖拉机10472台,比上年增加578台。农田有效灌溉面积达到1.1万公顷,增长0.6%。全年农村用电量达到2.96亿千瓦时,增长0.3%。

四、工业和建筑业

2012年,全口径工业实现增加值62.02亿元,增长11.3%。工业增加值占全区生产总值的比重达到36.0%。

区属规模以上工业企业达到30户,其中超亿元企业10户,分别比上年增加12户和2户。总产值实现28.23亿元,比上年增长6.7%。其中啤酒制造业、煤炭开采业、建材业、医药制造业分别实现产值3.1亿元、1.7亿元、1.3亿元、2.9亿元。

2012年,区属规模以上工业累计实现主营业务收入26.7亿元,比上年增长27.5%;实现利税1.7亿元,比上年增长6.3%。

规模以上民营工业企业达到21户,实现产值13.8亿元,比上年增长13.1%,增幅高于区属规模以上工业增速6.4个百分点;规上民营工业企业产值占区属规模工业的比重达到48.8%,比上年提高2.8个百分点。实现利润0.3亿元,比上年增长7.0%。

全年区属规上工业企业每万元产值综合能耗为0.4吨标准煤,比上年下降17.5%。

全年建筑业实现产值73.1亿元,按可比价格计算,比上年增长29.0%;实现增加值19.38亿元,增长28.9%。全区具有资质等级的总承包和专业承包建筑业企业26家,完成总产值16.05亿元,增长199.4%;房地产开发经营企业14家。

五、固定资产投资

截至到12月末,全区固定资产投资开工项目共有206个,完成投资133.1亿元,比上年增长26.7%。其中工业项目117个,完成投资79.1亿元,比上年增长25.6%。

表4:2012年全社会固定资产投资

单位:亿元

	2012年	比上年增长(%)
固定资产投资完成额	133.1	26.7
#第一产业	7.5	187.9
第二产业	79.8	26.1
第三产业	45.8	4.6
#城镇固定资产投资	120.1	45.6
农村非农户固定资产投资	2.3	18.7
房地产开发	10.7	-22.8

全区计划投资亿元以上的重大项目12个,完成投资25.1亿元,占全区投资总额的18.9%。落户在经开区(包括双营乡)和文开区(包括奢岭街)内的项目98个,共完成固定资产投资74.4亿元,占全区投资总额的55.9%。

六、贸易、交通和邮电

全年社会消费品零售总额44.6亿元,比上年增长15.9%。人均社会消费品零售总额11644元,比上年增长18.0%。

表5:2012年社会消费品零售总额

单位:亿元

	2012年	比上年增长(%)
社会消费品零售总额	44.6	15.9
#城镇市场	26.1	17.0
农村市场	18.5	14.2
#批发零售贸易业	38.5	14.9
住宿餐饮业	6.1	22.0

我区全社会公路旅客周转量、货物周转量分别为4.95亿人公里、20.47亿吨公里,分别比上年增长1.2%和2.4%。全区等级公路总里程达到2117公里;铁路营业里程93公里。年末全区民用汽车保有量达到1.0万辆,比上年末增长

4.2%。

全年完成邮电营业总收入25652万元,比上年增长5.3%。其中:邮政营业收入1452万元、电信营业收入24200万元,分别增长-19.2%和7.2%。全区固定电话用户达到6.1万户,其中:城市电话用户3.0万户,乡村电话用户3.1万户,固定电话普及率达到16部/百人;全区移动电话用户45.4万户,比上年增长23.4%,移动电话普及率达到116部/百人;互联网宽带接入用户3.3万户,比上年增长22.2%。

七、金融

截至2012年末,全区金融机构本外币存款余额85.39亿元,比年初增加9.39亿元;其中城乡储蓄存款余额58.79亿元,比年初增加8.47亿元;金融机构本外币贷款余额51.22亿元,比年初增加4.64亿元。

表6:2012年金融机构存贷款余额

单位:亿元

指　　标	2012年年末数	比上年同期增长%
各项存款余额	85.39	12.4
#储蓄存款	58.79	16.8
各项贷款余额	51.22	9.9
短期贷款	23.95	-0.3
中长期贷款	22.40	5.3

八、教育

2012年末,全区小学111所,招生3458人,在校生19313人,学龄儿童入学率为99.97%。普通初中24所,招生3330人,在校生9308人。全区中等职业学校2所,招生269人;在校生1069人。普通高中2所,招生1682人;在校生为5089人。初中毕业生升入普通高中的比例达到55.31%,比上年下降1.15个百分点。

全区有幼儿园51所,其中:私营幼儿园36所;在园幼儿(包括学前班)7767人,比上年减少786人。

九、文化和卫生

2012年末,全区有线电视用户达到6.9万户,比上年增加0.8万户。其中,城镇有线电视用户达到3.2万户,增加0.45万户,城镇有线电视覆盖率、入户率分别达到100%、92%;农村有线电视用户达到3.7万户,增加0.35万户,有线电视覆盖率、入户率分别达到83%、55%。

截至2012年末,全区共有卫生机构225个,其中医院、卫生院14个。全区共有卫生技术人员1137人,其中医生511人,注册护士380人。医院和卫生院床位1290张。

十、人口、人民生活和社会保障

截至2012年末,全区户籍总户数为13.31万户,总人口达到38.32万人。全区出生人口3281人,人口出生率为6.16‰;全区死亡人口5410人,人口死亡率为4.22‰;全区人口自然增长率为1.94‰。

表7:2012年末双阳区户籍人口构成情况

		单　位	2012年末
全区户籍总户数		万户	13.31
全区户籍总人口		万人	38.32
按性别分	男	万人	19.51
	女	万人	18.81
按户籍性质分	农业	万人	28.07
	非农业	万人	10.25
按年龄段分	18岁以下	万人	5.95
	18—35岁	万人	9.72
	35—60岁	万人	16.75
	60岁以上	万人	5.90

2012年,全区非私营单位在岗职工平均工资达到32179元,比上年增加4115元,增长14.7%;城镇居民人均可支配收入17545元,比上年增长11.3%,城镇居民人均消费性支出为12363元,城镇人均住房建筑面积29.92平方米;农民人均纯收入9094元,比上年增长17.2%。

年末基本养老保险参保人数达到181969人,比上年末增长10.4%,其中参保职工为25253人,离退休人员为12341人,农村参保人数为144375人;职工基本医疗保险参保人数达到35988人;失业保险参保人数达到29586人,年末享受失业保险金人数为272人;工伤保险参保人数达到29490人,增长9.8%;生育保险参保人数达到36407人;城镇居民基本医疗保险参保人数为113252人;农村新型合作医疗参合人数256810人,参合率99.89%,共筹集资金7126.3万元,参合农民中已有47941人受益,支付补偿资金7156.6万元。

全年享受政府最低生活保障的城镇居民达到14937人,比上年减少769人;享受政府最低生活保障的农村居民达到12476人,比上年增加64人。城市低保月标准达到315元;农村低保年标准达到2000元,增长11.1%。全年共发放最低生活保障金6299万元,比上年增长43.2%。

年末全区各类收养性社会福利单位拥有床位1224张,收养各类人员950人。城镇建立各种社区服务设施810个。全年销售社会福利彩票2903万元,直接接收社会捐赠款206.5万元,受益1207人次。

年末城镇新增就业人员7369人,比上年增长0.8%。年末城镇登记失业率为3.8%。农村劳动力转移就业119473人,比上年增长0.5%。

【经济技术开发区】长春经济技术开发区成立于1992年7月,同年10月批准为省级经济技术开发区。1993年4月4日经国务院批准,成为国家级经济技术开发区。建区20年来,长春经济技术开发区立足于超越、创新,克服资金短缺、起步晚等方面的不利因素,解放思想,奋力拼搏,把昔日的东南郊区建设成了高楼林立,国内外知名企业云集,各类产业蓬勃发展的新城区,创造了长春经济社会发展史上的奇迹。截止2012年底,长春经济技术开发区已累计实现国内生产总值3436.2亿元,工业总产值8057.2亿元,实现利税725.1亿元,经济总量和发展速度不仅在全省经济技术开发区中独立风骚,而且在全国经济技术开发区中也位居前列。市列考核规模以上工业总产值2012年完成1301亿元,是长春市十四(县)市区中,第一个产值超千亿的区域,已成为长春市除一汽集团之外,最大的区域工业载体。在商务部公布的2011年全国国家级经济技术开发区综合发展评价中,位居第11位,中部排名连续6年保持第一。2011年12月16日,依托经开区建设的长春兴隆综合保税区正式获得国务院批准,使开发区当之无愧的成为吉林省、长春市改革开放的最前沿阵地。在这20年的时间里,长春经济技术开发区在省委、省政府,市委、市政府的领导下,坚持国家制定的一系列发展方针,经济结构和产业布局日益优化,汽车及零部件、生物化工、服务业日益壮大,已成为全市产业结构调整的动力源,成为促进产学研结合,加快科技成果转化的示范区,成为率先引进国外先进理念和经验、与国家惯例接轨的新城区,有力地带动和促进了全市社会经济的快速健康发展。

一、综合经济实力显著增强

地区生产总值从1993年的12303万元,到2012年的5641634万元,年均增长38.06%。20年的发展建设已使区内的产业结构发生了根本的变化,三次产业的比重已达0.05:75.67:24.28。

全口径财政收入从1993年的5779万元,到2012年的1130318万元,年均增长32%,税收收入从1993年的821万元,到2012年的729192万元,年均增长42.95%。

二、主导产业稳步增长

全区工业总产值从1993年的1.08亿元,到2012年的13012672万元,年均增长45.3%。

工业增加值从1993年的3454万元,到2012年的3927347万元,年均增长44.82%。

第三产业增加值从1993年的4540万元,到2012年的1370166万元,年均增长35.06%。

汽车及零部件产业、生物化工、现代服务业是经开区三大支柱产业。其中,汽车及零部件产业2012年实现产值653亿元,同比增长18.5%,占全区工业总产值的45%。生物化工产业2012年实现产值510.5亿元,同比增长25.4%,占全区工业总产值的35.3%。

三、固定资产投资

从1993年4月4日国务院批准设立长春经济技术开发区起,在首期开发一平方公里的基础上,经过20年的开发建设,目前,长春经济技术开发区建成区面积已达47.38平方公里,管辖面积112.72平方公里。

固定资产投资从1993年23166万元,到2012年的3853260万元,年均增长30.89%。其中,工业投资从1993年的7478万元,到2012年的2170450万元,年均增长34.78%。

基础设施从1993年的15688万元,到2012年的40亿元,已累计投入215.62亿元,完成了56平方公里的配套工程。

四、对外贸易迅速发展

实际利用外资从1994年的2050万美元,到2012年的123205.6万美元,年均增长25.55%;

实际利用内资从1998年的62636万元,到2012年的908772万元,年均增长21.05%。

进出口总额从1994年的749万美元,到2012年的176996万美元,年均增长35.5%。

出口从1994年的514万美元,到2012年的54826万美元,年均增长29.6%。

五、社会事业稳步发展

1995年,经开区总人口45507人,随着建成面积的不断增大,截止2012年底,经开区总人口达到228938人,其中:常住人口220753人。人口自然增长率5.7‰。

就业及再就业工作实现了新的跨越。截止2012年,创造城镇就业岗位64834人;城镇新增就业人数37962人;下岗失业人员就业11203人;"4050"人员就业4132人;创业促就业项目累计完成701个;实现转非劳动力就业9393人,下岗失业人员职业技能培训6871人。

社会保险累计参保人数:养老保险参保人数64140人。失业保险参保人数56644人。城区居民医疗保险人数42077人。

六、文教卫生不断壮大

1994年全区有4所小学,学生人数2246人。截止2012年末全区有中学2所,在校人数1097人;小学12所,在校人数8782人。

经开区的卫生事业,经历了边工作、边建立组织机构,到全面健全体制的过程。截止2012年底,长春经济技术开发区辖区内共有各级各类医疗机构192家。

医院15家,其中省卫生厅所属医院5家,即:吉林大学中日联谊医院、长春中医药大学第二附属医院2家国有医院,吉林珍爱妇产医院、吉林中医肝胆医院和吉林恒达眼科医院3家民营医院;市属单位7家,即1家国有医院长春市第二医院兴隆山分院(加挂兴隆山镇卫生院及繁荣社区卫生服务中心)和6家民营专科医院:长春骨伤医院、长春现代泌尿外科医院、长春一诺眼科医院、长春梁氏中医院、长春圣心心脑血管医院和金瞳小儿眼科医院;区属医院3家:一汽总医院专用车厂职工医院、长春经济技术开发区中心医院和长春缘都医院。

计划生育指导站1家(加挂生殖保健医院、体检门诊部)及综合门诊部7家、中医门诊部1家、口腔门诊部13家。社区卫生服务机构7家。厂矿卫生所3所、中西医结合诊所3家、西医内科诊所70家、西医骨科诊所1家、中医内科诊所36家、中医骨科2家、口腔诊所13家及村卫生所18家。

全区有病床4200张,专业卫生人员2780人,其中执业医师1103人,注册护士1310人。

新农合参保率达到100%。

【净月开发区】2012年是我区建区以来具有里程碑意义的一年。全区上下在党工委、管委会的正确领导下,克服了宏观经济形势复杂多变、外部环境持续偏紧等不利影响,着力推动区域经济发展,扎实推进民生改善工程,全区经济和社会各项事业保持了快速健康发展的态势。依托良好的产业发展条件和发展潜力,相继被确定为国家电子商务示范基地、国家广告(文化)产业示范区和国家现代服务业数字媒体产业化基地。不断强化土地保障、资金保障等先行先试举措,国家服务业综合改革试点区建设深入推进。8月19日,我区被国务院批准升级为国家高新技术产业开发区,正式跻身国家创新发展的先进行列,迈入了全新的发展阶段。长春市委十二届二次全会作出了"举全市之力推进净月创新型生态城建设"的重大决定,出台了《关于加快净月创新型生态城建设的意见》,我区在全市发展中的引领和示范地位更加突出。

(一)综合实力显著提升

全区营业总收入实现1352亿元,比去年增长20.4%;地区生产总值完成480亿元,增长20%;服务业增加值完成322.8亿元,增长21.5%;三次产业比重为1.6:31.1:67.3;全口径财政收入完成79.3亿元,增长59.6%,完成年计划的101.4%;固定资产投资完成326亿元,增长28.7%;实际利用内资完成66.06亿元,增长20%;实际利用外资完成2.25亿美元,增长17.8%;规模以上工业总产值完成85亿元,增长21.1%;新增就业人数1.56万人,其中劳务输出6815人;农民人均收入达11000元,增长10%。主要经济指标完成或超额完成了我区年初制定的计划目标和市政府下达的责任目标。

(二)主导产业发展迅速

总部经济的集聚效应积极呈现。奈伦总部、一汽金融总部、吉林森工金融总部等区域总部项目陆续开工建设,伟峰·东第、环球贸易中心、华荣泰商务综合体、明宇文化商业广场等商务载体的承载作用日益突出,长春市南部城市CBD加速崛起。

软件信息业的龙头地位不断巩固。吉林省数据灾备中心投入运营,与省工商局等十家单位签署了数据存储备份合作协议;启明公司与富士康、三菱等知名企业积极开展战略合作,业务范围进一步拓展,位列中国软件业收入前百家企业第43位;中国电信东北呼叫中心产业基地、中国移动吉林物联网中心等项目相继入区,为软件信息业注入了新的发展动力。

文化产业的品牌影响力大幅提升。吉视传媒成功上市,交互式现代媒体服务功能不断拓展,公司继2009年后再次荣获"全国文化体制改革先进单位"称号。吉广创意文化研发基地、长影世纪城二期华夏翱翔等项目建设快速推进,吉林出版集团、江西泰豪集团等行业龙头项目竞相落位,我区作为长春文化产业发展区的资源整合能力不断增强。2012瓦萨国际滑雪节、净月女神雕塑落成庆典、第十一届长春农博会、第十三届中国长春(净月区)国际雕塑作品邀请展、2012中国长春高新技术成果展示暨合作洽谈会等大型活动盛况空前,我区已成为吉林省文化、科技等领域对外交流合作展示的多元化综合平台。

高新技术制造业的创新能力显著增强。旭阳集团牵头组建了吉林省汽车内饰系统工程产业技术创新战略联盟,加大了绿色环保内饰材料研发、零部件轻量化制造、模块化供货、系统化设计等领域的技术开发力度,企业年销售收入成功突破20亿元;通用机械成功收购德国洪泽尔公司和法国希图公司,铝锻、铝铸技术已处于国内领先水平,已成为奔驰、宝马等国际顶尖汽车品牌供应商;一汽新能源汽车分公司研发的奔腾B50 EV纯电动轿车和奔腾B50 PHEV、红旗H7 PHEV混合动力轿车进入批量生产阶段,华奥新能源客车研发生产的纯电动公交车和新型校车陆续投放市场;德国大陆汽车电子净月园区项目顺利竣工,德国格拉默汽车内饰产业化基地建设快速推进,全区制造业高端化发展步伐不断提速。

(三)开发建设强势推进

项目前期工作高效展开。全年完成56个新建项目的前期手续审批和报批工作,完成收储土地面积18.78平方公里,征地面积500公顷,完成拆迁房屋4866栋、面积51万平方米,拆除温室、大棚和苗木等其它地上物共计624万平方米,为重点项目及时落位建设创造了条件。

资金保障能力不断增强。充分利用我区融资平台,及时报批和包装生态建设、基础设施等项目,争取银行贷款56.64亿元;积极开展项目争取各级扶持政策资金工作,围绕服务业试点、科技创新、基础设施、技术改造、民生改善等领域,积极组织区内企业申报国家及省市各类扶持资金7560万元。

项目建设和储备实现新突破。全年共有85个招商项目开工建设,其中总投资10亿元以上项目14个。全年新签约项目51个,签约总额560.05亿元,其中超10亿元项目20个,签约金额457亿元。新引进德国麦德龙现购超市、法国迪卡侬吉林区总部、日本NTT研发中心、中国电信东北呼叫中心、中石化东北石油局总部、一汽金融大厦、一汽进出口大厦、中铁十三局区域总部等世界500强企业投资项目11个,全区累计引进世界500强企业达到20家,为区域增添了强劲的发展动力。

基础设施建设取得重大进展。全年共投入基础建设资金50亿元,是2011年的2倍。净月生态大街全面竣工通车,西部新兴产业带主轴全线贯通,将长春城市直线距离向东南放大了15公里。主干路网建设全面铺开,水、电、气、热、信大配套同步开展,新城组团加速南拓。积极联合日本日辉、丸红株式会社和长春燃气公司,在东北地区率先启动能源分布式供应体系建设。规模化、生态化、高标准、高质量的基础设施建设,为我区加快发展创造了新优势、新条件。

生态环境工程加速实施。科学编制全区林地保护利用规划,积极推进农民自愿还林、征地造林、矿山复绿、林相改造四大造林绿化工程。全年共完成造林523.4公顷,栽植各类苗木108.2万株,建成35公顷苗木基地。水库除险加固、河道综合治理等工程多点启动,景观工程顺利实施,湿地公园工程、中央公园一期工程全面竣工,生态环境优势不断放大。

(四)社会事业稳步发展

教育事业扎实推进。全年教育工作共投入资金8831万元,筹建了新城中心幼儿园、新湖中心幼儿园、净月实验幼儿园等3所公办幼儿园,完成了榆树小学、净月潭实验小学及五十五中学等5所学校校舍扩建维修工程，教育体系及办学条件不断改善；实施了教师全员、骨干、学科精英梯队培训工程，教师业务水平不断提升；启动“校车安全”工程和教师“爱心班车”工程，学生、家长、教师的安全感和幸福感进一步增强。

卫生事业成效显著。开展大规模环境卫生清理整顿行动10余次；强化各类传染疾病和突发公共卫生事件的防控应急能力，全年无传染病爆发和食品安全事故发生；三镇卫生院医疗服务能力大幅提升，完成26个标准化的村级卫生所建设，新农合参合人数61249人，常住人口参合率达99.57%，医改各项工作进度和成效居全市乃至全省前列；完善人口和计划生育服务体系，加大出生缺陷预防干预力度，出生人口素质进一步提高。

民生保障不断加强。全年举办招聘会41场，开发岗位1.54万个，安置就业15628人次，开展各类培训6049人次。为21名创业者及1户企业申请小额担保贷款398万元，利用第三届创博会，征集创业项目100个，达成创业项目加盟连锁意向30项；三镇累计开发露地菜田1200公顷，培养年销售500万元以上经纪人60人、千万元以上经纪人35人，为提高农民收入水平创造了有利条件；依托“大救助”和“民生超市”两个平台，加大对困难群体的补助救助。全年投入122万元，为困难群众发放米面油等基本生活用品，投入106万元为五保户发放生活补贴。民生超市全年服务群众3万余人次，发放购物卡7963张，总金额172.7万元。

社会管理示范全国。“红细胞工程”共吸引33家企事业单位加盟，成立各类服务队60支，开展志愿服务3万余人次，为激发党组织活力提供全新载体，为创新社会管理做出了有益实践。“红细胞工程”的典型经验，受到了中组部、中央文明委的充分肯定，为全市、全省乃至全国基层党建和社会建设做出了示范。

总体来看，2012年国民经济和社会发展计划执行情况较好，但我区作为新升级的国家高新区，无论是按照国家高新区的建设发展要求，还是与其他先进高新区相比较，仍存在着较大的差距与不足，很多方面需要改革与完善。一是孵化载体建设还处于起步阶段；二是科技金融服务有待加强；三是高层次人才引进的机制不尽完善；四是政策支持体系尚不完备。对于以上问题，我们将高度重视，积极采取措施，认真加以解决。

【高新技术产业开发区】2012年，在省市的正确领导下，长春高新区认真落实科学发展观，深入实施新一轮发展战略，并根据形势变化适时调整策略，全力推进发展布局、发展路径、体制机制等十个方面的战略性转变，取得了显著成绩。

一、我们坚持速度与质量并重，不断壮大经济总量，区域经济实力显著提升。2012年，全区营业总收入、工业总产值分别实现3620亿元、3402亿元，分别比上年增长20%和19%，在2008年基数上分别净增2000亿元；地区生产总值、固定资产投资分别实现801亿元、430亿元，均比上年增长20%以上，在2008年的基数上实现了翻番；全口径财政收入实现458亿元，一般预算财政收入实现91亿元，按可比口径分别比上年增长8%和22%，均是2008年的3倍多。主要经济指标增速高于全省、全市平均水平，经济总量占全市比重比2008年提高3.6个百分点。

二、我们坚持构筑新的资源禀赋优势，全力推进基础设施和生态环境建设，城市承载功能显著提升。抢抓国家扩大投资政策机遇，南北两区累计投入开发建设资金400多亿元，基础设施和配套水平全面提高。南区环境发生历史性变化。投资近200亿元，完成配套面积30平方公里，新建道路42条、60公里，铺装面积150万平方米，绿化面积519万平方米，高标准实施美化、亮化、彩化工程，建设了一批精品街路、广场和公园，形成绿化、园艺、灯光、雕塑四位一体的城市特色，城市功能全面提升，城市面貌焕然一新，成为长春西南一座亮丽的现代化新城。长东北核心区创造了开发建设奇迹。投资200多亿元，整理土方6140万立方米，建成道路78条、桥梁24座，总长122公里，铺装面积323万平方米，绿化面积767万平方米；远达大街“两跨一穿”、北湖大桥等重要交通节点全部贯通，龙翔广场等一批城市功能性项目建成投入使用，“五点三线”精品工程基本完工；长东北城市生态湿地公园对外开放，被国家林业局命名为吉林长春北湖国家湿地公园；文化旅游产业园大部分主体工程基本完成，科技生态碳汇区稳步推进，一座绿色生态、宜居宜业的现代化科技新城正在快速崛起。长德新区现代新城框架强势拉开。投资80多亿元，全面启动37平方公里起步区建设，完成5个村、22个自然屯、4000余户居民的征拆工作，新建道路26条，水、电、气、热、通信等公用设施及配套工程全面展开，尚德华园百万平方米回迁社区竣工89万平方米，“七横、五纵、三点、一带”的新城框架基本形成，成功开启了国家级开发区与县(区)合作的新模式，并获批为省级开发区，带动了县域经济加快发展。坚持建管并重，在全市率先启动以市政设施为主的数字化管理平台，城市精细化管理全面铺开，步入了现代化新型城市发展轨道。

三、我们坚持创新驱动战略，加快构建区域创新体系，发展内生动力显著提升。国家创新型科技园区建设扎实推进，国家专利技术(长春)展示交易中心正式揭牌，国家知识产权示范园区创建工作通过验收，国家级园区和基地发展到23个。长东北科技创新中心取得突破性进展。地理所生态农业技术平台建成投入使用，应化所新材料技术平台完成主体结构，光机所光电技术平台部分主体完工；科研教育区已接收新生，商住配套区部分交付使用，产业孵化区引进落位26个高水平研发类项目，与中科院和中关村战略合作深入推进，正全力打造东北最大的创新集群。孵化器建设快速推进。北湖科技园一期2万平米主体建筑实现封顶；中俄科技园3万平方米孵化基地已竣工，与乌克兰国家科学院共同组建了国际联合实验室；国家服务外包人力资源研究院东北院大学生创业见习基地等四大功能区域正式启动，成为我省最大的大学生实训平台。全区新建、在建孵化基地19个，全部建成后孵化总面积将突破300万平方米，可孵化企业4000户以上。企业创新能力加快提升。高新技术企业始终保持占全市70%、全省40%以上；建立市级以上企业技术中心76个，研发单位总数达到168户,申请专利3981项、发明专利1775项,获得国家驰名商标10项,省级以上名牌产品34项;科技大市场正式投入运营,展示、交易各类科技创新成果1000余项。科技与金融加速融合。集聚金融服务机构超百家,其中股权类投资机构38家,基金总规模突破200亿元;新注册小贷公司9家,注册资金总额4.3亿元;区内银行网点达到21个,帮助中小型科技企业获得贷款9亿多元;境内外上市企业9户,储备上市企业9家,拟在"新三板"挂牌企业35家,为创新发展提供了有力支撑。

四、我们坚持高新高端特色,狠抓招商引资和项目建设,区域发展后劲显著提升。建立了专业化招商队伍,坚持按产业分类设置机构,严格实施项目入区评审制度,累计引进内资829.8亿元,是18年总和的2.7倍;利用外资39.9亿美元,是18年总和的1.5倍,高新区连续四年被国内权威机构评为"中国最具吸引力和投资潜力园区",区域品牌影响力不断扩大。攻央企、引龙头成效显著。先后与27户央企洽谈合作项目46个,兵装新能源产业园、中航科技产业园等8个项目加快建设,中建材三新产业园等24个项目深入推进;落位世界500强企业投资项目19个,博世汽车零部件项目竣工投产,伊藤忠丸红新能源汽车电机矽钢片项目主体封顶。项目建设步伐不断加快。四年开工建设产业项目214个,其中投资百亿元以上项目2个,10亿元以上项目41个,亿元以上项目98个,共完成投资643亿元,完成建筑面积1299万平方米。全区有33个项目列入全市"十二五"时期150个重大项目序列。一汽轿车第三工厂完成部分车间基础,中科英华、英利模具等项目主体完工,佛吉亚排气系统、高榕总部基地等117个项目相继建成或部分投产,有效带动了存量调整和总量扩张,为未来发展积蓄了能量。

五、我们坚持持续调整产业结构,积极培育创新型产业集群,产业发展能力显著提升。围绕构筑六大优势产业链条,加快引进上下游企业,全区注册企业发展到3746户,比2008年增加1566户;亿元企业由60户增加至95户;区内三资企业由113户增加至175户。战略性新兴产业加快集聚。以汽车及零部件为主的先进装备制造企业发展到330户,产值年均增长20%以上,汽车电子产业集群成为首批国家级"创新型产业集群(试点)",与启明孵化公司合作建设了国家级汽车电子产业基地;生物医药企业发展到111户,产值由2008年的14亿元增加到48亿元,年均增长36%,成为亚洲最大的疫苗生产基地和全国最大的基因药物生产基地;光电子企业发展到94户,产值由2008年的10亿元增加到14亿元,年均增长8%,吉林环宇公司P-OLED显示模组正式下线,吉林奥来德光电公司有机发光材料形成规模化生产能力,规划了占地1平方公里的半导体照明及显示产业园;新材料新能源企业发展到124户,产值由2008年的65亿元增加到91亿元,年均增长9%,稀土镁合金、聚酰亚胺等技术研发达到国际领先水平。高端服务业日益兴起。文化创意企业发展到210户,规划建设了10个特色文化产业园区,东北亚文化创意科技园被命名为"国家级文化产业试验园区"和"国家级科技企业孵化器",禹硕动漫、林田远达被命名为"国家级文化产业示范基地",高新区被科技部认定为"长春国家现代服务业数字内容产业化基地";软件及服务外包企业发展到500户,占全市的85%、全省的70%以上;新涌现出物联网企业10余家,初步形成了云计算物联网产业发展特色;启动了电子商务产业园建设,弥补了电子商务服务业空白。二三产增加值之比调整为92:8,服务业增加值比重较2008年提高4个百分点,产业结构调整迈出了坚实的步伐。

六、我们坚持发展成果让人民共享,不断加大保障和改善民生力度,群众幸福指数显著提升。全面落实民生行动计划,为群众办了一批好事、实事。社会保障体系逐步健全。投资19亿元,高标准建设农民回迁住宅124万平方米;开发就业岗位12.8万个,失地农民就业问题得到有效解决;在全市率先对被征地农民社会养老保障工作进行试点,解决了被征地农民的养老保障问题;养老、失业、医疗、工伤等保险扩面工作均按要求达标,低保对象实现应保尽保,群众生活水平稳步提高。公共服务设施不断完善。新引进了北师大附中、东北师大附小幼儿园、省第二人民医院、省第六人民医院等优质教育医疗资源,警民健身中心对外开放,奥体中心"一场三馆"完成部分主体工程,奋进社区卫生服务中心、农民文化活动中心投入使用,社区健身路径基本实现全覆盖。社会服务管理创新工作全面加强。成立了社会服务管理创新办公室,健全了区、分区、乡(街)村(社区)三级社会服务管理网络,搭建起覆盖全区的综合信息服务平台,初步建立了"人性化、网格化、信息化"社会服务管理模式。平安高新建设深入推进。深入开展"安全建设年"、"信访积案化解年"和"大排查、大走访、大接访"活动,妥善处置和稳控一批信访积案和突发事件,组建了检、法两院,完善了司法体系,全区保持安全、稳定、和谐的发展局面。

七、我们坚持深化改革创新,不断优化发展软环境,区域发展活力显著提升。体制机制调整不断深化。根据新一轮发展需要,科学设置机构,实行市场化用人机制,组建分区管委会,使管理重心逐步下移、工作责任不断强化、机关效能显著提升,全面构建起"灵活高效、运转有序"的管理体制。企业服务不断优化。强化企业政策扶持,四年共兑现扶持资金16.5亿元;积极开展企业大走访活动,为企业解决一大批生产生活难题;全面提升政务大厅服务功能和水平,服务效率大幅提高;区域软环境建设不断加强,软环境政行风测评连续四年保持全市第一。落实体系全面形成。进一步健全完善岗位目标管理责任制,严格实行"责任倒查制"和"失职买单制",形成"纵向到底、横向到边、无缝链接、不留死角"的责任落实体系,"人人想事、人人干事"的氛围日益浓厚。

八、我们坚持解放思想,切实加强党组织和党员干部队伍建设,党的建设科学化水平显著提升。"五个建设"成效明显。通过开展学习考察和工作"回头审",不断查找差距、树立目标,增强发展信心;通过举办"周六大讲堂"加强培训,全面提高干部理论知识素养;坚持在开发建设第一线培养锻炼干部,转变作风、提高能力;认真落实党风廉政建设责任制,廉洁自律意识不断增强，打造了一支思想先进、责任心强、能力过硬、作风扎实、清正廉洁的干部团队。基层组织建设不断加强。围绕“基层组织建设年”，组织百名干部开展“走基层、六包六促”活动，走访群众900户(次)，解决问题200多个；新建企业党组织55个、机关党组织35个，在全市开发区率先成立总工会，共青团、妇联等群团工作卓有成效。区域文化形成品牌。聘请北大文化产业研究院，对高新区精神、区域文化进行全面提升，形成一整套富有高新特色的理念文化、行为文化和视觉文化体系，通过开展唱响区歌、推广区标、制作宣传片、开展宣传月等系列活动，使区域文化日益深入人心。人才特区建设扎实推进。在东北地区率先启动“人才特区”建设，全面实施“长白慧谷”英才计划，对42名入选人才项目给予1289万元资金支持，有3人申报国家“千人计划”，20人入选省引才计划，9人获得“长春市突出贡献专家”荣誉称号，为经济发展提供了强有力的人才保证。

新的征程已经开启，新的使命催人奋进。长春高新区将在市委、市政府的科学领导下，创新超越、负重拼搏，在落实长吉图国家战略、推进长吉一体化、建设“幸福长春”中，做出新的更大贡献！

【西新经济技术开发区】2012年，是汽车区极不平凡的一年。受国际国内经济形势影响，我区开发建设和经济社会发展遇到了前所未有的挑战，融资难、征地拆迁难，各项工作面临巨大压力。一年来，全区广大干部职工认真贯彻市委、市政府的部署和要求，积极应对复杂形势，顶住压力，破解难题，圆满完成了各项目标任务，实现了经济社会平稳快速发展。特别是在全区上下的积极努力下，去年10月，我区正式被国务院批准更名为长春汽车经济技术开发区，使我区汽车产业特色更加突出。

——迎难而上，加快发展，全区经济实力稳步提升

全区生产总值完成438亿元，同比增长13.5%。固定资产投资完成413亿元，同比增长13%。工业总产值完成1400亿元，同比增长20%。全口径财政收入完成73.5亿元，同比增长34%。实际利用内资完成95.6亿元，同比增长10%。实际利用外资完成5亿美元，同比增长20%。固定资产投资总量、实际利用内资总量、利用外资增速、区属规上工业产值增速等四项指标全市第一，财政收入跃升至全市15个县市区及开发区第二位，连续五年被评为长春市经济目标责任制优秀奖。在新晋升国家级开发区中排名第12位。

——突出重点，全力招商，产业实力不断增强

坚持把招商引资作为推动发展的核心引擎，吸引高端型、链条型、龙头型和集群型重大汽车零部件项目入区。

坚持“走出去”招商，开展了赴日本、韩国、泰国、新加坡以及国内主要汽车零部件聚集区专项经贸交流活动。同时，积极参加亚洲制造业论坛、第八届东北亚博览会等多项宣传展示活动。全年共引进重点工业项目86个，其中亿元以上项目66个，5亿元以上项目9个，10亿元以上项目5个，计划总投资360亿元，预计可实现产值420亿元。

——强化投资，攻坚克难，项目建设扎实推进

以一汽“十二五”项目为核心，全力推进项目建设。

全力抓好项目开工。一汽轴齿工业园、轿车研发中心、轿车变速箱装配及壳体加工、有色铸造基地等项目全面开工。其中，轴齿工业园曲轴连杆等6个项目已完成主体封闭。全年新建工业项目60个，续建工业项目16个。

促进项目投产达效。一汽丰越建成投产，完成2万辆目标，成为我区我市重要经济增长点。麦格纳汽车系统、上海纳铁福传动轴、德国霍富汽车锁等13个项目正式投产。一汽大众MQ200变速箱、富奥电装、丰田纺织等项目完成试生产。

为确保项目顺利推进，全年完成征地330公顷，拆迁13万平米。

——加快建设，统筹推进，基础配套能力不断提升

坚持“积极而为、适度超前、统筹建设”思路，全年共启动91项基础建设工程。

物流通道建设取得突破。腾飞立交桥正式开工，飞跃路下穿桥实现简易通车，完成了东风大街安庆路至四环路段改造。解放物流通道、东风大街与兴顺路节点高架桥项目已经启动。拓宽翻新大众街，完成富民大路下穿桥工程主体工程，乙二路、轴齿中心、日系工业园等10余条道路全面开工建设。全年共完成道路建设16公里。

配套设施建设有序推进。西新一次变、轴齿中心二次变、大众二次变等项目全面启动。完成西湖、丰越两个二次变及供电外网工程并投入使用，保证了一汽EA888发动机、MQ200、丰越等项目供电。完成丰越、丰田纺织正式供水工作。高速外第一热源厂、污水处理厂主体完工。

——精心谋划，大力推进，城市建设步伐不断加快

科学谋划发展战略。在借鉴美国底特律、德国斯图加特、沃尔夫斯堡等汽车城市经验的基础上，聘请国际著名的德国ECS公司对我区产业和城市发展进行了战略策划，进一步明确了我区未来总体发展思路和方向。制定了《创建汽车人的幸福家园规划纲要》。国家生态工业园建设规划正式通过商务部、科技部、环保部和专家组认定。

积极推进新区建设。核心区万科城市综合体项目进展顺利。积极推进环外居住岛建设，多恩虹郡项目已经启动。完成了西湖清淤工程，西湖、牡丹园开发正在积极推进。新区居住环境不断改善，君地天城、中铁国际、东皇君园等高档社区已基本建成。

努力改造建成区。深入开展150天市容环境综合整治行动，综合环境得到有效改善。加强市政维护，维修创业大街、东风大街、西湖大路等90余条街路。大力改善环境，全年植树5200余株，完成树木刷白、修剪22万株、草坪维护50万平米。

——强化意识，创造环境，全力服务一汽发展

坚持以推进项目建设为重点，以让一汽满意为目标，进一步加大服务力度，全年为一汽发展解决各类问题200多个。

保障一汽十二五重大项目落位。充分发挥“十二五”项目部作用，坚持调度例会制度，全年召开调度会40余次，及时解决问题，提升了项目建设速度和效率。

提升服务一汽水平。对一汽项目实行“直通车”服务，实行急事急办、特事特办，全程跟踪服务。强化协调配合，争取市里支持保障了一汽大学生公寓、医疗大楼等建设项目顺利实施。

——以人为本，关注民生，社会事业蓬勃发展

坚持以人为本，为民服务，全面落实101项民生行动计划。

就业工作成效显著。全年共开发就业岗位7841个，城镇新增就业4178人，失业人员再就业1238人，农村劳动力转移就业1157人，解决零就业家庭比率达到100%。

社保工作稳步推进。城镇居民医疗保险68000人，城乡居民社会养老保险完成新农保11778人，失地农民养老保险1938人，失业保险990人，工伤保险5000人，圆满完成全年任务。

社会救助力度进一步加大。全年为城乡低保户等各类人员发放救助金及各类补贴总计810万元。对生活困难群众和困难党员普遍进行走访慰问，发送慰问品及慰问金13.3万元。积极开展“送温暖，献爱心”、“爱助成长”、“爱心圆梦”等活动，为区内特困户及其子女提供了慈善救助。

教育事业蓬勃发展。全面实施了“课堂教学优质化”工程，教育教学质量不断提高，中高考成绩继续排在全市前列。区域教育均衡发展示范区创建工作扎实推进，全市基础教育质量提升大会在我区召开。加大投入，新建长沈路学校、二实验幼儿园，扩建实验小学教学楼已全部竣工。深入开展“平安和谐校园”创建工程，维护校园安全稳定。

安居工程成效显著。加快回迁住宅建设，前程家园回迁住宅工程全面开工，完成4万平米廉租房、9万平米回迁住宅。实施天网工程，安装监控探头300个，为区内百姓创造了安全的环境。

健康工程全面启动。积极推进健康城市建设，完善了以社区服务功能为重点的公共卫生服务体系。开展了食品药品等21项专项整治活动。加强传染病预防知识宣传工作，实现了辖区计划免疫全覆盖。落实计划生育及优生优育政策，大力开展免费孕前优生健康检查和生殖健康服务工作。

文化体育事业蓬勃发展。重点抓好基层文化团体建设，成立了“东风街道艺术团”、兴顺社区艺术团等6个艺术团体和6个职工文体协会。举办了第五届社区文化艺术节、第三届群众艺术节暨“电影歌曲大家唱”活动。成功举办第五届中国长春汽车节系列活动，汽车文化影响力进一步增强。大力开展全民健身运动，维修增添器材100余件，举办了全区羽毛球比赛。

精神文明创建活动成效显著。以社区、农村、行业为重点，大力弘扬社会公德、职业道德、家庭美德和公民品德。圆满完成全国文明城市、全国卫生城市复检工作。双拥工作成效显著，锦程街道被评为全国拥军典型，受到中央军委表彰。

农村工作扎实推进。强化科技指导，农牧业稳定发展。农民就业培训、村屯文化建设和农民稳定工作有序推进，农村各项事业稳步发展。

社会稳定工作成效明显。完善各种机制和考评办法，圆满完成十八大等重大活动期间信访维稳工作。深入推进积案化解工作，积极开展了领导大接访和局长接待日活动。妥善处理市长公开电话和群众来信来访，营造了和谐稳定的社会环境。重视安全生产，没有发生重大安全事故，全区呈现和谐稳定局面。

——强化素质，提升水平，自身建设得到进一步加强

坚持以创先争优活动为载体，全面加强党的建设，以创建“基层满意、企业满意、群众满意”机关为目标，大力推进和谐机关建设。

党建工作不断加强。扎实推进基层组织建设年活动，启动了农村新一轮“三项工程”，开展了社区“五有一创工程”，选拔12名优秀党员到社区干部岗位。加强非公企业党建，在规模以上企业、协会商会、市场楼宇中建立党组织56个。我区非公党建工作在全国开发区党建工作现场会上介绍了经验，并在省市推广。积极开展党组织“三帮扶”工作，结对救助困难户267户。党员队伍建设不断加强，全年发展党员95名。圆满完成中央、省市党代会代表的推荐工作。

加强干部队伍建设。在全区深入开展了“新境界、新成效、新变化、新突破、新举措、新作为”六新主题实践活动。拓宽干部锻炼培养渠道，选派7名干部到拆迁维稳一线挂职。加强干部培训，坚持举办“周六课堂”活动，全年举办11次大型报告会。大力开展调查研究活动，在全区形成了研究思考的风气。重视人才工作，积极向省市推荐优秀人才。加强机制建设，完善了绩效考核办法，完成了事业单位人事制度改革和非领导职务晋升工作。

作风建设进一步加强。深入开展了“查找改”活动，建立健全了月绩效考核等相关制度，集中整治了“虚、脱、懒、散、庸”现象。制定实施了项目建设、土地征收、国有资产管理等工作联动机制。完成了国际质量和环境体系认证工作。

软环境建设不断深入。进一步推进行政审批制度改革，开展了清理和规范行政权力工作。加大服务企业力度，推进部门企业对接包保活动、动态联系企业制度和“直通车”服务，直接为群众企业办理各类事项200余件。积极开展了“万人评议机关”和民主评议站办所活动。加强诚信建设，深入开展了诚信企业、诚信村户、诚信市民、诚信学生“四诚信”评选活动。

廉政建设不断加强。以深化教育、制度、监督为重点，进一步完善了预防腐败体系。强化廉政教育，开展了廉政教育“五个一”工程。加强监察和审计工作，建立健全了干部选拔任用、工程建设领域、大额资金使用、保障性住房分配等重点领域、重大事项管理制度。加大违纪违法案件查办力度，挽回了巨大经济损失。全区上下形成了风清气正、廉洁从政的风气。

群团组织作用得到有效发挥。成立了汽车区总工会，组建了困难职工帮扶中心。工会、共青团、妇联和统战工作排在全市前列。各驻区机构围绕开发区大局，在各自的领域为我区经济社会发展做出了积极贡献。

【莲花山开发区】

一、度假区概况

长春莲花山生态旅游度假区2010年9月经省委、省政府批准成立,2011年2月正式组建,2011年6月5日正式挂牌,是长春市政府直管的五大开发区之一,享受省级开发区优惠政策。整个区域位于长春东部,北起经开区和九台市界,南至净月区和双阳区界,西起长春市主城区,东接吉林市永吉县,规划控制面积417平方公里,实际管辖面积362平方公里,辖劝农山镇、泉眼镇、四家乡"两镇一乡",人口约4.9万。区域自然资源丰富,有长春市周边最大的天然次生林,森林面积达120平方公里;区域水网密布,沟谷纵横,有雾开河等主要河系8条,水域及湿地面积达50多平方公里,森林和水域面积占全区总面积超50%。

随着国家"长吉图"战略的深入实施和吉林省"长吉一体化"进程的快速推进,莲花山度假区也因作为两大战略的核心功能区和重要节点而倍受关注,承载着落实"长吉图"发展规划、支撑"长吉一体化"城市拓展、加快产业转型升级、实现城乡一体化的重任。吉林省委、省政府,长春市委、市政府高度重视莲花山度假区发展,出台了《关于加快长春莲花山生态旅游度假区发展的意见》(长发〔2011〕25号)等一系列扶持政策,赋予了度假区独立的人事任免、规划初审、财政体制、一级土地开发和土地收储、融资体系等权限,明确要求莲花山度假区成为打造"长吉一体化"的核心推进区、建设长春绿色宜居城市的生态示范区、发展现代服务业的重要承载区、推动开发区体制机制创新的先行先试区。为此,度假区精心编制了总体规划,明确了发展定位,即以生态保护为首要原则,以现代服务业为发展方向,以高端度假旅游为开发重点,全面打造生态保护示范区、休闲旅游集聚区、低碳产业先行区、最宜人居新城区,成为国内一流、国际知名的休闲度假圣地,实现转型升级和产业集聚的目的。

二、经济社会发展情况

2012年,度假区牢牢把握"抢建设、强管理、保稳定"这一主题,按照市委、市政府"高点起步、快速开局、打破常规、跨越发展"的总体要求,解放思想,埋头苦干,全区经济社会保持了高速度、高质量、高效率的强劲发展势头。

(一)生产总值(GDP)情况。2012年全区生产总值达到1.72亿,其中第一产业达到0.7823亿元;第二产业达到0.7319亿元;第三产业达到0.2亿元。

(二)固定资产投资情况。2012年全区固定资产投资完成21亿元,完成2012年计划的100%,同比增长了33.3%。其中服务业投资完成21亿元,亿元以上大项目4个。

(三)财政情况。莲花山生态旅游度假区2012年全口径财政收入为1.5亿元;地方本级财政收入为0.63亿元;财政支出为1.4亿元。

三、开发建设情况

2012年,度假区广大干部群众大力发扬"开拓创新、负重前行、克难攻坚、跨越发展"的莲花山精神,以"高起点规划、高标准建设、高水平管理、高效率工作"的实际行动,努力推动各项工作迈上新台阶。

(一)基础设施建设进展迅速。加快推进了东自由大路、劝农大街、泉眼大街等12条主干路网续建新建和乡村道路(慢行系统)提升改造工程,总里程400多公里,目前已基本通车。全面启动了区域内水、电、气、热、通信、污水处理等市政设施建设,目前通信管线已铺设完毕。启动了度假区内的主干路网绿化工程。投资建设了莲花印象农民安置小区建设,一期工程57栋住宅楼已经实现主体封闭。

(二)综合管理全面加强。为加强综合管理、保护生态环境,起草了《度假区管理条例》,经省人大批准于2012年11月1日起实施。为规范建设秩序,对区内各类建筑进行了全面排查,并按照市政府《关于查处违法用地行为的通告》、《关于拆除违法建筑的通告》,全面加大了拆违力度,拆除违建房屋、大棚、鱼塘等140处3万余平方米;加强了违建巡查工作,做到发现一处、制止一处、拆除一处,确保新增违建"零增长"。同时,对辖区内的山林土地、水库鱼塘等集体资产资源进行了清查,准备废止不合理、不合法的抵押租赁合同,还利于民。

(三)生态保护取得实效。加快植树造林和退耕还林,植树造林130公顷、退耕还林40公顷。严厉查处非法采石采矿、乱砍乱伐、散埋滥葬等行为,启动了矿山地质环境恢复治理工程,目前四家乡第一采石场及同边矿山治理项目已经启动。开展了水系治理,加大对石头口门水库水源地的保护,做到了水源地范围内坚决控制项目建设。

(四)环境整治成效显著。结合市政府150天市容环境综合整治行动,在加强日常保洁的同时,开展了大规模的乡容村貌整治工作,投入近千万元购置了垃圾清运车,增设环卫设施,使环境卫生面貌得到了明显提升,路面整洁,边沟通畅,乱堆、乱倒、乱放现象得到明显改观。结合一体化围墙建设,实施了村屯绿化美化,努力做到见土就见绿、见绿就见花。同时,在莲花山大路两侧种植了50多公顷的向日葵,花期时成为一道靓丽的风景。

(五)项目建设进展顺利。香港世茂项目、长春亚泰项目按投资计划正在全力推进。林溪雅筑项目一期工程主体完工。莲花溪谷项目已完成规划设计。同时,在都市服务区核心区谋划了占地5平方公里的大型室内休闲度假综合体,正在推进一个带盖子的夏之城项目,利用反季理念打造"冬天里的夏天"。目前,已聘请国际知名的策划机构对该项目进行规划包装,将进行全面招商。

(六)社会事业健康发展。结合市里《民生行动计划》,制定了《度假区民生行动计划》,从富民增收、提升社保等8个方面,提出了81件民生实事,目前已基本完成,保障了群众生活水平随经济发展不断提高。同时,认真做好信访、市长公开电话、局长接待日等工作,开展了"大排查、大走访、大接访"活动,为老百姓解决了一大批实际困难。

统计资料 STATISTICS

◎ 综合
GENERAL SURVEY

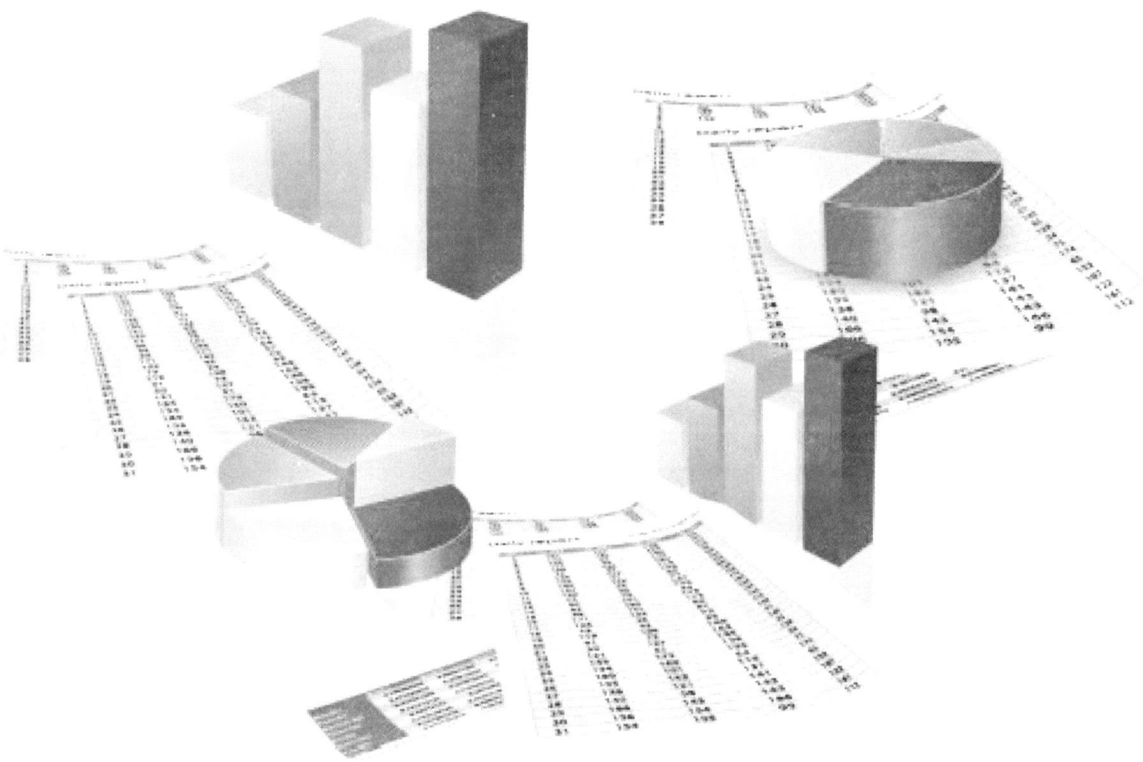

第一篇　综　　合

长春位于北半球中纬地带，欧亚大陆东岸的中国东北平原腹地，地处东经124°18′－127°02′，北纬43°05′－45°15′，市中心座落在东经125°19′，北纬43°43′。气候为中温带大陆性季风气候，素有“塞北春城”的美誉。

长春市地域辽阔，土地资源丰富，全境面积20571平方公里，其中市区面积3583平方公里。下辖南关、宽城、二道、朝阳、绿园、双阳六个城区及农安、德惠、九台、榆树四个县（市）。2012年末，全市总人口756.9万人，其中市区人口363万人，四县（市）人口393万人。

国民经济持续快速增长，综合实力明显增强。全年实现国内生产总值4456.6亿元，按可比价格计算，比上年增长12%。其中，第一产业增加值317.5亿元，比上年增长4.3％；第二产业增加值2291.5亿元，增长13.1%；第三产业增加值1847.6亿元，增长11.8%。人均国内生产总值达到58691元，比上年增长12.1％。国民经济主要指标快速增长，各项社会事业健康发展。2012年，全市规模以上工业企业完成产值8263.5亿元，比上年增长17.4%，固定资产投资总额达到3172.9亿元，比上年增长30.4%，社会消费品零售总额实现1739.6亿元，比上年增长15.0%，进出口总额196.8亿美元，比上年增长13.5%，城乡人民生活质量进一步提高，总体达到小康水平，城市居民人均可支配收入和农民人均纯收入分别达到22969.7元和9064元。

1－1 行 政 区 划
DIVISIONS OF ADMINISTRATIVE

单位:个 unit

		城市 Urban area		农村 Rural area		
		街道办事处 Street agency	社区居民委员会 Residents committee	乡政府 Township government	镇政府 Town government	村民委员会 Villager committee
总计	Total	67	393	30	67	1677
市区	District	55	330	5	12	294
南关区	Nanguan	15	57	1		3
宽城区	Kuancheng	9	54		1	20
朝阳区	Chaoyang	10	52		2	24
二道区	Erdao	8	33	1	3	34
绿园区	Luyuan	9	51		3	22
双阳区	Shuangyang	4	12	1	3	134
县(市)	County	12	63	25	51	1383
九台市	Jiutai	4	31	2	12	310
榆树市	Yushu	4	12	9	15	388
农安县	Nong'an		10	10	12	377
德惠市	Dehui	4	10	4	12	308

1. 城市中:社区委员会包括净月开发区22个,经济开发区23个,高新技术开发区15个,西新开发区11个。

2. 农村中:总计中乡政府包括高新技术开发区2个,镇政府包括净月开发区3个,经济开发区1个,村民委员会,包括净月开发区26个,经济开发区10个,高新开发区12个,汽车产业园9个。

Ⅰ. In urban area: residents committees include 22 in Jingyue Development Zone, 23 in Economic development Zone, 15 in High－Tech Development Zone, 11 in Automobile Industry Park.

Ⅱ. In rural area: In the Total row, township governments include 2 in High－Tech Development Zone, town governments include 3 in Jingyue Development Zone, 1 in Economic development Zone, villager committees include 26 in Jingyue Development Zone, 10 in Economic development Zone, 12 in High－Tech Development Zone, 9 in Automobile Industry Park.

1－2 自 然 概 况
NATURAL CONDITIONS

		单位 Unit	长春市 Changchun	榆树市 Yushu	九台市 Jiutai	农安县 Nong'an	德惠市 Dehui
一、土地资源	Land resources						
1. 国土面积	Area of territory	平方公里 sq. km	20571	4724	3375	5340	3459
2. 常用耕地面积	Area of cultivated land	公顷 ha	1307958	389610	185110	377464	215892
二、水利资源	Water resources						
1. 地表水资源量	Surface water volume	亿立方米 100million cu·m	16.83	4.11	3.52	2.78	2.62
2. 地下水资源量	Ground water volume	亿立方米 100million cu·m	21.73	4.24	3.69	6.1	3.98
三、林木资源	Forest resources						
1. 森林面积	Forest area	万公顷 10000ha	23.2				
2. 森林覆盖率	Forest coverage rate	%	15.5				

1－3　1993－2012年长春市社会经济主要指标

MAIN INDICATORS OF SOCIETY AND ECONOMIC(1993－2012)

年　份 Year	年末总人口（万人） Population (10000person)	#市区 District	从业人员（万人） Employment (10000person)	#职工 Staff and workers	地区生产总值（亿元） Gross domestic products (100million yuan)	#第一产业 Primary industry	#第二产业 Secondary industry	#第三产业 Tertiary industry
1993	651.0	218.8	317.5	134.8	238.5	47.1	116.1	75.3
1994	657.5	223.7	336.4	136.7	305.7	58.2	152.4	95.1
1995	667.3	270.0	345.0	133.9	365.5	72.4	164.6	128.5
1998	676.8	274.2	346.2	131.9	434.9	92.7	191.0	151.2
1997	683.8	278.8	351.2	129.9	491.2	101.9	212.3	177.0
1998	686.9	282.7	334.6	105.1	569.6	109.9	242.1	217.6
1999	691.2	286.6	350.3	102.8	683.7	117.8	288.5	277.4
2000	699.6	292.8	311.4	96.9	803.2	109.7	352.6	340.9
2001	705.7	298.0	327.4	92.7	928.9	121.2	416.3	391.4
2002	712.5	303.9	329.4	90.4	1060.8	131.1	483.6	446.1
2003	718.2	310.0	334.7	89.0	1226.7	140.4	575.4	510.9
2004	724.1	314.7	376.1	88.4	1415.6	150.6	680.6	584.4
2005	731.5	337.2	353.9	83.7	1503.2	161.5	701.9	639.8
2006	739.3	348.8	326.4	83.8	1736.8	162.0	848.1	726.7
2007	745.9	358.1	329.4	84.1	2089.1	200.0	1033.4	855.7
2008	752.5	360.8	336.8	85.6	2501.3	217.8	1251.2	1032.3
2009	756.5	362.3	346.8	87.0	2848.6	223.9	1442.8	1181.9
2010	758.9	362.8	366.4	89.0	3329.0	252.7	1719.9	1356.4
2011	761.8	364.8	384.6	92.4	4003.0	290.1	2092.7	1620.2
2012	756.9	363.0	386.3	96.9	4456.6	317.1	2291.9	1847.6

1－3 续表 1 continued1　　　　单位:亿元 unit:100million yuan

年　份 Year	工业总产值 Gross industrial output value	农业总产值 Gross agricultural output value	固定资产投资总额 Investment in fixed assets	房地产开发 Real estate	建筑业总产值 Gross output value of construction
1993	381.4	60.9	68.8	11.0	34.2
1994	486.5	68.0	96.1	23.1	42.7
1995	487.3	144.5	108.7	22.6	51.4
1996	475.8	172.9	120.6	19.3	57.8
1997	496.4	176.8	106.0	14.0	64.1
1998	502.4	198.9	141.7	16.2	66.6
1999	596.6	200.9	194.4	25.2	78.1
2000	749.7	106.8	235.2	30.3	113.1
2001	954.7	223.9	285.0	48.5	140.3
2002	1202.1	242.1	320.5	60.8	162.4
2003	1510.2	259.2	389.6	77.7	198.7
2004	1712.7	281.5	460.0	90.4	224.8
2005	1728.9	272.9	650.4	106.6	276.4
2006	2140.0	289.0	950.4	174.2	344.0
2007	2839.1	340.6	1350.6	259.5	428.0
2008	3515.3	405.2	1818.8	352.9	511.4
2009	4461.7	418.4	2300.3	443.9	569.5
2010	5884.2	474.7	3001.5	542.8	669.8
2011	7005.0	523.8	2433.4	666.4	787.0
2012	8263.5	562.5	3172.9	649.7	971.8

1－3 续表 2　continued2　　　　单位：亿元　unit：100million yuan

年　份 Year	全市财政收入 Government revenue	#地方财政收入 Local government revenue	地方财政支出 Local government expenditures	金融机构存款余额 Balance of deposits of financial institutes	金融机构贷款余额 Balance of loans of financial institution
1993	24.9	24.9	18.7	181.3	262.9
1994	30.2	10.2	21.6	199.6	310.0
1995	36.5	12.1	25.7	354.8	432.6
1996	45.0	17.0	29.8	465.4	534.1
1997	49.8	18.5	35.1	542.4	631.8
1998	56.5	21.9	37.7	581.2	744.9
1999	67.4	27.1	48.1	885.0	1082.2
2000	76.0	30.4	51.1	1013.2	1243.8
2001	97.4	36.3	59.0	1158.4	1344.8
2002	103.9	37.8	70.1	1403.6	1492.5
2003	134.8	46.0	85.8	1615.2	1629.6
2004	149.8	50.7	100.8	1766.3	1791.5
2005	184.8	61.0	121.7	2065.8	1893.5
2006	210.6	71.6	146.7	2396.2	2194.8
2007	284.5	93.3	181.6	2598.4	2452.0
2008	372.1	119.0	240.3	3064.7	2859.2
2009	450.7	142.7	306.0	4354.2	3863.7
2010	563.4	180.8	382.9	5038.4	4616.8
2011	803.2	288.6	518.7	5619.1	5251.0
2012	927.7	340.8	555.5	6643.3	5828.3

1－3 续表 3　　　　continued3

年　份 Year	职工工资总额(亿元) Wages (100million yuan)	在岗职工年平均工资(元) Annual average wage of employed persons (yuan)	年末储蓄存款余额(亿元) Balance of deposits at year end (100million yuan)	社会消费品零售总额(亿元) Total value of retail trade (100million yuan)	商品零售价格指数(%) Overall retail price index	居民消费品价格总指数(%) Overall consumer price index
1993	40.4	3006	113.0	83.1	117.9	114.7
1994	57.6	4271	165.3	101.8	120.5	122.9
1995	66.3	5013	243.2	131.8	114.4	115.9
1996	83.3	6370	331.9	171.4	106.1	110.9
1997	90.8	7052	388.6	204.5	101.5	104.2
1998	84.6	7869	411.7	237.9	98.3	100.6
1999	90.0	8618	480.4	268.3	96.4	98.6
2000	95.5	9752	533.7	311.2	97.5	98.8
2001	104.6	11090	608.1	358.3	100.7	102.3
2002	123.6	12869	713.9	402.2	98.7	99.7
2003	124.4	13867	831.4	438.3	100.7	101.0
2004	139.3	15722	910.4	495.3	102.7	104.1
2005	150.3	17742	1059.3	600.1	101.3	101.7
2006	167.7	19955	1174.6	666.3	101.4	101.3
2007	203.1	24190	1202.1	778.3	102.2	103.7
2008	230.1	26969	1507.3	945.7	105.6	104.4
2009	265.1	30448	1861.3	1089.4	100.6	99.8
2010	318.0	35723	2086.3	1286.7	104.6	103.6
2011	379.5	41473	2359.3	1512.2	104.8	105.5
2012	448.2	46674	2790.5	1739.6	101.8	102.3

注：从 2009 年，在岗职工年平均工资改为城镇非私营单位在岗职工年平均工资。

Note: the annual average income of current employees in 2009 is annual average income of current employees in urban non－private companies or orgnizations.

1－3 续表 4 continued4

年　　份 Year	货物运输量（万吨）Freight traffic (10000ton)	旅客发送量（万人次）Passenger traffic (10000 person－time)	邮电业务总量（1990 年不变价格）（万元）Volume of post and telecommunication services (10000 yuan)	函件（亿件）Letters delivered (100 million)
1993	5671.0	4323.0	37946.0	0.6
1994	6450.0	4657.0	51561.0	0.7
1995	7232.0	4848.0	53056.0	0.8
1996	9363.0	4794.0	107927.0	0.7
1997	9397.0	4023.0	139600.0	0.6
1998	9326.0	4799.0	200000.0	0.5
1999	9533.0	4848.4	284000.0	0.4
2000	8334.0	1937.0	433564.4	0.4
2001	8693.0	2743.0	316487.5	0.6
2002	10773.0	7668.0	328971.0	0.6
2003	10892.0	6999.0	356593.4	0.8
2004	11576.0	7631.2	365994.2	0.4
2005	9601.3	5086.6	414432.8	0.5
2006	9943.0	5360.0	466281.5	0.3
2007	10485.2	5697.3	503000.0	
2008	12452.5	6046.1	574881.3	
2009	8812.6	9974.5	955116.4	
2010	9763.1	10502.4	1333221.0	
2011	12308.3	10239.0	1348253.0	
2012	15479.4	11783.2	1435164.0	

注：从 2001 年开始，将邮电业务总量改为邮电业务收入。

Note: Since 2001 post and telecommunication service have changed into revenue of post and telelcommunication services

1－3 续表 5 continued 5

年　　份 Year	外贸出口商品总额（亿美元）Exports ($100 million)	吸收外资 Foreign capital absorbed			接待海外旅游者人数（万人/次）Tourists overseas (10000 person－times)
		签订合同项目（个）Contracts (unit)	签订合同金额（亿美元）Amount of contracts signed ($100 million)	实际吸收外资金额（亿美元）Real amount of foreign capital absorbed ($100 million)	
1993	1.70	295	2.30	0.70	3.4
1994	11.30	215	5.90	0.80	3.1
1995	1.40	323	5.90	1.80	3.0
1996	1.50	127	3.10	0.70	3.3
1997	5.00	130	2.20	0.70	3.5
1998	3.70	146	2.10	2.90	3.4
1999	6.00	150	5.10	3.30	4.5
2000	7.60	161	5.10	3.60	5.5
2001	9.80	125	4.60	5.10	6.6
2002	12.70	119	4.00	6.30	7.6
2003	15.50	118	3.90	7.50	6.9
2004	8.30	132	13.20	9.00	8.3
2005	12.70	139	5.10	11.70	11.0
2006	10.90	149	7.20	14.10	15.1
2007	15.10	123	6.80	16.90	20.0
2008	16.40	67	5.12	20.30	21.7
2009	10.90	47	4.50	24.30	21.7
2010	20.00	80	7.90	26.70	25.0
2011	22.70	44	5.20	30.80	30.2
2012	29.00	42	8.50	36.80	35.7

1－3 续表 6 continued 6

年　份 Year	全市科技成果(项) Major achievements in science and technology (item)	高等学校在校学生数(万人) Students in higher education(10000person)	小学在校学生数(万人) Students in primary Schools(10000person)	学龄儿童入学率(%) Enrollment rate of school－age children(%)
1993	74	6.1	65.0	99.60
1994	464	6.7	67.3	100.00
1995	231	7.1	69.0	99.80
1996	427	7.4	72.0	99.89
1997	245	7.7	73.8	99.85
1998	561	8.2	72.8	99.95
1999	522	9.9	69.9	99.86
2000	458	12.9	65.2	99.70
2001	498	15.6	60.0	97.00
2002	615	19.6	55.3	98.97
2003	723	23.1	51.5	99.50
2004	637	26.1	50.5	99.90
2005	692	29.1	47.6	99.96
2006	694	30.8	46.1	99.94
2007	677	33.1	45.4	99.98
2008	985	35.0	44.5	99.99
2009	1225	35.9	43.1	99.99
2010	143	36.5	42.2	99.99
2011	252	37.7	40.4	99.98
2012	235	38.8	40.2	99.98

注:2010 年的全市科技成果要通过鉴定、验收和认定为准。
Note: the major achievements in science and technology of 2010 are to be confirmed after appraisal, acceptance and determination.

1－3 续表 7 continued 7

年　份 Year	卫生机构数(个) Health agencies (unit)	#医院 Hospitals	医院病床(万张) Beds in hospitals (10000 beds)	卫生技术人员(万人) Medical technical personel (10000person)	#医生 Doctors
1993	827	248	2.4	3.6	1.5
1994	802	274	2.2	3.7	1.5
1995	830	303	2.4	3.8	1.6
1996	399	303	2.3	3.6	1.6
1997	642	304	2.3	3.8	1.6
1998	608	298	2.2	3.7	1.6
1999	672	294	2.4	3.7	1.6
2000	648	285	2.3	3.5	1.6
2001	660	291	2.2	3.6	1.6
2002	1498	298	2.4	3.4	1.4
2003	1554	298	2.3	3.5	1.5
2004	1642	294	2.3	3.4	1.4
2005	1659	288	2.4	3.3	1.4
2006	1832	320	2.6	3.5	1.6
2007	1941	320	2.7	3.6	1.6
2008	1923	313	2.9	3.6	1.6
2009	1920	309	3.4	3.7	1.7
2010	3853	310	3.7	4	1.8
2011	4153	306	3.9	4	1.8
2012	4092	302	4.23	4.3	1.8

1－4 1993－2012 年长春市平均水平主要指标
PER CAPITA MAIN INDICATORS(1993－2012)

年 份 Year	人均生产总值（元）Per capita Gross domestic product (yuan)	职工平均工资(元) Average wages (yuan)	城市居民人均可支配收入(元) Per capita Urban resident disposable income (yuan)	农村居民人均纯收入(元) Per capita net income of rural resident (yuan)	每一农业人口占有耕地面积(亩) Per capita Cultivated land of rural population(ha)
1993	3636	3006	2128	929	4.2
1994	4618	4271	2756	1300	4.3
1995	5455	5013	3456	1841	4.3
1996	6472	6370	4164	2245	4.2
1997	7223	7052	4702	2280	4.2
1998	8312	6722	4751	2520	4.5
1999	9923	7406	5110	2560	4.1
2000	11550	8138	5568	2568	4.0
2001	13220	9130	6339	2785	4.1
2002	14959	10518	6963	3147	4.1
2003	17147	11310	7905	3411	4.1
2004	19630	12937	8900	3906	4.0
2005	20654	15109	10065	4180	4.0
2006	23618	18322	11358	4480	4.2
2007	28133	22536	12811	4780	4.3
2008	33384	26884	15003	5292	4.2
2009	37753	28703	16072	5662	4.3
2010	43936	35430	17922	6665	4.2
2011	52649		20487	7965.1	4.4
2012	58691		22969.7	9064	4.4

1－4 续表 1 continued 1

年 份 Year	每一农业人口生产粮食(公斤) Per capita grain produced of rural population (kg)	每一工业职工创造产值(万元) Per capita output value of industrial workers (10000yuan)	每一工业职工实现利税(元) Per capita pre－tax profits of industrial workers (yuan)	每万人口拥有医疗床位数(张) Beds in hospital per 10000 population owned (bed)	城市居民人均居住建筑面积(平方米) Per capita floor space of urban residents (sq. m)	农村居民人均居住面积(平方米) Per capita floor space of rural resident (sq. m)
1993	1600.0	5.0	4000.8	38.0	6.55	15.30
1994	1700.0	6.6	5302.4	36.0	6.78	15.10
1995	1800.0	5.3	5459.2	38.0	7.23	17.20
1996	1900.0	7.8	4886.9	36.0	7.45	20.55
1997	1600.0	7.6	5238.5	35.2	7.70	18.20
1998	2070.0	11.7	9809.0	35.0	8.24	10.65
1999	1895.0	18.1	1835.9	34.7	9.10	19.10
2000	1277.0	21.5	29350.0	32.8	9.53	18.15
2001	1561.8	27.2	35584.0	34.0	9.90	18.29
2002	1718.1	36.6	50975.6	31.0	21.22	18.62
2003	1569.1	43.1	55457.1	32.0	22.32	21.85
2004	1982.9	56.8	55249.2	32.0	23.90	21.40
2005	1945.4	52.2	33939.4	32.8	24.62	22.00
2006	1967.4	61.7	49596.5	32.5	25.26	22.30
2007	1798.9	80.0	85353.9	36.2	26.88	23.05
2008	2198.7	86.7	87189.3	40.0	27.76	23.55
2009	1728.1	105.0	124423.5	44.0	29.14	23.74
2010	1842.0	122.6	162558.6	48.8	31.14	24.62
2011	1855.0	174.7	243566.1	51.2	32.75	26.91
2012	2074.9	171.1	224244.3	55.9	34.20	25.80

注：从 2002 年起，城市居民人均居住面积变为城市居民居住建筑面积。

1-5 长春市国民经济主要指标占全省比重
PROPORTION OF CHANGCHUN'S NATIONAL ECONOMIC INDICATORS TO JILIN PROVINCE

		全省 Total	长春 Changchun	长春占全省比重(%) Proportion(%)
土地面积(万平方公里)	Land area(10000sq · km)	18.74	2.1	11.2
年末总人口(万人)	Population at year-end(10000 person)	2750.4	756.9	27.5
地区生产总值(亿元)	Gross domestic products(100million yuan)	11937.8	4456.6	37.3
#第三产业(亿元)	Tertiary industry(100million yuan)	4151.26	1847.6	44.5
财政收入(亿元)	Government revenue(100 million yuan)	1041.3	340.8	32.7
工业增加值(亿元)	Gross industrial added value(100million yuan)	5477.29	1822.3	33.3
全社会固定资产投资总额(亿元)	Total investment in fixed assets(100million yuan)	9711.4	3172.9	32.7
社会消费品零售总额(亿元)	Total retail trade of consumer goods(100million yuan)	4772.94	1739.6	36.4
进出口商品总额(亿美元)	Total export and import($ 100million)	245.72	196.8	80.1
出口商品总额(亿美元)	Export($ 100million)	59.83	29	48.5
接待外国旅游人数(万人次)	Tourists overseas(10000person-time)	118.27	35.66	30.2

1-6 按当年价格计算的地区生产总值
GROSS DOMESTIC PRODUCT(AT CURRENT PRICE)

单位:万元 unit:10000yuan

		绝对额 Absolute number		构成(%) properation	
		2011	2012	2011	2012
地区生产总值	Gross domestic product	40030775	44566446	100	100
第一产业	Primary industry	2901246	3170902	7.2	7.1
第二产业	Secondary industry	20927330	22918758	52.3	51.4
第三产业	Terinary industry	16202199	18476786	40.5	41.5
国(地区)外净要素收入	Net factor income from other areas	1197788	1960249		
国民生产总值	Gross national income	41228563	46526695		

1－7　2012年长春市地区生产总值构成项目

单位：万元

		增加值 Added value
地区生产总值	Gross domestic product	44566446
第一产业	Primary industry	3170902
第二产业	Secondary industry	22918758
工业	Industry	19224837
建筑业	Construction	3693921
第三产业	Terinary industry	18476786
交通运输、仓储及邮政业	Transportation storage, post and telecommunication	2236734
交通运输和仓储业	Transportation and storage	2176676
邮政业	Post services	60058
信息传输、计算机服务和软件业	Information computer and software	1297631
电信和其他信息传输服务业	Telecommunication and other	1046986
批发和零售业	Wholesale, retailtrade	4361330
批发业	Wholesale	713893
零售业	Retail trade	3647437
住宿和餐饮业	Hotel and catering service	825831
住宿业	Hotels	242102
餐饮业	Catering services	583729
金融业	Finance	1534116
银行业	Banking	1345897
证券业	Securities	49075
保险业	Insurance	41434
其他金融活动	Other finance services	97710
房地产业	Real estate	1154597
房地产管理业	Real estate management	70643
房地产开发与经营业	Real estate developing	636505
城市居民自有住房	Urban households owned	282070
农村居民自有住房	Rural households owned	165379
租赁和商务服务业	Lease and service	1626999
科学研究、技术服务和地质勘查业	Scientific research and polytechnic services	705465
水利、环境和公共设施管理业	Water conservancy, environment and public services	148600
居民服务和其他服务业	Resident sevices	854795
教 育	Education	1464069
卫生、社会保障和社会福利业	Health care, sports and social welfare	585042
文化、体育和娱乐业	Culture, sports and recreation services	579664
公共管理和社会组织	Public management and social organization	1101913

COMPOSITION OF GROSS DOMESTIC PRODUCTS(2012)

unit:10000yuan

劳动者报酬 Wages	生产税净额 Net taxes on production	补 贴 Subsidies	固定资产折旧 Depreciation in fired assets	营业盈余 Operation surplus
17960696	10072122	254525	8233269	8300359
2918314	22912		229676	
8379601	7357482	192349	4649703	2531972
6216582	6850140	192349	4412394	1745721
2163019	507342		237309	786251
6662781	2691728	62176	3353890	5768387
520365	165198	58927	820087	731084
482270	162145	58927	812224	720037
38095	3053		7863	11047
340530	106831		401540	448730
269599	70251		383674	323462
1311459	1406304	1802	341079	1302488
156624	412021	1347	60296	84952
1154835	994283	455	280783	1217536
200279	80260	1447	163691	381601
69178	26909	1447	132959	13056
131101	53351		30732	368545
464034	175277		71370	823435
310315	127996		59143	848443
32199	12918		4635	-677
93309	19869		5378	-77122
28211	14494		2214	52791
136572	375154		477740	165131
45434	10044		10261	4904
91138	365110		20030	160227
			282070	
			165379	
395680	167053		385446	678820
331246	35551		104685	233983
78154	5452		25191	39803
209626	103839		47454	493876
1166502	10693		200320	86554
428013	9956		100853	46220
255832	23502		73916	226414
824489	26658		140518	110248

1-8 2011-2012年长春市地区生产总值
DROSS DOMESTIC PRODUCT(2011-2012)

单位:万元 unit:10000yuan

		2011		2012	
		绝对额 Absolute number	比上年增长% Indices (per=100)	绝对额 Absolute number	比上年增长% Indices (per=100)
地区生产总值	Gross domestic product	40030775	13.3	44566446	12.0
第一产业	Primary industry	2901246	4.7	3170902	4.3
第二产业	Secondary industry	20927330	14.9	22918758	13.1
工业	Industry	17843025	15.0	19224837	12.1
建筑业	Construction	3084305	13.7	3693921	18.8
第三产业	Terinary industry	16202199	13.0	18476786	11.8
交通运输、仓储及邮政业	Transportation storage, post and telecommunication	2016819	17.0	2236734	8.9
交通运输和仓储业	Transportation and storage	1968527	16.8	2176676	8.8
邮政业	Post services	48292	24.6	60058	13.4
信息传输、计算机服务和软件业	Information computer and software	1150408	18.6	1297631	12.7
电信和其他信息传输服务业	Telecommunication and other	928074	18.7	1046986	12.7
批发和零售业	Wholesale, retailtrade	3858141	8.4	4361330	11.1
批发业	Wholesale	629988	14.1	713893	11.4
零售业	Retail trade	3228153	7.4	3647437	11.1
住宿和餐饮业	Hotel and catering service	726905	8.9	825831	9.0
住宿业	Hotels	213646	15.3	242102	13.0
餐饮业	Catering services	513259	6.3	583729	7.3
金融业	Finance	1254697	10.7	1534116	20.6
银行业	Banking	1064341	13.0	1345897	24.8
证券业	Securities	57129	-39.2	49075	-19.2
保险业	Insurance	48094	120.2	41434	-9.8
其他金融活动	Other finance services	85133	14.8	97710	13.2
房地产业	Real estate	1007134	9.3	1154597	11.9
房地产管理业	Real estate management	64983	13.1	70643	7.9
房地产开发与经营业	Real estate developing	519533	12.6	636505	18.1
城市居民自有住房	Urban households owned	264463	6.6	282070	5.8
农村居民自有住房	Rural households owned	158155	2.5	165379	3.7
租赁和商务服务业	Lease and service	1341302	24.9	1626999	18.9
科学研究、技术服务和地质勘查业	Scientific research and polytechnic services	645439	7.4	705465	5.7
水利、环境和公共设施管理业	Water conservancy, environment and public services	136081	4.0	148600	6.1
居民服务和其他服务业	Resident sevices	768010	21.3	854795	9.2
教 育	Education	1348130	5.8	1464069	6.3
卫生、社会保障和社会福利业	Health care, sports and social welfare	517695	6.1	585042	10.7
文化、体育和娱乐业	Culture, sports and recreation services	472217	24.8	579664	20.7
公共管理和社会组织	Public management and social organization	959221	22.0	1101913	12.1

统计资料

STATISTICS

◎ 人口

POPULATION

第二篇　人　口

2012年，我市户籍人口比上年减少，由于公安部开展户口清理整顿专项工作，注销历年死亡人口和应销未销人口，因此对本年度人口数据产生较大影响。年末户籍人口总数为756.9万人，比上年减少0.64%。农业人口为414.1万人，非农业人口为342.8万人。总人口中，男性为381.2万人，女性为375.7万人，分别占人口总数的50.36%和49.64%。户籍人口出生率、死亡率、自然增长率分别为10.20‰、12.34‰和负2.14‰。市公安局关于主要数据的情况通报中显示，我市人口并非负增长，剔除历年死亡和应销未销因素，当年人口死亡率4.03‰，当年实际人口增长率1.93‰。

2－1　1993－2012 年全市户数与人口
POPULATION AND HOUSEHOLDS(1993－2012)

年份 Year	总户数(户) Households	总人口(人) Population (person)	按地区分 By region		按性别分 By sex		按农业、非农业分 By agriculture	
			市区 City	县(市) County	男 Male	女 Female	农业 Agriculture	非农业 Non－agriculture
1993	1670969	6510368	2187716	4322652	3330453	3179915	4042237	2468131
1994	1700389	6574999	2237074	4337925	3360547	3214452	4027014	2547985
1995	1729366	6672912	2699569	3973343	3405570	3267342	4054554	2618358
1996	1774578	6767781	2741731	4026050	3448350	3319431	4099379	2668402
1997	1797299	6837875	2788071	4049804	3479853	3358022	4115644	2722231
1998	1828540	6868673	2826890	4041783	3494777	3373896	4101391	2767282
1999	1887580	6912278	2866357	4045921	3516229	3396049	4100246	2812032
2000	1955634	6996354	2928250	4068104	3557370	3438984	4117996	2878358
2001	2005838	7057321	2980185	4077136	3586780	3470541	4120995	2936326
2002	2047139	7125055	3039375	4085680	3624060	3500995	4122300	3002755
2003	2071834	7182348	3100132	4082216	3650591	3531757	4051808	3130540
2004	2108261	7240845	3147366	4093479	3674807	3566038	4061950	3178895
2005	2189007	7314959	3372215	3942744	3706329	3608630	4104222	3210737
2006	2236543	7392561	3487724	3904837	3743788	3648773	4136041	3256520
2007	2317389	7459463	3581301	3878162	3770314	3689149	4169834	3289629
2008	2394247	7525303	3608314	3916989	3799417	3725886	4206770	3318533
2009	2437362	7565065	3623220	3941845	3815302	3749763	4229060	3336005
2010	2474784	7588921	3627536	3961385	3823596	3765325	4243699	3345222
2011	2556925	7617663	3648045	3969618	3835334	3782329	4167543	3450120
2012	2592938	7569037	3629752	3939285	3811781	3757256	4140626	3428411

2－2　2012 年县(市)区户数与人口
POPULATION AND HOUSEHOLDS BY REGION IN 2012

		总户数(户) Households	总人口(人) Population (person)	按性别分 By sex		按农业、非农业分 By agriculture	
				男 Male	女 Female	农业 Agriculture	非农业 Non－agriculture
总计	Total	2592938	7569037	3811781	3757256	4140626	3428411
市辖区合计	Total district	1309207	3629752	1799515	1830237	1035759	2593993
南关区	Nanguan	226604	659580	320719	338861	98035	561545
宽城区	Kuancheng	253005	663492	329867	333625	254801	408691
朝阳区	Chaoyang	252480	732664	359348	373316	84219	648445
二道区	Erdao	210033	554568	275480	279088	210590	343978
绿园区	Lvyuan	234034	636229	319020	317209	107400	528829
双阳区	Shuangyang	133051	383219	195081	188138	280714	102505
县(市)合计	Total county	1283731	3939285	2012266	1927019	3104867	834418
农安县	Nong'an	347815	1104321	566414	537907	873670	230651
九台市	Jiutai	245690	700423	357788	342635	522507	177916
榆树市	Yushu	432414	1307748	668053	639695	1100501	207247
德惠市	Dehui	257812	826793	420011	406782	608189	218604

2－3　1993－2012年全市人口增减变动
BASIC STATISTICS ON POPULATION CHANGING(1993－2012)

单位:人　　unit:person

年份 Year	年平均人口 Average population per year	增加 Increase		减少 Decrease	
		出生 Birth	迁入 Immigrant	死亡 Death	迁出 Emigration
1993	6483859	78892	119131	33521	106218
1994	6542683	79918	131550	35214	106767
1995	6623955	83252	118949	32824	87836
1996	6720346	89655	178698	34376	145431
1997	6802828	70108	110922	33726	82135
1998	6853272	51611	99196	34105	85125
1999	6890472	51275	123089	37263	104941
2000	6954316	72167	118519	38603	87096
2001	7026838	51263	119192	32918	85365
2002	7091188	51915	131735	32551	86590
2003	7153702	47149	138354	31981	94280
2004	7211597	64439	125259	34353	96285
2005	7277902	70680	143362	53076	121278
2006	7353760	71912	129371	32829	100289
2007	7426012	79787	121634	32566	105044
2008	7525303	78697	89565	22929	78840
2009	7545184	77521	83531	37155	82833
2010	7576993	79004	74714	50097	79334
2011	7603292	71132	81991	39044	85109
2012	7593350	77423	68445	93736	100629

2－4　2012年县(市)区人口增减变动
BASIC STATISTICS ON POPULATION CHANGING BY REGION IN 2012

单位:人　　unit:person

		年平均人口 Average population per year	增加 Increase		减少 Decrease	
			出生 Birth	迁入 Tmmigrant	死亡 Death	迁出 Emigration
全市总计	Total	7593350	77423	68445	93736	100629
市辖区合计	Total district	3638898.5	38475	51480	37846	70483
南关区	Nanguan	704482.5	7397	12964	5906	21670
宽城区	Kuancheng	592357.5	6699	8127	7751	8010
朝阳区	Chaoyang	751059	7342	13279	5889	20836
二道区	Erdao	556739	6184	5600	8239	7895
绿园区	Lvyuan	647402.5	7572	9436	4651	5721
双阳区	Shuangyang	386858	3281	2074	5410	6351
县(市)合计	Total county	3954451.5	38948	16965	55890	30146
农安县	Nong'an	1109935.5	11156	5716	21047	6963
九台市	Jiutai	705579	6798	2470	13754	5841
榆树市	Yushu	1306924	12600	5619	4669	11892
德惠市	Dehui	832013	8394	3160	16420	5450

2-5 2012年非农业人口增减人数
BASIC STATISTICS ON NON-AGRICULTURAL POPULATION CHANGING IN 2012

单位:人 unit:person

		全市 Total	市区 District	县(市) County(city)
一、年末非农业人口数	Total at year-end	3428411	2593993	834418
二、本年增加的非农业人口	Increase of population this year	193132	103433	89699
1.出生	Birth	32752	27523	5229
2.非农业人口迁入	Settle in	48616	40293	8323
3.农业人口转非农业人口	From agricultural population to non-agricultural	83694	9542	74152
①招生	Recruit students	1906	1886	20
②聘用	Recruit workers	361	295	66
③征用土地	Requisition land	70792	912	69880
④投靠亲属	Run to Relative	4589	3191	1398
⑤落户小城镇	Settle in small town	1526		1526
⑥投资购房	Investment in housing purchase	4520	3258	1262
⑦其他	Others			0
4.自港、澳、台和国外迁入	Settle in from Hongkong Macao Taiwan and foreign	68	65	3
5.退出现役	Demobilized soldier	1013	855	158
6.刑满释放解除劳教	Release after serving a sentence	75	59	16
7.其他	Others	26914	25096	1818
三、本年减少的非农业人口	Decrease of population	214731	105170	109561
1.死亡	Death	25615	18570	7045
2.非农业人口迁出	Emigration	73633	59665	13968
3.迁往港、澳、台和国外	To Hongkong Macao Taiwan and foreign	386	375	11
4.服现役	Join the army	826	686	140
5.服刑及劳教	Arrest and reeducation through labour	57	56	1
6.其他	Others	114214	25818	88396

2-6 1993-2012年全市人口出生率、死亡率、自然增长率
BIRTH RATE, DEATH RATE AND NATURAL GROWTH RATE (1993-2012)

年份 Year	出生率(‰) Birth rate	死亡率(‰) Death rate	自然增长率(‰) Natural growth rate
1993	12.16	5.16	6.99
1994	12.21	5.38	6.83
1995	12.56	4.95	7.61
1996	13.34	5.11	8.22
1997	10.30	4.95	5.34
1998	7.53	4.97	2.55
1999	7.44	5.40	2.03
2000	10.38	5.55	4.83
2001	7.30	4.68	2.61
2002	7.32	4.59	2.73
2003	6.59	4.47	2.12
2004	8.94	4.76	4.17
2005	9.71	7.29	2.42
2006	9.77	4.46	5.31
2007	10.74	4.39	6.36
2008	10.50	3.06	7.44
2009	10.30	4.92	5.35
2010	10.43	6.61	3.82
2011	9.36	5.14	4.22
2012	10.20	12.34	-2.14

2-7 2012年县(市)区人口出生率、死亡率、自然增长率
BIRTH RATE, DEATH RATE AND NATURAL GROWTH RATE BY REGION IN 2012

		出生率(‰) Birth rate	死亡率(‰) Death rate	自然增长率(‰) Natural growth rate
总计	Total	10.2	12.34	-2.14
市辖区合计	Total districts	10.57	10.4	0.17
南关区	Nanguan	10.5	8.38	2.12
宽城区	Kuancheng	11.31	13.09	-1.78
朝阳区	Chaoyang	9.78	7.84	1.94
二道区	Erdao	11.11	14.8	-3.69
绿园区	Lvyuan	11.7	7.18	4.52
双阳区	Shuangyang	8.48	13.98	-5.5
县(市)合计	Total counties cities	9.85	14.13	-4.28
农安县	Nong'an	10.05	18.96	-8.91
九台市	Jiutai	9.63	19.49	-9.86
榆树市	Yushu	9.64	3.57	6.07
德惠市	Dehui	10.09	19.74	-9.65

2-8 1993-2012年镇人口
POPULATION IN TOWNS(1993-2012)

年份 Year	镇数 Towns (个)	总户数 Households (户)	总人口(人) Population(person) 合计 Total	#非农业人口 Non-agriculture
1993	71	606911	2458906	454812
1994	73	625490	2517378	480921
1995	69	557599	2291863	319459
1996	71	589036	2381214	328492
1997	71	599342	2412099	334127
1998	71	609599	2407593	332771
1999	74	645686	2462254	337720
2000	74	676750	2498310	345006
2001	74	801526	2929795	355492
2002	75	822162	2965038	366485
2003	75	823632	2986758	441370
2004	75	850008	3065440	485870
2005	68	932803	3220173	476417
2006	67	911694	3159614	434312
2007	71	1036920	3462174	482436
2008	66	989184	3239889	446073
2009	66	997561	3247261	451788
2010	66	999720	3230214	430396
2011	65	1021572	3221512	522597
2012	66	1038391	3216956	426242

2-9 2012年县(市)区镇人口
POPULATION IN COUNTY IN 2012

		镇数 Towns (个)	总户数 Households (户)	总人口(人) Population(person) 合计 Total	#非农业人口 Non-agriculture
总计	Total	66	1038391	3216956	426242
市辖区合计	Total districts	21	292213	822632	119390
南关区	Nanguan	3	22386	68781	12352
宽城区	Kuancheng	5	93661	269993	46352
朝阳区	Chaoyang	2	18310	47535	4413
二道区	Erdao	5	72800	204827	32862
绿园区	Lvyuan	3	37273	87185	16281
双阳区	Shuangyang	3	47783	144311	7130
县(市)合计	Total counties (cities)	45	746178	2394324	306852
农安县	Nong'an	11	247276	739944	219617
九台市	Jiutai	9	129327	417530	20025
榆树市	Yushu	15	238582	781934	44652
德惠市	Dehui	10	130993	454916	22558

统计资料
STATISTICS

◎ 单位从业人员与劳动报酬
EMPLOYMENT AND WAGE

第三篇　单位从业人员与劳动报酬

2012 年，全市城镇非私营单位从业人员为 99.98 万人，比上年末增加 5.08 万人，增长 5.35 %。从经济类型划分上看，国有和集体经济单位所占比重继续下降，其他经济类型单位所占比重仍在上升。2012 年末，我市城镇非私营国有单位从业人员人数为 50.51 万人，占 50.52 %；集体经济单位从业人数 2.87 万人，占 2.87 %；其他经济单位从业人数 46.60 万人，占 46.61 %。

2012 年，全市城镇非私营单位从业人员工资总额为 459.03 亿元，比上年同期增长 18.25 %，其中，国有经济单位 244.72 亿元，增长 17.71 %；集体经济单位 8.01 亿元，同比增长 9.73 %；其他经济单位 206.30 亿元，同比增长 19.25 %。

2012 年全市城镇非私营单位就业人员平均工资 46272 元，比上年增长 12.20 %；在岗职工平均工资 46674 元，比上年增加 5201 元，增长 12.54%。

3-1 1993-2012年全市非私营单位在岗职工工资总额
TOTAL WAGES OF STAFF AND WORKERS IN NON-PRIVATE UNITS (1993-2012)

单位:千元　　unit:1000 yuan

年 份 Year	国 有 State-owned		集 体 Collective owned		其 他 Others	
	全市 Total	#市区 District	全市 Total	#市区 District	全市 Total	#市区 District
1993	3008869	2472131	860001	735876	167421	165027
1994	4472521	3742455	1011722	860025	276867	249663
1995	5220027	4423964	1045689	910067	364802	323990
1996	6569798	5592362	1251084	1086908	507483	451905
1997	7123101	6032678	1294877	1121163	658380	572053
1998	6574523	5616192	1040812	929690	932068	838951
1999	6871783	5828124	912084	824582	1348814	1246909
2000	7375814	6281248	960764	883329	1606900	1500715
2001	7529152	6478360	853190	792029	2074950	1920863
2002	8778127	7497443	883896	811997	2700222	2558936
2003	9191194	7846909	797041	722583	3033574	2882323
2004	10061498	8630697	773975	693387	3704129	3539419
2005	10136616	8818260	624595	540620	4273860	4039930
2006	10907523	9476019	623169	549543	5236869	4937691
2007	13691045	11857798	629786	557273	6677494	6352869
2008	15018507	12463127	645458	550119	8034251	7486086
2009	15713196	13553638	745397	607174	10577684	10128067
2010	18110165	15780837	784564	630033	13518177	12892878
2011	20578244	17725860	692474	555296	16679583	15997321
2012	22905754	19417457	718829	526708	17619377	16752500

3-2 1993-2012全市非私营单位在岗职工平均工资
AVERGE WAGE OF STAFF AND WORKERS IN NON-PRIVATE UNITS (1993-2012)

单位:元　　unit:yuan

年 份 Year	国 有 State-owned		集 体 Lollective-owned		其 他 Others	
	全市 Total	#市区 District	全市 Total	#市区 District	全市 Total	#市区 District
1993	3266	3561	2299	2370	3551	3570
1994	4966	5196	2977	3088	4839	4818
1995	5478	5941	3474	3600	5305	5242
1996	6844	7498	4547	4717	7027	7079
1997	7472	8151	5076	5313	8382	8358
1998	7205	8119	4452	4883	7436	7646
1999	7866	8835	4345	4893	9009	9240
2000	8526	9807	4814	5576	10220	10438
2001	11569	13270	7005	7307	12177	12888
2002	11100	13341	5215	6345	13066	13682
2003	11802	14275	5227	6472	13786	14456
2004	13659	16866	5576	6833	14910	15800
2005	18901	21570	9563	9577	17389	18314
2006	21837	25072	10925	10923	18455	19436
2007	27112	31231	11862	11990	21599	22737
2008	30535	34928	13143	13335	23854	24902
2009	33688	38584	15579	14603	28204	29357
2010	38428	44146	19129	18113	34143	35508
2011	43419	49180	23952	23830	40464	41815
2012	49732	55727	29417	28126	44353	45385

3－3 全市非私营单位从业人员数

单位:人

		总计 Total	
		全市 Total	#市区 District
总计	Total	999843	846713
中央单位	Centre unit	176142	168873
省属单位	Provincial unit	99994	93185
市属单位	Unit belong to city	86629	84043
县及县以下单位	Unit below county	142365	41090
(一)农、林、牧、渔业	Farming, forestry, animal husbandry and fishery	10891	1897
1. 农业	Farming	859	276
2. 林业	Forestry	1367	331
3. 畜牧业	Animal husbandry	894	246
4. 渔业	Fishery	38	38
5. 农、林、牧、渔服务业	Farming, forestry, animal husbandry and fishery services	7733	1006
(二)采矿业	Mining industry	12224	7842
1. 煤炭开采和洗选业	Coal mining and dressing	9318	4936
2. 石油和天然气开采业	Extraction of petroleum and natural gas	2647	2647
3. 黑色金属矿采选业	Minging and dressing of ferrous metals	29	29
4. 有色金属矿采选业	Mining and dressing of nonferrous metals	61	61
5. 非金属矿采选业	Mining and dressing of nonmetal mineral products		
6. 开采辅助活动	Mining auxiliary activities	163	163
7. 其他采矿业	Others	6	6
(三)制造业	Manufacturing	282924	265357
1. 农副食品加工业	Food processing	15510	7664
2. 食品制造业	Food manufacturing	5914	2832
3. 酒、饮料和精制茶制造业	Wine、drinks and Refined tea Industry	5559	2783
4. 烟草制品业	Tobacco processing	1427	1427
5. 纺织业	Textile industry	977	977
6. 纺织服装、服饰业	Textile and garment、Clothing industry	3516	2961
7. 皮革、毛皮、羽毛及其制品和制鞋业	Leather、fur、feather and their products	82	82
8. 木材加工及木、竹、滕、棕草制品业	Timber, bamboo, cane, palm and straw products	1580	1236
9. 家具制造业	Furniture	478	478
10. 造纸及纸制品业	Paper making and paper products	141	141
11. 印刷业和记录媒介复制业	Printing and record medium reproduction	3591	3325
12. 文教、工美、体育和娱乐用品制造业	Culture and education、Industrial art、Sports and entertainment products manufacturing	81	81
13. 石油加工、炼焦及核燃料加工业	Petroleum processing coking and nuclear processing	1050	296
14. 化学原料及化学制品制造业	Raw chemical material and chemical products	4335	3730
15. 医药制造业	Medical and pharmacutical products	11067	10893
16. 化学纤维制造业	Chemical fiber manufacturing	27	27
17. 橡胶和塑料制品业	Rubber and plastic products	3362	3362
18. 非金属矿物制品业	Nonmetal mineral products	6993	6789
19. 黑色金属冶炼及压延加工业	Smelting and pressing of ferrous metals	1120	1120
20. 有色金属冶炼及压延加工业	Smelting and pressing of non－ferrous metals	816	816
21. 金属制品业	Metal products	2685	2610
22. 通用设备制造业	Ordinary machinery	6461	6136
23. 专用设备制造业	Special purpose equipment	4453	4430
24. 汽车制造业	Automobile industry	165447	164949

NUMBER OF EMPLOYED PERSONS IN NON－PRIVATE UNITS

unit: person

国 有 State－owned		集 体 Collective－owned		其 他 Others	
全 市 Total	#市 区 District	全 市 Total	#市 区 District	全 市 Total	#市 区 District
505130	387191	28689	22931	466024	436591
176142	168873				
99994	93185				
86629	84043				
142365	41090				
10301	1589	117	41	473	267
705	139	17		137	137
1326	290	41	41		
640	198			254	48
				38	38
7630	962	59		44	44
2588	2588			9636	5254
472	472			8846	4464
2104	2104			543	543
				29	29
12	12			49	49
				163	163
				6	6
61239	60346	10275	9895	211410	195116
53	53	26	26	15431	7585
436		30	30	5448	2802
		5	5	5554	2778
1427	1427				
42	42	11	11	924	924
42	42	202	117	3272	2802
32	32			50	50
		133	133	1447	1103
		1	1	477	477
				141	141
823	823	740	533	2028	1969
		34	34	47	47
				1050	296
34	34	48	48	4253	3648
1799	1764	25		9243	9129
				27	27
132	132	184	184	3046	3046
958	958	100	100	5935	5731
160	160	88	88	872	872
				816	816
		140	140	2545	2470
790	790	475	475	5196	4871
182	182	82	59	4189	4189
53911	53489	6210	6210	105326	105250

3－3 续表 1　continued1

		总计 Total	
		全市 Total	#市区 District
25. 铁路、船舶、航空航天和其他运输设备制造业	Railway, ship, aerospace and other Transportation Equipment Manufacturing	22691	22691
26. 电气机械及器材制造业	Electric equipment and machinery	6384	6344
27. 计算机、通信和其他电子设备制业	Computer and telecommunication equipment and other electronic equipment	912	912
28. 仪器仪表制造业	Instruments, meters	5706	5706
29. 其他制造业	Others	113	113
30. 废弃资源综合利用业	Comprehensive utilization of waste resources	440	440
31. 金属制品、机械和设备修理业	Metal products、machinery、Equipment repair industry	6	6
（四）电力、燃气及水的生产和供应业	Electric power, gas and water production and supply	26820	21977
1. 电力、热力的生产和供应业	Eleatrlc Power, and Head Power Production and Supply	18709	15311
2. 燃气生产和供应业	Production and supply of gas	2498	2498
3. 水的生产和供应业	Production and supply of water	5613	4168
（五）建筑业	Construction	74324	70088
1. 房屋建筑业	Building construction	35845	32899
2. 土木工程建筑业	Civil construction	23118	21904
3. 建筑安装业	Installment	10263	10187
4. 建筑装饰和其他建筑业	Decoration and others	5098	5098
（六）批发和零售业	Wholesale and retail trade	49036	47068
1. 批发业	Wholesale	18094	16459
2. 零售业	Retail trade	30942	30609
（七）交通运输、仓储及邮政业	Transportation, storage, post and telecommunication	48043	43281
1. 铁路运输业	Railway transportation	73	73
2. 道路运输业	Highway transportation	17122	14427
3. 水上运输业	Waterway		
4. 航空运输业	Air transportation	4729	4729
5. 管道运输业	Pipeline transportation	1089	1089
6. 装卸搬运和其他运输代理业	Handling and other transportation services	1016	1016
7. 仓储业	Storage	19801	18564
8. 邮政业	Post services	4213	3383
（八）住宿和餐饮业	Hotel and catering services	17599	17403
1. 住宿业	Hotels	11975	11779
2. 餐饮业	Catering services	5624	5624
（九）信息传输、软件和信息技术服务业	Information transmission、software、information technology services	21862	19693
1. 电信、广播电视和卫星传输服务	Telecommunications, radio and television and satellite transmission services	16139	13970
2. 互联网和相关服务	Internet and related service	618	618
3. 软件和信息技术服务业	Software and information technology services	5105	5105
（十）金融业	Finance	40784	34437
1. 货币金融服务业	Monetary and financial services	30742	24939
2. 资本市场服务业	Capital market services	2870	2870
3. 保险业	Insurance	6975	6431
4. 其他金融业	Other finance services	197	197
（十一）房地产业	Real estate	25911	24867
其中：（1）房地产开发经营	Real estate developing and management	9348	9094
（2）物业管理	Property management	13682	13467
（3）房地产中介服务	Medium services	859	822
（十二）租赁和商务服务业	Leasing and services	31196	30266

单位:人　unit:person

国　　有 State - owned		集　　体 Collective - owned		其　　他 Others	
全　　市 Total	#市　　区 District	全　　市 Total	#市　　区 District	全　　市 Total	#市　　区 District
		441	441	22250	22250
358	358	759	719	5267	5267
23	23			889	889
22	22	510	510	5174	5174
				113	113
15	15	31	31	394	394
				6	6
11752	7239			15068	14738
7141	3743			11568	11568
17	17			2481	2481
4594	3479			1019	689
15449	15373	847	725	58028	53990
5229	5229	435	435	30181	27235
7991	7991	404	282	14723	13631
2128	2052	8	8	8127	8127
101	101			4997	4997
6258	4547	962	742	41816	41779
5167	3685	731	578	12196	12196
1091	862	231	164	29620	29583
29880	27289	180	180	17983	15812
				73	73
2602	2078	141	141	14379	12208
4610	4610			119	119
				1089	1089
235	235			781	781
18300	17063	39	39	1462	1462
4133	3303			80	80
6608	6412	762	762	10229	10229
6405	6209	631	631	4939	4939
203	203	131	131	5290	5290
10584	8849			11278	10844
10102	8367			6037	5603
112	112			506	506
370	370			4735	4735
15770	12971	2625		22389	21466
13106	10802	2625		15011	14137
773	773			2097	2097
1793	1298			5182	5133
98	98			99	99
4109	3330	128	128	21674	21409
545	335			8803	8759
1946	1946	123	123	11613	11398
37		5	5	817	817
10597	9845	2520	2520	18079	17901

3－3 续表 2　continued2

		总计 Total	
		全　市 Total	#市区 District
1. 租赁业	Leaseing	538	538
2. 商务服务业	Services	30658	29728
（十三）科学研究、技术服务业	Scientific research technical services	47324	43578
1. 研究和试验发展	Scientific research	15578	15578
2. 专业技术服务业	Technical Services	29365	26342
3. 科技推广和应用服务业	Science and technology popularization and Application Services	2381	1658
（十四）水利、环境和公共设施管理业	Water conservancy, environment and public services	29245	22032
1. 水利管理业	Water conservancy	5876	2547
2. 生态保护和环境治理业	Ecological protection and Environmental governance industry	284	244
3. 公共设施管理业	Public management	23085	19241
（十五）居民服务、修理和其他服务业	Resident service、repair and other services	4432	4250
1. 居民服务业	Resident services	1144	962
2. 机动车、电子产品和日用产品修理业	Motor vehicle、Electronics and daily consumer products repairing	1063	1063
3. 其他服务业	Others	2225	2225
（十六）教育	Education	127867	82034
其中：(1)初等教育	Primary education	36596	11706
(2)中等教育	Secondary education	43550	23988
(3)高等教育	Higher education	41546	41546
（十七）卫生和社会工作	Health and social work	52234	39195
1. 卫生	Health care	50865	38021
2. 社会工作	Social work	1369	1174
（十八）文化、体育和娱乐业	Culture, sports and recreation services	17791	16070
1. 新闻和出版业	News publishing	7938	7935
2. 广播、电视、电影和影视录音制作业	Broadcast、TV、movies and video recording industry	3895	3079
3. 文化艺术业	Culture and art	4222	3426
4. 体育	Sports	1217	1178
5. 娱乐业	Recreation services	519	452
（十九）公共管理、社会保障和社会组织	Public administration、social security、social organization	79336	55378
其中：1. 中国共产党机关	Chinese communist party	2668	2029
2. 国家机构	State organs	73245	50616
3. 人民政协、民主党派	Political consultation and democratic party	576	482
4. 社会保障	Social security	875	577
5. 群众社团、社会团体和其他成员组织	The community、social organization and other members	1895	1597

单位:人　unit:person

国有 State - owned		集体 Collective - owned		其他 Others	
全市 Total	#市区 District	全市 Total	#市区 District	全市 Total	#市区 District
62	62			476	476
10535	9783	2520	2520	17603	17425
38010	34357	457	394	8857	8827
14969	14969	6	6	603	603
21521	18591	382	319	7462	7432
1520	797	69	69	792	792
19513	12655	5802	5452	3930	3925
5629	2423	123		124	124
217	182			67	62
13667	10050	5679	5452	3739	3739
1519	1337	794	794	2119	2119
668	486	142	142	334	334
232	232	62	62	769	769
619	619	590	590	1016	1016
121476	75643	340	340	6051	6051
35816	10926	314	314	466	466
41632	22070	1	1	1917	1917
38597	38597			2949	2949
47899	36670	2586	776	1749	1749
46847	35813	2586	776	1432	1432
1052	857			317	317
12437	10884	99	71	5255	5115
3661	3658	48	48	4229	4229
3158	2471			737	608
4047	3290	28		147	136
1172	1133			45	45
399	332	23	23	97	97
79141	55267	195	111		
2668	2029				
73050	50505	195	111		
576	482				
875	577				
1895	1597				

3－4 全市非私营单位从业人员工资总额

单位:千元

		总计 Total	
		全市 Total	#市区 Districts
总计	Total	45902537	41253672
中央单位	Centre unit	11341356	11053535
省属单位	Provincial unit	4792565	4542092
市属单位	Unit belong to city	3773874	3693890
县及县以下单位	Unit below county	4563917	1635343
(一)农、林、牧、渔业	Farming,forestry,animal husbandry and fishery	296758	76675
1.农业	Farming	18733	6189
2.林 业	Forestry	32339	8925
3.畜 牧 业	Animal husbandry	26501	10321
4.渔 业	Fishery	1587	1587
5.农、林、牧、渔服务业	Farming,forestry,animal husbandry and fishery services	217598	49653
(二)采 矿 业	Mining industry	578427	336349
1.煤炭开采和洗选业	Coal mining and dressing	427307	185229
2.石油和天然气开采业	Extraction of petroleum and natural gas	135606	135606
3.黑色金属矿采选业	Minging and dressing of ferrous metals	3414	3414
4.有色金属矿采选业	Mining and dressing of nonferrous metals	3724	3724
5.非金属矿采选业	Mining and dressing of nonmetal mineral products		
6.开采辅助活动	Mining auxiliary activities	7754	7754
7.其他采矿业	Others	622	622
(三)制 造 业	Manufacturing	14358688	13903515
1.农副食品加工业	Food processing	441082	212029
2.食品制造业	Food manufacturing	141439	74759
3.酒、饮料和精制茶制造业	Wine、drinks and Refined tea Industry	195175	124646
4.烟草制品业	Tobacco processing	124475	124475
5.纺 织 业	Textile industry	22783	22783
6.纺织服装、服饰业	Textile and garment、Clothing industry	80823	68279
7.皮革、毛皮、羽毛及其制品和制鞋业	Leather,fur,feather and their products	1284	1284
8.木材加工和木、竹、藤、棕、草制品业	Timber,bamboo,cane,palm and straw products	52157	46818
9.家具制造业	Furniture	10971	10971
10.造纸和纸制品业	Paper making and paper products	1788	1788
11.印刷和记录媒介复制业	Printing and record medium reproduction	101499	94908
12.文教、工美、体育和娱乐用品制造业	Culture and education、Industrial art、Sports and entertainment products manufacturing	2750	2750
13.石油加工.炼焦及核燃料加工业	Petroleum processing coking and nuclear processing	28157	6057
14.化学原料和化学制品制造业	Raw chemical material and chemical products	137074	127598
15.医药制造业	Medical and pharmacutical products	378451	374946
16.化学纤维制造业	Chemical fiber manufacturing	760	760
17.橡胶和塑料制品业	Rubber and plastic products	109393	109393
18.非金属矿物制品业	Nonmetal mineral products	206588	202522
19.黑色金属冶炼和压延加工业	Smelting and pressing of ferrous metals	43671	43671
20.有色金属冶炼和压延加工业	Smelting and pressing of non－ferrous metals	33460	33460
21.金属制品业	Metal products	88661	87559
22.通用设备制造业	Ordinary machinery	232884	226760
23.专用设备制造业	Special purpose equipment	147389	147167
24.汽车制造业	Automobile industry	9858907	9842505

TOTAL WAGES OF EMPLOYED PERSONS IN NON－PRIVATE UNITS

unit:1000 元

国有 State－owned		集体 Collective－owned		其他 Others	
全市 Total	#市区 District	全市 Total	#市区 District	全市 Total	#市区 District
24471712	20924860	800405	607202	20630420	19721610
11341356	11053535				
4792565	4542092				
3773874	3693890				
4563917	1635343				
276949	65842	3348	1540	16461	9293
14494	2372	422		3817	3817
30799	7385	1540	1540		
18183	9171			8318	1150
				1587	1587
213473	46914	1386		2739	2739
126953	126953			451474	209396
12469	12469			414838	172760
113634	113634			21972	21972
				3414	3414
850	850			2874	2874
				7754	7754
				622	622
3524603	3499892	285178	276037	10548907	10127586
1493	1493	464	464	439125	210072
8971		1200	1200	131268	73559
		181	181	194994	124465
124475	124475				
1000	1000	197	197	21586	21586
939	939	3820	1992	76064	65348
815	815			469	469
		5504	5504	46653	41314
		13	13	10958	10958
				1788	1788
27762	27762	20964	15735	52773	51411
		1528	1528	1222	1222
				28157	6057
722	722	1632	1632	134720	125244
75669	74845	422		302360	300101
				760	760
5832	5832	6819	6819	96742	96742
30796	30796	1625	1625	174167	170101
2450	2450	3525	3525	37696	37696
				33460	33460
		2211	2211	86450	85348
18477	18477	9102	9102	205305	199181
5549	5549	618	396	141222	141222
3206109	3191193	139074	139074	6513724	6512238

3－4 续表 1　continued1

		总计 Total	
		全市 Total	#市区 District
25. 铁路、船舶、航空航天和其他运输设备制造业	Railway、ship、aerospace and other Transportation Equipment Manufacturing	1385981	1385981
26. 电气机械及器材制造业	Electric equipment and machinery	214960	213520
27. 计算机、通信和其他电子设备制造业	Computer and telecommunication equipment and other electronic equipment	26391	26391
28. 仪器仪表制造业	Instruments，meters	260578	260578
29. 其他制造业	Others	2687	2687
30. 废弃资源综合利用业	Comprehensive utilization of waste resources	26296	26296
31. 金属制品、机械和设备修理业	Metal products、machinery、Equipment repair industry	174	174
（四）电力、热力、燃气及水生产和供应业	Electric power，heat，gas and water production and supply	1249132	1077972
1. 电力、热力生产和供应业	Eleatrlc Power，and Head Power Production and Supply	933114	794433
2. 燃气生产和供应业	Production and supply of gas	119387	119387
3. 水的生产和供应业	Production and supply of water	196631	164152
（五）建 筑 业	Construction	2381982	2268935
1. 房屋建筑业	Building construction	992205	903430
2. 土木工程建筑业	Civil construction	840261	817769
3. 建筑安装业	Installment	369761	367981
4. 建筑装饰和其他建筑业	Decoration and others	179755	179755
（六）批发和零售业	Wholesale and retail trade	1672762	1603983
1. 批发业	Wholesale	776357	719698
2. 零售业	Retail trade	896405	884285
（七）交通运输、仓储和邮政业	Transportation，storage，post and telecommunication	1991008	1872073
1. 铁路运输业	Railway transportation	6675	6675
2. 道路运输业	Highway transportation	541407	484087
3. 水上运输业	Waterway		
4. 航空运输业	Air transportation	378516	378516
5. 管道运输业	Pipeline transportation	81262	81262
6. 装卸搬运和其他运输代理业	Handling and other transportation services	33271	33271
7. 仓储业	Storage	734564	706108
8. 邮政业	Post services	215313	182154
（八）住宿和餐饮业	Hotel and catering services	453472	450988
1. 住宿业	Hotels	303517	301033
2. 餐饮业	Catering services	149955	149955
（九）信息传输、软件和信息技术服务业	Information transmission、software、information technology services	1173141	1104063
1. 电信、广播电视和卫星传输服务	Telecommunications、radio and television and satellite transmission services	931887	862809
2. 互联网和相关服务	Internet and related service	19499	19499
3. 软件和信息技术服务业	Software and information technology services	221755	221755
（十）金融业	Finance	3322617	3022704
1. 货币金融服务业	Monetary and financial services	2897929	2610101
2. 资本市场服务业	Capital market services	134157	134157
3. 保险业	Insurance	264777	252692
4. 其他金融业	Other finance services	25754	25754
（十一）房地产业	Real estate	977692	954144
其中：（1）房地产开发经营	Real estate developing and management	506662	499917
（2）物业管理	Property management	351320	346522
（3）房地产中介服务	Medium services	25430	24290
（十二）租赁和商务服务业	Leasing and services	1219189	1204398

单位:千元　unit:1000yuan

国有 State - owned		集体 Collective - owned		其他 Others	
全市 Total	#市区 District	全市 Total	#市区 District	全市 Total	#市区 District
		19645	19645	1366336	1366336
11411	11411	24163	22723	179386	179386
956	956			25435	25435
669	669	41696	41696	218213	218213
				2687	2687
508	508	775	775	25013	25013
				174	174
611681	447733			637451	630239
443118	304437			489996	489996
1869	1869			117518	117518
166694	141427			29937	22725
454515	452735	22313	19547	1905154	1796653
101864	101864	7968	7968	882373	793598
294931	294931	13367	10601	531963	512237
53404	51624	978	978	315379	315379
4316	4316			175439	175439
304097	240417	20577	16522	1348088	1347044
260824	207525	17205	13845	498328	498328
43273	32892	3372	2677	849760	848716
1359553	1286097	3421	3421	628034	582555
				6675	6675
75722	63881	2601	2601	463084	417605
374663	374663			3853	3853
				81262	81262
11104	11104			22167	22167
686441	657985	820	820	47303	47303
211623	178464			3690	3690
161783	159299	18492	18492	273197	273197
156719	154235	15389	15389	131409	131409
5064	5064	3103	3103	141788	141788
591713	538545			581428	565518
570966	517798			360921	345011
5695	5695			13804	13804
15052	15052			206703	206703
1335830	1205610	121851		1864936	1817094
1240393	1121155	121851		1535685	1488946
28246	28246			105911	105911
55305	44323			209472	208369
11886	11886			13868	13868
152696	135626	3046	3046	821950	815472
20392	15247			486270	484670
58147	58147	2923	2923	290250	285452
1140		123	123	24167	24167
532648	519707	79071	79071	607470	605620

3－4 续表 2　continued2

		总计 Total	
		全市 Total	#市区 District
1. 租赁业	Leaseing	16449	16449
2. 商务服务业	Services	1202740	1187949
（十三）科学研究、技术服务业	Scientific research technical services	2653711	2559987
1. 研究和试验发展	Scientific research	1082669	1082669
2. 专业技术服务业	Technical Services	1487618	1411797
3. 科技推广和应用服务业	Science and technology popularization and Application Services	83424	65521
（十四）水利、环境和公共设施管理业	Water conservancy, environment and public services	687097	566373
1. 水利管理业	Water conservancy	168398	110713
2. 生态保护和环境治理业	Ecological protection and Environmental governance industry	12182	11050
3. 公共设施管理业	Public management	506517	444610
（十五）居民服务、修理和其他服务业	Resident service、repair and other services	155309	150345
1. 居民服务业	Resident services	57727	52763
2. 机动车、电子产品和日用产品修理业	Motor vehicle、Electronics and daily consumer products repairing	30369	30369
3. 其他服务业	Others	67213	67213
（十六）教育	Education	5625866	4088258
其中：(1) 初等教育	Primary education	1307707	474667
(2) 中等教育	Primary education	1755707	1094920
(3) 高等教育	Higher education	2300546	2300546
（十七）卫生和社会工作	Health and social work	2672275	2342879
1. 卫生	Health care	2625398	2301510
2. 社会工作	Social work	46877	41369
（十八）文化、体育和娱乐业	Culture, sports and recreation services	624931	581306
1. 新闻和出版业	News publishing	252383	252287
2. 广播、电视、电影和影视录音制作业	Broadcast、TV、movies and video recording industry	138832	117891
3. 文化艺术业	Culture and art	158741	138619
4. 体育	Sports	50576	49486
5. 娱乐业	Recreation services	24399	23023
（十九）公共管理、社会保障和社会组织	Public administration、social security、social organization	3808480	3088725
其中：1. 中国共产党机关	Chinese communist party	147934	127784
2. 国家机构	State organs	3483616	2803878
3. 人民政协、民主党派	Political consultation and democratic party	39714	36676
4. 社会保障	Social security	39792	31332
5. 群众社团、社会团体和其他成员组织	The community、social organization and other members	95106	86737

单位:千元 unit:1000yuan

国有 State - owned		集体 Collective - owned		其他 Others	
全市 Total	#市区 District	全市 Total	#市区 District	全市 Total	#市区 District
2602	2602			13847	13847
530046	517105	79071	79071	593623	591773
2231980	2139019	25449	25433	396282	395535
1061034	1061034	114	114	21521	21521
1117453	1042395	23222	23206	346943	346196
53493	35590	2113	2113	27818	27818
491474	377315	106299	99864	89324	89194
162362	106331	1654		4382	4382
8448	7446			3734	3604
320664	263538	104645	99864	81208	81208
72408	67444	18465	18465	64436	64436
44285	39321	4627	4627	8815	8815
3962	3962	1361	1361	25046	25046
24161	24161	12477	12477	30575	30575
5402841	3865233	12577	12577	210448	210448
1281168	448128	11359	11359	15180	15180
1686319	1025532	36	36	69352	69352
2192974	2192974			107572	107572
2556466	2271183	68363	24250	47446	47446
2516225	2236450	68363	24250	40810	40810
40241	34733			6636	6636
485058	444763	1939	1659	137934	134884
140205	140109	886	886	111292	111292
124892	106751			13940	11140
150882	131290	280		7579	7329
48742	47652			1834	1834
20337	18961	773	773	3289	3289
3798464	3081447	10016	7278		
147934	127784				
3473600	2796600	10016	7278		
39714	36676				
39792	31332				
95106	86737				

3－5 全市非私营单位从业人员平均工资

单位:元

		总计 Total	
		全市 Total	#市区 District
总计	Total	46272	49223
(一)农、林、牧、渔业	Farming, forestry, animal, husbandry and fishery	27183	40081
(二)采矿业	Mining industry	48763	44420
(三)制造业	Manufacturing	51772	53568
(四)电力、热力、燃气及水生产和供应业	Electric power, heat, gas and water production and supply	47488	50354
(五)建筑业	Construction	31246	31938
(六)批发和零售业	Wholesale and retail trade	33776	33725
(七)交通运输、仓储和邮政业	Transportation, storage, post and telecommunication	42531	44529
(八)住宿和餐饮业	Hotel and catering services	24747	24866
(九)信息传输、软件和信息技术服务业	Information transmission、software、information technology services	52761	55027
(十)金融业	Finance	84377	91177
(十一)房地产业	Real estate	37421	38036
(十二)租赁和商务服务业	Leasing and services	40217	40980
(十三)科学研究、技术服务业	Scientific research technical services	56183	58842
(十四)水利、环境和公共设施管理业	Water conservancy, environment and public facilities management	23416	25547
(十五)居民服务、修理和其他服务业	Resident service、repair and other services	35354	35703
(十六)教育	Education	44101	49956
(十七)卫生和社会工作	Health and social work	51863	60838
(十八)文化、体育和娱乐业	Culture, sports and recreation services	35413	36500
(十九)公共管理、社会保障和社会组织	Public administration、social security、social organization	48251	56132

AVERAGE WAGE OF EMPLOYED PERSONS IN NON－PRIVATE UNITS

unit:yuan

国有 State－owned		集体 Collective－owned		其他 Others	
全市 Total	#市区 District	全市 Total	#市区 District	全市 Total	#市区 District
48868	54625	28199	26755	44571	45616
26797	40820	28615	37561	35400	35880
48903	48903			48724	42081
58238	58692	27471	27601	51098	53327
51706	61637			44041	44559
29711	29742	25241	25652	31726	32633
48788	53096	20806	21569	31867	31871
49704	51932	19328	19328	32569	34068
24681	25016	29587	29587	24515	24515
52318	56251			53220	53910
86383	94960	47729		87306	88829
36030	39187	23797	23797	37772	37936
50312	52816	35990	35990	34651	34900
59358	62972	56806	66060	43154	43214
25177	29703	18130	18114	22562	22558
47202	49885	23139	23139	31264	31264
44522	51113	36991	36991	35815	35815
54164	63101	26426	31210	27268	27268
38780	40599	19586	23366	27368	27527
48245	56116	50586	63842		

3-6 全市非私营单位在岗职工人数

单位：人

		总计 Total 全市 Total	#市区 District
总计	Total	868124	720249
中央单位	Centre unit	141702	135120
省属单位	Provincial unit	94881	88285
市属单位	Unit belong to city	77113	74643
县及县以下单位	Unit below county	134585	35944
(一)农、林、牧、渔业	Farming, forestry, animal husbandry and fishery	10885	1891
1. 农业	Farming	859	276
2. 林业	Forestry	1367	331
3. 畜牧业	Animal husbandry	892	244
4. 渔业	Fishery	38	38
5. 农、林、牧、渔服务业	Farming, forestry, animal husbandry and fishery services	7729	1002
(二)采矿业	Mining industry	11212	6830
1. 煤炭开采和洗选业	Coal mining and dressing	9318	4936
2. 石油和天然气开采业	Extraction of petroleum and natural gas	1639	1639
3. 黑色金属矿采选业	Minging and dressing of ferrous metals	29	29
4. 有色金属矿采选业	Mining and dressing of nonferrous metals	57	57
5. 非金属矿采选业	Mining and dressing of nonmetal mineral products		
6. 开采辅助活动	Mining auxiliary activities	163	163
7. 其他采矿业	Others	6	6
(三)制造业	Manufacturing	238360	221381
1. 农副食品加工业	Food processing	14962	7659
2. 食品制造业	Food manufacturing	5820	2783
3. 酒、饮料和精制茶制造业	Wine, drinks and Refined tea Industry	5549	2773
4. 烟草制品业	Tobacco processing	1176	1176
5. 纺织业	Textile industry	976	976
6. 纺织服装、服饰业	Textile and garment、Clothing industry	3476	2921
7. 皮革、毛皮、羽毛及其制品和制鞋业	Leather、fur、feather and their products	82	82
8. 木材加工和木、竹、滕、棕、草制品业	Timber, bamboo, cane, palm and straw products	1329	985
9. 家具制造业	Furniture	478	478
10. 造纸和纸制品业	Paper making and paper products	79	79
11. 印刷和记录媒介复制业	Printing and record medium reproduction	3553	3287
12. 文教、工美、体育和娱乐用品制造业	Culture and education、Industrial art、Sports and entertainment products manufacturing	81	81
13. 石油加工、炼焦及核燃料加工业	Petroleum processing coking and nuclear processing	1038	284
14. 化学原料和化学制品制造业	Raw chemical material and chemical products	3996	3391
15. 医药制造业	Medical and pharmacutical products	10747	10573
16. 化学纤维制造业	Chemical fiber manufacturing	27	27
17. 橡胶和塑料制品业	Rubber and plastic products	3194	3194
18. 非金属矿物制品业	Nonmetal mineral products	6659	6455
19. 黑色金属冶炼和压延加工业	Smelting and pressing of ferrous metals	960	960
20. 有色金属冶炼和压延加工业	Smelting and pressing of non-ferrous metals	640	640
21. 金属制品业	Metal products	2434	2359
22. 通用设备制造业	Ordinary machinery	5920	5595
23. 专用设备制造业	Special purpose equipment	4175	4152
24. 汽车制造业	Automobile industry	127788	127290

NUMBER OF STAFF AND WORKERS IN NON－PRIVATE UNITS

unit：person

国有 State－owned		集体 Collective－owned		其他 Others	
全市 Total	#市区 District	全市 Total	#市区 District	全市 Total	#市区 District
448281	333992	24475	18810	395368	367447
141702	135120				
94881	88285				
77113	74643				
134585	35944				
10297	1585	117	41	471	265
705	139	17		137	137
1326	290	41	41		
640	198			252	46
				38	38
7626	958	59		44	44
1586	1586			9626	5244
472	472			8846	4464
1102	1102			537	537
				29	29
12	12			45	45
				163	163
				6	6
46683	45790	10038	9658	181639	165933
53	53	26	26	14883	7580
436		30	30	5354	2753
		5	5	5544	2768
1176	1176				
42	42	10	10	924	924
42	42	202	117	3232	2762
32	32			50	50
		133	133	1196	852
		1	1	477	477
				79	79
801	801	734	527	2018	1959
		34	34	47	47
				1038	284
34	34	48	48	3914	3309
1768	1733	25		8954	8840
				27	27
132	132	181	181	2881	2881
820	820	100	100	5739	5535
160	160	87	87	713	713
				640	640
		140	140	2294	2219
634	634	464	464	4822	4497
126	126	82	59	3967	3967
40012	39590	6210	6210	81566	81490

3－6续表1　continued1

		总计 Total	
		全市 Total	#市区 District
25.铁路、船舶、航空航天和其他运输设备制造业	Railway、ship、aerospace and other Transportation Equipment Manufacturing	21441	21441
26.电气机械及器材制造业	Electric equipment and machinery	5381	5341
27.计算机、通信和其他电子设备制造业	Computer and telecommunication equipment and other electronic equipment	885	885
28.仪器仪表制造业	Instruments, meters	5042	5042
29.其他制造业	Others	113	113
30.废弃资源综合利用业	Comprehensive utilization of waste resources	353	353
31.金属制品、机械和设备修理业	Metal products、machinery、Equipment repair industry	6	6
（四）电力、热力、燃气及水生产和供应业	Electric power, heat, gas and water production and supply	25061	20567
1.电力、热力生产和供应业	Eleatrlc Power, and Head Power Production and Supply	17211	13995
2.燃气生产和供应业	Production and supply of gas	2498	2498
3.水的生产和供应业	Production and supply of water	5352	4074
（五）建筑业	Construction	49626	45395
1.房屋建筑业	Building construction	21078	18132
2.土木工程建筑业	Civil construction	14142	12933
3.建筑安装业	Installment	9655	9579
4.建筑装饰和其他建筑业	Decoration and others	4751	4751
（六）批发和零售业	Wholesale and retail trade	46582	44661
1.批发业	Wholesale	17330	15720
2.零售业	Retail trade	29252	28941
（七）交通运输、仓储和邮政业	Transportation, storage, post and telecommunication	34099	30295
1.铁路运输业	Railway transportation	73	73
2.道路运输业	Highway transportation	16341	14375
3.水上运输业	Waterway		
4.航空运输业	Air transportation	4632	4632
5.管道运输业	Pipeline transportation	1034	1034
6.装卸搬运和其他运输代理业	Handling and other transportation services	975	975
7.仓储业	Computer services	7701	6514
8.邮政业	Post services	3343	2692
（八）住宿和餐饮业	Hotel and catering services	16314	16118
1.住宿业	Hotels	11479	11283
2.餐饮业	Catering services	4835	4835
（九）信息传输、软件和信息技术服务业	Information transmission, software, information technology services	16515	14837
1.电信、广播电视和卫星传输服务	Telecommunications, radio and television and satellite transmission services	10906	9228
2.互联网和相关服务	Internet and related service	598	598
3.软件和信息技术服务业	Software and information technology services	5011	5011
（十）金融业	Finance	35684	29652
1.货币金融服务业	Monetary and financial services	27881	22235
2.资本市场服务业	Capital market services	2760	2760
3.保险业	Insurance	4860	4474
4.其他金融业	Other finance services	183	183
（十一）房地产业	Real estate	22619	21613
其中:（1）房地产开发经营	Real estate developing and management	9014	8797
（2）物业管理	Property management	10754	10539
（3）房地产中介服务	Medium services	856	819
（十二）租赁和商务服务业	Leasing and services	26043	25136

单位:人　unit:person

国　有 State – owned		集　体 Collective – owned		其　他 Others	
全　市 Total	#市　区 District	全　市 Total	#市　区 District	全　市 Total	#市　区 District
		397	397	21044	21044
355	355	759	719	4267	4267
23	23			862	862
22	22	340	340	4680	4680
				113	113
15	15	30	30	308	308
				6	6
11378	7214			13683	13353
6934	3718			10277	10277
17	17			2481	2481
4427	3479			925	595
10489	10413	531	409	38606	34573
1058	1058	135	135	19885	16939
7210	7210	388	266	6544	5457
2120	2044	8	8	7527	7527
101	101			4650	4650
5579	3915	930	710	40073	40036
4655	3198	700	547	11975	11975
924	717	230	163	28098	28061
16872	14510	180	180	17047	15605
				73	73
2587	2063	141	141	13613	12171
4513	4513			119	119
				1034	1034
235	235			740	740
6259	5072	39	39	1403	1403
3278	2627			65	65
6502	6306	467	467	9345	9345
6299	6103	336	336	4844	4844
203	203	131	131	4501	4501
8661	7279			7854	7558
8180	6798			2726	2430
112	112			486	486
369	369			4642	4642
14414	11824	2566		18704	17828
12253	10002	2566		13062	12233
763	763			1997	1997
1314	975			3546	3499
84	84			99	99
3723	2981	128	128	18768	18504
497	324			8517	8473
1633	1633	123	123	8998	8783
37		5	5	814	814
10265	9532	1547	1547	14231	14057

3 -6 续表 2　continued2

		总计 Total	
		全市 Total	#市区 District
1. 租赁业	Leaseing	533	533
2. 商务服务业	Services	25510	24603
(十三)科学研究、技术服务业	Scientific research technical services	42333	38600
1. 研究和试验发展	Scientific research	14668	14668
2. 专业技术服务业	Technical Services	25336	22326
3. 科技推广和应用服务业	Science and technology popularization and Application Services	2329	1606
(十四)水利、环境和公共设施管理业	Water conservancy, environment and public services	22103	15858
1. 水利管理业	Water conservancy	5874	2545
2. 生态保护和环境治理业	Ecological protection and Environmental governance industry	284	244
3. 公共设施管理业	Public management	15945	13069
(十五)	Resident service、repair and other services	4305	4123
1. 居民服务业	Resident services	1135	953
2. 机动车、电子产品和日用产品修理业	Motor vehicle、Electronics and daily consumer products repairing	1058	1058
3. 其他服务业	Others	2112	2112
(十六)教育	Education	121921	76862
其中:(1)初等教育	Primary education	36010	11431
(2)中等教育	Secondary education	41932	22814
(3)高等教育	Higher education	38266	38266
(十七)卫生和社会工作	Health and social work	49785	37063
1. 卫生	Health care	48428	35901
2. 社会工作	Social work	1357	1162
(十八)文化、体育和娱乐业	Culture, sports and recreation services	16826	15113
1. 新闻和出版业	News publishing	7737	7734
2. 广播、电视、电影和影视录音制作业	Broadcast、TV、movies and video recording industry	3384	2568
3. 文化艺术业	Culture and art	4124	3336
4. 体育	Sports	1184	1145
5. 娱乐业	Recreation services	397	330
(十九)公共管理、社会保障和社会组织	Public administration、social security、social organization	77851	54254
其中:1. 中国共产党机关	Chinese communist party	2662	2023
2. 国家机构	State organs	71929	49661
3. 人民政协、民主党派	Political consultation and democratic party	576	482
4. 社会保障	Social security	846	548
5. 群众社团、社会团体和其他成员组织	The community、social organization and other members	1761	1463

单位:人　unit:person

国有 State - owned		集体 Collective - owned		其他 Others	
全市 Total	#市区 District	全市 Total	#市区 District	全市 Total	#市区 District
58	58			475	475
10207	9474	1547	1547	13756	13582
34011	30371	367	304	7955	7925
14087	14087	6	6	575	575
18408	15491	292	229	6636	6606
1516	793	69	69	744	744
14611	8721	3721	3371	3771	3766
5627	2421	123		124	124
217	182			67	62
8767	6118	3598	3371	3580	3580
1414	1232	794	794	2097	2097
661	479	142	142	332	332
232	232	62	62	764	764
521	521	590	590	1001	1001
116601	71542	340	340	4980	4980
35230	10651	314	314	466	466
40167	21049	1	1	1764	1764
36067	36067			2199	2199
45647	34701	2455	679	1683	1683
44607	33856	2455	679	1366	1366
1040	845			317	317
11892	10347	99	71	4835	4695
3493	3490	48	48	4196	4196
3034	2347			350	221
3949	3200	28		147	136
1139	1100			45	45
277	210	23	23	97	97
77656	54143	195	111		
2662	2023				
71734	49550	195	111		
576	482				
846	548				
1761	1463				

3-7 全市非私营单位在岗职工工资总额

单位:千元

		总计 Total	
		全市 Total	#市区 District
总计	Total	41243960	36696665
中央单位	Centre unit	10211142	9940793
省属单位	Provincial unit	4650877	4403737
市属单位	Unit belong to city	3604394	3527274
县及县以下单位	Unit below county	4439341	1545653
(一)农、林、牧、渔业	Farming,forestry,animal husbandry and fishery	296575	76492
1.农业	Farming	18733	6189
2.林业	Forestry	32339	8925
3.畜牧业	Animal husbandry	26439	10259
4.渔业	Fishery	1587	1587
5.农、林、牧、渔服务业	Farming,forestry,animal husbandry and fishery services	217477	49532
(二)采矿业	Mining industry	546795	304717
1.煤炭开采和洗选业	Coal mining and dressing	427307	185229
2.石油和天然气开采业	Extraction of petroleum and natural gas	104045	104045
3.黑色金属矿采选业	Minging and dressing of ferrous metals	3414	3414
4.有色金属矿采选业	Mining and dressing of nonferrous metals	3653	3653
5.非金属矿采选业	Mining and dressing of nonmetal mineral products		
6.开采辅助活动	Mining auxiliary activities	7754	7754
7.其他采矿业	Others	622	622
(三)制造业	Manufacturing	12406195	11969441
1.农副食品加工业	Food processing	424621	211933
2.食品制造业	Food manufacturing	137759	73133
3.酒、饮料和精制茶制造业	Wine、drinks and Refined tea Industry	194895	124366
4.烟草制品业	Tobacco processing	117423	117423
5.纺织业	Textile industry	22756	22756
6.纺织服装、服饰业	Textile and garment、Clothing industry	79568	67024
7.皮革、毛皮、羽毛及其制品和制鞋业	Leather、fur、feather and their products	1284	1284
8.木材加工和木、竹、藤、棕、草制品业	Timber,bamboo,cane,palm and straw products	46487	41148
9.家具制造业	Furniture	10971	10971
10.造纸和纸制品业	Paper making and paper products	1620	1620
11.印刷和记录媒介复制业	Printing and record medium reproduction	100403	93812
12.文教、工美、体育和娱乐用品制造业	Culture and education、Industrial art、Sports and entertainment products manufacturing	2750	2750
13.石油加工、炼焦及核燃料加工业	Petroleum processing coking and nuclear processing	27899	5799
14.化学原料和化学制品制造业	Raw chemical material and chemical products	127743	118267
15.医药制造业	Medical and pharmacutical products	368202	364697
16.化学纤维制造业	Chemical fiber manufacturing	760	760
17.橡胶和塑料制品业	Rubber and plastic products	106527	106527
18.非金属矿物制品业	Nonmetal mineral products	197881	193815
19.黑色金属冶炼和压延加工业	Smelting and pressing of ferrous metals	33413	33413
20.有色金属冶炼和压延加工业	Smelting and pressing of non-ferrous metals	27603	27603
21.金属制品业	Metal products	79143	78041
22.通用设备制造业	Ordinary machinery	208916	202792
23.专用设备制造业	Special purpose equipment	138111	137889
24.汽车制造业	Automobile industry	8122562	8106160

TOTAL WAGES OF STAFF AND WORKERS IN NON - PRIVATE UNITS

unit:1000yuan

国有 State - owned		集体 Collective - owned		其他 Others	
全市 Total	#市区 District	全市 Total	#市区 District	全市 Total	#市区 District
22905754	19417457	718829	526708	17619377	16752500
10211142	9940793				
4650877	4403737				
3604394	3527274				
4439341	1545653				
276828	65721	3348	1540	16399	9231
14494	2372	422		3817	3817
30799	7385	1540	1540		
18183	9171			8256	1088
				1587	1587
213352	46793	1386		2739	2739
96258	96258			450537	208459
12469	12469			414838	172760
82939	82939			21106	21106
				3414	3414
850	850			2803	2803
				7754	7754
				622	622
3035820	3011109	273277	264136	9097098	8694196
1493	1493	464	464	422664	209976
8971		1200	1200	127588	71933
		181	181	194714	124185
117423	117423				
1000	1000	170	170	21586	21586
939	939	3820	1992	74809	64093
815	815			469	469
		5504	5504	40983	35644
		13	13	10958	10958
				1620	1620
26978	26978	20858	15629	52567	51205
		1528	1528	1222	1222
				27899	5799
722	722	1632	1632	125389	115913
74640	73816	422		293140	290881
				760	760
5832	5832	6762	6762	93933	93933
26764	26764	1625	1625	169492	165426
2450	2450	3476	3476	27487	27487
				27603	27603
		2211	2211	76932	75830
17072	17072	9030	9030	182814	176690
4409	4409	618	396	133084	133084
2732853	2717937	139074	139074	5250635	5249149

3-7 续表1 continued1

		总计 Total	
		全市 Total	#市区 District
25. 铁路、船舶、航空航天和其他运输设备制造业	Railway、ship、aerospace and other Transportation Equipment Manufacturing	1342422	1342422
26. 电气机械及器材制造业	Electric equipment and machinery	188063	186623
27. 计算机、通信和其他电子设备制造业	Computer and telecommunication equipment and other electronic equipment	26165	26165
28. 仪器仪表制造业	Instruments, meters	242988	242988
29. 其他制造业	Others	2687	2687
30. 废弃资源综合利用业	Comprehensive utilization of waste resources	24399	24399
31. 金属制品、机械和设备修理业	Metal products、machinery、Equipment repair industry	174	174
(四)电力、热力、燃气及水生产和供应业	Electric power, gas and water production and supply	1223042	1058596
1. 电力、热力生产和供应业	Eleatrlc Power, and Head Power Production and Supply	911542	776305
2. 燃气生产和供应业	Production and supply of gas	119387	119387
3. 水的生产和供应业	Production and supply of water	192113	162904
(五)建筑业	Construction	1405313	1292386
1. 房屋建筑业	Building construction	434129	345354
2. 土木工程建筑业	Civil construction	503055	480683
3. 建筑安装业	Installment	298447	296667
4. 建筑装饰和其他建筑业	Decoration and others	169682	169682
(六)批发和零售业	Wholesale and retail trade	1601312	1533100
1. 批发业	Wholesale	756640	700321
2. 零售业	Retail trade	844672	832779
(七)交通运输、仓储和邮政业	Transportation, storage, post and telecommunication	1570216	1477303
1. 铁路运输业	Railway transportation	6675	6675
2. 道路运输业	Highway transportation	520560	482942
3. 水上运输业	Waterway		
4. 航空运输业	Air transportation	376007	376007
5. 管道运输业	Pipeline transportation	78102	78102
6. 装卸搬运和其他运输代理业	Handling and other transportation services	32942	32942
7. 仓储业	Storage	372883	345627
8. 邮政业	Post services	183047	155008
(八)住宿和餐饮业	Hotel and catering services	422590	420106
1. 住宿业	Hotels	291009	288525
2. 餐饮业	Catering services	131581	131581
(九)信息传输、软件和信息技术服务业	Information transmission、software、information technology services	975763	917714
1. 电信、广播电视和卫星传输服务	Telecommunications、radio and television and satellite transmission services	737492	679443
2. 互联网和相关服务	Internet and related service	19367	19367
3. 软件和信息技术服务业	Software and information technology services	218904	218904
(十)金融业	Finance	3130119	2836567
1. 货币金融服务业	Monetary and financial services	2755340	2469829
2. 资本市场服务业	Capital market services	129465	129465
3. 保险业	Insurance	220022	211981
4. 其他金融业	Other finance services	25292	25292
(十一)房地产业	Real estate	913646	890983
其中:(1)房地产开发经营	Real estate developing and management	487326	481458
(2)物业管理	Property management	307812	303014
(3)房地产中介服务	Medium services	25358	24218
(十二)租赁和商务服务业	Leasing and services	1049470	1034898

单位：千元　unit：1000yuan

国　　有 State - owned		集　　体 Collective - owned		其　　他 Others	
全　　市 Total	#市　　区 District	全　　市 Total	#市　　区 District	全　　市 Total	#市　　区 District
		16669	16669	1325753	1325753
11326	11326	24163	22723	152574	152574
956	956			25209	25209
669	669	33098	33098	209221	209221
				2687	2687
508	508	759	759	23132	23132
				174	174
604437	447203			618605	611393
439144	303907			472398	472398
1869	1869			117518	117518
163424	141427			28689	21477
364342	362562	17397	14631	1023574	915193
26334	26334	3648	3648	404147	315372
280404	280404	12771	10005	209880	190274
53288	51508	978	978	244181	244181
4316	4316			165366	165366
290248	227135	20118	16063	1290946	1289902
249418	196459	16758	13398	490464	490464
40830	30676	3360	2665	800482	799438
963888	896752	3421	3421	602907	577130
				6675	6675
75458	63617	2601	2601	442501	416724
372154	372154			3853	3853
				78102	78102
11104	11104			21838	21838
325389	298133	820	820	46674	46674
179783	151744			3264	3264
158651	156167	13738	13738	250201	250201
153587	151103	10653	10653	126769	126769
5064	5064	3085	3085	123432	123432
530131	484916			445632	432798
509398	464183			228094	215260
5695	5695			13672	13672
15038	15038			203866	203866
1267936	1142992	121326		1740857	1693575
1184494	1066541	121326		1449520	1403288
28079	28079			101386	101386
43929	36938			176093	175043
11434	11434			13858	13858
145017	128824	3046	3046	765583	759113
19182	14914			468144	466544
52594	52594	2923	2923	252295	247497
1140		123	123	24095	24095
515957	503187	54587	54587	478926	477124

3－7 续表 2　continued2

		总　计 Total	
		全　市 Total	#市区 District
1. 租赁业	Leaseing	16261	16261
2. 商务服务业	Services	1033209	1018637
(十三)科学研究、技术服务业	Scientific research technical services	2518175	2424703
1. 研究和试验发展	Scientific research	1052584	1052584
2. 专业技术服务业	Technical Services	1383449	1307880
3. 科技推广和应用服务业	Science and technology popularization and Application Services	82142	64239
(十四)水利、环境和公共设施管理业	Water conservancy, environment and public services	575872	465685
1. 水利管理业	Water conservancy	168269	110584
2. 生态保护和环境治理业	Ecological protection and Environmental governance industry	12182	11050
3. 公共设施管理业	Public management	395421	344051
(十五)居民服务、修理和其他服务业	Resident service、repair and other services	149180	144216
1. 居民服务业	Resident services	57568	52604
2. 机动车、电子产品和日用产品修理业	Motor vehicle、Electronics and daily consumer products repairing	30169	30169
3. 其他服务业	Others	61443	61443
(十六)教育	Education	5462410	3934131
其中:(1)初等教育	Primary education	1298893	469054
(2)中等教育	Secondary education	1713779	1058960
(3)高等教育	Higher education	2197804	2197804
(十七)卫生和社会工作	Health and social work	2611193	2287292
1. 卫生	Health care	2564525	2246132
2. 社会工作	Social work	46668	41160
(十八)文化、体育和娱乐业	Culture, sports and recreation services	607871	564380
1. 新闻和出版业	News publishing	248279	248183
2. 广播、电视、电影和影视录音制作业	Resident services	134307	113366
3. 文化艺术业	Culture and art	156974	136986
4. 体育	Sports	49844	48754
5. 娱乐业	Recreation services	18467	17091
(十九)公共管理、社会保障和社会组织	Public administration、social security、social organization	3778223	3063955
其中:1. 中国共产党机关	Chinese communist party	147822	127672
2. 国家机构	State organs	3456467	2782216
3. 人民政协、民主党派	Political consultation and democratic party	39714	36676
4. 社会保障	Social security	39307	30847
5. 群众社团、社会团体和其他成员组织	The community、social organization and other members	92595	84226

单位:千元　unit:1000yuan

国有 State - owned		集体 Collective - owned		其他 Others	
全市 Total	#市区 District	全市 Total	#市区 District	全市 Total	#市区 District
2524	2524			13737	13737
513433	500663	54587	54587	465189	463387
2139493	2046784	21164	21148	357518	356771
1031730	1031730	114	114	20740	20740
1054400	979594	18937	18921	310112	309365
53363	35460	2113	2113	26666	26666
414493	310871	78434	71999	82945	82815
162233	106202	1654		4382	4382
8448	7446			3734	3604
243812	197223	76780	71999	74829	74829
70510	65546	18465	18465	60205	60205
44174	39210	4627	4627	8767	8767
3962	3962	1361	1361	24846	24846
22374	22374	12477	12477	26592	26592
5291735	3763456	12577	12577	158098	158098
1272354	442515	11359	11359	15180	15180
1659065	1004246	36	36	54678	54678
2123784	2123784			74020	74020
2500302	2219957	65976	22420	44915	44915
2460270	2185433	65976	22420	38279	38279
40032	34524			6636	6636
471501	431340	1939	1659	134431	131381
137437	137341	886	886	109956	109956
122325	104184			11982	9182
149324	129866	280		7370	7120
48010	46920			1834	1834
14405	13029	773	773	3289	3289
3768207	3056677	10016	7278		
147822	127672				
3446451	2774938	10016	7278		
39714	36676				
39307	30847				
92595	84226				

3-8 全市非私营单位在岗职工平均工资

单位:元

		总计 Total	
		全市 Total	#市区 District
总计	Total	46674	49692
中央单位	Center unit		
省属单位	Provincial unit		
市属单位	Unit belong to city		
县及县以下单位	Unit below county		
(一)农、林、牧、渔业	Farming,forestry,animal,husbandry and fishery	27182	40102
(二)采矿业	Mining industry	48773	44434
(三)制造业	Manufacturing	51411	53218
(四)电力、热力、燃气及水生产和供应业	Electric power,gas and water production and supply	47747	50461
(五)建筑业	Construction	30959	31672
(六)批发和零售业	Wholesale and retail trade	33911	33854
(七)交通运输、仓储和邮政业	Transportation,storage,post and telecommunication	42850	44612
(八)住宿和餐饮业	Hotel and catering services	24571	24690
(九)信息传输、软件和信息技术服务业	Information transmission、software、information technology services	52840	55078
(十)金融业	Finance	86808	94218
(十一)房地产业	Real estate	37586	38206
(十二)租赁和商务服务业	Leasing and services	40013	40789
(十三)科学研究、技术服务业	Scientific research technical services	56742	59500
(十四)水利、环境和公共设施管理业	Water conservancy,environment and public facilities management	26103	29367
(十五)居民服务、修理和其他服务业	Resident service、repair and other services	35326	35684
(十六)教育	Education	44689	51042
(十七)卫生和社会工作	Health and social work	52390	61456
(十八)文化、体育和娱乐业	Culture,sports and recreation services	36204	37414
(十九)公共管理、社会保障和社会组织	Public administration、social security、social organization	48673	56646

AVERAGE WAGE OF STAFF AND WORKERS IN NON－PRIVATE UNITS

unit：yuan

国有 State－owned		集体 Collective－owned		其他 Others	
全市 Total	#市区 District	全市 Total	#市区 District	全市 Total	#市区 District
49732	55727	29417	28126	44353	45385
66432	67570				
48366	49266				
44454	44885				
32968	42948				
26796	40846	28615	37561	35400	35880
48903	48903			48737	42101
59394	59879	27382	27510	50310	52511
52189	61684			44157	44679
29777	29809	25241	25652	31371	32315
50628	55716	21022	21884	31808	31812
49709	51932	19328	19328	32927	34229
24682	25020	29764	29764	24221	24221
52332	56269			53370	53985
87174	95287	47729		91631	93495
37657	41409	23797	23797	37656	37821
50132	52628	36031	36031	34158	34414
59882	63606	57405	67032	43569	43632
28553	35867	20739	20979	22045	22040
49308	52521	23139	23139	30297	30297
45184	52291	36991	36991	33028	33028
54682	63662	26820	32778	26791	26791
39169	41069	19586	23366	28780	28996
48669	56631	50586	63842		

统计资料

STATISTICS

◎ 固定资产投资

INVESTMENT IN FIXED ASSETS

第四篇　固定资产投资

全年完成全社会固定资产投资总额3172.9亿元，比上年增长30.4%。其中：房地产开发投资649.7亿元，下降2.5%。新增固定资产2340.8亿元。固定资产交付使用率为75.4%，比上年提高2.7个百分点。房屋面积竣工率为30.0%，比上年增长1.1个百分点。

从各产业完成投资情况看，第一产业投资32.3亿元，增长3.9%；第二产业投资1425.2亿元，增长26.3%；第三产业投资1646.0亿元，增长37%。从投资主体看，国有经济投资796.8亿元，增长43.2%；非国有经济投资2306.8亿元，增长27.9%，占全社会固定资产投资的比重为74.3%。全市工业投资1400.0亿元，增长25.2%，对全社会投资增长的贡献率37.9%。民间投资2147.7亿元，增长30.4%。

全市商品房施工面积5123.7万平方米，比上年增长25.3%。商品房竣工面积913.9万平方米，增长22.2%。商品房销售面积908.0万平方米，增长3.1%。商品房销售额503.0亿元，下降6.9%。空置面积320.3万平方米，增长32.4%。

4－1　1993－2012 年全社会固定资产投资总额

TOTAL OF INVESTMENT IN FIXED ASSETS(1993～2012)

单位:万元　　　　unit:10000 yuan

年份 Year	固定资产投资总额 Total	基本建设 Captial construction	更新改造 Innovation	其他投资 Others	房地产投资 Real estate	城镇私人建房 Urban private	农村集体 Rural collective	农村私人建房 Rural private
1993	687673	322454	131894	24978	109568	20680	53052	25047
1994	961008	430701	154463	29646	230840	26215	63305	25838
1995	1086570	474862	215382	38785	226138	26035	76430	28938
1996	1205555	573973	236484	38160	192506	32001	101995	30436
1997	1060320	454696	200814	33009	139689	38482	160878	32752
1998	1416535	507416	254283	61878	161594	59228	336181	35955
1999	1944338	701282	354519	39754	251955	63317	494290	39221
2000	2352422	850330	437508	56032	303296	74460	584810	45986
2001	2850446	1054118	529811	69078	485481	86464	572943	52551
2002	3204576	1202562	607447	75480	608399	99532	556648	54508
2003	3896440	1479758	930996	65672	777020	72022	515059	55913
2004	4599564	1860133	1317651	93188	903503	57896	307072	60121
2005	6504218	4994859 (城镇固定资产投资)			1066262	43097	400000 (农村固定资产投资)	
2006	9504180	7156604 (城镇固定资产投资)			1742021		605555 (农村固定资产投资)	
2007	13506330	9567890 (城镇固定资产投资)			2594979		1343461 (农村固定资产投资)	
2008	18187804	13626977 (城镇固定资产投资)			3528921		611906	420000
2009	23002699	16917007 (城镇固定资产投资)			4439252		1646440 (农村固定资产投资)	
2010	30014500	21928211 (城镇固定资产投资)			5427566		2658723 (农村固定资产投资)	
2011	24334400	16938878 (固定资产项目投资)			6664177		731345 (农村农户投资)	
2012	31729190	24539071 (固定资产项目投资)			6496535		693584 (农村农户投资)	

注:1.2005 年固定资产投资总额中城镇固定资产投资包括以前年度的基本建设、更新改造、其他投资;农村固定资产投资包括以前年度的农村集体、农村私人建房投资。

1. Urban fixed assets investment includes capital construction, innovation, other investment, and rural fixed assets investment contains rural collective, rural private house construction investment in prior years.

4－2 2012年长春市全社会固定资产投资完成情况综合表

单位:万元

指 标 名 称	Item	全社会 The whole country	固定资产项目投资 Fixed Assets Projects Investment	房地产开发投资 Real Estate
一、计划投资	Investment			
1.计划总投资	Total	68029356	37058753	30970603
其中:本年新开工项目	There in new star this year	23703676	23703676	
2.自开始建设累计完成投资	Accumulation	49794044	30696736	19097308
二、自年初累计完成投资	Accumulation this year	31035606	24539071	6496535
其中:国有经济控股	State Holding	7883699	7883699	
其中:住宅	House	5125760	193571	4932189
1.按控股类型分	Grouped by Type of Owning			
国有控股	State－owned	6928534	6898587	29947
集体控股	Collective－owned	33306	33306	
私人控股	Privato－Dwned	5954126	4381415	1572711
港澳台商控股	Hongkong. Macao and Taiwna－Owned	835678	416491	419187
外商控股	Foraign－owned	755528	702446	53082
2.按建设性质分	Grouped by type of construction			
(1)新建	New Construction	8585866	8585866	
(2)扩建	Expansion	6588809	6588809	
(3)改建和技术改造	Reconstruction and technical reformation	6984821	6984821	
3.按构成分	Grouped by Structure			
建筑工程	Construction Projects	15720536	11583109	4137427
安装工程	Installation Projects	1743123	1537964	205159
设备工具器具购置	Purchase of Equipment tools and instruments	10031200	9993143	38057
其他费用	Other cost	3540747	1424855	2115892
4.按国民经济行业分	Grouped by sector			
(一)农、林、牧、渔业	Agriculture	323379	323379	
(二)采矿业	Mining industry	179050	179050	
(三)制造业	Manufacture	13398408	13398408	
(四)电力、热力、燃气及水生产和供应业	Electric power, gas and water production and supply	423020	423020	
(五)建筑业	Construction	251765	251765	
(六)批发和零售业	Wholesale and retail trade	2266312	2266312	
(七)交通运输、仓储和邮政业	Transport, storage, post and telecommunication	1626361	1626361	
(八)住宿和餐饮业	Hotels and catering	127084	127084	
(九)信息传输、软件和信息技术服务业	Information transmission、software、information technology services	239003	239003	

TABLE OF CHANGCHUN'S 2012 WHOLE SOCIETY FIXED ASSETS PROJECTS INVESTMENT COMPLETION STATUS

unit:10000yuan

指标名称	Item	全社会 The whole country	固定资产项目投资 Fixed Assets Projects Investment	房地产开发投资 Real Estate
(十)金融业	Finance	50737	50737	
(十一)房地产业	Real estate	6748563	252028	6496535
(十二)租赁和商务服务业	Leasing and business services	330345	330345	
(十三)科学研究和技术服务业	Science technical services	436541	436541	
(十四)水利、环境和公共设施管理业	Conservancy, environment and public utilities management	3303377	3303377	
(十五)居民服务、修理和其他服务业	Resident services and other services	163108	163108	
(十六)教育	Education	302781	302781	
(十七)卫生和社会工作	Health and social work	312180	312180	
(十八)文化、体育和娱乐业	Culture sport and arts	202918	202918	
(十九)公共管理、社会保障和社会组织	Public administration,social security、social organization	350674	350674	
三、新增固定资产	Newly increased	23408124	20524243	2883881
四、项目个数(个)	The numner of projects			
1. 施工项目个数	The number of construction projects	2534	2534	
其中:本年新开工	There in new star this year	2360	2360	
2. 本年投产项目个数	Number of under construction	2282	2282	
五、房屋建筑面积	Floor space of construction			
1. 施工面积	Floor space under construction	72354138	21116962	51237176
其中:住宅	House	38999144	1010920	37988224
2. 竣工面积	Floor space completed	21674244	12535572	9138672
其中:住宅	House	7712389	349483	7362906
六、本年资金来源合计	Total funds sources	34240202	24757615	9482587
1. 上年末结余资金	Balance of cost year	2767266	777490	1989776
2. 本年资金来源小计	Subtotal of sources	31472936	23980125	7492811
(1)国家预算资金	State Budgetary Funds	676766	676766	
其中:中央预算资金	The central budget	72012	72012	
(2)国内贷款	Domestic loans	1980399	1230522	749877
(3)债券	Bond	16900	16900	
(4)利用外资	Usage of foreign funds	76479	57599	18880
其中:外商直接投资	Direct foreign investment	56270	37390	18880
(5)自筹资金	Fund raising	25412858	21911541	3501317
其中:企、事业单位自有资金	Own funds	11403106	9439483	1963623
其中:股东投入资金	Include: Shareholder investment	325946	4507	321439
其中:借入资金	Include: borrowed money	772961	180	772781
(6)其他资金来源	Other sources	3309534	86797	3222737

4-3 2012年长春市房地产开发投资完成情况

单位:万元

指标名称	Item	总计 Total	其中:地方 Local	其中:地市县属 Prefecture
计划总投资	Total	30970603	30289647	28390935
自开始建设累计完成投资	Accumulative investment acyully completed since starting ofconstrution	19097308	18623961	17961951
本年计划投资	Planned investment			
本年完成投资	Completed investment	6496535	6377376	5859482
其中:本月完成投资	Investment completed this month	201233	201233	201133
土地开发投资额	Land developing			
配套工程投资	Auxiliary project	46458	46420	45520
国有经济控股	State - owned economic proprietary	1119488	1000329	784482
内资企业	Domestic funds	6024266	5905107	5387213
国有企业	State - owned	29947	29947	2100
集体企业	Collective - owned			
股份合作企业	Cooperative			
联营企业	Joint owned			
国有联营企业	State joint			
集体联营企业	Collective joint			
国有与集体联营企业	State and collective joint			
其他联营企业	Other joint			
有限责任公司	Limited liability company	4244464	4125305	3685058
国有独资公司	State owned solely	382447	263288	75288
其他有限责任公司	Others	3862017	3862017	3609770
股份有限公司	Share holding	137172	137172	137172
私营企业	Private	1572711	1572711	1522911
私营独资企业	Private - funded	97550	97550	97550
私营合伙企业	Private parthnership			
私营有限责任公司	Private limited liability corporations	1388096	1388096	1338296
私营股份有限公司	Private share - holding corporations ltd.	87065	87065	87065
其他企业	Other	39972	39972	39972
港澳台商投资企业	Funded from Hongkong, Macao and Taiwan	419187	419187	419187
与港澳台商合资经营企业	Joint venture	325394	325394	325394
与港澳台商合资合作经营企业	Cooperative			
港澳台商独资经营企业	Sole tunds	93793	93793	93793
港澳台商投资股份有限公司	Share holding			
外商投资企业	Foreign investment	53082	53082	53082
中外合资经营企业	Joint venture	27744	27744	27744

BASIC CONDITIONS ON INVESTMENT OF REAL ESTATE DEVELOPMENT COMPLETED IN 2012

unit:10000yuan

指标名称	Item	总计 Total	其中:地方 Local	其中:地市县属 Prefecture
中外合作经营企业	Cooperative			
外资企业	Sole investment	25338	25338	25338
外商投资股份有限公司	Share holding			
按构成分:建筑工程	Construction Projects	4137427	4026995	3753820
安装工程	Installation Projects	205159	197159	193606
设备工器具购置	Purchase of Equipment tools and instruments	38057	37742	37742
其他费用	Other cost	2115892	2115480	1874314
其中:旧建筑物购置费	Purchase of old	49890	49890	49890
土地购置费	Durchase of land	1740497	1740497	1520048
住宅	House in vestment	4932189	4825734	4413669
其中:90 平方米以下	House below 90sq. m	2184022	2109337	1785540
其中:144 平方米以上	House above 144 sq. m	1077699	1064106	1035525
别墅、高档公寓	Villa and high - grade flat	579188	579188	579188
办公楼	Office buildings	237233	237230	213903
商业营业用房	Buniness houses	747237	737291	678997
其他	Others	579876	577121	552913
本年新增固定资产	Newly increased fixed assets	2883881	2883881	2857111
一、本年资金来源合计	Total funds sources	9482587	9359866	8796568
1. 上年末结余资金	Balance of last year	1989776	1980005	1816109
2. 本年资金来源小计	Subtotal fund sources	7492811	7379861	6980459
(1)国内贷款	Domestic loans	749877	746877	562903
银行贷款	Bank loans	516903	516903	511903
非银行金融机构贷款	Non - financial institution loans	232974	229974	51000
(2)利用外资	Usage of foreign funds	18880	18880	18880
其中:外商直接投资	Direct foreign investment	18880	18880	18880
(3)自筹资金	Fund raising	3501317	3414833	3272885
其中:自有资金	Own funds	1963623	1877139	1772595
股东投入资金	Shareholder investment	321439	321439	320439
借入资金	borrowed money	772781	772781	750112
(4)其他资金来源	Other sources	3222737	3199271	3125791
其中:定金及预收款	Subscription and advanced payment	2176057	2162839	2098587
其中:个人按揭贷款	Personal mortgage loans	635099	624851	615623
二、本年各项应付款合计	Total payment	908139	869109	814783
其中:工程款	Project	361015	351132	325523

4－4　2012年长春市房地产面积综合表

单位:万元、平方米

指标名称	Item	合计 Total	住宅 House
房屋施工面积	Floor space under construction	51237176	37988224
其中:新开工面积	Started area	15391026	10507507
房屋竣工面积	Floor space completed	9138672	7362906
其中:不可销售面积	Floor space of not sold	899376	506546
出租房屋面积	Areas for renting	304825	301
商品房销售面积	Sale areas of commercial houses	9079951	7751945
其中:现房销售面积	Areas of current houses	2116961	1724596
其中:期房销售面积	Areas of future houses	6962990	6027349
商品房销售额	Sale of commercial house	5030451	4087872
其中:现房销售额	Sale of current houses	891573	666225
其中:期房销售额	Sale of fucure houses	4138878	3421647
待售面积	For sale area	3203133	2159262
其中:待售1－3年面积	Include: For sale one－three year area	809008	463673
其中:待售3年以上面积	Include: For sale above three years area	975677	627594

COMPREHENSIVE CONDITIONS ON CHANGCHUN REAL ESTATE IN 2012

unit:10000yuan,sq·m

90 平米及以下 House below 90m^2	144 平米以上 House over 144m^2	别墅、高档公寓 Villa and topgrade flat	办公楼 Officebuilding	商业营业用房 Commericalhouse	其他房屋 Others
16207846	5592092	3143486	1833339	6858789	4556824
4570342	1574694	719992	739877	2301994	1841648
4240108	713385	800345	129134	1219310	427322
489112	5916			326558	66272
			33718	270806	
3718158	1245330	731075	129046	991392	207568
956027	257802	141232	7961	323159	61245
2762131	987528	589843	121085	668233	146323
1711813	913465	632851	111873	726119	104587
362479	107524	66874	3591	198793	22964
1349334	805941	565977	108282	527326	81623
823271	281225	148445	103872	657228	282771
189138	107974	80201	26579	250131	68625
220619	140802	58119	53352	193157	101574

统计资料

STATISTICS

◎ 能源消费与库存

GONSUMPTION AND STORAGE OF ENERGY

5－1 工业企业能源购进、消费及库存情况(2012)

能源名称 Item		计量单位 Unit	企业单位数(个) Enterprises	年初库存量 Inventory	购进量 Purchase	
					实物量 Physical quality	金额(千元) Sum
原煤	Coal	吨 ton	515	3271845.5	28598220.2	11439695.8
其中:1. 无烟煤	Anthracite	吨 ton	25	14417.9	74288.4	49142.8
2. 炼焦烟煤	Bituminous coal for coking	吨 ton	6		459.0	233.7
3. 一般烟煤	Normal bituminous coal	吨 ton	483	1493685.9	17605050.0	7565272.9
4. 褐煤	Brown coal	吨 ton	12	1763741.7	10918422.7	3825046.4
洗精煤	Fine coal washing	吨 ton	3		747479.0	1052073.6
其他洗煤	Other coal washing	吨 ton	1		270.0	140.0
煤制品	Coal products	吨 ton	15	227.5	7930.0	5032.9
焦炭	Coke	吨 ton	6	90.0	32441.5	92427.4
其他焦化产品	Other coke products	吨 ton				
焦炉煤气	Coal gas	万立方米 10000 cu·m	2		224.9	2444.8
高炉煤气	Blast furnace gas	万立方米 10000 cu·m				
转炉煤气	Revolving gas	万立方米 10000 cu·m				
发生炉煤气	Producer gas	万立方米 10000 cu·m				
天然气	Natural gas	万立方米 10000 cu·m	62		21902.5	504487.5
液化天然气	Liquefied natural gas	吨 ton	6		60.5	259.7
煤层气	Coal seam gas	吨 ton				
原油	Crude oil	吨 ton	6	1412.0	593889.0	3011710.0
汽油	Gasoline	吨 ton	612	359.9	60231.2	355317.8
煤油	Kerosene	吨 ton	12	20.3	618.0	4584.8
柴油	Diesel oil	吨 ton	352	3165.9	82048.7	493554.0
燃 料 油	Fuel oil	吨 ton	4	1002.7	661.0	5133.3
液化石油气	Liquefied petroleum gas	吨 ton	3		38.8	285.2
炼厂干气	Coking gas	吨 ton				
石脑油	Naphtha	吨 ton				
润滑油	Lubricating oil	吨 ton	1		5.0	48.0
石蜡	Paraffin wax	吨 ton				
溶剂油	Solvent oil	吨 ton	1	33.0		
石油焦	Petroleum coke	吨 ton				
石油沥青	Petroleum asphalt	吨 ton				
其他石油制品	Other oil products	吨 ton				
热力	Heat	百万千焦 million kilo－joule	72		13313798.1	523656.9
电力	Electricity	万千瓦时 10000kwh	1011		1460014.8	7724872.2
煤矸石用于燃料	Coal gangue for fuel	吨 ton				
城市垃圾用于燃料	Urban domestic waste for fuel	吨 ton	1		323436.0	
生物质废料用于燃料	Biomass waste for fuel	吨 ton				
余热余压	Waste heat and waste pressure	百万千焦 million kilo－joule				
其它工业废料用于燃料	Other industrial waste for fuel	吨 ton				
其它燃料	Other fuel	吨标准煤 ton of SCE	23	15832.8	67130.0	64086.6
能源合计	Total of energy	吨标准煤 ton of SCE	1015			

ENERGY PURCHASE CONSUMPTION AND INVENORY OF INDUSTRIAL ENTERPRISES IN 2012

消费量 Consumption					年末库存量 Inventory at the year – end
合计 Total	1. 工业生产消费 Fer production	用于原材料 For raw materials	2. 非工业生产消费 Non – industrial production	合计中:运输工具消费 Conveyance consumption	
28954197.7	28826610.2	100050.9	127587.5	381.4	3068060.6
83189.7	77389.0	1067.0	5800.7	4974.6	
459.0	232.5		226.5		
17769779.1	17685833.8	98983.9	83945.2	381.4	1481691.5
11100769.9	11063154.9		37615.0		1581394.6
747479.0	747479.0				
270.0	210.0		60.0	60.0	
8063.0	4054.0		4009.0		107.0
32493.5	32493.5			30.0	
12034.9	12034.9				
26188.5	23986.5		2202.0		
114.8	75.3		39.5		
600333.0	600325.0		8.0		668.0
61619.6	33314.6	110.0	28305.0	23423.0	460.5
492.7	492.7				137.6
85576.6	37633.1	2834.5	47943.5	48593.9	2513.2
785.0	785.0	878.7			
38.8	2.6	36.1			
5.0	5.0	5.0			
28.0	28.0				5.0
21319067.8	13912683.7		7406384.1		
1809552.4	1756426.2		53126.2	558.5	
323436.0	323436.0				
72265.1	70351.3		1913.8		25332.5
20612607.5	20069954.3		542653.3		

5-2 工业企业能源购进、消费及库存情况(能源合计)

能源名称	Name of Energy	计量单位 unit	年初库存量 Inventory	工业生产消费量 Consumption industrial producing	加工转换投入合计 Total input in processing and transformation
原煤	Coal	吨 ton	515.0	27055478.0	23095301.5
其中:1. 无烟煤	Anthracite	吨 ton	25.0		
2. 炼焦烟煤	Bituminous coal for coking	吨 ton	6.0		
3. 一般烟煤	Normal bituminous coal	吨 ton	483.0	16158335.8	14034286.8
4. 褐煤	Brown coal	吨 ton	12.0	10897142.2	9061014.7
洗精煤	Fine coal washing	吨 ton	3.0	746945.0	746945.0
其他洗煤	Other coal washing	吨 ton	1.0		
煤制品	Coal products	吨 ton	15.0		
焦炭	Coke	吨 ton	6.0	31262.8	
其他焦化产品	Other coke products	吨 ton			
焦炉煤气	Coal gas	万立方米 10000cu·m	2.0	12034.9	
高炉煤气	Blast furnace gas	万立方米 10000cu·m			
转炉煤气	Revolving gas	万立方米 10000cu·m			
发生炉煤气	Producer gas	万立方米 10000cu·m			
天然气(气态)	Natural gas	万立方米 10000cu·m	62.0	11446.5	838.2
液化天然气(液态)	Liquefied natural gas	吨 ton	6.0		
煤层气(煤田)	Coal seam gas	吨 ton			
原油	Crude oil	吨 ton	6.0	594580.0	594580.0
汽油	Gasoline	吨 ton	612.0	872.8	135.3
煤油	Kerosene	吨 ton	12.0	81.5	
柴油	Diesel oil	吨 ton	352.0	13439.9	2057.1
燃 料 油	Fuel oil	吨 ton	4.0	785.0	785.0
液化石油气	Liquefied petroleum gas	吨 ton	3.0		
炼厂干气	Coking gas	吨 ton			
石脑油	Naphtha	吨 ton			
润滑油	Lubricating oil	吨 ton	1.0		
石蜡	Paraffin wax	吨 ton			
溶剂油	Solvent oil	吨 ton	1.0		
石油焦	Petroleum coke	吨 ton			
石油沥青	Petroleum asphalt	吨 ton			
其他石油制品	Other oil products	吨 ton			
热力	Heat	百万千焦 million kilo-joule	72.0	8082404.8	
电力	Electricity	万千瓦时 10000kwh	1011.0	703791.6	
煤矸石用于燃料	Coal gangue for fuel	吨 ton			
城市垃圾用于燃料	Urban domestic waste for fuel	吨 ton	1.0	323436.0	323436.0
生物质废料用于燃料	Biomass waste for fuel	吨 ton			
余热余压	Waste heat and waste pressure	百万千焦 million kilo-joule			
其它工业废料用于燃料	Other industrial waste for fuel	吨 ton			
其它燃料	Other fuel	吨标准煤 ton of SCE	23.0	64896.6	64896.6
能源合计	Total of energy	吨标准煤 ton of SCE	1015.0	17078304.9	13455467.2

ENERGY PURCHASE CONSUMPTION AND INVENORY OF INDUSTRIAL ENTERPRISES (TOTAL OF ENERGY)

火力发电 Thermal power	供热 Heating	原煤入选 Physical Coal	炼焦 Coking	炼油 Petroleum Refining	制气 Gas Production	天然气液化 Natural Liquefied Gas	加工型煤 Processing Coal	能源加工转换产出 Output in Processing and transformation of energy	回收利用 Recycling
16581851.7	6485017.8		28432.0						
10120530.0	3885324.8		28432.0						
6461321.7	2599693.0								
			746945.0						
								521927.0	
								23290.0	
289.5	548.8								
				594580.0					
	135.3							232537.0	
1710.5	346.6							207846.0	
641.0	144.0								
								71143.0	
								335.0	
								73302511.7	
								2649330.9	
323436.0									
64896.6									
8243094.7	3670396.0		692559.5	849417.0				7173184.0	

统计资料

STATISTICS

◎ 财 政

GOVERNMENT FINANCE

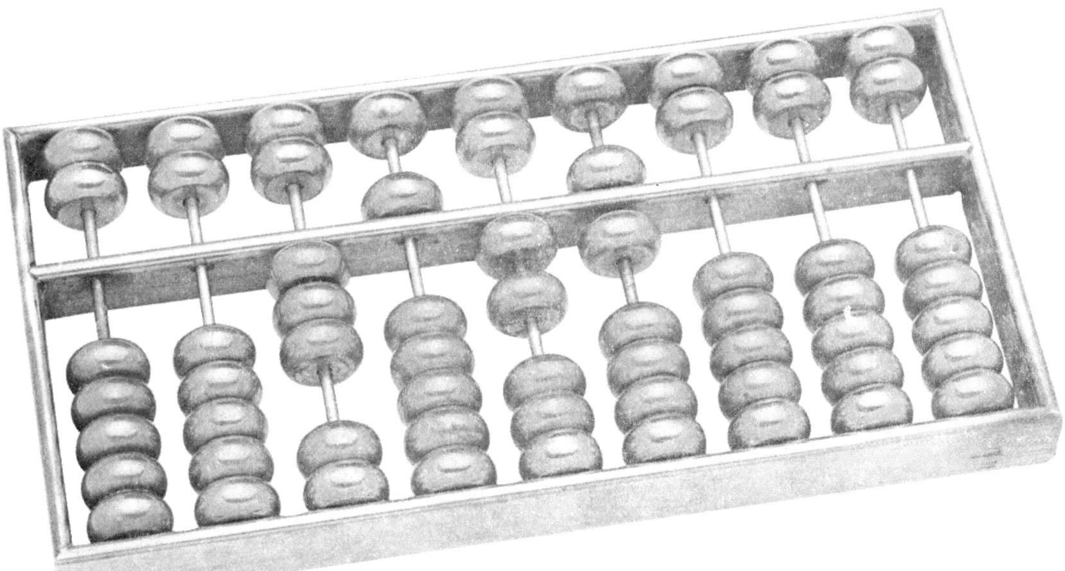

第六篇 财 政

2012年，在市委、市政府的科学决策、正确领导下，财税部门通力协作，在经济放缓、结构性减税双重压力下，财政收入仍然实现了平稳增长，确保了民生等重点支出，支持了全市重点项目建设，推进了社会各项事业发展，较好地发挥了公共财政职能作用。

一、财政收入实现平稳增长，超额完成全年预算任务

2012年，全市一般预算全口径财政收入完成927.7亿元，增长15.5%，完成年度预算的100.8%，超额完成预算任务，在去年起点较高的基础上实现了平稳增长。其中，市本级全口径财政收入完成381.8亿元，增长13.7%；各城区及开发区全口径财政收入完成469.8亿元，增长15.8%；四县（市）全口径财政收入完成76.2亿元，增长23.3%。

2012年，全市地方级财政留用收入完成340.8亿元，增长18.1%，为预算的115%。在地方级财政留用收入中，增值税完成31.0亿元，增长18.5%；营业税完成50.9亿元，增长13.2%；企业所得税完成44.0亿元，增长26.2%；城市维护建设税完成34.0亿元，增长29.6%；土地增值税完成20.4亿元，增长57.5%；耕地占用税完成21.7亿元，增长7.2%；契税完成34.1亿元，增长28.7%。

二、民生及重点项目支出得到优先保障，支出结构进一步优化

2012年，全市一般预算财政支出完成555.5亿元，比上年增加36.8亿元，增长7.1%。自年初以来，按照市委、市政府的部署和要求，市财政本着有保、有压的原则，进一步调整和优化支出结构，在确保工资、社保资金及时、足额发放的同时，进一步加大了民生支出力度，民生支出实现了较快增长。2012年，教育支出完成102.8亿元，比上年增加30.7亿元，增长42.5%；医疗卫生支出完成40.1亿元，比上年增加6.0亿元，增长17.5%；节能环保支出完成25.7亿元，比上年增加2.2亿元，增长9.2%。

6－1 2012年全市一般预算全口径财政收入
GOVERNMENT REVENUE BY REGION IN 2012

单位:万元 unit:10000 yuan

		绝对值 Absolute number	同比增减(%) Increasing rate year on year
全市收入总计	Total	9277158	15.5
1. 市本级	City level	3817708	13.7
2. 区合计	Total	4697699	15.8
南关区	Nanguan	400237	29.0
宽城区	Kuancheng	313177	25.0
朝阳区	Chaoyang	586073	20.1
二道区	Erdao	320537	32.3
绿园区	Lvyuan	361117	20.2
双阳区	Shuangyang	130193	27.9
经济开发区	Economic and technical developing area	700220	8.3
高新开发区	High－technical developing area	911808	－7.5
净月开发区	Jingyue developing area	221281	23.0
西新开发区	xixin developing area	732600	34.3
莲花山度假区	Lianhua Mountain resort	20456	225.0
3. 县(市)合计	Total city and county	761751	23.3
榆树市	Yushu	128541	27.9
农安县	Nong'an	222590	10.7
德惠市	Dehui	177454	32.4
九台市	Jiutai	233166	27.9

6－2　2012 年全市地方级财政收入及一般预算财政支出

单位：万元

		绝对值 Absolute number	同比增减(%) Increasing rate year on year
一、税收收入	Revenue Income	2767458	22.0
增值税	Value added tax	310473	18.5
营业税	Business tax	509482	13.2
企业所得税	Enterprises income tax	440169	26.2
企业所得税退税	Income tax rebate		
个人所得税	Individual income tax	97891	2.7
资源税	Resourcex Tax	5715	15.4
固定资产投资方向调节税	Fixed assets investment adjustment tax		
城市维护建设税	Tax on the city maintenance and construction	340203	29.6
房产税	Tax on real estate	98673	22.6
印花税	Stamp tax	58258	24.5
城镇土地使用税	Tax on use of urban land	108761	16.5
土地增值税	Land value－added tax	204293	57.5
车船税	Tax on the use of vehicles and ships	34299	31.8
耕地占用税	Tax on the use of cultivated land	217404	7.2
契税	Contract tax	340779	28.7
烟叶税	Tabacoo leaf tax	1058	35.8
其他税收收入	Other Income		
二、非税收入	Non－revenue Income	640563	3.7
专项收入	Special income	175066	43.1
行政性收费收入	Income from Administrative Fees	219777	32.2
罚没收入	Penalty and confiscafe income	90417	24.6
国有资本经营收入	State－owned assets income	52880	－68.0
国有资源(资产)有偿使用收入	State resources inlome	90290	33.0
其他收入	Others	12133	－47.8
本年收入合计	Total	3408021	18.1

THE CITY'S LOCAL FINANCIAL REVENUE AND GENERAL BUDGETARY FINANCIAL EXPENDITURE IN 2012

unit:10000yuan

		绝对值 Absolute number	同比增减(%) Increasing rate year on year
一、一般公共服务	General publil services	664396	10.1
二、外交	Dip lomaly		
三、国防	Defense	17534	46.5
四、公共安全	Social Security	289205	4.7
五、教育	Education	1028074	42.5
六、科学技术	Science and technolgy	43835	-0.6
七、文化体育与传媒	Education and the media	72299	14.4
八、社会保障和就业	Social security and employment	616646	-10.7
九、医疗卫生	Medical and health	400726	17.5
十、节能环保	Energy conservation and environmental protection	256592	9.2
十一、城乡社区事务	Urban and rural community services	738747	-3.7
十二、农林水事务	Agriculture,forestry,water affairs	355569	4.1
十三、交通运输	Transport	142499	-29.2
十四、资源勘探电力信息等事务	Affairs of Mining,Power and Information	139037	-29.6
十五、商业服务等事务	Management of Grain & Oil Reserves	59474	1.8
十六、金融监管等事务支出	Financial Supervision	1733	-9.2
十七、地震灾后恢复重建支出	Rebuild after earthquake		
十八、国土资源气象等事务支出	Land and Resources and Meteorology	47034	-32.2
十九、住房保障支出	Housing Security	177452	-24.4
二十、粮油物资储备事务	Supplies of grain and oil reserves	13079	-25.5
二十一、债务付息支出	Debit Interest	465959	63.2
二十二、其他支出	Others	25227	-1.5
本年支出合计	Total	5555117	7.1

统计资料

STATISTICS

◎ 物 价

PRICE

第七篇 物　　价

据国家统计局长春调查队调查数据显示：2012 年，长春市居民消费价格（CPI）同比上涨 2.3%，涨幅较上年同期回落 3.2 个百分点。各月消费价格先由高到低，后期有所反弹，总体形成“U”字型走势。

全年涨幅低于全国平均水平。虽然居民消费价格总水平累计涨幅低于全国，但价格上涨种类有所增多。其中，服务类价格总水平累计上涨 1.3%；消费品价格累计上涨 2.7%；扣除食品、烟酒和能源后的价格累计上涨 0.8%；居民生活费用价格累计上涨 4.0%；非食品类价格累计上涨 0.9%。

从居民消费价格八大类涨跌构成看，全年呈“七升一降”格局，比 2011 年“六升二降”格局，上涨面有所拓展。涨幅主要集中在食品类、烟酒类、衣着类、家庭用品及维修服务、医疗保健和个人用品类、娱乐教育文化用品及服务类、居住类，上涨幅度分别为 5.4%、1.4%、1.1%、1.2%、1.0%、1.6% 和 0.9%；交通和通信类价格下降 0.4%。

7-1 2011-2012年长春市居民消费价格分类指数
CONSUMER PRICE INDICES BY CATEGORY (2011-2012)

		2011	2012
居民消费价格总指数	General consumer price index	105.5	102.3
一、食品	Food	111.7	105.4
粮食	Grain	112.1	106.0
淀粉及制品	Starch and related products	170.3	94.1
干豆类及豆制品	Soybean products	107.6	100.8
油脂类	Oil and fat	116.2	108.4
肉禽及其制品	Meat and poultry	122.4	106.1
蛋类	Eggs	122.4	94.4
水产品类	Aquatic products	114.1	107.9
菜类	Vegetables	94.5	110.2
调味品	Seasoning	104.6	103.3
糖类	Sugar	108.4	100.6
茶及饮料	Tea and drink	103.0	98.7
干鲜瓜果	Dried and fresh fruits	115.8	109.9
糕点饼干面包	Cakes、cookes and bread	109.3	101.7
液体乳及乳制品	Milk and milk products	102.1	103.0
在外用膳食品	Catering food	106.6	103.5
其他食品	Processing services	100.0	98.4
二、烟酒及用品	Tobacco, alcohol and articles	102.8	101.4
烟草	Tobacco	99.6	99.3
酒	Alcohol	107.7	104.3
三、衣着	Clothing	103.7	101.1
服装	Garments	105.4	101.9
衣着材料	Textiles	109.9	104.3
鞋袜帽	Shoes socks and hats	99.8	99.0
衣着加工服务费	Processing services	107.1	113.8
四、家庭设备用品及维修服务	Household facilites	101.6	101.2
耐用消费品	Durable consumer goods	97.8	99.6
室内装饰品	Interior decorations	107.1	100.1
床上用品	Bed daily articles	107.3	104.8
家庭日用杂品	Daily articles	102.9	100.9
家庭服务及加工维修服务	Maintain services	109.9	113.0
五、医疗保健和个人用品	Medical care and personal articles	102.2	101.0
医疗保健类	Medicine care	102.1	100.5
个人用品及服务	Personal articles and services	102.4	102.3
六、交通和通信	Transportation and telecommunication	97.9	99.6
交通	Transportation	100.0	101.3
通信	Telecommunication	95.7	97.6
七、娱乐教育文化用品及服务	Recreation education and culture	99.3	101.6
文娱用耐用消费品及服务	Recreation durable goods	98.3	97.8
教育	Education	98.6	102.2
文化娱乐类	Cultural goods	101.4	101.3
旅游	Tourism	102.6	104.8
八、居住	Residence	109.3	100.9
建房及装修材料	Housing	105.3	103.1
租房	Renting house	124.7	107.6
自有住房	Self - house	113.7	99.5
水、电、燃料	Water electricity and fuel	100.7	101.6

7－2　2011－2012年长春市商品零售价格分类指数
RETAIL PRICE INDICES BY CATEGORY (2011－2012)

（以上年同期为100）

(preceding year = 100)

		2011	2012
商品零售价格总指数	Retail price indices	104.8	101.8
一、食品	Food	112.1	104.9
1.粮食	Grain	112.1	106.0
2.淀粉及制品	Starch and related products	170.3	94.1
3.干豆类及豆制品	Soybean products	107.6	100.8
4.油脂	Oil and fat	116.2	108.4
5.肉禽及其制品	Meat poultry	122.4	106.1
6.蛋	Eggs	122.4	94.4
7.水产品	Aquatic products	114.1	107.9
8.菜	Vegetables	94.5	110.2
9.调味品	Seasoning	104.6	103.3
10.糖	Sugar	108.4	100.6
11.干鲜瓜果	Dried and fresh fruits	115.8	109.9
12.糕点饼干面包	Cakes cookies and bread	109.3	101.7
13.液体乳及乳制品	Milk and milk products	102.1	103.0
14.在外用膳食品	Catering food	106.6	103.5
15.其他食品	Other food	100.0	98.4
二、饮料、烟酒	Beverage, tobacco and alcohol	103.1	101.2
三、服装、鞋帽	Clothing, shoes and hats	103.6	101.0
四、纺织品	Textiles	109.1	104.3
五、家用电器及音像器材	Households facilities	97.1	98.4
六、文化办公用品	Official articles	96.8	99.4
七、日用品	Daily articles	101.2	99.9
八、体育娱乐用品	Sports and recreation articles	100.5	99.5
九、交通、通信用品	Transport and telecommunication	91.2	97.2
十、家具	Furniture	99.8	100.7
十一、化妆品	Cosmetics	100.9	100.5
十二、金银珠宝	Jeweliery	115.9	102.0
十三、中西药品及医疗保健用品	Traditional chinese and medical care	102.2	100.3
十四、书报杂志及电子出版物	Newspapers, magazines and electronic publishing	99.3	100.4
十五、燃料	Fuels	112.2	103.4
十六、建筑材料及五金电料	Construction materials and hardware	106.6	102.8

7－3　2012年长春市零售价格类指数
RETAIL PRICE INDICES BY CATEGORY(2012)

类别及名称 Item	指数 Index	类别及名称 Item	指数 Index
商品零售价格总指数 General index	101.8	3.音像器材 Audiovisual products	99.7
一、食品类 Food	104.9	六、文化办公用品 Official articles	99.4
1.粮食 Grain	106.0	七、日用品 Daily articles	99.9
2.淀粉及制品 Starch and related products	94.1	1.日用百货 Daily articles	101.2
3.干豆类及豆制品 Soybean products	100.8	2.日用杂品 Small articles	100.3
4.油脂 Oil and fat	108.4	3.洗涤用品 Washing appliance	98.7
5.肉禽及其制品 Meat poultry	106.1	4.其它日用品 Others	99.5
6.蛋 Eggs	94.4	八、体育娱乐用品 Sports goods and cultural appliance	99.5
7.水产品 Aquatic products	107.9	1.体育用品 Sports goods	97.8
8.菜 Vegetables	110.2	2.娱乐用品 Cultural appliance	100.4
9.调味品 Seasoning	103.3	九、交通、通信用品 Transport and telecommunication	97.2
10.糖 Sugar	100.6	1.交通运输机械 Transports	97.7
11.干鲜瓜果 Dried and fresh fruits	109.9	2.通信器材 Telecommunication	90.1
12.糕点饼干面包 Cakes cookies and bread	101.7	十、家具 Furniture	100.7
13.液体乳及乳制品 Milk products	103.0	十一、化妆品 Cosmetics	100.5
14.在外用膳食品 Catering food	103.5	十二、金银珠宝 Jewellery	102.0
15.其他食品 Other food	98.4	十三、中西药品及医疗保健用品 Medicines and equipment	100.3
二、饮料、烟酒 Beverage,tobacco and liquor	101.2	1.医疗器具及用品 Equipment	96.9
1.茶及饮料 Tea and drink	98.7	2.中药材及中成药 Chinese medicines	103.1
2.烟草 Tobacco	99.3	3.西药 Western medicines	99.1
3.酒 Alcohol	104.3	4.保健品及器具 Appliance	101.8
三、服装、鞋帽类 Clothing, shoes and hats	101.0	十四、书报杂志及电子出版物 Newspapers books and eleetronil publishing	100.4
1.服装 Clothing	101.9	1.教材及参考书 Books	100.0
2.鞋袜帽 Shoes socks and hats	98.9	2.书报杂志 Newspapers	101.0
3.其它 Others	96.4	3.电子音像制品 Electronic audiovisual products	100.2
四、纺织品类 Textiles	104.3	十五、燃料 Fuel	103.4
1.衣着材料 Clothing	104.3	1.煤炭及制品 Coal and products	105.9
2.床上用品 Beds	104.3	2.石油及制品 Oil and products	102.9
五、家用电器及音像器材 Households facilities	98.4	十六、建筑材料及五金电料 Construction materials and hardware	102.8
1.家庭设备 Households facilities	99.1	1.建筑装璜材料 Construction materials	103.3
2.文娱用耐用消费品 Recreational durable goods	97.3	2.五金电料 Hardware	100.0

统计资料

STATISTICS

◎ 人民生活

PEOPLE' S LIVELIHOOD

第八篇　人民生活

2012年长春市农村居民生活综述

据对500户农村住户抽样调查结果显示：2012年，我市农民收入增加，生活质量进一步得到改善。2012年，我市农民人均收入为9064.01元，比上年增长13.8%。

2012年农民生活消费有如下特点：

1、食品消费水平提高。2012年，我市平均每一农民消费肉禽及其制品19.3公斤，比上年增长16.5%；豆制品5.9公斤，同比增长1.2%；水果类25.3公斤，同比增长18.1%。

2、文化生活不断丰富。2012年，我市农民人均文化体育、娱乐消费支出为530.8元，比上年增长20.4%，其中：休闲娱乐费12.4元，比上年增长13.97%。

3、家庭生活装备不断增强。截至2012年末，我市每百户农民家庭拥有电冰箱90台，比上年增长20%；移动电话230部，比上年增长14.4%；家用计算机20台，比上年增长81.8%；洗衣机100台，比上年增长11.1%。

4、居住质量不断改善。2012年末，我市农村居民人均居住楼房面积达0.6平方米，比上年增加3.6倍。

8－1 主要年份农民家庭生活基本情况
BASIC CONDITIONS OF RURAL HOUSEHOLDS

		2010	2011	2012
调查户数(户)	Households surveyed(household)	630	550	500
平均每户人口(人)	Residents per household(person)	3.5	3.5	3.6
平均每户劳动力(人)	Laborers per household(person)	2.6	2.6	2.7
平均每一劳动力赡养人口(人)	Persons supported by a laborer(person)	1.4	1.3	1.3
平均每人年总收入(元)	Per capita annual income(yuan)	9357.2	12717.5	15015.0
平均每人年纯收入(元)	Per capita annual net income(yuan)	6664.9	7965.1	9064.0
按年纯收入分组的户数构成(%)	Proportion of households by annual net in come (%)			
平均每一劳动力年纯收入(元)	Net income for a laborer(yuan)	8973.0	10581.7	12230.2
平均每人年总支出(元)	Per capita annual expenditures (yuan)	7398.7	10789.6	13622.7
一、人均年生活消费支出(元)	Per capita living expenditures(yuan)	3862.7	4596.8	5855.3
1. 食品	Food	1517.2	1757.5	2253.6
#食品消费品支出	Food consumption	1346.0	1528.0	1948.4
食品消费服务性指出	Food consumption services	171.2	229.5	305.2
2. 衣着	Garments	262.0	364.0	467.7
3. 生活用品及其他	Daily consumer goods	139.4	339.5	443.0
4. 住房	House	749.8	664.9	774.5
5. 文化、生活服务支出	Expenditures for culture living services	370.8	441.0	530.8
二、人均年家庭经营费用支出(元)	The annual per capita family business expenses (Yuan)	2413.9	4294.9	5362.1
#牧业生产费用	Cost for animal husbandry	683.8	1761.2	1744.3
农业生产费用	Cost for farming	1671.9	2248.8	3507.4
三、人均年购置生产性固定生产(元)	Per capita purchase fixed assets(yuan)	290.2	563.8	707.2
四、人均年其他非借贷性支出(元)	Per capita other expenditures(yuan)	236.6	482.5	440.4
平均每户年内新建房屋面积(平方米)	Floor space of new building per household(sq·m)	0.5	1.0	2.0
平均每户年末居住房屋面积(平方米)	Floor space of living per household at year－end(sq·m)	85.1	94.4	93.4
平均每人年末居住房屋面积(平方米)	Areas of living per capita(sq·m)	24.6	26.9	25.8

8－2 城市住户基本情况
BASIC STATISTICS ON URBAN HOUSEHOLDS

		单 位	Unit	合 计 Total
一、家庭居住人口	Household size	人/户	person/household	2.82
1.有收入者人数	Number of income－owned	人/户	person/household	2.08
(1)就业人口数	Number of person employed	人/户	person/household	1.28
①国有经济单位职工人数	Staff and worker in state－owned	人/户	person/household	0.54
②城镇集体经济单位职工人数	Staff and worker in collective－owned	人/户	person/household	0.04
③其他经济类型单位职工人数	Staff and worker in other owned	人/户	person/household	0.11
④城镇个体或私营企业主人数	Tndividual cities and touns on the number of ouners of prilate enterprises	人/户	person/household	0.10
⑤城镇个体或私营企业被雇人数	Tndivielual cities and towns or the number of private enterprises were employed	人/户	person/household	0.41
⑥离退休再就业人数	The number of re－employment of retired	人/户	person/household	0.03
⑦其他就业人数	Employment in the other	人/户	person/household	0.07
(2)离退休人数	Person retired	人/户	person/household	0.75
(3)其他有收入者人数	Other earning people	人/户	person/household	0.05
二、家庭总收入	Household income	元/人	yuan/person	24436.86
其中:可支配收入	Disposable income	元/人	yuan/person	22969.68
(一)工资性收入	Income	元/人	yuan/person	14971.97
1.工资及补贴收入	Wages and subsidies	元/人	yuan/person	14726.67
2.其他劳动收入	Business income	元/人	yuan/person	245.30
(二)经营净收入	Business income	元/人	yuan/person	1762.92
(三)财产性收入	Property income	元/人	yuan/person	289.22
(四)转移性收入	Transfer in come	元/人	yuan/person	7412.75
三、出售财物收入	Sell property	元/人	yuan/person	249.65
四、借贷收入	Debit and credit in come	元/人	yuan/person	6060.60
五、家庭总支出	Household expenditure	元/人	yuan/person	21951.77
(一)消费性支出	Consumption	元/人	yuan/person	17863.01
(二)财产性支出	Property expenditure	元/人	yuan/person	1.41
(三)转移性支出	Transfer expenditure	元/人	yuan/person	1966.55
(四)社会保障支出	Social security expenditure	元/人	yuan/person	1233.45
(五)购房与建房支出	Purchase and build house expenditure	元/人	yuan/person	887.34
六、借贷支出	Debit and credit expenditure	元/人	yuan/person	5873.93
消费支出	Consumption	元/人	yuan/person	17863.01
一、食品	Food	元/人	yuan/person	5295.28
(一)粮油类	Grain	元/人	yuan/person	783.8
1.粮食	Grain	元/人	yuan/person	486.14
(1)大米·单价	Rice	千克/人	kg/person	75.89
数量	Quantity	千克/人	kg/person	5.32
金额	Amount	元/人	yuan/person	38.10
(2)面粉·单价	Flour	千克/人	kg/person	202.66
数量	Quantity	千克/人	kg/person	4.99
金额	Amount	元/人	yuan/person	13.06
(3)其他粮食及制品	Other grain	元/人	yuan/person	65.13
2.淀粉及薯类	Starch and tubers	元/人	yuan/person	70.71
3.干豆类及豆制品	Soybeans products	元/人	yuan/person	78.45
4.油脂类	Oil and fats	元/人	yuan/person	148.50
(1)食用植物油·单价	Vegetable oil	元/千克	yuan/kg	13.88
数量	Quantity	千克/人	kg/person	10.66
金额	Amount	元/人	yuan/person	148.06

8－2续表1 continued1

		单　位 Unit		合　计 Total
(2)食用动物油	Animal oil	元/人	yuan/person	0.43
㈡肉禽蛋水产品类	Meat,poultry and aquatic	元/人	yuan/person	1248.55
1.肉类	Meat	元/人	yuan/person	788.76
(1)猪肉·单价	Pork	元/千克	yuan/kg	26.71
数量	Quantity	千克/人	kg/person	14.98
金额	Amount	元/人	yuan/person	400.12
(2)牛肉·单价	Beef	元/千克	yuan/kg	43.41
数量	Quantity	千克/人	kg/person	3.69
金额	Amount	元/人	yuan/person	160.36
(3)羊肉·单价	Mutton	元/千克	yuan/kg	42.94
数量	Quantity	千克/人	kg/person	1.47
金额	Amount	元/人	yuan/person	63.32
(4)其他肉及制品	Others	元/人	yuan/person	164.96
2.禽类	Poultry	元/人	yuan/person	133.73
(1)鸡·单价	Chicken	元/千克	yuan/kg	20.43
数量	Quantity	千克/人	kg/person	3.91
金额	Amount	元/人	yuan/person	79.80
(2)鸭·单价	Duck	元/千克	yuan/kg	18.20
数量	Quantity	千克/人	kg/person	0.33
金额	Amount	元/人	yuan/person	6.00
(3)其他禽类及制品	Others	元/人	yuan/person	47.94
3.蛋类	Eggs	元/人	yuan/person	97.94
(1)鲜蛋·单价	Fresh eggs	元/千克	yuan/kg	8.82
数量	Quantity	千克/人	kg/person	9.74
金额	Amount	元/人	yuan/person	85.99
(2)蛋制品	Eggs products	元/人	yuan/person	11.94
4.水产品类	Aquatic	元/人	yuan/person	228.12
(1)鱼·单价	Fish	元/千克	yuan/kg	18.20
数量	Quantity	千克/人	kg/person	6.49
金额	Amount	元/人	yuan/person	118.24
(2)虾·单价	Shrimp	元/千克	yuan/kg	47.26
数量	Quantity	千克/人	kg/person	0.83
金额	Amount	元/人	yuan/person	39.38
(3)其他水产品及制品	Others	元/人	yuan/person	70.50
(三)蔬菜类	Vegetable	元/人	yuan/person	527.06
1.鲜菜·单价	Fresh vegetable	元/千克	yuan/kg	4.17
数量	Quantity	千克/人	kg/person	114.83
金额	Amount	元/人	yuan/person	478.75
2.干菜	Driedvegetable	元/人	yuan/person	29.60
3.菜制品	Vegetable products	元/人	yuan/person	18.71
(四)调味品	Seasoning	元/人	yuan/person	87.68
(五)糖烟酒饮料类	Sugar tobacco and liquor	元/人	yuan/person	488.05
1.糖类	Suagar	元/人	yuan/person	44.59
2.烟草类	Tobacco	元/人	yuan/person	208.53
3.酒类	Alcohol	元/人	yuan/person	120.34
(1)白酒·单价	Distilled spirit	元/千克	yuan/kg	22.72

8－2 续表 2 continued2

		单　位 Unit		合　计 Total
数量	Quantity	千克/人	kg/person	2.61
金额	Amount	元/人	yuan/person	59.23
(2)果酒·单价	Wine	元/千克	yuan/kg	41.56
数量	Quantity	千克/人	kg/person	0.25
金额	Amount	元/人	yuan/person	10.55
(3)啤酒·单价	Beer	元/千克	yuan/kg	6.22
数量	Quantity	千克/人	kg/person	7.96
金额	Amount	元/人	yuan/person	49.52
(4)其他酒	Others	元/人	yuan/person	1.04
4.饮料	Beverage	元/人	yuan/person	114.58
(1)碳酸饮料·单价	Soda pop	元/千克/人	yuan/kg/person	4.91
数量	Quantity	千克/人	kg/person	3.76
金额	Amount	元/人	yuan/person	18.45
(2)瓶装饮用水·单价	Water bottled	元/千克	yuan/kg	2.48
数量	Quantity	千克/人	kg/person	6.52
金额	Amount	元/人	yuan/person	16.2
(3)茶叶·单价	Tea	元/千克	yuan/kg	169.63
数量	Quantity	千克/人	kg/person	0.12
金额	Amount	元/人	yuan/person	20.89
(4)其他饮料	Others	元/人	yuan/person	59.05
(六)干鲜瓜果类	Dried and fresh fruits	元/人	yuan/person	636.22
1.鲜果·单价	Fresh fruits	元/千克	yuan/kg	8.54
数量	Quantity	千克/人	kg/person	48.97
金额	Amount	元/人	yuan/person	418.33
2.鲜瓜·单价	Melon	元/千克	yuan/kg	4.41
数量	Quantity	千克/人	kg/person	18.22
金额	Amount	元/人	yuan/person	80.33
3.其他干鲜瓜果类及制品	Other fresh fruits and products category	元/人	yuan/person	137.57
(七)糕点、奶及奶制品	Cake and milk products	元/人	yuan/person	306.55
1.糕点·单价	Cake	元/千克	yuan/kg	21.34
数量	Quantity	千克/人	kg/person	4.82
金额	Amount	元/人	yuan/person	102.98
2.奶及奶制品	Milk and its products	元/人	yuan/person	203.57
(1)鲜乳品·单价	Milk	元/千克	yuan/kg	8.37
数量	Quantity	千克/人	kg/person	11.1
金额	Amount	元/人	yuan/person	92.91
(2)奶粉·单价	Milk powder	元/千克	yuan/kg	130.89
数量	Quantity	千克/人	kg/person	0.38
金额	Amount	元/人	yuan/person	49.66
(3)酸奶·单价	Sour milk	元/千克	yuan/kg	11.34
数量	Quantity	千克/人	kg/person	2.65
金额	Amount	元/人	yuan/person	30.05
(4)其他奶制品	Other milk products	元/人	yuan/person	30.95
(八)其他食品	Others	元/人	yuan/person	58.67
(九)饮食服务	Catering services	元/人	yuan/person	1158.69
1.食品加工服务费	Food prossing	元/人	yuan/person	0.56

8－2续表3 continued3

		单　位 Unit		合　计 Total
2.在外饮食	Catering services	元/人	yuan/person	1158.13
二、衣着	Garment	元/人	yuan/person	2181.84
(一)服装·单价	Garment	元/件	yuan/piece	149.76
数量	Quantity	件/人	piece/person	10.30
金额	Amount	元/人	yuan/person	1542.00
(二)衣着材料	Cloth material	元/人	yuan/person	8.34
(三)鞋类·单价	Shoes	元/双	yuan/pair	170.00
数量	Quantity	双/人	pair/person	3.25
金额	Amount	元/人	yuan/person	552.86
(四)其他衣着用品	Other clothing	元/人	yuan/person	70.03
(五)衣着加工服务费	Prossing serivce	元/人	yuan/person	8.62
三、居住	Residehce	元/人	yuan/person	2061.75
(一)住房	House	元/人	yuan/person	468.70
1. 租赁房房租	Rent	元/人	yuan/person	203.89
2. 住房装潢支出	Decoration expenses	元/人	yuan/person	218.93
3. 维修用建筑材料	Building material	元/人	yuan/person	30.86
4. 其他住房支出	Others	元/人	yuan/person	15.03
(二)水电燃料及其他	waterfuel and others	元/人	yuan/person	1427.92
1. 水·单价	Water	元/吨	yuan/ton	3.17
数量	Quantity	吨/人	ton/person	41.08
金额	Amount	元/人	yuan/person	130.28
2. 电·单价	Electricty	元/度	yuan/degree	0.53
数量	Quantity	度/人	degree/person	668.63
金额	Amount	元/人	yuan/person	351.50
3. 燃料	Fuel	元/人	yuan/person	156.99
(1)煤炭·单价	Coal	元/千克	yuan/kg	
数量	Quantity	千克/人	kg/person	
金额	Amount	元/人	yuan/person	
(2)罐装液化石油气·单价	Liqufied gas	元/千克	yuan/kg	3.95
数量	Quantity	千克/人	kg/person	3.32
金额	Amount	元/人	yuan/person	13.12
(3)管道液化石油气·单价	Petroleum gas	元/立方米	yuan/cu. m	
数量	Quantity	立方米/人	cu. m/person	
金额	Amount	元/人	yuan/person	
(4)管道煤气·单价	Pipe gas	元/立方米	yuan/cu. m	1.51
数量	Quantity	立方米/人	cu. m/person	50.07
金额	Amount	元/人	yuan/person	75.40
(5)管道天然气·单价	Pipe gas	元/立方米	yuan/cu. m	2.00
数量	Quantity	立方米/人	cu. m/person	33.89
金额	Amount	元/人	yuan/person	67.64
(6)柴油·单价	Diesel oil	元/升	yuan/cu. m	7.50
数量	Quantity	升/人	cu. m/person	0.03
金额	Amount	元/人	yuan/person	0.21
(7)其他燃料	Other fuel	元/人	yuan/person	0.61
4. 取暖费	Heating costs	元/人	yuan/person	786.94
5. 其他相关支出	Other related expenses	元/人	yuan/person	2.22

8-2 续表4 continued4

		单 位 Unit		合 计 Total
(三)居住服务费	Living service charge	元/人	yuan/person	165.12
1.物业管理费	Realty management	元/人	yuan/person	155.58
2.维修服务费	Maintain service	元/人	yuan/person	6.09
3.其他居住服务费	Others	元/人	yuan/person	3.45
四、家庭设备用品及服务	Household Facilities Articles and Services	元/人	yuan/person	1039.73
(一)耐用消费品	Durable consumer goods	元/人	yuan/person	312.84
1.家具	Furniture	元/人	yuan/person	109.60
2.家庭设备	Household facilities	元/人	yuan/person	203.24
(1)洗衣机·单价	Washing machine	元/台	yuan/unit	1108.79
数量	Quantity	台/百户	unit/100h	6.34
金额	Amount	元/人	yuan/person	24.94
(2)电冰箱·单价	Fridge	元/台	yuan/unit	2087.73
数量	Quantity	台/百户	unit/100h	3.67
金额	Amount	元/人	yuan/person	27.19
(3)微波炉·单价	Micro-wave oven	元/台	yuan/unit	964.67
数量	Quantity	台/百户	unit/100h	1.00
金额	Amount	元/人	yuan/person	3.43
(4)空调器·单价	Air conditioner	元/台	yuan/unit	2553.00
数量	Quantity	台/百户	unit/100h	1.00
金额	Amount	元/人	yuan/person	9.07
(5)淋浴热水器·单价	Shower	元/台	yuan/unit	1418.43
数量	Quantity	台/百户	unit/100h	4.67
金额	Amount	元/人	yuan/person	23.51
(6)消毒碗柜·单价	Sterilized cupboard	元/台	yuan/unit	
数量	Quantity	台/百户	unit/100h	
金额	Amount	元/人	yuan/person	
(7)洗碗机·单价	Washing bowl machine	元/台	yuan/unit	
数量	Quantity	台/百户	unit/100h	
金额	Amount	元/人	yuan/person	
(8)其他家庭设备	OThers	元/人	yuan/person	115.11
(二)室内装饰品	Interior decoration	元/人	yuan/person	23.72
(三)床上用品	Bed articles	元/人	yuan/person	98.89
(四)家庭日用杂品	Daily use articles	元/人	yuan/person	485.94
(五)家具材料	Furniture materials	元/人	yuan/person	4.06
(六)家庭服务	Households services	元/人	yuan/person	114.28
1.家政服务	Domestic economy	元/人	yuan/person	94.00
2.加工维修服务费	Repair	元/人	yuan/person	20.28
五、医疗保健	Health care	元/人	yuan/person	2070.33
(一)医疗器具	Medical appliance	元/人	yuan/person	11.34
(二)保健器具	Health care appliance	元/人	yuan/person	31.31
(三)药品费	Medicine expense	元/人	yuan/person	1023.64
(四)滋补保健品	Nourishing medicine	元/人	yuan/person	159.69
(五)医疗费	Health care service	元/人	yuan/person	835.86
(六)其他医疗保健支出	Others	元/人	yuan/person	8.50
六、交通和通信	Transportation and telecommunication	元/人	yuan/person	2059.87
(一)交通	Transportation	元/人	yuan/person	1234.80

8－2 续表 5 continued5

		单 位	Unit	合 计 Total
1. 家庭交通工具	Household use	元/人	yuan/person	189.49
(1)摩托车·单价	Motorcycle	元/辆	yuan/unit	
数量	Quantity	辆/百户	unit/100h	
金额	Amount	元/人	yuan/person	
(2)助力车·单价	Vehicle	元/辆	yuan/unit	1830.00
数量	Quantity	辆/百户	unit/100h	1.34
金额	Amount	元/人	yuan/person	8.67
(3)家用汽车·单价	Family car	元/辆	yuan/unit	134272.73
数量	Quantity	辆/百户	unit/100h	0.37
金额	Amount	元/人	yuan/person	174.85
(4)其他交通工具	Others	元/人	yuan/person	5.97
2. 车辆用燃料及零配件	Fuel and parts	元/人	yuan/person	414.27
(1)燃料	Fuel	元/人	yuan/person	394.93
其中:汽油·单价	Gasoline	元/升	yuan/liter	7.46
数量	Quantity	升/人	liter/person	51.87
金额	Amount	元/人	yuan/person	387.00
其中:柴油·单价	Diesel oil	元/升	yuan/liter	7.08
数量	Quantity	升/人	liter/person	0.28
金额	Amount	元/人	yuan/person	2.01
(2)零配件	Parts	元/人	yuan/person	9.28
(3)其他	Others	元/人	yuan/person	10.07
3. 交通工具服务支出	Traffic service	元/人	yuan/person	126.05
(1)维修费	Upkeep	元/人	yuan/person	34.79
(2)车辆使用税费	Tax and expenses	元/人	yuan/person	86.23
(3)其他车辆使用费用	Other vehicle expenses	元/人	yuan/person	5.02
4.交通费	Traffic	元/人	yuan/person	504.99
(1)飞机	Airoplane	元/人	yuan/person	146.42
(2)火车	Railway	元/人	yuan/person	71.38
(3)长途汽车	Long disstance highway	元/人	yuan/person	23.20
(4)市内公共交通	Bus	元/人	yuan/person	148.36
(5)出租汽车费	Taxi	元/人	yuan/person	109.80
(6)其他交通费	Others	元/人	yuan/person	5.82
(二)通信	Telecommunication	元/人	yuan/person	825.08
1. 通信工具	Mean of telecommunication	元/人	yuan/person	175.72
(1)电话机·单价	Telephone	元/部	yuan/sub	167.95
数量	Quantity	部/百户	sub/100h	5.38
金额	Amount	元/人	yuan/person	3.20
(2)移动电话·单价	Mobile phone	元/部	yuan/sub	1395.31
数量	Quantity	部/百户	sub/100h	33.73
金额	Amount	元/人	yuan/person	166.83
(3)其他通信工具	Others	元/人	yuan/person	5.69
2.通信服务	Service	元/人	yuan/person	649.35
(1)电信费	Telecommunication	元/人	yuan/person	641.21
其中:上网费	Therein internet costs	元/人	yuan/person	131.07
(2)邮费	Postage	元/人	yuan/person	2.25
(3)其他通信服务费	Others	元/人	yuan/person	5.89

8－2 续表 6

continued6

		单 位 Unit		合 计 Total
七、教育文化娱乐服务	Education, and recreation service	元/人	yuan/person	2387.98
(一)文化娱乐用品	Recreational articles	元/人	yuan/person	400.98
1.彩色电视机·单价	Colour TV set	元/台	yuan/unit	2815.58
数量	Quantity	台/百户	unit/100h	6.34
金额	Amount	元/人	yuan/person	63.33
2. 家用电脑	Computer	元/人	yuan/person	95.15
(1)购买整机	Computer	元/台	yuan/unit	2594.72
数量	Quantity	台/百户	unit/100h	8.35
金额	Amount	元/人	yuan/person	76.79
(2)计算机外部设备	Computer peripheral equipment	元/人	yuan/person	10.08
(3)各种零配件及耗材	Parts	元/人	yuan/person	8.27
3. 组合音响·单价	Hi－Fi stereo component system	元/台	yuan/unit	
数量	Quantity	台/百户	unit/100h	
金额	Amount	元/人	yuan/person	
4. 摄像机·单价	Pick up camera	元/架	yuan/unit	1880.00
数量	Quantity	架/百户	unit/100h	0.33
金额	Amount	元/人	yuan/person	2.23
5. 照相机·单价	Camera	元/架	yuan/unit	2501.71
数量	Quantity	架/百户	unit/100h	2.34
金额	Amount	元/人	yuan/person	20.73
6. 钢琴·单价	Piano	元/架	yuan/unit	18000.00
数量	Quantity	架/百户	unit/100h	0.33
金额	Amount	元/人	yuan/person	21.31
7. 其他中高档乐器·单价	Musical instrument	元/件	yuan/piece	359.00
数量	Quantity	件/百户	unit/100h	0.67
金额	Amount	元/人	yuan/person	0.85
8. 健身器材·单价	Fitness equipment	元/件	yuan/set	1106
数量	Quantity	件/百户	set/person	1.00
金额	Amount	元/人	yuan/person	3.93
9. 电子辞典·单价	Electronic dictionary	元/部	unit/person	498.00
数量	Quantity	部/百户	yuan/person	0.33
金额	Amount	元/人	yuan/person	0.59
10. 音像制品及软件	Audiovisual products and software	元/人	yuan/person	2.34
11. 体育用品	Sport apparatus	元/人	yuan/person	9.31
12. 书报杂志	Newspaper and magaizers	元/人	yuan/person	33.25
13. 纸张文具	Paper articales	元/人	yuan/person	20.90
14. 其他文娱用品	Others	元/人	yuan/person	127.07

8－2 续表 7　　continued7

		单　位 Unit		合　计 Total
(二)文化娱乐服务	Services	元/人	yuan/person	536.19
1.参观游览	Tourism	元/人	yuan/person	62.91
2.健身活动	Fitness	元/人	yuan/person	18.76
3.团体旅游	Group tourism	元/人	yuan/person	277.32
4.其他文娱活动	Others	元/人	yuan/person	168.52
5.文娱用品修理服务费	Repair services	元/人	yuan/person	8.68
(三)教育	Education	元/人	yuan/person	1450.82
1.教材	Teaching material	元/人	yuan/person	48.13
(1)课本及参考书	Textbook	元/人	yuan/person	41.63
(2)教育软件	Teaching software	元/人	yuan/person	3.20
(3)其他教材	Others	元/人	yuan/person	3.29
2.教育费用	Teaching expenses	元/人	yuan/person	1402.69
(1)非义务教育学杂费	Compulsory edacation	元/人	yuan/person	147.99
(2)义务教育学杂费	Compulsory edacation	元/人	yuan/person	40.44
(3)托幼费	Baby－sitting fees	元/人	yuan/person	292.41
(4)成人教育费	PTAs charges	元/人	yuan/person	130.65
(5)家教费	Family education	元/人	yuan/person	57.95
(6)培训班	Trairing	元/人	yuan/person	465.04
(7)学校住宿费	Bourding schools	元/人	yuan/person	14.50
(8)其他教育费用	Others	元/人	yuan/person	253.71
八、其他商品和服务	Daily consumer goods and services	元/人	yuan/person	766.23
(一)其他商品	Daily consumer goods	元/人	yuan/person	470.42
1.金银珠宝饰品	Jewelry	元/人	yuan/person	92.53
2.手表·单价	Watch	元/只	yuan/unit	1125.64
数量	Quantity	只/人	unit/person	0.05
金额	Amount	元/人	yuan/person	57.43
3.理发美容用具	Haircut and beauty products	元/人	yuan/person	3.15
4.化妆品	Cosmetics	元/人	yuan/person	174.71
5.其他杂品	Others	元/人	yuan/person	142.60
(二)服务	Services	元/人	yuan/person	295.80
1.旅馆住宿费	Hotel	元/人	yuan/person	65.70
2.理发洗澡费	Haircut and bathing	元/人	yuan/person	142.15
3.美容费	Beauty	元/人	yuan/person	58.27
4.其他服务	Others	元/人	yuan/person	29.69

8－3 农村人口状况

		单位 Unit		合计 Total
调查户数	Households surveyed	户	household	500
一、常住人口	Permanent residents	人	person	1810
二、整半劳动力	Able bodied and semi able bodied laborers	人	person	1347
1. 男劳动力人数	Male laborers	人	person	689
2. 整劳动力	Able laborers	人	person	875
三、就业劳动力人数	Employment	人	person	1341
行业分布	Industry distribution	人	person	
(1)农、林、牧、渔业	Farming, forestry, animal husbandry and fishery	人	person	1027
(2)采矿业	Mining industry	人	person	5
(3)制造业	Manufacturing	人	person	38
(4)电力、燃气及水的生产和供应业	Electric power, gas and water production and supply	人	person	7
(5)建筑业	Construction	人	person	135
(6)交通运输、仓储和邮政业	Transportation, storage, post and telecommunication	人	person	23
(7)信息传输、计算机服务和软件业	Information, computer service and software	人	person	3
(8)批发和零售业	Wholesale and retail trade	人	person	33
(9)住宿和餐饮业	Hotels and catering	人	person	18
(10)金融业	Finance	人	person	2
(11)房地产业	Real estate	人	person	
(12)租赁和商务服务业	Leasing and business services	人	person	
(13)科学研究、技术服务和地质勘察业	Scientific research and polytechnic services	人	person	
(14)水利、环境和公共设施管理业	Conservancy environment and public utilitiesmanagement	人	person	2
(15)居民服务和其他服务业	Resident services and others	人	person	14
(16)教育	Education	人	person	11
(17)卫生、社会保障和社会福利业	Health care security and social welfare	人	person	5
(18)文化、体育和娱乐业	Culture sport and arts	人	person	4
(19)公共管理和社会组织	Public and social organization	人	person	14
(20)国际组织	Public management	人	person	
四、劳动力文化程度	Educational level for laborer	人	person	1341
1. 不识字或识字很少	Illiterate and semi－illiterate	人	person	33
2. 小学程度	Primary school	人	person	423
3. 初中程度	Junior secondary school	人	person	762
4. 高中程度	Senior secondary school	人	person	73
5. 中专	Special secondary school	人	person	19
6. 大专及以上	Junior college and above	人	person	31

BASIC STATISTICS ON RURAL POPULATION

榆树市 Yu shu	农安县 Nong'an	德惠市 Dehui	九台市 Jiutai	双阳区(城区) Shuangyang(District)
100	100	100	100	100
399	333	397	336	345
288	248.0	298	255	258
143	127.0	150	130	139
202	153.0	195	173	152
288	243	297	255	258
231	198	205	215	178
5				
	9	6		23
	2		5	
35	12	57	13	18
3	3	3	5	9
1				2
5	3	12	2	11
2	9	2	1	4
		1		1
		2		
4	1	5	1	3
1	3	1	4	1
		1	1	2
1	1	2	9	1
288	243	297	255	258
7	8	2	6	10
96	83	108	50	86
169	128	166	160	139
13	17	15	16	12
1	2	1	11	4
2	5	5	12	7

8－4　农村生产性固定资产及土地经营、耕地流转情况

		单位 Unit		合计 Total
一、期末生产性固定资产原值	Productive fixed assets in original	元	yuan	13013062.4
1. 农业	Agriculture	元	yuan	6108397.9
#房屋及建筑物	Rlousing and building	元	yuan	1837409.8
役畜	Draught animals	元	yuan	543418.0
大中型铁木农具	Wood and iron farm tools	元	yuan	488423.9
农业机械	Machinery of agriculture	元	yuan	2848070.5
2. 林业	Forest	元	yuan	
#房屋及建筑物	Housing and building	元	yuan	
役畜	Draught animals	元	yuan	
大中型铁木农具	Wood and iron farm tools	元	yuan	
林业机械	Machinery of agriculture	元	yuan	
3. 牧业	Animal husbandry	元	yuan	5007714.8
#房屋及建筑物	Buildings	元	yuan	2128368.3
产品畜	Commodity animals	元	yuan	2716627.0
大中型铁木农具	Wood and iron farm tools	元	yuan	13502.0
牧业机械	Machinery of agriculture	元	yuan	108912.4
4. 渔业	Fishery	元	yuan	17202.6
#房屋及建筑物	Buildings	元	yuan	10001.5
大中型铁木农具	Wood and iron farm tools	元	yuan	1200.2
渔业机械	Machinery of agriculture	元	yuan	6000.9
5. 采矿业	Mining industry	元	yuan	
6. 制造业	Manufacturing	元	yuan	19002.4
#房屋及建筑物	Housing and buildings	元	yuan	11001.4
生产设备	Equipment of production	元	yuan	8001.0
7. 电力煤气与水的生产及供应	Production and supply of power gas and water	元	yuan	
8. 建筑业	Construction	元	yuan	
9. 交通运输业、仓储和邮政业	Transportation, storage, post and telecommunication	元	yuan	1071176.3
10. 批发和零售贸易业	Wholesales, retail trade and catering services	元	yuan	286526.9
11. 住宿和餐饮业	Hotels and catering	元	yuan	270034.0
12. 居民服务与其他服务业	Resident and other services	元	yuan	28000.0
13. 教育	Education	元	yuan	
14. 卫生、社会保障和福利业	Health care securities and social welfare	元	yuan	50007.5
15. 文化、体育和娱乐业	Culture sports and recreation	元	yuan	
16. 其他	Others	元	yuan	155000.0
二、期末主要生产性固定资产数量	Number of productive fixed assets			
1. 房屋及建筑物	Building	平方米	sq. m	26184.6
2. 汽车	Automobile	辆	unit	26.0
3. 大中型拖拉机	Large and middle tractors	台	unit	66.0
4. 小型和手扶拖拉机	Mini－tractors	台	unit	214.0
5. 动力三轮车	Motorized threshing machines	辆	unit	25.0
6. 机动脱粒机	To move thresher	台	unit	30.0
7. 收割机	Harvester	台	unit	2.0
8. 农用动力机械	Agricultural machinery	台	unit	139.5

PRODUCTIVE FIXED ASSETS, LAND OPERATION AND CHANGE OF CULTIVATED LAND

榆树市 Yu shu	农安县 Nong'an	德惠市 Dehui	九台市 Jiutai	双阳区(城区) Shuangyang(District)
1721871.9	2394959.3	2303431.3	3924400.0	2668400.0
851582.8	949842.5	1044872.7	2018600.0	1243500.0
	65609.8		1048300.0	723500.0
84410.6	45506.8	4800.6	309700.0	99000.0
97512.2	1000.2	107511.5	229500.0	52900.0
669459.9	698404.8	736505.8	372600.0	371100.0
268213.6	1285592.9	859508.3	1419300.0	1175100.0
85590.7	727409.1	543368.5	351000.0	421000.0
140617.6	498074.7	274634.6	1068300.0	735000.0
	12101.8	1400.2		
24003.0	46006.9	19802.5		19100.0
	17202.6			
	10001.5			
	1200.2			
	6000.9			
19002.4				
11001.4				
8001.0				
532066.7	32304.8	38004.8	317000.0	151800.0
51006.4	60009.0	91011.5	14500.0	70000.0
		270034.0		
				28000.0
	50007.5			
			155000.0	
1017.1	5266.8	3920.5	6247.0	9733.2
8.0	3.0	2.0	5.0	8.0
8.0	9.0	42.0		7.0
36.0	50.0	30.0	53.0	45.0
4.0	8.0	1.0	1.0	11.0
8.0	7.0	13.0	2.0	
1.0		1.0		
91.0		35.0	6.0	7.5

8－4续表1

		单位 Unit		合计 Total
9. 胶轮大车	Cart with rubber tires	架	unit	12.0
10. 水泵	Pump	台	unit	111.0
11. 役畜	Draught	头	head	98.0
12. 产品畜	Commodity animals	头	head	1461.0
三、土地经营情况	Cultivated land			
（一）期初实际经营土地面积	Area of cultivate land in original	亩	ha	10656.5
1. 耕地面积	Area of cultivated land	亩	ha	10656.5
#有效灌溉面积	Effective irrigation area	亩	ha	1082.6
2. 山地面积	Mountains	亩	ha	
3. 园地面积	Garden plot	亩	ha	
4. 牧草地面积	Grass land	亩	ha	
5. 养殖水面面积	Cultivatable water area	亩	ha	
（二）期内增加的经营土地面积	Increasing	亩	ha	1365.0
1. 耕地面积	Area of cultivated land	亩	ha	1365.0
#有效灌溉面积	Effective irrigation area	亩	ha	46.0
2. 山地面积	Mountains	亩	ha	
3. 园地面积	Garden plot	亩	ha	
4. 牧草地面积	Grass land	亩	ha	
5. 养殖水面面积	Cultivatable water area	亩	ha	
（三）期内经营土地增加的原因	Reason of Increasing			
1. 新开垦	Newly redaimed wasteland	亩	ha	1.0
2. 转包	Subcontract	亩	ha	65.0
3. 村内进行土地调整	Land exchanged	亩	ha	
4. 其他	Others	亩	ha	3.0
（四）期内减少的经营土地面积	Decreased	亩	ha	245.4
1. 耕地	Cultivated land	亩	ha	245.4
其中：有效灌溉面积	Effective irrigation area	亩	ha	34.5
2. 山地	Mountains	亩	ha	
3. 园地	Gardon plot	亩	ha	
4. 牧草地	Grass land	亩	ha	
5. 养殖水面	Cultivatable water area	亩	ha	
（五）期内经营土地减少的原因	Reason of Decreased			
1. 建设占用（征地）	Construction	亩	ha	
2. 转包	Subcontract	亩	ha	16.0
3. 村内进行土地调整	Land erchanged	亩	ha	
4. 退耕还林	Land to Forest	亩	ha	
5. 其他	Others	亩	ha	
（六）期末实际经营的土地面积	Area of cultivate land	亩	ha	11761.1
1. 耕地	Cultivated land	亩	ha	11761.1
其中：有效灌溉面积	Offective Trrigation area	亩	ha	1030.6
2. 山地	Mountains	亩	ha	
3. 园地	Gardon plot	亩	ha	
4. 牧草地	Grass land	亩	ha	
5. 养殖水面	Cultivatable water area	亩	ha	

continued1

榆树市 Yu shu	农安县 Nong'an	德惠市 Dehui	九台市 Jiutai	双阳区(城区) Shuangyang(District)
	3	5	2	2.0
18	41	34	2	16.0
16	5	1	59	17.0
51	468	93	633	216.0
2483.3	1728.2	2398.8	2116.1	1930.1
2483.3	1728.2	2398.8	2116.1	1930.1
175.1		610.2		297.4
133.1	805.3	195.6		231.1
133.1	805.3	195.6		231.1
		28.4		17.6
		1.0		
9.0	28.0	11.0		17.0
	2.0	1.0		
	88.6	60.3	50.0	46.5
	88.6	60.3	50.0	46.5
		12.0		22.5
	6.0	4.0	2.0	4.0
2601.4	2444.9	2534.1	2066.1	2114.6
2601.4	2444.9	2534.1	2066.1	2114.6
175.1		563.1		292.4

8－5　农村住房情况

		单位 Unit		合计 Total
一、期末住房情况	House at year－end			
(一)住房面积	Floor space of house	平方米	sq·m	46700.8
其中:租用住房面积	Floor space of house rented	平方米	sq·m	
(二)住房价值	Value of house	元	yuan	28123317.9
(三)住房类型	Type of building			
1.楼房面积	Floor space of building	平方米	sq·m	1096.1
2.砖瓦平房面积	Floor space of brick and wood structure	平方米	sq·m	44117.6
3.其他	Others	平方米	sq·m	1487.1
(四)住房结构	Structure of building			
1.钢筋混凝土结构面积	Reinforced concrete structure	平方米	sq·m	248.0
2.砖木结构面积	Brick and wood structure	平方米	sq·m	44965.7
3.其他	Others	平方米	sq·m	1487.1
二、期内新建(购)住房情况	New house			
(一)新建(购)住房面积	Floor space of new house	平方米	sq·m	980.1
新建住房面积	New construction	平方米	sq·m	980.1
新购住房面积	New purchase	平方米	sq·m	
(二)新建(购)住房价值	Value of new house	元	yuan	1017092.3
新建住房价值	New construction	元	yuan	1017092.3
新购住房价值	New purchase	元	yuan	
(三)新建(购)住房类型	Type of new house			
1.楼房面积	Floor space of building	平方米	sq·m	
2.砖瓦平房面积	Floor space of brick and wood structure	平方米	sq·m	980.1
3.其他	Others	平方米	sq·m	
(四)新建(购)住房结构	Structure of new house			
1.钢筋混凝土结构面积	Reinforced concrete structure	平方米	sq. m	
2.砖木结构面积	Brick and wood structure	平方米	sq. m	980.1
3.其他	Others	平方米	sq. m	

8－6　主要农作物产量

单位:公斤

		长春市 Changchun
(一)谷物产量	Grai	7358544.4
其中:1.小麦	Wheat	
2.水稻	Rice	589274.8
3.玉米	Corn	6767649.4
(二)大豆	Soybeans	3219.4
(三)薯类	Tubers	32126.6
(四)棉花产量	Cotton	
(五)油料作物产量	Oil crops	1955.3
(六)糖料作物产量	Sugar crops	
(七)蔬菜产量	Vegetables	419839.6
(八)水果产量	Fruits	1293.0

BASIC STATISTICS ON RURAL HOUSES

榆树市 Yu shu	农安县 Nong'an	德惠市 Dehui	九台市 Jiutai	双阳区(城区) Shuangyang(District)
10303.3	8438.3	9987.3	8991	8981
5818229.5	4664699.8	4671888.7	8018000.0	4950500.0
200.0	48.0	848.1		
9855.2	8159.2	9067.1	8399.0	8637.0
248.0	231.0	72.0	592.0	344.0
200.0	48.0			
9855.2	8159.2	9915.2	8399.0	8637.0
248.0	231.0	72.0	592.0	344.0
252.0	190.0	230.0		308.0
252.0	190.0	230.0		308.0
310038.9	171025.7	220027.7		316000.0
310038.9	171025.7	220027.7		316000.0
252.0	190.0	230.0		308.0
252.0	190.0	230.0		308.0

YIELD OF MAJOR AGRICULTURAL PRODUCTS

unit:kg

榆树市 Yu shu	农安县 Nong'an	德惠市 Dehui	九台市 Jiutai	双阳区(城区) Shuangyang(District)
1594978.4	1444950.3	1574001.6	1466000.0	1278614.1
101415.6		330560.2		157299.0
1493562.7	1443330.0	1243441.5	1466000.0	1121315.1
1170.1	1504.2	145.0	400.0	
	17292.59		14834.0	
	1955.3			
35406.7	181084.9	121456.9	23855.0	58036.1
	391		902	

8－7 农村粮食收、支、存情况

单位:公斤

		合计 Total	榆树市 Yu shu
一、期初粮食结存	Grain at year beginning	104818.7	11195.6
二、期内粮食收入合计	Revenue of grain	7851327.6	1664301.3
(一)家庭经营生产粮食	Production	7394728.5	1596616.6
1.谷物	Corn	7358544.4	1594978.4
(1)小麦	Wheat		
(2)水稻	Rice	589274.8	101415.6
(3)玉米	Maize	6767649.4	1493562.7
(4)高粱	Sorghum	1620.2	
(5)谷子	Millet		
(6)其他	Others		
2.薯类	Tuber	32126.6	
(1)红薯	Sweet potato	17032.6	
(2)马铃薯	Potato	15024.0	
(3)其他薯类	Others	70.0	
3.豆类	Beans	4057.5	1638.2
(1)大豆	Soybean	3219.4	1170.1
(2)其他豆类	Others	838.1	468.1
(二)购入粮食	Purchase	456549.1	67684.7
1.谷物	Corn	451661.3	67275.0
(1)小麦	Wheat	48304.3	8795.8
(2)水稻	Rice	159209.9	30206.2
(3)玉米	Maize	240573.0	27936.2
(4)高粱	Sorghum	15.0	5.0
(5)谷子	Millet	804.3	310.3
(6)其他	Others	2754.9	21.5
2.薯类	Tuber	2541.2	2.7
(1)红薯	Sweet potato	23.0	2.7
(2)马铃薯	Potato	699.6	
(3)其他薯类	Others	1818.6	
3.豆类	Beans	2346.6	407.1
(1)大豆	Soybean	1789.1	388.2
(2)其他豆类	Others	557.5	18.8
(三)借入粮食	Lend		
(四)收回借出粮食	Payable grain		
(五)其他粮食收入	Others	50.0	
三、期内粮食支出合计	Expenditure for grain	5615877.2	1257915.5
(一)主食用粮	Major grain	275270.4	56083.1
1.谷物	Corn	269698.6	55673.3
(1)小麦	Wheat	48304.3	8795.8
(2)水稻	Rice	214004.9	42146.1
(3)玉米	Maize	5261.1	4402.6
(4)高粱	Sorghum	15.0	5.0
(5)谷子	Millet	804.3	310.3
(6)其他	Others	1309.1	13.5
2.薯类	Tuber	2623.2	2.7
(1)红薯	Sweet potato	23.0	2.7
(2)马铃薯	Potato	781.6	
(3)其他薯类	Others	1818.6	

BASIC STATISTIC ON RURAL GRAIN

unit:kg

农安县 Nong'an	德惠市 Dehui	九台市 Jiutai	双阳区(城区) Shuangyang(District)
47413.1		35230.0	10980.0
1565246.6	1714931.7	1570018.6	1336829.4
1463949.1	1574216.7	1481332.0	1278614.1
1444950.3	1574001.6	1466000.0	1278614.1
	330560.2		157299.0
1443330.0	1243441.5	1466000.0	1121315.1
1620.2			
17292.6		14834.0	
17032.6			
260.0		14764.0	
		70.0	
1706.3	215.0	498.0	
1504.2	145.0	400.0	
202.0	70.0	98.0	
101247.5	140715.1	88686.6	58215.3
100112.1	139768.8	87062.9	57442.6
14775.1	9909.5	8483.2	6340.7
35745.4	28123.0	42609.3	22526.1
47948.3	101062.1	35468.0	28158.5
			10.0
7.5	380.3	38.0	68.2
1635.9	294.0	464.4	339.1
966.5	597.1	931.8	43.0
7.4	10.5	2.4	
140.0		559.6	
819.1	586.6	369.8	43.0
168.8	349.1	691.9	729.7
136.3	311.0	264.0	689.5
32.5	38.1	427.9	40.2
50.0			
913491.4	1495438.0	738614.6	1210417.8
52040.3	51744.1	53947.1	61455.9
50905.0	50797.9	51639.4	60683.2
14775.1	9909.5	8483.2	6340.7
35745.4	39572.7	42609.3	53931.4
10.0	648.6	192.5	7.4
			10.0
7.5	380.3	38.0	68.2
367.0	286.8	316.4	325.5
966.5	597.1	1013.8	43.0
7.4	10.5	2.4	
140.0		641.6	
819.1	586.6	369.8	43.0

8-7 续表 1continued1

		合计 Total	榆树市 Yu shu
3. 豆类	Beans	2948.6	407.1
(1)大豆	Soybean	2343.1	388.2
(2)其他豆类	Others	605.5	18.8
(二)其他生活用粮	Other living grain		
(三)出售粮食	Sale	4679391.5	1137530.9
1. 谷物	Corn	4655221.1	1135900.7
(1)小麦	Wheat		
(2)水稻	Rice	445243.9	60692.4
(3)玉米	Maize	4182646.8	1067097.3
(4)高粱	Sorghum	17466.4	8111.0
(5)谷子	Millet		
(6)其他	Others	9864.0	
2. 薯类	Tuber	21115.0	
(1)红薯	Sweet potato	6591.0	
(2)马铃薯	Potato	14454.0	
(3)其他薯类	Others	70.0	
3. 豆类	Beans	3055.3	1630.2
(1)大豆	Soybean	1454.2	1238.2
(2)其他豆类	Others	1601.2	392.0
(四)种籽用粮食	Seeds	48579.3	10800.6
(1)小麦	Wheat		
(2)水稻	Rice	6978.6	1849.8
(3)玉米	Maize	40154.9	8942.8
(4)其他	Others	1445.7	8.0
(五)饲料用粮食	Forage	612636.0	53501.0
(1)小麦	Wheat		
(2)水稻	Rice	4905.6	
(3)玉米	Maize	607730.4	53501.0
(4)其他	Others		
(六)借出粮食	Lend		
(七)归还借粮	Payable grain		
(八)其他粮食支出	Others		
四、期末粮食结存滚存计算数	Final calculation	2340269.1	417581.3
五、期末粮食结存实际调查数	Real Survey	3747015.7	745076.4
(一)谷物	Corn	3740765.1	745076.4
1. 小麦	Wheat	9058.3	2882.4
2. 水稻	Rice	473546.0	56158.0
3. 玉米	Maize	3257660.7	686036.0
4. 高粱	Sorghum	500.1	
5. 谷子	Millet		
6. 其他	Others		
(二)薯类	Tuber	5265.5	
1. 红薯	Sweet potato		
2. 马铃薯	Potato	5265.5	
3. 其他薯类	Others		
(三)豆类	Beans	985.1	
1. 大豆	Soybean	985.1	
2. 其他豆类	Others		

单位：公斤　unit：kg

农安县 Nong'an	德惠市 Dehui	九台市 Jiutai	双阳区（城区） Shuangyang（District）
168.8	349.1	1293.9	729.7
136.3	311.0	818.0	689.5
32.5	38.1	475.9	40.2
708167.5	1212152.5	611594.0	1009946.5
700557.4	1212101.5	597190.0	1009471.5
	289510.0		95041.5
691202.0	922591.6	597190.0	904566.0
9355.4			
			9864.0
6731.0		14384.0	
6591.0			
140.0		14314.0	
		70.0	
879.1	51.0	20.0	475.0
206.0	10.0		
673.1	41.0	20.0	475.0
6233.6	7150.7	14680.5	9713.9
	3414.2		1714.7
4964.7	3729.3	14532.5	7985.6
1268.9	7.3	148.0	13.6
147049.9	224390.6	58393.0	129301.5
	4905.6		
147049.9	219485.0	58393.0	129301.5
699168.4	219493.8	866634.0	137391.6
118820.1	1429664.1	48520.0	1404935.0
114864.5	1429519.1	46370.0	1404935.0
2765.7	1920.2		1490.0
5282.8	247540.2	11220.0	153345.0
106315.9	1180058.7	35150.0	1250100.0
500.1			
3115.5		2150.0	
3115.5		2150.0	
840.1	145.0		
840.1	145.0		

8－8 农村总收入和纯收入

（农村住户抽样调查资料）

单位：元

		长春市 Chungchun
一、全年总收入	Gross income	27577509.1
（一）工资性收入	Basic income	3901322.1
1.在非企业组织中劳动得到的报酬	From collective organization	323884.4
（1）乡村干部收入	Village cadres	141475.9
（2）乡村教师收入	Village teachers	170067.2
（3）行政事业单位等职工收入	Staff and workers in administrative units and institutions	12341.3
2.在本乡地域内劳动得到的报酬	From local enterprises	1280730.0
（1）在企业中劳动得到的收入	From township enterprises	285730.9
（2）在国家投资基建项目得到收入	From national projects	2297.8
（3）提供其他劳务收入	Other services	992701.4
3.外出从业得到的收入	From other places	2296707.7
（1）在乡外县内从业得到的收入	From other townships	652503.9
（2）在县外省内从业得到的收入	From other counties	1228569.6
（3）在省外国内从业得到收入	From other provinces	415634.1
（4）在国外从业得到的收入	From foreign countries	
（二）家庭经营收入	Income from households business	21660160.4
1.农业收入	Farming	15557002.4
农产品收入	Form products	15150020.4
2.林业收入	Forestry	9237.7
3.牧业收入	Animal husbandry	5163321.4
4.渔业收入	Fishery	11416.3
5.工业收入	Industry	
6.建筑业收入	Construction	
7.交通运输和邮电业收入	Transportation post and telecommunication	560024.1
8.批发和零售贸易餐饮业收入	Wholesale retail trade and catering	305289.9
9.社会服务业收入	Social services	46161.9
10.文教卫生业收入	Education culture and health care	7440.4
11.其他行业收入	Others	266.2
（三）财产性收入	Property income	439706.8
1.利息	Interest	11702.9
2.集体分配股息和红利	Collective distributing dividend and bonus	
3.其他股息和红利	Other dividend and bonus	
4.租金（包括农业机械）	Rent include agricultural machinery	6475.6
5.出让无形资产净收入	Net income from in tangible assets sold	
6.储蓄性保险投资收入	Saving investment	
7.转让承包土地经营权收入	Transfer and contract land management right	67597.1
8.其他	Others	353931.2
（四）转移性收入	Transfer income	1576319.7
1.家庭非常住人口寄回和带回收入	Send back from other places	
2.城市亲友赠送收入	Gift from relative in city	33028.3
3.农村亲友赠送收入	Gift from relative in rural area	203330.2
4.离退休金、养老金	Retirement pension	187348.7
5.城市亲友支付赡养费	Urban Relatives´Alimony Payments	16524.8
6.农村亲友支付赡养费	Rural Relatives´Alimony Payments	32170.5
7.救济金、抚恤金、救灾款	Benefits, Pension, Disaster Relief Fund	6144.0
8.退税	Drawback	
9.退耕还林还草补贴	Subsidy of government	1605.6
10.无偿扶贫或扶持款	Voluntary Poverty Alleviation	2100.3
11.得到赔款	Indemnity Received	3145.1
12.各项补贴收入	Subsidy Income	1081903.3
13.其他	Others	9018.8
二、全年纯收入	Net income	16474069.2
三、全年人均纯收入	Per capita net income	9064.0

GROSS AND NET INCOME OF RURAL HOUSEHOLDS

DATA ARE OBTAINED FROM THE SAMPLE SURVEYS ON RURAL HOUSEHOLDS

unit:yuan

榆树市 Yu shu	农安县 Nong'an	德惠市 Dehui	九台市 Jiutai	双阳区(城区) Shuangyang(District)
5976343.9	5033639.5	6223828.7	4987575.4	5356121.6
890775.6	532800.7	941610.2	712040.2	824095.4
116391.4	52199.3	16152.0	139141.6	
2985.6	39858.0	16152.0	82480.2	
113405.8			56661.4	
	12341.3			
180172.9	308831.9	119987.5	291237.6	380500.2
23427.6	38949.4		83451.6	139902.3
			2297.8	
156745.4	269882.5	119987.5	205488.2	240597.9
594211.3	171769.5	805470.6	281661.0	443595.2
65627.0	14440.2	198556.0	51641.8	322238.9
300406.4	106240.3	510811.0	189755.7	121356.3
228177.9	51089.0	96103.7	40263.5	
4689596.1	4112753.2	4875424.2	3963530.9	4018856.0
3213959.5	3018296.1	3447058.0	3186251.2	2691437.7
3137815.4	2992295.9	3446958.0	2934643.8	2638307.4
		6340.8		2896.9
983487.8	1029249.9	1342885.9	717851.5	1089846.3
	5167.0	6249.3		
397451.6	18921.5	4800.6	47072.3	91778.0
94697.2	33678.3	68089.6	12355.8	96469.0
				46161.9
	7440.4			
				266.2
77893.9	96948.5	106541.0	38411.2	119912.2
	10514.8	1188.1		
			6475.6	
14704.8	25752.2	17719.2		9420.8
63189.1	60681.5	87633.6	31935.6	110491.4
318078.2	291137.0	300253.3	273593.1	393258.0
	49.1	10701.3	13164.2	9113.6
5750.1	54044.0	14951.9	2017.9	126566.4
44403.6	41697.8	24264.6	25079.3	51903.5
456.4			4804.5	11264.0
17159.0	3337.9			11673.6
				6144.0
				1605.6
		2100.3		
62.1	981.7	168.0		1933.3
250185.1	185550.0	246123.0	228527.2	171518.0
62.1	5476.5	1944.2		1536.0
3692930.3	2897720.5	3755998.2	2989871.1	3137549.1
9260.1	8694.0	9465.7	8885.2	9094.3

8-9 农村总支出

（农村住户抽样调查资料）

单位:元

		长春市 Chungchun
全年总支出	Gross expenditures	24002247.2
一、家庭经营费用支出	Expenses of householdbusiness	10002045.2
1.农业生产支出	Farming	6468016.3
2.林业生产支出	Forestry	5389.8
3.牧业生产支出	Animal husbandry	3328340.6
4.渔业生产支出	Fishery	5515.2
5.工业生产支出	Industry	
6.建筑业生产支出	Construction	
7.交通运输和邮电业支出	Transportation post and telecommunication	152404.2
8.文教卫生业支出	Education culture and health care	
9.批发和零售贸易、餐饮业支出	Wholesale retail trade and catering	34499.6
10.社会服务业支出	Social services	7362.6
11.其他家庭经营支出	Others	206.8
二、购置生产性固定资产支出	Expenditures for purchasing fixed assets	1232674.7
三、建造生产性固定资产雇工支出	Expenditures for employment	18369.3
四、税费支出	Tax expenditures	9860.3
第一产业税金	Primary industry taxes	
第二产业税金	Secondary industry taxes	
第三产业税金	Tertiary industry taxes	2715.6
其他各种收费	Others	7144.7
五、生活消费支出	Living expenditures	9974528.1
其中:服务性支出	Services	2656169.0
(一)食品消费支出	Food	4139100.7
A.食品消费品支出	Staple food	3642231.1
(1)谷物	Grain	856354.3
(2)薯类	Tubers	18653.4
(3)豆类	Beans	15003.7
(4)食用油	Edible oil	217926.8
(5)蔬菜及制品	Vegetables and products	348646.1
(6)肉、禽、蛋、奶及制品	Meat、poulty、eggs、milk and milk products	877778.4
(7)水产品及制品	Aquatic and products	86631.6
(8)烟、酒	Tobacco and liquor	476547.0
(9)茶叶、饮料	Tea and drink	67822.5
(10)其它类食品	Others	676867.2
B.食品消费服务性支出	Services	496869.6
(1)在外饮食	Catering	487610.1
(2)食品加工费	Processing	4937.3
(3)其他服务性支出	Others	4322.1
(二)衣着	Garments	760289.8
(三)居住	Residence	1243599.8
#装修生活用房材料	Decorative materials	71825.2
(四)家庭设备、用品及服务	Household Facilities Articles and Services	417289.8
(五)医疗保健	Health care	1187042.7
(六)交通和通讯	Transportation and telecommunication	1062866.8
(七)文教娱乐用品及服务	Education cultural and recreation services	864168.1
(八)其他商品和服务消费	Other goods and services	300170.4
六、财产性支出	Property expenditure	
1.宅基地有偿使用费	Fees of house base used	
2.其他	Others	
七、转移性支出	Transfer expenditures	2764769.6
1.给大中专学生生活费和学杂费	Living Expenses, Tuition and Fees for College Students	474355.8
2.赠送农村亲友	To rural relatives	1806134.5
3.赠送城市亲友	To urban relatives	153223.2
4.交纳医疗保险	Medical Insurance	94068.4
5.交纳社会保障基金	Social Security Fund	76196.6
6.购买非储蓄性保险	Non Saving Deposited Insurance	43671.0
7.赡养费	Alimony Payments	12142.2
8.其他直接税	Other Direct taxes	932.7
9.捐赠	Donation	2143.1
10.罚款.赔款	Fines and Reparations	55172.5
11.其他	Others	46729.6

EXPENDITURES OF RURAL HOUSEHOLDS

DATA ARE OBTAINED FROM THE SAMPLE SURVEYS ON RURAL HOUSEHOLDS

unit:yuan

榆树市 Yu shu	农安县 Nong'an	德惠市 Dehui	九台市 Jiutai	双阳区(城区) Shuangyang(District)
5230721.7	4260527.0	5537028.5	3885244.4	5088725.6
2154120.2	1918497.3	2299316.5	1719714.9	1910396.4
1379307.4	1221971.2	1331911.6	1314117.1	1220708.9
	34.1	4640.6	647.6	67.6
661059.1	680875.3	949177.6	395143.8	642084.8
	2314.8	3200.4		
98480.9	10925.1	935.1	8908.1	33155.1
15272.8	2066.8	9451.2	898.2	6810.6
				7362.6
				206.8
161748.2	211080.2	454844.7	40364.9	364636.7
		1770.2		16599.0
7144.7			2715.6	
			2715.6	
7144.7				
2269736.6	1710435.4	2206087.0	1595045.7	2193223.3
535213.3	481821.6	495324.8	495374.8	648434.5
911675.3	773823.1	876840.9	745119.6	831641.6
771046.5	688336.8	786887.2	660417.9	735542.7
169998.9	172489.1	153025.6	179396.8	181443.9
58.8	5006.3	3351.8	8152.6	2083.8
2174.4	878.9	2006.8	6118.5	3825.2
48386.0	36417.4	35207.8	54412.8	43502.7
61383.2	61873.0	83608.6	69880.9	71900.4
171577.6	192252.2	220641.7	124862.7	168444.2
21140.5	16771.4	21112.3	14189.0	13418.5
122127.0	73526.6	100363.1	75729.6	104800.7
15318.5	16118.7	19663.7	5337.6	11384.1
158881.6	113003.3	147905.7	122337.3	134739.3
140628.9	85486.3	89953.7	84701.8	96098.9
139348.8	84517.0	88996.4	80935.5	93812.4
446.5	957.0	927.7	319.6	2286.5
833.6	12.3	29.6	3446.7	
194213.0	101873.7	175721.0	144439.2	144042.9
331764.2	182945.9	297751.4	77258.5	353879.9
116.4	9583.2	32867.3	4546.5	24711.8
104366.2	66555.7	96869.6	59605.9	89892.4
285022.7	195766.1	202459.8	157543.5	346250.6
270931.2	151310.4	259699.1	181961.7	198964.4
131295.2	163312.1	214835.6	162986.9	191738.2
40468.8	74848.4	81909.5	66130.4	36813.3
637972.0	420514.0	575010.1	527403.4	603870.2
92731.8	70420.2	110946.0	68213.0	132044.8
399945.8	288848.4	370341.9	413877.9	333120.5
21580.6	4479.8	43949.5	1201.1	82012.2
23419.8	15679.2	16154.0	6830.7	31984.6
17856.8	20193.2	19857.7	12042.5	6246.4
17575.2	1932.4	8509.9	4633.2	11020.3
3001.8		2480.3	208.9	6451.2
243.4			689.3	
438.1	263.5	601.7	320.6	519.2
54762.9				409.6
6415.8	18697.3	2169.1	19386.0	61.4

8 - 10 农村住户食品消费情况

（农村住户抽样调查资料）

单位：公斤

		合计 Total
一、粮食消费量	Grain	275270.4
（一）谷物消费量	Cereals	269698.6
1. 小麦	Wheat	48304.3
2. 稻谷	Rice	214004.9
3. 玉米	Corn	5261.1
4. 高粱	Jowar	15.0
5. 谷子	Millet	804.3
6. 青稞	Highland barley wild oat	
7. 其他谷物	Others	1309.1
（二）薯类消费量	Tubers	2623.2
1. 红薯	Pachyrhizus	23.0
2. 马铃薯	Potato	781.6
3. 其他薯类	Others	1818.6
（三）豆类消费量	Beans	2948.6
1. 大豆	Soybean	2343.1
2. 其他豆类	Others	605.5
二、油脂类消费量	Oil and fat	18907.3
1. 植物油	Beaning oil	18658.9
2. 动物油	Fat	248.3
三、烟叶消费量	Tobacco leaf	231.2
四、豆制品	Soybean products	10711.7
五、蔬菜及菜制品消费量	Vegetables	221337.7
1. 鲜菜	Fresh vegetables	220159.2
2. 干菜	Dried vegetables	37.5
3. 菜制品	Made by vegetables	301.8
4. 鲜菌	Fresh fungus	718.8
5. 干菌	Dried fungus	91.9
6. 菌制品	Made by fungus	28.7
六、瓜类	Melon	17855.7
1. 西瓜	Watermelon	12413.8
2. 其他瓜类	Others	5441.9
七、水果类	Fruits	45797.3
八、消费茶叶	Tea	15.5
九、坚果消费量	Nuts	558.0
十、肉禽及其制品	Meat and its product	34900.2
1. 猪肉	Pork	23204.1
2. 牛肉	Beef	768.0
3. 羊肉	Mutton	973.2
4. 家禽	Poultry	7753.1
5. 其他肉禽及制品	Other meat and poultry	2201.8
十一、消费蛋类及蛋制品	Eggs and its products	12476.0
十二、消费奶类及奶制品	Milk and products	5542.0
十三、消费水产品	Aquatic	5762.0
1. 鱼类	Fish	5218.6
2. 虾、贝、蟹类	Shrimps shellfish and crab	98.9
3. 藻类	Marine alga	45.8
4. 其他	Others	398.7
十四、消费食糖	Sugar	1208.2
十五、酒	Drink and liquor	30964.6
1. 白酒	Liquor	7875.1
2. 啤酒	Beer	22953.9
3. 果酒	Wine	47.2

CONSUMPTION OF MAJOR FOOD IN RURAL HOUSEHOLDS

DATA ARE OBTAINED FROM THE SAMPLE SURVEYS ON RURAL HOUSEHOLDS

unit: kg

榆树市 Yu shu	农安县 Nong'an	德惠市 Dehui	九台市 Jiutai	双阳区(城区) Shuangyang(District)
56083.1	52040.3	51744.1	53947.1	61455.9
55673.3	50905.0	50797.9	51639.4	60683.2
8795.8	14775.1	9909.5	8483.2	6340.7
42146.1	35745.4	39572.7	42609.3	53931.4
4402.6	10.0	648.6	192.5	7.4
5.0				10.0
310.3	7.5	380.3	38.0	68.2
13.5	367.0	286.8	316.4	325.5
2.7	966.5	597.1	1013.8	43.0
2.7	7.4	10.5	2.4	
	140.0		641.6	
	819.1	586.6	369.8	43.0
407.1	168.8	349.1	1293.9	729.7
388.2	136.3	311.0	818.0	689.5
18.8	32.5	38.1	475.9	40.2
4324.0	2984.2	3296.5	4549.1	3753.6
4294.1	2912.7	3255.5	4510.1	3686.6
29.8	71.5	41.0	39.0	67.0
96.5	35.6	33.6	31.8	33.8
4231.0	1167.1	1241.5	1487.3	2584.8
40912.7	41597.3	58370.1	31771.4	48686.3
40830.3	41413.8	57689.1	31719.6	48506.3
10.0	17.0	0.3	5.2	5.0
1.0	59.0	118.1	20.3	103.4
58.6	79.2	515.8	26.0	39.2
12.8	26.6	25.2	0.3	27.0
	1.7	21.6		5.4
3792.3	3907.6	4322.8	2592.3	3240.8
2426.3	3201.6	2914.2	1764.0	2107.7
1366.0	706.0	1408.6	828.3	1133.1
9020.3	8563.6	11399.1	7894.3	8920.0
1.2	6.6	2.0	5.2	0.5
15.0	84.7	360.7	7.0	90.6
6879.3	9253.7	8904.6	4354.5	5508.1
4045.5	6178.2	7181.5	2272.3	3526.6
122.0	71.5	63.6	321.8	189.2
104.7	83.9	39.3	432.5	312.8
2432.1	2740.8	1098.0	624.1	858.1
175.0	179.4	522.2	703.9	621.4
2266.1	2369.5	3265.3	2051.8	2523.3
1449.0	996.2	1090.7	593.0	1413.1
1269.5	1245.0	1371.3	1011.7	864.5
1120.5	1209.8	1263.5	876.6	748.1
32.3	7.2	14.4	27.0	18.0
	23.5	1.8	11.4	9.1
116.6	4.5	91.6	96.7	89.3
292.5	192.9	237.6	301.0	184.2
9041.0	4090.6	7083.7	4910.6	5838.8
3230.8	862.1	1382.9	1192.3	1207.0
5783.7	3221.5	5691.3	3636.9	4620.5
26.5		8.9	3.0	8.8

8－11 农村现金收、支、存

（农村住户抽样调查资料）

单位：元

		长春市 Chungchun
一、年内现金收入合计	Total income	22147708.9
（一）工资性收入	Wages	3885616.4
1. 在非企业组织中劳动得到的收入	From Non－enterprises	323884.4
2. 在本乡地域内中劳动得到的收入	From enterprises	1265024.3
3. 外出从业得到的收入	From outside	2296707.7
（二）家庭经营现金收入	Income from household business	16478638.6
1. 第一产业的现金收入	First industry	15559456.0
2. 工业现金收入	Industry	
3. 建筑业现金收入	Construction	
4. 交通运输、邮电业收入	Transportation post and telecommumication	560024.1
5. 批发和零售贸易、餐饮业收入	Wholesale retail trade and catering	305289.9
6. 社会服务业收入	Social services	46161.9
7. 文教卫生业收入	Education，culture and health care	7440.4
8. 其他行业收入	Others	266.2
（三）财产性收入	Property income	207461.6
（四）转移性收入	Transfer income	1575992.3
（五）非收入所得	Non－income earnings	3467696.3
二、年内现金支出合计	Total of expenditures	22307082.7
（一）生产费用现金	Expenses of production	10566507.1
1. 家庭经营费用现金支出	Household business	9315463.1
2. 购置生产性固定资产现金支出	Purchase of production fixed assets	1232674.7
（二）税费支出	Tax expenditures	9860.3
（三）生活消费现金支出	Living expenditures	8965945.7
1. 食品	Food	3175331.9
2. 衣着	Clothing	760289.8
3. 居住	Residence	1198786.2
4. 家庭设备、用品及服务	Household Facilities Articles and Services	417289.8
5. 医疗保健	Health care	1187042.7
6. 交通和通讯	Transportation and telecommunication	1062866.8
7. 文教娱乐用品及服务	Education culture goods and services	864168.1
8. 其他商品和服务	Other goods and services	300170.4
（四）财产性支出	Property income	
（五）转移性支出	Transfer expenditures	2764769.6
三、非消费性现金支出	Non consumer expenditures	4543085.0
四、年末手存现金	Cash in hand at year end	992258.4
五、年末存款余额	Balance of deposits	10449949.6

RURAL CASH INCOME EXPENDITURE AND SAVING

DATA ARE OBTAINED FROM THE SAMPLE SURVEYS ON RURAL HOUSEHOLDS

unit:yuan

榆树市 Yu shu	农安县 Nong'an	德惠市 Dehui	九台市 Jiutai	双阳区(城区) Shuangyang(District)
4829265.6	3616748.5	5437010.4	3481148.1	4783536.2
890775.6	517299.8	941610.2	712040.2	823890.6
116391.4	52199.3	16152.0	139141.6	
180172.9	293331.0	119987.5	291237.6	380295.4
594211.3	171769.5	805470.6	281661.0	443595.2
3580353.8	2729846.8	4151201.4	2460269.8	3556966.8
3088205.0	2669806.6	4078311.2	2400841.7	3322291.6
397451.6	18921.5	4800.6	47072.3	91778.0
94697.2	33678.3	68089.6	12355.8	96469.0
				46161.9
	7440.4			
				266.2
40058.0	78792.2	43945.5	35245.0	9420.8
318078.2	290809.6	300253.3	273593.1	393258.0
567176.0	455994.4	1197294.9	399154.3	848076.8
4960910.8	3866917.1	5029351.6	3754517.3	4695385.9
2259513.7	1956444.9	2547127.7	1691714.8	2111706.1
2097765.5	1745364.6	2090512.7	1651349.9	1730470.4
161748.2	211080.2	454844.7	40364.9	364636.7
7144.7			2715.6	
2056280.4	1489958.3	1907213.9	1532683.6	1979809.5
705911.0	562396.9	587923.0	690073.3	629027.7
194213.0	101873.7	175721.0	144439.2	144042.9
324072.4	173895.0	287796.3	69942.6	343080.0
104366.2	66555.7	96869.6	59605.9	89892.4
285022.7	195766.1	202459.8	157543.5	346250.6
270931.2	151310.4	259699.1	181961.7	198964.4
131295.2	163312.1	214835.6	162986.9	191738.2
40468.8	74848.4	81909.5	66130.4	36813.3
637972.0	420514.0	575010.1	527403.4	603870.2
981920.3	331833.5	864069.1	1565879.1	799383.0
253430.4	188098.6	167321.1	289855.8	93552.6
112568.1	2158762.2	3512442.6	3808064.7	858112.0

8－12　农村购买生活消费品情况

（农村住户抽样调查资料）

		单位 Unit		长春市 Chungchun
一、购买生活消费品情况	Purchase food	元	yuan	7257009.6
（一）食品类	Food	元	yuan	3046085.3
1.购买谷物数量	Grain	公斤	kg	207968.8
购买谷物金额	Amount	元	yuan	692974.9
其中：(1)购买小麦	Wheat	公斤	kg	7675.9
金额	Amount	元	yuan	30818.7
(2)购买面粉	Flour	公斤	kg	41771.9
金额	Amount	元	yuan	123363.9
(3)购买稻谷	Rice	公斤	kg	904.5
金额	Amount	元	yuan	2718.1
(4)购买大米	Rice	公斤	kg	155305.4
金额	Amount	元	yuan	525048.8
(5)购买玉米	Corn	公斤	kg	69.9
金额	Amount	元	yuan	229.1
(6)购买玉米面	Corn flour	公斤	kg	70.4
金额	Amount	元	yuan	330.8
(7)购买高粱	Jowar	公斤	kg	15.3
金额	Amount	元	yuan	66.3
(8)购买谷子	Millet	公斤	kg	812.2
金额	Amount	元	yuan	3911.5
2.购买薯类	Tubers	公斤	kg	2615.8
金额	Amount	元	yuan	18266.2
其中：(1)购买红薯	Pachyrhizus	公斤	kg	23.4
金额	Amount	元	yuan	351.2
(2)购买马铃薯	Potato	公斤	kg	729.1
金额	Amount	元	yuan	4210.3
3.购买豆类	Beans	公斤	kg	2406.1
金额	Amount	元	yuan	12755.3
其中：购买大豆	Soybeans	公斤	kg	1827.4
金额	Amount	元	yuan	9086.7
4.购买食用油	Edible oil	公斤	kg	19359.3
金额	Amount	元	yuan	217926.8
其中：(1)购买植物油	Beaniny oil	公斤	kg	19104.8
金额	Amount	元	yuan	215701.4
(2)购买动物油	Fat	公斤	kg	254.5
金额	Amount	元	yuan	2225.4
5.购买蔬菜及制品金额	Vegetable and its products	元	yuan	186688.0
(1)购买蔬菜	Vegetables	公斤	kg	48309.6
金额	Amount	元	yuan	175057.7
①购买鲜菜	Fresh vegetables	公斤	kg	47964.0
金额	Amount	元	yuan	172891.8
②购买干菜	Dried vegetable	公斤	kg	38.5
金额	Amount	元	yuan	387.6
③菜制品	Made by vegetables	公斤	kg	307.2
金额	Amount	元	yuan	1778.2
(2)购买菌类	fungus	公斤	kg	446.7
金额	Amount	元	yuan	11630.3
①购买鲜菌	Fresh fungus	公斤	kg	324.3
金额	Amount	元	yuan	3142.3
②购买干菌	Dried fungus	公斤	kg	93.6
金额	Amount	元	yuan	8025.0
③菌制品	Made by fungus	公斤	kg	28.8
金额	Amount	元	yuan	463.0

BASIC STATISTICS ON RURAL PURCHASING OF CONSUMER GOODS

DATA ARE OBTAINED FROM THE SAMPLE SURVEYS ON RURAL HOUSEHOLDS

榆树市 Yu shu	农安县 Nong'an	德惠市 Dehui	九台市 Jiutai	双阳区(城区) Shuangyang(District)
1789490.7	1186043.1	1764861.4	1037308.8	1479305.6
665037.8	561071.2	622461.5	605371.6	592143.1
38017.9	52597.0	35298.9	53830.3	28224.7
128293.7	172489.1	115289.3	179228.7	97674.1
	6.5	703.0	6446.9	519.5
	51.7	2332.0	25581.7	2853.3
8918.9	15259.8	9206.5	2413.4	5973.3
25637.5	43800.4	27633.5	6995.7	19296.7
	51.7	1.4	339.4	512.0
	258.3	6.0	1112.3	1341.4
28753.4	36881.9	24707.4	44163.8	20798.9
100874.3	126755.6	82415.0	143229.6	71774.3
12.2		13.6	36.6	7.6
60.8		53.0	78.3	36.9
	10.3		60.1	
	31.0		299.8	
5.1				10.2
25.4				41.0
314.7	7.8	380.3	39.7	69.8
1634.8	31.0	1653.7	190.1	401.9
2.7	998.7	597.1	973.3	44.1
58.8	5006.3	3351.8	7765.5	2083.8
2.7	7.6	10.5	2.5	
58.8	87.8	168.0	36.6	
	144.7		584.5	
	671.7		3538.6	
412.7	174.4	349.1	722.7	747.2
2174.4	878.9	2006.8	3870.1	3825.2
393.7	140.9	311.0	275.7	706.0
2010.6	708.4	1508.7	1390.2	3468.8
4384.5	3083.4	3296.5	4751.3	3843.6
48386.0	36417.4	35207.8	54412.8	43502.7
4354.3	3009.6	3255.5	4710.5	3775.0
48152.8	35752.9	34907.8	53963.7	42924.1
30.2	73.9	41.0	40.7	68.6
233.2	664.5	300.0	449.1	578.6
33567.3	34303.9	36117.3	48571.0	34128.6
10506.5	12236.6	8275.3	9478.5	7812.8
31634.4	31171.6	32107.7	48305.7	31838.2
10495.4	12158.0	8156.9	9451.9	7701.8
31557.3	30797.8	31525.8	48075.9	30935.0
10.1	17.6	0.3	5.4	5.1
60.8	86.8	15.0	89.8	135.2
1.0	61.0	118.1	21.2	105.9
16.2	287.1	567.0	140.0	768.0
72.4	111.0	162.5	27.5	73.3
1932.9	3132.2	4009.5	265.3	2290.4
59.4	81.8	115.7	27.2	40.1
530.9	817.4	1228.2	240.2	325.6
13.0	27.5	25.2	0.3	27.7
1402.0	2271.4	2471.3	25.1	1855.2
	1.8	21.6		5.5
	43.4	310.0		109.6

8－12 续表1

		单位 Unit		长春市 Chungchun
6. 购买肉、禽、蛋、奶及其制品金额	Meat, poultry, eggs and milk	元	yuan	610938.9
其中：(1)购买猪肉	Pork	公斤	kg	15620.8
金额	Amount	元	yuan	370958.8
(2)购买牛肉	Beef	公斤	kg	791.0
金额	Amount	元	yuan	28888.6
(3)购买羊肉	Mutton	公斤	kg	519.2
金额	Amount	元	yuan	18280.6
(4)购买鸡	Chicken	公斤	kg	1497.3
金额	Amount	元	yuan	22352.6
(5)购买鸭	Duck	公斤	kg	64.1
金额	Amount	元	yuan	972.1
(6)购买鹅	Goose	公斤	kg	176.1
金额	Amount	元	yuan	3030.4
(7)购买牲畜下水	Viscera of animal	公斤	kg	581.7
金额	Amount	元	yuan	11508.5
(8)购买禽下水	Viscera of poultry	公斤	kg	430.1
金额	Amount	元	yuan	7098.2
(9)购买鲜鸡蛋	Eggs of hen	公斤	kg	4442.2
金额	Amount	元	yuan	41278.6
(10)购买鲜鸭蛋	Eggs of duck	公斤	kg	390.0
金额	Amount	元	yuan	4747.2
(11)购买鲜奶	Milk	公斤	kg	3952.3
金额	Amount	元	yuan	28160.7
(12)购买酥油	Butter	公斤	kg	
金额	Amount	元	yuan	
7. 购买水产品及制品金额	Aquatic and its products	元	yuan	86573.1
其中：(1)购买海水鱼类	Sea fish	公斤	kg	561.5
金额	Amount	元	yuan	7315.5
(2)购买海水虾类	Shrimps	公斤	kg	49.4
金额	Amount	元	yuan	1711.3
(3)购买海水贝类	Shellfish	公斤	kg	
金额	Amount	元	yuan	
(4)购买海水蟹类	Crab	公斤	kg	
金额	Amount	元	yuan	
(5)购买海水藻类	Marine alga	公斤	kg	47.3
金额	Amount	元	yuan	453.9
(6)购买淡水鱼类	Fresh water fish	公斤	kg	4763.9
金额	Amount	元	yuan	70067.7
(7)购买淡水虾类	Fresh water shrimps	公斤	kg	51.2
金额	Amount	元	yuan	1047.3
(8)购买淡水贝类	Fresh water shellfish	公斤	kg	0.5
金额	Amount	元	yuan	10.2
(9)购买淡水蟹类	Fresh water crab	公斤	kg	
金额	Amount	元	yuan	
8. 购买烟、酒金额	Tobacco liquor	元	yuan	476547.0
其中：(1)购买卷烟	Cigarette	盒	case	56902.9
金额	Amount	元	yuan	331795.1
(2)购买烟丝、烟叶	Tobacco	公斤	kg	235.9
金额	Amount	元	yuan	4763.5
(3)购买啤酒	Beer	公斤	kg	23414.5
金额	Amount	元	yuan	85656.1

continued1

榆树市 Yu shu	农安县 Nong'an	德惠市 Dehui	九台市 Jiutai	双阳区(城区) Shuangyang(District)
135090.1	92555.7	141502.2	95204.8	146586.2
3539.3	2946.4	4068.8	1910.6	3155.6
84302.4	64588.2	97440.9	47313.1	77314.3
123.7	73.9	63.6	336.1	193.7
4679.2	2603.6	2434.1	11833.6	7338.1
106.2	19.5	39.3	33.9	320.3
3979.4	600.4	1506.2	1346.3	10848.3
474.9	228.5	190.1	113.9	489.9
6123.5	3638.5	2521.3	1956.3	8113.0
9.0	11.4	2.0	29.8	12.0
154.1	248.0	24.0	372.9	173.1
36.1	67.2	14.0	20.9	37.9
720.0	1073.7	325.0	274.7	636.9
63.9	87.0	165.6	6.8	258.5
1130.8	1485.0	3652.0	94.0	5146.8
3.3	49.1	165.2	12.7	199.8
46.6	514.1	2965.4	120.1	3451.9
933.8	767.8	827.1	982.0	931.5
8863.0	7323.5	7497.2	9048.1	8546.8
84.7	89.9	69.7	56.4	89.4
1149.0	1035.5	828.1	759.3	975.4
1378.7	275.9	996.2	223.0	1078.6
9671.2	2243.5	7286.9	1926.0	7033.1
21140.5	16771.4	21053.8	14189.0	13418.5
132.7	44.7	54.5	156.9	172.6
1996.8	559.1	794.1	1756.8	2208.8
30.4	1.4	4.2	2.1	11.3
883.1	39.3	215.0	23.0	550.9
	24.3	1.8	11.9	9.3
	217.0	20.6	121.2	95.1
1003.5	1205.3	1203.0	758.7	593.4
16542.1	15665.1	18167.7	10648.3	9044.5
2.3	6.0	10.2	26.1	6.6
34.0	206.7	419.7	203.7	183.3
				0.5
				10.2
122127.0	73526.6	100363.1	75729.6	104800.7
12962.6	9253.5	11707.3	9767.8	13211.6
81633.4	53331.5	67205.0	51462.9	78162.4
97.8	36.7	33.6	33.2	34.6
1599.3	948.7	799.1	328.0	1088.5
5864.7	3328.6	5691.3	3798.5	4731.4
21941.7	12893.2	21007.6	13608.1	16205.5

8－12 续表 2

		单位 Unit		长春市 Chungchun
(4)购买白酒	Alcohol	公斤	kg	8030.9
金额	Amount	元	yuan	52597.8
(5)购买果酒	Wine	公斤	kg	47.9
金额	Amount	元	yuan	453.2
9.购买茶叶、饮料金额	Tea beverage	元	yuan	67822.5
其中:(1)购买茶叶	Tea	公斤	kg	15.9
金额	Amount	元	yuan	1293.3
(2)购买冷饮金额	Cold drink	元	yuan	30721.3
(3)购买碳酸类饮料金额	Soda pop	元	yuan	12035.2
(4)购买果汁类饮料金额	Juice	元	yuan	2607.5
(5)购买瓶(桶)装水金额	Water bottled	元	yuan	5406.6
10.购买其他种类食品金额	Other food	元	yuan	675592.5
其中:(1)购买豆制品	Products of bean	元	yuan	59672.8
(2)购买调味品	Seasoning	元	yuan	59206.1
(3)购买食糖	Sugar	公斤	kg	1236.5
金额	Amount	元	yuan	11221.3
(4)购买西瓜	Water melon	公斤	kg	12683.2
金额	Amount	元	yuan	26786.9
(5)购买其他果用瓜	Other melon	公斤	kg	5548.5
金额	Amount	元	yuan	27646.8
(6)购买水果	Fruits	公斤	kg	46059.6
金额	Amount	元	yuan	241328.4
(7)购买坚果、果仁及制品	Nuts and its products	公斤	kg	8838.0
(8)购买糖果	Candy	元	yuan	6702.3
(9)购买糕点	Cake	元	yuan	24629.2
(10)购买营养滋补品	Nourishing food	元	yuan	2184.2
(二)衣着类	Clothing			871603.6
其中:1.购买服装	Garments	件	piece	5799.9
金额	Amount	元	yuan	582647.8
2.购买鞋类	Shoes	双	pair	3584.4
金额	Amount	元	yuan	210913.0
(三)居住类	House			1035720.5
1.购买建筑生活用房材料支出	Materials of construction	元	yuan	584837.8
其中:(1)购买水泥	Cement	公斤	kg	119354.0
金额	Amount	元	yuan	62709.4
(2)购买木材	Timber	立方米	cu·m	142.9
金额	Amount	元	yuan	60709.1
(3)购买钢材	Steel	公斤	kg	16111.0
金额	Amount	元	yuan	69823.2
(4)购买水泥预制件	Cement products	件	piece	30.7
金额	Amount	元	yuan	4710.4
(5)购买玻璃	Glass	平方米	sq·m	142.0
金额	Amount	元	yuan	5070.6
(6)购买砖	Brick	块	piece	263342.8
金额	Amount	元	yuan	107411.6
(7)购买瓦	Tile	块	piece	5282.0
金额	Amount	元	yuan	20493.8
(8)购买沙石	Sand and stone	立方米	cu·m	737.3
金额	Amount	元	yuan	40453.1

continued2

榆树市 Yu shu	农安县 Nong'an	德惠市 Dehui	九台市 Jiutai	双阳区(城区) Shuangyang(District)
3276.0	890.7	1382.9	1245.2	1236.0
16832.0	6202.4	11111.4	9275.8	9176.3
26.9		8.9	3.1	9.0
120.7		180.0	47.0	105.5
15318.5	16118.7	19663.7	5337.6	11384.1
1.2	6.8	2.0	5.4	0.5
161.2	267.6	150.0	663.2	51.2
5908.3	8118.9	8746.9	2040.8	5906.4
1137.3	2847.0	4263.3	511.8	3275.8
662.2	104.4	821.6	694.4	324.9
1237.2	1203.9	2028.3	196.9	740.4
158881.6	113003.3	147905.7	121062.6	134739.3
19219.8	7614.7	7854.9	8795.0	16188.4
10879.7	9860.2	11709.1	14072.7	12684.4
296.6	199.3	237.6	314.4	188.6
2687.4	1760.9	2154.7	2922.6	1695.7
2460.3	3308.1	2914.2	1842.4	2158.2
5289.2	5928.7	6325.6	3960.6	5282.9
1385.1	729.5	1408.6	865.1	1160.3
6712.5	3761.6	7932.8	3812.8	5427.2
9032.5	8830.6	11350.7	7774.2	9071.5
48734.5	42580.2	57186.5	43170.1	49657.0
466.3	1207.5	5326.5	119.1	1718.7
2135.8	961.1	1946.7	242.3	1416.4
2041.2	1351.7	7864.0	1313.9	12058.4
650.1	288.3	23.0	708.1	514.7
228247.6	119789.4	219525.3	144439.2	159602.2
1538.4	853.6	1430.2	960.9	1016.8
152533.3	80997.8	155330.6	93589.0	100197.1
620.6	534.3	1267.2	605.3	557.1
56651.2	26111.0	48782.1	34818.8	44549.8
279825.1	142587.8	289207.9	24738.8	299360.8
162936.8	88224.0	95390.0	5260.9	233026.0
47106.2	9920.6	7100.9	1671.1	53555.2
22696.2	8577.2	3354.4	859.6	27222.0
1.6	8.8	14.7	7.3	110.5
3052.5	7037.4	10431.3	1357.8	38830.1
1034.4	868.1	12061.5	37.6	2109.4
7113.1	2898.7	49447.2	223.5	10140.7
				30.7
				4710.4
142.0				
5070.6				
17240.2	103339.5	25003.2		117760.0
6105.0	36685.5	8301.0		56320.0
265.7	3100.2	48.0	71.0	1797.1
3407.5	8104.9	1405.2	817.8	6758.4
52.7	24.8	5.0	7.3	647.5
6798.7	2542.2	1000.1	856.4	29255.7

8－12 续表 3

		单位 Unit		长春市 Chungchun
2.购买生活用房支出	House	元	yuan	26367.3
其中:(1)购买砖木结构房屋间数	Rooms of brick and wood structures	间	room	3.0
面积	Floor space	平方米	sq·m	60.8
金额	Amount	元	yuan	20282.5
(2)购买钢筋混凝土房屋间数	Rooms of reinforced concrete structures	间	room	
面积	Floor space	平方米	sq·m	
金额	Amount	元	yuan	
(3)购买其他结构房屋间数	Other house	间	room	3.0
面积	Floor space	平方米	sq·m	60.8
金额	Amount	元	yuan	6084.8
3.购买生活用燃料	Fuel	元	yuan	57396.4
其中:(1)购买柴	Firewood	公担	quintal	
金额	Amount	元	yuan	
(2)购买草	Faggot	公担	quintal	299.7
金额	Amount	元	yuan	3151.9
(3)购买煤	Coal	公斤	kg	39499.0
金额	Amount	元	yuan	39485.1
(4)液化气	Liquefied gas	元	yuan	13728.8
a.天然气	Natural gas	立方米	cu·m	243.4
金额	Amount	元	yuan	801.4
b.煤气	Coal gas	立方米	cu·m	52.2
金额	Amount	元	yuan	125.3
c.液化石油气	Liquefied Petroleum Gas	公斤	kg	1601.9
金额	Amount	元	yuan	12802.1
4.购买生活用水	Water	吨	ton	519.5
金额	Amount	元	yuan	1847.7
5.购买生活用电	Electricity	度	degree	357596.1
金额	Amount	元	yuan	186065.1
(四)家用设备和日用品	Daily consumer goods			471964.9
其中:1.购买洗涤及卫生用品	Detergent	元	yuan	80106.3
2.购买厨具、餐具、茶具	Household articles	元	yuan	27265.9
3.购买家具及做家具材料	Furnitures	元	yuan	99822.8
4.购买洗衣机	Washing machine	台	unit	26.5
金额	Amount	元	yuan	20933.5
5.购买缝纫机	Sewing machine	台	unit	
金额	Amount	元	yuan	
6.购买电风扇	Electric fan	台	unit	21.4
金额	Amount	元	yuan	2898.8
7.购买电冰箱	Refrigerator	台	unit	46.9
金额	Amount	元	yuan	93945.3
8.购买空调机	Air conditioner	台	unit	
金额	Amount	元	yuan	
9.购买吸尘器	Dust catcher	台	unit	
金额	Amount	元	yuan	
10.购买抽油烟机	Smoke absorber	台	unit	6.1
金额	Amount	元	yuan	2533.9
11.购买热水器	Shower	台	unit	1.0
金额	Amount	元	yuan	3926.9
12.购买微波炉	Microwave oven	台	unit	2.0
金额	Amount	元	yuan	368.6
13.购买电饭锅	Electric rice cooker	个	unit	50.0
金额	Amount	元	yuan	8288.5
14.购买燃气炉具	Cooking appliances	套	set	7.1
金额	Amount	元	yuan	1958.5

continued3

榆树市 Yu shu	农安县 Nong'an	德惠市 Dehui	九台市 Jiutai	双阳区(城区) Shuangyang(District)
26367.3				
3.0				
60.8				
20282.5				
3.0				
60.8				
6084.8				
15004.0	6468.0	14116.8	14931.5	6876.2
	206.7	93.0		
	2221.8	930.1		
10496.2	516.7	12921.6	10444.5	5120.0
12920.0	620.0	11225.4	11227.8	3491.8
2084.0	2902.8	1961.2	3703.6	3077.1
			23.0	220.5
			135.8	665.6
			52.2	
			125.3	
244.4	340.0	213.0	451.2	353.3
2084.0	2902.8	1961.2	3442.5	2411.5
46.6	187.5	91.8		193.5
101.4	945.6	216.0		584.7
82725.4	59968.5	65961.7	85032.9	63907.6
41379.9	31569.3	34701.4	44744.2	33670.2
119727.1	76916.1	119883.8	56538.4	98899.5
21248.1	13825.5	15453.0	13442.8	16136.9
6781.8	6752.7	7718.8	874.2	5138.4
24557.1	18993.8	43063.4	2820.0	10388.5
7.1	6.2	4.0	1.0	8.2
3761.4	4721.6	5030.6	835.6	6584.3
6.1	8.3	5.0		2.0
1069.9	1116.1	595.1		117.8
8.1	8.3	12.0	4.2	14.3
20271.4	11393.2	23506.0	6747.1	32027.6
4.1		1.0	1.0	
1916.7		450.1	167.1	
	1.0			
	3926.9			
				2.0
				368.6
7.1	10.3	13.0	6.3	13.3
1419.8	992.1	1780.2	1589.7	2506.8
3.0	1.0	1.0		2.0
537.5	206.7	950.1		264.2

8-12续表4

		单位 Unit		长春市 Chungchun
(五)交通、通讯工具和用品	Transport and telecommunication			661213.5
其中:1.购买自行车	Bicycles	辆	unit	16.3
金额	Amount	元	yuan	7486.5
2.购买电动自行车	Power - bicycle	辆	unit	11.2
金额	Amount	元	yuan	32567.7
3.购买摩托车	Motorcycle	辆	unit	18.3
金额	Amount	元	yuan	79566.8
4.购买汽车(生活用)	Family car	辆	unit	4.1
金额	Amount	元	yuan	203429.6
5.购买电话	Telephone	部	set	9.2
金额	Amount	元	yuan	2708.0
6.购买手机	Mobile telephone	部	set	223.8
金额	Amount	元	yuan	110233.3
其中:购买燃料	Fuel	元	yuan	203276.1
1.购买汽油	Gasoline	升	liter	22240.8
金额	Amount	元	yuan	162855.9
2.购买柴油	Diesel oil	升	liter	4828.0
金额	Amount	元	yuan	35327.5
(六)文化、教育、体育、娱乐用品	Culture, education, sports and recreation appliances			314712.8
其中:1.购买收录机	Recorder	台	unit	1.0
金额	Amount	元	yuan	62.7
2.购买组合音响	Hi - Fi stereo component players	台	unit	
金额	Amount	元	yuan	
3.购买电子游戏机	Video game player	台	unit	
金额	Amount	元	yuan	
4.购买黑白电视机	Tv sets	台	unit	
金额	Amount	元	yuan	
5.购买彩色电视机	Colour TV sets	台	unit	37.7
金额	Amount	元	yuan	117694.0
6.购买录放像机	Video recorders	台	unit	
金额	Amount	元	yuan	
7.购买影碟机	Video disc player	台	unit	9.2
金额	Amount	元	yuan	1830.4
8.购买摄像机	Video recorders	台	unit	
金额	Amount	元	yuan	
9.购买照相机	Camera	只	unit	
金额	Amount	元	yuan	
10.购买家用计算机(电脑)	Personal computer	台	unit	17.3
金额	Amount	元	yuan	63228.4
11.购买家用计算机外部设备	Peripheral equipment	元	yuan	1764.0
12.购买中高档乐器	High - grade musical instrument	元	yuan	
13.购买体育健身器材	Sport instruments	元	yuan	
14.购买观赏盆栽植物	Planting in pots	盆	pot	33.0
金额	Amount	元	yuan	148.2
15.购买宠物	Pet	只	head	4.1
金额	Amount	元	yuan	873.1
(七)医疗卫生、保健用品	Medical and medical articles			601466.7
其中:1.购买药品	Medicine	元	yuan	587975.1
2.购买医疗卫生器械	Medical articles	元	yuan	1609.2
3.购买药品类保健品	Nourishing medicine	元	yuan	8185.7
4.购买保健器材	Sports instrument	元	yuan	125.3
(八)其他杂项商品	Articles			254242.4
其中:1.购买首饰	Jewels	元	yuan	91010.8
2.购买手表	Watch	只	piece	23.5
金额	Amount	元	yuan	3985.3
3.购买化妆品	Cosmetics	元	yuan	30840.5
4.购买迷信、宗教用品	Religious articles	元	yuan	32512.7

continued4

榆树市 Yu shu	农安县 Nong'an	德惠市 Dehui	九台市 Jiutai	双阳区(城区) Shuangyang(District)
182403.3	96077.4	191651.3	60369.4	130712.0
6.1	1.0	5.0	4.2	
2462.3	392.7	1523.2	3108.3	
3.0	2.1	3.0		3.1
8204.3	6407.0	9201.2		8755.2
13.2	2.1	2.0		1.0
56973.7	6200.4	12501.6		3891.2
1.0	1.0	1.0		1.0
40565.1	39165.7	85810.8		37888.0
1.0	1.0	1.0		6.1
405.7	62.0	50.0		2190.3
61.9	35.1	65.0	18.8	43.0
34154.8	14691.8	35252.4	8825.6	17308.7
36472.0	24380.5	39782.4	45853.9	56787.4
4860.5	2914.3	3653.0	3445.7	7367.3
35701.2	21277.2	26957.8	24432.2	54487.4
2.6	268.8	1453.8	2901.0	201.7
20.3	2108.1	10761.4	20912.0	1525.8
46269.9	54261.3	82467.5	34248.0	97466.2
			1.0	
			62.7	
7.1	6.2	10.0	2.1	12.3
12108.7	14311.5	29345.7	4952.8	56975.4
1.0	1.0	1.0	2.1	4.1
243.4	124.0	150.0	585.9	727.0
2.0	5.2	6.0	1.0	3.1
5679.1	18911.1	19682.5	4517.2	14438.4
720.0	5.2	25.0		1013.8
	24.8	1.0		7.2
	98.2	5.0		45.1
	2.1	2.0		
	558.0	315.0		
232621.2	73165.4	150707.3	69474.4	75498.4
231608.1	72517.5	141567.1	68894.7	73387.7
976.6	17.6		240.2	374.8
30.4	101.3	6934.9	101.3	1017.9
			125.3	
35358.8	62174.4	88956.7	42128.9	25623.6
17375.8	22763.6	40444.1	2613.2	7814.1
7.1	5.2	4.0	4.2	3.1
1321.4	543.6	1085.1	937.9	97.3
11245.8	3728.4	7707.5	2596.5	5562.4
3643.8	5499.7	16629.6	3200.2	3539.5

8－12 续表 5

		单位 Unit		长春市 Chungchun
二、购买生产资料	Productive materials	元	yuan	7288131.4
(一)购买农业用种籽	Seed	公斤	kg	59027.3
金额	Amount	元	yuan	1338530.0
其中:1. 购买小麦种籽	Wheat seed	公斤	kg	
金额	Amount	元	yuan	
2. 购买稻谷种籽	Rice seed	公斤	kg	6858.1
金额	Amount	元	yuan	85578.9
3. 购买玉米种籽	Corn seed	公斤	kg	41134.9
金额	Amount	元	yuan	1188708.3
4. 购买其他粮食种籽	Other grain seed	公斤	kg	1501.9
金额	Amount	元	yuan	6829.2
5. 购买其他种籽	Other seed	公斤	kg	9532.5
金额	Amount	元	yuan	57413.6
(二)购买农业用饲料	Forage	公斤	kg	16472.8
金额	Amount	元	yuan	35801.1
其中:1. 购买小麦饲料	Wheat forage	公斤	kg	
金额	Amount	元	yuan	
2. 购买稻谷饲料	Rice forage	公斤	kg	
金额	Amount	元	yuan	
3. 购买玉米饲料	Corn forage	公斤	kg	13743.0
金额	Amount	元	yuan	31204.5
4. 购买其他生产饲料	Other forage	公斤	kg	2729.8
金额	Amount	元	yuan	4596.6
(三)购买农业用其他生产资料	Other materials	元	yuan	3180114.0
其中:1. 购买化肥	Chemical fertilizer	公斤	kg	728118.1
金额	Amount	元	yuan	2307572.2
2. 购买微量元素肥	Microelement fertilizer	克	g	6227.9
金额	Amount	元	yuan	12248.1
3. 购买饼肥	Cake fertilizer	公斤	kg	
金额	Amount	元	yuan	
4. 购买农药	Pesticide	元	yuan	224245.9
5. 购买薄膜	Film	公斤	kg	558.3
金额	Amount	元	yuan	8262.8
6. 购买燃料	Fuel	公斤	kg	32423.3
金额	Amount	元	yuan	244041.5
#(1)购买汽油	Gasoline	升	liter	1959.6
金额	Amount	元	yuan	14461.1
(2)购买柴油	Diesel oil	升	liter	30463.8
金额	Amount	元	yuan	229580.4
(四)购买林业用饲料	Forestry forage	公斤	kg	282.0
金额	Amount	元	yuan	647.6
其中:1. 购买小麦饲料	Wheat forage	公斤	kg	
金额	Amount	元	yuan	
2. 购买稻谷饲料	Rice forage	公斤	kg	
金额	Amount	元	yuan	
3. 购买玉米饲料	Corn forage	公斤	kg	
金额	Amount	元	yuan	
4. 购买其他生产饲料	Other forage	公斤	kg	282.0
金额	Amount	元	yuan	647.6
(五)购买林业用其他生产资料	Other forestry forage	元	yuan	3442.1
其中:1. 购买树种	Tree seed	公斤	kg	5.0
金额	Amount	元	yuan	240.0
2. 购买树苗	Sapling	株	plant	1044.5
金额	Amount	元	yuan	3199.0
3. 购买化肥	Chemical fertilizer	公斤	kg	
金额	Amount	元	yuan	
4. 购买微量元素肥	Microelement fertilizer	克	g	
金额	Amount	元	yuan	
5. 购买农药	Pesticide	元	yuan	3.1

continued5

榆树市 Yu shu	农安县 Nong'an	德惠市 Dehui	九台市 Jiutai	双阳区(城区) Shuangyang(District)
1605009.3	1415375.4	1674239.2	1198163.6	1395344.0
10737.0	7309.7	8359.2	19455.0	13166.5
279913.5	196143.5	221278.2	401423.3	239771.5
1688.1		3414.2		1755.9
16742.1		47064.1		21772.7
8161.2	5129.8	3729.3	15937.4	8177.3
254475.0	178553.1	163230.6	385556.1	206893.6
7.3	1311.1	7.3	162.3	13.9
75.3	5552.1	110.0	787.4	304.3
880.4	868.9	1208.5	3355.3	3219.5
8621.0	12038.3	10873.5	15079.8	10800.9
911.3	64.5	12285.5	1259.5	1952.1
1139.1	154.7	27989.9	2094.6	4422.8
	53.7	12285.5	5.5	1398.3
	121.4	27989.9	17.5	3075.6
911.3	10.7		1254.0	553.8
1139.1	33.3		2077.1	1347.2
646799.2	719313.2	706216.7	480693.5	627091.5
168929.5	94064.2	144415.5	158026.1	162682.8
538314.7	335207.8	540841.5	385958.5	507249.7
25.1	5933.5	1.0		268.3
283.7	11402.9	78.0		483.5
29153.3	36684.4	53744.7	60563.7	44099.8
236.7	4.2	83.6	140.2	93.7
3632.1	65.5	1295.1	1080.2	2189.9
8208.7	9583.9	8871.4	1082.9	4676.4
62150.9	71973.2	66741.5	7756.8	35419.1
17.4	1431.4	11.1	485.8	13.8
125.3	10692.3	78.0	3458.9	106.5
8191.3	8152.5	8860.3	597.1	4662.6
62025.6	61280.8	66663.5	4297.9	35312.6
			282.0	
			647.6	
			282.0	
			647.6	
	34.1	3340.4		67.6
		5.0		
		240.0		
	6.2	1030.1		8.2
	31.0	3100.4		67.6
	3.1			

8－12 续表 6

		单位 Unit		长春市 Chungchun
6. 购买燃料	Fuel	公斤	kg	
金额	Amount	元	yuan	
(1)购买汽油	Gasoline	升	liter	
金额	Amount	元	yuan	
(2)购买柴油	Diesel oil	升	liter	
金额	Amount	元	yuan	
(六)购买牧业用饲料	Animal husbandry forage	公斤	kg	735489.8
金额	Amount	元	yuan	2069622.5
其中:1. 购买小麦	Wheat	公斤	kg	
金额	Amount	元	yuan	
2. 购买稻谷	Rice	公斤	kg	
金额	Amount	元	yuan	
3. 购买玉米	Corn	公斤	kg	196173.8
金额	Amount	元	yuan	417153.5
4. 购买其他生产饲料	Other forage	公斤	kg	539316.0
金额	Amount	元	yuan	1652469.0
(七)购买牧业用其他生产资料	Other materials	元	yuan	553414.8
其中:1. 购买仔、幼畜	Young animal	头	head	618.4
金额	Amount	元	yuan	289167.7
2. 购买育肥周转畜	Livestock	头	head	10.5
金额	Amount	元	yuan	20393.0
3. 仔、幼畜	Whelps、pups	元	yuan	25176.7
4. 仔、幼小动物	Whelps、young animals	元	yuan	2974.7
5. 购买种蛋	Eggs	公斤	kg	22.3
金额	Amount	元	yuan	527.3
6. 兽药	Beast medicine	元	yuan	67463.7
7. 燃料	fuel	元	yuan	
(1)购买汽油	Gasoline	升	liter	
金额	Amount	元	yuan	
(2)购买柴油	Diesel oil	升	liter	
金额	Amount	元	yuan	
(八)购买渔业用生产饲料	Fishing forage	公斤	kg	258.3
金额	Amount	元	yuan	1488.1
其中:1. 购买小麦饲料	Wheat forage	公斤	kg	
金额	Amount	元	yuan	
2. 购买稻谷饲料	Rice forage	公斤	kg	
金额	Amount	元	yuan	
3. 购买玉米饲料	Corn forage	公斤	kg	
金额	Amount	元	yuan	
4. 购买其他生产饲料	Other forage	公斤	kg	258.3
金额	Amount	元	yuan	1488.1
(九)购买渔业用生产资料	Fishing material	元	yuan	4027.1
其中:1. 购买种苗	Fish seed	元	yuan	3200.4
2. 购买渔用药	Fishing medicine	元	yuan	
3. 购买燃料	Fuel	元	yuan	
(1)购买汽油	Gasoline	升	liter	
金额	Amount	元	yuan	

continued6

榆树市 Yu shu	农安县 Nong'an	德惠市 Dehui	九台市 Jiutai	双阳区(城区) Shuangyang(District)
154966.9	103878.4	176178.7	125335.1	175130.7
471890.1	353347.2	571743.0	229203.6	443438.5
19247.1	44348.3	85033.7	28293.5	19251.2
38956.7	95449.5	186295.5	58842.3	37609.5
135719.8	59530.2	91145.0	97041.6	155879.5
432933.4	257897.7	385447.6	170361.3	405829.0
137389.9	142988.0	140470.5	75596.0	56970.4
244.4	151.9	165.0	53.0	4.1
118206.7	63579.6	84010.6	20923.5	2447.4
	5.2	4.0	1.4	
	12462.7	5920.7	2009.5	
5482.4	5332.8	7855.0	3245.1	3261.4
2971.4				3.3
22.3				
527.3				
8407.1	12472.1	13459.5	21531.8	11593.2
	258.3			
	1488.1			
	258.3			
	1488.1			
	826.7	3200.4		
		3200.4		

8－12 续表7

		单位 Unit		长春市 Chungchun
(2)购买柴油	Diesel oil	升	liter	
金额	Amount	元	yuan	
(十)购买工业生产用原料	Industry material	元	yuan	
(十一)购买工业用燃料	Fuel	公斤	kg	
金额	Amount	元	yuan	
(1)购买汽油	Gasoline	升	liter	
金额	Amount	元	yuan	
(2)购买柴油	Diesel oil	升	liter	
金额	Amount	元	yuan	
(十二)购买建筑业生产用原料	Construction materials	元	yuan	
(十三)购买建筑业生产用燃料	Constructional fuel	公斤	kg	
金额	Amount	元	yuan	
(1)购买汽油	Gasoline	升	liter	
金额	Amount	元	yuan	
(2)购买柴油	Diesel oil	升	liter	
金额	Amount	元	yuan	
(十四)购买交通运输业邮电业燃料	Transport fuel	公斤	kg	11793.3
金额	Amount	元	yuan	87288.9
(1)购买汽油	Gasoline	升	liter	2817.8
金额	Amount	元	yuan	20693.2
(2)购买柴油	Diesel oil	升	liter	8975.6
金额	Amount	元	yuan	66595.6
(十五)购买批零贸易业用原料	Wholesale and retail trade materials	元	yuan	1768.4
(十六)购买批零贸易业用燃料	Whoesale and retail trade fuel	元	yuan	600.6
金额	Amount	元	yuan	4417.4
(1)购买汽油	Gasoline	升	liter	600.6
金额	Amount	元	yuan	4417.4
(2)购买柴油	Diesel oil	升	liter	
金额	Amount	元	yuan	
(十七)购买社会服务业用原料	Social services materials	元	yuan	7209.0
(十八)购买社会服务业用燃料	Social services fuel	公斤	kg	21.1
金额	Amount	元	yuan	153.6
(1)购买汽油	Gasoline	升	liter	21.1
金额	Amount	元	yuan	153.6
(2)购买柴油	Diesel oil	升	liter	
金额	Amount	元	yuan	
(十九)购买文教卫生业用原料	Clture education materials	元	yuan	
(二十)购买文教卫生业用燃料	Clture education fuel	元	yuan	
金额	Amount	元	yuan	
(1)购买汽油	Gasoline	升	liter	
金额	Amount	元	yuan	
(2)购买柴油	Diesel oil	升	liter	
金额	Amount	元	yuan	
(二十一)购买其他行业用原料	Other industry materials	元	yuan	206.8

continued7

榆树市 Yu shu	农安县 Nong'an	德惠市 Dehui	九台市 Jiutai	双阳区(城区) Shuangyang(District)
8670.8	129.9		1182.9	1809.7
64074.6	1079.9		8505.0	13629.4
312.4			1141.2	1364.3
2291.9			8212.5	10188.8
8358.4	129.9		41.8	445.4
61782.7	1079.9		292.4	3440.6
				1768.4
517.0				83.6
3803.0				614.4
517.0				83.6
3803.0				614.4
				7209.0
				21.1
				153.6
				21.1
				153.6
				206.8

8-12 续表 8

		单位 Unit		长春市 Chungchun
（二十二）购买其他行业用燃料	Other industries fuel	公斤	kg	
金额	Amount	元	yuan	
（1）购买汽油	Gasoline	升	liter	
金额	Amount	元	yuan	
（2）购买柴油	Diesel oil	升	liter	
金额	Amount	元	yuan	
三、购买生产用电	Electricity in production	度	degree	42200.6
金额	Amount	元	yuan	24726.3
（1）农业生产用电	Farming production	度	degree	29732.8
金额	Amount	元	yuan	18201.8
（2）林业生产用电	Forestry	度	degree	
金额	Amount	元	yuan	
（3）牧业生产用电	Animal husbandry	度	degree	9458.4
金额	Amount	元	yuan	4967.3
（4）渔业生产用电	Fishery	度	degree	
金额	Amount	元	yuan	
（5）工业生产用电	Industry	度	degree	
金额	Amount	元	yuan	
（6）建筑业生产用电	Construction	度	degree	
金额	Amount	元	yuan	
（7）交通运输邮电业生产用电	Transport post and telecommunication	度	degree	
金额	Amount	元	yuan	
（8）批零贸易业生产用电	Wholesale and retail trade	度	degree	3009.4
金额	Amount	元	yuan	1557.2
（9）社会服务业生产用电	Social services	度	degree	
金额	Amount	元	yuan	
（10）文教卫生业生产用电	Culture education and health care	度	degree	
金额	Amount	元	yuan	
（11）其他行业生产用电	Other industries	度	degree	
金额	Amount	元	yuan	
四、购买生产性固定资产情况	Fixed assets	元	yuan	1232674.7
（一）购买建筑生产用建筑物材料	Construction materials	元	yuan	162569.4
其中：1. 购买水泥	Cement	公斤	kg	35527.2
金额	Amount	元	yuan	18101.5
2. 购买木材	Timber	立方米	cu·m	23.2
金额	Amount	元	yuan	13032.2
3. 购买钢材	Steel	公斤	kg	2996.7
金额	Amount	元	yuan	11656.3
4. 购买水泥预制件	Cement products	件	piece	
金额	Amount	元	yuan	
5. 购买玻璃	Glass	平方米	sq·m	
金额	Amount	元	yuan	

continued8

榆树市 Yu shu	农安县 Nong'an	德惠市 Dehui	九台市 Jiutai	双阳区(城区) Shuangyang(District)
2786.0	967.3	27080.9		11366.4
1393.0	505.1	16861.1		5967.1
1771.9	967.3	16177.9		10815.7
885.9	505.1	11130.4		5680.3
		8907.7		550.7
		4680.6		286.7
1014.1		1995.3		
507.1		1050.1		
161748.2	211080.2	454844.7	40364.9	364636.7
5208.6	46000.5	59697.9		51662.3
608.5	13315.3	16534.6		5068.8
316.4	7026.1	8095.6		2663.4
0.4	17.2	0.5		5.1
770.7	4536.6	962.3		6762.5
	1400.3	1279.0		317.4
	4701.9	5069.2		1885.2

8－12 续表9

		单位 Unit		长春市 Chungchun
6. 购买砖瓦	Brick	块	piece	156873.8
金额	Amount	元	yuan	62418.4
7. 购买沙石	Sand and store	立方米	cu · m	111.8
金额	Amount	元	yuan	7079.3
(二)购买生产用房间数	Rooms of building	间	room	
面积	Floor space	平方米	sq · m	
金额	Amount	元	yuan	
(三)购买役畜	Livestock	头	head	1.0
金额	Amount	元	yuan	9216.0
(四)购买产品畜	Livestock products	头	head	85.7
金额	Amount	元	yuan	294804.3
(五)购买农林牧渔业机械支出	Expenditure on farming forestry, animal husbandry and fisher facilities	元	yuan	474581.8
其中:1. 购买大中型铁木家具	Iron and wooden furniture	元	yuan	20032.2
2. 购买小型拖拉机	Small tractors	台	unit	8.0
金额	Amount	元	yuan	66496.1
3. 购买大中型拖拉机	Large tractors	台	unit	12.1
金额	Amount	元	yuan	233795.7
4. 购买机动脱粒机	Sheller	台	unit	7.0
金额	Amount	元	yuan	19187.2
5. 购买收割机	Harvester	台	unit	
金额	Amount	元	yuan	
6. 购买动力机	Electric power	台	unit	1.7
金额	Amount	元	yuan	1173.1
7. 购买胶轮大车	Truck	辆	unit	
金额	Amount	元	yuan	
8. 购买水泵	Waterpump	台	unit	26.5
金额	Amount	元	yuan	7881.1
9. 购买风力发电机	Wind－mill generator	台	unit	
金额	Amount	元	yuan	
(六)购买工业机械支出	Machines	元	yuan	
(七)购买运输机械支出	Transport machinery	元	yuan	93796.5
其中:1. 购买大中型拖拉机	Large tractor	辆	unit	
金额	Amount	元	yuan	
2. 购买小型拖拉机	Small tractor	辆	unit	
金额	Amount	元	unit	
3. 购买汽车	Vehicle	辆	unit	2.9
金额	Amount	元	yuan	92260.5
4. 购买胶轮大车	Tyre truck	辆	unit	
金额	Amount	元	yuan	
5. 购买机动船	Steam ship	艘	unit	
金额	Amount	元	yuan	

continued9

榆树市 Yu shu	农安县 Nong'an	德惠市 Dehui	九台市 Jiutai	双阳区(城区) Shuangyang(District)
7322.0	53859.5	34398.7		61293.6
2819.3	15506.1	17067.6		27025.4
	35.1	39.3		37.4
	3379.2	2461.1		1239.0
				1.0
				9216.0
8.1	9.3	31.5		36.9
10141.3	14570.9	57679.8		212412.4
103086.0	105349.5	186710.7	40364.9	39070.7
5303.9	1653.4	5398.2	7676.7	
5.1		0.9	2.1	
47461.2		1700.2	17334.7	
1.0	1.0	6.0	1.0	3.1
23730.6	23768.1	158204.9	12220.1	15872.0
3.0	3.1	0.9		
14278.9	4619.3	289.0		
		1.7		
		1173.1		
7.1	1.0	5.1		13.3
2520.1	330.7	1589.7		3440.6
	44229.3	25503.2		24064.0
	1.0	0.9		1.0
	44229.3	25503.2		22528.0

8-13 农村出售产品情况

（农村住户抽样调查资料）

		单位	Unit	长春市 Chungchun
1. 谷物数量	Quantity	公斤	kg	4659540.5
金额	Amount	元	yuan	9708660.0
#普通稻谷	#Rice	公斤	kg	440571.7
金额	Amount	元	yuan	1273017.9
#普通玉米	#Corn	公斤	kg	4191799.5
金额	Amount	元	yuan	8360330.2
2. 出售豆类数量	Quanting	公斤	kg	2955.4
金额	Amount	元	yuan	12643.7
3. 油料	Beans	公斤	kg	1438.3
金额	Amount	元	yuan	9933.0
4. 糖料	Beetroots	公斤	kg	
金额	Amount	元	yuan	
5. 烟草	Tobacco leaf	公斤	kg	
金额	Amount	元	yuan	
6. 蔬菜	Vegetable	公斤	kg	199958.7
金额	Amount	元	yuan	179268.4
7. 瓜类	Melon	公斤	kg	38752.3
金额	Amount	元	yuan	31001.9
8. 水果	Fruits	公斤	kg	1020.9
金额	Amount	元	yuan	3172.6
9. 木材	Timber	立方米	cu·m	13.6
金额	Amount	元	yuan	8214.7
10. 出售牧业产品	Sale meat			
肉猪	Hogs	公斤	kg	213079.4
金额	Amount	元	yuan	3131816.9
猪肉	Pork	公斤	kg	819.1
金额	Amount	元	yuan	20578.5
肉牛	Cattle	公斤	kg	12473.7
金额	mount	元	yuan	242708.0
菜羊	Goats	公斤	kg	610.3
金额	Amount	元	yuan	16470.4
家禽	Poultry	公斤	kg	11603.5
金额	Amount	元	yuan	114899.6
11. 蛋类	Eggs	公斤	kg	81474.8
金额	Amount	元	yuan	639659.3
12. 羊毛	Wool	公斤	kg	1.6
金额	Amount	元	yuan	58.2

BASIC STATISTICS ON RURAL PRODUCTS SALED

DATA ARE OBTAINED FROM THE SAMPLE SURVEYS ON RURAL HOUSEHOLDS

榆树市 Yu shu	农安县 Nong'an	德惠市 Dehui	九台市 Jiutai	双阳区(城区) Shuangyang(District)
1036623.0	723843.9	1212101.5	654921.9	1032050.2
1999283.7	1424261.1	2766618.6	1358135.7	2160360.9
55387.9		289510.0		95673.9
154692.5		842902.8		275422.6
973833.0	714177.5	922591.6	654921.9	926275.6
1831265.6	1406533.2	1923715.8	1358135.7	1840679.9
1487.7	908.4	51.0	21.9	486.4
6080.5	3134.3	237.0	109.7	3082.2
	1378.3	60.0		
	9573.0	360.0		
18279.8	155160.3	22037.8	274.2	4206.6
47944.0	96073.1	19803.5	460.6	14987.3
	38752.3			
	31001.9			
41.1	404.1		575.8	
82.1	1612.1		1478.3	
		12.0		1.6
		6340.8		1873.9
43886.3	48554.2	66659.1	41928.9	12050.9
625342.6	699596.7	996340.8	626787.0	183749.7
34.2	208.5	50.0		526.3
674.4	4895.7	1000.1		14008.3
3413.6	7262.7	671.1		1126.4
51872.6	155267.6	11401.4		24166.4
284.0	176.5	149.9		
8113.0	4546.9	3810.5		
4982.7	2799.4	357.9	220.1	3243.4
43722.1	21637.2	8250.0	4106.8	37183.5
24421.5	6379.5	414.9	1150.4	49108.6
195253.8	41845.8	6366.3	16201.5	379992.0
	1.1	0.5		
	36.2	22.0		

8－14　农村主要耐用物品拥有量

（农村住户抽样调查资料）

		单位 Unit		合计 Total
1. 洗衣机	Washing machine	台	unit	479
2. 电冰箱	Refrigerator	台	unit	427
3. 空调机	Air conditioner	台	unit	6
4. 抽油烟机	Smoke absorber	台	unit	30
5. 吸尘器	Dust absorber	台	unit	5
6. 微波炉	Microwave	台	unit	22
7. 热水器	Shower	台	unit	22
#太阳能热水器	Shower with solar energy	台	unit	11
8. 自行车	Bicycle	辆	unit	232
#电动自行车	Electric bicycle	辆	unit	29
9. 摩托车	Motorcycle	台	unit	329
10. 汽车(生活用)	Automobile	台	unit	35
11. 电话机	Telephone	部	sub	98
12. 移动电话	Mobile telephone	部	sub	1153
#接入互联网的	Access to internet	部	sub	103
13. 彩色电视机	Colour TV set	台	unit	615
#接入有线电视网的	Acess to CATV	台	unit	364
14. 黑白电视机	TV set	台	unit	5
#接入有线电视网的	Acess to CATV	台	unit	2
15. 摄像机	Video recording	台	unit	2
16. 影碟机	Video disc player	台	unit	265
17. 照相机	Camera	架	unit	8
18. 家用计算机	Family computer	台	unit	87
#接入互联网的	Access to internet	台	unit	58
19. 中高档乐器	High－degree musical instruments	件	sets	

DURABLE CONSUMER GOODS OWNED IN RURAL HOHSEHOLDS

DATA ARE OBTAINED FROM THE SAMPLE SURVEYS ON RURAL HOUSEHOLDS

榆树市 Yu shu	农安县 Nong'an	德惠市 Dehui	九台市 Jiutai	双阳区(城区) Shuangyang(District)
99	95	95	91	99
74	94	92	77	90
	2			4
12	3	4	6	5
	2		2	1
	3		8	11
	3	2	10	7
	2	1	4	4
41	35	68	54	34
3	6	6	3	11
59	69	66	59	76
8	7	6	4	10
11	23	18	18	28
251	234	250	205	213
	67	36		
125	110	136	122	122
85	19	61	98	101
			4	1
			2	
	1		1	
56	55	71	46	37
	1		4	3
11	20	26	10	20
3	11	26	6	12

8－15 主要年份平均每百户农民家庭年末耐用消费品拥有量
NUMBER OF DURABLE CONSUMER GOODS OWNED PER 100 RURAL HOUSEHOLDS AT YEAR END

		2008	2009	2010	2011	2012
自行车(辆)	Bicycle(unit)	73	69	67	55	50
黑白电视机(台)	TV set(unit)	7	8	7	1	
彩色电视机(台)	Colour TV set(unit)	100	103	102	116	120
电冰箱(台)	Refrigerator(unit)	27	37	39	75	90
洗衣机(台)	Washing machine(unit)	78	78	78	90	100
影碟机(台)	Video disc player(unit)	40	36	37	53	50
照相机(架)	Camera(unit)	2	1	1	2	
空调机(件)	Air conditioner(unit)				1	

统计资料

STATISTICS

◎ 城市建设

GENERAL SURVEY OF CITY

长春统计年鉴

CHANGCHUN STATISTICAL YEARBOOK

9－1 长春市城区用气情况

BASIC STATISTICS ON SUPPLY OF GAS IN CITY

		单位	Unit	2010	2011	2012
一、人工煤气	Gas					
生产能力	Production capacity of coal gas	万立方米/日	10000cu · m · day	80	80	80
储气能力	Gas storage capacity	万立方米	10000cu · m	20	20	20
供气管道长度	Length of gas pipeline	公里	km	1588	1529	1568
供气总量	Total gas supply	万立方米	10000cu · m	14327	15044.63	14641.39
其中:家庭用量	Households	万立方米	10000cu · m	7885	7264.72	7493.67
用气户数	Households access to gas	户	Household	448047	549027	553383
其中:家庭用户	Households	户	Household	433452	460000	538655
用气人口	Population	万人	10000 persons	133	135.94	156.49
二、天然气	Natural gas					
储气能力	Gas storage capacity	万立方米	10000cu · m	25	25	25
供气管道长度	Length of gas supply	公里	km	1606	1924	2063
供气总量	Total gas supply	万立方米	10000cu · m	26282	24765.26	29974.54
其中:家庭用量	Households	万立方米	10000cu · m	7667	7531.14	9345.21
用户总数	Households access to gas	户	Household	413875	504679	517896
用气人口	Population	万人	10000 persons	127	159.6	162.2
三、液化石油气	Liquefied Petroleum gas					
储气能力	Gas storage capacity	吨	Ton	6000	6000	6000
供气管道长度	Length of gas pipeline	公里	km			
供气总量	Total gas supply	吨	Ton	79187	72505.87	68563.04
其中:家庭用量	Households	吨	Ton	9502	9436.23	9034.56
用气户数	Households	户	Household	147542	134506	121432
用气人口	Population	万人	10000persons	43.82	43.72	35.37
四、燃气普及率	Percentage of population access to gas	%		98.00	98	98.08

9－2 长春市政设施情况
BASIC STATISTICS ON PUBLIC UTILITIES

		单 位 unit		2010	2011	2012
道路长度	Length of paved roads	公里	km	2572	2681.62	2850.24
道路面积	Area of paved roads	万平方米	10000sq · m	5474.6	5912.62	6456.58
桥梁数	Bridges	座	set	207	244	259
路灯数	Street lights	盏	unit	118271	219582	233933
排水管道长度	Length of exhaust piping	公里	km	3801	4179.53	4644.52
污水排放量	Volume of waste water discharged	万立方米	10000cu · m	23555	23901	24465.7
污水处理厂座数	Number of factory for waste water discharged	座	set	6	6	6
污水处理厂污水处理能力	Capacity of wasted water discharged	万立方米/日	10000cu · m/day	74.3	74.3	74.3
污水处理总量	Volume of waste water treatment	万立方米	10000cu · m	20493	20855	21076

9－3 长春市园林绿化情况
BASIC STATISTICS ON PARKS, GARDENS AND GREEN AREAS

		单位 unit		2010	2011	2012
绿化覆盖面积	Total area of green land	公顷	ha	15618	15580	15525
其中:建成区	Finished area	公顷	ha	15190	15195	15220
园林绿地面积	Total area of parks and gardens	公顷	ha	13459	13395	13007
其中:建成区	Finished area	公顷	ha	13147	13119	12979
公共绿地面积	Public green areas	公顷	ha	4249	4470	4966
公园个数	Parks	个	unit	22	30	38
公园面积	Area of parks	公顷	ha	1031	1103	1200

9－4 长春市城区集中供热情况
BASIC STATISTICS ON HEATING IN CITY

		单位 unit	2010	2011	2012
供热能力(热水)	Heating capacity (water)	兆瓦 Mega watts	10615	11545	14274
供热能力(蒸汽)	Heating capacity (steam)	吨/小时 ton/hour	1016	999	116
供热总量(热水)	Volume supplied(water)	万吉焦 10000gigajoules	6537	6100	6598
供热总量(蒸汽)	Volume supplied(steam)	吨/小时 ton/hour	1034	993	106.2
管道长度(热水)	Length of pipeline(water)	公 里 km	3349	3425	5106.41
管道长度(蒸汽)	Length of pipeline (steam)	公 里 km	36	40	33.2
供热面积	Heated area	万平方米 10000sq · m	12166.3	12817.8	13305.93

9-5 长春市城区自来水供应情况(公共供水)
BASIC STATISTICS ON TAP WATER SUPPLY IN CITY

		单位	unit	2012
年底自来水生产能力	Production capacity of tap water	万立方米/日	10000cu · m/day	118.9
年末供水管道长度	Length of water supply pipeline	公里	km	2062.00
供水总量	Volume of water supply	万立方米	10000 cu · m	33376.00
生产运营用水	For productive use	万立方米	10000 cu · m	6798.00
居民家庭用水	For residential use	万立方米	10000 cu · m	7439.00
售水量	Volume of sale	万立方米	10000 cu · m	21908.00
用水户数	Households access to tap water	户	Household	1090966.00
其中:家庭用户	Households	户	Household	995860.00
用水人口	Population access to tapwater	万人	10000persons	359.92
人均日生活用水量	Per capita comsumption of tapwater	升	liter	118.83

9-6 长春市公共交通情况
BASIC STATISTICS ON PUBLIC TRANSPORTATION

		单位	unit	2012
一、汽车	Automobile			
运营车数	Operating automobile	辆	unit	4575
公共汽车	Buses	辆	unit	4575
标准运营车数	Number of standard operating	标台	unit	5081
运营线路网长度	Length of road	公里	km	4486
客运总量	Passengers traffic	万人次	10000person - times	75758.8
公共汽车	Buses	万人次	10000person - times	75758.8
其中:小公共汽车	Mini buses	万人次	10000person - times	
从业人数	Employment	人	person	9556
二、出租汽车	Taxi			
出租车数量	Number of taxi	辆	unit	15401
三、轨道交通	Orbital transport			
(一)轻轨	Light trolley			
运营车数	Number of trolley operating	辆	unit	58
运营线路网长度	Length of road	公里	km	48.26
客运总量	Passengers traffic	万人次	10000person - times	
(二)有轨电车	Trolley			
运营车数	Number of trolley operating	辆	unit	29
标准运营车数	Number of standard operating	标台	unit	58
运营线路网长度	Length of road	公里	km	7.6
客运总量	Passengers traffic	万人次	10000person - times	4

9－7 长春市主要年份市区房屋情况
BASIC STATISTICS ON BUILDING CONSTRUCTION AND HOUSING

		2009	2010	2011	2012
实有房屋建筑面积(万平方米)	Floor space of building(10000sq·m)	11957.7	12554	12839.62	13083.69
#私房(万平方米)	Private building (10000sq·m)	6151.7	6753.3	7346.22	7822.39
实有住宅建筑面积(万平方米)	Floor space of housing (10000sq·m)	7501.9	8032.1	8513.28	8868.21
#私房(万平方米)	Private building (10000sq·m)	5616.2	6123.2	6658.6	7067.2
人均住房建筑面积(平方米/人)	Building areas per capita(sq·m·person)	29.14	31.14	32.8	34.2
人均住房使用面积(平方米/人)	Usable floor space per capita(sq·m·person)"	21.86	23.36	24.6	25.65

9－8 长春市主要年份全市供电情况
BASIC STATISTICS ON ELECTRICITY SUPPLY IN CITY

		2009	2010	2011	2012
年底发电设备容量总计(千瓦)	Total of power station production(kw)	3756000	4123914	4748914	4754914
年底供电设备容量(千伏安)	Total available for supply(1000kwva)	10501400	11693350	12252400	14168450
全年供电量(万千瓦小时)	Annual supply electricity(10000kwh)	1173267	1356167	1481731	1564269
#自供(万千瓦小时)	By power station (10000kwh)	61545	59513	47180	28190
网供(万千瓦小时)	From electicity net (10000kwh)	1173267	1356167	1481731	1564269
全年用电量(万千瓦小时)	Total electricity consumption(10000kwh)	1353856	1586471	1698834	1790291
#工业用电(万千瓦小时)	Industry(10000kwh)	702011	864074	897440	1005025
农业用电(万千瓦小时)	Agriculture (10000kwh)	31051	28741	31401	23250
城乡人民生活用电(万千瓦小时)	Residential consumption(10000kwh)	308990	346156	396362	310668
送配电线路长度(公里)	Length of electric wire (km)	3589.49	4841.6	5131.84	5609.11
#输电线路(公里)	Electric wire (km)	3589.49	4841.6	5131.84	5609.11

统计资料

STATISTICS

◎ 农 业

AGRICULTURE

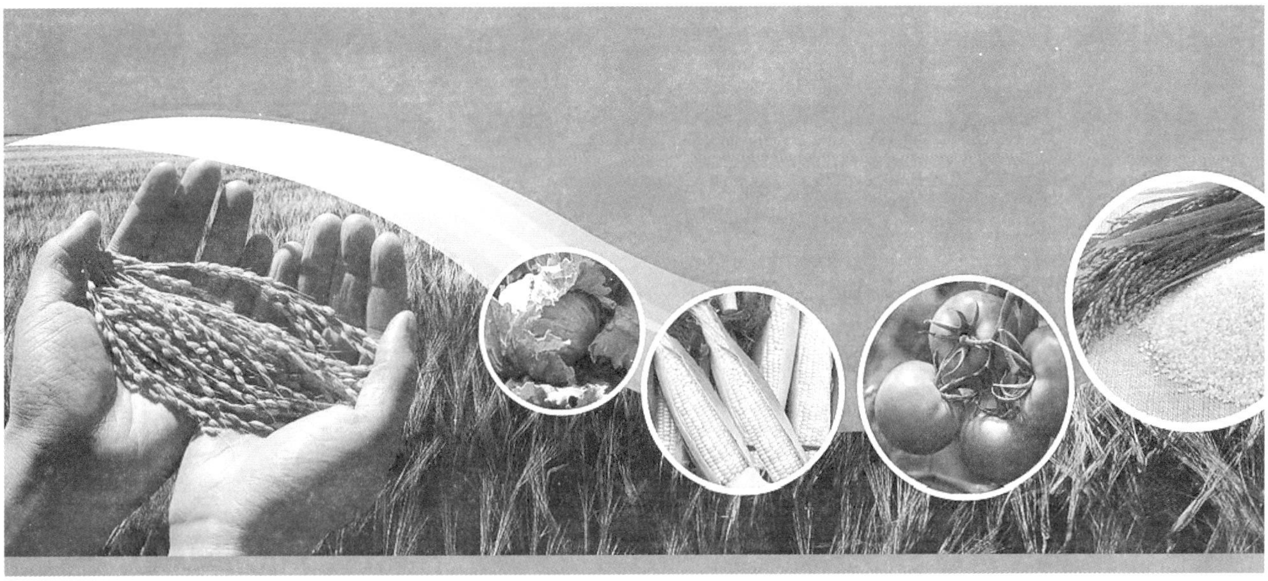

长春统计年鉴

CHANGCHUN STATISTICAL YEARBOOK

第十篇 农 业

2012年，全年完成农林牧渔业总产值562.5亿元，比上年增长5.4%。其中，种植业产值284.1亿元，增长5.2%；林业产值3.8亿元，增长20.6%；牧业产值255.2亿元，增长5.5%；渔业产值4.2亿元，增长9.0%；农林牧渔服务业产值15.1亿元，增长3.5%。

全年农作物总播种面积134.4万公顷，同比增长0.8%。粮食播种面积124.5万公顷，同比增长1.99%。粮食总产量达到911.2万吨，比上年增加98.7万吨。其中，玉米产量743.4万吨，增长20.1%；水稻产量127.1万吨，减少17.1%。猪出栏602.8万头，增长6.8%，牛出栏122.1万头，增长1.8%，羊出栏35.3万只，增长5.3%，家禽出栏2.6亿只，增长8.3%。肉蛋奶产量分别达到118.6万吨、33.9万吨和6.8万吨，分别增长5.2%、4.6%和7.9%。

10－1　1993－2012年农林牧渔业总产值(现价)
GROSS OUTPUT VALUE OF AGRICULTURE(at current price)(1993－2012)

单位:亿元　unit:100million yuan

年份 Year	农林牧渔业总产值 Total	农业产值 Farming	林业产值 Forestry	牧业产值 Animal husbandry	渔业产值 Fishery
1993	64.5	46.1	0.3	17.6	0.5
1994	108.2	71.9	0.5	35.2	0.6
1995	144.5	8.9	0.7	53.7	1.1
1996	172.9	99.3	0.5	71.9	1.2
1997	176.8	94.0	0.7	80.8	1.3
1998	198.9	108.2	0.6	88.6	1.5
1999	200.9	92.9	0.5	105.8	1.7
2000	197.6	83.8	1.0	111.7	1.1
2001	223.9	108.0	0.5	114.4	1.0
2002	242.1	115.9	0.6	124.8	0.8
2003	259.2	116.7	1.1	139.2	1.0
2004	281.5	126.6	0.8	152.2	0.7
2005	272.9	130.8	2.1	137.3	1.5
2006	289.0	142.2	1.7	142.3	1.5
2007	340.6	160.3	0.9	176.2	1.8
2008	405.2	171.4	1.9	228.0	2.4
2009	418.4	185.3	1.9	216.2	2.2
2010	474.7	213.4	3.2	242.3	2.4
2011	523.8	248.6	2.8	254.5	3.7
2012	562.5	284.1	3.8	255.2	4.2

10－2　1993－2012年农作物播种面积
TOTAL SOWN AREAS OF FARM CROPS (1993－2012)

单位:公顷　unit:ha

年份 Year	农作物总播种面积 Total sown area	粮食作物 Grain crops		经济作物 Economic crops		其他作物 Other crops	
		播种面积 Sown area	占总播种面积(%) Percentage	播种面积 Sown area	占总播种面积(%) Percentage	播种面积 Sown area	占总播种面积(%) Percentage
1993	1120226	969586	86.6	43151	3.9	107489	9.5
1994	1115798	969219	86.9	36343	3.3	110236	9.8
1995	1120203	977304	87.2	31446	2.8	111453	10.0
1996	1124429	979061	87.1	32938	2.9	112430	10.0
1997	1122817	986045	87.8	27594	2.5	109178	9.7
1998	1122996	984485	87.7	21828	1.9	116683	10.4
1999	1121587	965869	86.1	26567	2.3	129151	11.6
2000	1121046	951131	84.8	38134	3.4	131781	11.8
2001	1114286	935373	84.0	42796	3.8	136117	12.2
2002	1109100	914514	82.5	41467	3.7	153119	13.8
2003	1106395	919045	83.1	169589	15.3	17761	1.6
2004	1139211	1012244	88.9	121564	10.7	5403	0.4
2005	1130795	1002871	88.7	119566	10.6	8358	0.7
2006	1140257	1006930	88.3	127143	11.2	6184	0.5
2007	1150344	1020703	88.7	122352	10.6	7289	0.6
2008	1189764	1097197	92.2	88768	7.5	3799	0.3
2009	1260099	1155556	91.7	100687	8.0	3856	0.3
2010	1257193	1150479	91.5	102575	8.2	4139	0.3
2011	1333060	1220935	91.6	107762	8.1	4363	0.3
2012	1344118	1245338	92.7	95585	7.1	3195	0.2

注:经济作物包括:油料、甜菜、烟叶、药材、蔬菜。
Note:Economic crops include:Oil－bearing, sugar beet, tobacco leaf, medical material and vegetables.

10－3 农作物总播种面积
TOTAL SOWN AREAS OF FARM CROPS

单位:公顷 unit:ha

		全 市 Total	市辖区 District		榆树市 Yushu	农安县 Nong'an	九台市 Jiutai	德惠市 Dehui
			合 计 Total	#双阳区 Shuangyang				
农作物总播种面积	Sown area	1344118	146150	89126	391126	395894	186407	224541
一、粮食作物合计	Grain crops	1245338	130564	83799	378093	361635	172505	202541
(一)谷物	Corn	1197938	127868	81579	361681	349665	165732	192992
1. 稻谷	Rice	174004	15675	11463	72240	11993	24469	49627
其中:粳稻	Geng rice	173191	15675	11463	72240	11993	24420	48863
糯稻	Glutinous rice	813					49	764
2. 小麦	Wheat	600					600	
3. 玉米	Corn	1019332	112004	69954	289441	334422	140523	142942
4. 谷子	Millet	447	7			430	4	6
5. 高粱	Sorghum	3366	14			2820	115	417
6. 其它谷物	Others	189	168	162			21	
(二)豆类合计	Beans	21135	1320	1007	6463	4660	3363	5329
其中:大豆	Soybean	19167	1293	1007	6463	4410	2044	4957
绿豆	Mung beans	232	4			126	8	94
红小豆	Red beans	1049	3			124	822	100
(三)薯类(折粮)	Tubers	26265	1376	1213	9949	7310	3410	4220
其中:马铃薯	Potato	25955	1364	1201	9949	7210	3346	4086
二、油料合计	Oilbearing crops	7879	4			6389	10	1476
1. 花生	Peanuts	2637				2612		25
2. 芝麻	Sesame	56				56		
3. 葵花子	Sunflower seed	4846	4			3721	10	1111
三、麻类合计	Fiber crops	10					3	7
线麻	Line fiber	10					3	7
四、烟叶合计	Tobacco	9326			508	6750	1428	640
1. 烤烟叶	fluecured tobacco leaf	1142			508			634
2. 晒烟	Suncured tobacco	8184				6750	1428	6
五、药材类合计	Crude drugs	139			139			
六、蔬菜(含菜用瓜)	Vegetable and melon	68432	13477	4627	11524	15920	9864	17647
七、瓜果类	Melon	9799	1062	483	852	5200	993	1692
其中:西瓜	Watermelon	3947	222	9	412	2515	204	594
甜瓜	Muskmelon	5703	806	474	440	2685	674	1098
草莓	strawberry	104	12				92	
八、其它农作物	Other crops	3195	1043	217	10		1604	538
其中:青饲料	Forage	215	209	209			6	

10－4 农作物总产量
YIELD OF MAJOR FARM CROPS

单位:吨 unit:ton

		全市 Total	市辖区 District 合计 Total	#双阳区 Shuangyang	榆树市 Yushu	农安县 Nong'an	九台市 Jiutan	德惠市 Dehui
一、粮食作物合计	Grain crops	9112176	629549	482500	3207389	3120651	902500	1252087
(一)谷物	Corn	8733198	619658	474371	3022050	3042314	855355	1193821
1.稻谷	Rice	1270934	103242	93710	629199	120264	125444	292785
其中:粳稻	Geng rice	1266333	103242	93710	629199	120264	125121	288507
糯稻	Glutinous rice	4601					323	4278
2.小麦	Wheat	1732					1732	
3.玉米	Corn	7433676	515867	380175	2392851	2898364	727645	898949
4.谷子	Millet	2529	14			2477	15	23
5.高粱	Sorghum	23744	26			21209	445	2064
6.其它谷物	Others	583	509	486			74	
(二)豆类合计	Beans	80726	4460	3625	27617	21575	10501	16573
其中:大豆	Soybean	73430	4371	3625	27617	20706	5271	15465
绿豆	Mung beans	744	30			396	18	300
红小豆	Red beans	2684	22			473	1941	248
(三)薯类(折粮)	Tubers	298252	5431	4504	157722	56762	36644	41693
其中:马铃薯	Potato	295479	5431	4504	157722	56012	36272	40042
二、油料合计	Oilbearing crops	26222	8			22809	50	3355
1.花生	Peanuts	11504				11442		62
2.芝麻	Sesame	178				178		
3.葵花子	Sunflower seed	14005	8			11189	50	2758
三、麻类合计	Fiber crops	19					3	16
线麻	Line fiber	19					3	16
四、烟叶合计	Tobacco	36255			1438	30315	2950	1552
1.烤烟叶	fluecured tobacco leaf	2969			1438			1531
2.晒烟	Suncured tobacco	33286				30315	2950	21
五、药材类合计	Crude drugs	278			278			
六、蔬菜(含菜用瓜)	Vegetable and melon	2540611	330838	81874	720614	260435	488337	740387
七、瓜果类	Melon	246218	23156	7272	40815	84242	41255	56750
其中:西瓜	Watermelon	106945	6579	162	23014	47467	8501	21384
甜瓜	Muskmelon	138270	16268	7110	17801	36775	32060	35366
草莓	strawberry	101	1				100	
八、其它农作物	Other crops	4393	2586		20		1787	
其中:青饲料	Forage							

10－5　农村基本情况及农业生产条件

		单位 Unit		全市 Total
一、农村基层组织情况	Rural grassroots units			
乡(镇)个数	Township governments	个	unit	97
其中:镇个数	Town governments	个	unit	67
村民委员会个数	Villagers'committees	个	unit	1677
二、农村基础设施	Rural social basic facilities			
自来水受益村数	Villages access to tap water	个	unit	639
通汽车村数	Villages access to automobile	个	unit	1673
通电话村数	Villages access to telephone	个	unit	1676
三、乡村人口与从业人员	Number of rural laborers and population			
乡村户数	Number of rural households	户	household	1212040
乡村人口数	Rural population	人	person	4391581
1.男	Male	人	person	2306182
2.女	Female	人	person	2085399
乡村劳动力资源数	Rural labourers	人	person	2505427
1.男	Male	人	person	1354552
2.女	Female	人	person	1150875
乡村从业人员数	Rural labourer	人	person	2169916
1.男	Male	人	person	1198876
2.女	Female	人	person	971040
其中:农业从业人员	Agriculture	人	person	1317873
四、农业用地情况	Agricultural land situation			
1.耕地	Cultivated land	公顷	ha	1256019
2.园地	Gardon plot	公顷	ha	11776
3.林地	Woodland	公顷	ha	103934
4.草地	Grassland	公顷	ha	30712
5.设施农业用地	Agricultrual facilities	公顷	ha	20443
五、农业主要能源及物耗	Energy and material consumption			
1. 农村用电量	Electricity consumption	千千瓦小时	kwh	1248922
2.农用化肥施用量(实物量)	Consumptin of chemical fertilizers	吨	ton	1016030
氮肥	Nitrogenous fertilizer	吨	ton	460524
(1)硫酸铵	Sulphuric acid ammonia	吨	ton	24066
(2)硝酸铵	Nitric acid ammonia	吨	ton	27605
(3)尿素	Urea	吨	ton	368609
(4)碳酸氢铵	Carbonic acid hyorrogtn ammonia	吨	ton	27837
(5)氨水	Ammonia water	吨	ton	
(6)其他	Others	吨	ton	12407
磷肥	Phosphate fertilizer	吨	ton	122413
钾肥	Potash fertilizer	吨	ton	62286
复合肥	Compound fertilizer	吨	ton	370807
3.农用塑料薄膜使用量	Volume of use of plastic film	吨	ton	10886
其中:地膜使用量	Volume of use of mulching film	吨	ton	4974
地膜覆盖面积	Coverage of mulching film	公顷	ha	33090
4.农用柴油使用量	Volume of diesel used	吨	ton	123711
5.农药使用量	Volume of pesticide	吨	ton	10793

BASIC CONDITIONS OF RURAL GRASSROOTS UNITS

市辖区 District		榆树市 Yushu	农安县 Nong'an	九台市 Jiutai	德惠市 Dehui
合计 Total	#双阳区 Shuangyang				
21	4	24	22	14	16
16	3	15	12	12	12
294	134	388	377	310	308
165	76	177	149	81	67
292	134	388	377	310	306
293	134	388	377	310	308
240632	72195	308961	273527	186121	202799
779087	272113	1133751	1014566	654527	809650
411767	142316	595978	534438	340654	423345
367320	129797	537773	480128	313873	386305
461085	162162	600307	623562	379056	441417
245307	85388	328719	336873	203273	240380
215778	76774	271588	286689	175783	201037
390921	135294	547047	526211	335772	369965
211043	73508	305001	296333	182546	203953
179878	61786	242046	229878	153226	166012
217111	101734	315272	345673	222195	217622
139059	86695	373072	374509	154791	214588
947	314	5570	2594	2192	473
28403	26783	10088	24620	29705	11118
	386	7077	23249		
2960	516	15828	319	610	726
425262	296318	219553	232658	185644	185805
135637	72827	297539	260960	161567	160327
49681	17902	144334	117264	66142	83103
2339	141	7319	5428	4785	4195
	1105	8133	10978	4215	
35657	11551	115511	99673	48333	69435
4339	4289	8862	268	5796	8572
3067	816	4509	917	3013	901
7406	2410	34533	36567	21705	22202
5837	813	14968	16228	15885	9368
72713	51702	103704	90901	57835	45654
2523	1097	3924	1562	1313	1564
765	424	1596	1028	653	932
3712	1155	5316	13344	1540	9178
12332	7107	42475	31431	16593	20880
2454	1636	2625	2260	2066	1388

10－5 续表 1

		单 位 Unit		全 市 Total
六、耕地情况	Cultivated land			
（一）年初耕地总资源	Area of land at year beginning	公顷	ha	1297155
（二）年内增加	Area of increasing land	公顷	ha	19017
其中：新开荒地	Newly open up wasteland	公顷	ha	17326
园地改为耕地	Garden to land	公顷	ha	513
（三）年内减少耕地面积	Area of decreasing land	公顷	ha	4976
其中：国家基建占地	Occupation of construction	公顷	ha	259
其他基建占地	Occupation of other capital construction	公顷	ha	3698
退耕还林还草占地	Occupation of return from cultivated land to forest and grass	公顷	ha	420
（四）年末耕地总资源	Area of land at year－end	公顷	ha	1311196
1. 常用耕地面积	Area of cultivated land	公顷	ha	1307958
其中：水田	Paddy fields	公顷	ha	170984
水浇地	Irrigated fields	公顷	ha	14971
2. 临时性耕地	Temporary land	公顷	ha	3238
其中：25 度以上陡坡耕地	Slope over 25 degree	公顷	ha	1798
七、农业机械化情况	Agricultural machinery			
（一）农业机械总动力	Power of agricultural machinery	千瓦	kw	5138936
1. 柴油发动机动力	Diesel power	千瓦	kw	4753199
2. 汽油发动机动力	Gasoline power	千瓦	kw	19663
3. 电动机动力	Electric power	千瓦	kw	366073
（二）拖拉机配套机械及种植业机械	Tractors and planting machinery			
拖拉机	Tractors	台/千瓦	unit/kw	176617/3195247
其中：大中型拖拉机	Large and medium tractors	台/千瓦	unit/kw	95929/2374577
小型拖拉机	Mini tractors	台/千瓦	unit/kw	80688/820670
大中型拖拉机配套农具	Tractor towing farming machinery	部	set	439127
小型拖拉机配套农具	Mini tractor towing farm machinery	部	set	278915
种植业机械	Planting machinery	台	unit	64132
农用排灌动力机械	Irrigating machinery	台/千瓦	unit/kw	83788/576773
其中：柴油机	Diesel machinery	台/千瓦	unit/kw	56304/435230
电动机	Electric machinery	台/千瓦	unit/kw	27484/141542
农用水泵	Pump	台	unit	97777
机动喷雾（粉）机	Sprayer	台/千瓦	unit/kw	4161/8322
其中：联合收割机	Compound harvesters	台/千瓦	unit/kw	6186/256522
机动割晒机	Motoried harvesters	台/千瓦	unit/kw	61/201
（三）农产品初加工作业机械	Farming products processing machinery	台/千瓦	unit/kw	34166/324960
其中：柴油机	Diesel machinery	台/千瓦	unit/kw	10035/105368
电动机	Electric machinery	台/千瓦	unit/kw	24131/219592
粮食加工机械	Grain	台（套）	unit	28170
油料加工机械	Oil plants	台（套）	unit	8626
（四）畜牧养植机械	Animal husbandry machinery	台/千瓦	unit/kw	18442/126510
饲草料加工机械	Feed pulverizer	台/千瓦	unit/kw	17568/117179
（五）运输机械	Transportation	辆/千瓦	coach/kw	35348/596653
农用运输车	Truck	辆/千瓦	coach/kw	35348/596653
（六）农田基本建设农机械	Capital construction farming machinery	辆/千瓦	coach/kw	314/16014

continued1

市辖区 District		榆树市 Yushu	农安县 Nong'an	九台市 Jiutai	德惠市 Dehui
合计 Total	#双阳区 Shuangyang				
216834	142414	86695	375401	184974	377532
678	59		4461	1119	12700
165			4461		12700
513					
253	1257		2352	515	599
25	231			3	
228	397		2352	497	224
	30			15	375
217259	141216	86695	377510	185578	389633
215892	139882	86695	377464	185110	389610
49556	15018	11463	11440	23776	71194
	5740	236	4911		4320
1367	1334		46	468	23
850	600		46	302	
993267	284477	338835	1559655	790597	1172102
878226	257417	293543	1525352	716871	1081787
6517	75	930	1393	4317	6428
108524	26958	44360	32909	69407	83886
6154/107799	12555/1895559	64158/1179987	28956/449420	36008/725712	28786/542767
2345/65924	2183/96922	49267/1004724	7369/256099	20575/554166	14190/386739
3809/41875	10372/92637	14891/175264	21587/193320	15433/161545	14596/156028
7650	27417	132379	62207	111219	98255
6243	24941	62707	39559	77559	67906
1421	4343	21566	6273	22155	8374
6210/39953	8229/51804	9919/69031	11994/78585	17636/129747	29800/207650
3090/23885	3653/28237	6957/53777	6518/50384	15086/116615	21000/162330
3120/16068	4576/23566	2962/15254	5476/28201	2550/13132	8800/45320
5200	8294	13700	26726	2857	41000
30/60	124/248	2500/5000	1231/2462	62/124	214/428
81/4152	429/22439	2102/46200	736/37819	1583/94928	1255/50984
12/39			49	161	
1704/16265	2420/22233	6109/61492	8365/81731	8026/73764	7542/69472
542/5691	151/1585	4215/44258	4007/42074	520/5460	600/6300
1162/10574	2269/20647	1894/17235	4358/39657	7506/68304	6942/63172
885	2270	5610	4577	7506	7322
72	18	828	96	7506	106
464/3094	2123/14291	7028/47636	747/6017	5297/36672	2783/18796
464/3094	2058/13727	6457/43068	720/4802	5262/35098	2607/17389
6241/110315	2098/33118	8617/146078	6857/122393	5739/93344	5796/91401
6241/110315	2098/33118	8617/146078	6857/122393	5739/93344	5796/91401
7/357	47/2397	17/867	51/2601	105/5355	87/4437

10－6 林 业 生 产 情 况

指标名称 Item		单位 Unit		全 市 Total	农安 Nong'an	九台 Jiutai	榆树 Yushu	德惠 Dehui
1. 当年造林面积	Areas of afforestation	公顷	ha	2224	541	412	200	250
2. 迹地更新面积	Areas of renewly cutover	公顷	ha	478	200	259		
3. 零星(四旁)植树	Odd pieces of planting	百株	100plant	11240	1000	10000		
4. 育苗面积	Areas of grow seedlings	公顷	ha	556		4	60	30
5. 幼林抚育实际面积	Areas of young trees	公顷	ha	11478	5337	2500	53	3257
6. 成林抚育面积	Areas of forest fostered	公顷	ha	4125	1000	600		2194
7. 木材产量	Timber yield	立方米	cu · m	265259	103821	40000	48000	56100
8. 天然和人工林的果实	Natural and plantation of fruit	吨	ton	3878				

BASIC STATISTICS ON FORESTRY PRODUCTION

双阳区 Shuangyang	朝阳区 Chaoyang	宽城区 Kuancheng	南关区 Nanguan	二道区 Erdao	绿园区 Lvyuan	莲花山开发区 Lian hua maitain development zone	净 月开发区 Jing yue development zone
300					10	266	245
	2	3			14		
	50					190	
50	280	40			30		62
		65			133		133
		65			133		133
11300	600	1108			2119		2211
201	700				2850	127	

10－7　畜牧业主要产品生产及存栏情况

		单位 Unit		全市 Total
一、畜牧出栏数量	Livestock			
1. 猪	Pigs	头	head	6027840
2. 牛	Cattle	头	head	1220986
3. 羊	Sheep	头	head	353477
4. 驴	Donkeys	头	head	10571
5. 骡	Mules	头	head	10044
6. 马	Horses	匹	head	28375
7. 家禽(千只)	Poultry	千只	1000heads	260518
其中:肉食鸡	Chicken	千只	1000heads	232307
鹅	Goose	千只	1000heads	14623
8. 兔	Shanghtered cats oryctolagus	只	head	3569293
二、畜牧产量	Farm products			
1. 猪	Pigs	吨	ton	542934
2. 牛	Cattle	吨	ton	162712
3. 羊	Sheep	吨	ton	5279
4. 驴	Donkeys	吨	ton	830
5. 骡	Mules	吨	ton	979
6. 马	Horses	吨	ton	3204
7. 家禽	Poultry	千只	1000heads	459800
其中:肉食鸡	Chicken	吨	ton	352393
鹅	Goose	吨	ton	38373
8. 兔	Shanghtered cats oryctolagus	吨	ton	7127
9. 其它肉产量	Others	吨	ton	2846
附记:肉类总产量	Meat	吨	ton	1185711
猪牛羊肉产量	Pork and mutton	吨	ton	710925
10. 奶类产量	Milk	吨	ton	67896
(1)羊奶产量	Milk of sheep	吨	ton	372
(2)牛奶产量	Milk of cows	吨	ton	67524
11. 山羊毛产量	Wool of goat	公斤	kg	30614
12. 绵羊毛产量	Wool of jumbuck	公斤	kg	2197030
其中:细羊毛	Fine wool	公斤	kg	60103

BASIC STATISTICS ON ANIMAL HUSBANDRY

市辖区 District		榆树市 Yushu	农安县 Nong'an	九台市 Jiutai	德惠市 Dehui
合计 Total	#双阳区 Shuangyang				
384002	190716	1334140	1835998	1158241	1315459
125743	83565	390028	274959	274714	155542
18631	9138	55474	225609	19010	34753
918	574	4237	4234	276	906
739	452	5838	1460	194	1813
1355	764	17811	4151	214	4844
10881	2052	31004	70036	33732	114865
1317	469	24024	64870	31973	110123
948	852	6980	5166	1136	393
2946		93150	3253410	214525	5262
32703	16477	130110	157196	96302	126623
17907	12131	47302	43990	32904	20609
335	182	600	3520	286	538
67	46	335	334	22	72
73	43	583	131	22	170
142	75	2135	415	26	486
19538	3894	59743	136100	60928	183491
2734	1313	42296	120602	31980	154781
1990	1710	17447	15498	2275	1163
7		175	6507	429	9
804	654	491	1378	149	24
71576	33502	241474	349571	191068	332022
50945	28790	178012	204706	129492	147770
17202	2330	25663	3336	19112	2583
7	2	263	40	12	50
17195	2328	25400	3296	19100	2533
			29600	14	1000
		226800	1769300	30	200900
				3	60100

10－7 续表 1

		单位 Unit		全市 Total
半细羊毛	Semi－fine wool	公斤	kg	2136927
13. 羊绒产量	Cashmere	公斤	kg	421
14. 蜂蜜产量	Honey	吨	ton	299
15. 禽蛋产量	Eggs	吨	ton	338858
16. 鹿茸产量	Pilose antler	公斤	kg	1412
17. 貂皮产量	Marten	张	sheet	57165
18. 蚕茧产量	Pod	公斤	kg	84376
三、畜牧存栏	Live stock			
（一）大牲畜总头数	Large animals	头	head	2168372
其中：从事农事劳役的	In planting	头	head	596657
1. 牛	Cattle and buffaloes	头	head	2011309
其中：良种及改良奶牛	Improved cow	头	head	51452
2. 马	Horse	匹	head	98996
3. 驴	Donkey	匹	head	23948
4. 骡	Mule	匹	head	34119
（二）猪	Pig	头	head	3766396
（三）羊	Sheep	只	head	560811
1. 山羊	Goat	只	head	286254
其中：奶山羊	Milk goat	只	head	27921
2. 绵羊	Sheep	只	head	274557
其中：细毛羊及改良羊	Fine sheep and Improved sheep	只	head	17150
半细毛羊及改良羊	Semi－fine sheep and Improved sheep	只	head	251296
（四）鹿	Deer	只	head	212982
（五）养蜂箱数	Bee	箱	case	8838
（六）家禽	Poultry	千只	1000heads	130912
1. 鸡	Chicken	千只	1000heads	71651
其中：蛋鸡	Eggs	千只	1000heads	42618
2. 鸭	Duck	千只	1000heads	4204
3. 鹅	Goose	千只	1000heads	4853
（七）兔	Oryctolagus	只	head	128012

continued1

市辖区 District 合计 Total	市辖区 District #双阳区 Shuangyang	榆树市 Yushu	农安县 Nong'an	九台市 Jiutai	德惠市 Dehui
		226800	1769300	27	140800
				421	
19	15	132	113	30	5
106571	65374	121364	23065	61862	25996
611				162	639
51608	46117	1452	1443	2187	475
		15160	4216	65000	
191490	154095	760198	404451	397390	414843
25770	22134	304812	58130	42410	165535
182267	150797	690330	372855	393256	372601
12325	1342	25430	2121	9508	2068
5566	1857	47799	15610	2058	27963
1811	961	7279	10161	775	3922
1846	480	14790	5825	1301	10357
170328	86240	1062652	1167282	580620	785514
20664	13090	100496	347227	19076	73348
12744	10459	26106	215140	10153	22111
131			21540		6250
7920	2631	74390	132087	8923	51237
486				1332	15332
1323		74390	132087	7591	35905
184202	171277	7588	7826	9869	3497
1668	160	2487	3956	502	225
12266	8715	21582	22563	36301	38200
11458	8089	11549	7829	3987	36828
10965	8017	11549	7829	3987	8288
394	307	1678	721	706	705
409	319	2309	896	574	665
855		43815	2251	73696	7395

10－8 农作物每公顷产量
YIELD OF MAJOR FARM CROPS FOR UNIT AREA

单位:公斤/公顷 unit:kg/ha

		全 市 Total	市辖区 District		榆树市 Yushu	农安县 Nong'an	九台市 Jiutan	德惠市 Dehui
			合 计 Total	#双阳区 Shuangyang				
一、粮食作物	Grain	7317	4822	5758	8483	8629	5232	6182
(一)谷物	Corn	7290	4846	5815	8356	8701	5161	6186
1.稻谷	Rice	7304	6586	8175	8710	10028	5127	5900
其中:粳稻	Kengrice	7312	6586	8175	8710	10028	5124	5904
糯稻	Glutinous Rice	5659					6592	5599
2.小麦	Wheat	2887					2887	
3.玉米	Corn	7293	4606	5435	8267	8667	5178	6289
4.谷子	Millet	5658	2000			5760	3750	3833
5.高粱	Sorghum	7054	1857			7521	3870	4950
6.其它谷物	Others	3085	3030	3000			3524	
(二)豆类合计	Beans	3820	3379	3600	4273	4630	3123	3110
其中:大豆	Soybean	3831	3381	3600	4273	4695	2579	3120
绿豆	Mung beans	3207	7500			3143	2250	3191
红小豆	Red beans	2559	7333			3815	2361	2480
(三)薯类(折粮)	Tubers	11355	3947	3713	15853	7765	10746	9880
其中:马铃薯	Potato	11384	3982	3750	15853	7769	10840	9800
二、油料合计	Oilbearing crops	3328	2000			3570	5000	2273
1.花生	Peanuts	4363				4381		2480
2.芝麻	Sesame	3179				3179		
3.葵花子	Sunflower seed	2890	2000			3007	5000	2482
三、麻类合计	Fiber crops	1900					1000	2286
线麻	Line fiber	1900					1000	2286
四、烟叶合计	Tobacco	3888			2831	4491	2066	2425
1.烤烟叶	Fluecured tobacco leaf	2600			2831			2415
2.晒烟	Suncured tobacco	4067				4491	2066	3500
五、药材类合计	Crude drugs	2000			2000			
六、蔬菜(含菜用瓜)	Vegetable and melon	37126	24548	17695	62532	16359	49507	41955
七、瓜果类	Melon	25127	21804	15056	47905	16200	41546	33540
其中:西瓜	Watermelon	27095	29635	18000	55859	18874	41672	36000
甜瓜	Muskmelon	24245	20184	15000	40457	13696	47567	32209
草莓	Strawberry	971	83				1087	
八、其它农作物	Other crops	1375	2479		2000		1114	
其中:青饲料	Forage							

10－9 水 果 生 产 情 况
BASIC STATISTICS ON FRUITS

		单位 Unit	全市 Total	市辖区 District		榆树市 Yushu	农安县 Nong'an	九台市 Jiutai	德惠市 Dehui
				合计 Total	#双阳区 Shuangyang				
一、水果产量合计	Output of fruits	吨 ton	57463	2706	110	15997	4947	10059	23754
1. 苹果	Apple	吨 ton	6266	67		1628	8	3834	729
其中:红富士苹果	Hong fu shi apple	吨 ton	30	30					
国光苹果	Guoguang apple	吨 ton	28	20			8		
2. 梨	Pear	吨 ton	3422	79		927	82	1573	761
其中:苹果梨	Apple pear	吨 ton	1020	14			82	413	511
雪花梨	Snow pear	吨 ton	202	40				112	50
鸭　梨	Ya pear	吨 ton	213	5				8	200
3. 其他园林水果	Others	吨 ton	47775	2560	110	13442	4857	4652	22264
其中:山楂	Haw	吨 ton	82	33		14		25	10
桃	Peach	吨 ton	28			12	12	1	3
葡萄	Grape	吨 ton	37100	2527	110	8038	4662	814	21059
二、食用坚果	Edible nuts	吨 ton	13		13				
其中:核桃	of which: Walnut	吨 ton	13			13			
板栗	Chinese chestnut	吨 ton							
松子	Pine nut	吨 ton							
三、水果面积	Area of fruit trees	公顷 ha	7054	130	8	2063	1880	1292	1689
1. 苹果	Apple	公顷 ha	795	9		304	1	396	85
其中:红富士苹果	Hong fu shi apple	公顷 ha	2	2					
国光苹果	Guoguang apple	公顷 ha	4	3			1		
2. 梨	Pear	公顷 ha	931	21		615	22	196	77
其中:苹果梨	Apple pear	公顷 ha	118				22	55	41
雪花梨	Snow pear	公顷 ha	34	7				22	5
鸭　梨	Ya pear	公顷 ha	47	9				7	31
3. 葡萄	Grape	公顷 ha	3837	90	8	417	1805	60	1465
4. 山楂	Haw	公顷 ha	174	10		11		149	4
5. 桃	Peach	公顷 ha	12			8	2	1	1
6. 其它	Others	公顷 ha	1305			708	50	490	57

10-10 渔 业 生 产 情 况
BASIC STATISTICS ON FISHERY

		单位 Unit	全市 Total	市辖区 District 合计 Total	#双阳区 Shuangyang	榆树市 Yushu	农安县 Nong'an	九台市 Jiutai	德惠市 Dehui
一、水产品产量	Output of aquatic	吨 ton	23106	4140	4140	5026	4650	4598	4692
#国营	State - owned	吨 ton	7878	1806	834	2056	2465	1379	172
1. 养殖产量	Artificially cultured	吨 ton	21466	4140	4140	4808	3961	4369	4188
2. 捕捞产量	Naturally grown	吨 ton	1640			218	689	229	504
二、养殖面积	Areas of artificially	公顷 ha	25809	4038	2368	3614	8348	7754	2055
#国营	State owned	公顷 ha	20291	2442	772	2792	7840	7017	200

10-11 农林牧渔业总产值(现价)
GROSS OUTPUT VALUE OF FFAF(at current price)

单位:万元 unit:10000yuan

		全市 Total	市辖区 District 合计 Total	#双阳区 Shuangyang	榆树市 Yushu	农安县 Nong'an	九台市 Jiutai	德惠市 Dehui
农林牧渔业总产值	Total	5625370	500395	292957	1693004	1557090	697384	1177497
一、农业产值	Farming	2841112	222885	135571	985051	825713	324284	483179
1. 谷物及其他作物	Cereals and others	2280947	151302	117480	816451	763181	224968	325045
(1)谷物	Cereal	2051928	146711	113702	727647	684068	201128	292374
(2)薯类	Tubers	142600	2563	2126	74445	27286	17540	20766
(3)油料	Oil - bearing	17582	5			14978	29	2570
(4)豆类	Beans	35541	2017	1646	12538	9960	3653	7373
(5)麻类	Fiber crop	6					1	5
(6)烟草	Tobacco	33284			1821	26889	2617	1957
2. 蔬菜园艺作物	Vegetables	458762	62388	15370	150778	39435	84508	121653
3. 水果、坚果、饮料作物	Fruits nuts and beverage crops	101403	9195	2721	17822	23097	14808	36481
二、林业产值	Forestry	38129	7499	1663	5356	12347	4998	7929
(一)林木的培育和种植	Plants	3870	625	52	54	879	580	1732
(二)竹木采运	Wood cutting and transport	29299	1914	1248	5302	11468	4418	6197
(三)林产品的采集	The collection of frest products	4960	4960	363				
三、牧业产值	Animal husbandry	2552477	239906	139925	653315	672090	343798	643368
(一)牲畜饲养	Animals	433890	49354	30419	125110	120685	76242	62499
1. 牛的饲养	Cattle	393325	43286	29325	114344	106338	69539	59818
2. 羊的饲养	Sheep and goats	14409	734	371	2264	9216	777	1418
3. 奶产品	Milk products	21100	5334	723	7992	1040	5926	808
4. 毛绒产品	Wool	5056			510	4091		455
(二)猪的饲养	Hogs	1416208	83828	40484	347589	419950	153732	411109
(三)家禽饲养	Poultry	677069	98929	62071	178941	120550	108988	169661
(四)其他畜牧业	Other livestock	25310	7795	6951	1675	10905	4836	99
四、渔业产值	Fishery	42264	7624	7624	9389	6566	9360	9325
五、农林牧渔服务业	Farming, forestry, animalhusbandry and fishery services	151388	22481	8174	39893	40374	14944	33696

10－12 农林牧渔业增加值(现价)
ADDED VALUE OF FFAF(at current price)

单位:万元 unit:10000 yuan

		全 市 Total	市辖区 District		榆树市 Yushu	农安县 Nong'an	九台市 Jiutai	德惠市 Dehui
			合 计 Total	#双阳区 Shuangyang				
一、农林牧渔业总产值	Gross output value of FFAF	5625370	500395	292957	1693004	1557090	697384	1177497
二、中间消耗	Intermediate consumption	2454468	209852	113343	730758	669163	321439	523256
1. 农业	Farming	1009341	85653	50092	355100	288790	116847	162951
2. 林业	Forestry	18719	3574	876	3544	3831	2870	4900
3. 牧业	Animal husbandry	1334711	105612	54902	345246	359686	190276	333891
4. 渔业	Fishery	19298	3495	3495	4295	2962	4287	4259
5. 服务业	Service	72399	11518	3978	22573	13894	7159	17255
三、农林牧渔业增加值	Added value of FFAF	3170902	290543	179614	962246	887927	375945	654241
1. 农业	Farming	1831771	137232	85479	629951	536923	207437	320228
2. 林业	Forestry	19410	3925	787	1812	8516	2128	3029
3. 牧业	Animal husbandry	1217766	134294	85023	308069	312404	153522	309477
4. 渔业	Fishery	22966	4129	4129	5094	3604	5073	5066
5. 服务业	Services	78989	10963	4196	17320	26480	7785	16441

统计资料

STATISTICS

◎工　业

INDUSTRY

长春统计年鉴

CHANGCHUN STATISTICAL YEARBOOK

第十一篇　工　业

2012年，我市工业经济运行总体状态良好，工业生产快速增长、经济效益稳步提高，汽车产销量增幅大大高于全国平均水平，对全市工业增长的拉动作用明显提高。主要情况和特点如下（以下数据为快报数据）：

（一）工业生产快速增长，经济总量进一步扩大。2012年，规模以上工业企业（下同）完成总产值8263.5亿元，增长17.4%，月均产值达到688.6亿元，比上年增加了104.8亿元，月均产值平均增长18%，工业经济规模又迈上新台阶。

（二）重点产业协调健康发展，由汽车工业独大向多产业竞相发展推进。2012年，全市七大重点产业完成工业总产值7946.7亿元，比上年增长17.9%，高全市平均增幅0.5个百分点，占全市工业的96.2%，拉动全市工业增长17.1个百分点，对全市工业增长的贡献率达98.2%。分行业看，汽车工业稳步回升，完成工业总产值4888.5亿元，比上年增长16.5%，拉动全市工业增长7.5个百分点，对全市增长的贡献率达56.4%；农产品加工业保持快速增长，成为全市增长最快的行业，完成工业总产值1251.7亿元，比上年增长27.8%，高全市平均增幅10.4个百分点；轨道交通及装备制造业生产稳定提高，完成工业总产值468亿元，比上年增长7.4%；材料工业增长加快，完成工业总产值562.7亿元，比上年增长21.8%；能源工业稳定增长，完成工业总产值566.6亿元，比上年增长15.4%；医药工业呈快速增长趋势，完成工业总产值106.4亿元，首次突破百亿元大关，比上年增长21.2%；电子工业呈稳定增长态势，完成工业总产值102.8亿元，也是首次突破百亿元大关，比上年增长15%。汽车工业产值占全市比重由上年的59.6%下降为59.1%，下降0.5个百分点，其他重点产业产值占全市比重相应地提高0.5个百分点。

（三）重点企业支撑有力，带动作用进一步增强。2012年，工业总产值亿元以上企业达到552户，比上年增加92户，增长20%，共完成工业总产值8016.3亿元，占全市97%，比上年增长18.3%，增幅高全市平均水平0.9个百分点；产值十亿元以上企业为61户，比上年增加12户，增长24.5%，共完成产值6740.7亿元，占全市81.6%，比上年增长17.7%，增幅高全市平均水平0.3个百分点；产值百亿元以上企业为7户，完成产值5512.3亿元，占全市66.7%，比上年增长17.9%，高全市平均增幅0.5个百分点。

（四）重点产品产销顺畅，汽车产销量大大高于全国平均水平。2012年，全市规模以上工业产品销售率为98.5%，整体产销处于良好状态。在全国汽车工业进入调整期，我市汽车工业保持了良好的增长态势，一汽集团公司整车产销量分别为186.9万辆和185.8万辆，比上年分别增长14.5%和11.5%，分别超过全国汽车产销9.9和7.2个百分点，市场占有率由上年的9%上升到9.62%，提高了0.62个百分点。

（五）工业用电量与工业生产同步增长，经济增长基础进一步增强。2012年，全市工业用电量为100.5亿千瓦时，比上年增长12%，比工业增加值增速高1个百分点，占全社会用电量的56.1%，说明我市工业用电量与工业增加值同步增长，工业增加值的增速是实实在在的，增长基础比较扎实。

（六）地方工业快速增长，开发区及县域工业成为重要增长点。2012年，全市扣除一汽集团公司完成产值4645.5亿元，比上年增长17.8%，高全市平均增幅0.4个百分点，占全市比重为56.2%。其中：开发区工业完成产值1991.1亿元，比上年增长20.6%；区属工业完成产值431.5亿元，比上年增长19.3%；县域工业完成产值1044.6亿元，比上年增工26.7%。开发区工业、区属工业和县域工业增长幅度均高于全市平均水平，成为全市工业的重要增长点。

（七）工业经济效益持续攀升，呈现生产和效益同步较快增长的态势。2012年，全市规模以上工业经济效益综合指数达到342.3%，在上年提高5个百分点；实现主营业务收入8642.9亿元，比上年同期增长11.9%；实现利税总额1137.7亿元，比上年同期增长14%；盈亏相抵后实现利润总额657.4亿元，比上年同期增长7.9%。

11－1 2012年长春市主要工业产品产量
MAIN INDUSTRIAL PRODUCTS' OUTCOME OF CHANGCHUN IN 2012

产品	Products	单位	Unit	累计 Accumulative total
汽车	Vehicles	万辆	10000coach	186.9
#轿车	Cars	万辆	10000coach	145.5
#公路客车	Buses and cars	万辆	10000coach	5.6
#载货汽车	Truck	万辆	10000coach	22.1
铁路客车	Train	辆	coach	1891
改装车	Motor cycle	万辆	10000coach	4.6
发动机	Engine	万千瓦	10000KW	21457
变压器	Transformer	万千伏安	10000KVA	547.7
子午线轮胎	Meridian tyre	万条	10000item	390
电子元件	Electronic components	万件	10000pcs	888
中小型拖拉机	Medium and small tractors	台	unit	1919
工业自动调节仪表与控制系统	Automatic Meter and System	台	unit	30
金属切削机床	Metal－catting Machine Tools	台	unit	266
发电量	Generated energy	亿千瓦时	10billion KWH	250.9
水泥	Cement	万吨	10000ton	1683.4
原煤	Raw coal	万吨	10000ton	600.3
焦炭	Coke	万吨	10000ton	52.4
钢材	Steels	万吨	10000ton	54.4
卷烟	Cigarette	万支	10000box	1860000
啤酒	Beer	万吨	10000ton	32.8
白酒	Wine	万吨	10000ton	13.2
中成药	Chinese medicine	吨	ton	4164
饲料	Forage	万吨	10000ton	359.2
精炼食用植物油	Vegetable oil	万吨	10000ton	18.5
软饮料	Soft drink	万吨	10000ton	48
农用塑料薄膜	Plastic products	吨	ton	18268
鲜、冷藏肉	Refrigerated meat	万吨	10000ton	58
天然原油	Natural crude oil	万吨	10000ton	22
天然气	Gas	万立方米	10000cu · m	5.2
煤气生产量	The gas production	万立方米	10000cu · m	3.2
自来水生产量	Tap water production	亿立方米	100millions · m	3.4
服装	Clothing	万件	10000pcs	693.2

11－2 规模以上工业企业主要经济指标(大行业)(2012)

单位:万元

		企业单位数(个) Enterprises	亏损企业 Loss－suffering enterprises
总计	Total	1081	131
煤炭开采和洗选业	Coal mining and dressing	11	4
石油和天然气开采业	Extraction of petroleum and natural gas	1	
黑色金属矿采选业	Minging and dressing of ferrous metals		
有色金属矿采选业	Mining and dressing of nonferrous metals		
非金属矿采选业	Mining and dressing of nonmetal mineral products	3	
开采辅助活动	Mining auxiliary activities	2	1
其他采矿业	Others		
农副食品加工业	Food processing	145	9
食品制造业	Food manufacturing	35	4
酒、饮料和精制茶制造业	Wine、drinks and Refined tea Industry	34	5
烟草制品业	Tobacco processing	1	
纺织业	Textile industry	6	2
纺织服装、服饰业	Textile and garment、Clothing industry	13	1
皮革、毛皮、羽毛(绒)及其制品业	Leather furs down and related products	1	
木材加工及木、竹、藤、棕、草制品业	Timber, bamboo, cane, palm and straw products	18	2
家具制造业	Furniture	14	
造纸及纸制品业	Paper making and paper products	13	
印刷业和记录媒介的复制	Printing and record medium reproduction	21	
文教、工美、体育和娱乐用品制造业	Culture and education、Industrial art、Sports and entertainment products manufacturing	4	
石油加工、炼焦及核燃料加工业	Petroleum processing coking and nuclear processing	7	1
化学原料及化学制品制造业	Raw chemical material and chemical products	48	6
医药制造业	Medical and pharmacutical products	56	10
化学纤维制造业	Chemical fiber manufacturing	1	
橡胶和塑料制品业	Rubber and plastic products	39	2
非金属矿物制品业	Nonmetal mineral products	70	5
黑色金属冶炼及压延加工业	Smelting and pressing of ferrous metals	11	2
有色金属冶炼及压延加工业	Smelting and pressing of non－ferrous metals	1	
金属制品业	Metal products	54	4
通用设备制造业	Ordinary machinery	56	4
专用设备制造业	Special purpose equipment	37	4
汽车制造业	Automobile industry	234	39
铁路、船舶、航空航天和其他运输设备制造业	Railway、ship、aerospace and other Transportation Equipment Manufacturing	23	2
电气机械和器材制造业	Electric equipment and machinery	51	2
计算机、通信和其他电子设备制造业	Computer and telecommunication equipment and other electronic equipment	16	2
仪器仪表制造业	Instruments, meters	14	2
其他制造业	Others	5	
废弃资源综合利用业	Discard resoures and materials processing	2	
金属制品、机械和设备修理业	Metal products、machinery、Equipment repair industry		
电力、热力的生产和供应业	Production and supply of electric power and heat power	30	12
燃气生产和供应业	Production and supply of gas	2	1
水的生产和供应业	Production and supply of water	2	2

MAIN ECONOMIC INDICATORS OF INDUSTRIAL ENTERPRISES ABOVE DESIGNATED SIZE IN 2012

unit:10000yuan

工业总产值（当年价格） Gross industrial output value (current price)	工业销售产值（当年价格） Sale revenue (current price)		年初存货 Stock in year beginning		
		出口交货值 Export enterprises		产成品 Finished goods	在产品 Goods in process
82941695.5	81972721.2	1586527.3	6607257.5	1665869.4	1440688.6
282963.3	274045.7	5306.1	2349.8		
2001.3	2001.3				
51143.2	50743.6		432.2	341.1	50.0
215195.4	214599.4		18317.7	7802.2	
10236572.2	10142264.3	338058.5	212372.5	103536.3	12661.2
1384774.0	1117903.5	59906.6	180738.1	100931.5	5014.5
647441.5	648848.5		81673.8	16673.0	1302.9
435432.6	430555.3		132655.2	3889.8	11615.9
58161.4	56626.0		10916.3	8909.4	33.4
191816.9	259204.8	6545.3	64332.5	7499.8	6470.2
14505.3	14505.3		4181.4	3895.5	285.9
351515.0	339279.2	17250.3	59358.9	23886.9	9706.7
170221.5	165046.6	5432.7	5049.0	1811.9	543.9
150281.3	141923.6		6572.6	4050.3	259.9
178727.4	175447.3		10612.2	4946.3	3811.2
64601.2	61869.3	10838.2	3453.2	1857.3	1291.8
440446.2	435623.5		25064.7	9626.4	1857.0
1132088.4	1128082.7	17083.4	203791.2	92169.3	14524.5
885989.5	843807.1	47758.1	105658.6	30718.6	18897.2
5363.4	5187.1		156.3	145.4	
577906.2	576003.9	20933.6	8878.7	6420.9	
4746031.5	4714352.4	10714.1	635406.5	144152.8	287007.1
508600.1	502390.6		47551.1	18251.1	1735.0
22921.0	24127.4		1674.2	833.1	11.8
695233.9	671073.9		67864.9	22561.2	13375.6
781892.8	760964.6	276.6	59598.2	15876.0	22035.5
564077.9	537714.2	17735.0	63866.6	17746.7	38778.0
49209993.9	48832726.9	518375.2	2980651.0	915114.3	82961.0
2721581.9	2728407.0	520537.8	1358088.3	19127.1	878779.5
695958.6	677785.7	1954.6	72437.6	42816.0	6150.2
233393.3	207947.0	5131.1	24874.9	17475.3	3163.1
146367.5	136824.7	8929.8	27574.6	9052.1	10412.5
51364.4	48536.1		1011.8	863.3	49.4
64528.0	62997.6		443.7	343.4	
4764615.8	4756920.5		95205.3	193.1	1482.8
188569.6	156966.5		19417.2	7544.4	
69418.1	69418.1		15.5		

11－2 续表 1continued1

		资产总计 Total	流动资产合计 Current assets	应收帐款 Accounts receivable
总计	Total	60346467.6	30616271.2	4708133.80
煤炭开采和洗选业	Coal mining and dressing	315785.0	80352.0	9150.20
石油和天然气开采业	Extraction of petroleum and natural gas	1447.7	274.0	80.5
黑色金属矿采选业	Minging and dressing of ferrous metals			
有色金属矿采选业	Mining and dressing of nonferrous metals			
非金属矿采选业	Mining and dressing of nonmetal mineral products	6553.6	1814.5	247.8
开采辅助活动	Mining auxiliary activities	682955.6	48980.0	7072.5
其他采矿业	Others			
农副食品加工业	Food processing	2695706.6	872855.1	198670.7
食品制造业	Food manufacturing	1102665.5	575513.6	86596
酒、饮料和精制茶制造业	Wine、drinks and Refined tea Industry	441675.9	177070.0	19589.2
烟草制品业	Tobacco processing	361586.7	250132.5	38870.2
纺织业	Textile industry	77243.5	40162.1	9965.6
纺织服装、服饰业	Textile and garment、Clothing industry	208712.1	135210.3	26354.4
皮革、毛皮、羽毛(绒)及其制品业	Leather furs down and related products	11039.1	6158.4	8781.1
木材加工及木、竹、藤、棕、草制品业	Timber, bamboo, cane, palm and straw products	387383.0	159298.9	3846.1
家具制造业	Furniture	67879.3	26607.5	3846.1
造纸及纸制品业	Paper making and paper products	40644.6	14834.4	4419.3
印刷业和记录媒介的复制	Printing and record medium reproduction	100306.2	41069.4	14655.1
文教、工美、体育和娱乐用品制造业	Culture and education、Industrial art、Sports and entertainment products manufacturing	20041.7	8738.4	1808.2
石油加工、炼焦及核燃料加工业	Petroleum processing coking and nuclear processing	199185.8	117430.0	14684.0
化学原料及化学制品制造业	Raw chemical material and chemical products	1122049.2	601122.8	135942.3
医药制造业	Medical and pharmacutical products	1325864.2	810591.5	135415.6
化学纤维制造业	Chemical fiber manufacturing	2543.4	663.0	189.7
橡胶和塑料制品业	Rubber and plastic products	430456.8	209270.3	55505.6
非金属矿物制品业	Nonmetal mineral products	4342367.9	2965502.9	443974.9
黑色金属冶炼及压延加工业	Smelting and pressing of ferrous metals	215690.4	107431.8	25727.5
有色金属冶炼及压延加工业	Smelting and pressing of non－ferrous metals	5341.4	2077.3	228.0
金属制品业	Metal products	469947.9	219097.5	65662.9
通用设备制造业	Ordinary machinery	468490.1	297706.4	77187.2
专用设备制造业	Special purpose equipment	354789.8	220678.9	79644.4
汽车制造业	Automobile industry	32743105.1	18891169.5	2139810.3
铁路、船舶、航空航天和其他运输设备制造业	Railway、ship、aerospace and other Transportation Equipment Manufacturing	3221906.5	2128070.0	705204.1
电气机械和器材制造业	Electric equipment and machinery	460082.9	313865.8	99164.9
计算机、通信和其他电子设备制造业	Computer and telecommunication equipment and other electronic equipment	231852.2	112238.0	19531.4
仪器仪表制造业	Instruments, meters	239002.7	121752.0	34032.0
其他制造业	Others	15878.5	4538.7	1104.8
废弃资源综合利用业	Discard resoures and materials processing	33521.6	20477.6	763.1
金属制品、机械和设备修理业	Metal products、machinery、Equipment repair industry			
电力、热力的生产和供应业	Production and supply of electric power and heat power	7416920.8	902207.2	222102.1
燃气生产和供应业	Production and supply of gas	277912.3	65016.7	15383.3
水的生产和供应业	Production and supply of water	247932.0	66292.2	4894.5

单位:万元 unit:10000yuan

资产总计 Total assets							
流动资产合计 Current assets			固定资产合计 Fixed assets	固定资产原价 Original value of fixed assets	累计折旧 Accumulated depreciation	本年折旧 Depreciation of the year	在建工程 Project under construction
存货 Inventory	产成品 Finished goods	在产品 Goods in process					
7536932.9	2152230.4	1205672.4	20731519.0	29111208.6	11503436.0	2303908.1	4258281.8
12320.1	8385.8		176150.9	289228.3	116140.3	17736.7	16894.3
			1103.7	1444.3	340.6		
403.2	349.2	30.7	4739.1	5830.0	1090.9	950.3	
25346.3	25346.3		404698.8	813215.1	423438.5	59849.1	78126.1
280351.2	143964.1	18978.0	1681622.7	2103496.4	455075.6	112720.4	69911.5
170341.6	100012.8	5920.9	345289.2	460273.2	152921.5	25759.1	100372.2
79634.5	17713.2	1486.6	228334.4	303460.4	74411.3	21362.6	12864.5
177612.9	3736.1	7755.7	111454.2	150223.2	59575.2	8431.3	3656.0
12196.5	7495.7	23.1	34868.1	21387.7	2523.3	797.0	
68663.5	11138.2	1303.8	64003.6	54851.0	15872.3	3415.9	125.2
4284.1	1369.0	2915.1	4880.7	6633.5	1752.8	461.1	
67385.0	28324.2	10786.2	124993.8	214408.5	90162.0	12293.8	20587.8
4405.3	2419.7	1001.1	33257.3	34839.9	8673.4	4789.7	6845.0
5112.6	1988.1	343.7	22433.2	27121.0	5647.4	1424.2	653.0
9762.4	4577.2	3174.9	45453.8	58302.9	23346.7	3247.3	13149.9
2388.2	1208.1	781.5	10151.8	13865.0	3927.0	1331.1	213.9
22017.3	9976.4	1081.6	72432.5	74556.2	14492.9	3968.5	5260.6
199576.5	93865.3	18221.9	242606.8	344485.9	112090.7	29998.8	164546.4
139798.2	39681.1	22913.3	300413.3	361580.9	123452.4	20007.7	95037.9
128.6	115.7	12.9	531.5	1033.4	501.9	490.8	
36607.1	18119.8	6757.3	156987.3	201340.1	53254.3	14495.0	44341.5
801320.2	205440.6	294863.4	1207842.8	1637753.0	741336.0	355891.0	121319.1
45421.7	31259.3	1768.0	99790.3	108397.5	31303.1	5880.5	9924.3
1624.8	467.0	18.7	2855.0	4904.1	2049.1	287.8	
79680.6	21494.6	15083.8	206819.8	222391.1	58038.2	13005.1	31024.1
64643.6	20881.6	18748.6	132435.7	272946.5	144004.9	15236.0	6198.7
68067.1	20927.7	31722.1	131749.4	171091.3	47387.7	12242.8	4653.9
3949982.2	1236766.8	97412.1	7920233.7	10587781.6	4782900.0	819170.6	2324554.4
972935.3	17334.7	609039.4	813778.7	893087.3	227193.1	48508.2	152031.0
94315.7	45657.1	18705.7	107831.3	159664.7	67616.7	9939.1	35439.1
21670.6	14452.2	2030.6	105891.7	121148.6	27660.2	8661.2	14232.3
32757.0	5796.3	11247.3	38430.9	60823.3	22392.5	3034.8	41742.9
1800.0	1383.1	32.8	9581.4	10130.5	549.1	68.0	
880.7	780.7	3916.7	4989.5	1072.9	343.1	1493.9	
60698.4	1541.0	1490.5	5596336.1	8785013.5	3369351.1	480779.8	824731.4
20479.3	8261.7	21.1	120217.4	175205.3	54987.9	6107.5	44147.4
2320.6			167401.4	354303.9	186902.5	181222.20	14203.5

11 -2 续表 2continued2

		负债合计 Liabilities	流动负债合计 Current liabilites	应付账款 Account payable
总计	Total	33421059.8	25493140.5	9921670.6
煤炭开采和洗选业	Coal mining and dressing	175782.6	118865.3	19045.9
石油和天然气开采业	Extraction of petroleum and natural gas	1033.9	1033.9	482.4
黑色金属矿采选业	Minging and dressing of ferrous metals			
有色金属矿采选业	Mining and dressing of nonferrous metals			
非金属矿采选业	Mining and dressing of nonmetal mineral products	1456.9	456.9	250.9
开采辅助活动	Mining auxiliary activities	338614.0	297785.7	20908.6
其他采矿业	Others			
农副食品加工业	Food processing	1813639.7	963011.5	233618.3
食品制造业	Food manufacturing	511515.2	268892.5	100475.5
酒、饮料和精制茶制造业	Wine、drinks and Refined tea Industry	302658.1	288210.2	57620.1
烟草制品业	Tobacco processing	171501.9	171501.9	57149.1
纺织业	Textile industry	65504.0	65504.0	9375.5
纺织服装、服饰业	Textile and garment、Clothing industry	123009.5	67172.0	28509.7
皮革、毛皮、羽毛(绒)及其制品业	Leather furs down and related products	4633.8	4633.8	
木材加工及木、竹、藤、棕、草制品业	Timber, bamboo, cane, palm and straw products	190898.9	171460.3	10255.1
家具制造业	Furniture	23299.4	16543.0	2305.9
造纸及纸制品业	Paper making and paper products	19046.6	15384.6	3924.9
印刷业和记录媒介的复制	Printing and record medium reproduction	48976.5	40129.4	7691.3
文教、工美、体育和娱乐用品制造业	Culture and education、Industrial art、Sports and entertainment products manufacturing	4477.6	3681.1	1370.8
石油加工、炼焦及核燃料加工业	Petroleum processing coking and nuclear processing	153380.8	134933.8	59740.7
化学原料及化学制品制造业	Raw chemical material and chemical products	652622.4	534523.3	203395.9
医药制造业	Medical and pharmacutical products	655466.6	562138.7	59472.6
化学纤维制造业	Chemical fiber manufacturing	20.5	20.5	
橡胶和塑料制品业	Rubber and plastic products	230830.6	186227.3	69274.2
非金属矿物制品业	Nonmetal mineral products	2888536.1	2505240.3	506226.5
黑色金属冶炼及压延加工业	Smelting and pressing of ferrous metals	106978.8	78272.3	52869.7
有色金属冶炼及压延加工业	Smelting and pressing of non – ferrous metals	2579.8	2579.8	914.1
金属制品业	Metal products	289190.9	219251.2	44622.3
通用设备制造业	Ordinary machinery	233911.2	195812.7	54033.7
专用设备制造业	Special purpose equipment	158031.1	151809.6	63151.0
汽车制造业	Automobile industry	15926887.9	12744166.2	5986147.7
铁路、船舶、航空航天和其他运输设备制造业	Railway、ship、aerospace and other Transportation Equipment Manufacturing	2431115.5	2164232.1	999252.2
电气机械和器材制造业	Electric equipment and machinery	243138.4	231124.5	120870.0
计算机、通信和其他电子设备制造业	Computer and telecommunication equipment and other electronic equipment	109031.4	66885.8	15670.7
仪器仪表制造业	Instruments, meters	79973.5	22455.8	6479.9
其他制造业	Others	3967.7	3123.0	1004.7
废弃资源综合利用业	Discard resoures and materials processing	19624.3	19573.9	4399.0
金属制品、机械和设备修理业	Metal products、machinery、Equipment repair industry			
电力、热力的生产和供应业	Production and supply of electric power and heat power	5194337.5	2976276.5	1088148.0
燃气生产和供应业	Production and supply of gas	149934.4	148757.7	29109.2
水的生产和供应业	Production and supply of water	95451.8	51469.4	3904.5

单位:万元 unit:10000yuan

非流动负债合计 Total non - current liability	所有者权益合计 Ownership interests	实收资本 Paid - up capital	国家资本 State	集体资本 Collective	法人资本 Corporation	个人资本 Private	港澳台资本 From HongKong Macao and Taiwan	外商资本 Foreign
7286533.6	26579434.3	6332153.0	2012007.2	107312.7	2283739.9	664694.2	352145.8	901145.1
56917.3	139002.3	44502.5	5200.0	10081.9	20119.0	9101.6		
	400.0	400.0			80.0	320.0		
	5096.7	2856.2			356.2	2500.0		
40828.3	344341.6	7829.3	3941.1		1565.9	2322.3		
824386.2	873751.5	430715.5	500.0	15897.1	104107.6	96114.2	108050.0	106289.4
190515.9	586940.5	158470.1			26494.6	22025.0		109950.5
10180.5	145356.0	150110.0	50000.0	1994.2	43874.4	15588.9	12916.4	25736.1
	190084.8	63769.4			63769.4			
	11739.6	19884.0			11401.7	8482.3		
20105.2	84285.1	29814.9	1500.0		27411.9	301.0		
	6405.3	400.0			400.0			
19119.6	195478.2	59957.3		350.0	51504.7	8102.6		
2191.7	44579.8	7827.5			5884.1	1705.0		238.4
2402.8	20836.2	6645.2			4993.2	1400.0		
7199.6	51297.7	12310.7	317.2	373.4	4850.1	6730.0	20.0	20.0
796.4	15564.1	5550.0			5050.0	500.0		
20468.2	42657.3	25094.0		18366.0	2028.0	3850.0		750.0
115405.2	468265.4	210394.1	1505.2		130307.2	18246.2	3006.5	57297.0
89276.4	667907.6	224096.4	5437.5	10453.2	121406.5	38526.4	17673.8	30599.0
	2522.9	1261.4				1261.4		
41033.8	199410.3	81460.5	11478.2	5395.0	29053.6	8439.5	24334.2	300.0
343494.5	1451259.1	328144.0	35010.7	500.0	98649.8	184235.7	8547.8	1200.0
12187.6	101930.8	35148.7	8451.4	300.0	17269.3	700.1		7684.7
	2761.6	2110.6			633.2			1477.4
58001.7	176390.4	116732.2	27379.4		27338.8	26279.4	35734.6	
32330.8	236248.8	147425.3	30534.9	9500.0	45308.6	15195.7		45086.1
6220.4	196625.2	54315.8	6701.4		18198.8	4876.5		24539.1
2766325.1	16500496.3	1808399.4	666324.7	33304.9	492259.7	97794.0	90501.9	422852.5
256203.1	790767.4	304534.6	26622.5		253003.8	10074.0		14834.3
8581.7	216458.0	92607.8	800.0	500.0	16500.5	23988.2		50819.1
42378.5	122696.4	37916.1	2445.0		23314.3	11436.7	0.1	720.0
56764.0	159029.2	38934.5	5658.0	117.0	27947.6	4460.4		751.5
	11910.8	6183.4			1163.4	5020.0		
	13896.2	1550.0			450.0	1100.0		
2218060.0	2222583.1	1628460.2	982110.6	180.0	582564.0	12245.1	51360.5	
1176.7	127977.9	46252.0			24480.0	21772.0		
43982.4	152480.2	140089.4	140089.4					

11 –2 续表 3continued3

		营业收入 Operation revenue	主营业务收入 Main operation income
总计	Total	90588061.6	86428767.4
煤炭开采和洗选业	Coal mining and dressing	244658.4	231823.3
石油和天然气开采业	Extraction of petroleum and natural gas	2001.3	2001.3
黑色金属矿采选业	Minging and dressing of ferrous metals		
有色金属矿采选业	Mining and dressing of nonferrous metals		
非金属矿采选业	Mining and dressing of nonmetal mineral products	50833.8	50833.8
开采辅助活动	Mining auxiliary activities	256548.7	219689.2
其他采矿业	Others		
农副食品加工业	Food processing	10094122.9	10073658.7
食品制造业	Food manufacturing	1040128.2	1037198.2
酒、饮料和精制茶制造业	Wine、drinks and Refined tea Industry	667227.5	658495.6
烟草制品业	Tobacco processing	424987.2	415800.6
纺织业	Textile industry	56146.3	55329.0
纺织服装、服饰业	Textile and garment、Clothing industry	204439.9	200458.2
皮革、毛皮、羽毛(绒)及其制品业	Leather furs down and related products	15391.5	15391.5
木材加工及木、竹、藤、棕、草制品业	Timber, bamboo, cane, palm and straw products	314190.8	302855.6
家具制造业	Furniture	164762.0	164754.9
造纸及纸制品业	Paper making and paper products	141850.0	87723.5
印刷业和记录媒介的复制	Printing and record medium reproduction	172378.7	171155.6
文教、工美、体育和娱乐用品制造业	Culture and education、Industrial art、Sports and entertainment products manufacturing	61869.3	61869.3
石油加工、炼焦及核燃料加工业	Petroleum processing coking and nuclear processing	479157.5	479156.8
化学原料及化学制品制造业	Raw chemical material and chemical products	1018760.5	1010957.8
医药制造业	Medical and pharmacutical products	740810.2	739502.5
化学纤维制造业	Chemical fiber manufacturing	5363.4	5363.4
橡胶和塑料制品业	Rubber and plastic products	560651.3	553008.6
非金属矿物制品业	Nonmetal mineral products	4716761.0	4339163.5
黑色金属冶炼及压延加工业	Smelting and pressing of ferrous metals	470602.9	466800.0
有色金属冶炼及压延加工业	Smelting and pressing of non – ferrous metals	24535.7	24289.4
金属制品业	Metal products	679658.4	674660.0
通用设备制造业	Ordinary machinery	764533.9	760825.8
专用设备制造业	Special purpose equipment	551273.6	534185.0
汽车制造业	Automobile industry	57599316.0	54215676.0
铁路、船舶、航空航天和其他运输设备制造业	Railway、ship、aerospace and other Transportation Equipment Manufacturing	2739745.6	2706120.1
电气机械和器材制造业	Electric equipment and machinery	692016.3	686005.3
计算机、通信和其他电子设备制造业	Computer and telecommunication equipment and other electronic equipment	218058.6	198728.9
仪器仪表制造业	Instruments, meters	126354.9	125325.4
其他制造业	Others	77097.8	77097.8
废弃资源综合利用业	Discard resoures and materials processing	84498.4	82459.1
金属制品、机械和设备修理业	Metal products、machinery、Equipment repair industry		
电力、热力的生产和供应业	Production and supply of electric power and heat power	4903703.0	4780374.4
燃气生产和供应业	Production and supply of gas	159670.3	157473.9
水的生产和供应业	Production and supply of water	63955.8	62555.4

单位:万元 unit:10000yuan

营业成本 Operating costs	主营业务成本 Main operation cost	营业税金及附加 Business taxes and extra charges	主营业务税金及附加 Main operation taxes and extra charges	其他业务收入 Other business revenue	其他业务利润 Other business profit
75995718.3	72048174.4	2309909.1	2300327.4	4159294.2	1057108.4
159897.9	138398.8	4277.9	4213.7	12835.1	437.0
1429.5	1288.1	4.3	4.3		
48987.6	48987.6	175.2	175.2		
165519.3	132393.4	26386.6	26372.6	36859.5	3433.6
9401933.9	9138473.6	41840.9	41496.7	20464.2	377.6
856491.4	855139.5	5024.7	4996.7	2930.0	1847.5
548050.7	541011.6	20939.6	20771.6	8731.9	1046.6
136688.2	122357.4	193419.4	193419.4	9186.6	-5144.2
50646.6	49855.7	220.0	195.1	817.3	
157070.7	150612.1	751.3	293.4	3981.7	
13580.9	13580.9	135.6	135.6		
276554.7	266938.8	1589.8	1496.6	11335.2	523.2
142674.2	142615.0	2208.7	2207.1	7.1	
121056.5	73024.6	287.3	266.7	54126.5	35.9
145444.8	145206.3	934.5	934.5	1223.1	981.0
52140.1	52140.1	388.0	188.0		
382122.8	382122.3	58926.9	58926.8	0.7	
866805.5	855709.1	4451.1	4409.5	7802.7	53.8
408941.5	408155.4	5566.3	5547.7	1307.7	2.5
5187.1	5187.1	28.9	28.9		
493841.2	475655.8	2612.1	2578.1	7642.7	615.4
4102259.4	3769937.9	92895.1	91015.5	377597.5	11510.2
425696.1	425424.0	1364.8	1256.9	3802.9	3381.7
23354.7	23075.5	30.1	30.1	246.3	
621004.5	606508.7	3071.2	3047.4	4998.4	261.5
635917.7	624784.5	3120.1	2951.7	3708.1	-253.4
460785.5	444314.1	1920.9	1918.0	17088.6	413.5
46911760.8	44048346.7	1794949.6	1792046.2	3383640.0	993249.6
2291711.3	2267502.7	13155.8	12660.5	33625.5	7640.4
595118.4	562957.1	3453.3	3390.9	6011.0	683.2
136065.5	132838.0	2208.1	692.2	19329.7	18838.6
86958.7	86104.2	814.0	801.4	1029.5	60.7
68234.8	68234.8	529.4	529.4		
80589.4	74654.7	258.1	249.1	2039.3	
4919987.5	4714199.0	20231.2	19396.7	123328.6	15442.6
144866.8	144395.4	1240.1	1185.0	2196.4	1669.9
56342.1	56043.9	498.2	498.2	1400.4	

11－2 续表 4continued4

		销售费用 Marketing expenses	管理费用 Management expenses	税金 Tax
总计	Total	3595315.7	3578672.5	128873.3
煤炭开采和洗选业	Coal mining and dressing	3582.8	27900.4	810.8
石油和天然气开采业	Extraction of petroleum and natural gas		651.8	14.4
黑色金属矿采选业	Minging and dressing of ferrous metals			
有色金属矿采选业	Mining and dressing of nonferrous metals			
非金属矿采选业	Mining and dressing of nonmetal mineral products			
开采辅助活动	Mining auxiliary activities	254.1	305.1	
其他采矿业	Others			
农副食品加工业	Food processing	524.3	25583.5	352.5
食品制造业	Food manufacturing	50410.2	42945.0	934.9
酒、饮料和精制茶制造业	Wine、drinks and Refined tea Industry	42811.3	28080.4	2722.4
烟草制品业	Tobacco processing	10668.9	33507.5	1087.6
纺织业	Textile industry	1032.0	2014.9	45.8
纺织服装、服饰业	Textile and garment、Clothing industry	9911.2	10955.5	264.7
皮革、毛皮、羽毛(绒)及其制品业	Leather furs down and related products	174.4	465.0	36.5
木材加工及木、竹、藤、棕、草制品业	Timber, bamboo, cane, palm and straw products	14957.9	24657.2	1270.4
家具制造业	Furniture	3493.2	4513.4	141.6
造纸及纸制品业	Paper making and paper products	1625.0	3583.7	107.0
印刷业和记录媒介的复制	Printing and record medium reproduction	5111.1	11347.4	477.9
文教、工美、体育和娱乐用品制造业	Culture and education、Industrial art ,Sports and entertainment products manufacturing	1860.2	1723.6	29.3
石油加工、炼焦及核燃料加工业	Petroleum processing coking and nuclear processing	2044.1	5263.7	260.4
化学原料及化学制品制造业	Raw chemical material and chemical products	27592.6	43904.6	882.7
医药制造业	Medical and pharmacutical products	114838.2	79570.6	2595.7
化学纤维制造业	Chemical fiber manufacturing	51.9	91.8	12.3
橡胶和塑料制品业	Rubber and plastic products	12881.5	25670.4	924.9
非金属矿物制品业	Nonmetal mineral products	105780.5	156552.3	8922.1
黑色金属冶炼及压延加工业	Smelting and pressing of ferrous metals	6011.1	16570.6	301.8
有色金属冶炼及压延加工业	Smelting and pressing of non－ferrous metals		757.6	81.4
金属制品业	Metal products	13084.5	31570.2	1370.2
通用设备制造业	Ordinary machinery	12907.8	30000.1	1471.7
专用设备制造业	Special purpose equipment	18105.9	25606.7	843.9
汽车制造业	Automobile industry	2449617.8	2385434.5	83455.9
铁路、船舶、航空航天和其他运输设备制造业	Railway ,ship,aerospace and other Transportation Equipment Manufacturing	61335.8	156638.9	6381.5
电气机械和器材制造业	Electric equipment and machinery	16204.3	32653.5	1277.5
计算机、通信和其他电子设备制造业	Computer and telecommunication equipment and other electronic equipment	6239.7	24054.4	491.1
仪器仪表制造业	Instruments, meters	4202.3	16826.0	355.8
其他制造业	Others	1875.9	2456.4	25.3
废弃资源综合利用业	Discard resoures and materials processing	222.0	4165.6	109.8
金属制品、机械和设备修理业	Metal products、machinery、Equipment repair industry			
电力、热力的生产和供应业	Production and supply of electric power and heat power	2032.6	83937.2	5463.7
燃气生产和供应业	Production and supply of gas	15640.9	22184.0	307.0
水的生产和供应业	Production and supply of water	5728.3	13607.4	1504.7

单位:万元　unit:10000yuan

差旅费 Travel expense	工会经费 Labour union expenditure	财务费用 Financial cost	利息收入 Interest income	利息支出 Interest expenditure	营业利润 Operating profit	资产减值损失 Loss from asset devaluation	公允价值变动收益	投资收益 Investment income	投资收益 Investment income	补贴收入 Subsidies revenue
182289.3	26012.1	631936.6	124506.5	644820.7	6263241.5	168591.7	5348.2	505881.8	470516.3	210654.0
429.7	207.7	5920.6	121.7	5025.3	52573.3	617.5		18.0	283.8	140.0
2.5	0.9	0.1	0.2	0.3	-77.3					92.7
47.2		86.9		62.2	1098.7				45.6	
1251.2	70.7	8209.1	21.4	8214.1	-41037.0	13.8	22.2	37.2	2868.2	
55215.8	703.4	52939.4	260.7	47434.7	483007.4	921.8		-425.3	116568.0	105640.7
1284.8	238.3	27260.2	-86.8	25387.0	52965.8				8178.2	2599.5
2861.7	220.1	5794.5	20.1	5338.0	8662.5			153.6	2303.1	1756.3
1272.6	188.7	3645.1	96.5	3622.3	49337.8	2279.7	75.3			
54.6	4.8	316.1	0.9	295.2	388.3	9.9		-1181.9	52.8	
473.9	23.8	3227.4	38.0	2831.7	10364.1	3.2		49.3	5656.1	5476.7
17.3	2.6	363.8		324.1	1494.2					
1457.3	274.2	8750.9	285.2	8715.4	10073.5	3600.8	-2.2	581.0	1503.8	1311.8
573.3	219.7	1783.8	0.9	1513.0	9750.3					
93.3	137.3	1124.0		921.5	7379.9				19.6	1.7
486.5	286.3	3859.9	2310.4	1293.7	10093.2	29.8			691.3	105.7
906.1	122.4	853.3	2.1	616.5	4844.6					
135.0	18.3	3652.9	192.7	3842.9	28220.0			153.1	42.0	
1077.8	467.8	7082.3	1508.0	7180.8	71080.0	-90.0	2.4	-2800.0	2318.8	4519.4
4436.8	802.0	11280.2	699.5	11385.2	104810.4	16588.0		5226.7	6698.5	1243.4
3.2	0.1	16.4		4.0	89.0				60.8	
845.2	541.3	4824.2	91.3	4431.1	35564.9	-23.2			2314.2	512.2
7129.7	1665.8	79507.2	5834.6	80651.5	223464.4	2502.9		21245.0	18199.9	17266.2
2021.3	188.6	2627.2	-8.0	2122.4	17704.5	-592.9			130.4	
29.1	6.7	100.4	0.2	85.1	292.8				11.0	11.0
1708.1	1124.5	11756.7	105.7	9130.2	16288.3	97.1			2033.8	248.4
3089.0	605.1	3183.4	2877.8	4255.7	83151.1	471.1			1106.2	107.9
4958.3	1052.9	6710.9	169.7	5119.7	37997.1	3713.4		-34.0	647.1	271.5
81217.7	13428.8	112775.3	105322.9	146959.7	4875559.1	129085.3	5283.0	429421.5	147209.1	27548.4
3127.9	534.6	41802.4	1236.5	38931.9	214589.6	9540.5		48945.8	16036.0	257.2
2006.4	633.0	4995.1	36.5	4063.1	35722.0	222.3		840.4	3415.9	2982.3
721.0	428.7	2600.6	79.7	2464.2	38021.3			57.1	3621.9	1842.7
1229.4	159.3	338.2	820.2	1213.1	17454.7	307.5			2720.3	1125.3
109.3	10.2	307.6		215.9	4193.7					
11.1	9.1	186.6	108.6	0.7	2957.6	497.3		214.5	565.1	
1644.0	1337.9	211463.2	2986.3	208451.4	-185557.0	2812.4		585.7	119726.1	30444.2
285.0	35.1	1825.2	-35.6	1782.9	-6529.3	-2827.9		658.2	5008.0	5046.9
76.2	261.4	765.5	-591.4	934.2	-12752.0	1091.1	42.8	9.3	201.6	152.6

11－2 续表 5continued5

		营业外支出 Norbusiness expenditure	利润总额 Profit	应交所得税 Income tax payable
总计	Total	101106.8	6574263.6	482815.9
煤炭开采和洗选业	Coal mining and dressing	1675.9	51181.2	12060.3
石油和天然气开采业	Extraction of petroleum and natural gas	13.4	2.0	0.5
黑色金属矿采选业	Minging and dressing of ferrous metals			
有色金属矿采选业	Mining and dressing of nonferrous metals			
非金属矿采选业	Mining and dressing of nonmetal mineral products	60.9	1083.4	176.5
开采辅助活动	Mining auxiliary activities	341.5	－38510.3	1957.9
其他采矿业	Others			
农副食品加工业	Food processing	11003.1	551601.9	6614.6
食品制造业	Food manufacturing	1393.9	59750.1	7308.4
酒、饮料和精制茶制造业	Wine、drinks and Refined tea Industry	1621.6	9355.4	2531.1
烟草制品业	Tobacco processing	5112.1	44301.0	13521.4
纺织业	Textile industry	13.3	427.8	
纺织服装、服饰业	Textile and garment、Clothing industry	28.0	15992.2	1011.7
皮革、毛皮、羽毛(绒)及其制品业	Leather furs down and related products	150.0	1344.2	23.1
木材加工及木、竹、藤、棕、草制品业	Timber, bamboo, cane, palm and straw products	717.6	10859.7	2558.7
家具制造业	Furniture	532.5	9217.8	1543.2
造纸及纸制品业	Paper making and paper products	455.5	5937.8	1071.6
印刷业和记录媒介的复制	Printing and record medium reproduction	527.1	10257.4	1665.9
文教、工美、体育和娱乐用品制造业	Culture and education、Industrial art、Sports and entertainment products manufacturing	700.0	4144.6	1133.5
石油加工、炼焦及核燃料加工业	Petroleum processing coking and nuclear processing	31.4	28228.2	952.5
化学原料及化学制品制造业	Raw chemical material and chemical products	1753.6	71766.2	10423.8
医药制造业	Medical and pharmacutical products	2771.2	113747.2	15841.9
化学纤维制造业	Chemical fiber manufacturing		149.8	
橡胶和塑料制品业	Rubber and plastic products	943.4	33999.3	6214.9
非金属矿物制品业	Nonmetal mineral products	3317.2	238347.1	62495.1
黑色金属冶炼及压延加工业	Smelting and pressing of ferrous metals	4.1	15468.6	3409.3
有色金属冶炼及压延加工业	Smelting and pressing of non－ferrous metals	4.4	299.4	38.2
金属制品业	Metal products	1233.6	17094.7	4808.6
通用设备制造业	Ordinary machinery	887.9	83369.4	17481.2
专用设备制造业	Special purpose equipment	198.6	38445.6	8309.8
汽车制造业	Automobile industry	44426.8	4959254.9	255927.6
铁路、船舶、航空航天和其他运输设备制造业	Railway、ship、aerospace and other Transportation Equipment Manufacturing	8285.8	222339.9	24592.7
电气机械和器材制造业	Electric equipment and machinery	682.9	37000.1	5943.1
计算机、通信和其他电子设备制造业	Computer and telecommunication equipment and other electronic equipment	26.7	41628.9	4956.3
仪器仪表制造业	Instruments, meters	297.6	19877.4	2810.4
其他制造业	Others		4193.7	295.2
废弃资源综合利用业	Discard resoures and materials processing			
金属制品、机械和设备修理业	Metal products、machinery、Equipment repair industry	76.1	3446.6	770.5
电力、热力的生产和供应业	Production and supply of electric power and heat power	11416.0	－76864.7	4366.4
燃气生产和供应业	Production and supply of gas	177.0	－1698.3	
水的生产和供应业	Production and supply of water	226.1	－12776.6	

单位:万元　unit:10000yuan

亏损企业亏损总额 Total loss of loss – suffering enterprises	利税总额 Pre – tax profits	应交税金及附加 Taxes and extra charges	本年应付职工薪酬 Wages payable of the year	本年应交增值税 Value added	本年进项税额 VAT payable – input	本年销项税额 VAT payable – export	土地和固定资产支出 Land and fixed asset expenditures
300061.9	11376820.2	5414245.8	3434530.0	2492647.5	13963236.5	15894058.1	1992399.9
3258.5	82093.7	43783.6	51241.5	26634.6	18631.0	38174.0	19934.7
	49.2	62.1	166.1	42.9	199.8	242.7	
	1701.3	794.4	924.3	442.7	7016.1	8099.5	
45922.6	-10360.4	30460.3	22126.5	1763.3	44468.1	36957.3	267302.2
14871.6	785755.8	244306.6	124390.5	192313.0	149913.4	157365.8	121930.1
1435.3	91590.2	40083.4	26271.7	26815.4	75494.0	94489.8	14240.9
12619.7	52375.1	48273.2	28360.8	22080.1	53471.4	64007.9	53348.4
	283739.7	254047.7	12591.1	46019.3	26168.3	71727.4	
1315.0	1551.2	1169.2	3684.8	903.4	1390.7	1388.7	
400.7	20947.3	6231.5	17574.8	4203.8	7200.0	7416.1	106.9
	1844.4	559.8	260.1	364.6	1907.2	2450.8	
406.7	20885.0	13854.4	31911.7	8435.5	35392.0	42745.5	37065.4
	14502.3	6969.3	9174.1	3075.8	12307.7	15141.5	492.7
	8376.4	3617.2	3305.8	2151.3	7458.1	9398.6	800.9
	14313.0	6199.4	8375.5	3121.1	11660.3	14454.5	8419.2
	6484.1	3502.3	3457.2	1951.5	8361.1	10343.0	
70.1	96613.0	69597.7	2682.9	9457.9	69111.0	73271.9	5667.1
2455.8	119322.9	58863.2	36477.8	43105.6	44648.7	71516.7	30907.6
22443.1	157288.2	61978.6	64348.7	37974.7	25783.3	43339.0	42482.6
	302.1	164.6	556.1	123.4	18.2	121.6	
2563.1	45009.9	18150.4	22559.3	8398.5	57440.2	63674.2	53071.5
1220.3	424654.4	257724.5	147863.7	93412.2	263512.9	341433.5	169567.0
324.4	23786.0	12028.5	6901.6	6952.6	43754.5	48920.0	4039.9
	580.7	400.9	621.8	251.2	3915.3	4170.7	92.4
15593.0	31758.2	20842.3	35708.0	11592.3	54224.7	70743.8	29387.3
1975.1	110571.9	46155.4	39856.8	24082.4	50969.1	62013.7	21980.3
4199.3	59351.0	30059.1	27192.0	18984.5	65640.9	81772.6	13125.8
41990.7	8357794.4	3737923.0	1929443.7	1603589.9	11762329.1	13112087.3	455734.7
550.4	337058.5	145692.8	144893.0	101562.8	296917.5	401502.0	54986.2
1376.6	60957.0	31177.5	28922.8	20503.6	78021.7	89787.1	11217.4
1025.1	47612.8	11431.3	16396.2	3775.8	20340.7	23468.9	8186.0
36.4	25013.4	8302.2	14280.0	4322.0	10892.2	16313.3	9211.0
	6096.2	2223.0	680.2	1373.1	820.6	846.2	3438.2
	5417.5	2851.2	4509.1	1712.8	1133.9	12830.1	2163.8
109372.3	100408.3	187103.1	521353.8	157041.8	631006.5	778379.8	549507.3
1859.5	-444.4	1560.9	22503.9	13.8	21716.3	19448.8	
12776.6	-8180.1	6101.2	22962.1	4098.3		4013.8	3992.4

11 －2 续表 6continued6

		土地购置 Purchase of land
总计	Total	150418.1
煤炭开采和洗选业	Coal mining and dressing	
石油和天然气开采业	Extraction of petroleum and natural gas	
黑色金属矿采选业	Minging and dressing of ferrous metals	
有色金属矿采选业	Mining and dressing of nonferrous metals	
非金属矿采选业	Mining and dressing of nonmetal mineral products	
开采辅助活动	Mining auxiliary activities	3273.9
其他采矿业	Others	
农副食品加工业	Food processing	11049.6
食品制造业	Food manufacturing	156.4
酒、饮料和精制茶制造业	Wine、drinks and Refined tea Industry	1548.5
烟草制品业	Tobacco processing	
纺织业	Textile industry	
纺织服装、服饰业	Textile and garment、Clothing industry	
皮革、毛皮、羽毛(绒)及其制品业	Leather furs down and related products	
木材加工及木、竹、藤、棕、草制品业	Timber, bamboo, cane, palm and straw products	977.7
家具制造业	Furniture	
造纸及纸制品业	Paper making and paper products	
印刷业和记录媒介的复制	Printing and record medium reproduction	
文教、工美、体育和娱乐用品制造业	Culture and education、Industrial art、Sports and entertainment products manufacturing	
石油加工、炼焦及核燃料加工业	Petroleum processing coking and nuclear processing	44.5
化学原料及化学制品制造业	Raw chemical material and chemical products	5236.9
医药制造业	Medical and pharmacutical products	
化学纤维制造业	Chemical fiber manufacturing	
橡胶和塑料制品业	Rubber and plastic products	699.0
非金属矿物制品业	Nonmetal mineral products	70136.4
黑色金属冶炼及压延加工业	Smelting and pressing of ferrous metals	
有色金属冶炼及压延加工业	Smelting and pressing of non－ferrous metals	
金属制品业	Metal products	5544.1
通用设备制造业	Ordinary machinery	11116.7
专用设备制造业	Special purpose equipment	316.4
汽车制造业	Automobile industry	33623.8
铁路、船舶、航空航天和其他运输设备制造业	Railway、ship、aerospace and other Transportation Equipment Manufacturing	1310.6
电气机械和器材制造业	Electric equipment and machinery	9.0
计算机、通信和其他电子设备制造业	Computer and telecommunication equipment and other electronic equipment	2409.5
仪器仪表制造业	Instruments, meters	
其他制造业	Others	1265.3
废弃资源综合利用业	Discard resoures and materials processing	
金属制品、机械和设备修理业	Metal products、machinery、Equipment repair industry	
电力、热力的生产和供应业	Production and supply of electric power and heat power	
燃气生产和供应业	Production and supply of gas	
水的生产和供应业	Production and supply of water	

单位:万元 unit:10000yuan

房屋和建筑物 Buildings and constructions	机器设备 Machine and equipment	运输工具 Means of transport	其他费用 Others	全部从业人员年平均人数(万人) Annual averageof employment
301685.9	1097394.7	28324.8	388058.2	469999.0
2877.7	15662.1	1111.4	283.5	10080.0
				43.0
				349.0
357.7	478.5	383.6	262808.5	2631.0
31134.4	70579.7	4085.7	5026.3	37109.0
1094.0	12330.3	502.7	157.5	8881.0
17301.0	30645.7	1015.8	2837.4	7682.0
				1417.0
				1394.0
	49.0	57.5	0.4	5096.0
				98.0
11072.0	22041.2	2061.4	913.1	2012.0
	492.7			2051.0
88.6	507.7	194.4	10.2	1487.0
330.3	8028.9	47.9	12.1	2628.0
				1118.0
393.8	4974.2	199.2	55.4	1033.0
12290.4	7867.7	371.3	5141.3	7873.0
		1805.8	4754.7	14251.0
				110.0
9944.7	42190.3	181.9	55.6	5113.0
44996.6	40094.2	7717.7	6622.1	10384.0
	4039.9			1938.0
	80.3	12.1		74.0
5872.7	15389.5	288.1	2292.9	8236.0
878.8	8989.6	242.3	752.9	7943.0
2415.4	9775.7	247.1	371.2	7233.0
62136.3	233895.3	4772.0	94843.5	224719.0
8137.1	45199.5	128.8	210.2	23029.0
4155.0	6136.9	463.0	453.5	6689.0
95.2	5458.1	223.2		3890.0
6518.4	2624.1	31.7	36.8	2833.0
468.2	1236.2	468.5		280.0
1381.7	779.6		2.5	378.0
57800.7	490439.2	850.8	416.6	54358.0
				1813.0
2452.0	679.5	860.9		3746.0

11 -2 续表 7continued7

		总资产贡献率(%) Ratio of TotalAssets to Industry Value
总计	Total	19.7
煤炭开采和洗选业	Coal mining and dressing	27.6
石油和天然气开采业	Extraction of petroleum and natural gas	3.4
黑色金属矿采选业	Minging and dressing of ferrous metals	
有色金属矿采选业	Mining and dressing of nonferrous metals	
非金属矿采选业	Mining and dressing of nonmetal mineral products	26.9
开采辅助活动	Mining auxiliary activities	-0.3
其他采矿业	Others	
农副食品加工业	Food processing	30.9
食品制造业	Food manufacturing	10.6
酒、饮料和精制茶制造业	Wine、drinks and Refined tea Industry	13.1
烟草制品业	Tobacco processing	79.5
纺织业	Textile industry	2.4
纺织服装、服饰业	Textile and garment、Clothing industry	11.4
皮革、毛皮、羽毛(绒)及其制品业	Leather furs down and related products	19.6
木材加工及木、竹、藤、棕、草制品业	Timber, bamboo, cane, palm and straw products	7.6
家具制造业	Furniture	23.6
造纸及纸制品业	Paper making and paper products	22.9
印刷业和记录媒介的复制	Printing and record medium reproduction	13.3
文教、工美、体育和娱乐用品制造业	Culture and education、Industrial art ,Sports and entertainment products manufacturing	35.4
石油加工、炼焦及核燃料加工业	Petroleum processing coking and nuclear processing	50.3
化学原料及化学制品制造业	Raw chemical material and chemical products	11.1
医药制造业	Medical and pharmacutical products	12.7
化学纤维制造业	Chemical fiber manufacturing	12.0
橡胶和塑料制品业	Rubber and plastic products	11.5
非金属矿物制品业	Nonmetal mineral products	11.5
黑色金属冶炼及压延加工业	Smelting and pressing of ferrous metals	12.0
有色金属冶炼及压延加工业	Smelting and pressing of non - ferrous metals	12.5
金属制品业	Metal products	8.7
通用设备制造业	Ordinary machinery	23.9
专用设备制造业	Special purpose equipment	18.1
汽车制造业	Automobile industry	25.7
铁路、船舶、航空航天和其他运输设备制造业	Railway ,ship ,aerospace and other Transportation Equipment Manufacturing	11.6
电气机械和器材制造业	Electric equipment and machinery	14.1
计算机、通信和其他电子设备制造业	Computer and telecommunication equipment and other electronic equipment	21.6
仪器仪表制造业	Instruments, meters	10.6
其他制造业	Others	39.8
废弃资源综合利用业	Discard resoures and materials processing	15.8
金属制品、机械和设备修理业	Metal products、machinery、Equipment repair industry	
电力、热力的生产和供应业	Production and supply of electric power and heat power	4.1
燃气生产和供应业	Production and supply of gas	0.5
水的生产和供应业	Production and supply of water	-2.7

单位:万元 unit:10000yuan

资产负债率(%) Ratio of Assetsto Industrial value(%)	流动资产周转率(次/年) Times of Annual Tumover of circulating Funds (time/year)	成本费用利润率(%) Ratio of Profits to cost(%)	全员劳动生产率(元/人·年) Overall labour productivity	产品销售率(%) Proportion of Products sold(%)
55.4	3.0	7.9		98.8
55.7	3.0	25.9		96.9
71.4	7.3	0.1		100.0
22.2	28.0	2.2		99.2
49.6	5.2	-19.3		99.7
67.3	11.6	5.4		99.1
46.4	1.8	6.1		80.7
68.5	3.8	1.5		100.2
47.4	1.7	24.0		98.9
84.8	1.4	0.8		97.4
58.9	1.5	8.8		135.1
42.0	2.5	9.2		100.0
49.3	2.0	3.3		96.5
34.3	6.2	6.1		97.0
46.9	9.6	4.7		94.4
48.8	4.2	6.2		98.2
22.3	7.1	7.3		95.8
77.0	4.1	7.2		98.9
58.2	1.7	7.6		99.7
49.4	0.9	18.5		95.2
0.8	8.1	2.8		96.7
53.6	2.7	6.3		99.7
66.5	1.6	5.4		99.3
49.6	4.4	3.4		98.8
48.3	11.8	1.2		105.3
61.5	3.1	2.5		96.5
49.9	2.6	12.2		97.3
44.5	2.5	7.5		95.3
48.6	3.1	9.6		99.2
75.5	1.3	8.7		100.3
52.9	2.2	5.7		97.4
47.0	1.9	24.6		89.1
33.5	1.0	18.4		93.5
25.0	17.0	5.8		94.5
58.5	4.1	4.1		97.6
70.0	5.4	-1.5		99.8
54.0	2.5	-0.9		83.2
38.5	1.0	-16.7		100.0

11－3　2012年规模以上工业企业主要经济指标(总表)

单位:万元

		企业单位数(个) Enterprises	亏损企业 Loss－suffering enterprises
总　　计	Total	1081.0	131.0
一、按登记注册类型分组:	Grouped by type registered		
内资企业	Domestic funds	931.0	100.0
国有企业	State－owned	35.0	19.0
中央企业	Centre enterprises	12.0	8.0
地方企业	Local enterprises	23.0	11.0
集体企业	Collective－owned	12.0	2.0
股份合作企业	Share holding cooperative	4.0	2.0
联营企业	Joint ownership		
国有联营企业	State joint ownership enterprises		
集体联营企业	Collective－owned		
国有与集体联营企业	State－collective joint		
其他营联企业	Others		
有限责任公司	Limited company	260.0	39.0
国有独资公司	State－owned	9.0	1.0
其他有限责任公司	Others	251.0	38.0
股份有限公司	Share holding	58.0	8.0
私营企业	Private	514.0	23.0
私营独资企业	Solely Owned	74.0	4.0
私营合伙企业	Private partnership	4.0	
私营有限责任公司	Limited company	420.0	18.0
私营股份有限公司	Private	16.0	1.0
其他企业	Others	48.0	7.0
港、澳、台商投资企业	Funded from Hongkong, Macao and Taiwan	26.0	3.0
合资经营企业(港或澳、台资)	Joint venture	15.0	2.0
合作经营企业(港或澳、台资)	Cooperative	1.0	
港澳台商独资经营企业	Solely owned	8.0	1.0
港澳台商投资股份有限公司	Funded from Hongkong, Macao and Taiwan	2.0	
其他港澳台商投资企业	Others		
外商投资企业	Foreign funded	124.0	28.0
中外合资经营企业	Joint Venture	73.0	12.0
中外合作经营企业	Cooperative	3.0	
外资企业	Solely owned	46.0	16.0
外商投资股份有限公司	Share holding	2.0	
其他外商投资企业	Others		
二、按经济组织类型分组	Grouped by ownership		
独资企业	Solely owned enterprises	175.0	42.0
国有企业	State owned	35.0	19.0
集体企业	Collective owned	12.0	2.0
私营独资企业	Solely Owned	74.0	4.0

MAIN ECONOMIC INDICATORS OF INDUSTRIAL ENTERPRISES ABOVE DESIGNATED SIZE IN 2012

unit: 10000yuan

工业总产值（当年价格）Gross industrial output value (current price)	工业销售产值（当年价格）Sale revenue (current price)	出口交货值 Export enterprises	年初存货 Stock in year beginning	产成品 Finished goods	在产品 Goods in process
82941695.5	81972721.2	1586527.3	6607257.5	1665869.4	1440688.6
68231680.2	67520965.7	1079146.3	5744003.3	1337929.0	1347050.3
38576994.0	38179203.6	396553.2	2377569.7	648995.8	24084.4
37862671.3	37507980.6	395142.2	2327493.6	628785.3	16919.3
714322.7	671223.0	1411.0	50076.1	20210.5	7165.1
101553.3	98241.0	2889.4	1020.6	72.9	
31681.6	30002.6		7672.9	244.3	6465.4
8548606.0	8497019.4	42154.2	601774.3	239322.6	99624.1
3659245.5	3674868.5	1258.1	75051.8	10026.4	15553.1
4889360.5	4822150.9	40896.1	526722.5	229296.2	84071.0
12869517.4	12782192.1	589493.4	2266625.6	265176.9	1171700.6
7355796.1	7199136.2	50898.2	404469.7	153901.6	41617.7
831850.8	809747.6		23666.0	10208.0	2292.0
33388.8	32467.7		264.2	219.8	34.2
6205242.5	6083206.9	50898.2	355828.9	132762.0	35421.0
285314.0	273714.0		24710.6	10711.8	3870.5
747531.8	735170.8	47.3	83001.7	29267.2	3485.2
6560854.6	6248817.9	318797.2	220618.8	149382.8	16317.9
387450.7	379568.3	15629.4	61202.6	18372.8	8340.1
4553.2	4547.4		474.1	10.6	4.8
6090994.5	5787936.1	303167.8	146357.0	118414.3	7973.0
77856.2	76766.1		12585.1	12585.1	
8149160.7	8202937.6	188583.8	642635.4	178557.6	77320.4
5831129.0	5767631.6	46383.3	369602.1	100889.0	64493.9
139667.6	166250.2		62086.5	5090.1	18.2
1681064.2	1771755.9	81849.7	188993.7	66495.3	11484.1
497299.9	497299.9	60350.8	21953.1	6083.2	1324.2
47282456.8	46646884.2	781570.7	2739475.8	845134.0	45906.4
38576994.0	38179203.6	396553.2	2377569.7	648995.8	24084.4
101553.3	98241.0		2889.4	1020.6	72.9
831850.8	809747.6		23666.0	10208.0	2292.0

11－3 续表 1continued1

		资产总计 Total	流动资产合计 Current assets	应收帐款 Accounts receivable
总　计	Total	60346467.6	30616271.2	4708133.8
一、按登记注册类型分组:	Grouped by type registered			
内资企业	Domestic funds	51444587.0	25318296.7	3178039.4
国有企业	State－owned	28016022.3	14904458.8	718920.2
中央企业	Centre enterprises	26884122.1	14470516.2	651683.7
地方企业	Local enterprises	1131900.2	433942.6	67236.5
集体企业	Collective－owned	91807.6	54335.3	16412.5
股份合作企业	Share holding cooperative	86582.3	68815.3	23945.2
联营企业	Joint ownership			
国有联营企业	State joint ownership enterprises			
集体联营企业	Collective－owned			
国有与集体联营企业	State－collective joint			
其他营联企业	Others			
有限责任公司	Limited company	8668723.4	2527608.6	729089.4
国有独资公司	State－owned	4626148.3	411542.3	115391.2
其他有限责任公司	Others	4042575.1	2116066.3	613698.2
股份有限公司	Share holding	11038339.1	6061626.0	1310660.5
私营企业	Private	3078248.4	1482111.3	324881.5
私营独资企业	Solely Owned	282391.1	123189.3	35084.1
私营合伙企业	Private partnership	7686.8	1741.8	728.9
私营有限责任公司	Limited company	2611006.8	1256863.0	263498.6
私营股份有限公司	Private	177163.7	100317.2	25569.9
其他企业	Others	464863.9	219341.4	54130.1
港、澳、台商投资企业	Funded from Hongkong, Macao and Taiwan	2762520.4	1150248.1	310137.0
合资经营企业(港或澳、台资)	Joint venture	609638.0	284690.6	95601.1
合作经营企业(港或澳、台资)	Cooperative	3762.2	910.5	111.1
港澳台商独资经营企业	Solely owned	2076002.6	803861.2	206451.3
港澳台商投资股份有限公司	Funded from Hongkong, Macao and Taiwan	73117.6	60785.8	7973.5
其他港澳台商投资企业	Others			
外商投资企业	Foreign funded	6139360.2	4147726.4	1219957.4
中外合资经营企业	Joint Venture	3908059.9	2612500.0	715016.6
中外合作经营企业	Cooperative	378367.6	143398.2	26425.6
外资企业	Solely owned	1468586.5	1101171.1	368124.5
外商投资股份有限公司	Share holding	384346.2	290657.1	110390.7
其他外商投资企业	Others			
二、按经济组织类型分组	Grouped by ownership			
独资企业	Solely owned enterprises	31934810.1	16987015.7	1344992.6
国有企业	State owned	28016022.3	14904458.8	718920.2
集体企业	Collective owned	91807.6	54335.3	16412.5
私营独资企业	Solely Owned	282391.1	123189.3	35084.1

单位:万元 unit:10000yuan

资产总计 Total assets							
流动资产合计 Current assets			固定资产合计 Fixed assets	固定资产原价 Original value of fixed assets	累计折旧 Accumulated depreciation	本年折旧 Depreciation of the year	在建工程 Project under construction
存货 Inventory	产成品 Finished goods	在产品 Goods in process					
7536932.9	2152230.4	1205672.4	20731519.0	29111208.6	11503436.0	2303908.1	4258281.8
6538917.9	1765722.0	1094810.0	17899739.9	25037506.7	10066098.9	2078101.3	3907157.8
3260454.6	889794.0	15643.2	8296864.7	11245887.3	5064150.0	946376.7	2227751.6
3202312.3	862885.4	11182.0	7657689.0	10313802.1	4654817.7	732214.6	2141191.8
58142.3	26908.6	4461.2	639175.7	932085.2	409332.3	214162.1	86559.8
3705.8	1404.2	119.9	11899.9	25795.9	14070.1	951.6	1215.4
10923.3	2300.2	7443.2	10836.3	23794.5	13152.8	1143.8	3461.8
631995.5	261674.1	98402.6	4590670.6	7358821.0	2978233.8	459264.5	1033262.5
36068.2	8979.2	5755.2	3304674.4	5762312.2	2505257.2	334754.9	748182.4
595927.3	252694.9	92647.4	1285996.2	1596508.8	472976.6	124509.6	285080.1
2030769.2	364058.7	906099.4	3564750.8	4649893.1	1566530.7	547784.2	548527.2
485864.8	203331.3	58886.2	1271004.8	1530217.1	370288.2	111639.1	66760.5
30188.3	12517.9	3381.6	123625.2	158922.7	40105.0	10782.9	14468.3
218.3	182.7	17.9	3751.4	4151.5	400.1	84.6	
418811.7	163806.2	52260.2	1088183.2	1291383.4	307676.4	95421.7	47285.9
36646.5	26824.5	3226.5	55445.0	75759.5	22106.7	5349.9	5006.3
115204.7	43159.5	8215.5	153712.8	203097.8	59673.3	10941.4	26178.8
235303.1	143520.9	15909.6	1381152.2	1710654.1	376515.9	56789.3	108538.1
81515.5	23825.5	7406.3	228086.2	258993.6	76695.7	14828.2	38936.1
484.3	7.2	1913.3	3593.5	1680.2	262.1		
139669.9	107141.2	8496.1	1140749.9	1433803.3	293058.3	41699.0	68071.9
13633.4	12554.2	10402.8	14263.7	5081.7	1530.1		
762711.9	242987.5	94952.8	1450626.9	2363047.8	1060821.2	169017.5	242585.9
437135.8	133795.2	82734.5	921572.5	1386042.4	555495.9	87655.1	150535.5
64915.7	19919.0	12.8	157391.2	261617.0	136264.4	10952.1	32512.5
235297.6	81461.3	10852.3	314811.0	604381.5	314906.2	58729.1	28137.2
25362.8	7812.0	1353.2	56852.2	111006.9	54154.7	11681.2	31400.7
3669316.2	1092318.6	38493.1	9887950.7	13468790.7	5726289.6	1058539.3	2339644.4
3260454.6	889794.0	15643.2	8296864.7	11245887.3	5064150.0	946376.7	2227751.6
3705.8	1404.2	119.9	11899.9	25795.9	14070.1	951.6	1215.4
30188.3	12517.9	3381.6	123625.2	158922.7	40105.0	10782.9	14468.3

11－3 续表 2continued2

		负债合计 Liabilities	流动负债合计 Current liabilites	应付账款 Account payable
总　计	Total	33421059.8	25493140.5	9921670.6
一、按登记注册类型分组:	Grouped by type registered			
内资企业	Domestic funds	28368779.8	21838487.1	8233476.8
国有企业	State－owned	13895551.9	10620492.1	4567924.5
中央企业	Centre enterprises	13178522.0	10137606.4	4479700.4
地方企业	Local enterprises	717029.9	482885.7	88224.1
集体企业	Collective－owned	46315.0	16905.1	7080.1
股份合作企业	Share holding cooperative	77983.6	76289.4	36184.5
联营企业	Joint ownership			
国有联营企业	State joint ownership enterprises			
集体联营企业	Collective－owned			
国有与集体联营企业	State－collective joint			
其他营联企业	Others			
有限责任公司	Limited company	5371837.4	3804616.8	1416539.8
国有独资公司	State－owned	2949678.4	1774055.7	705439.1
其他有限责任公司	Others	2422159.0	2030561.1	711100.7
股份有限公司	Share holding	7344748.2	5948704.1	1806929.9
私营企业	Private	1398071.5	1161869.5	372708.2
私营独资企业	Solely Owned	123034.5	102015.1	24183.4
私营合伙企业	Private partnership	2203.6	1747.1	348.0
私营有限责任公司	Limited company	1165585.2	957470.5	323885.4
私营股份有限公司	Private	107248.2	100636.8	24291.4
其他企业	Others	234272.2	209610.1	26109.8
港、澳、台商投资企业	Funded from Hongkong, Macao and Taiwan	1803559.2	702837.4	260777.1
合资经营企业(港或澳、台资)	Joint venture	279640.6	204076.3	63768.0
合作经营企业(港或澳、台资)	Cooperative	167.5	167.5	105.1
港澳台商独资经营企业	Solely owned	1510813.7	485659.7	193293.1
港澳台商投资股份有限公司	Funded from Hongkong, Macao and Taiwan	12937.4	12933.9	3610.9
其他港澳台商投资企业	Others			
外商投资企业	Foreign funded	3248720.8	2951816.0	1427416.7
中外合资经营企业	Joint Venture	2086853.7	1903926.4	973165.0
中外合作经营企业	Cooperative	130656.7	79949.3	2039.0
外资企业	Solely owned	895795.1	832525.0	355822.8
外商投资股份有限公司	Share holding	135415.3	135415.3	96389.9
其他外商投资企业	Others			
二、按经济组织类型分组	Grouped by ownership			
独资企业	Solely owned enterprises	16471510.2	12057597.0	5148303.9
国有企业	State owned	13895551.9	10620492.1	4567924.5
集体企业	Collective owned	46315.0	16905.1	7080.1
私营独资企业	Solely Owned	123034.5	102015.1	24183.4

单位:万元 unit:10000yuan

非流动负债合计 Total non - current liability	所有者权益合计 Ownership interests	实收资本 Paid - up capital	国家资本 State	集体资本 Collective	法人资本 Corporation	个人资本 Private	港澳台资本 From HongKong Macao and Taiwan	外商资本 Foreign
7286533.6	26579434.3	6332153.0	2012007.2	107312.7	2283739.9	664694.2	352145.8	901145.1
6138772.3	22731020.5	4468880.2	1866808.0	97706.8	1808061.8	638605.0	12079.3	38214.9
3212324.9	14129568.6	1399641.2	780649.0	618992.2				
2988507.7	13714698.4	1119963.1	589015.2	530947.9				
223817.2	414870.2	279678.1	191633.8	88044.3				
969.1	45324.4	10589.2	222.9	7004.3	360.0	2500.0		
1694.2	8598.6	10171.1	5903.0	4268.1				
1509117.8	3290049.1	1511602.8	1023179.5	26479.3	275733.7	169293.4	10811.9	1987.8
1175621.8	1676469.7	918225.1	910909.9	300.0	7015.2			
333496.0	1613579.4	593377.7	112269.6	26179.3	268718.5	169293.4	10811.9	1987.8
1261116.3	3380169.7	922375.3	61617.3	19842.2	618149.8	220775.4	1247.4	
139191.5	1648161.1	526243.7	375.0	39186.0	260573.7	224027.0	20.0	20.0
9676.9	155724.1	70232.5	23330.9	46717.6				
456.5	5483.2	3530.5	30.0	20.0	2920.5	520.0	20.0	20.0
122446.8	1417578.6	415093.3	345.0	39166.0	224251.0	149473.3		
6611.3	69375.2	37387.4	10071.3	27316.1				
14358.5	229149.0	88256.9	764.3	5195.0	28349.4	17741.1	36207.1	
948265.7	958960.5	475139.2	31160.0	7950.5	51581.5	4400.0	275221.2	104826.0
33675.0	329997.0	173869.4	31160.0	7950.5	49033.4	4400.0	69441.1	11884.4
	3594.7	1000.0	650.0	350.0				
914587.2	565188.7	294459.7	201518.1	92941.6				
3.5	60180.1	5810.1	1898.1	3912.0				
199495.6	2889453.3	1388133.6	114039.2	1655.4	424096.6	21689.2	64845.3	758104.2
164575.5	1814261.4	868217.8	69598.5	1655.4	367201.4	21689.2	15984.7	388384.9
450.2	247710.8	95746.0	44440.7	345.9	36360.5	14598.9		
34469.9	578550.3	379763.9			56549.3		12500.1	310714.5
	248930.8	44405.9						44405.9
4172028.0	15474356.1	2154686.5	780871.9	7004.3	699232.4	49217.6	214018.2	403656.1
3212324.9	14129568.6	1399641.2	780649.0	618992.2				
969.1	45324.4	10589.2	222.9	7004.3	360.0	2500.0		
9676.9	155724.1	70232.5	23330.9	46717.6				

11－3 续表 3continued3

		营业收入 Operation revenue	主营业务收入 Main operation income
总　　计	Total	90588061.6	86428767.4
一、按登记注册类型分组：	Grouped by type registered		
内资企业	Domestic funds	76039899.7	72092672.5
国有企业	State－owned	46754837.4	43518577.1
中央企业	Centre enterprises	46096055.2	42899268.9
地方企业	Local enterprises	658782.2	619308.2
集体企业	Collective－owned	97203.1	96810.3
股份合作企业	Share holding cooperative	63132.9	61383.6
联营企业	Joint ownership		
国有联营企业	State joint ownership enterprises		
集体联营企业	Collective－owned		
国有与集体联营企业	State－collective joint		
其他营联企业	Others		
有限责任公司	Limited company	8482743.4	8367239.3
国有独资公司	State－owned	3750572.8	3716629.4
其他有限责任公司	Others	4732170.6	4650609.9
股份有限公司	Share holding	12833357.0	12348948.0
私营企业	Private	7140723.3	7049337.5
私营独资企业	Solely Owned	803222.8	795739.1
私营合伙企业	Private partnership	32231.2	32231.2
私营有限责任公司	Limited company	6034744.0	5952959.8
私营股份有限公司	Private	270525.3	268407.4
其他企业	Others	667902.6	650376.7
港、澳、台商投资企业	Funded from Hongkong, Macao and Taiwan	6236224.1	6199916.8
合资经营企业(港或澳、台资)	Joint venture	411148.1	384119.8
合作经营企业(港或澳、台资)	Cooperative	6714.2	6712.8
港澳台商独资经营企业	Solely owned	5746448.9	5737171.3
港澳台商投资股份有限公司	Funded from Hongkong, Macao and Taiwan	71912.9	71912.9
其他港澳台商投资企业	Others		
外商投资企业	Foreign funded	8311937.8	8136178.1
中外合资经营企业	Joint Venture	5885092.7	5736276.8
中外合作经营企业	Cooperative	161678.7	161676.9
外资企业	Solely owned	1766988.2	1749059.3
外商投资股份有限公司	Share holding	498178.2	489165.1
其他外商投资企业	Others		
二、按经济组织类型分组	Grouped by ownership		
独资企业	Solely owned enterprises	55168700.4	51897357.1
国有企业	State owned	46754837.4	43518577.1
集体企业	Collective owned	97203.1	96810.3
私营独资企业	Solely Owned	803222.8	795739.1

单位:万元　unit:10000yuan

营业成本 Operating costs	主营业务成本 Main operation cost	营业税金及附加 Business taxes and extra charges	主营业务税金及附加 Main operation taxes and extra charges	其他业务收入 Other business revenue	其他业务利润 Other business profit
75995718.3	72048174.4	2309909.1	2300327.4	4159294.2	1057108.4
63162827.5	59688029.7	2062136.7	2053761.4	3947227.2	998326.4
36996905.6	34711204.4	1791664.4	1789239.2	3236260.3	950859.2
36501248.5	34231543.3	1784455.6	1784337.5	3196786.3	927206.6
495657.1	479661.1	7208.8	4901.7	39474.0	23652.6
64023.5	64023.5	419.3	419.3	392.8	224.8
57616.8	55860.6	340.5	340.5	1749.3	43.5
7809764.4	7572299.9	65388.8	62880.0	115504.1	21416.1
3785039.0	3659866.9	16734.7	16092.2	33943.4	7541.6
4024725.4	3912433.0	48654.1	46787.8	81560.7	13874.5
11502087.6	10670871.5	113443.9	111534.5	484409.0	20000.1
6148486.3	6045602.7	80442.8	78946.8	91385.8	5782.5
678563.3	668860.1	6519.8	6425.2	7483.7	165.3
24993.0	24993.0	180.2	180.2		
5205713.6	5136179.8	72922.6	71841.2	81784.2	5617.2
239216.4	215569.8	820.2	500.2	2117.9	
583943.3	568167.1	10437.0	10401.1	17525.9	0.2
5650535.2	5609541.4	27134.3	27107.0	36307.3	6795.0
319939.8	285001.1	2067.6	2042.8	27028.3	3831.7
4547.4	4547.4	65.5	65.5	1.4	
5271904.4	5265849.3	24478.9	24476.4	9277.6	2963.3
54143.6	54143.6	522.3	522.3		
7182355.6	6750603.3	220638.1	219459.0	175759.7	51987.0
5289586.6	4896511.9	199234.3	198290.5	148815.9	48513.0
124386.7	124386.7	848.2	848.2	1.8	
1410180.0	1383263.9	12884.6	12649.3	17928.9	3468.8
358202.3	346440.8	7671.0	7671.0	9013.1	5.2
44421576.8	42093201.2	1835967.0	1833209.4	3271343.3	957681.4
36996905.6	34711204.4	1791664.4	1789239.2	3236260.3	950859.2
64023.5	64023.5	419.3	419.3	392.8	224.8
678563.3	668860.1	6519.8	6425.2	7483.7	165.3

11－3 续表 4continued4

		销售费用 Marketing expenses	管理费用 Management expenses	税金 Tax
总　　计	Total	3595315.7	3578672.5	128873.3
一、按登记注册类型分组:	Grouped by type registered			
内资企业	Domestic funds	2911713.9	2948900.6	106026.6
国有企业	State－owned	2265411.2	1763531.6	64685.5
中央企业	Centre enterprises	2247165.3	1693605.7	61374.0
地方企业	Local enterprises	18245.9	69925.9	3311.5
集体企业	Collective－owned	834.8	21318.6	269.5
股份合作企业	Share holding cooperative	1103.4	3128.2	164.3
联营企业	Joint ownership			
国有联营企业	State joint ownership enterprises			
集体联营企业	Collective－owned			
国有与集体联营企业	State－collective joint			
其他营联企业	Others			
有限责任公司	Limited company	160287.0	286710.3	9931.7
国有独资公司	State－owned	5084.7	28889.4	739.7
其他有限责任公司	Others	155202.3	257820.9	9192.0
股份有限公司	Share holding	317564.3	627774.6	21555.9
私营企业	Private	149353.9	219661.2	8587.2
私营独资企业	Solely Owned	21471.6	25836.2	520.0
私营合伙企业	Private partnership	3219.7	4235.1	71.0
私营有限责任公司	Limited company	118137.6	179972.6	7620.9
私营股份有限公司	Private	6525.0	9617.3	375.3
其他企业	Others	17159.3	26776.1	832.5
港、澳、台商投资企业	Funded from Hongkong,Macao and Taiwan	482649.3	97716.4	2139.2
合资经营企业(港或澳、台资)	Joint venture	12498.2	34822.0	1314.8
合作经营企业(港或澳、台资)	Cooperative	778.6	1096.6	81.6
港澳台商独资经营企业	Solely owned	466699.3	59171.3	563.6
港澳台商投资股份有限公司	Funded from Hongkong,Macao and Taiwan	2673.2	2626.5	179.2
其他港澳台商投资企业	Others			
外商投资企业	Foreign funded	200952.5	532055.5	20707.5
中外合资经营企业	Joint Venture	111404.0	285861.9	13525.4
中外合作经营企业	Cooperative	8596.7	5332.1	426.1
外资企业	Solely owned	70120.6	161457.2	6609.5
外商投资股份有限公司	Share holding	10831.2	79404.3	146.5
其他外商投资企业	Others			
二、按经济组织类型分组	Grouped by ownership			
独资企业	Solely owned enterprises	2824537.5	2031314.9	72648.1
国有企业	State owned	2265411.2	1763531.6	64685.5
集体企业	Collective owned	834.8	21318.6	269.5
私营独资企业	Solely Owned	21471.6	25836.2	520.0

单位:万元 unit:10000yuan

差旅费 Travel expense	工会经费 Labour union expenditure	财务费用 Financial cost	利息收入 Interest income	利息支出 Interest expenditure	营业利润 Operating profit	资产减值损失 Loss from asset devaluation	公允价值变动收益 Changes in fair value of the proceeds	投资收益 Investment income	投资收益 Investment income	补贴收入 Subsidies revenue
182289.3	26012.1	631936.6	124506.5	644820.7	6263241.5	168591.7	5348.2	505881.8	470516.3	210654.0
150452.7	22197.7	563960.5	106329.3	565542.3	5314873.5	166140.7	5058.2	499150.3	317880.4	88859.2
65190.3	9899.2	170307.0	88377.3	192168.5	3999200.9	131079.9	5037.8	388279.6	131339.1	22376.7
63379.1	9044.4	154686.5	88852.5	177252.4	3951284.3	129529.3	4995.0	387556.9	121411.1	17767.5
1811.2	854.8	15620.5	-475.2	14916.1	47916.6	1550.6	42.8	722.7	9928.0	4609.2
312.0	203.9	1166.0	-8.4	1153.4	16091.7					1.3
52.7	1.2	743.0	185.4	890.6	342.7	194.2			4.8	2.8
11660.8	2527.5	126574.9	4606.4	124943.7	265912.8	18566.3	22.6	69668.3	115350.5	27458.3
1089.2	266.2	87330.9	2836.6	88886.2	-79045.3	15550.4	4288.8	90613.9	13845.0	
10571.6	2261.3	39244.0	1769.8	36057.5	344958.1	3015.9	22.6	65379.5	24736.6	13613.3
49126.9	3384.0	194801.5	10396.1	196761.8	553548.1	15381.2	-2.2	40336.6	63778.8	34269.8
23471.9	5975.4	63324.1	2691.4	44512.1	416732.0	36.1		836.4	6491.5	4268.6
800.2	447.6	3589.4	14.8	838.6	50775.7			296.8	130.7	30.1
8.7	40.5	2848.5	2301.5	51.1	2652.4				400.0	
22331.7	5329.6	52100.6	340.5	39451.7	353251.3	36.1		539.6	5794.7	4193.5
331.3	157.7	4785.6	34.6	4170.7	10052.6				166.1	45.0
638.1	206.5	7044.0	81.1	5112.2	63045.3	883.0		29.4	914.4	483.0
17040.2	592.5	47254.1	458.9	44669.6	383663.5	12.1			7472.8	1589.0
1234.4	365.7	5702.4	43.0	3885.6	50722.3	105.1			2053.3	1423.3
1.5	1.0	-0.1	0.3		226.1				1.7	1.7
15663.4	193.6	41244.5	226.3	40319.1	320978.7				5365.5	164.0
140.9	32.2	307.3	189.3	464.9	11736.4	-93.0			52.3	
14796.4	3221.9	20722.0	17718.3	34608.8	564704.5	2438.9	290.0	6731.5	145163.1	120205.8
7100.8	1844.3	6278.9	12842.7	18318.3	387266.3	-246.9	290.0	6792.9	26693.5	14708.0
103.6	37.0	5195.2	-75.2	5114.8	17542.0				1185.0	710.0
5706.6	956.2	12481.3	1791.2	10924.1	111148.6	3800.8		-61.4	116945.8	104787.8
1885.4	384.4	-3233.4	3159.6	251.6	48747.6	-1115.0			338.8	
87672.5	11700.5	228788.2	90401.2	245403.7	4498195.6	134880.7	5037.8	388515.0	253782.4	127358.6
65190.3	9899.2	170307.0	88377.3	192168.5	3999200.9	131079.9	5037.8	388279.6	131339.1	22376.7
312.0	203.9	1166.0	-8.4	1153.4	16091.7				1.3	
800.2	447.6	3589.4	14.8	838.6	50775.7			296.8	130.7	30.1

11－3 续表5continued5

		营业外支出 Norbusiness expenditure	利润总额 Profit	应交所得税 Income tax payable
总　计	Total	101106.8	6574263.6	482815.9
一、按登记注册类型分组：	Grouped by type registered			
内资企业	Domestic funds	83395.9	5492473.2	349358.6
国有企业	State－owned	45850.7	4085018.9	163860.0
中央企业	Centre enterprises	41026.3	4031998.6	149711.5
地方企业	Local enterprises	4824.4	53020.3	14148.5
集体企业	Collective－owned	57.6	16035.4	2882.2
股份合作企业	Share holding cooperative	12.8	334.7	275.3
联营企业	Joint ownership			
国有联营企业	State joint ownership enterprises			
集体联营企业	Collective－owned			
国有与集体联营企业	State－collective joint			
其他营联企业	Others			
有限责任公司	Limited company	12999.9	365334.6	43858.2
国有独资公司	State－owned	8171.1	3397.3	473.7
其他有限责任公司	Others	4828.8	361937.3	43384.5
股份有限公司	Share holding	16122.4	584884.1	87288.8
私营企业	Private	7884.1	414374.3	47473.8
私营独资企业	Solely Owned	1158.5	49777.6	3071.8
私营合伙企业	Private partnership	600.0	2452.4	672.9
私营有限责任公司	Limited company	5662.7	352388.5	42136.8
私营股份有限公司	Private	462.9	9755.8	1592.3
其他企业	Others	468.4	26491.2	3720.3
港、澳、台商投资企业	Funded from Hongkong,Macao and Taiwan	2372.8	388763.5	18683.1
合资经营企业（港或澳、台资）	Joint venture	489.0	52286.6	9392.4
合作经营企业（港或澳、台资）	Cooperative	56.7	171.1	114.6
港澳台商独资经营企业	Solely owned	1769.6	324574.6	6130.4
港澳台商投资股份有限公司	Funded from Hongkong,Macao and Taiwan	57.5	11731.2	3045.7
其他港澳台商投资企业	Others			
外商投资企业	Foreign funded	15338.1	693026.9	114774.2
中外合资经营企业	Joint Venture	3052.7	410848.1	66838.1
中外合作经营企业	Cooperative	101.9	18625.0	2041.2
外资企业	Solely owned	12113.9	214537.0	31315.7
外商投资股份有限公司	Share holding	69.6	49016.8	14579.2
其他外商投资企业	Others			
二、按经济组织类型分组	Grouped by ownership			
独资企业	Solely owned enterprises	60950.3	4689943.5	207260.1
国有企业	State owned	45850.7	4085018.9	163860.0
集体企业	Collective owned	57.6	16035.4	2882.2
私营独资企业	Solely Owned	1158.5	49777.6	3071.8

单位:万元　unit:10000yuan

亏损企业亏损总额 Total loss of loss – suffering enterprises	利税总额 Pre – tax profits	应交税金及附加 Taxes and extra charges	本年应付职工薪酬 Wages payable of the year	本年应交增值税 Value added	本年进项税额 VAT payable – input	本年销项税额 VAT payable – export	土地和固定资产支出 Land and fixed asset expenditures
300061.9	11376820.2	5414245.8	3434530.0	2492647.5	13963236.5	15894058.1	1992399.9
248395.6	9614498.8	4577410.8	2942401.5	2059888.9	12961716.1	14732299.8	1478451.2
134262.4	7266313.9	3409840.5	1482776.6	1389630.6	10906605.6	12156222.6	333190.6
104200.1	7178317.3	3357404.2	1375618.7	1361863.1	10852781.8	12079920.9	304968.0
30062.3	87996.6	52436.3	107157.9	27767.5	53823.8	76301.7	28222.6
575.2	20017.1	7133.4	7285.1	3562.4	4726.6	8209.4	
456.5	1231.6	1336.5	3483.8	556.4	8486.1	8836.3	420.4
53368.2	653447.7	341903.0	693185.9	222724.3	842981.8	1034302.2	241665.8
19983.9	147383.3	145199.4	440081.3	127251.3	498879.6	625807.4	23472.4
33384.3	506064.4	196703.6	253104.6	95473.0	344102.2	408494.8	218193.4
50222.5	987307.0	511267.6	492181.7	288979.0	638195.8	857104.5	796992.7
6242.8	631275.3	272962.0	240189.2	136458.2	495986.0	595086.3	89850.2
1015.0	62151.5	15965.7	22007.2	5854.1	35293.9	34654.6	8009.7
	3282.7	1574.2	568.4	650.1	1221.9	1682.8	
5134.7	550673.4	248042.6	180674.8	125362.3	445310.1	541386.3	74365.4
93.1	15167.7	7379.5	36938.8	4591.7	14160.1	17362.6	7475.1
3268.0	54906.2	32967.8	23299.2	17978.0	64734.2	72538.5	16331.5
13562.4	621222.2	253281.0	88090.9	205324.4	160127.4	166951.8	164893.6
6767.2	66519.0	24939.6	33442.0	12164.8	24033.3	26464.7	39749.4
	782.5	807.6	891.3	545.9			126.8
6795.2	538522.9	220642.3	51837.0	189469.4	136094.1	140487.1	125017.4
	15397.8	6891.5	1920.6	3144.3			
38103.9	1141099.2	583554.0	404037.6	227434.2	841393.0	994806.5	349055.1
15941.8	756326.4	425841.8	285071.1	146244.0	723541.8	847996.9	279182.9
	22316.9	6159.2	2501.2	2843.7	7179.7	9906.4	133.5
22162.1	290034.3	113422.5	103771.2	62612.7	109037.8	135122.0	67818.5
	72421.6	38130.5	12694.1	15733.8	1633.7	1781.2	1920.2
164809.9	8177039.7	3767004.4	1667677.1	1651129.2	11191758.0	12474695.7	534036.2
134262.4	7266313.9	3409840.5	1482776.6	1389630.6	10906605.6	12156222.6	333190.6
575.2	20017.1	7133.4	7285.1	3562.4	4726.6	8209.4	
1015.0	62151.5	15965.7	22007.2	5854.1	35293.9	34654.6	8009.7

11 -3 续表 6continued6

		土地购置 Purchase of land
总　计	Total	150418.1
一、按登记注册类型分组:	Grouped by type registered	
内资企业	Domestic funds	107142.3
国有企业	State - owned	11116.7
中央企业	Centre enterprises	11116.7
地方企业	Local enterprises	
集体企业	Collective - owned	
股份合作企业	Share holding cooperative	
联营企业	Joint ownership	
国有联营企业	State joint ownership enterprises	
集体联营企业	Collective - owned	
国有与集体联营企业	State - collective joint	
其他营联企业	Others	
有限责任公司	Limited company	12070.6
国有独资公司	State - owned	
其他有限责任公司	Others	12070.6
股份有限公司	Share holding	69357.6
私营企业	Private	13899.4
私营独资企业	Solely Owned	2232.8
私营合伙企业	Private partnership	
私营有限责任公司	Limited company	11256.7
私营股份有限公司	Private	409.9
其他企业	Others	698.0
港、澳、台商投资企业	Funded from Hongkong, Macao and Taiwan	16301.5
合资经营企业(港或澳、台资)	Joint venture	6360.4
合作经营企业(港或澳、台资)	Cooperative	
港澳台商独资经营企业	Solely owned	9941.1
港澳台商投资股份有限公司	Funded from Hongkong, Macao and Taiwan	
其他港澳台商投资企业	Others	
外商投资企业	Foreign funded	26974.3
中外合资经营企业	Joint Venture	25416.8
中外合作经营企业	Cooperative	
外资企业	Solely owned	1557.5
外商投资股份有限公司	Share holding	
其他外商投资企业	Others	
二、按经济组织类型分组	Grouped by ownership	
独资企业	Solely owned enterprises	24848.1
国有企业	State owned	11116.7
集体企业	Collective owned	
私营独资企业	Solely Owned	2232.8

单位:万元 unit:10000yuan

房屋和建筑物 Buildings and constructions	机器设备 Machine and equipment			全部从业人员年平均人数(万人) Annual averageof employment
		运输工具 Means of transport	其他费用 Others	
301685.9	1097394.7	28324.8	388058.2	469999.0
		20075.7	284379.9	392768.0
221467.2	818867.9	2509.8	257952.3	159164.0
13755.6	39206.4	346.7	257686.0	141130.0
4855.7	22313.1	2163.1	266.3	18034.0
8899.9	16893.3			2024.0
				1495.0
		4731.8	7929.4	100666.0
69388.2	147545.8	211.2	140.8	43908.0
6501.5	16618.9	4520.6	7788.6	56758.0
62886.7	130926.9	6044.9	17777.6	55098.0
110843.0	575155.6	6296.3	629.4	66710.0
18836.0	50134.7	337.5	100.7	6723.0
54.8	5229.5			238.0
		5955.6	528.7	57461.0
13721.1	42903.3	3.2		2288.0
5060.1	2001.9	492.9	91.2	7611.0
8644.4	6405.0	4578.1	8939.2	17221.0
31768.5	103306.3	462.1	1100.2	5612.0
3291.0	28535.7	77.7	29.5	363.0
	19.6	4038.3	7809.5	10887.0
28477.5	74751.0			359.0
48450.2	175220.5	3671.0	94739.1	60010.0
33805.3	129381.5	1354.0	89225.3	36489.0
	133.5			642.0
14135.2	44317.2	2317.0	5491.6	20245.0
509.7	1388.3		22.2	2634.0
56423.1	163504.1	9202.6	271354.1	199043.0
13755.6	39206.4	2509.8	257952.3	159164.0
				2024.0
54.8	5229.5	337.5	100.7	6723.0

11－3 续表 7continued7

		总资产贡献率(%) Ratio of TotalAssets to Industry Value
总　计	Total	19.7
一、按登记注册类型分组:	Grouped by type registered	19.6
内资企业	Domestic funds	26.3
国有企业	State－owned	27.0
中央企业	Centre enterprises	9.1
地方企业	Local enterprises	23.1
集体企业	Collective－owned	2.2
股份合作企业	Share holding cooperative	
联营企业	Joint ownership	
国有联营企业	State joint ownership enterprises	
集体联营企业	Collective－owned	
国有与集体联营企业	State－collective joint	
其他营联企业	Others	8.9
有限责任公司	Limited company	5.1
国有独资公司	State－owned	13.4
其他有限责任公司	Others	10.6
股份有限公司	Share holding	21.9
私营企业	Private	22.3
私营独资企业	Solely Owned	13.4
私营合伙企业	Private partnership	22.6
私营有限责任公司	Limited company	10.9
私营股份有限公司	Private	12.9
其他企业	Others	24.1
港、澳、台商投资企业	Funded from Hongkong, Macao and Taiwan	11.5
合资经营企业(港或澳、台资)	Joint venture	20.8
合作经营企业(港或澳、台资)	Cooperative	27.9
港澳台商独资经营企业	Solely owned	21.4
港澳台商投资股份有限公司	Funded from Hongkong, Macao and Taiwan	
其他港澳台商投资企业	Others	
外商投资企业	Foreign funded	18.9
中外合资经营企业	Joint Venture	19.5
中外合作经营企业	Cooperative	7.3
外资企业	Solely owned	20.4
外商投资股份有限公司	Share holding	18.1
其他外商投资企业	Others	
二、按经济组织类型分组	Grouped by ownership	
独资企业	Solely owned enterprises	26.1
国有企业	State owned	26.3
集体企业	Collective owned	23.1
私营独资企业	Solely Owned	22.3

单位:万元　unit:10000yuan

资产负债率(%) Ratio of Assetsto Industrial value(%)	流动资产周转率(次/年) Times of Annual Tumover of circulating Funds (time/year)	成本费用利润率(%) Ratio of Profits to cost(%)	全员劳动生产率(元/人·年) Overall labour productivity	产品销售率(%) Proportion of Products sold(%)
55.4	3.0	7.9		98.8
55.1	3.0	7.9		99.0
49.6	3.1	9.9		99.0
49.0	3.2	9.9		99.1
63.4	1.5	8.8		94.0
50.5	1.8	18.4		96.7
90.1	0.9	0.5		94.7
62.0	3.4	4.4		99.4
63.8	9.1	0.1		100.4
59.9	2.2	8.1		98.6
66.5	2.1	4.6		99.3
45.4	4.8	6.3		97.9
43.6	6.5	6.8		97.3
28.7	18.5	7.0		97.2
44.6	4.8	6.3		98.0
60.5	2.7	3.8		95.9
50.4	3.1	4.2		98.4
65.3	5.4	6.2		95.2
45.9	1.4	14.0		98.0
4.5	7.4	2.7		99.9
72.8	7.2	5.6		95.0
17.7	1.2	19.6		98.6
52.9	2.0	8.7		100.7
53.4	2.3	7.2		98.9
34.5	1.1	13.0		119.0
61.0	1.6	13.0		105.4
35.2	1.7	11.0		100.0
51.6	3.3	9.5		98.7
49.6	3.1	9.9		99.0
50.5	1.8	18.4		96.7
43.6	6.5	6.8		97.3

11－3 续表 8continued8

		企业单位数(个) Enterprises	亏损企业 Loss－suffering enterprises
港澳台商独资经营企业	Funded from Hongkong, Macao and Taiwan	8.0	1.0
外资企业	Foreign funded	46.0	16.0
合作、合伙企业	Cooperation and partnership	60.0	9.0
股份合作企业	Cooperative	4.0	2.0
国有联营企业	State joint ownership enterprises		
集体联营企业	Collective joint		
国有与集体联营企业	State－collective joint		
其他联营企业	Others		
私营合伙企业	Privat partnership	4.0	
合作经营企业(港或澳、台资)	Funded from Hongkong Macao and Taiwan	1.0	
中外合作经营企业	Cooperative	3.0	
其他企业(内资)	Others	48.0	7.0
其他港澳台商投资企业	Others		
其他外商投资企业	Others		
股份有限公司	Share holding	78.0	9.0
股份有限公司(内资)	Share holding (domestic)	58.0	8.0
私营股份有限公司	Private	16.0	1.0
港澳台商投资股份有限公司	Funded from Hongkong, Macao and Taiwan	2.0	
外商投资股份有限公司	Foreign funded	2.0	
有限责任公司	Limited company	768.0	71.0
国有独资公司	State owned	9.0	1.0
私营有限责任公司	Limited company	420.0	18.0
合资经营企业(港或澳、台资)	Funded from Hongkong, Macao and taiwan	15.0	2.0
中外合资经营企业	Joint venture	73.0	12.0
其他有限责任公司	Others	251.0	38.0
三、在总计中:亏损企业	Making loss enterprises	131.0	131.0
在总计中:国有控股企业	State share holding	93	28
在总计中:农村工业	Rural industry	7	1
在总计中:轻工业	Light－Industry	395	35
重工业	Heavy industry	686	96
在总计中:大型企业	Grouped by size of enterprises	46	9
中型企业	Medium－sized enterprises	159	28
小型企业	Small－sized enterprises	830	84
微型企业	Micro－enterprises	46	10

单位:万元 unit:10000yuan

工业总产值（当年价格）Gross industrial output value (current price)	工业销售产值（当年价格）Sale revenue (current price)	出口交货值 Export enterprises	年初存货 Stock in year beginning	产成品 Finished goods	在产品 Goods in process
6090994.5	5787936.1	303167.8	146357.0	118414.3	7973.0
1681064.2	1771755.9	81849.7	188993.7	66495.3	11484.1
956823.0	968438.7	47.3	153499.4	34832.0	10007.8
31681.6	30002.6		7672.9	244.3	6465.4
33388.8	32467.7		264.2	219.8	34.2
4553.2	4547.4		474.1	10.6	4.8
139667.6	166250.2		62086.5	5090.1	18.2
747531.8	735170.8	47.3	83001.7	29267.2	3485.2
13729987.5	13629972.1	649844.2	2325874.4	294557.0	1176895.3
12869517.4	12782192.1	589493.4	2266625.6	265176.9	1171700.6
285314.0	273714.0		24710.6	10711.8	3870.5
77856.2	76766.1		12585.1	12585.1	
497299.9	497299.9	60350.8	21953.1	6083.2	1324.2
20972428.2	20727426.2	155065.1	1388407.9	491346.4	207879.1
3659245.5	3674868.5	1258.1	75051.8	10026.4	15553.1
6205242.5	6083206.9	50898.2	355828.9	132762.0	35421.0
387450.7	379568.3	15629.4	61202.6	18372.8	8340.1
5831129.0	5767631.6	46383.3	369602.1	100889.0	64493.9
4889360.5	4822150.9	40896.1	526722.5	229296.2	84071.0
2915291.5	2889465.8	38145.4	352896.6	124016.2	54638.0
54248885.0	53791052.0	953817.6	4769888.4	891399.6	1254281.4
52207.7	50066.0		5463.4	1349.7	
15198881.2	14856994.9	492957.8	856446.7	316969.5	67776.9
67742814.3	67115726.3	1093569.5	5750810.8	1348899.9	1372911.7
59684953.6	58948297.6	1411809.8	4239349.4	922418.9	924537.8
8202777.1	8162602.0	97915.4	895258.8	294973.3	129511.6
14358354.7	14187249.1	76064.0	1373057.9	443363.8	386388.8
695610.1	674572.5	738.1	99591.4	5113.4	250.4

11 -3 续表 9continued9

		资产总计 Total	流动资产合计 Current assets	应收帐款 Accounts receivable
港澳台商独资经营企业	Funded from Hongkong, Macao and Taiwan	2076002.6	803861.2	206451.3
外资企业	Foreign funded	1468586.5	1101171.1	368124.5
合作、合伙企业	Cooperation and partnership	941262.8	434207.2	105340.9
股份合作企业	Cooperative	86582.3	68815.3	23945.2
国有联营企业	State joint ownership enterprises			
集体联营企业	Collective joint			
国有与集体联营企业	State - collective joint			
其他联营企业	Others			
私营合伙企业	Privat partnership	7686.8	1741.8	728.9
合作经营企业(港或澳、台资)	Funded from Hongkong Macao and Taiwan	3762.2	910.5	111.1
中外合作经营企业	Cooperative	378367.6	143398.2	26425.6
其他企业(内资)	Others	464863.9	219341.4	54130.1
其他港澳台商投资企业	Others			
其他外商投资企业	Others			
股份有限公司	Share holding	11672966.6	6513386.1	1454594.6
股份有限公司(内资)	Share holding (domestic)	11038339.1	6061626.0	1310660.5
私营股份有限公司	Private	177163.7	100317.2	25569.9
港澳台商投资股份有限公司	Funded from Hongkong, Macao and Taiwan	73117.6	60785.8	7973.5
外商投资股份有限公司	Foreign funded	384346.2	290657.1	110390.7
有限责任公司	Limited company	15797428.1	6681662.2	1803205.7
国有独资公司	State owned	4626148.3	411542.3	115391.2
私营有限责任公司	Limited company	2611006.8	1256863.0	263498.6
合资经营企业(港或澳、台资)	Funded from Hongkong, Macao and taiwan	609638.0	284690.6	95601.1
中外合资经营企业	Joint venture	3908059.9	2612500.0	715016.6
其他有限责任公司	Others	4042575.1	2116066.3	613698.2
三、在总计中:亏损企业	Making loss enterprises	5917881.2	1762038.4	451347.0
在总计中:国有控股企业	State share holding	43910180.5	21800601.6	2322176.4
在总计中:农村工业	Rural industry	25763.5	15406.7	4354.7
在总计中:轻工业	Light - Industry	7064219.6	3220265.4	616879.5
重工业	Heavy industry	53282248.0	27396005.8	4091254.3
在总计中:大型企业	Grouped by size of enterprises	40931659.1	19831409.9	2269791.7
中型企业	Medium - sized enterprises	7771140.9	3986280.2	1145125.8
小型企业	Small - sized enterprises	10955320.7	6504683.7	1238538.4
微型企业	Micro - enterprises	688346.9	293897.4	54677.9

单位:万元 unit:10000yuan

资产总计 Total assets							
流动资产合计 Current assets			固定资产合计 Fixed assets	固定资产原价 Original value of fixed assets	累计折旧 Accumulated depreciation		在建工程 Project under construction
存货 Inventory	产成品 Finished goods	在产品 Goods in process				本年折旧 Depreciation of the year	
139669.9	107141.2	8496.1	1140749.9	1433803.3	293058.3	41699.0	68071.9
235297.6	81461.3	10852.3	314811.0	604381.5	314906.2	58729.1	28137.2
191746.3	65561.4	15696.6	327605.0	496254.3	211170.8	23384.0	62153.1
10923.3	2300.2	7443.2	10836.3	23794.5	13152.8	1143.8	3461.8
218.3	182.7	17.9	3751.4	4151.5	400.1	84.6	
484.3		7.2	1913.3	3593.5	1680.2	262.1	
64915.7	19919.0	12.8	157391.2	261617.0	136264.4	10952.1	32512.5
115204.7	43159.5	8215.5	153712.8	203097.8	59673.3	10941.4	26178.8
2106411.9	411249.4	910679.1	3687450.8	4850923.2	1647873.8	564815.3	586464.3
2030769.2	364058.7	906099.4	3564750.8	4649893.1	1566530.7	547784.2	548527.2
36646.5	26824.5	3226.5	55445.0	75759.5	22106.7	5349.9	5006.3
13633.4	12554.2		10402.8	14263.7	5081.7		1530.1
25362.8	7812.0	1353.2	56852.2	111006.9	54154.7	11681.2	31400.7
1569458.5	583101.0	240803.6	6828512.5	10295240.4	3918101.8	657169.5	1270020.0
36068.2	8979.2	5755.2	3304674.4	5762312.2	2505257.2	334754.9	748182.4
418811.7	163806.2	52260.2	1088183.2	1291383.4	307676.4	95421.7	47285.9
81515.5	23825.5	7406.3	228086.2	258993.6	76695.7	14828.2	38936.1
437135.8	133795.2	82734.5	921572.5	1386042.4	555495.9	87655.1	150535.5
595927.3	252694.9	92647.4	1285996.2	1596508.8	472976.6	124509.6	285080.1
373419.5	129015.7	47911.3	3408809.7	4612580.5	1547875.3	413762.1	417982.7
5441169.1	1285628.1	980993.4	15110321.5	21573491.6	9135236.4	1796643.4	3450424.8
5696.5	2018.9	8681.9	15392.4	6724.8	184.9	14.1	
998353.9	365370.7	72892.3	3166610.9	4137241.1	1187968.9	399243.0	342086.7
6538579.0	1786859.7	1132780.1	17564908.1	24973967.5	10315467.1	1904665.1	3916195.1
4718415.2	1134294.3	654805.0	14208404.3	20430257.7	8455478.3	1460093.7	3401095.6
1008404.8	360623.5	123434.6	3018855.7	4057743.9	1412010.8	295419.5	464991.1
1727185.0	601134.4	427272.6	3384575.6	4381025.8	1506779.9	537800.2	384306.9
82927.9	56178.2	160.2	119683.4	242181.2	129167.0	10594.7	7888.2

11－3 续表 10continued10

		负债合计 Liabilities	流动负债合计 Current liabilites	应付账款 Account payable
港澳台商独资经营企业	Funded from Hongkong, Macao and Taiwan	1510813.7	485659.7	193293.1
外资企业	Foreign funded	895795.1	832525.0	355822.8
合作、合伙企业	Cooperation and partnership	445283.6	367763.4	64786.4
股份合作企业	Cooperative	77983.6	76289.4	36184.5
国有联营企业	State joint ownership enterprises			
集体联营企业	Collective joint			
国有与集体联营企业	State－collective joint			
其他联营企业	Others			
私营合伙企业	Privat partnership	2203.6	1747.1	348.0
合作经营企业(港或澳、台资)	Funded from Hongkong Macao and Taiwan	167.5	167.5	105.1
中外合作经营企业	Cooperative	130656.7	79949.3	2039.0
其他企业(内资)	Others	234272.2	209610.1	26109.8
其他港澳台商投资企业	Others			
其他外商投资企业				
股份有限公司	Share holding	7600349.1	6197690.1	1931222.1
股份有限公司(内资)	Share holding (domestic)	7344748.2	5948704.1	1806929.9
私营股份有限公司	Private	107248.2	100636.8	24291.4
港澳台商投资股份有限公司	Funded from Hongkong, Macao and Taiwan	12937.4	12933.9	3610.9
外商投资股份有限公司	Foreign funded	135415.3	135415.3	96389.9
有限责任公司	Limited company	8903916.9	6870090.0	2777358.2
国有独资公司	State owned	2949678.4	1774055.7	705439.1
私营有限责任公司	Limited company	1165585.2	957470.5	323885.4
合资经营企业(港或澳、台资)	Funded from Hongkong, Macao and taiwan	279640.6	204076.3	63768.0
中外合资经营企业	Joint venture	2086853.7	1903926.4	973165.0
其他有限责任公司	Others	2422159.0	2030561.1	711100.7
三、在总计中:亏损企业	Making loss enterprises	4413590.1	3062373.0	878737.1
在总计中:国有控股企业	State share holding	24424316.7	18685357.3	7306846.1
在总计中:农村工业	Rural industry	12313.2	11720.3	1280.8
在总计中:轻工业	Light－Industry	4033290.7	2671789.5	634347.7
重工业	Heavy industry	29387769.1	22821351.0	9287322.9
在总计中:大型企业	Grouped by size of enterprises	22567403.3	16782202.1	7307943.8
中型企业	Medium－sized enterprises	4376332.8	3368268.4	1217555.7
小型企业	Small－sized enterprises	6241952.0	5289449.9	1389594.2
微型企业	Micro－enterprises	235371.7	53220.1	6576.9

单位:万元　unit:10000yuan

非流动负债合计 Total non – current liability	所有者权益合计 Ownership interests	实收资本 Paid – up capital	国家资本 State	集体资本 Collective	法人资本 Corporation	个人资本 Private	港澳台资本 From HongKong Macao and Taiwan	外商资本 Foreign
914587.2	565188.7	294459.7					201518.1	92941.6
34469.9	578550.3	379763.9			56549.3		12500.1	310714.5
16959.4	494536.3	198704.5	45235.0	5215.0	38168.8	22529.2	36730.5	50826.0
1694.2	8598.6	10171.1			5903.0	4268.1		
456.5	5483.2	3530.5	30.0	20.0	2920.5	520.0	20.0	20.0
	3594.7	1000.0			650.0		350.0	
450.2	247710.8	95746.0	44440.7		345.9		36360.5	14598.9
14358.5	229149.0	88256.9	764.3	5195.0	28349.4	17741.1		36207.1
1267731.1	3758655.8	1009978.7	61617.3	19842.2	630119.2	248091.5	5159.4	44405.9
1261116.3	3380169.7	922375.3	61617.3	19842.2	618149.8	220775.4	1247.4	
6611.3	69375.2	37387.4			10071.3	27316.1		
3.5	60180.1	5810.1			1898.1		3912.0	
	248930.8	44405.9						44405.9
1829815.1	6851886.1	2968783.3	1124283.0	75251.2	916219.5	344855.9	96237.7	402257.1
1175621.8	1676469.7	918225.1	910909.9	300.0	7015.2			
122446.8	1417578.6	415093.3	345.0	39166.0	224251.0	149473.3		
33675.0	329997.0	173869.4	31160.0	7950.5	49033.4	4400.0	69441.1	11884.4
164575.5	1814261.4	868217.8	69598.5	1655.4	367201.4	21689.2	15984.7	388384.9
333496.0	1613579.4	593377.7	112269.6	26179.3	268718.5	169293.4	10811.9	1987.8
1279937.5	1523603.3	1388263.5	249863.9	22877.0	798503.5	85775.4	48651.0	178291.5
5531219.1	19174759.6	3311998.4	1845048.1	11618.1	1232247.0	190718.1		32367.1
592.9	13282.3	3720.0		1742.0		1476.0		
1221177.7	3019824.6	1338088.3	209822.3	33912.9	431332.1	208752.5	150472.1	303185.2
6065355.9	23559609.7	4994064.7	1802184.9	73399.8	1852407.8	455941.7	201673.7	597959.9
5785200.7	18364408.5	2793429.4	1391260.2	5290.0	812759.3	55496.6	144760.6	383862.7
730852.9	3397589.2	1870996.6	455578.7	56149.8	820178.1	119918.4	111093.8	308077.8
767890.2	4679441.6	1553881.7	120547.6	45872.9	636161.0	479173.2	59930.8	207383.8
2589.8	137995.0	113845.3	44620.7		14641.5	10106.0	36360.6	1820.8

11－3 续表 11continued11

		营业收入 Operation revenue	主营业务收入 Main operation income
港澳台商独资经营企业	Funded from Hongkong, Macao and Taiwan	5746448.9	5737171.3
外资企业	Foreign funded	1766988.2	1749059.3
合作、合伙企业	Cooperation and partnership	931659.6	912381.2
股份合作企业	Cooperative	63132.9	61383.6
国有联营企业	State joint ownership enterprises		
集体联营企业	Collective joint		
国有与集体联营企业	State – collective joint		
其他联营企业	Others		
私营合伙企业	Privat partnership	32231.2	32231.2
合作经营企业(港或澳、台资)	Funded from Hongkong Macao and Taiwan	6714.2	6712.8
中外合作经营企业	Cooperative	161678.7	161676.9
其他企业(内资)	Others	667902.6	650376.7
其他港澳台商投资企业	Others		
其他外商投资企业	Others		
股份有限公司	Share holding	13673973.4	13178433.4
股份有限公司(内资)	Share holding (domestic)	12833357.0	12348948.0
私营股份有限公司	Private	270525.3	268407.4
港澳台商投资股份有限公司	Funded from Hongkong, Macao and Taiwan	71912.9	71912.9
外商投资股份有限公司	Foreign funded	498178.2	489165.1
有限责任公司	Limited company	20813728.2	20440595.7
国有独资公司	State owned	3750572.8	3716629.4
私营有限责任公司	Limited company	6034744.0	5952959.8
合资经营企业(港或澳、台资)	Funded from Hongkong, Macao and taiwan	411148.1	384119.8
中外合资经营企业	Joint venture	5885092.7	5736276.8
其他有限责任公司	Others	4732170.6	4650609.9
三、在总计中:亏损企业	Making loss enterprises	2957891.9	2763754.8
在总计中:国有控股企业	State share holding	62441810.9	58661300.2
在总计中:农村工业	Rural industry	47407.5	47407.5
在总计中:轻工业	Light – Industry	14568234.6	14459894.7
重工业	Heavy industry	76019827.0	71968872.7
在总计中:大型企业	Grouped by size of enterprises	67600599.0	64222970.8
中型企业	Medium – sized enterprises	8340385.5	8128316.9
小型企业	Small – sized enterprises	13965500.5	13471756.2
微型企业	Micro – enterprises	681576.6	605723.5

单位:万元　unit:10000yuan

营业成本 Operating costs	主营业务成本 Main operation cost	营业税金及附加 Business taxes and extra charges	主营业务税金及附加 Main operation taxes and extra charges	其他业务收入 Other business revenue	其他业务利润 Other business profit
5271904.4	5265849.3	24478.9	24476.4	9277.6	2963.3
1410180.0	1383263.9	12884.6	12649.3	17928.9	3468.8
795487.2	777954.8	11871.4	11835.5	19278.4	43.7
57616.8	55860.6	340.5	340.5	1749.3	43.5
24993.0	24993.0	180.2	180.2		
4547.4	4547.4	65.5	65.5	1.4	
124386.7	124386.7	848.2	848.2	1.8	
583943.3	568167.1	10437.0	10401.1	17525.9	0.2
12153649.9	11287025.7	122457.4	120228.0	495540.0	20005.3
11502087.6	10670871.5	113443.9	111534.5	484409.0	20000.1
239216.4	215569.8	820.2	500.2	2117.9	
54143.6	54143.6	522.3	522.3		
358202.3	346440.8	7671.0	7671.0	9013.1	5.2
18625004.4	17889992.7	339613.3	335054.5	373132.5	79378.0
3785039.0	3659866.9	16734.7	16092.2	33943.4	7541.6
5205713.6	5136179.8	72922.6	71841.2	81784.2	5617.2
319939.8	285001.1	2067.6	2042.8	27028.3	3831.7
5289586.6	4896511.9	199234.3	198290.5	148815.9	48513.0
4024725.4	3912433.0	48654.1	46787.8	81560.7	13874.5
2747538.0	2569553.6	39058.9	38661.3	194137.1	37077.0
51441607.3	48144908.6	2096118.6	2090614.0	3780510.7	985131.6
42186.1	42186.1	27.0	27.0		
12719134.8	12362343.8	275011.1	273702.3	108339.9	-813.1
63276583.5	59685830.6	2034898.0	2026625.1	4050954.3	1057921.5
56250624.3	53139600.7	2051133.7	2049279.1	3377628.2	984890.6
7033295.0	6736031.9	113699.1	111583.3	212068.6	29333.1
12083855.2	11613663.3	143031.2	137951.1	493744.3	42566.7
627943.8	558878.5	2045.1	1513.9	75853.1	318.0

11 -3 续表 12continued12

		销售费用 Marketing expenses	管理费用 Management expenses	税金 Tax
港澳台商独资经营企业	Funded from Hongkong, Macao and Taiwan	466699.3	59171.3	563.6
外资企业	Foreign funded	70120.6	161457.2	6609.5
合作、合伙企业	Cooperation and partnership	30857.7	40568.1	1575.5
股份合作企业	Cooperative	1103.4	3128.2	164.3
国有联营企业	State joint ownership enterprises			
集体联营企业	Collective joint			
国有与集体联营企业	State - collective joint			
其他联营企业	Others			
私营合伙企业	Privat partnership	3219.7	4235.1	71.0
合作经营企业(港或澳、台资)	Funded from Hongkong Macao and Taiwan	778.6	1096.6	81.6
中外合作经营企业	Cooperative	8596.7	5332.1	426.1
其他企业(内资)	Others	17159.3	26776.1	832.5
其他港澳台商投资企业	Others			
其他外商投资企业	Others			
股份有限公司	Share holding	337593.7	719422.7	22256.9
股份有限公司(内资)	Share holding (domestic)	317564.3	627774.6	21555.9
私营股份有限公司	Private	6525.0	9617.3	375.3
港澳台商投资股份有限公司	Funded from Hongkong, Macao and Taiwan	2673.2	2626.5	179.2
外商投资股份有限公司	Foreign funded	10831.2	79404.3	146.5
有限责任公司	Limited company	402326.8	787366.8	32392.8
国有独资公司	State owned	5084.7	28889.4	739.7
私营有限责任公司	Limited company	118137.6	179972.6	7620.9
合资经营企业(港或澳、台资)	Funded from Hongkong, Macao and taiwan	12498.2	34822.0	1314.8
中外合资经营企业	Joint venture	111404.0	285861.9	13525.4
其他有限责任公司	Others	155202.3	257820.9	9192.0
三、在总计中:亏损企业	Making loss enterprises	102847.5	242781.6	11963.7
在总计中:国有控股企业	State share holding	2539062.2	2405187.1	90670.1
在总计中:农村工业	Rural industry	1832.4	1841.7	
在总计中:轻工业	Light - Industry	840407.3	468353.9	14305.3
重工业	Heavy industry	2754908.4	3110318.6	114568.0
在总计中:大型企业	Grouped by size of enterprises	3037224.5	2485973.7	81987.8
中型企业	Medium - sized enterprises	218886.6	513261.0	24294.5
小型企业	Small - sized enterprises	333203.6	553213.3	21551.9
微型企业	Micro - enterprises	6001.0	26224.5	1039.1

单位:万元　unit:10000yuan

差旅费 Travel expense	工会经费 Labour union expenditure	财务费用 Financial cost	利息收入 Interest income	利息支出 Interest expenditure	营业利润 Operating profit	资产减值损失 Loss from asset devaluation	公允价值变动收益 Changes in fair value of the proceeds	投资收益 Investment income	投资收益 Investment income	补贴收入 Subsidies revenue
15663.4	193.6	41244.5	226.3	40319.1	320978.7				5365.5	164.0
5706.6	956.2	12481.3	1791.2	10924.1	111148.6	3800.8		-61.4	116945.8	104787.8
804.6	286.2	15830.6	2493.1	11168.7	83808.5	1077.2	29.4	2505.9	1197.5	
52.7	1.2	743.0	185.4	890.6	342.7	194.2			4.8	2.8
8.7	40.5	2848.5	2301.5	51.1	2652.4				400.0	
1.5	1.0	-0.1	0.3		226.1			1.7	1.7	
103.6	37.0	5195.2	-75.2	5114.8	17542.0				1185.0	710.0
638.1	206.5	7044.0	81.1	5112.2	63045.3	883.0		29.4	914.4	483.0
51484.5	3958.3	196661.0	13779.6	201649.0	624084.7	14173.2	-2.2	40336.6	64336.0	34314.8
49126.9	3384.0	194801.5	10396.1	196761.8	553548.1	15381.2	-2.2	40336.6	63778.8	34269.8
331.3	157.7	4785.6	34.6	4170.7	10052.6				166.1	45.0
140.9	32.2	307.3	189.3	464.9	11736.4	-93.0			52.3	
1885.4	384.4	-3233.4	3159.6	251.6	48747.6	-1115.0			338.8	
42327.7	10067.1	190656.8	17832.6	186599.3	1057152.7	18460.6	312.6	77000.8	149892.0	47783.1
1089.2	266.2	87330.9	2836.6	88886.2	-79045.3	15550.4		4288.8	90613.9	13845.0
22331.7	5329.6	52100.6	340.5	39451.7	353251.3	36.1		539.6	5794.7	4193.5
1234.4	365.7	5702.4	43.0	3885.6	50722.3	105.1		2053.3	1423.3	
7100.8	1844.3	6278.9	12842.7	18318.3	387266.3	-246.9	290.0	6792.9	26693.5	14708.0
10571.6	2261.3	39244.0	1769.8	36057.5	344958.1	3015.9	22.6	65379.5	24736.6	13613.3
7916.3	1904.7	162122.0	381.5	157046.8	-341826.0	19557.0	42.8	2396.0	53603.3	28627.4
81574.3	13801.8	433938.5	104154.0	462903.3	4465027.9	161307.0	5057.8	485773.0	301990.3	81730.9
91.4	2.0	279.2	0.5	57.3	930.8					
68855.4	4041.2	118061.7	2836.2	105670.9	774582.9	18620.6	42.8	6111.4	142267.8	116998.2
113433.9	21970.9	513874.9	121670.3	539149.8	5488658.6	149971.1	5305.4	499770.4	328248.5	93655.8
132144.5	13519.0	335636.1	100560.4	363676.8	4963495.7	137593.9	5037.8	458131.0	371051.2	146705.8
26546.8	3131.0	126134.9	13001.8	128567.5	566536.3	20468.2	20.2	4192.6	55523.3	29977.5
23474.8	9330.0	166149.5	10769.9	149960.1	700732.6	10529.6	290.2	23913.4	43602.1	33934.6
123.2	32.1	4016.1	174.4	2616.3	32476.9			19644.8	339.7	36.1

11 -3 续表 13continued13

		营业外支出 Norbusiness expenditure	利润总额 Profit	应交所得税 Income tax payable
港澳台商独资经营企业	Funded from Hongkong, Macao and Taiwan	1769.6	324574.6	6130.4
外资企业	Foreign funded	12113.9	214537.0	31315.7
合作、合伙企业	Cooperation and partnership	1239.8	48074.4	6824.3
股份合作企业	Cooperative	12.8	334.7	275.3
国有联营企业	State joint ownership enterprises			
集体联营企业	Collective joint			
国有与集体联营企业	State - collective joint			
其他联营企业	Others			
私营合伙企业	Privat partnership	600.0	2452.4	672.9
合作经营企业(港或澳、台资)	Funded from Hongkong Macao and Taiwan	56.7	171.1	114.6
中外合作经营企业	Cooperative	101.9	18625.0	2041.2
其他企业(内资)	Others	468.4	26491.2	3720.3
其他港澳台商投资企业	Others			
其他外商投资企业	Others			
股份有限公司	Share holding	16712.4	655387.9	106506.0
股份有限公司(内资)	Share holding (domestic)	16122.4	584884.1	87288.8
私营股份有限公司	Private	462.9	9755.8	1592.3
港澳台商投资股份有限公司	Funded from Hongkong, Macao and Taiwan	57.5	11731.2	3045.7
外商投资股份有限公司	Foreign funded	69.6	49016.8	14579.2
有限责任公司	Limited company	22204.3	1180857.8	162225.5
国有独资公司	State owned	8171.1	3397.3	473.7
私营有限责任公司	Limited company	5662.7	352388.5	42136.8
合资经营企业(港或澳、台资)	Funded from Hongkong, Macao and taiwan	489.0	52286.6	9392.4
中外合资经营企业	Joint venture	3052.7	410848.1	66838.1
其他有限责任公司	Others	4828.8	361937.3	43384.5
三、在总计中:亏损企业	Making loss enterprises	9753.8	-300061.9	1623.0
在总计中:国有控股企业	State share holding	69020.2	4678977.6	
在总计中:农村工业	Rural industry			
在总计中:轻工业	Light - Industry	25908.9	857986.0	58770.3
重工业	Heavy industry	75197.9	5716277.6	424045.6
在总计中:大型企业	Grouped by size of enterprises	73431.0	5227670.1	249259.3
中型企业	Medium - sized enterprises	12392.2	609620.1	90461.4
小型企业	Small - sized enterprises	15066.1	724371.1	140924.7
微型企业	Micro - enterprises	217.5	12602.3	2170.5

单位：万元　unit：10000yuan

亏损企业亏损总额 Total loss of loss - suffering enterprises	利税总额 Pre - tax profits	应交税金及附加 Taxes and extra charges	本年应付职工薪酬 Wages payable of the year	本年应交增值税 Value added	本年进项税额 VAT payable - input	本年销项税额 VAT payable - export	土地和固定资产支出 Land and fixed asset expenditures
6795.2	538522.9	220642.3	51837.0	189469.4	136094.1	140487.1	125017.4
9941.1	28477.5	74751.0					
22162.1	290034.3	113422.5	103771.2	62612.7	109037.8	135122.0	67818.5
3724.5	82519.9	42845.3	30743.9	22574.1	81621.9	92964.0	17012.2
456.5	1231.6	1336.5	3483.8	556.4	8486.1	8836.3	420.4
	3282.7	1574.2	568.4	650.1	1221.9	1682.8	
	782.5	807.6	891.3	545.9			126.8
133.5	22316.9	6159.2	2501.2	2843.7	7179.7	9906.4	133.5
3268.0	54906.2	32967.8	23299.2	17978.0	64734.2	72538.5	16331.5
50315.6	1090294.1	563669.1	543735.2	312448.8	653989.6	876248.3	806388.0
50222.5	987307.0	511267.6	492181.7	288979.0	638195.8	857104.5	796992.7
93.1	15167.7	7379.5	36938.8	4591.7	14160.1	17362.6	7475.1
	15397.8	6891.5	1920.6	3144.3			
	72421.6	38130.5	12694.1	15733.8	1633.7	1781.2	1920.2
81211.9	2026966.5	1040727.0	1192373.8	506495.4	2035867.0	2450150.1	634963.5
19983.9	147383.3	145199.4	440081.3	127251.3	498879.6	625807.4	23472.4
5134.7	550673.4	248042.6	180674.8	125362.3	445310.1	541386.3	74365.4
6767.2	66519.0	24939.6	33442.0	12164.8	24033.3	26464.7	39749.4
15941.8	756326.4	425841.8	285071.1	146244.0	723541.8	847996.9	279182.9
33384.3	506064.4	196703.6	253104.6	95473.0	344102.2	408494.8	218193.4
300061.9	-208135.7	105512.9	289402.6	52867.3	336783.3	364665.4	930278.1
205919.0	8609628.3	4279244.9	2461053.7	1834532.1	12195064.1	13808959.3	1310115.7
96.1	1145.0	259.7	1431.9	187.2	1926.4	2106.0	6.9
66628.7	1494990.6	710080.2	349527.5	361993.5	445608.8	574379.1	254931.20
233433.2	9881829.6	4704165.6	3085002.5	2130654.0	13517627.7	15319679.0	1737468.70
151809.1	9258811.4	4362388.4	2412553.4	1980007.6	12211829.7	13787728.7	1238976.20
79774.6	956888.4	462024.2	475482.5	233569.2	836472.1	984913.6	288644.50
57589.9	1138579.3	576684.8	514002.7	271177.0	905221.0	1108701.4	431778.40
10888.3	22541.1	13148.4	32491.4	7893.7	9713.7	12714.4	33000.8

11 –3 续表 14continued14

		土地购置 Purchase of land
港澳台商独资经营企业	Funded from Hongkong, Macao and Taiwan	9941.1
外资企业	Foreign funded	1557.5
合作、合伙企业	Cooperation and partnership	698.0
股份合作企业	Cooperative	
国有联营企业	State joint ownership enterprises	
集体联营企业	Collective joint	
国有与集体联营企业	State – collective joint	
其他联营企业	Others	
私营合伙企业	Privat partnership	
合作经营企业(港或澳、台资)	Funded from Hongkong Macao and Taiwan	
中外合作经营企业	Cooperative	
其他企业(内资)	Others	698.0
其他港澳台商投资企业	Others	
其他外商投资企业	Others	
股份有限公司	Share holding	69767.5
股份有限公司(内资)	Share holding (domestic)	69357.6
私营股份有限公司	Private	409.9
港澳台商投资股份有限公司	Funded from Hongkong, Macao and Taiwan	
外商投资股份有限公司	Foreign funded	
有限责任公司	Limited company	55104.5
国有独资公司	State owned	
私营有限责任公司	Limited company	11256.7
合资经营企业(港或澳、台资)	Funded from Hongkong, Macao and taiwan	6360.4
中外合资经营企业	Joint venture	25416.8
其他有限责任公司	Others	12070.6
三、在总计中:亏损企业	Making loss enterprises	7499.6
在总计中:国有控股企业	State share holding	102290.4
在总计中:农村工业	Rural industry	5.4
在总计中:轻工业	Light – Industry	15728.6
重工业	Heavy industry	134689.5
在总计中:大型企业	Grouped by size of enterprises	42386.1
中型企业	Medium – sized enterprises	22996.2
小型企业	Small – sized enterprises	84611.0
微型企业	Micro – enterprises	424.8

单位：万元 unit：10000yuan

房屋和建筑物 Buildings and constructions	机器设备 Machine and equipment	运输工具 Means of transport	其他费用 Others	全部从业人员年平均人数(万人) Annual averageof employment
28477.5	74751.0	4038.3	7809.5	10887.0
14135.2	44317.2	2317.0	5491.6	20245.0
8644.4	6978.5	570.6	120.7	10349.0
	420.4		1495.0	
		238.0		
	19.6	77.7	29.5	363.0
	133.5			642.0
8644.4	6405.0	492.9	91.2	7611.0
116412.8	578545.8	6048.1	17799.8	60379.0
110843.0	575155.6	6044.9	17777.6	55098.0
5060.1	2001.9	3.2		2288.0
				359.0
509.7	1388.3		22.2	2634.0
120205.6	348366.3	12503.5	98783.6	200228.0
6501.5	16618.9	211.2	140.8	43908.0
13721.1	42903.3	5955.6	528.7	57461.0
3291.0	28535.7	462.1	1100.2	5612.0
33805.3	129381.5	1354.0	89225.3	36489.0
62886.7	130926.9	4520.6	7788.6	56758.0
86958.4	555919.6	3306.0	267944.7	47060.0
144156.9	675175.1	9630.4	352399.1	260026.0
			1.5	937.0
71968.5	145326.8	9054.3	12798.6	93635.0
229717.4	952067.9	19270.5	375259.6	376364.0
131257.7	707241.7	7994.3	350096.4	283716.0
53202.4	185773.6	5711.2	20961.1	91855.0
111749.6	203963.0	14458.1	16996.7	93225.0
5476.2	416.4	161.2	4.0	1203.0

11 -3 续表 15continued15

		土地购置 Purchase of land
港澳台商独资经营企业	Funded from Hongkong, Macao and Taiwan	27.9
外资企业	Foreign funded	20.4
合作、合伙企业	Cooperation and partnership	9.7
股份合作企业	Cooperative	2.2
国有联营企业	State joint ownership enterprises	
集体联营企业	Collective joint	
国有与集体联营企业	State – collective joint	
其他联营企业	Others	
私营合伙企业	Privat partnership	13.4
合作经营企业(港或澳、台资)	Funded from Hongkong Macao and Taiwan	20.8
中外合作经营企业	Cooperative	7.3
其他企业(内资)	Others	12.9
其他港澳台商投资企业	Others	
其他外商投资企业	Others	
股份有限公司	Share holding	11.0
股份有限公司(内资)	Share holding (domestic)	10.6
私营股份有限公司	Private	10.9
港澳台商投资股份有限公司	Funded from Hongkong,Macao and Taiwan	21.4
外商投资股份有限公司	Foreign funded	18.1
有限责任公司	Limited company	13.9
国有独资公司	State owned	5.1
私营有限责任公司	Limited company	22.6
合资经营企业(港或澳、台资)	Funded from Hongkong, Macao and taiwan	11.5
中外合资经营企业	Joint venture	19.5
其他有限责任公司	Others	13.4
三、在总计中:亏损企业	Making loss enterprises	-0.9
在总计中:国有控股企业	State share holding	20.4
在总计中:农村工业	Rural industry	4.7
在总计中:轻工业	Light – Industry	22.62
重工业	Heavy industry	19.33
在总计中:大型企业	Grouped by size of enterprises	23.26
中型企业	Medium – sized enterprises	13.8
小型企业	Small – sized enterprises	11.66
微型企业	Micro – enterprises	3.63

单位:万元 unit:10000yuan

资产负债率(%) Ratio of Assetsto Industrial value(%)	流动资产周转率(次/年) Times of Annual Tumover of circulating Funds (time/year)	成本费用利润率(%) Ratio of Profits to cost(%)	全员劳动生产率(元/人·年) Overall labour productivity	产品销售率(%) Proportion of Products sold(%)
72.8	7.2	5.6		95.0
61.0	1.6	13.0		105.4
47.3	2.2	5.5		101.2
90.1	0.9	0.5		94.7
28.7	18.5	7.0		97.2
4.5	7.4	2.7		99.9
34.5	1.1	13.0		119.0
50.4	3.1	4.2		98.4
65.1	2.1	4.9		99.3
66.5	2.1	4.6		99.3
60.5	2.7	3.8		95.9
17.7	1.2	19.6		98.6
35.2	1.7	11.0		100.0
56.4	3.1	5.9		98.8
63.8	9.1	0.1		100.4
44.6	4.8	6.3		98.0
45.9	1.4	14.0		98.0
53.4	2.3	7.2		98.9
59.9	2.2	8.1		98.6
74.6	1.7	-9.2		99.1
55.6	2.9	8.2		99.2
47.8	3.1	2.0		95.9
57.09	4.52	6.07		97.75
55.15	2.77	8.21		99.07
55.13	3.41	8.42		98.77
56.32	2.09	7.72		99.51
56.98	2.15	5.51		98.81
34.19	2.32	1.9		96.98

统计资料

STATISTICS

◎ 交通运输、邮电通信业

TRANSPORTATION, POST AND TELECOMMUNICATION

第十二篇　交通运输邮电和通信业

2012 年，我市机动车保有量为 131.3 万辆，比上年增加 9.7 万辆，增长 8%，其中：个人机动车保有量为 112.8 万辆，比上年增加 10 万辆，增长 9.7%。在总计中：新注册 16 万辆，比上年增 0.95 万辆，增长 6.3%。在总计中：营运车辆 22.2 万辆，比上年减少 0.7 万辆，下降 3.1%，非营运车辆 109 万辆，比年增加 10.3 万辆，增长 10.5%。

2012 年，我市汽车保有量为 87.7 万辆，比上年增加 10.5 万辆，增长 13.5%，其中：个人汽车 70.6 万辆，比上年增加 10.5 万辆，增长 17.6%。在汽车保有量中，新注册汽车 14.2 万辆，比上年增加 1.1 万辆，增长 8.8%。

2012 年，我市公路完成货物周转量 312.5 亿吨公里，比上年增长 22.7%；民航货邮吞吐量 6.6 万吨公里，比上年增长 6.4%。

2012 年，我市邮电业务总量为 143.5 亿元。其中：邮政业务总量 4.5 亿元，比上年增长 5%；电信业务总量 139 亿元，比上年增长 6.5%。完成邮政特快专递 86 万件，比上年下降 11%；市话到达户数 156 万户，比上年增长 9.9%；农话到达户数 27 万户，比上年下降 27%；移动电话到达户数 1118 万户，比上年增长 3.7%；互联网接入户数 640 万户，比上年增长 23.69%。

12－1　2012年长春市机动车辆保有量
NUMBER OF CIVIL MOTOR VEHICLE OWNED　(2012)

单位:辆　　unit:coach

		机动车保有量 Number of civil motor vehicle owned						报废 Ababdibed Non－operating
		总　计 Total				营　运 Operating	非营运 Non－operating	
			进口 Import	个人 Individual	新注册 new register			
总　　计	Total	1312979	40004	1127910	160353	221941	1090239	693
一、汽车	Vehicles	877243	39964	706208	141793	200966	675478	597
1. 载客汽车	Buses and cars	701307	39717	586823	127138	34736	665772	538
其中:大型	large	12770	104	1104	1999	7649	4359	431
中型	mudium	6367	201	2293	492	904	5426	21
小型	Smaller	655337	39351	558779	123856	26118	629219	73
微型	Micro	26833	61	24647	791	65	26768	13
2. 载货汽车	Truck	121727	163	69434	13903	114804	6923	52
其中:重型	heavy	33272	15	11773	3478	32722	550	26
中型	Mudium	12110	7	7450	345	11656	454	7
轻型	light	75955	141	49932	10072	70110	5845	17
微型	Micro	390		279	8	316	74	2
3. 其他汽车	Others	54209	84	49951	752	51426	2783	7
其中:三轮汽车	Tricar	17384		17366	87	16396	988	3
低速货车	Low－speed truck/Therein	31344	7	30999	36	30762	582	1
二、摩托车	Motor cycle	424844	36	420380	17834	10255	414589	48
1. 普通	Ordinary	414738	36	410326	17644	10248	404490	43
2. 轻便	Light	10106		10054	190	7	10099	5
三、挂车	Trailer	10539		1105	681	10425	114	48
1. 重型	Heavy	10445		1087	676	10331	114	47
2. 中型	Medium－sized	55		12	5	55		1
3. 轻型	Dght	39		6		39		
四、拖拉机	Tractors	53		51				
1. 大中型	Large and medium							
2. 小型方向盘式	small	7		5				
3. 手扶式	Shou fu	46		46				
五、其他类型	others	300	4	166	45	244	56	

统计资料

STATISTICS

◎ 建筑业

CONSTUCTION

第十三篇　建筑业

2012年，全市建筑业发展状况良好，其主要经济指标仍保持增长态势。

建筑业产值稳步增长。2012年全年累计完成建筑业总产值931.8亿元，比去年增长18.3%；其中装饰装修产值50.3亿元，增长115.7%；在外省完成产值105.2亿元，下降58.5%；建筑业竣工产值488.9亿元，增长36.4%；房屋施工面积7076.1万平方米，增长143.6%；房屋建筑竣工面积2140万平方米，增长66.6%。

工程结算收入869亿元，增长9.4；工程结算利润64.6亿元，增长11.5%。

13－1　2012年长春市建筑业企业施工房屋竣工面积表

指标名称	Item	建筑业企业个数 Number of Construction Enterprises	本年实际房屋建筑竣工面积（平方米） Floor Space of Building Completed (sq. m)
总计	Total	985	21400399
其中：国有及国有控股企业	State－owned and state－holding enterprise	86	3734103
一、按登记注册类型分组	Grouped by type registered		
内资企业	Domestic funded	979	21369673
国有企业	State－owned	35	742451
集体企业	Collective－owned	12	
股份合作企业	Cooperative	4	3200
联营企业	Joint	1	40745
国有联营企业	State joint owned	1	40745
国有联营企业	State joint owned		
国有与集体联营企业	State－collective joint owned		
其他联营企业	Other joint owned		
有限责任公司	Limited liability corporations	429	8391613
国有独资公司	State－owned solely	14	226823
其他有限责任公司	Other	415	8164790
股份有限公司	Share holding	51	2092517
私营企业	Private	409	9294768
私营独资企业	Private funded	25	74000
私营合伙企业	Private partner	2	
私营有限责任公司	Private limited company	366	7954155
私营股份有限公司	Private share holding	16	1266613
其他企业	Others	38	804379
港、澳、台商投资企业	Funded from Hongkong, Macao and Taiwan	5	30726
与港澳台商合资经营	Joint venture	5	30726
与港澳台商合作经营	Cooperative		
港、澳、台商独资	Solely owned		
港、澳、台商投资股份有限公司	Share holding		
其他港澳台投资	Others		
外商投资企业	Foreign funded	1	
中外合资经营企业	Joint venture	1	
中外合作经营企业	Cooperative		
外资企业	Foreign funded		
外商投资股份有限公司	Share holding		
其他外商投资	Others		
二、按国民经济行业分组	Grouped by sector		
房屋建筑业	Housing industry	265	16997710
土木工程建筑业	Engineering Construction	248	1365502
铁路、道路、隧道和桥梁工程建筑	Railway roads and briages projects	121	508987
铁路工程建筑	Railway	8	
公路工程建筑	Roads	25	
市政道路工程建筑	Municipal road engineering construction	66	329358
其他道路、隧道和桥梁工程建筑	Others	22	179629
水利和内河港口工程建筑	Water conservancy and inland port engineering construction	26	31619
水源及供水设施工程建筑	Water resourses and water supply facilities engineering construction	10	
河湖治理及防洪设施工程建筑	The governance of rivers and lakes and flood control facilities engineering and construction	13	25848

COMPLETED SPACE OF CONSTRUCTION ENTERPRISES IN 2012

指标名称	Item	建筑业企业个数 Number of Construction Enterprises	本年实际房屋建筑竣工面积(平方米) Floor Space of Building Completed (sq. m)
港口及航运设施工程建筑	Harbor and shipping facilities engineering constructions	3	5771
海洋工程建筑	Marine engineering constructions		
工矿工程建筑	Mining Constraction	4	17000
架线和管道工程建筑	Pipe - line construction	26	
架线及设备工程建筑	Wiring and equipment engineering constructions	20	
管道工程建筑	Pipes engineering constructions	6	
其他土木工程建筑	Others	71	807896
建筑安装业	Construction and Installation Projects	274	2430267
电气安装	Electrical installation	46	
管道和设备安装	Pipes and Equipment Installation	169	134162
其他建筑安装业	Others	59	2296105
建筑装饰和其他建筑业	Construction and Decoration Industry and others	198	606920
建筑装饰业	Construction and Decoration Industry	135	478337
工程准备活动	Project preparation activities	27	14230
建筑物拆除活动	Building demolition activities	25	14230
其他工程准备活动	Others	2	
提供施工设备服务	Equipment Seruices	1	
其他未列明建筑业	Others	35	114353
三、按隶属关系分组	Grouped by administrative		
中央	Central	30	503695
省(自治区、直辖市)	Province	99	1680082
地区(州、盟、省辖市)	Areas(prefectures、leagues 、Provincial cities)	152	5649216
县(区、市、旗)	County	31	763885
街道	Street	1	
镇	Town		
乡	Township		
居委会	Residents committee		
村委会	Village committee		
其他	Others	672	12803521
四、按企业资质等级分组	Group according to the grades of enterprise qualification		
施工总承包	General construction contract	417	19397900
特级	Superfine	2	1737357
一级	First Class	31	5194215
二级	Scond Class	155	8164823
三级及以下	Third Class and below	229	4301505
专业承包	Responsibility contracts on specialties	568	2002499
一级	First Class	42	385228
二级	Scond Class	122	323736
三级及以下	Third Class and below	404	1293535
五、按控股情况分	Crouped by owned		
国有控股	State - owned	86	3734103
集体控股	Collective - owned	28	369573
私人控股	Private - owned	683	14402212
港澳台商控股	HongKong, Macao and Taiwan - owned	4	30726
外商控股	Foreign - owned		
其他	Others	184	2863785

13－2　2012年长春市建筑业企业主要财务状况表

单位:千元

指标名称	Item	固定资产原价 Original value of fixed assets
总　计	Total	10512521
其中:国有及国有控股企业	State－owned and state－holding enterprise	2508691
一、按登记注册类型分组	Grouped by type registered	
内资企业	Domestic funded	10369890
国有企业	State－owned	1037204
集体企业	Collective－owned	154328
股份合作企业	Cooperative	12044
联营企业	Joint	1700
国有联营企业	State joint ownership enterprises	1700
集体联营企业	Collective joint owned	
国有与集体联营企业	State－collective joint owned	
其他联营企业	Other joint owned	
有限责任公司	Limited liability corporations	5244751
国有独资公司	State－owned solely	604983
有限责任公司	Limited liability corporations	4639768
股份有限公司	Share holding	740620
私营企业	Private	3015080
私营独资企业	Private funded	98472
私营合伙企业	Private partner	340
私营有限责任公司	Private limited company	2802538
私营股份有限公司	Private share holding	113730
其他企业	Others	164163
港、澳、台商投资企业	Funded from Hongkong, Macao and Taiwan	142631
与港澳台商合资经营	Joint venture	142631
与港澳台商合作经营	Cooperative	
港、澳、台商独资	Solely owned	
港、澳、台商投资股份有限公司	Share holding	
其他港澳台投资	Others	
外商投资企业	Foreign funds	
中外合资经营企业	Joint venture	
中外合作经营企业	Cooperative	
外资企业	Foreign funded	
外商投资股份有限公司	Share holding	
其他外商投资	Others	
二、按国民经济行业分组	Grouped by sector	
房屋建筑业	Housing industry	2266049
土木工程建筑业	Engineering Construction	6518617
铁路、道路、隧道和桥梁工程建筑	Railway roads and briages projects	4458834
铁路工程建筑	Railway	52214
公路工程建筑	Roads	2054183
市政道路工程建筑	Municipal road engineering construction	1244066
其他道路、隧道和桥梁工程建筑	Others	1108371
水利和内河港口工程建筑	Water conservancy and inland port engineering construction	924053
水源及供水设施工程建筑	Water resourses and water supply facilities engineering construction	276749
河湖治理及防洪设施工程建筑	The governance of rivers and lakes and flood control facilities engineering and construction	639129
港口及航运设施工程建筑	Harbor and shipping facilities engineering constructions	8175

MAIN FINANCIAL CONDITIONS OF CONSTRUCTION ENTERPRISES IN 2012

unit:1000yuan

资产合计 Current assets	负债合计 Liabilities	流动负债合计 Current liabilites	所有者权益合计 Ounership interests
128134832	62943443	53346185	65191389
18302567	14682520	14321826	3620047
126626687	61838186	52313198	64788501
6593909	4951709	4739010	1642200
638191	409571	407834	228620
52963	38057	38039	14906
52350	25000	2638	27350
52350	25000	2638	27350
79302523	35177070	29439873	44125453
3376088	2778631	2688723	597457
75926435	32398439	26751150	43527996
6678890	4347466	3856816	2331424
31917363	16349988	13336794	15567375
1065144	580909	427203	484235
24836	101	101	24735
29687279	14976348	12136631	14710931
1140104	792630	772859	347474
1390498	539325	492194	851173
1506208	1105257	1032987	400951
1506208	1105257	1032987	400951
1937			1937
1937			1937
54800028	27356859	24871847	27443169
33877819	21707410	16198998	12170409
21017511	12688277	10120012	8329234
302400	360237	358150	-57837
6270933	2469023	2213894	3801910
9262846	7053877	5489679	2208969
5181332	2805140	2058289	2376192
4855996	3281307	3044251	1574689
1216359	661301	525563	555058
3562076	2590789	2489471	971287
77561	29217	29217	48344

13－2 续表 1 continued1

指标名称	Item	固定资产原价 Original value of fixed assets
海洋工程建筑	Marine engineering constructions	
工矿工程建筑	Mining Constraction	200456
架线和管道工程建筑	Pipe－line construction	798363
架线及设备工程建筑	Wiring and equipment engineering constructions	780044
管道工程建筑	Pipes engineering constructions	18319
其他土木工程建筑	Others	136911
建筑安装业	Construction and Installation Projects	1006894
电气安装	Electrical installation	183070
管道和设备安装	Pipes and Equipment Installation	551603
其他建筑安装业	Others	272221
建筑装饰和其他建筑业	Construction and Decoration Industry and others	720961
建筑装饰业	Construction and Decoration Industry	406577
工程准备活动	Project preparation activities	33057
建筑物拆除活动	Building demolition activities	31132
其他工程准备活动	Others	1925
提供施工设备服务	Equipment Seruices	1000
其他未列明建筑业	Others	280327
三、按隶属关系分组	Grouped by administrative	
中央	Central	1648766
省(自治区、直辖市)	Province	1999339
地区(州、盟、省辖市)	Areas(prefectures、leagues 、Provincial cities)	905281
县(区、市、旗)	County	191738
街道	Street	
镇	Town	
乡	Township	
居委会	Residents committee	
村委会	Village committee	
其他	Others	5767397
四、按企业资质等级分组	Group according to the grades of enterprise qualification	
施工总承包	General construction contract	8812264
特级	Superfine	917502
一级	First Class	3350731
二级	Scond Class	3426685
三级及以下	Third Class and below	1117346
专业承包	Responsibility contracts on specialties	1700257
一级	First Class	481584
二级	Scond Class	438633
三级及以下	Third Class and below	780040
五、按控股情况分	Crouped by owned	
国有控股	State－owned	2508691
集体控股	Collective－owned	209884
私人控股	Private－owned	6656074
港澳台商控股	HongKong, Macao and Taiwan－owned	142631
外商控股	Foreign－owned	
其他	Others	995241

单位:千元 unit:1000yuan

资产合计 Current assets	负债合计 Liabilities	流动负债合计 Current liabilites	所有者权益合计 Ounership interests
528357	273297	273297	255060
3551434	2563743	2446557	987691
3341315	2375464	2273278	965851
210119	188279	173279	21840
3924521	2900786	314881	1023735
34772568	11742688	10852679	23029880
1294834	697057	640511	597777
28208246	7788697	7055689	20419549
5269488	3256934	3156479	2012554
4684417	2136486	1422661	2547931
3502418	1368170	1127015	2134248
113501	17543	14607	95958
94724	10882	7946	83842
18777	6661	6661	12116
36000	16000	16000	20000
1032498	734773	265039	297725
7432979	6845130	6715393	587849
19282947	7438287	6898757	11844660
13267870	9304329	8539756	3963541
7333410	869371	683236	6464039
38000	5000	5000	33000
80779626	38481326	30504043	42298300
110803434	53700687	48289641	57102747
5803862	3886996	3869496	1916866
24312648	18530898	16460771	5781750
25995704	17860539	16711857	8135165
54691220	13422254	11247517	41268966
17331398	9242756	5056544	8088642
2771391	1608544	1017611	1162847
3105905	1595775	1421863	1510130
11454102	6038437	2617070	5415665
18302567	14682520	14321826	3620047
7305743	980525	852550	6325218
59076973	29313020	25234656	29763953
1505875	1103806	1031536	402069
41943674	16863572	11905617	25080102

13－2 续表 2 continued2

指标名称	Item	主营业务收入 Main business revenue
总计	Total	86896656
其中:国有及国有控股企业	State－owned and state－holding enterprise	19193498
一、按登记注册类型分组	Grouped by type registered	
内资企业	Domestic funded	85234201
国有企业	State－owned	6437543
集体企业	Collective－owned	544781
股份合作企业	Cooperative	39800
联营企业	Joint	80830
国有联营企业	State joint ownership enterprises	80830
集体联营企业	Collective joint owned	
国有与集体联营企业	State－collective joint owned	
其他联营企业	Other joint owned	
有限责任公司	Limited liability corporations	38528862
国有独资公司	State－owned solely	5220344
其他有限责任公司	Other	33308518
股份有限公司	Share holding	7726974
私营企业	Private	30528254
私营独资企业	Private funded	974543
私营合伙企业	Private partner	19866
私营有限责任公司	Private limited company	26685781
私营股份有限公司	Private share holding	2848064
其他企业	Others	1347157
港、澳、台商投资企业	Funded from Hongkong, Macao and Taiwan	1662455
与港澳台商合资经营	Joint venture	1662455
与港澳台商合作经营	Cooperative	
港、澳、台商独资	Solely owned	
港、澳、台商投资股份有限公司	Share holding	
其他港澳台投资	Others	
外商投资企业	Foreign funds	
中外合资经营企业	Joint venture	
中外合作经营企业	Cooperative	
外资企业	Foreign funded	
外商投资股份有限公司	Share holding	
其他外商投资	Others	
二、按国民经济行业分组	Grouped by sector	
房屋建筑业	Housing industry	44840007
土木工程建筑业	Engineering Construction	22238417
铁路、道路、隧道和桥梁工程建筑	Railway roads and briages projects	13523975
铁路工程建筑	Railway	584525
公路工程建筑	Roads	4543736
市政道路工程建筑	Municipal road engineering construction	5214746
其他道路、隧道和桥梁工程建筑	Others	3180968
水利和内河港口工程建筑	Water conservancy and inland port engineering construction	4972034
水源及供水设施工程建筑	Water resourses and water supply facilities engineering construction	1263055
河湖治理及防洪设施工程建筑	The governance of rivers and lakes and flood control facilities engineering and construction	3674551

单位：千元　unit：1000yuan

主营业务成本 Main operation cost	主营业务税金及附加 Main operation taxes and extra charges	管理费用 Management expenses	利润总额 Total profits	应交所得税 Income taxes payable	应付职工薪酬（本年贷方累计发生额）payroll payable (credit accumulated happening this year)
77694862	2971237	3050488	2049502	1214165	13143851
17527220	596734	591860	371293	233251	1172609
76184085	2915679	3020276	2002646	1200781	12819813
5974468	183748	260498	-7065	68610	487663
458184	16648	44520	22015	5549	52223
17072	1753	2020	367	191	3217
71000	2660	2200	4950	124	5000
71000	2660	2200	4950	124	5000
34799191	1289401	1534085	575748	534844	7029050
4818448	141115	180626	35263	20236	389911
29980743	1148286	1353459	540485	514608	6639139
6880716	375408	158741	266742	122355	1509800
26892420	1010695	885125	1087541	449076	3637527
811414	28064	40627	40416	14181	43520
17411	667	725	185	107	6892
23444098	888333	799439	973492	381014	3492827
2619497	93631	44334	73448	53774	94288
1091034	35366	133087	52348	20032	95333
1510777	55558	29565	46919	13384	323978
1510777	55558	29565	46919	13384	323978
		647	-63		60
		647	-63		60
40731700	1634818	960750	1106688	592289	9655968
19003389	653638	1154627	958376	291775	1814455
11224151	430260	642144	898614	233545	576667
533185	12937	64438	-30679	16	48007
3676741	151987	151318	442345	118045	64917
4382763	159002	236605	299841	75218	276928
2631462	106334	189783	187107	40266	186815
4479452	134749	207109	102823	28297	452256
1136422	37364	50692	35952	7617	93201
3324943	96304	140292	67920	20162	355863

13－2 续表 3 continued3

指标名称 Item		主营业务收入 Main business revenue
港口及航运设施工程建筑	Harbor and shipping facilities engineering constructions	34428
海洋工程建筑	Marine engineering constructions	
工矿工程建筑	Mining Constraction	419968
架线和管道工程建筑	Pipe－line construction	2529167
架线及设备工程建筑	Wiring and equipment engineering constructions	2455177
管道工程建筑	Pipes engineering constructions	73990
其他土木工程建筑	Others	793273
建筑安装业	Construction and Installation Projects	14647920
电气安装	Electrical installation	1064524
管道和设备安装	Pipes and Equipment Installation	4592495
其他建筑安装业	Others	8990901
建筑装饰和其他建筑业	Construction and Decoration Industry and others	5170312
建筑装饰业	Construction and Decoration Industry	3485440
工程准备活动	Project preparation activities	138147
建筑物拆除活动	Building demolition activities	120485
其他工程准备活动	Others	17662
提供施工设备服务	Equipment Seruices	30000
其他未列明建筑业	Others	1516725
三、按隶属关系分组	Grouped by administrative	
中央	Central	9981846
省(自治区、直辖市)	Province	13121940
地区(州、盟、省辖市)	Areas(prefectures、leagues 、Provincial cities)	14979441
县(区、市、旗)	County	1388078
街道	Street	101750
镇	Town	
乡	Township	
居委会	Residents committee	
村委会	Village committee	
其他	Others	47323601
四、按企业资质等级分组	Group according to the grades of enterprise qualification	
施工总承包	General construction contract	74351076
特级	Superfine	5990449
一级	First Class	30898183
二级	Scond Class	24660256
三级及以下	Third Class and below	12802188
专业承包	Responsibility contracts on specialties	12545580
一级	First Class	3290857
二级	Scond Class	2523773
三级及以下	Third Class and below	6730950
五、按控股情况分	Crouped by owned	
国有控股	State－owned	19193498
集体控股	Collective－owned	1032008
私人控股	Private－owned	53961047
港澳台商控股	HongKong,Macao and Taiwan－owned	1654825
外商控股	Foreign－owned	
其他	Others	11055278

单位:千元 unit:1000yuan

主营业务成本 Main operation cost	主营业务税金及附加 Main operation taxes and extra charges	管理费用 Management expenses	利润总额 Total profits	应交所得税 Income taxes payable	应付职工薪酬(本年贷方累计发生额) payroll payable (credit accumulated happening this year)
18087	1081	16125	-1049	518	3192
389307	14324	10647	3282	4820	39658
2269100	55334	184072	-58675	17968	333915
2210198	52914	179609	-67203	17483	325332
58902	2420	4463	8528	485	8583
641379	18971	110655	12332	7145	411959
13715739	463652	635848	-402310	214852	1109534
907386	41394	76979	39255	13598	65833
4558278	89162	384638	-712799	53542	856779
8250075	333096	174231	271234	147712	186922
4244034	219129	299263	386748	115249	563894
3030961	175787	142208	99334	41446	304985
107058	5024	15929	9240	1744	14327
94921	4083	14824	5764	1049	12350
12137	941	1105	3476	695	1977
25000	1000	3000	990	247	18000
1081015	37318	138126	277184	71812	226582
9112760	251795	434512	105913	72975	786243
11324394	559942	450441	644938	199393	528643
13537822	541407	299666	444995	265819	1944064
1164277	47870	87293	21533	15335	159174
81400	3500	7150	9700	2544	2160
42474209	1566723	1771426	822423	658099	9723567
67520630	2498196	2058583	1335376	1010037	11616448
5177769	224118	99971	396595	153868	105103
28144644	1038345	732915	804193	404481	2670488
22217671	815591	602294	708095	333912	2853121
11980546	420142	623403	-573507	117776	5987736
10174232	473041	991905	714126	204128	1527403
2540241	101696	237582	404608	101606	288560
2012475	72076	185425	163911	32916	257356
5621516	299269	568898	145607	69606	981487
17527220	596734	591860	371293	233251	1172609
897013	27993	105707	-1957	11555	121120
47318823	1937420	1574792	2100296	777517	5756901
1504977	54948	28375	46919	13156	323669
10446829	354142	749754	-467049	178686	5769552

13－3　2012年长春市建筑业企业生产情况指标

单位:千元　　unit:1000yuan

项　目	Item	建筑业总产值 Output value of construction	按构成分 By register 建筑工程产值 Output Value ofconstruction	房屋建筑施工面积 Construction space	直接从事生产经营活动的平均人数 Average number of directly engaged in production and business operation activities
总计	Total	93176423	80130738	70761169	262412
其中:国有及国有控股企业	State－owned and state－holding enterprise	25840136	22427255	10048816	78091
一、登记注册类型分组	Grouped by type registered				
内资企业	Domestic funded	91440418	78471546	70665490	255981
国有企业	State－owned	4408668	2872142	2948786	16508
集体企业	Collective－owned	536390	250160		2182
股份合作企业	Cooperative	27043	26633	60120	176
联营企业	Joint	80830	75830	40745	150
国有联营企业	State joint ownership enterprises	80830	75830	40745	150
集体联营企业	Collective joint owned				
国有与集体联营企业	State－collective joint owned				
其他联营企业	Other joint owned				
有限责任公司	Limited liability corporations	46056193	40439656	39452046	103766
国有独资公司	State－owned solely	5416949	4090016	325106	6429
其他有限责任公司	Other	40639244	36349640	39126940	97337
股份有限公司	Share holding	7300968	6764629	5222046	25599
私营企业	Private	31839588	27026472	22092117	98595
私营独资企业	Private funded	717373	500107	334408	2026
私营合伙企业	Private partner	19866	7866		148
私营有限责任公司	Private limited company	28861800	24915417	19793565	93468
私营股份有限公司	Private share holding	2240549	1603082	1964144	2953
其他企业	Others	1190738	1016024	849630	9005
港、澳、台商投资企业	Funded from Hongkong,Macao and Taiwan	1736005	1659192	95679	6430
与港澳台商合资经营	Joint venture	1736005	1659192	95679	6430
与港澳台商合作经营	Cooperative				
港、澳、台商独资	Solely owned				
港、澳、台商投资股份有限公司	Share holding				
其他港澳台投资	Others				
外商投资企业	Foreign funds				1
中外合资经营企业	Joint venture				1
中外合作经营企业	Cooperative				
外资企业	Foreign funded				
外商投资股份有限公司	Share holding				
其他外商投资	Others				
二、按国民经济行业分组	Grouped by sector				
房屋建筑业	Housing industry	45649955	43034213	56811968	137892
土木工程建筑业	Engineering Construction	29540851	25785259	1931370	76848
铁路、道路、隧道和桥梁工程建筑	Railway roads and briages projects	21391944	20013042	1181176	57758
铁路工程建筑	Railway	517014	517014		1135
公路工程建筑	Roads	4566524	4556294		6967
市政道路工程建筑	Municipal road engineering construction	13550892	12244441	923384	45525
其他道路、隧道和桥梁工程建筑	Others	2757514	2695293	257792	4131
水利和内河港口工程建筑	Water conservancy and inland port engineering construction	5239201	5039162	113369	11174
水源及供水设施工程建筑	Water resourses and water supply facilities engineering construction	1219784	1216243		3892
河湖治理及防洪设施工程建筑	The governance of rivers and lakes and flood control facilities engineering and construction	3941678	3749088	73465	6902
港口及航运设施工程建筑	Harbor and shipping facilities engineering constructions	77739	73831	39904	380

PRODUCTIVE INDICATIONS ABOUT CONSTRUCTION ENTERPRISES IN 2012

13－3 续表 1 continued1

单位:千元　unit:1000yuan

项　目	Item	建筑业总产值 Output value of construction	按构成分 By register 建筑工程产值 Output Value ofconstruction	房屋建筑施工面积 Construction space	直接从事生产经营活动的平均人数 Average number of directly engaged in production and business operation activities
海洋工程建筑	Marine engineering constructions				
工矿工程建筑	Mining Constraction	246050	116303	17000	990
架线和管道工程建筑	Pipe－line construction	2076478	219303	50000	4907
架线及设备工程建筑	Wiring and equipment engineering constructions	2002488	212973	50000	4548
管道工程建筑	Pipes engineering constructions	73990	6330		359
其他土木工程建筑	Others	587178	397449	569825	2019
建筑安装业	Construction and Installation Projects	12861388	8162551	10875351	38498
电气安装	Electrical installation	946461	65804	43094	1981
管道和设备安装	Pipes and Equipment Installation	2948224	624046	789510	10397
其他建筑安装业	Others	8966703	7472701	10042747	26120
建筑装饰和其他建筑业	Construction and Decoration Industry and others	5124229	3148715	1142480	9174
建筑装饰业	Construction and Decoration Industry	3525332	2969449	898827	6519
工程准备活动	Project preparation activities	139133	38789	68350	424
建筑物拆除活动	Building demolition activities	121566	38789	68350	369
其他工程准备活动	Others	17567			55
提供施工设备服务	Equipment Seruices	30000			60
其他未列明建筑业	Others	1429764	140477	175303	2171
三、按隶属关系分组	Grouped by administrative				
中央	Central	17381404	14442423	1549873	50725
省(自治区、直辖市)	Province	11905541	11311826	6815349	22189
地区(州、盟、省辖市)	Areas(prefectures、leagues 、Provincial cities)	14076854	12854521	31659979	44407
县(区、市、旗)	County	1439943	928394	865551	8185
街道	Street	101750			49
镇	Town				
乡	Township				
居委会	Residents committee				
村委会	Village committee				
其他	Others	48270931	40593574	29870417	136857
四、按企业资质等级分组	Group according to the grades of enterprise qualification				
施工总承包	General construction contract	81799172	74991897	67818001	234236
特级	Superfine	6360410	6360410	5251377	9820
一级	First Class	30021692	27742994	19891619	72326
二级	Scond Class	33962827	30278485	34604249	122372
三级及以下	Third Class and below	11454243	10610008	8070756	29718
专业承包	Responsibility contracts on specialties	11377251	5138841	2943168	28176
一级	First Class	3031106	988713	342324	4864
二级	Scond Class	2270202	897415	621451	7581
三级及以下	Third Class and below	6075943	3252713	1979393	15731
五、按控股情况分	Crouped by owned				
国有控股	State－owned	25840136	22427255	10048816	78091
集体控股	Collective－owned	1145259	772206	1069594	4110
私人控股	Private－owned	55163528	48109285	53478532	153795
港澳台商控股	HongKong,Macao and Taiwan－owned	1728375	1651562	95679	6406
外商控股	Foreign－owned				
其他	Others	9299125	7170430	6068548	20010

统计资料

STATISTICS

◎ 批发零售贸易和住宿餐饮业

WHOLESALE RETAIL TRADES AND HOTELS CATERING

第十四篇　批发零售贸易和住宿餐饮业

2012 年,我市消费品市场保持了较为繁荣活跃的势头,实现社会消费品零售总额 1739.6 亿元,同比增长 15.0%。

分行业看:四大行业均保持了较快的增长幅度。其中批发业实现零售额 145.7 亿元,增长 11.9%。零售业实现零售额 1421.6 亿元,增长 15.1%。住宿业实现零售额 17.3 亿元,增长 10.2%。餐饮业实现零售额 155.0 亿元,增长 17.8%。

从地域上看:城乡消费品市场同步增长。在节日效应和一系列促进消费政策的带动下,农村消费潜力逐步得到释放,呈现出城乡市场共同发展的格局。2012 年,我市城镇实现消费品零售额 1641.8 亿元,同比增长 14.8%。乡村实现消费品零售额 97.8 亿元,同比增长 19.6%。

从规模上看:2012 年,全市限额以上批发零售、住宿餐饮企业和个体户实现零售额 746.9 亿元,同比增长 10.5%。限额以下批发零售、住宿餐饮企业和个体户实现零售额 992.7 亿元,同比增长 18.2%。

14－1　社会消费品零售总额(2012)
TOTAL RETAIL SALES OF CONSUMER GOODS(2012)

单位:万元　　unit:10000 yuan

指标名称	Item	2012
社会消费品零售总额	Total	17396426.3
(一)按销售单位所在地分组	Grouped by region	
1、城镇	Urban	16418558.7
2、乡村	Rural	977867.6
(二)按行业分组	Grouped by sector	
(1)批发、零售贸易业	Wholesale and retail trade	15672918.3
批发业	Wholesale	1457085.9
零售业	Retail trade	14215832.4
限额以上	Above designated size	7204331.1
批发限额以上	Wholesale limit above	986534.9
零售限额以上	Retail trade limit above	6217796.2
限额以下	Under designated size	8468587.2
批发限额以下企业(单位)及个体户	Wholesale limit below and imdividucl	470551
零售限额以下企业(单位)及个体户	Retailtrade limit belon and indroidnal	7998036.2
(2)住宿和餐饮业	Hotels and catering	1723508
限额以上企业(单位)及个体户	Enterprises (companies) and self－employed individuals above limits	265245.6
限额以下企业(单位)及个体户	Enterprises (companies) and self－employed individuals under limits	1458262.4

14－2　限额以上批发和零售业法人基本情况(2012)

指标名称	Item	法人企业数(个) Corporate enterprises(unit)
总计	Total	338
一、批发业	Wholesale	126
1.按批发行业小类分	Grouped by Sector	
农、林、牧产品批发	Farming,、Fore、animal husbandry	18
谷物、豆及薯类批发	Cereal beans and Tubers	14
种子批发	Seed	3
饲料批发	Forage	1
棉、麻批发	Cotton and Fiber	
林业产品批发	Forestry	
牲畜批发	Animal	
其他农牧产品批发	Others	
食品、饮料及烟草制品批发	Food,drink and tobaccos	5
米、面制品及食用油批发	Grain and edible oil	
糕点、糖果及糖批发	Cake, Candy and Suger	
果品、蔬菜批发	Fruit and Vegetable	
肉、禽、蛋、奶及水产品批发	Meet fowl egg and marine products	
盐及调味品批发	Salt and condiment	2
营养和保健品批发	The nutrition and health care products retail	
酒、饮料及茶叶批发	Alcohol beverage and tea tobaccos	1
烟草制品批发	Tobaccos	1
其他食品批发	Others	1
纺织、服装及家庭用品批发	Textile garment and daily articles	9
纺织品、针织品及原料批发	Textile, knitwear and raw moterial	
服装批发	Garment	1
鞋帽批发	Shoe and hat	
化妆品及卫生用品批发	Cosmetic and sanitary accessories	
厨房、卫生间用具及日用杂货批发	Kitchen, rest room and daily articles	1
灯具、装饰物品批发	lamps and lanterns、decorative items wholesale	
家用电器批发	Electrical household appliances	6
其他家庭用品批发	Others	1
文化、体育用品及器材批发	Cultural and sport goods	2
文具用品批发	Stationery	
体育用品及器材批发	Sporting goods and equipment wholesale	
图书批发	Books	2
报刊批发	Newspaper	
音像制品及电子出版物批发	Audio－visual and E－journal products	
首饰、工艺品及收藏品批发	Jewelry, handicraft article and collection	
其他文化用品批发	Others	
医药及医疗器材批发	Medicine and medical appliance	32
西药批发	Western medicine	27
中药批发	Chinese medicine	3
医疗用品及器材批发	Medical component	2
矿产品、建材及化工产品批发	Minerals and construction materials	32
煤炭及制品批发	Coal and related products	
石油及制品批发	Petroleum and related products	5
非金属矿及制品批发	Non－metal materials	

GENERAL INFORMATION OF THE ABOVE – NORM WHOLESALE AND RETAIL(2012)

从业人员期末人数(人) (person)	其中:女性 Female	法人所属产业活动单位数(个) The number of legal persons' establishments	批发和零售业 wholesale and retail trade	其他 Others
43245	19484	992	992	
11758	4032	373	373	
1107	320	18	18	
966	264	14	14	
134	54	3	3	
7	2	1	1	
1096	429	5	5	
170	61	2	2	
28	22	1	1	
794	268	1	1	
104	78	1	1	
921	367	9	9	
30	10	1	1	
32	18	1	1	
743	277	6	6	
116	62	1	1	
474	276	2	2	
474	276	2	2	
1888	969	32	32	
1757	898	27	27	
49	31	3	3	
82	40	2	2	
4405	1109	279	279	
3500	784	252	252	

14－2 续表 1

指标名称	Item	法人企业数（个）Corporate enterprises(unit)
金属及金属矿批发	Metal materials	6
建材批发	Construction materials	17
化肥批发	Chemical fertilizers	2
农药批发	Agricultural chemical	
农用薄膜批发	Agricultural film	
其他化工产品批发	Others	2
机械设备、五金产品及电子产品批发	Machinery hardware and electronic equipment	28
农业机械批发	Farm machinery	1
汽车批发	motorcycle	1
汽车零配件批发	motorcycle and parts	4
摩托车及零配件批发	Motor vehicles, motorcycle and parts	2
五金产品批发	Hardware products	2
电气设备批发	Appliances	
计算机、软件及辅助设备批发	Computer software and accessories	2
通讯及广播电视设备批发	Communication and radiated television	1
其他机械设备及电子产品批发	Others	15
贸易经纪与代理	Agency and brokerage	
贸易代理	Trade agency	
拍卖	Auction	
其他贸易经纪与代理	Others	
其他批发业	Ohters	
再生物资回收与批发	Renewable materials recovery and wholesale	
其他未列明批发业	Others	
2. 按登记注册类型分	Grouped by type registered	
内资企业	Domestic funds	121
国有企业	State－owned	10
集体企业	Collective－owned	
股份合作企业	Cooperative	
联营企业	Joint	
国有联营企业	State joint owned	
集体联营企业	Collective joine owned	
国有与集体联营企业	State－collective joint owned	
其他联营企业	Other joint owned	
有限责任公司	Limited liability corporations	48
国有独资公司	State－owned solely	2
其他有限责任公司	Limited liability corporations	46
股份有限公司	Share holding	7
私营企业	Private	42
私营独资企业	Private funded	
私营合伙企业	Private partner	2
私营有限责任公司	Limited liability corporations	38
私营股份有限公司	Private share holding	2
其他企业	Others	14
港、澳、台商投资企业	Found from Hongkong Macao and Taiwan	2
合资经营企业(港或澳、台资)	Joint venture	
合作经营企业(港或澳、台资)	Cooperative	

continued 1

从业人员期末人数(人) (person)	其中:女性 Female	法人所属产业活动单位数(个) The number of legal persons' establishments	批发和零售业 wholesale and retail trade	其他 Others
270	69	6	6	
579	230	17	17	
10	1	2	2	
46	25	2	2	
1867	562	28	28	
48	7	1	1	
16	5	1	1	
459	191	4	4	
64		2	2	
51	15	2	2	
37	6	2	2	
19	6	1	1	
1173	332	15	15	
10878	3744	368	368	
4740	1153	257	257	
3080	1420	48	48	
520	251	2	2	
2560	1169	46	46	
359	120	7	7	
2058	829	42	42	
89	25	2	2	
1921	788	38	38	
48	16	2	2	
641	222	14	14	
475	132	2	2	

14－2续表2

指标名称	Item	法人企业数（个）Corporate enterprises(unit)
港、澳、台商独资经营企业	Sole funds	2
港、澳、台商投资股份有限公司	Share holding	
其他港澳台投资企业	Others	
外商投资企业	Foreign funded	3
中外合资经营企业	Joint venture	2
中外合作经营企业	Cooperative	
外资企业	Foreign funded	
外商投资股份有限公司	Share holding	1
其他外商投资企业	Others	
3.按控股情况分	Crouped by owned	
国有控股	State－owned	18
集体控股	Collective－owned	1
私人控股	Private－owned	76
港澳台商控股	Hongkong Macao and Taiwan－owned	3
外商控股	Foreign－owned	1
其他	Others	27
4.按经营形式分	Grouped by form of management	
独立门店	Substantive store	112
连锁总店(总部)	Chain headquarter	
连锁门店	Chain store	1
其他	Others	13
5.按单位规模分	Gruoped by size of enterprises	
大型	Large－sized	6
中型	Medium－sized	57
小型	Small－sized	52
微型	Micro－sized	11
二、零售业	Retail trade	212
1.按零售行业小类分	Grouped by sectors	
综合零售	Retail trade	30
百货零售	Consumer goods	17
超级市场零售	Supermarket	11
其他综合零售	Other comprehensive retail business	2
食品、饮料及烟草制品专门零售	Food beverage and tobaccos	4
粮油零售	Food and oil	
糕点、面包零售	Cake and bread	1
果品、蔬菜零售	Fruit and Vegetable	
肉、禽、蛋、奶及水产品零售	Meet, fowl, egg, milk and marine products	1
营养和保健品零售	Nutrition and health care	
酒、饮料及茶叶零售	Alcohol、beverage and tea	
烟草制品零售	Tobaccos	2
其他食品零售	Others	
纺织、服装及日用品专门零售	Textile, garment and daily articles	13
纺织品及针织品零售	Textile and knitwear	
服装零售	Garments	9
鞋帽零售	Shoe and hat	
化妆品及卫生用品零售	Cosmetic and sanitary accessories	

continued 2

从业人员期末人数(人) (person)	其中:女性 Female	法人所属产业活动单位数(个) The number of legal persons' establishments	批发和零售业 wholesale and retail trade	其他 Others
475	132	2	2	
405	156	3	3	
375	131	2	2	
30	25	1	1	
5965	1667	265	265	
		1	1	
3504	1533	76	76	
475	132	3	3	
30	25	1	1	
1784	675	27	27	
10637	3578	359	359	
414	220	1	1	
707	234	13	13	
5630	1586	253	253	
4717	1899	57	57	
1109	441	52	52	
302	106	11	11	
31487	15452	619	619	
14439	7768	63	63	
9384	6074	20	20	
3030	1529	41	41	
2025	165	2	2	
690	448	57	57	
141	105	18	18	
17	7	1	1	
532	336	38	38	
1471	929	33	33	
1205	713	17	17	

14－2 续表3

指标名称	Item	法人企业数(个) Corporate enterprises(unit)
钟表、眼镜零售	Clock and spectacles	4
箱、包零售	Bags and suitcases retail	
厨房用具及日用杂品零售	Kitchenware and daily commodities retail	
自行车零售	Bicycle	
其他日用品零售	Others	
文化、体育用品及器材专门零售	Cultural and sport goods	10
文具用品零售	Stationery	
体育用品及器材零售	sports good and	
图书、报刊零售	Books、Newspaper	7
音像制品及电子出版物零售	Audio－visual and E－journal products	
珠宝首饰零售	Jewelry	2
工艺美术品及收藏品零售	Handicraft article and collection	
乐器零售	Musical instruments retail	
照相器材零售	Photographic apparatus retail	
其他文化用品零售	Others	
医药及医疗器材专门零售	Medicine and medical appliance	14
药品零售	Medicine	13
医疗用品及器材零售	Medical component	1
汽车、摩托车、燃料及零配件专门零售	Vehicles, motorcycle、Fuel and part	113
汽车零售	Vehicles	97
汽车零配件零售	Installation kit	5
摩托车及零配件零售	Motoreycle	1
机动车燃料零售	Fuel	10
家用电器及电子产品专门零售	Electrical household equipment	12
家用视听设备零售	Household audio and video equipment	3
日用家电设备零售	Household appliances retail	4
计算机、软件及辅助设备零售	Computer software and accessories	2
通信设备零售	Teleconmmunicational equipment	2
其他电子产品零售	Others	1
五金、家具及室内装饰材料专门零售	Hardware funiture and indoor hareware fitting	4
五金零售	Hardware	
灯具零售	lamps	
家具零售	Funiture	
涂料零售	Coating	
卫生洁具零售	Sanitary ware retail	
木质装饰材料零售	Wooden decorative materials retail	
陶瓷、石材装饰材料零售	Ceramics、decorative stone materials retail	
其他室内装饰材料零售	Others	4
货摊、无店铺及其他零售业	Other retail trade	12
货摊食品零售	food	
货摊纺织、服装及鞋零售	Booth textile、clothing and shoes retail	
货摊日用品零售	Booth commodity retail	
互联网零售	Internet retailer	
邮购及电视、电话零售	Mail－order and TV and phone retail	
旧货零售	Second hand	
生活用燃料零售	Fuel for life	7

continued 3

从业人员期末人数(人) (person)	其中:女性 Female	法人所属产业活动单位数(个) The number of legal persons' establishments	批发和零售业 wholesale and retail trade	其他 Others
266	216	16	16	
755	399	14	14	
664	354	7	7	
59	45	6	6	
32		1	1	
2687	1917	253	253	
2684	1915	252	252	
3	2	1	1	
9506	3008	128	128	
7956	2562	97	97	
121	24	5	5	
15	6	1	1	
1414	416	25	25	
1193	707	49	49	
100	41	3	3	
878	517	22	22	
59	20	2	2	
139	126	21	21	
17	3	1	1	
45	17	4	4	
45	17	4	4	
701	259	18	18	
624	227	13	13	

14－2 续表4

指标名称	Item	法人企业数(个) Corporate enterprises(unit)
其他未列明零售业	Others	5
2. 按登记注册类型分	Grouped by type registered	
内资企业	Domestic funds	205
国有企业	State－owned	4
集体企业	Collective－owned	1
股份合作企业	Cooperative	2
联营企业	Joint	
国有联营企业	State joint owned	
集体联营企业	Collective joine owned	
国有与集体联营企业	State－collective joint owned	
其他联营企业	Other joint owned	
有限责任公司	Limited liability corporations	77
国有独资公司	State－owned solely	3
其他有限责任公司	Limited liability corporations	74
股份有限公司	Share holding	6
私营企业	Private	99
私营独资企业	Private funded	24
私营合伙企业	Private partner	5
私营有限责任公司	Limited liability corporations	69
私营股份有限公司	Private share holding	1
其他企业	Others	16
港、澳、台商投资企业	Funded from Hongkong, Macao and Taiwan	3
合资经营企业(港或澳、台资)	Joint venture	2
合作经营企业(港或澳、台资)	Cooperative	
港、澳、台商独资经营企业	Sole funds	1
港、澳、台商投资股份有限公司	Share holding	
其他港澳台投资企业	Others	
外商投资企业	Foreign funded	4
中外合资经营企业	Joint venture	4
中外合作经营企业	Cooperative	
外资企业	Foreign funded	
外商投资股份有限公司	Share holding	
其他外商投资企业	Others	
3. 按控股情况分	Grouped by owned	
国有控股	State－owned	15
集体控股	Collective－owned	2
私人控股	Private－owned	160
港澳台商控股	Hongkong, Macao and Taiwan－Owned	1

continued 4

从业人员期末人数(人) (person)	其中:女性 Female	法人所属产业活动单位数(个) The number of legal persons' establishments	批发和零售业 wholesale and retail trade	其他 Others
77	32	5	5	
29256	14196	594	594	
290	170	4	4	
30	25	1	1	
1805	1322	2	2	
12648	4888	209	209	
154	63	3	3	
12494	4825	206	206	
5705	4009	185	185	
8238	3507	173	173	
1800	905	24	24	
154	74	5	5	
6159	2493	143	143	
125	35	1	1	
540	275	20	20	
1446	969	20	20	
1325	868	7	7	
121	101	13	13	
785	287	5	5	
785	287	5	5	
6965	4531	225	225	
1810	1335	2	2	
14185	5741	290	290	
121	101	13	13	

14－2 续表5

指标名称	Item	法人企业数(个) Corporate enterprises(unit)
外商控股	Foreign－owned	1
其他	Others	33
4.按经营形式分	Grouped by form of management	
独立门店	Substantive store	189
连锁总店(总部)	Chain headquarter	13
连锁门店	Chain store	4
其他	Others	6
5.按单位规模分	Gruoped by size of enterprises	
大型	Large－sized	20
中型	Medium－sized	93
小型	Small－sized	79
微型	Micro－sized	20
6.按零售业态分	Grouped by form of retail	
有店铺零售	Retail trade	212
食杂店	Traditional grocery store	
便利店	Convenience store	
折扣店	Discount store	
超市	Market	5
大型超市	Super market	6
仓储会员店	Warehouse store	1
百货店	Consumer goods	24
专业店	Specialty store	96
专卖店	Exclusive shop	77
家居建材商店	Household items hall	1
购物中心	Shopping center	1
厂家直销中心	Direct sales by manufacturers	1
无店铺零售	Other retail trade	
电视购物	TV shopping	
邮购	Purchase by mail	
网上商店	Store on line	
自动售货亭	Vending machine	
电话购物	Call shopping	

continued 5

从业人员期末人数(人) (person)		法人所属产业活动单位数(个) The number of legal persons' establishments		
	其中:女性 Female		批发和零售业 wholesale and retail trade	其他 Others
239	162	2	2	
8167	3582	87	87	
21191	8402	259	259	
7441	5211	329	329	
911	480	25	25	
1944	1359	6	6	
17592	8957	293	293	
11265	5319	223	223	
2155	984	83	83	
475	192	20	20	
31487	15452	619	619	
719	574	10	10	
2534	1175	31	31	
10	2	1	1	
11683	6361	27	27	
10262	4743	408	408	
5820	2364	139	139	
3	2	1	1	
410	215	1	1	
46	16	1	1	

14－3 限额以上批发和零售法人企业财务状况综合表(2012)

单位:万元

指标名称	Item	法人企业数(个) Corporate enterprises(unit)	执行《2006年企业会计准则》企业个数(个) Number of enterprises implmenting Accounting Standards for Business Enterprises 2006	一、年初存货 Inventory
总计	Total	338	258	809863.7
一、批发业	Wholesale	126	92	392485.4
1.按批发行业小类分	Grouped by Sector			
农、林、牧产品批发	Farming、Fore、animal husbandry	18	18	104492.4
谷物、豆及薯类批发	Cereal beans and Tubers	14	14	102063.7
种子批发	Seed	3	3	2428.7
饲料批发	Forage	1	1	
棉、麻批发	Cotton and Fiber			
林业产品批发	Forestry			
牲畜批发	Animal			
其他农牧产品批发	Others			
食品、饮料及烟草制品批发	Food,drink and tobaccos	5	2	35017.5
米、面制品及食用油批发	Grain and edible oil			
糕点、糖果及糖批发	Cake, Candy and Suger			
果品、蔬菜批发	Fruit and Vegetable			
肉、禽、蛋、奶及水产品批发	Meet fowl egg and marine products			
盐及调味品批发	Salt and condiment	2	1	1710.3
营养和保健品批发	The nutrition and health care products retail			
酒、饮料及茶叶批发	Alcohol beverage and tea tobaccos	1		848.7
烟草制品批发	Tobaccos	1		32315.9
其他食品批发	Others	1	1	142.6
纺织、服装及家庭用品批发	Textile garment and daily articles	9	7	7458.9
纺织品、针织品及原料批发	Textile, knitwear and raw moterial			
服装批发	Garment	1	1	4074.9
鞋帽批发	Shoe and hat			
化妆品及卫生用品批发	Cosmetic and sanitary accessories			
厨房、卫生间用具及日用杂货批发	Kitchen, rest room and daily articles	1	1	
灯具、装饰物品批发	lamps and lanterns、decorative items wholesale			
家用电器批发	Electrical household appliances	6	4	1161.6
其他家庭用品批发	Others	1	1	2222.4
文化、体育用品及器材批发	Sporting goods and equipment wholesale	2	1	14145.5
文具用品批发	Stationery			
体育用品及器材批发	Sporting goods and equipment wholesale			
图书批发	Books	2	1	14145.5
报刊批发	Newspaper			
音像制品及电子出版物批发	Audio－visual and E－journal products			
首饰、工艺品及收藏品批发	Jewelry, handicraft article and collection			
其他文化用品批发	Others			
医药及医疗器材批发	Medicine and medical appliance	32	15	45559.9
西药批发	Western medicine	27	11	43497.2
中药批发	Chinese medicine	3	2	22.7
医疗用品及器材批发	Medical component	2	2	2040.0
矿产品、建材及化工产品批发	Minerals and construction materials	32	26	117713.4

LIMITATION ABOVE WHOLESALE AND RETAIL BUSINESS AS A LEGAL PERSON ENTERPRISE COMPREHENSIVE TABLE OF CHANGES IN FINANCIAL POSITION (2012)

unit:10000 yuan

二、期末资产负债 The final balance sheet						
流动资产合计 Circulating funds	应收帐款 Receivables	存货 Inventery	固定资产合计 Total fixed assets	固定资产原价 Original Value of fixed assets	累计折旧 Total depreciation	本年折旧 Depreciation in this year
4337921.6	957686.3	869232.3	958097.2	1285486.8	390512.1	75683.1
2577427.8	737218.3	443173.1	241402.1	282877.3	98730.5	18264.3
509003.6	127996.8	134166.5	39691.3	58032.4	18201.7	1177.9
504279.8	127406.8	130998.6	29998.0	47689.4	17552.0	1108.3
4445.3	547.7	3126.2	9653.5	10253.4	599.9	53.0
278.5	42.3	41.7	39.8	89.6	49.8	16.6
178202.1	7656.9	39585.1	26001.2	42974.1	16972.9	1222.8
7897.3	3999.1	2516.2	2967.5	3619.9	652.4	164.1
1801.4	472.5	749.7	489.2	489.2		
167564.4	2431.0	36134.5	22530.1	38832.8	16302.7	1058.7
939.0	754.3	184.7	14.4	32.2	17.8	
31784.2	4544.6	6751.1	433.6	687.6	254.0	126.2
3931.0	505.2	3012.1	9.9	14.0	4.1	3.1
3718.0			49.4	86.2	36.8	19.3
21246.6	3621.9	1267.9	105.7	224.9	119.2	27.4
2888.6	417.5	2471.1	268.6	362.5	93.9	76.4
31230.6	9850.7	11954.0	13943.9	19352.1	5408.2	1694.5
31230.6	9850.7	11954.0	13943.9	19352.1	5408.2	1694.5
474439.5	151336.7	57796.2	9113.6	17558.4	8444.8	4445.2
461023.6	142633.1	56077.0	8745.8	16956.2	8210.4	4338.0
7365.6	4531.1	178.1	56.7	113.5	56.8	25.7
6050.3	4172.5	1541.1	311.1	488.7	177.6	81.5
1108564.6	392026.1	113526.6	134990.6	119921.7	42325.8	7231.1

14－3 续表 1 continued1

指标名称	Item	二、期末资产负债 The final balance sheet	
		在建工程 Circulating funds	资产总计 Circulating funds
总计	Total	143732.6	6003747.9
一、批发业	Wholesale	43455.3	2981517.8
1.按批发行业小类分	Grouped by Sector		
农、林、牧产品批发	Farming、Fore、animal husbandry	824.2	590188.2
谷物、豆及薯类批发	Cereal beans and Tubers	219.2	567105.6
种子批发	Seed	605.0	22764.3
饲料批发	Forage		318.3
棉、麻批发	Cotton and Fiber		
林业产品批发	Forestry		
牲畜批发	Animal		
其他农牧产品批发	Others		
食品、饮料及烟草制品批发	Food,drink and tobaccos		206946.6
米、面制品及食用油批发	Grain and edible oil		
糕点、糖果及糖批发	Cake, Candy and Suger		
果品、蔬菜批发	Fruit and Vegetable		
肉、禽、蛋、奶及水产品批发	Meet fowl egg and marine products		
盐及调味品批发	Salt and condiment		11242.2
营养和保健品批发	The nutrition and health care products retail		
酒、饮料及茶叶批发	Alcohol beverage and tea tobaccos		2290.6
烟草制品批发	Tobaccos		192150.3
其他食品批发	Others		1263.5
纺织、服装及家庭用品批发	Textile garment and daily articles		33786.5
纺织品、针织品及原料批发	Textile, knitwear and raw moterial		
服装批发	Garment		4022.9
鞋帽批发	Shoe and hat		
化妆品及卫生用品批发	Cosmetic and sanitary accessories		
厨房、卫生间用具及日用杂货批发	Kitchen, rest room and daily articles		3767.4
灯具、装饰物品批发	lamps and lanterns、decorative items wholesale		
家用电器批发	Electrical household appliances		21861.4
其他家庭用品批发	Others		4134.8
文化、体育用品及器材批发	Sporting goods and equipment wholesale		59875.9
文具用品批发	Stationery		
体育用品及器材批发	Sporting goods and equipment wholesale		
图书批发	Books		59875.9
报刊批发	Newspaper		
音像制品及电子出版物批发	Audio－visual and E－journal products		
首饰、工艺品及收藏品批发	Jewelry, handicraft article and collection		
其他文化用品批发	Others		
医药及医疗器材批发	Medicine and medical appliance	775.7	497629.3
西药批发	Western medicine	521.3	483411.8
中药批发	Chinese medicine	254.4	7856.0
医疗用品及器材批发	Medical component		6361.5
矿产品、建材及化工产品批发	Minerals and construction materials	37498.1	1312896.4

单位:万元 unit:10000 yuan

二、期末资产负债 The final balance sheet				
流动负债合计 Circulating funds	应付账款 Inventory	非流动负债合计 Total non - current liability	负债合计 Total Investment	所有者权益 Creditor's equity
4252133.3	819266.0	506277.7	4794374.5	1209373.4
2203903.0	462231.0	176573.8	2383047.9	598469.9
497575.6	45908.9	4361.0	501936.6	88251.6
495246.4	45761.3	4361.0	499607.4	67498.2
2181.6			2181.6	20582.7
147.6	147.6		147.6	170.7
22255.2	7411.3		22255.2	184691.4
7533.3	2931.7		7533.3	3708.9
2048.6	2048.6		2048.6	242.0
12059.2	2431.0		12059.2	180091.1
614.1			614.1	649.4
28201.4	9671.6	3630.0	31831.4	1955.1
6483.1	5828.5		6483.1	-2460.2
387.4		1380.0	1767.4	2000.0
21322.5	4574.5		21322.5	538.9
8.4	-731.4	2250.0	2258.4	1876.4
34676.5	23749.4	28.6	34706.1	25169.8
34676.5	23749.4	28.6	34706.1	25169.8
353088.2	114214.8	95336.3	448728.2	48901.1
342086.7	106990.3	95336.3	437726.7	45685.1
7418.2	6882.1		7418.2	437.8
3583.3	342.4		3583.3	2778.2
1064231.2	207707.5	63430.3	1129927.9	182968.5

14－3 续表 2 continued2

指标名称	Item	二、期末资产负债 The final balance sheet	
		实收资本 Driginal Value of fixed assets	国家资本 State owned
总计	Total	671615.9	86117.2
一、批发业	Wholesale	339387.0	43710.8
1. 按批发行业小类分	Grouped by Sector		
农、林、牧产品批发	Farming、Fore、animal husbandry	71855.0	375.0
谷物、豆及薯类批发	Cereal beans and Tubers	13500.0	
种子批发	Seed	50.0	
饲料批发	Forage		
棉、麻批发	Cotton and Fiber		
林业产品批发	Forestry		
牲畜批发	Animal		
其他农牧产品批发	Others		
食品、饮料及烟草制品批发	Food, drink and tobaccos	2066.9	366.4
米、面制品及食用油批发	Grain and edible oil		
糕点、糖果及糖批发	Cake, Candy and Suger		
果品、蔬菜批发	Fruit and Vegetable		
肉、禽、蛋、奶及水产品批发	Meet fowl egg and marine products		
盐及调味品批发	Salt and condiment	366.4	366.4
营养和保健品批发	The nutrition and health care products retail		
酒、饮料及茶叶批发	Alcohol beverage and tea tobaccos	100.0	
烟草制品批发	Tobaccos	1450.5	
其他食品批发	Others	150.0	
纺织、服装及家庭用品批发	Textile garment and daily articles	4200.0	100.0
纺织品、针织品及原料批发	Textile, knitwear and raw moterial		
服装批发	Garment	100.0	
鞋帽批发	Shoe and hat		
化妆品及卫生用品批发	Cosmetic and sanitary accessories		
厨房、卫生间用具及日用杂货批发	Kitchen, rest room and daily articles	2000.0	
灯具、装饰物品批发	lamps and lanterns、decorative items wholesale		
家用电器批发	Electrical household appliances	1700.0	100.0
其他家庭用品批发	Others	400.0	
文化、体育用品及器材批发	Sporting goods and equipment wholesale	15086.6	14792.6
文具用品批发	Stationery		
体育用品及器材批发	Sporting goods and equipment wholesale		
图书批发	Books	15086.6	14792.6
报刊批发	Newspaper		
音像制品及电子出版物批发	Audio－visual and E－journal products		
首饰、工艺品及收藏品批发	Jewelry, handicraft article and collection		
其他文化用品批发	Others		
医药及医疗器材批发	Medicine and medical appliance	33337.8	480.0
西药批发	Western medicine	30437.8	480.0
中药批发	Chinese medicine	1400.0	
医疗用品及器材批发	Medical component	1500.0	
矿产品、建材及化工产品批发	Minerals and construction materials	175984.1	27596.8

单位:万元　unit:10000 yuan

二、期末资产负债 The final balance sheet					三、损益及分配 Gains and losses and distribution			
集体资本 Collective	法人资本 Corporate	个人资本 Private	港澳台资本 Funded from Hongkong, Macao and Taiwan	外商资本 Foreign funds	营业收入 Operation revenue	主营业务收入 Operating revenue	营业成本 Operation costs	主营业务成本 Operating cost
10738.7	368217.3	143739.6	51712.1	11091.0	12545012.7	12282178.4	11495157.3	11357425.3
823.5	200933.7	53219.0	35500.0	5200.0	7441534.0	7435646.9	6958000.1	6943436.1
	29550.0	6930.0	35000.0		710761.8	709242.5	683250.9	683131.9
	16500.0	6430.0	35000.0		699548.5	698029.2	674869.8	674750.8
	13000.0	500.0			8408.3	8408.3	5334.0	5334.0
	50.0				2805.0	2805.0	3047.1	3047.1
	1450.5	250.0			578560.0	577110.1	436218.2	435026.3
					19329.4	18056.0	13193.6	12014.3
		100.0			6686.8	6686.8	6500.8	6500.8
	1450.5				543002.0	542825.5	408321.9	408309.3
		150.0			9541.8	9541.8	8201.9	8201.9
50.0	3500.0	50.0	500.0		179740.1	178139.0	164145.8	163622.0
	100.0				5622.0	5509.0	4418.2	4418.2
	2000.0				2299.1	2299.1		
50.0	1000.0	50.0	500.0		149850.1	149318.0	140955.5	140431.7
	400.0				21968.9	21012.9	18772.1	18772.1
	294.0				26181.8	26181.8	22684.5	22684.5
	294.0				26181.8	26181.8	22684.5	22684.5
	22407.8	10250.0		200.0	553822.8	553764.4	502954.8	502949.4
	21067.8	8690.0		200.0	519471.8	519413.4	471805.5	471800.1
	840.0	560.0			16993.6	16993.6	16352.8	16352.8
	500.0	1000.0			17357.4	17357.4	14796.5	14796.5
761.5	122574.8	25051.0			3696546.8	3696043.9	3603626.1	3603469.8

14－3 续表 3 continued3

指标名称	Item	三、损益及分配 Gains and losses and distribution 营业税金及附加 Business taxes and extra charges	主营业务税金及附加 Main operation taxes and extra charges	其他业务利润 Other business profit
总计	Total	60881.0	59343.1	62838.8
一、批发业	Wholesale	39486.5	39130.9	15583.9
1.按批发行业小类分	Grouped by Sector			
农、林、牧产品批发	Farming、Fore、animal husbandry	268.8	268.8	－288.5
谷物、豆及薯类批发	Cereal beans and Tubers	267.5	267.5	－288.5
种子批发	Seed	1.3	1.3	
饲料批发	Forage			
棉、麻批发	Cotton and Fiber			
林业产品批发	Forestry			
牲畜批发	Animal			
其他农牧产品批发	Others			
食品、饮料及烟草制品批发	Food, drink and tobaccos	32833.9	32833.9	257.9
米、面制品及食用油批发	Grain and edible oil			
糕点、糖果及糖批发	Cake, Candy and Suger			
果品、蔬菜批发	Fruit and Vegetable			
肉、禽、蛋、奶及水产品批发	Meet fowl egg and marine products			
盐及调味品批发	Salt and condiment	51.5	51.5	94.0
营养和保健品批发	The nutrition and health care products retail			
酒、饮料及茶叶批发	Alcohol beverage and tea tobaccos	4.6	4.6	
烟草制品批发	Tobaccos	32759.6	32759.6	163.9
其他食品批发	Others	18.2	18.2	
纺织、服装及家庭用品批发	Textile garment and daily articles	470.7	469.1	9359.6
纺织品、针织品及原料批发	Textile, knitwear and raw moterial			
服装批发	Garment	15.5	15.5	113.0
鞋帽批发	Shoe and hat			
化妆品及卫生用品批发	Cosmetic and sanitary accessories			
厨房、卫生间用具及日用杂货批发	Kitchen, rest room and daily articles	137.4	137.4	
灯具、装饰物品批发	lamps and lanterns、decorative items wholesale			
家用电器批发	Electrical household appliances	237.8	236.2	8290.6
其他家庭用品批发	Others	80.0	80.0	956.0
文化、体育用品及器材批发	Sporting goods and equipment wholesale	223.1	223.1	3076.0
文具用品批发	Stationery			
体育用品及器材批发	Sporting goods and equipment wholesale			
图书批发	Books	223.1	223.1	3076.0
报刊批发	Newspaper			
音像制品及电子出版物批发	Audio－visual and E－journal products			
首饰、工艺品及收藏品批发	Jewelry, handicraft article and collection			
其他文化用品批发	Others			
医药及医疗器材批发	Medicine and medical appliance	988.6	988.6	138.0
西药批发	Western medicine	917.8	917.8	138.0
中药批发	Chinese medicine	10.4	10.4	
医疗用品及器材批发	Medical component	60.4	60.4	
矿产品、建材及化工产品批发	Minerals and construction materials	2612.3	2382.6	891.0

单位:万元 unit:10000 yuan

三、损益及分配 Gains and losses and distribution							
销售费用 Marketing expenses	管理费用 Management expenses	税金 Taxes	差旅费 Travel expenses	工会经费 Trade union outlays	财务费用 Financial expenses	利息收入 Interest income	利息支出 Interest expenditure
404577.2	328463.1	14371.4	4670.9	1569.7	79632.3	14774.3	53377.7
231160.2	87963.7	4589.4	1825.4	592.9	29791.4	8707.7	26617.9
18613.2	6431.6	574.3	205.9	36.2	13313.1	2967.6	13167.2
17762.4	5583.6	278.0	177.6	35.7	13173.5	2967.6	13079.1
824.9	775.7	292.5	27.9		139.6		88.1
25.9	72.3	3.8	0.4	0.5			
15860.6	21862.3	697.0	108.9	256.4	-120.5	604.2	
1807.6	2008.5	43.7	18.3	17.9	-1.3	1.4	
23.9	122.6		2.4	0.9	0.4		
12783.8	19731.2	653.3	88.2	237.6	-120.6	602.8	
1245.3					1.0		
7504.7	4299.8	431.1	84.5	97.6	243.9	-49.0	283.3
961.9	425.7	1.8	35.0	2.8	0.9	0.4	1.3
	2353.3				100.0		100.0
4966.5	1078.4	401.8	9.0	90.3	-30.5	-49.4	10.4
1576.3	442.4	27.5	40.5	4.5	173.5		171.6
2715.4	5161.9	271.5	34.4	50.4	16.1	3.7	
2715.4	5161.9	271.5	34.4	50.4	16.1	3.7	
5106.2	25261.9	359.5	815.2	65.2	7268.1	217.9	2053.3
5034.4	23551.2	356.2	690.6	58.7	7255.1	214.9	2040.7
	604.9	1.9	35.5	0.9	11.6	1.0	12.6
71.8	1105.8	1.4	89.1	5.6	1.4	2.0	
49168.5	12054.3	1773.3	291.2	35.5	9494.5	3253.8	10434.1

14-3续表4 continued4

指标名称	Item	三、损益及分配 Gains and losses and distribution 资产减值损失 Lost	公允价值变动收益 Revenue	投资收益 Investment income
总计	Total	1902.8	-294.6	12464.5
一、批发业	Wholesale	-15.5	-42.0	6593.9
1.按批发行业小类分	Grouped by Sector			
农、林、牧产品批发	Farming、Fore、animal husbandry	4.0	-42.0	2002.2
谷物、豆及薯类批发	Cereal beans and Tubers	3.3	-42.0	2002.2
种子批发	Seed	0.7		
饲料批发	Forage			
棉、麻批发	Cotton and Fiber			
林业产品批发	Forestry			
牲畜批发	Animal			
其他农牧产品批发	Others			
食品、饮料及烟草制品批发	Food, drink and tobaccos			222.3
米、面制品及食用油批发	Grain and edible oil			
糕点、糖果及糖批发	Cake, Candy and Suger			
果品、蔬菜批发	Fruit and Vegetable			
肉、禽、蛋、奶及水产品批发	Meet fowl egg and marine products			
盐及调味品批发	Salt and condiment			
营养和保健品批发	The nutrition and health care products retail			
酒、饮料及茶叶批发	Alcohol beverage and tea tobaccos			
烟草制品批发	Tobaccos			222.3
其他食品批发	Others			
纺织、服装及家庭用品批发	Textile garment and daily articles	-84.9		
纺织品、针织品及原料批发	Textile, knitwear and raw moterial			
服装批发	Garment	-159.0		
鞋帽批发	Shoe and hat			
化妆品及卫生用品批发	Cosmetic and sanitary accessories			
厨房、卫生间用具及日用杂货批发	Kitchen, rest room and daily articles			
灯具、装饰物品批发	lamps and lanterns、decorative items wholesale			
家用电器批发	Electrical household appliances	74.1		
其他家庭用品批发	Others			
文化、体育用品及器材批发	Sporting goods and equipment wholesale			2796.0
文具用品批发	Stationery			
体育用品及器材批发	Sporting goods and equipment wholesale			
图书批发	Books			2796.0
报刊批发	Newspaper			
音像制品及电子出版物批发	Audio - visual and E - journal products			
首饰、工艺品及收藏品批发	Jewelry, handicraft article and collection			
其他文化用品批发	Others			
医药及医疗器材批发	Medicine and medical appliance	87.1		0.6
西药批发	Western medicine	87.1		0.6
中药批发	Chinese medicine			
医疗用品及器材批发	Medical component			
矿产品、建材及化工产品批发	Minerals and construction materials	-451.5		783.4

单位:万元 unit:10000 yuan

三、损益及分配 Gains and losses and distribution					四、人工成本及增值税 Labor cost and added - value tax			
营业利润 Business profits	营业外收入 Norbusiness revenue	补贴收入 Subsidies revenue	利润总额 Total profits	应交所得税 Income taxes payable	应付职工薪酬(本年贷方累计发生额) payroll payable (credit accumulated happening this year)	应交增值税 VAT payableinput	进项税额 VAT payableinput	销项税额 VAT payableexport
205375.5	20959.8	1801.2	211874.4	55431.5	196624.9	138137.8	1519211.3	1777121.6
102008.2	6621.8	1346.6	108623.1	25070.1	87413.8	51857.5	947760.7	1135905.6
-9159.6	5616.0	1207.4	-4046.9	554.9	3311.0	-6239.1	91907.0	87911.5
-10151.4	5251.4	842.8	-5002.9	256.3	3210.3	-6252.6	91411.9	87229.5
1332.1			931.7	292.5	74.2	13.5	228.2	420.5
-340.3	364.6	364.6	24.3	6.1	26.5		266.9	261.5
71905.4	98.2	32.0	71230.8	17833.3	32459.9	23587.4	74006.7	97532.8
2269.4	70.1	32.0	2320.1	586.3	960.7	404.8	2281.6	2668.2
34.5			34.5	8.6	68.3	25.7	1128.3	1154.0
69526.1	26.6		68799.5	17199.9	31399.6	23004.8	69320.3	92280.3
75.4	1.5		76.7	38.5	31.3	152.1	1276.5	1430.3
3160.1	32.7		3000.6	273.0	4072.8	1866.6	28021.9	29854.5
-41.2	0.2		-47.6		573.3	76.4	910.4	936.5
-291.6	3.4		-288.2		237.7			
2568.3	18.8		2402.3	39.5	2538.2	1548.1	23811.4	25338.1
924.6	10.3		934.1	233.5	723.6	242.1	3300.1	3579.9
-1562.7	21.1		1254.4	6.1	4097.8	429.9	3352.8	3385.4
-1562.7	21.1		1254.4	6.1	4097.8	429.9	3352.8	3385.4
12260.6	283.1	2.8	12709.0	2831.5	5827.7	8578.6	84652.1	98211.9
10925.2	282.8	2.8	11393.6	2509.5	5385.3	7969.2	79433.9	92372.4
13.9			9.4	2.7	81.9	79.4	2812.8	2888.8
1321.5	0.3		1306.0	319.3	360.5	530.0	2405.4	2950.7
20896.4	463.4	104.4	21645.5	2366.7	26923.9	9390.2	395219.1	532356.1

14－3 续表 5 continued5

指标名称	Item	五、土地和固定资产 Land and fixed asset	
		土地和固定资产支出 Land and fixed asset expenditures	土地购置 Purchase of land
总计	Total	595086.2	54350.9
一、批发业	Wholesale	51830.3	12662.1
1. 按批发行业小类分	Grouped by Sector		
农、林、牧产品批发	Farming、Fore、animal husbandry	1926.3	
谷物、豆及薯类批发	Cereal beans and Tubers	1926.3	
种子批发	Seed		
饲料批发	Forage		
棉、麻批发	Cotton and Fiber		
林业产品批发	Forestry		
牲畜批发	Animal		
其他农牧产品批发	Others		
食品、饮料及烟草制品批发	Food, drink and tobaccos	1371.1	
米、面制品及食用油批发	Grain and edible oil		
糕点、糖果及糖批发	Cake, Candy and Suger		
果品、蔬菜批发	Fruit and Vegetable		
肉、禽、蛋、奶及水产品批发	Meet fowl egg and marine products		
盐及调味品批发	Salt and condiment	56.4	
营养和保健品批发	The nutrition and health care products retail		
酒、饮料及茶叶批发	Alcohol beverage and tea tobaccos		
烟草制品批发	Tobaccos	1314.7	
其他食品批发	Others		
纺织、服装及家庭用品批发	Textile garment and daily articles	184.4	
纺织品、针织品及原料批发	Textile, knitwear and raw moterial		
服装批发	Garment		
鞋帽批发	Shoe and hat		
化妆品及卫生用品批发	Cosmetic and sanitary accessories		
厨房、卫生间用具及日用杂货批发	Kitchen, rest room and daily articles	18.1	
灯具、装饰物品批发	lamps and lanterns、decorative items wholesale		
家用电器批发	Electrical household appliances		
其他家庭用品批发	Others	166.3	
文化、体育用品及器材批发	Sporting goods and equipment wholesale		
文具用品批发	Stationery		
体育用品及器材批发	Sporting goods and equipment wholesale		
图书批发	Books		
报刊批发	Newspaper		
音像制品及电子出版物批发	Audio－visual and E－journal products		
首饰、工艺品及收藏品批发	Jewelry, handicraft article and collection		
其他文化用品批发	Others		
医药及医疗器材批发	Medicine and medical appliance	435.0	
西药批发	Western medicine	434.5	
中药批发	Chinese medicine	0.5	
医疗用品及器材批发	Medical component		
矿产品、建材及化工产品批发	Minerals and construction materials	47381.4	12662.1

单位:万元　unit:10000 yuan

五、土地和固定资产　Land and fixed asset			
房屋和建筑物 Buildings and constructing	机器设备 Machine and equipment	运输工具 Means of transport	其他费用 Others
378920.9	68470.3	23444.9	69899.2
10137.5	26469.0	1862.0	699.7
1707.6	175.4		43.3
1707.6	175.4		43.3
160.2	234.6	728.4	247.9
50.2			6.2
110.0	234.6	728.4	241.7
		182.7	1.7
		17.5	0.6
		165.2	1.1
	14.8	333.6	86.6
	14.3	333.6	86.6
	0.5		
8269.7	25803.9	448.7	197.0

14-3 续表 6 continued6

指标名称	Item	法人企业数(个) Corporate enter prises(unit)	执行《2006年企业会计准则》企业个数(个) Number of enterprises implmenting Accounting Standards for Business Enterprises 2006	一、年初存货 Inventory
煤炭及制品批发	Coal and related products			
石油及制品批发	Petroleum and related products	5	3	39822.5
非金属矿及制品批发	Non-metal materials			
金属及金属矿批发	Metal materials	6	5	54594.7
建材批发	Construction materials	17	14	18690.3
化肥批发	Chemical fertilizers	2	2	4593.9
农药批发	Agricultural chemical			
农用薄膜批发	Agricultural film			
其他化工产品批发	Others	2	2	12.0
机械设备、五金产品及电子产品批发	Machinery hardware and electronic equipment	28	23	68097.8
农业机械批发	Farm machinery	1	1	2196.3
汽车批发	motorcycle	1	1	50.7
汽车零配件批发	motorcycle and parts	4	4	43715.4
摩托车及零配件批发	Motor vehicles, motorcycle and parts	2	2	2293.0
五金产品批发	Hardware products	2	1	536.7
电气设备批发	Appliances			
计算机、软件及辅助设备批发	Computer software and accessories	2		20.7
通讯及广播电视设备批发	Communication and radiated television	1		27.6
其他机械设备及电子产品批发	Others	15	14	19257.4
贸易经纪与代理	Agency and brokerage			
贸易代理	Trade agency			
拍卖	Auction			
其他贸易经纪与代理	Others			
其他批发业	Others			
再生物资回收与批发	Renewable materials recovery and wholesale			
其他未列明批发业	Others			
2. 按登记注册类型分	Grouped by type registered			
内资企业	Domestic funds	121	88	3521441.5
国有企业	State-owned	10	7	115159.7
集体企业	Collective-owned			
股份合作企业	Cooperative			
联营企业	Joint			
国有联营企业	State joint owned			
集体联营企业	Collective joine owned			
国有与集体联营企业	State-collective joint owned			
其他联营企业	Other joint owned			
有限责任公司	Limited liability corporations	48	36	144606.1
国有独资公司	State-owned solely	2	1	18974.9
其他有限责任公司	Limited liability corporations	46	35	125631.2
股份有限公司	Share holding	7	4	15604.6
私营企业	Private	42	27	62409.2
私营独资企业	Private funded			
私营合伙企业	Private partner	2	2	4605.8

单位:万元 unit:10000 yuan

流动资产合计 Circulating funds	应收帐款 Receivables	存货 Inventery	固定资产合计 Total fixed assets	固定资产原价 Original Value of fixed assets	累计折旧 Total depreciation	本年折旧 Depreciation in this year
50581.8	10721.2	21029.6	108391.6	86967.0	35970.1	5275.1
598028.9	293761.2	70941.1	22325.8	25273.6	2947.8	1536.0
379162.2	76245.6	21153.2	3261.9	5691.8	2429.9	301.0
80755.6	11297.6	402.4	892.8	1798.6	905.8	100.5
36.1	0.5	0.3	118.5	190.7	72.2	18.5
244203.2	43806.5	79393.6	17227.9	24351.0	7123.1	2366.6
7247.3	1458.2	2402.6	895.6	1105.7	210.1	62.0
492.2	376.7	93.4	10.8	57.2	46.4	
136690.8	4149.1	36465.9	3569.8	7633.6	4063.8	1396.1
5846.7	2562.6	2503.4	3662.8	4377.1	714.3	5.0
1534.4	211.0	360.7	148.6	187.3	38.7	
4308.1	877.9	629.8	249.3	288.8	39.5	
120.9	54.0	62.4	206.0	231.7	25.7	
87962.8	34117.0	36875.4	8485.0	10469.6	1984.6	903.5
2418190.2	728468.5	406588.7	236962.0	272442.7	92875.4	17575.1
334082.0	41567.8	120273.5	157374.9	164672.2	64692.0	8127.4
1171307.0	549977.4	163554.3	45906.9	60803.4	14896.5	4341.0
351416.3	253394.2	15261.8	15318.7	20227.0	4908.3	790.8
819890.7	296583.2	148292.5	30588.2	40576.4	9988.2	3550.2
131257.0	25036.9	30891.9	1973.3	5334.2	3360.9	329.8
548936.9	59079.1	63110.0	23938.8	32643.7	8704.9	4410.6
81630.7	11346.4	508.0	2129.6	3237.0	1107.4	164.5

14－3 续表 7 continued7

指标名称	Item	二、期末资产负债 The final balance sheet 在建工程 Circulating funds	资产总计 Circulating funds
煤炭及制品批发	Coal and related products		
石油及制品批发	Petroleum and related products	25320.7	161293.0
非金属矿及制品批发	Non－metal materials		
金属及金属矿批发	Metal materials	12162.1	677514.6
建材批发	Construction materials	15.3	389902.4
化肥批发	Chemical fertilizers		82908.4
农药批发	Agricultural chemical		
农用薄膜批发	Agricultural film		
其他化工产品批发	Others		
机械设备、五金产品及电子产品批发	Machinery hardware and electronic equipment		1278.0
农业机械批发	Farm machinery	4357.3	280194.9
汽车批发	motorcycle		8142.9
汽车零配件批发	motorcycle and parts		511.4
摩托车及零配件批发	Motor vehicles, motorcycle and parts	53.6	146385.3
五金产品批发	Hardware products	629.0	11540.8
电气设备批发	Appliances	219.9	2236.3
计算机、软件及辅助设备批发	Computer software and accessories		
通讯及广播电视设备批发	Communication and radiated television		4863.6
其他机械设备及电子产品批发	Others		833.9
贸易经纪与代理	Agency and brokerage	3454.8	105680.7
贸易代理	Trade agency		
拍卖	Auction		
其他贸易经纪与代理	Others		
其他批发业	Others		
再生物资回收与批发	Renewable materials recovery and wholesale		
其他未列明批发业	Others		
2.按登记注册类型分	Grouped by type registered		
内资企业	Domestic funds	43300.9	2808003.8
国有企业	State－owned	25470.2	500489.5
集体企业	Collective－owned		
股份合作企业	Cooperative		
联营企业	Joint		
国有联营企业	State joint owned		
集体联营企业	Collective joine owned		
国有与集体联营企业	State－collective joint owned		
其他联营企业	Other joint owned		
有限责任公司	Limited liability corporations	53.6	1307313.2
国有独资公司	State－owned solely		418994.9
其他有限责任公司	Limited liability corporations	53.6	888318.3
股份有限公司	Share holding	64.8	142945.6
私营企业	Private	16887.4	608842.2
私营独资企业	Private funded		
私营合伙企业	Private partner		85022.8

单位:万元 unit:10000 yuan

二、期末资产负债 The final balance sheet				
流动负债合计 Circulating funds	应付账款 Inventory	非流动负债合计 Total non - current liability	负债合计 Total Investment	所有者权益 Creditor's equity
142068.4	29377.1	556.9	142740.7	18552.3
479048.6	47542.9	50634.8	529683.4	147831.2
363180.1	90804.2	12021.6	377352.7	12549.7
79689.6	39982.9		79689.6	3218.8
244.5	0.4	217.0	461.5	816.5
203874.9	53567.5	9787.6	213662.5	66532.4
5432.9	425.7		5432.9	2710.0
342.6	300.3		342.6	168.8
96801.2	3369.3	7644.2	104445.4	41939.9
8637.5	202.0		8637.5	2903.3
1450.9	1236.2		1450.9	785.4
3689.0	562.7		3689.0	1174.6
248.3			248.3	585.6
87272.5	47471.3	2143.4	89415.9	16264.8
2094889.1	454356.6	168521.7	2265981.9	542021.9
266926.9	50103.3	10510.0	277552.3	222937.2
1055786.0	240360.1	33741.7	1091503.4	215809.8
256096.5	18110.6	30028.6	286126.1	132868.8
799689.5	222249.5	3713.1	805377.3	82941.0
120282.4	9443.8	12000.0	132762.4	10183.2
446752.1	85174.1	98640.0	545392.1	63450.1
80230.4	40140.9		80230.4	4792.4

14－3 续表 8 continued8

指标名称	Item	二、期末资产负债 The final balance sheet 实收资本 Driginal Value of fixed assets	国家资本 State owned
煤炭及制品批发	Coal and related products		
石油及制品批发	Petroleum and related products	13281.1	11546.8
非金属矿及制品批发	Non－metal materials	132082.0	16050.0
金属及金属矿批发	Metal materials		
建材批发	Construction materials	27078.0	
化肥批发	Chemical fertilizers		
农药批发	Agricultural chemical	3218.0	
农用薄膜批发	Agricultural film		
其他化工产品批发	Others	325.0	
机械设备、五金产品及电子产品批发	Machinery hardware and electronic equipment	36856.6	
农业机械批发	Farm machinery	1000.0	
汽车批发	motorcycle	12.0	
汽车零配件批发	motorcycle and parts	15258.0	
摩托车及零配件批发	Motor vehicles, motorcycle and parts	1700.0	
五金产品批发	Hardware products	500.0	
电气设备批发	Appliances		
计算机、软件及辅助设备批发	Computer software and accessories	1050.0	
通讯及广播电视设备批发	Communication and radiated television	500.0	
其他机械设备及电子产品批发	Others	16836.6	
贸易经纪与代理	Agency and brokerage		
贸易代理	Trade agency		
拍卖	Auction		
其他贸易经纪与代理	Others		
其他批发业	Others		
再生物资回收与批发	Renewable materials recovery and wholesale		
其他未列明批发业	Others		
2. 按登记注册类型分	Grouped by type registered		
内资企业	Domestic funds	289934.3	43710.8
国有企业	State－owned	29808.7	27858.2
集体企业	Collective－owned		
股份合作企业	Cooperative		
联营企业	Joint		
国有联营企业	State joint owned		
集体联营企业	Collective joine owned		
国有与集体联营企业	State－collective joint owned		
其他联营企业	Other joint owned		
有限责任公司	Limited liability corporations	175077.6	15292.6
国有独资公司	State－owned solely	114792.6	14792.6
其他有限责任公司	Limited liability corporations	60285.0	500.0
股份有限公司	Share holding	18171.0	560.0
私营企业	Private	45279.0	
私营独资企业	Private funded		
私营合伙企业	Private partner	4000.0	

单位:万元 unit:10000 yuan

二、期末资产负债 The final balance sheet					三、损益及分配 Gains and losses and distribution			
集体资本 Collective	法人资本 Corporate	个人资本 Private	港澳台资本 Funded from Hongkong, Macao and Taiwan	外商资本 Foreign funds	营业收入 Operation revenue	主营业务收入 Operating revenue	营业成本 Operation costs	主营业务成本 Operating cost
543.5	1090.8	100.0			963434.8	963355.6	900876.3	900876.3
	112000.0	4032.0			1541073.2	1540931.0	1522787.9	1522663.2
	9159.0	17919.0			1097437.5	1097156.0	1091690.1	1091658.5
218.0		3000.0			64279.1	64279.1	63503.1	63503.1
	325.0				30322.2	30322.2	24768.7	24768.7
12.0	21156.6	10688.0		5000.0	1695920.7	1695165.2	1545119.8	1532552.2
	1000.0				6031.3	6031.3	4817.1	4817.1
12.0					3974.3	3974.3	3701.0	3701.0
	7600.0	2658.0		5000.0	1502766.0	1502705.3	1375037.6	1375037.6
		1700.0			17042.5	16818.5	15561.3	2993.7
	500.0				9182.0	9182.0	8527.0	8527.0
	1050.0				26205.3	26205.3	25604.9	25604.9
	500.0				5597.7	5597.7	5317.8	5317.8
	10506.6	6330.0			125121.6	124650.8	106553.1	106553.1
823.5	192181.0	53219.0			5879314.8	5873436.6	5520389.6	5505825.6
	1950.5				1975996.2	1973919.3	1764963.0	1763652.1
605.5	145611.5	13568.0			2747346.2	2745269.6	2672425.5	2671771.6
	100000.0				827690.6	827548.4	820258.5	820133.8
605.5	45611.5	13568.0			1919655.6	1917721.2	1852167.0	1851637.8
	16262.0	1349.0			169822.3	169732.2	158446.9	158446.9
	10277.0	35002.0			628813.4	628356.1	583813.7	571214.5
		4000.0			71938.3	71938.3	69987.4	69987.4

14－3 续表 9 continued9

指标名称	Item	三、损益及分配 Gains and losses and distribution 营业税金及附加 Business taxes and extra charges	主营业务税金及附加 Main operation taxes and extra charges	其他业务利润 Other business profit
煤炭及制品批发	Coal and related products			
石油及制品批发	Petroleum and related products	861.4	861.4	257.2
非金属矿及制品批发	Non－metal materials			
金属及金属矿批发	Metal materials	729.5	504.1	17.4
建材批发	Construction materials	148.0	143.7	610.0
化肥批发	Chemical fertilizers	9.0	9.0	6.4
农药批发	Agricultural chemical			
农用薄膜批发	Agricultural film			
其他化工产品批发	Others	864.4	864.4	
机械设备、五金产品及电子产品批发	Machinery hardware and electronic equipment	2089.1	1964.8	2149.9
农业机械批发	Farm machinery	4.7	4.7	
汽车批发	motorcycle	4.1	4.1	
汽车零配件批发	motorcycle and parts	1679.2	1676.2	458.2
摩托车及零配件批发	Motor vehicles, motorcycle and parts	16.5	0.6	
五金产品批发	Hardware products	64.8	64.8	
电气设备批发	Appliances			
计算机、软件及辅助设备批发	Computer software and accessories	19.9	19.9	26.2
通讯及广播电视设备批发	Communication and radiated television	10.6	10.6	
其他机械设备及电子产品批发	Others	289.3	183.9	1665.5
贸易经纪与代理	Agency and brokerage			
贸易代理	Trade agency			
拍卖	Auction			
其他贸易经纪与代理	Others			
其他批发业	Others			
再生物资回收与批发	Renewable materials recovery and wholesale			
其他未列明批发业	Others			
2. 按登记注册类型分	Grouped by type registered			
内资企业	Domestic funds	37856.4	37500.8	15569.9
国有企业	State－owned	34029.3	34029.3	397.7
集体企业	Collective－owned			
股份合作企业	Cooperative			
联营企业	Joint			
国有联营企业	State joint owned			
集体联营企业	Collective joine owned			
国有与集体联营企业	State－collective joint owned			
其他联营企业	Other joint owned			
有限责任公司	Limited liability corporations	2444.6	2214.6	12182.7
国有独资公司	State－owned solely	473.1	247.7	3073.9
其他有限责任公司	Limited liability corporations	1971.5	1966.9	9108.8
股份有限公司	Share holding	44.8	40.5	5.4
私营企业	Private	961.1	843.2	2028.1
私营独资企业	Private funded			
私营合伙企业	Private partner	25.2	25.2	6.4

单位:万元　unit:10000 yuan

三、损益及分配　Gains and losses and distribution

销售费用 Marketing expenses	管理费用 Management expenses	税金 Taxes	差旅费 Travel expenses	工会经费 Trade union outlays	财务费用 Financial expenses	利息收入 Interest income	利息支出 Interest expenditure
40960.3	1563.5	848.5	41.7	9.9	2626.8	46.6	2667.5
2364.1	5572.3	656.7	223.7	17.1	6550.0	1278.9	6002.5
5512.3	4696.8	227.3	23.1	8.1	126.9	1757.9	1750.7
251.4	106.8	39.3	0.7	0.4	190.7	170.3	13.4
80.4	114.9	1.5	2.0		0.1	0.1	
132191.6	12891.9	482.7	285.3	51.6	-423.8	1709.5	680.0
789.0	875.1				14.1		
189.3	59.4						
119478.1	3432.2	39.3	20.4	5.1	-1544.1	1693.7	81.0
409.5	637.7	0.6	1.4	1.1	119.9		96.1
0.7	217.4	4.2	25.7	1.1	4.0	3.6	0.4
1.0	173.0				0.6		0.4
5.6	34.9				0.3		0.3
11318.4	7462.2	438.6	237.8	44.3	981.4	12.2	501.8
111084.4	83264.6	4076.1	1733.5	487.3	31320.9	7324.5	26377.3
58300.7	23968.6	1872.7	185.2	255.5	4659.4	608.9	4696.9
25441.4	24221.8	1119.4	839.9	154.2	14496.9	5636.3	17309.5
2503.5	7083.4	528.8	143.7	61.9	3341.0	1277.3	2863.2
22937.9	17138.4	590.6	696.2	92.3	11155.9	4359.0	14446.3
10837.3	2442.8	217.7	36.8	4.6	3336.3	11.1	1192.5
12463.6	24890.2	515.7	496.7	57.9	6788.6	1050.8	1639.1
995.1	321.5	89.2	0.2	0.4	183.1	170.3	12.4

14-3 续表 10 continued10

指标名称 Item		三、损益及分配 Gains and losses and distribution 资产减值损失 Lost	公允价值变动收益 Revenue	投资收益 Investment income
煤炭及制品批发	Coal and related products			
石油及制品批发	Petroleum and related products	-5.1		-131.8
非金属矿及制品批发	Non-metal materials	-1143.7		915.2
金属及金属矿批发	Metal materials			
建材批发	Construction materials	697.3		
化肥批发	Chemical fertilizers			
农药批发	Agricultural chemical			
农用薄膜批发	Agricultural film			
其他化工产品批发	Others			
机械设备、五金产品及电子产品批发	Machinery hardware and electronic equipment	429.8		789.4
农业机械批发	Farm machinery			
汽车批发	motorcycle	3.6		
汽车零配件批发	motorcycle and parts			789.0
摩托车及零配件批发	Motor vehicles, motorcycle and parts			
五金产品批发	Hardware products			
电气设备批发	Appliances			
计算机、软件及辅助设备批发	Computer software and accessories			
通讯及广播电视设备批发	Communication and radiated television			
其他机械设备及电子产品批发	Others	426.2		0.4
贸易经纪与代理	Agency and brokerage			
贸易代理	Trade agency			
拍卖	Auction			
其他贸易经纪与代理	Others			
其他批发业	Others			
再生物资回收与批发	Renewable materials recovery and wholesale			
其他未列明批发业	Others			
2. 按登记注册类型分	Grouped by type registered			
内资企业	Domestic funds	-18.8	-42.0	6303.3
国有企业	State-owned	-347.9		86.8
集体企业	Collective-owned			
股份合作企业	Cooperative			
联营企业	Joint			
国有联营企业	State joint owned			
集体联营企业	Collective joine owned			
国有与集体联营企业	State-collective joint owned			
其他联营企业	Other joint owned			
有限责任公司	Limited liability corporations	478.4	-42.0	4488.0
国有独资公司	State-owned solely	-765.9		3711.2
其他有限责任公司	Limited liability corporations	1244.3	-42.0	776.8
股份有限公司	Share holding			1728.5
私营企业	Private			
私营独资企业	Private funded			
私营合伙企业	Private partner			

单位:万元 unit:10000 yuan

三、损益及分配 Gains and losses and distribution					四、人工成本及增值税 Labor cost and added - value tax			
营业利润 Business profits	营业外收入 Norbusiness revenue	补贴收入 Subsidies revenue	利润总额 Total profits	应交所得税 Income taxes payable	应付职工薪酬（本年贷方累计发生额）payroll payable (credit accumulated happening this year)	应交增值税 VAT payableinput	进项税额 VAT payableinput	销项税额 VAT payableexport
16458.6	36.8		16379.5	364.5	22690.6	7178.1	26530.6	163025.1
5128.3	182.7	104.4	5293.2	1473.9	2233.2	792.0	260281.0	261824.6
-5402.3	243.9		-4853.9	-121.7	1923.6	874.7	105989.5	105074.2
218.1			216.9		28.0			
4493.7			4609.8	650.0	48.5	545.4	2418.0	2432.2
4508.0	107.3		2829.7	1204.6	10720.7	14243.9	270601.1	286653.4
-468.7	24.2		-445.5		216.0			1025.3
16.9			16.9	6.0	67.2	34.3	641.5	675.6
5472.0	37.8		3844.9	809.0	5787.0	13532.9	239684.6	255531.0
297.6	2.0		292.1		206.5	0.4	2724.7	2859.1
368.1			370.5	63.3	29.7	3.2	1059.6	1060.2
432.1	2.0		434.1	5.2	74.0	50.6	4459.8	4509.7
228.5			228.5	20.7	33.6	1.3	990.8	990.8
-1838.5	41.3		-1911.8	300.4	4306.7	621.2	21040.1	20001.7
101984.7	6597.3	1346.6	108855.9	25057.4	81063.9	38554.9	691814.4	864584.2
90287.4	1130.1	929.2	90508.5	19222.3	55440.3	29917.2	167492.9	326401.0
12645.0	4020.3	2.8	17887.3	3894.4	15703.4	1412.5	359798.6	364958.0
-1231.3	21.1		1585.4		5046.6	636.0	138533.7	139832.9
13876.3	3999.2	2.8	16301.9	3894.4	10656.8	776.5	221264.9	225125.1
-3557.3	514.4	50.0	-3049.3	244.3	1358.1	303.6	23812.3	23271.5
63.0	880.5	364.6	841.7	728.2	6330.2	6355.5	84502.4	94711.9
426.0			424.8	54.2	559.3	-5.8	1467.6	1659.1

14－3 续表 11 continued11

指标名称	Item	五、土地和固定资产 Land and fixed asset 土地和固定资产支出 Land and fixed asset expenditures	土地购置 Purchase of land
煤炭及制品批发	Coal and related products		
石油及制品批发	Petroleum and related products	31809.4	12085.1
非金属矿及制品批发	Non－metal materials		
金属及金属矿批发	Metal materials	15290.8	577.0
建材批发	Construction materials	81.2	
化肥批发	Chemical fertilizers	200.0	
农药批发	Agricultural chemical		
农用薄膜批发	Agricultural film		
其他化工产品批发	Others		
机械设备、五金产品及电子产品批发	Machinery hardware and electronic equipment	532.1	
农业机械批发	Farm machinery		
汽车批发	motorcycle		
汽车零配件批发	motorcycle and parts	60.3	
摩托车及零配件批发	Motor vehicles, motorcycle and parts		
五金产品批发	Hardware products		
电气设备批发	Appliances		
计算机、软件及辅助设备批发	Computer software and accessories		
通讯及广播电视设备批发	Communication and radiated television		
其他机械设备及电子产品批发	Others	471.8	
贸易经纪与代理	Agency and brokerage		
贸易代理	Trade agency		
拍卖	Auction		
其他贸易经纪与代理	Others		
其他批发业	Others		
再生物资回收与批发	Renewable materials recovery and wholesale		
其他未列明批发业	Others		
2. 按登记注册类型分	Grouped by type registered		
内资企业	Domestic funds	49874.3	12662.1
国有企业	State－owned	43673.2	12085.1
集体企业	Collective－owned		
股份合作企业	Cooperative		
联营企业	Joint		
国有联营企业	State joint owned		
集体联营企业	Collective joine owned		
国有与集体联营企业	State－collective joint owned		
其他联营企业	Other joint owned		
有限责任公司	Limited liability corporations	476.5	
国有独资公司	State－owned solely		
其他有限责任公司	Limited liability corporations	476.5	
股份有限公司	Share holding	1.0	
私营企业	Private	5077.4	577.0
私营独资企业	Private funded		
私营合伙企业	Private partner		

单位:万元　unit:10000 yuan

五、土地和固定资产　Land and fixed asset			
房屋和建筑物 Buildings and constructing	机器设备 Machine and equipment	运输工具 Means of transport	其他费用 Others
1623.1	17637.3	363.8	100.1
6446.6	8166.6	11.9	88.7
		73.0	8.2
200.0			
	240.3	168.6	123.2
	60.3		
	180.0	168.6	123.2
8439.2	26240.2	1862.0	670.8
4524.4	25644.1	1104.1	315.5
	195.9	83.0	197.6
	195.9	83.0	197.6
	0.5		0.5
3540.8	399.7	492.2	67.7

14－3 续表 12 continued12

指标名称	Item	法人企业数（个）Corporate enterprises(unit)	执行《2006 年企业会计准则》企业个数（个）Number of enterprises implmenting Accounting Standards for Business Enterprises 2006	一、年初存货 Inventory
私营有限责任公司	Private limited company	38	23	53198.0
私营股份有限公司	Private share holding	2	2	4605.4
其他企业	Others	14	14	14661.9
港、澳、台商投资企业	Funded from HongKong, Macao and Taiwan	2	2	238.3
合资经营企业（港或澳、台资）	Joint venture			
合作经营企业（港或澳、台资）	Cooperative			
港、澳、台商独资经营企业	Sole funds	2	2	238.3
港、澳、台商投资股份有限公司	Share holding			
其他港澳台投资企业	Others			
外商投资企业	Foreign funded	3	2	39805.6
中外合资经营企业	Joint venture	2	2	39705.4
中外合作经营企业	Cooperative			
外资企业	Foreign funded			
外商投资股份有限公司	Share holding	1		100.2
其他外商投资企业	Others			
3. 按控股情况分组	Grouped by owned			
国有控股	State－owned	18	14	264437.1
集体控股	Collective－owned	1	1	34.1
私人控股	Private－owned	76	51	87975.8
港澳台商控股	Hongkong, Macao and Taiwan－Owned	3	2	321.6
外商控股	Foreign－owned	1		100.2
其他	Others	27	24	39616.6
4. 按经营形式分组	Grouped by form of management			
独立门店	Substantive store	112	81	370360.5
连锁总店（总部）	Chain headquarter			
连锁门店	Chain store	1		10588.5
其他	Others	13	11	11536.4
5. 按单位规模分	Gruoped by size of enterprises			
大型	Large－sized	6	5	124823.0
中型	Medium－sized	57	43	225209.5
小型	Small－sized	52	36	9167.5
微型	Micro－sized	11	8	3285.4
二、零售业	Retail trade	212	166	417378.3
1. 按零售行业小类分组	Grouped by sectors			
综合零售业	Retail trade	30	26	80871.7
百货零售业	Consumer goods	17	15	66862.5
超级市场零售	Supermarket	11	9	14003.2
其他综合零售	Other comprehensive retail business	2	2	6.0
食品、饮料及烟草制品专门零售业	Food, beverage and tobaccos	4	3	15060.4
粮油零售	Food and Oil			
糕点、面包零售	Cake and bread	1		151.5
果品、蔬菜零售	Fruit and Vegetable			
肉、禽、蛋及水产品零售	Meet, fowl, egg and marine products	1	1	35.1
营养和保健品零售	Nutrition and health care			

单位:万元 unit:10000 yuan

二、期末资产负债 The final balance sheet						
流动资产合计 Circulating funds	应收帐款 Receivables	存货 Inventery	固定资产合计 Total fixed assets	固定资产原价 Original Value of fixed assets	累计折旧 Total depreciation	本年折旧 Depreciation in this year
458001.9	45486.2	61933.9	13098.1	20404.4	7306.3	4201.1
9304.3	2246.5	668.1	8711.1	9002.3	291.2	45.0
232607.3	52807.3	28759.0	7768.1	8989.2	1221.1	366.3
32241.7	142.1	108.7	3589.0	6898.7	3170.3	299.3
32241.7	142.1	108.7	3589.0	6898.7	3170.3	299.3
126995.9	8607.7	36475.7	851.1	3535.9	2684.8	389.9
121332.9	4288.7	35227.7	571.1	3177.9	2606.8	367.9
5663.0	4319.0	1248.0	280.0	358.0	78.0	22.0
1242868.9	445414.9	294793.7	179349.2	196118.4	74163.9	9549.5
750.3	130.3					
712655.7	138098.7	104131.4	40269.0	54345.9	14076.9	6273.3
35069.5	294.9	108.7	3589.0	6898.7	3170.3	299.3
5663.0	4319.0	1248.0	280.0	358.0	78.0	22.0
580420.4	148960.5	42891.3	17914.9	25156.3	7241.4	2120.2
2387742.5	701499.4	425067.2	204117.7	220945.9	74222.9	14599.0
24537.8	8315.8	8682.7	12961.7	17339.9	4378.2	664.5
165147.5	27403.1	9423.2	24322.7	44591.5	20129.4	3000.8
744830.9	76065.4	90152.6	120306.0	111983.6	49072.3	8810.6
1491751.2	594454.7	307326.2	89780.3	126692.6	36772.9	8377.8
278621.4	56647.2	39227.3	25427.2	31436.8	6009.6	798.3
62224.3	10051.0	6467.0	5888.6	12764.3	6875.7	277.6
1760493.8	220468.0	426059.2	716695.1	1002609.5	291781.6	57418.8
648100.7	6810.5	84371.2	531230.1	726436.9	195929.0	35170.1
600234.4	1039.6	70987.5	503728.3	679860.5	177088.5	33366.3
45258.3	5770.9	13383.7	19460.8	38175.4	18480.5	1527.8
2608.0			8041.0	8401.0	360.0	276.0
20097.4	317.1	14986.4	4554.8	6280.9	1726.1	1564.4
850.4	297.1	79.6	333.5	565.0	231.5	85.6
53.0	20.0	33.0	9.0	11.0	2.0	1.6

14－3 续表 13 continued13

指标名称 Item		二、期末资产负债 The final balance sheet 在建工程 Circulating funds	资产总计 Circulating funds
私营有限责任公司	Private limited company	16887.4	505593.8
私营股份有限公司	Private share holding		18225.6
其他企业	Others	824.9	248413.3
港、澳、台商投资企业	Funded from HongKong, Macao and Taiwan	154.4	42098.2
合资经营企业(港或澳、台资)	Joint venture		
合作经营企业(港或澳、台资)	Cooperative		
港、澳、台商独资经营企业	Sole funds	154.4	42098.2
港、澳、台商投资股份有限公司	Share holding		
其他港澳台投资企业	Others		
外商投资企业	Foreign funded		131415.8
中外合资经营企业	Joint venture		125472.8
中外合作经营企业	Cooperative		
外资企业	Foreign funded		
外商投资股份有限公司	Share holding		5943.0
其他外商投资企业	Others		
3. 按控股情况分组	Grouped by owned		
国有控股	State－owned	25535.0	1503724.7
集体控股	Collective－owned		750.3
私人控股	Private－owned	17492.4	806956.5
港澳台商控股	Hongkong, Macao and Taiwan－Owned	154.4	44926.0
外商控股	Foreign－owned		5943.0
其他	Others	273.5	619217.3
4. 按经营形式分组	Grouped by form of management		
独立门店	Substantive store	43010.4	2722091.0
连锁总店(总部)	Chain headquarter		
连锁门店	Chain store		52136.7
其他	Others	444.9	207290.1
5. 按单位规模分	Gruoped by size of enterprises		
大型	Large－sized	24398.1	878613.6
中型	Medium－sized	6870.9	1698467.3
小型	Small－sized	1079.3	322405.7
微型	Micro－sized	11107.0	82031.2
二、零售业	Retail trade	100277.3	3022230.1
1. 按零售行业小类分组	Grouped by sectors		
综合零售业	Retail trade	86844.2	1514428.7
百货零售业	Consumer goods	83531.6	1426500.7
超级市场零售	Supermarket	3258.5	77224.9
其他综合零售	Other comprehensive retail business	54.1	10703.1
食品、饮料及烟草制品专门零售业	Food, beverage and tobaccos		35478.2
粮油零售	Food and Oil		
糕点、面包零售	Cake and bread		1393.1
果品、蔬菜零售	Fruit and Vegetable		
肉、禽、蛋及水产品零售	Meet, fowl, egg and marine products		62.0
营养和保健品零售	Nutrition and health care		

单位:万元　unit:10000 yuan

二、期末资产负债 The final balance sheet

流动负债合计 Circulating funds	应付账款 Inventory	非流动负债合计 Total non - current liability	负债合计 Total Investment	所有者权益 Creditor' s equity
358875.4	37386.9	98640.0	457515.4	48078.4
7646.3	7646.3		7646.3	10579.3
205141.7	69275.3	13630.0	218771.7	29641.6
8078.8	218.9	407.9	8486.7	33611.5
8078.8	218.9	407.9	8486.7	33611.5
100935.1	7655.5	7644.2	108579.3	22836.5
95243.1	7216.1	7644.2	102887.3	22585.5
5692.0	439.4		5692.0	251.0
1052764.0	121734.2	49317.6	1102198.0	401526.7
234.1	7.4		234.1	516.2
579964.5	160026.0	101338.3	683757.5	123199.0
8987.1	218.9	407.9	9395.0	35531.0
5692.0	439.4		5692.0	251.0
556261.3	179805.1	25510.0	581771.3	37446.0
2039215.8	387655.5	176106.8	2217892.7	504198.3
28052.5	17928.3	28.6	28082.1	24054.6
136634.7	56647.2	438.4	137073.1	70217.0
570070.6	99636.3	103170.6	673356.6	205257.0
1320719.2	258324.4	66090.1	1387290.3	311177.0
250762.4	99741.5	2853.1	255590.2	66815.5
62350.8	4528.8	4460.0	66810.8	15220.4
2048230.3	357035.0	329703.9	2411326.6	610903.5
979291.5	183575.6	223562.5	1231854.0	282574.7
909592.3	163525.6	218517.8	1157110.1	269390.6
66807.3	20050.0	3000.0	69807.3	7417.6
2891.9		2044.7	4936.6	5766.5
26888.8	4886.6	1.7	26890.5	8587.7
534.4	278.6		534.4	858.7
39.5	38.7	1.7	41.2	20.8

14－3 续表 14 continued14

指标名称	Item	二、期末资产负债 The final balance sheet 实收资本 Driginal Value of fixed assets	国家资本 State owned
私营有限责任公司	Private limited company	37979.0	
私营股份有限公司	Private share holding	3300.0	
其他企业	Others	21598.0	
港、澳、台商投资企业	Funded from HongKong, Macao and Taiwan	35500.0	
合资经营企业(港或澳、台资)	Joint venture		
合作经营企业(港或澳、台资)	Cooperative		
港、澳、台商独资经营企业	Sole funds	35500.0	
港、澳、台商投资股份有限公司	Share holding		
其他港澳台投资企业	Others		
外商投资企业	Foreign funded	13952.7	
中外合资经营企业	Joint venture	13702.7	
中外合作经营企业	Cooperative		
外资企业	Foreign funded		
外商投资股份有限公司	Share holding	250.0	
其他外商投资企业	Others		
3. 按控股情况分组	Grouped by owned		
国有控股	State－owned	175035.6	43050.8
集体控股	Collective－owned	50.0	
私人控股	Private－owned	86641.1	480.0
港澳台商控股	Hongkong, Macao and Taiwan－Owned	36000.0	
外商控股	Foreign－owned	250.0	
其他	Others	41410.3	180.0
4. 按经营形式分组	Grouped by form of management		
独立门店	Substantive store	265665.1	17693.2
连锁总店(总部)	Chain headquarter		
连锁门店	Chain store	14792.6	14792.6
其他	Others	58929.3	11225.0
5. 按单位规模分	Gruoped by size of enterprises		
大型	Large－sized	16092.3	641.8
中型	Medium－sized	261750.7	42309.0
小型	Small－sized	50945.0	710.0
微型	Micro－sized	10599.0	50.0
二、零售业	Retail trade	332228.9	42406.4
1. 按零售行业小类分组	Grouped by sectors		
综合零售业	Retail trade	105347.9	21086.0
百货零售业	Consumer goods	84068.2	18296.0
超级市场零售	Supermarket	17979.0	2790.0
其他综合零售	Other comprehensive retail business	3300.0	
食品、饮料及烟草制品专门零售业	Food, beverage and tobaccos	7097.0	
粮油零售	Food and Oil		
糕点、面包零售	Cake and bread	208.0	
果品、蔬菜零售	Fruit and Vegetable		
肉、禽、蛋及水产品零售	Meet, fowl, egg and marine products	20.0	
营养和保健品零售	Nutrition and health care		

单位:万元 unit:10000 yuan

二、期末资产负债 The final balance sheet					三、损益及分配 Gains and losses and distribution			
集体资本 Collective	法人资本 Corporate	个人资本 Private	港澳台资本 Funded from Hongkong, Macao and Taiwan	外商资本 Foreign funds	营业收入 Operation revenue	主营业务收入 Operating revenue	营业成本 Operation costs	主营业务成本 Operating cost
	8277.0	29702.0			545008.8	544551.5	502747.6	490148.4
	2000.0	1300.0			11866.3	11866.3	11078.7	11078.7
218.0	18080.0	3300.0			357336.7	356159.4	340740.5	340740.5
			35500.0		102383.7	102383.7	100192.9	100192.9
			35500.0		102383.7	102383.7	100192.9	100192.9
	8752.7			5200.0	1459835.5	1459826.6	1337417.6	1337417.6
	8702.7			5000.0	1452092.5	1452083.6	1329860.6	1329860.6
	50.0			200.0	7743.0	7743.0	7557.0	7557.0
543.5	126441.3			5000.0	4908915.9	4905711.4	4539747.6	4538312.0
50.0					4907.1	4907.1	4736.5	4736.5
	41341.1	44820.0			1002371.1	1000766.9	926649.5	914045.5
	500.0		35500.0		118439.4	118439.4	113988.6	113988.6
	50.0			200.0	7743.0	7743.0	7557.0	7557.0
230.0	32601.3	8399.0			1399157.5	1398079.1	1365320.9	1364796.5
280.0	198342.9	43649.0	500.0	5200.0	7044568.6	7038960.8	6580186.6	6565654.2
					20783.0	20783.0	18073.0	18073.0
543.5	2590.8	9570.0	35000.0		376182.4	375903.1	359740.5	359708.9
	9450.5	500.0	500.0	5000.0	3722454.7	3722269.3	3386944.5	3386931.9
543.5	162981.2	20717.0	35000.0	200.0	3122032.6	3117023.7	3002311.3	2987915.3
230.0	26465.0	23540.0			540754.3	540744.9	516139.5	516134.7
50.0	2037.0	8462.0			56292.4	55609.0	52604.8	52454.2
9915.2	167283.6	90520.6	16212.1	5891.0	5103478.7	4846531.5	4537157.2	4413989.2
8165.2	26731.5	31085.7	15278.8	3000.0	1641559.0	1508114.4	1369188.4	1339089.9
1500.0	19427.5	29565.9	15278.8		1462235.4	1335727.3	1221801.6	1192206.5
3665.2	7004.0	1519.8		3000.0	151327.1	144390.6	128771.4	128268.0
3000.0	300.0				27996.5	27996.5	18615.4	18615.4
	7077.0	20.0			59551.8	59540.0	49268.6	49267.9
	208.0				4206.8	4206.8	2569.8	2569.8
		20.0			78.8	78.8	71.6	71.6

14－3 续表 15 continued15

指标名称	Item	三、损益及分配 Gains and losses and distribution 营业税金及附加 Business taxes and extra charges	主营业务税金及附加 Main operation taxes and extra charges	其他业务利润 Other business profit
私营有限责任公司	Private limited company	935.6	817.7	1687.3
私营股份有限公司	Private share holding	0.3	0.3	334.4
其他企业	Others	376.6	373.2	956.0
港、澳、台商投资企业	Funded from HongKong, Macao and Taiwan	64.8	64.8	2.1
合资经营企业(港或澳、台资)	Joint venture			
合作经营企业(港或澳、台资)	Cooperative			
港、澳、台商独资经营企业	Sole funds	64.8	64.8	2.1
港、澳、台商投资股份有限公司	Share holding			
其他港澳台投资企业	Others			
外商投资企业	Foreign funded	1565.3	1565.3	11.9
中外合资经营企业	Joint venture	1562.3	1562.3	8.9
中外合作经营企业	Cooperative			
外资企业	Foreign funded			
外商投资股份有限公司	Share holding	3.0	3.0	3.0
其他外商投资企业	Others			
3. 按控股情况分组	Grouped by owned			
国有控股	State－owned	36495.8	36270.4	3574.7
集体控股	Collective－owned	1.0	1.0	
私人控股	Private－owned	2146.9	2022.6	3288.1
港澳台商控股	Hongkong, Macao and Taiwan－Owned	137.6	137.6	2.1
外商控股	Foreign－owned	3.0	3.0	3.0
其他	Others	702.2	696.3	8716.0
4. 按经营形式分组	Grouped by form of management			
独立门店	Substantive store	38849.7	38494.1	12467.9
连锁总店(总部)	Chain headquarter			
连锁门店	Chain store	211.3	211.3	3056.5
其他	Others	425.5	425.5	59.5
5. 按单位规模分	Gruoped by size of enterprises			
大型	Large－sized	35660.1	35660.1	314.7
中型	Medium－sized	3243.9	2891.7	14215.5
小型	Small－sized	473.5	470.1	853.7
微型	Micro－sized	109.0	109.0	200.0
二、零售业	Retail trade	21394.5	20212.2	47254.9
1. 按零售行业小类分组	Grouped by sectors			
综合零售业	Retail trade	14599.8	14181.6	30846.1
百货零售业	Consumer goods	13708.0	13480.1	19151.3
超级市场零售	Supermarket	658.2	467.9	11694.8
其他综合零售	Other comprehensive retail business	233.6	233.6	
食品、饮料及烟草制品专门零售业	Food, beverage and tobaccos	196.4	196.4	20.0
粮油零售	Food and Oil			
糕点、面包零售	Cake and bread	38.5	38.5	8.9
果品、蔬菜零售	Fruit and Vegetable			
肉、禽、蛋及水产品零售	Meet, fowl, egg and marine products	0.3	0.3	
营养和保健品零售	Nutrition and health care			

单位:万元 unit:10000 yuan

三、损益及分配 Gains and losses and distribution							
销售费用 Marketing expenses	管理费用 Management expenses				财务费用 Financial expenses		
		税金 Taxes	差旅费 Travel expenses	工会经费 Trade union outlays		利息收入 Interest income	利息支出 Interest expenditure
11257.7	24486.0	417.7	495.4	57.1	6125.6	654.1	1366.9
210.8	82.7	8.8	1.1	0.4	479.9	226.4	259.8
4041.4	7741.2	350.6	174.9	15.1	2039.7	17.4	1539.3
635.9	2502.4	481.2	64.9	98.5	-192.0	-199.5	7.0
635.9	2502.4	481.2	64.9	98.5	-192.0	-199.5	7.0
119439.9	2196.7	32.1	27.0	7.1	-1337.5	1582.7	233.6
119439.9	2062.7			5.0	-1337.8	1582.7	233.6
	134.0	32.1	27.0	2.1	0.3		
191299.2	36235.9	2555.2	412.0	334.3	19376.4	6533.5	20628.4
146.3	119.1				1.0		1.0
22502.5	30908.4	950.4	891.4	91.2	7921.6	1154.5	2644.9
1330.1	2710.6	481.2	64.9	98.5	-189.9	-199.5	9.1
	134.0	32.1	27.0	2.1	0.3		
15882.1	17855.7	570.5	430.1	66.8	2682.0	1219.2	3334.5
222318.2	76510.9	3883.9	1496.0	516.4	29515.8	8671.6	26379.0
2337.2	4850.6	271.5	34.4	50.4	9.2	3.7	
6504.8	6602.2	434.0	295.0	26.1	266.4	32.4	238.9
171951.9	39761.6	1686.7	183.1	356.8	4791.0	3353.5	2580.1
46153.6	38229.8	2348.4	1275.7	202.6	23656.4	4570.0	22502.2
10922.0	8393.7	552.8	365.3	30.6	1120.9	773.0	1304.5
2132.7	1578.6	1.5	1.3	2.9	223.1	11.2	231.1
173417.0	240499.4	9782.0	2845.5	976.8	49840.9	6066.6	26759.8
57395.2	126346.9	5847.3	450.8	163.0	19681.8	407.1	6752.6
38425.4	113958.0	5373.9	373.3	115.6	17720.7	399.2	6283.0
16698.6	10363.7	473.4	77.5	47.4	1864.4	7.9	464.2
2271.2	2025.2				96.7		5.4
2418.3	6698.0	4.3	1.1	0.1	96.2	4.4	69.4
816.6	700.5				1.0		
3.1	2.8	2.2	0.1	0.1	0.2		0.2

14－3 续表 16 continued16

指标名称	Item	三、损益及分配 Gains and losses and distribution 资产减值损失 Lost	公允价值变动收益 Revenue	投资收益 Investment income
私营有限责任公司	Private limited company			
私营股份有限公司	Private share holding			
其他企业	Others	－149.3		
港、澳、台商投资企业	Funded from HongKong, Macao and Taiwan	3.3		290.6
合资经营企业(港或澳、台资)	Joint venture			
合作经营企业(港或澳、台资)	Cooperative			
港、澳、台商独资经营企业	Sole funds	3.3		290.6
港、澳、台商投资股份有限公司	Share holding			
其他港澳台投资企业	Others			
外商投资企业	Foreign funded			
中外合资经营企业	Joint venture			
中外合作经营企业	Cooperative			
外资企业	Foreign funded			
外商投资股份有限公司	Share holding			
其他外商投资企业	Others			
3. 按控股情况分组	Grouped by owned			
国有控股	State－owned	－972.2	－42.0	5513.3
集体控股	Collective－owned			
私人控股	Private－owned	61.2		0.6
港澳台商控股	Hongkong, Macao and Taiwan－Owned	3.3		290.6
外商控股	Foreign－owned			
其他	Others	892.2		789.4
4. 按经营形式分组	Grouped by form of management			
独立门店	Substantive store	－118.3	－42.0	2714.6
连锁总店(总部)	Chain headquarter			
连锁门店	Chain store			2796.0
其他	Others	102.8		1083.3
5. 按单位规模分	Gruoped by size of enterprises			
大型	Large－sized	592.7		86.8
中型	Medium－sized	－612.5	－42.0	6506.5
小型	Small－sized	4.3		0.6
微型	Micro－sized			
二、零售业	Retail trade	1918.3	－252.6	5870.6
1. 按零售行业小类分组	Grouped by sectors			
综合零售业	Retail trade	1859.2	－252.6	4722.8
百货零售业	Consumer goods	334.3	－252.6	－420.7
超级市场零售	Supermarket	1524.9		5143.5
其他综合零售	Other comprehensive retail business			
食品、饮料及烟草制品专门零售业	Food, beverage and tobaccos			
粮油零售	Food and Oil			
糕点、面包零售	Cake and bread			
果品、蔬菜零售	Fruit and Vegetable			
肉、禽、蛋及水产品零售	Meet, fowl, egg and marine products			
营养和保健品零售	Nutrition and health care			

单位:万元 unit:10000 yuan

三、损益及分配 Gains and losses and distribution					四、人工成本及增值税 Labor cost and added - value tax			
营业利润 Business profits	营业外收入 Norbusiness revenue	补贴收入 Subsidies revenue	利润总额 Total profits	应交所得税 Income taxes payable	应付职工薪酬(本年贷方累计发生额) payroll payable (credit accumulated happening this year)	应交增值税 VAT payableinput	进项税额 VAT payableinput	销项税额 VAT payableexport
-376.9	880.5	364.6	403.0	670.5	5699.7	6685.4	81247.9	91495.4
13.9			13.9	3.5	71.2	-324.1	1786.9	1557.4
2546.6	52.0		2667.7	968.2	2231.9	566.1	56208.2	55241.8
-533.0	1.2		-564.9		1209.3	280.0	16190.3	16465.6
-533.0	1.2		-564.9		1209.3	280.0	16190.3	16465.6
556.5	23.3		332.1	12.7	5140.6	13022.6	239756.0	254855.8
504.8	23.3		315.2	7.2	5068.6	13016.6	232199.0	247112.8
51.7			16.9	5.5	72.0	6.0	7557.0	7743.0
92242.5	5512.7	929.2	98887.3	20874.1	67460.2	39361.5	631485.2	804036.9
-96.8	3.9		-257.6		87.9	29.0	805.2	834.2
12449.3	923.4	364.6	13556.4	3093.4	10197.1	8711.6	137728.2	148323.6
749.7	2.9		719.5	27.6	1890.4	664.2	18535.6	19195.1
51.7			16.9	5.5	72.0	6.0	7557.0	7743.0
-3388.2	178.9	52.8	-4299.4	1069.5	7706.2	3085.2	151649.5	155772.8
99995.0	6322.5	1296.6	104919.5	23722.1	78861.1	49121.2	899320.7	1084623.6
-1641.8	21.1		1175.3		4076.1	332.5	2730.0	2682.8
3655.0	278.2	50.0	2528.3	1348.0	4476.6	2403.8	45710.0	48599.2
82617.4	364.2		81504.0	17249.3	60383.0	47623.8	374457.7	553292.6
15913.1	5552.6	902.0	23189.4	6396.3	22595.1	2068.8	488928.3	497620.0
3801.9	425.8	414.6	4158.5	1385.9	3263.2	1966.3	75342.7	75342.8
-324.2	279.2	30.0	-228.8	38.6	1172.5	198.6	9032.0	9650.2
103367.3	14338.0	454.6	103251.3	30361.4	109211.1	86280.3	571450.6	641216.0
69709.4	1295.4	290.7	74387.2	19915.6	43776.4	27904.4	92182.2	104850.9
61406.6	599.0	-78.9	67202.0	18400.7	35804.6	25512.1	74836.3	85254.4
3548.4	696.4	369.6	2430.8	586.4	7295.8	1074.3	16961.0	18058.5
4754.4			4754.4	928.5	676.0	1318.0	384.9	1538.0
883.2	0.1		820.2	502.6	3722.5	940.6	7560.2	9406.6
89.3			89.3	22.3	804.2			
0.8			0.8	0.1	60.0	2.2	13.2	13.4

14－3 续表 17 continued17

		五、土地和固定资产 Land and fixed asset	
		土地和固定资产支出 Land and fixed asset expenditures	土地购置 Purchase of land
私营有限责任公司	Private limited company	5077.4	577.0
私营股份有限公司	Private share holding		
其他企业	Others	646.2	
港、澳、台商投资企业	Funded from HongKong, Macao and Taiwan	1895.7	
合资经营企业(港或澳、台资)	Joint venture		
合作经营企业(港或澳、台资)	Cooperative		
港、澳、台商独资经营企业	Sole funds	1895.7	
港、澳、台商投资股份有限公司	Share holding		
其他港澳台投资企业	Others		
外商投资企业	Foreign funded	60.3	
中外合资经营企业	Joint venture	60.3	
中外合作经营企业	Cooperative		
外资企业	Foreign funded		
外商投资股份有限公司	Share holding		
其他外商投资企业	Others		
3. 按控股情况分组	Grouped by owned		
国有控股	State－owned	43851.8	12085.1
集体控股	Collective－owned		
私人控股	Private－owned	5393.0	577.0
港澳台商控股	Hongkong,Macao and Taiwan－Owned	1895.7	
外商控股	Foreign－owned		
其他	Others	689.8	
4. 按经营形式分组	Grouped by form of management		
独立门店	Substantive store	48852.7	12662.1
连锁总店(总部)	Chain headquarter		
连锁门店	Chain store		
其他	Others	2977.6	
5. 按单位规模分	Gruoped by size of enterprises		
大型	Large－sized	31189.5	12085.1
中型	Medium－sized	16723.7	
小型	Small－sized	318.7	
微型	Micro－sized	3598.4	577.0
二、零售业	Retail trade	543255.9	41688.8
1. 按零售行业小类分组	Grouped by sectors		
综合零售业	Retail trade	512065.4	40043.9
百货零售业	Consumer goods	510181.3	40043.9
超级市场零售	Supermarket	1884.1	
其他综合零售	Other comprehensive retail business		
食品、饮料及烟草制品专门零售业	Food,beverage and tobaccos		
粮油零售	Food and Oil		
糕点、面包零售	Cake and bread		
果品、蔬菜零售	Fruit and Vegetable		
肉、禽、蛋及水产品零售	Meet,fowl,egg and marine products		
营养和保健品零售	Nutrition and health care		

单位:万元　unit:10000 yuan

五、土地和固定资产 Land and fixed asset			
房屋和建筑物 Buildings and constructing	机器设备 Machine and equipment	运输工具 Means of transport	其他费用 Others
3540.8	399.7	492.2	67.7
374.0		182.7	89.5
1698.3	168.5		28.9
1698.3	168.5		28.9
	60.3		
	60.3		
4524.4	25722.6	1104.1	415.6
3540.8	533.6	672.8	68.8
1698.3	168.5		28.9
374.0	44.3	85.1	186.4
8439.2	25326.5	1862.0	562.9
1698.3	1142.5		136.8
1192.3	16578.2	1092.2	241.7
5735.9	9877.7	663.9	446.2
200.0	10.8	105.9	2.0
3009.3	2.3		9.8
368783.4	42001.3	21582.9	69199.5
362983.9	39157.5	2213.0	67667.1
361775.1	38642.0	2097.6	67622.7
1208.8	515.5	115.4	44.4

14－3 续表 18 continued18

指标名称 Item		法人企业数（个）Corporate enter prises(unit)	执行《2006 年企业会计准则》企业个数（个）Number of enterprises implmenting Accounting Standards for Business Enterprises 2006	一、年初存货 Inventory
酒、饮料及茶叶零售	Alcohol、beverage and tea			
烟草制品零售	Tobaccos	2	2	14873.8
其他食品零售	Others			
纺织、服装及日用品专门零售	Textile, garment and daily articles	13	12	32010.5
纺织品及针织品零售	Textile and knitwear			
服装零售	Garments	9	9	21555.0
鞋帽零售	Shoe and hat			
化妆品及卫生用品零售	Cosmetic and sanitary accessories			
钟表、眼镜零售	Clock and spectacles	4	3	10455.5
箱、包零售	Bags and suitcases retail			
厨房用具及日用杂品零售	Kitchenware and daily commodities retail			
自行车零售	Bicycle			
其他日用品零售	Others			
文化、体育用品及器材专门零售	Cultural and sport goods	10	9	11857.7
文具用品零售	Stationery			
体育用品及器材零售	sports good and			
图书、报刊零售	Books、Newspaper	7	6	5770.3
音像制品及电子出版物零售	Audio－visual and E－journal products			
珠宝首饰零售	Jewelry	2	2	2865.3
工艺美术品及收藏品零售	Handicraft article and collection	1	1	3222.1
乐器零售	Musical instruments retail			
照相器材零售	Photographic apparatus retail			
其他文化用品零售	Others			
医药及医疗器材专门零售	Medicine and medical appliance	14	12	32055.7
药品零售	Medicine	13	11	31597.6
医疗用品及器材零售	Medical component	1	1	458.1
汽车、摩托车、燃料及零配件专门零售	Vehicles, motorcycle and part	113	79	227957.0
汽车零售	Vehicles	97	70	218726.6
汽车零配件零售	Installation kit	5	1	996.0
摩托车及零配件零售	Motoreycle	1	1	172.0
机动车燃料零售	Fuel	10	7	8062.4
家用电器及电子产品专门零售	Electrical household equipment	12	11	9858.9
家用视听设备零售	Household audio and video equipment	3	3	1022.5
日用家电设备零售	Household appliances retail	4	4	3804.5
计算机、软件及辅助设备零售	Computer software and accessories	2	2	869.0
通信设备零售	Teleconmmunicational equipment	2	1	3895.6
其他电子产品零售	Others	1	1	267.3
五金、家具及室内装饰材料专门零售	Hardware funiture and indoor hareware fitting	4	3	2522.4
五金零售	Hardware			
灯具零售	lamps			
家具零售	Funiture			
涂料零售	Coating			
卫生洁具零售	Sanitary ware retail			

单位:万元 unit:10000 yuan

流动资产合计 Circulating funds	应收帐款 Receivables	存货 Inventery	固定资产合计 Total fixed assets	固定资产原价 Original Value of fixed assets	累计折旧 Total depreciation	本年折旧 Depreciation in this year
19194.0		14873.8	4212.3	5704.9	1492.6	1477.2
98977.8	29173.0	28812.4	34914.8	53217.9	18590.4	1639.8
80791.3	29165.4	20310.4	31970.1	48882.0	17199.2	1635.2
18186.5	7.6	8502.0	2944.7	4335.9	1391.2	4.6
22572.7	3510.8	10538.0	5303.6	8344.2	3040.6	368.1
14218.3	3268.2	5028.3	5164.8	8080.9	2916.1	275.2
3395.6	55.3	3136.0	11.1	46.7	35.6	4.0
4958.8	187.3	2373.7	127.7	216.6	88.9	88.9
174218.6	110160.9	37021.9	13300.6	18410.8	5110.2	961.2
172142.4	108316.3	37013.5	13298.3	18408.0	5109.7	961.0
2076.2	1844.6	8.4	2.3	2.8	0.5	0.2
730377.7	49926.7	233542.7	117293.0	177094.5	64192.4	16712.4
675170.2	46404.0	212538.2	103561.3	157986.4	54425.1	14175.7
6764.6	645.2	5960.8	1239.7	2722.4	1482.7	0.5
120.9		120.9	174.1	197.0	23.1	8.9
48322.0	2877.5	14922.8	12317.9	16188.7	8261.5	2527.3
41571.2	12960.8	9282.8	2342.8	3088.4	1212.4	696.3
1462.1	16.8	1160.0	312.0	403.6	91.6	20.2
29852.9	11550.6	2192.3	1361.2	1304.4	410.0	187.6
3155.6	1060.2	415.9	332.9	818.3	485.4	445.2
5942.1	96.3	4910.1	308.4	525.7	217.3	38.6
1158.5	236.9	604.5	28.3	36.4	8.1	4.7
9101.5	5446.1	1526.8	2119.5	2582.0	462.5	25.4

14－3 续表 19 continued19

指标名称	Item	二、期末资产负债 The final balance sheet 在建工程 Circulating funds	资产总计 Circulating funds
酒、饮料及茶叶零售	Alcohol、beverage and tea		
烟草制品零售	Tobaccos		34023.1
其他食品零售	Others		
纺织、服装及日用品专门零售	Textile, garment and daily articles	127.5	140788.6
纺织品及针织品零售	Textile and knitwear		
服装零售	Garments	127.5	119473.1
鞋帽零售	Shoe and hat		
化妆品及卫生用品零售	Cosmetic and sanitary accessories		
钟表、眼镜零售	Clock and spectacles		21315.5
箱、包零售	Bags and suitcases retail		
厨房用具及日用杂品零售	Kitchenware and daily commodities retail		
自行车零售	Bicycle		
其他日用品零售	Others		
文化、体育用品及器材专门零售	Cultural and sport goods	327.0	31370.5
文具用品零售	Stationery		
体育用品及器材零售	sports good and		
图书、报刊零售	Books、Newspaper	327.0	22877.3
音像制品及电子出版物零售	Audio－visual and E－journal products		
珠宝首饰零售	Jewelry		3406.7
工艺美术品及收藏品零售	Handicraft article and collection		5086.5
乐器零售	Musical instruments retail		
照相器材零售	Photographic apparatus retail		
其他文化用品零售	Others		
医药及医疗器材专门零售	Medicine and medical appliance	998.6	196528.7
药品零售	Medicine	998.6	194450.2
医疗用品及器材零售	Medical component		2078.5
汽车、摩托车、燃料及零配件专门零售	Vehicles, motorcycle and part	11846.0	1009627.5
汽车零售	Vehicles	10823.6	890372.4
汽车零配件零售	Installation kit		9451.1
摩托车及零配件零售	Motoreycle		353.7
机动车燃料零售	Fuel	1022.4	109450.3
家用电器及电子产品专门零售	Electrical household equipment	118.7	60019.9
家用视听设备零售	Household audio and video equipment		1774.2
日用家电设备零售	Household appliances retail	118.7	45900.7
计算机、软件及辅助设备零售	Computer software and accessories		3497.6
通信设备零售	Teleconmmunicational equipment		7660.4
其他电子产品零售	Others		1187.0
五金、家具及室内装饰材料专门零售	Hardware funiture and indoor hareware fitting		11588.8
五金零售	Hardware		
灯具零售	lamps		
家具零售	Funiture		
涂料零售	Coating		
卫生洁具零售	Sanitary ware retail		

单位:万元　unit:10000 yuan

二、期末资产负债 The final balance sheet				
流动负债合计 Circulating funds	应付账款 Inventory	非流动负债合计 Total non - current liability	负债合计 Total Investment	所有者权益 Creditor' s equity
26314.9	4569.3		26314.9	7708.2
115491.2	26314.6	41098.0	160135.6	-19347.0
99374.1	25075.4	41000.0	140374.1	-20901.0
16117.1	1239.2	98.0	19761.5	1554.0
26011.2	9783.0	88.4	26099.6	5270.9
22076.5	9230.9	88.4	22164.9	712.4
780.0	-4.3		780.0	2626.7
3154.7	556.4		3154.7	1931.8
157524.6	77663.8	6800.0	164325.6	32203.1
155580.0	75943.9	6800.0	162381.0	32069.2
1944.6	1719.9		1944.6	133.9
696545.6	50962.1	58028.8	755419.4	254208.1
660302.4	42741.2	26206.2	687155.9	203216.5
3270.0	2850.0		3388.0	6063.1
303.7	115.3		303.7	50.0
32669.5	5255.6	31822.6	64571.8	44878.5
26463.9	-3064.3		26463.9	33556.0
1237.5	499.7		1237.5	536.7
20316.9	-3780.7		20316.9	25583.8
2686.6	31.2		2686.6	811.0
1247.2	73.7		1247.2	6413.2
975.7	111.8		975.7	211.3
8508.8	3616.0		8508.8	3080.0

14－3 续表 20 continued20

指标名称	Item	二、期末资产负债 The final balance sheet	
		实收资本 Driginal Value of fixed assets	国家资本 State owned
酒、饮料及茶叶零售	Alcohol、beverage and tea		
烟草制品零售	Tobaccos	6869.0	
其他食品零售	Others		
纺织、服装及日用品专门零售	Textile, garment and daily articles	13773.3	
纺织品及针织品零售	Textile and knitwear		
服装零售	Garments	12040.0	
鞋帽零售	Shoe and hat		
化妆品及卫生用品零售	Cosmetic and sanitary accessories		
钟表、眼镜零售	Clock and spectacles	1733.3	
箱、包零售	Bags and suitcases retail		
厨房用具及日用杂品零售	Kitchenware and daily commodities retail		
自行车零售	Bicycle		
其他日用品零售	Others		
文化、体育用品及器材专门零售	Cultural and sport goods	7002.6	1470.4
文具用品零售	Stationery		
体育用品及器材零售	sports good and		
图书、报刊零售	Books、Newspaper	3002.6	1470.4
音像制品及电子出版物零售	Audio－visual and E－journal products		
珠宝首饰零售	Jewelry	2500.0	
工艺美术品及收藏品零售	Handicraft article and collection	1500.0	
乐器零售	Musical instruments retail		
照相器材零售	Photographic apparatus retail		
其他文化用品零售	Others		
医药及医疗器材专门零售	Medicine and medical appliance	14171.6	3500.0
药品零售	Medicine	14121.6	3500.0
医疗用品及器材零售	Medical component	50.0	
汽车、摩托车、燃料及零配件专门零售	Vehicles, motorcycle and part	147545.1	16350.0
汽车零售	Vehicles	111479.7	11350.0
汽车零配件零售	Installation kit	2211.0	
摩托车及零配件零售	Motoreycle	50.0	
机动车燃料零售	Fuel	33804.4	5000.0
家用电器及电子产品专门零售	Electrical household equipment	27141.8	
家用视听设备零售	Household audio and video equipment	316.8	
日用家电设备零售	Household appliances retail	20625.0	
计算机、软件及辅助设备零售	Computer software and accessories	800.0	
通信设备零售	Teleconmmunicational equipment	5200.0	
其他电子产品零售	Others	200.0	
五金、家具及室内装饰材料专门零售	Hardware funiture and indoor hareware fitting	1950.0	
五金零售	Hardware		
灯具零售	lamps		
家具零售	Funiture		
涂料零售	Coating		
卫生洁具零售	Sanitary ware retail		

单位:万元　unit:10000 yuan

二、期末资产负债 The final balance sheet					三、损益及分配 Gains and losses and distribution			
集体资本 Collective	法人资本 Corporate	个人资本 Private	港澳台资本 Funded from Hongkong, Macao and Taiwan	外商资本 Foreign funds	营业收入 Operation revenue	主营业务收入 Operating revenue	营业成本 Operation costs	主营业务成本 Operating cost
	6869.0				55266.2	55254.4	46627.2	46626.5
250.0	9050.0	3540.0	933.3		143165.3	122729.1	109088.3	108932.7
250.0	8350.0	3340.0	100.0		116360.8	95924.6	87149.5	86993.9
	700.0	200.0	833.3		26804.5	26804.5	21938.8	21938.8
	3032.2	2500.0			51366.2	50443.5	42746.2	42658.1
	1532.2				26382.8	25460.7	19667.3	19579.2
		2500.0			11127.3	11126.7	10231.1	10231.1
	1500.0				13856.1	13856.1	12847.8	12847.8
1500.0	6226.0	2945.6			296662.7	295009.3	255415.6	254681.0
1500.0	6226.0	2895.6			293296.3	291642.9	252283.7	251549.1
		50.0			3366.4	3366.4	3131.9	3131.9
	85286.6	43017.5		2891.0	2585990.1	2555069.1	2421416.2	2333356.4
	55392.2	41846.5		2891.0	2195498.3	2165449.7	2056568.6	1969175.8
	2000.0	211.0			64740.2	64740.2	60393.9	60393.9
	50.0				835.6	835.6	784.5	784.5
	27844.4	960.0			324916.0	324043.6	303669.2	303002.2
	20695.0	6446.8			122360.8	121284.2	103810.6	102225.9
		316.8			9842.2	9842.2	8776.5	8776.5
	20195.0	430.0			86397.4	85331.5	71282.4	71268.5
	300.0	500.0			5296.4	5296.4	4811.8	4811.8
		5200.0			19027.7	19027.7	17343.7	15779.6
	200.0				1797.1	1786.4	1596.2	1589.5
	1700.0	250.0			12245.9	12245.9	11810.6	10391.6

14－3 续表 21 continued21

指标名称	Item	三、损益及分配 Gains and losses and distribution 营业税金及附加 Business taxes and extra charges	主营业务税金及附加 Main operation taxes and extra charges	其他业务利润 Other business profit
酒、饮料及茶叶零售	Alcohol、beverage and tea			
烟草制品零售	Tobaccos	157.6	157.6	11.1
其他食品零售	Others			
纺织、服装及日用品专门零售	Textile, garment and daily articles	1294.8	1048.8	1303.2
纺织品及针织品零售	Textile and knitwear			
服装零售	Garments	1195.9	949.9	1303.2
鞋帽零售	Shoe and hat			
化妆品及卫生用品零售	Cosmetic and sanitary accessories			
钟表、眼镜零售	Clock and spectacles	98.9	98.9	
箱、包零售	Bags and suitcases retail			
厨房用具及日用杂品零售	Kitchenware and daily commodities retail			
自行车零售	Bicycle			
其他日用品零售	Others			
文化、体育用品及器材专门零售	Cultural and sport goods	225.4	225.4	571.5
文具用品零售	Stationery			
体育用品及器材零售	sports good and			
图书、报刊零售	Books、Newspaper	54.1	54.1	570.7
音像制品及电子出版物零售	Audio－visual and E－journal products			
珠宝首饰零售	Jewelry	169.4	169.4	0.6
工艺美术品及收藏品零售	Handicraft article and collection	1.9	1.9	0.2
乐器零售	Musical instruments retail			
照相器材零售	Photographic apparatus retail			
其他文化用品零售	Others			
医药及医疗器材专门零售	Medicine and medical appliance	873.3	826.1	1651.5
药品零售	Medicine	868.7	821.5	1651.5
医疗用品及器材零售	Medical component	4.6	4.6	
汽车、摩托车、燃料及零配件专门零售	Vehicles, motorcycle and part	3250.0	2900.0	9925.2
汽车零售	Vehicles	2808.6	2562.2	9317.2
汽车零配件零售	Installation kit	44.4	44.4	
摩托车及零配件零售	Motoreycle		0.2	0.2
机动车燃料零售	Fuel	396.8	293.2	608.0
家用电器及电子产品专门零售	Electrical household equipment	542.7	421.8	2404.7
家用视听设备零售	Household audio and video equipment	37.0	35.0	
日用家电设备零售	Household appliances retail	437.2	318.3	1052.0
计算机、软件及辅助设备零售	Computer software and accessories	53.1	53.1	503.4
通信设备零售	Teleconmmunicational equipment	11.6	11.6	652.2
其他电子产品零售	Others	3.8	3.8	197.1
五金、家具及室内装饰材料专门零售	Hardware funiture and indoor hareware fitting	28.7	28.7	
五金零售	Hardware			
灯具零售	lamps			
家具零售	Funiture			
涂料零售	Coating			
卫生洁具零售	Sanitary ware retail			

单位:万元 unit:10000 yuan

三、损益及分配 Gains and losses and distribution							
销售费用 Marketing expenses	管理费用 Management expenses	税金 Taxes	差旅费 Travel expenses	工会经费 Trade union outlays	财务费用 Financial expenses	利息收入 Interest income	利息支出 Interest expenditure
1598.6	5994.7	2.1	1.0		95.0	4.4	69.2
15282.0	15999.2	576.7	162.7	46.2	4099.9	882.1	3934.7
14126.3	12924.3	576.7	64.9	44.6	3705.2	881.8	3785.4
1155.7	3074.9		97.8	1.6	394.7	0.3	149.3
2484.5	5135.2	219.5	239.3	56.8	320.9	33.7	333.1
2179.0	4088.1	218.5	171.6	48.2	-15.2	33.7	4.0
	497.7	0.2	20.0	3.0	210.2		210.2
305.5	549.4	0.8	47.7	5.6	125.9		118.9
15763.3	9448.3	408.6	173.7	118.0	2660.7	2814.1	524.7
15762.1	9228.6	406.4	165.3	117.6	2661.1	2813.7	524.7
1.2	219.7	2.2	8.4	0.4	-0.4	0.4	
60784.2	67374.1	2527.5	1625.5	553.1	21935.0	1748.3	14252.5
50231.5	60308.5	2376.3	1542.6	488.7	18742.8	1701.4	11512.7
1438.3	900.9	2.1	2.0	2.5	451.8	0.1	451.9
23.7	20.4	0.6					1.2
9090.7	6144.3	148.5	80.9	61.9	2740.4	46.8	2286.7
14949.6	6928.5	28.3	42.4	26.6	324.8	73.0	166.2
360.5	606.0	23.4	5.8	12.4	20.0		
13765.0	4068.8	4.4	30.5	7.5	140.8	72.5	42.9
777.4	47.2	0.4		0.1	120.8	0.1	120.7
46.7	2021.1	0.1	6.1	6.6	43.3		2.6
	185.4				-0.1	0.4	
38.4	606.6	43.6	3.4	1.3	21.0	17.0	16.1

14－3 续表22 continued22

指标名称 Item		三、损益及分配 Gains and losses and distribution 资产减值损失 Lost	公允价值变动收益 Revenue	投资收益 Investment income
酒、饮料及茶叶零售	Alcohol、beverage and tea			
烟草制品零售	Tobaccos			
其他食品零售	Others			
纺织、服装及日用品专门零售	Textile, garment and daily articles	－1.7		238.4
纺织品及针织品零售	Textile and knitwear			
服装零售	Garments	－1.7		238.4
鞋帽零售	Shoe and hat			
化妆品及卫生用品零售	Cosmetic and sanitary accessories			
钟表、眼镜零售	Clock and spectacles			
箱、包零售	Bags and suitcases retail			
厨房用具及日用杂品零售	Kitchenware and daily commodities retail			
自行车零售	Bicycle			
其他日用品零售	Others			
文化、体育用品及器材专门零售	Cultural and sport goods	11.2		12.9
文具用品零售	Stationery			
体育用品及器材零售	sports good and			
图书、报刊零售	Books、Newspaper	11.2		12.9
音像制品及电子出版物零售	Audio－visual and E－journal products			
珠宝首饰零售	Jewelry			
工艺美术品及收藏品零售	Handicraft article and collection			
乐器零售	Musical instruments retail			
照相器材零售	Photographic apparatus retail			
其他文化用品零售	Others			
医药及医疗器材专门零售	Medicine and medical appliance	509.7		
药品零售	Medicine	509.7		
医疗用品及器材零售	Medical component			
汽车、摩托车、燃料及零配件专门零售	Vehicles, motorcycle and part	－460.1		896.5
汽车零售	Vehicles	－460.1		970.6
汽车零配件零售	Installation kit			
摩托车及零配件零售	Motoreycle			
机动车燃料零售	Fuel			－74.1
家用电器及电子产品专门零售	Electrical household equipment			
家用视听设备零售	Household audio and video equipment			
日用家电设备零售	Household appliances retail			
计算机、软件及辅助设备零售	Computer software and accessories			
通信设备零售	Teleconmmunicational equipment			
其他电子产品零售	Others			
五金、家具及室内装饰材料专门零售	Hardware funiture and indoor hareware fitting			
五金零售	Hardware			
灯具零售	lamps			
家具零售	Funiture			
涂料零售	Coating			
卫生洁具零售	Sanitary ware retail			

单位:万元　unit:10000 yuan

三、损益及分配 Gains and losses and distribution					四、人工成本及增值税 Labor cost and added – value tax			
营业利润 Business profits	营业外收入 Norbusiness revenue	补贴收入 Subsidies revenue	利润总额 Total profits	应交所得税 Income taxes payable	应付职工薪酬(本年贷方累计发生额) payroll payable (credit accumulated happening this year)	应交增值税 VAT payableinput	进项税额 VAT payableinpu	销项税额 VAT payableexport
793.1	0.1		730.1	480.2	2858.3	938.4	7547.0	9393.2
-2358.8	1667.7		-3319.7	64.0	5262.2	1981.8	16072.8	18268.3
-2500.3	1612.2		-3383.4	56.6	4301.0	1863.2	12457.1	13893.6
141.5	55.5		63.7	7.4	961.2	118.6	3615.7	4374.7
456.1	151.3	108.9	411.0	12.4	3465.4	800.6	6306.7	7495.1
411.4	151.3	108.9	372.3		2370.0	692.6	2566.9	3247.0
18.5			18.5	4.7	816.2	95.5	1396.4	1891.5
25.8			20.2	7.7	279.2	12.5	2343.4	2356.6
12066.5	164.1		11694.2	3315.3	10829.8	5762.6	40608.5	45362.1
12057.1	164.1		11685.0	3312.9	10808.6	5724.2	40074.7	44789.9
9.4			9.2	2.4	21.2	38.4	533.8	572.2
17627.1	1418.9	5.0	20338.1	6384.7	37967.1	45286.6	367326.4	412634.7
13019.2	1380.9	5.0	15876.9	5748.0	33191.7	42803.5	320465.1	350583.7
1510.9			1510.9	26.4	642.4	7.4	402.8	10481.0
5.2			5.2		23.4	42.1		
3091.8	38.0		2945.1	610.3	4109.6	2433.6	46458.5	51570.0
-3572.9	107.0	50.0	-3101.2	87.8	2333.7	2096.5	16996.0	18026.9
12.5			10.0	3.3	178.9	79.4	173.0	230.4
-3296.8	52.8		-3380.1	22.8	1610.0	1870.1	12722.3	13700.7
-513.9	54.1	50.0	43.5	11.5	164.5	32.0	867.5	896.7
213.5			213.5	47.3	374.3	85.7	2940.5	2895.4
11.8	0.1		11.9	2.9	6.0	29.3	292.7	303.7
-259.4	0.6		-260.3	5.9	210.5	218.0	1819.6	2077.8

14－3 续表 23 continued23

		五、土地和固定资产 Land and fixed asset	
		土地和固定资产支出 Land and fixed asset expenditures	土地购置 Purchase of land
酒、饮料及茶叶零售	Alcohol、beverage and tea		
烟草制品零售	Tobaccos		
其他食品零售	Others		
纺织、服装及日用品专门零售	Textile, garment and daily articles		
纺织品及针织品零售	Textile and knitwear		
服装零售	Garments		
鞋帽零售	Shoe and hat		
化妆品及卫生用品零售	Cosmetic and sanitary accessories		
钟表、眼镜零售	Clock and spectacles		
箱、包零售	Bags and suitcases retail		
厨房用具及日用杂品零售	Kitchenware and daily commodities retail		
自行车零售	Bicycle		
其他日用品零售	Others		
文化、体育用品及器材专门零售	Cultural and sport goods	484.8	
文具用品零售	Stationery		
体育用品及器材零售	sports good and		
图书、报刊零售	Books、Newspaper	392.0	
音像制品及电子出版物零售	Audio－visual and E－journal products		
珠宝首饰零售	Jewelry		
工艺美术品及收藏品零售	Handicraft article and collection	92.8	
乐器零售	Musical instruments retail		
照相器材零售	Photographic apparatus retail		
其他文化用品零售	Others		
医药及医疗器材专门零售	Medicine and medical appliance	822.5	
药品零售	Medicine	822.5	
医疗用品及器材零售	Medical component		
汽车、摩托车、燃料及零配件专门零售	Vehicles, motorcycle and part	27986.6	922.9
汽车零售	Vehicles	24924.5	615.6
汽车零配件零售	Installation kit		
摩托车及零配件零售	Motoreycle		
机动车燃料零售	Fuel	3062.1	307.3
家用电器及电子产品专门零售	Electrical household equipment	110.5	
家用视听设备零售	Household audio and video equipment		
日用家电设备零售	Household appliances retail	110.5	
计算机、软件及辅助设备零售	Computer software and accessories		
通信设备零售	Teleconmmunicational equipment		
其他电子产品零售	Others		
五金、家具及室内装饰材料专门零售	Hardware funiture and indoor hareware fitting	1218.2	722.0
五金零售	Hardware		
灯具零售	lamps		
家具零售	Funiture		
涂料零售	Coating		
卫生洁具零售	Sanitary ware retail		

单位:万元 unit:10000 yuan

五、土地和固定资产 Land and fixed asset			
房屋和建筑物 Buildings and constructing	机器设备 Machine and equipment	运输工具 Means of transport	其他费用 Others
200.0	65.4	175.1	44.3
200.0	65.4	82.3	44.3
		92.8	
	387.2	338.1	97.2
	387.2	338.1	97.2
5218.6	1756.9	18825.5	1262.7
5143.8	1283.5	16690.5	1191.1
74.8	473.4	2135.0	71.6
		26.4	84.1
		26.4	84.1
305.0	191.2		

14－3 续表 24 continued24

指标名称	Item	法人企业数（个）Corporate enterprises(unit)	执行《2006 年企业会计准则》企业个数(个) Number of enterprises implmenting Accounting Standards for Business Enterprises 2006	一、年初存货 Inventory
木质装饰材料零售	Wooden decorative materials retail			
陶瓷、石材装饰材料零售	Ceramics、decorative stone materials retail			
其他室内装饰材料零售	Others	4	3	2522.4
货摊、无店铺及其他零售业	Other retail trade	12	11	5184.0
货摊食品零售	food			
货摊纺织、服装及鞋零售	Booth textile、clothing and shoes retail			
货摊日用品零售	Booth commodity retail			
互联网零售	Internet retailer			
邮购及电视、电话零售	Mail－order and TV and phone retail			
旧货零售	Second hand			
生活用燃料零售	Fuel for life	7	7	2970.7
其他未列明零售业	Others	5	4	2213.3
2. 按登记注册类型分	Grouped by type registered			
内资企业	Domestic funds	205	161	397250.1
国有企业	State－owned	4	4	4322.1
集体企业	Collective－owned	1	1	548.7
股份合作企业	Cooperative	2	2	2306.5
联营企业	Joint			
国有联营企业	State joint owned			
集体联营企业	Collective joine owned			
国有与集体联营企业	State－collective joint owned			
其他联营企业	Other joint owned			
有限责任公司	Limited liability corporations	77	68	142519.4
国有独资公司	State－owned solely	3	3	158.5
其他有限责任公司	Limited liability corporations	74	65	142360.9
股份有限公司	Share holding	6	4	68427.2
私营企业	Private	99	70	163633.6
私营独资企业	Private funded	24	13	22057.4
私营合伙企业	Private partner	5	5	5932.8
私营有限责任公司	Private limited company	69	51	132353.2
私营股份有限公司	Private share holding	1	1	3290.2
其他企业	Others	16	12	15492.6
港、澳、台商投资企业	Funded from Hongkong, Macao and Taiwan	3	2	6135.0
合资经营企业(港或澳、台资)	Joint venture	2	2	4077.6
合作经营企业(港或澳、台资)	Cooperative			
港、澳、台商独资经营企业	Solefunds	1		2057.4
港、澳、台商投资股份有限公司	Share holding			
其他港澳台投资企业	Others			
外商投资企业	Foreign funded	4	3	13993.2
中外合资经营企业	Joint venture	4	3	13993.2
中外合作经营企业	Cooperative			
外资企业	Foreign funded			
外商投资股份有限公司	Share holding			

单位:万元　unit:10000 yuan

流动资产合计 Circulating funds	应收帐款 Receivables	存货 Inventery	固定资产合计 Total fixed assets	固定资产原价 Original Value of fixed assets	累计折旧 Total depreciation	本年折旧 Depreciation in this year
9101.5	5446.1	1526.8	2119.5	2582.0	462.5	25.4
15476.2	2162.1	5977.0	5635.9	7153.9	1518.0	281.1
10866.5	820.4	2839.4	5292.8	6605.2	1312.4	203.7
4609.7	1341.7	3137.6	343.1	548.7	205.6	77.4
1483690.6	216160.3	402892.9	631288.9	836658.5	211236.8	46874.6
9376.3	2631.0	5150.3	1744.0	2408.2	664.2	59.2
1127.0		158.0	254.0	322.9	68.9	68.9
3592.9		2901.6	1614.7	2226.4	611.7	90.4
626345.9	147748.3	142301.4	116644.0	184547.3	72814.2	17041.3
2995.2	570.8	162.6	1268.3	1867.0	598.7	74.5
623350.7	147177.5	142138.8	115375.7	182680.3	72215.5	16966.8
334286.5	5797.1	75911.3	400233.4	483864.6	83144.7	16800.3
461425.6	55361.9	158046.0	102155.0	151575.7	50863.5	11571.8
101937.7	9391.9	32547.8	26763.0	36147.8	9384.8	2247.6
10994.9	1057.9	4629.9	611.6	1200.3	588.7	187.2
340966.1	44601.3	117578.1	73306.3	111819.7	39956.2	8963.3
7526.9	310.8	3290.2	1474.1	2407.9	933.8	173.7
47536.4	4622.0	18424.3	8643.8	11713.4	3069.6	1242.7
240057.4	7.6	6072.4	40432.3	109157.2	68724.9	5955.2
237646.5		5020.2	38803.7	106524.5	67720.8	5955.2
2410.9	7.6	1052.2	1628.6	2632.7	1004.1	
36745.8	4300.1	17093.9	44973.9	56793.8	11819.9	4589.0
36745.8	4300.1	17093.9	44973.9	56793.8	11819.9	4589.0

14－3 续表 25 continued25

指标名称	Item	二、期末资产负债 The final balance sheet 在建工程 Circulating funds	资产总计 Circulating funds
木质装饰材料零售	Wooden decorative materials retail		
陶瓷、石材装饰材料零售	Ceramics、decorative stone materials retail		
其他室内装饰材料零售	Others		11588.8
货摊、无店铺及其他零售业	Other retail trade	15.3	22399.2
货摊食品零售	food		
货摊纺织、服装及鞋零售	Booth textile、clothing and shoes retail		
货摊日用品零售	Booth commodity retail		
互联网零售	Internet retailer		
邮购及电视、电话零售	Mail－order and TV and phone retail		
旧货零售	Second hand		
生活用燃料零售	Fuel for life	15.3	16935.0
其他未列明零售业	Others		5464.2
2. 按登记注册类型分	Grouped by type registered		
内资企业	Domestic funds	90647.9	2443832.8
国有企业	State－owned		12263.5
集体企业	Collective－owned		2093.5
股份合作企业	Cooperative		5207.6
联营企业	Joint		
国有联营企业	State joint owned		
集体联营企业	Collective joine owned		
国有与集体联营企业	State－collective joint owned		
其他联营企业	Other joint owned		
有限责任公司	Limited liability corporations	15411.4	868162.5
国有独资公司	State－owned solely	327.0	5092.0
其他有限责任公司	Limited liability corporations	15084.4	863070.5
股份有限公司	Share holding	63227.9	826656.0
私营企业	Private	11253.9	664989.3
私营独资企业	Private funded	2791.7	150052.4
私营合伙企业	Private partner		12737.7
私营有限责任公司	Private limited company	8462.2	492950.6
私营股份有限公司	Private share holding		9248.6
其他企业	Others	754.7	64460.4
港、澳、台商投资企业	Funded from Hongkong, Macao and Taiwan	1585.1	474490.3
合资经营企业(港或澳、台资)	Joint venture	1585.1	470266.5
合作经营企业(港或澳、台资)	Cooperative		
港、澳、台商独资经营企业	Solefunds		4223.8
港、澳、台商投资股份有限公司	Share holding		
其他港澳台投资企业	Others		
外商投资企业	Foreign funded	8044.3	103907.0
中外合资经营企业	Joint venture	8044.3	103907.0
中外合作经营企业	Cooperative		
外资企业	Foreign funded		
外商投资股份有限公司	Share holding		

单位:万元 unit:10000 yuan

二、期末资产负债 The final balance sheet				
流动负债合计 Circulating funds	应付账款 Inventory	非流动负债合计 Total non - current liability	负债合计 Total Investment	所有者权益 Creditor' s equity
8508.8	3616.0		8508.8	3080.8
11504.7	3297.6	124.5	11629.2	10770.0
7186.9	800.1		7186.9	9748.1
4317.8	2497.5	124.5	4442.3	1021.9
1658341.4	282476.7	226083.9	1914271.3	529561.5
10904.5	6210.9	44.1	10948.6	1314.9
1.8	0.9		1.8	2091.7
2623.6	268.3		2623.6	2584.0
578165.5	114761.4	101933.3	709310.3	158852.2
2987.7	244.1		2987.7	2104.3
575177.8	114517.3	101933.3	706322.6	156747.9
547633.1	98143.7	92964.4	640597.5	186058.5
464544.6	58406.4	30570.8	495749.9	169239.4
103633.4	15370.2	123.4	103757.0	46295.4
8633.6	1434.3	124.5	8758.1	3979.6
346383.3	41367.6	30322.9	377340.5	115610.1
5894.3	234.3		5894.3	3354.3
54468.3	4685.1	571.3	55039.6	9420.8
280631.0	63533.8	100620.0	384797.4	89692.9
280631.0	63533.8	100620.0	381251.0	89015.5
			3546.4	677.4
109257.9	11024.5	3000.0	112257.9	-8350.9
109257.9	11024.5	3000.0	112257.9	-8350.9

14－3 续表 26 continued26

指标名称	Item	二、期末资产负债 The final balance sheet 实收资本 Original Value of fixed assets	国家资本 State owned
木质装饰材料零售	Wooden decorative materials retail		
陶瓷、石材装饰材料零售	Ceramics、decorative stone materials retail		
其他室内装饰材料零售	Others	1950.0	
货摊、无店铺及其他零售业	Other retail trade	8200.3	
货摊食品零售	food		
货摊纺织、服装及鞋零售	Booth textile、clothing and shoes retail		
货摊日用品零售	Booth commodity retail		
互联网零售	Internet retailer		
邮购及电视、电话零售	Mail－order and TV and phone retail		
旧货零售	Second hand		
生活用燃料零售	Fuel for life	7350.3	
其他未列明零售业	Others	850.0	
2. 按登记注册类型分	Grouped by type registered		
内资企业	Domestic funds	298866.8	42406.4
国有企业	State－owned	1316.3	817.3
集体企业	Collective－owned	2091.7	
股份合作企业	Cooperative	2410.0	
联营企业	Joint		
国有联营企业	State joint owned		
集体联营企业	Collective joine owned		
国有与集体联营企业	State－collective joint owned		
其他联营企业	Other joint owned		
有限责任公司	Limited liability corporations	136197.7	14293.1
国有独资公司	State－owned solely	1208.5	653.1
其他有限责任公司	Limited liability corporations	134989.2	13640.0
股份有限公司	Share holding	47840.6	16296.0
私营企业	Private	99475.3	11000.0
私营独资企业	Private funded	34590.4	11000.0
私营合伙企业	Private partner	2740.0	
私营有限责任公司	Private limited company	61144.9	
私营股份有限公司	Private share holding	1000.0	
其他企业	Others	9535.2	
港、澳、台商投资企业	Funded from Hongkong, Macao and Taiwan	16212.1	
合资经营企业(港或澳、台资)	Joint venture	15378.8	
合作经营企业(港或澳、台资)	Cooperative		
港、澳、台商独资经营企业	Solefunds	833.3	
港、澳、台商投资股份有限公司	Share holding		
其他港澳台投资企业	Others		
外商投资企业	Foreign funded	17150.0	
中外合资经营企业	Joint venture	17150.0	
中外合作经营企业	Cooperative		
外资企业	Foreign funded		
外商投资股份有限公司	Share holding		

单位:万元 unit:10000 yuan

二、期末资产负债 The final balance sheet					三、损益及分配 Gains and losses and distribution			
集体资本 Collective	法人资本 Corporate	个人资本 Private	港澳台资本 Funded from Hongkong, Macao and Taiwan	外商资本 Foreign funds	营业收入 Operation revenue	主营业务收入 Operating revenue	营业成本 Operation costs	主营业务成本 Operating cost
	1700.0	250.0			12245.9	12245.9	11810.6	10391.6
	7485.3	715.0			190576.9	122096.0	174412.7	173385.7
	7200.3	150.0			104892.4	103334.5	96832.1	95805.1
	285.0	565.0			85684.5	18761.5	77580.6	77580.6
8915.2	157024.6	90520.6			4643477.3	4407452.3	4153585.8	4032332.1
	499.0				19775.0	19371.2	16960.4	16944.7
2091.7					15502.1	15502.1	14986.5	14986.5
1500.0		910.0			25795.7	25795.7	24619.6	24619.6
4750.0	89951.3	27203.3			1722402.9	1665255.5	1544912.9	1455339.7
	555.4				5940.8	5761.6	4057.3	4023.2
4750.0	89395.9	27203.3			1716462.1	1659493.9	1540855.6	1451316.5
573.5	11229.6	19741.5			980413.8	903051.7	809006.3	802481.3
	50371.3	38104.0			1736563.5	1637658.7	1608601.3	1584537.1
	9112.4	14478.0			434548.3	428770.9	406503.4	400139.8
	2385.0	355.0			97007.4	30077.0	87848.3	87115.1
	37873.9	23271.0			1180911.6	1154734.7	1091831.1	1074863.7
	1000.0				24096.2	24076.1	22418.5	22418.5
	4973.4	4561.8			143024.3	140817.4	134498.8	133423.2
			16212.1		317813.1	299239.5	257403.6	255579.4
			15378.8		314416.9	295843.3	255915.8	254091.6
			833.3		3396.2	3396.2	1487.8	1487.8
1000.0	10259.0			5891.0	142188.3	139839.7	126167.8	126077.7
1000.0	10259.0			5891.0	142188.3	139839.7	126167.8	126077.7

14－3 续表 27 continued27

指标名称	Item	三、损益及分配 Gains and losses and distribution 营业税金及附加 Business taxes and extra charges	主营业务税金及附加 Main operation taxes and extra charges	其他业务利润 Other business profit
木质装饰材料零售	Wooden decorative materials retail			
陶瓷、石材装饰材料零售	Ceramics、decorative stone materials retail			
其他室内装饰材料零售	Others	28.7	28.7	
货摊、无店铺及其他零售业	Other retail trade	383.4	383.4	532.7
货摊食品零售	food			
货摊纺织、服装及鞋零售	Booth textile、clothing and shoes retail			
货摊日用品零售	Booth commodity retail			
互联网零售	Internet retailer			
邮购及电视、电话零售	Mail－order and TV and phone retail			
旧货零售	Second hand			
生活用燃料零售	Fuel for life	314.4	314.4	532.7
其他未列明零售业	Others	69.0	69.0	
2. 按登记注册类型分	Grouped by type registered			
内资企业	Domestic funds	17900.1	16826.8	45960.8
国有企业	State－owned	35.5	35.5	186.0
集体企业	Collective－owned	4.3	4.3	
股份合作企业	Cooperative	232.6	232.6	
联营企业	Joint			
国有联营企业	State joint owned			
集体联营企业	Collective joine owned			
国有与集体联营企业	State－collective joint owned			
其他联营企业	Other joint owned			
有限责任公司	Limited liability corporations	5250.4	4664.4	29017.1
国有独资公司	State－owned solely			83.9
其他有限责任公司	Limited liability corporations	5250.4	4664.4	28933.2
股份有限公司	Share holding	8853.9	8853.3	6698.5
私营企业	Private	3188.6	2822.8	8576.5
私营独资企业	Private funded	706.4	488.1	1234.7
私营合伙企业	Private partner	175.4	175.4	7.6
私营有限责任公司	Private limited company	2283.3	2135.8	7314.1
私营股份有限公司	Private share holding	23.5	23.5	20.1
其他企业	Others	334.8	213.9	1482.7
港、澳、台商投资企业	Funded from Hongkong,Macao and Taiwan	3168.6	3059.6	
合资经营企业(港或澳、台资)	Joint venture	3158.1	3049.1	
合作经营企业(港或澳、台资)	Cooperative			
港、澳、台商独资经营企业	Solefunds	10.5	10.5	
港、澳、台商投资股份有限公司	Share holding			
其他港澳台投资企业	Others			
外商投资企业	Foreign funded	325.8	325.8	1294.1
中外合资经营企业	Joint venture	325.8	325.8	1294.1
中外合作经营企业	Cooperative			
外资企业	Foreign funded			
外商投资股份有限公司	Share holding			

单位:万元　unit:10000 yuan

三、损益及分配 Gains and losses and distribution							
销售费用 Marketing expenses	管理费用 Management expenses	税金 Taxes	差旅费 Travel expenses	工会经费 Trade union outlays	财务费用 Financial expenses	利息收入 Interest income	利息支出 Interest expenditure
38.4	606.6	43.6	3.4	1.3	21.0	17.0	16.1
4301.5	1962.6	126.2	146.6	11.7	700.6	86.9	710.5
3708.8	1111.6	20.9	18.8	8.6	686.2	86.9	702.1
592.7	851.0	105.3	127.8	3.1	14.4		8.4
157439.5	213678.6	9241.9	2748.2	958.9	43552.6	6039.7	23558.0
744.1	1817.9	26.2	10.1	10.7	8.6	4.4	-1.5
502.4	8.8	4.3	1.0	3.4	0.3		
198.3	295.0	15.4	26.5	15.2	131.5		
73863.8	76621.6	1769.8	902.2	274.5	16631.5	4285.1	12213.5
634.1	1173.7	132.5	150.6	13.2	-5.9	14.7	0.5
73229.7	75447.9	1637.3	751.6	261.3	16637.4	4270.4	12213.0
34079.2	76083.9	4450.2	307.6	99.2	11340.9	75.5	2182.4
46603.5	51768.2	2773.2	1416.5	486.3	14597.6	1498.1	8231.6
10089.0	8168.3	241.7	375.1	81.5	2282.3	379.9	1135.4
634.7	1365.2	168.7	188.7	18.5	210.9	0.2	122.9
35077.9	41783.7	2332.3	820.5	379.2	11872.9	1124.6	6752.9
801.9	451.0	30.5	32.2	7.1	231.5	-6.6	220.4
1448.2	7083.2	202.8	84.3	69.6	842.2	176.6	932.0
7242.6	18679.9	10.5	36.5	7.4	2220.8	26.6	
6294.2	18062.3	10.5	36.5	7.4	2019.6	26.6	
948.4	617.6				201.2		
8734.9	8140.9	529.6	60.8	10.5	4067.5	0.3	3201.8
8734.9	8140.9	529.6	60.8	10.5	4067.5	0.3	3201.8

14-3 续表28 continued28

指标名称	Item	三、损益及分配 Gains and losses and distribution 资产减值损失 Lost	公允价值变动收益 Revenue	投资收益 Investment income
木质装饰材料零售	Wooden decorative materials retail			
陶瓷、石材装饰材料零售	Ceramics、decorative stone materials retail			
其他室内装饰材料零售	Others			
货摊、无店铺及其他零售业	Other retail trade			
货摊食品零售	food			
货摊纺织、服装及鞋零售	Booth textile、clothing and shoes retail			
货摊日用品零售	Booth commodity retail			
互联网零售	Internet retailer			
邮购及电视、电话零售	Mail-order and TV and phone retail			
旧货零售	Second hand			
生活用燃料零售	Fuel for life			
其他未列明零售业	Others			
2. 按登记注册类型分	Grouped by type registered			
内资企业	Domestic funds	933.1	-252.6	5870.6
国有企业	State-owned	11.0		12.9
集体企业	Collective-owned			
股份合作企业	Cooperative			
联营企业	Joint			
国有联营企业	State joint owned			
集体联营企业	Collective joine owned			
国有与集体联营企业	State-collective joint owned			
其他联营企业	Other joint owned			
有限责任公司	Limited liability corporations	466.4		5269.4
国有独资公司	State-owned solely			
其他有限责任公司	Limited liability corporations	466.4		5269.4
股份有限公司	Share holding	389.1	-252.6	-420.7
私营企业	Private	66.6		1009.0
私营独资企业	Private funded	64.7		769.9
私营合伙企业	Private partner			
私营有限责任公司	Private limited company	1.9		239.1
私营股份有限公司	Private share holding			
其他企业	Others			
港、澳、台商投资企业	Funded from Hongkong, Macao and Taiwan	2.9		
合资经营企业(港或澳、台资)	Joint venture	2.9		
合作经营企业(港或澳、台资)	Cooperative			
港、澳、台商独资经营企业	Solefunds			
港、澳、台商投资股份有限公司	Share holding			
其他港澳台投资企业	Others			
外商投资企业	Foreign funded	982.3		
中外合资经营企业	Joint venture	982.3		
中外合作经营企业	Cooperative			
外资企业	Foreign funded			
外商投资股份有限公司	Share holding			

单位:万元 unit:10000 yuan

三、损益及分配 Gains and losses and distribution					四、人工成本及增值税 Labor cost and added – value tax			
营业利润 Business profits	营业外收入 Norbusiness revenue	补贴收入 Subsidies revenue	利润总额 Total profits	应交所得税 Income taxes payable	应付职工薪酬(本年贷方累计发生额) payroll payable (credit accumulated happening this year)	应交增值税 VAT payableinput	进项税额 VAT payableinput	销项税额 VAT payableexport
-259.4	0.6		-260.3	5.9	210.5	218.0	1819.6	2077.8
8816.1	9532.9		2281.8	73.1	1643.5	1289.2	22578.2	23093.6
2239.3	9532.7		2236.3	63.8	1439.9	1239.7	16702.9	17110.3
6576.8	0.2		45.5	9.3	203.6	49.5	5875.3	5983.3
78083.4	14226.7	454.6	79910.7	21996.1	104122.1	70559.7	505907.1	566253.2
210.4	49.6	48.9	138.5	23.4	1443.7	77.7	2018.9	2980.1
-0.2			-0.2		187.0	5.8	749.4	775.2
318.7			227.9	73.2	3331.0	74.0	1366.3	1578.3
17745.6	10574.2	31.1	24506.6	6538.3	34042.9	28516.0	250261.1	268939.7
81.6	61.5	20.0	136.4		593.4	279.0	550.3	749.7
17664.0	10512.7	11.1	24370.2	6538.3	33449.5	28237.0	249710.8	268190.0
40413.5	563.3		40727.7	10413.1	31655.6	16360.7	14891.8	19189.1
20391.9	3032.3	374.6	15050.3	4870.5	30613.3	24911.8	215675.1	250573.0
7296.8	117.7		7422.3	1030.6	5811.4	14284.0	53375.0	65692.6
6773.1			168.1	61.0	510.1	58.5	8514.3	9036.7
6152.2	2901.6	374.6	7284.0	3778.9	23753.4	10377.6	149824.7	171750.8
169.8	13.0		175.9		538.4	191.7	3961.1	4092.9
-996.5	7.3		-740.1	77.6	2848.6	613.7	20944.5	22217.8
29100.4	89.3		29048.7	7404.3	1571.2	8259.6	44109.7	51397.0
28969.7	89.3		29048.7	7404.3	1314.7	8259.6	43795.9	51001.6
130.7					256.5		313.8	395.4
-3816.5	22.0		-5708.1	961.0	3517.8	7461.0	21433.8	23565.8
-3816.5	22.0		-5708.1	961.0	3517.8	7461.0	21433.8	23565.8

14－3 续表29 continued29

		五、土地和固定资产 Land and fixed asset	
		土地和固定资产支出 Land and fixed asset expenditures	土地购置 Purchase of land
木质装饰材料零售	Wooden decorative materials retail		
陶瓷、石材装饰材料零售	Ceramics、decorative stone materials retail		
其他室内装饰材料零售	Others	1218.2	722.0
货摊、无店铺及其他零售业	Other retail trade	567.9	
货摊食品零售	food		
货摊纺织、服装及鞋零售	Booth textile、clothing and shoes retail		
货摊日用品零售	Booth commodity retail		
互联网零售	Internet retailer		
邮购及电视、电话零售	Mail－order and TV and phone retail		
旧货零售	Second hand		
生活用燃料零售	Fuel for life	567.9	
其他未列明零售业	Others		
2.按登记注册类型分	Grouped by type registered		
内资企业	Domestic funds	539599.1	41688.8
国有企业	State－owned		
集体企业	Collective－owned		
股份合作企业	Cooperative		
联营企业	Joint		
国有联营企业	State joint owned		
集体联营企业	Collective joine owned		
国有与集体联营企业	State－collective joint owned		
其他联营企业	Other joint owned		
有限责任公司	Limited liability corporations	12279.1	522.9
国有独资公司	State－owned solely	262.6	
其他有限责任公司	Limited liability corporations	12016.5	522.9
股份有限公司	Share holding	508898.8	39842.2
私营企业	Private	17784.4	923.7
私营独资企业	Private funded	7256.3	
私营合伙企业	Private partner	92.8	
私营有限责任公司	Private limited company	10357.0	923.7
私营股份有限公司	Private share holding	78.3	
其他企业	Others	636.8	400.0
港、澳、台商投资企业	Funded from Hongkong,Macao and Taiwan		
合资经营企业(港或澳、台资)	Joint venture		
合作经营企业(港或澳、台资)	Cooperative		
港、澳、台商独资经营企业	Solefunds		
港、澳、台商投资股份有限公司	Share holding		
其他港澳台投资企业	Others		
外商投资企业	Foreign funded	3656.8	
中外合资经营企业	Joint venture	3656.8	
中外合作经营企业	Cooperative		
外资企业	Foreign funded		
外商投资股份有限公司	Share holding		

单位:万元 unit:10000 yuan

五、土地和固定资产 Land and fixed asset			
房屋和建筑物 Buildings and constructing	机器设备 Machine and equipment	运输工具 Means of transport	其他费用 Others
305.0	191.2		
75.9	443.1	4.8	44.1
75.9	443.1	4.8	44.1
368686.6	41881.6	18692.8	68649.3
4027.6	1831.6	5245.1	651.9
200.0	16.5	46.1	
3827.6	1815.1	5199.0	651.9
360332.2	39006.7	2131.3	67586.4
4326.8	953.4	11172.8	407.7
1127.9	19.3	6098.6	10.5
		92.8	
3198.9	927.6	4976.1	330.7
	6.5	5.3	66.5
	89.9	143.6	3.3
96.8	119.7	2890.1	550.2
96.8	119.7	2890.1	550.2

14－3 续表 30 continued30

指标名称	Item	法人企业数（个）Corporate enter prises(unit)	执行《2006 年企业会计准则》企业个数(个) Number of enterprises implmenting Accounting Standards for Business Enterprises 2006	一、年初存货 Inventory
其他外商投资企业	Others			
3. 按控股情况分	Grouped by owned			
国有控股	State－owned	15	13	101706.4
集体控股	Collective－owned	2	2	2562.7
私人控股	Private－owned	160	125	263084.7
港澳台商控股	Hongkong, Macao and Taiwan－Owned	1		2057.4
外商控股	Foreign－owned	1		1943.1
其他	Others	33	26	46024.0
4. 按经营形式分	Grouped by form of management			
独立门店	Substantive store	189	148	303890.2
连锁总店(总部)	Chain headquarter	13	8	103407.8
连锁门店	Chain store	4	4	4340.1
其他	Others	6	6	5740.2
5. 按单位规模分	Gruoped by size of enterprises			
大型	Large－sized	20	17	143620.6
中型	Medium－sized	93	71	175944.6
小型	Small－sized	79	65	88205.1
微型	Micro－sized	20	13	9608.0
6. 按零售业态分	Grouped by form of retail			
有店铺零售	Retail trade	212	166	417378.3
食杂店	Traditional grocery store			
便利店	Convenience store			
折扣店	Discount store			
超市	Market	5	4	3944.3
大型超市	Super market	6	5	10940.0
仓储会员店	Warehouse store	1	1	332.2
百货店	Consumer goods	24	22	68781.4
专业店	Specialty store	96	76	167057.5
专卖店	Exclusive shop	77	55	165067.2
家居建材商店	Household items hall	1	1	699.1
购物中心	Shopping center	1	1	363.4
厂家直销中心	Direct sales by manufacturers	1	1	193.2
无店铺零售	Other retail trade			
电视购物	TV shopping			
邮购	Purchase by mail			
网上商店	Store on line			
自动售货亭	Vending machine			
电话购物	Call shopping			

单位:万元　unit:10000 yuan

流动资产合计 Circulating funds	应收帐款 Receivables	存货 Inventery	固定资产合计 Total fixed assets	固定资产原价 Original Value of fixed assets	累计折旧 Total depreciation	本年折旧 Depreciation in this year
449264.9	90816.7	110552.7	394419.9	463108.1	73078.9	17314.6
3727.5		2172.0	1795.0	2463.9	668.9	149.9
838039.3	96658.5	269068.1	179250.3	284539.9	107000.0	20432.9
2410.9	7.6	1052.2	1628.6	2632.7	1004.1	
3560.0		1268.1	67.8	5153.0	5085.2	
463491.2	32985.2	41946.1	139533.5	244711.9	104944.5	19521.4
1322516.6	169395.4	304348.7	315794.2	525177.7	210572.7	39527.0
394453.9	38500.8	110573.5	387300.1	463001.1	75988.3	17177.9
21702.1	143.0	5736.8	7211.7	11314.9	4103.2	542.9
21821.2	12428.8	5400.2	6389.1	3115.8	1117.4	171.0
922202.2	111417.8	163147.5	518861.2	723814.0	204699.0	37064.8
624906.6	74851.7	196093.4	161497.2	230750.3	75086.6	16438.9
192316.4	30395.9	58065.5	34187.1	45492.8	11305.9	3772.4
21068.6	3802.6	8752.8	2149.6	2552.4	690.1	142.7
1760493.8	220468.0	426059.2	716695.1	1002609.5	291781.6	57418.8
10768.5	3445.0	4124.0	8412.5	10001.6	1589.1	538.0
37949.7	4079.2	10261.9	13705.1	30851.5	16912.3	922.0
556.0	130.0	426.0	246.5	246.5		
606119.7	1991.4	72564.6	519069.9	697400.1	179286.5	34094.4
560040.4	96897.1	188683.6	83575.8	126771.3	48053.0	11944.3
514186.2	113735.6	148978.3	61075.5	90610.2	29822.2	8385.2
434.3	76.1	358.2				
20447.6	101.6	332.1	28631.5	44617.5	15986.0	1413.4
9991.4	12.0	330.5	1978.3	2110.8	132.5	121.5

14－3 续表 31 continued31

指标名称	Item	二、期末资产负债 The final balance sheet 在建工程 Circulating funds	资产总计 Circulating funds
其他外商投资企业	Others		
3. 按控股情况分	Grouped by owned		
国有控股	State－owned	64285.6	938163.2
集体控股	Collective－owned		6235.0
私人控股	Private－owned	15900.6	1215620.8
港澳台商控股	Hongkong, Macao and Taiwan－Owned		4223.8
外商控股	Foreign－owned	24.3	4353.2
其他	Others	20066.8	853634.1
4. 按经营形式分	Grouped by form of management		
独立门店	Substantive store	33843.4	2085190.8
连锁总店(总部)	Chain headquarter	63199.7	875125.9
连锁门店	Chain store	3234.2	33692.8
其他	Others		28220.6
5. 按单位规模分	Gruoped by size of enterprises		
大型	Large－sized	80090.3	1826524.6
中型	Medium－sized	15282.2	912086.2
小型	Small－sized	4810.7	253706.3
微型	Micro－sized	94.1	29913.0
6. 按零售业态分	Grouped by form of retail		
有店铺零售	Retail trade	100277.3	3022230.1
食杂店	Traditional grocery store		
便利店	Convenience store		
折扣店	Discount store		
超市	Market	121.3	20430.9
大型超市	Super market	3258.5	62637.3
仓储会员店	Warehouse store		802.5
百货店	Consumer goods	83585.7	1448353.8
专业店	Specialty store	4164.4	756284.5
专卖店	Exclusive shop	9114.0	670448.2
家居建材商店	Household items hall		434.3
购物中心	Shopping center	33.4	49993.8
厂家直销中心	Direct sales by manufacturers		12844.8
无店铺零售	Other retail trade		
电视购物	TV shopping		
邮购	Purchase by mail		
网上商店	Store on line		
自动售货亭	Vending machine		
电话购物	Call shopping		

单位:万元 unit:10000 yuan

二、期末资产负债 The final balance sheet				
流动负债合计 Circulating funds	应付账款 Inventory	非流动负债合计 Total non – current liability	负债合计 Total Investment	所有者权益 Creditor' s equity
651914.4	141834.3	83852.8	735767.2	202396.0
1786.8	0.9		1786.8	4448.2
839728.7	124349.4	99562.7	940018.4	275602.4
			3546.4	677.4
19809.1	1404.3		19809.1	-15455.9
534991.3	89446.1	146288.4	710398.7	143235.4
1392522.5	217034.9	245139.5	1667508.0	417682.8
615039.3	123743.8	84564.4	703150.1	171975.8
22629.4	2863.1		22629.4	11063.4
18039.1	13393.2		18039.1	10181.5
1149339.3	214892.9	272223.7	1450563.0	375961.6
670901.4	85518.2	54421.8	729504.8	182581.4
198747.1	40737.2	2932.2	201679.6	52026.7
29242.5	15886.7	126.2	29579.2	333.8
2048230.3	357035.0	329703.9	2411326.6	610903.5
13895.4	6581.7	6000.0	19895.4	535.5
55873.0	17129.5	3000.0	58873.0	3764.3
345.6	180.6		345.6	456.9
917552.7	163970.1	220562.5	1167115.2	281238.6
514094.9	78837.0	35801.5	553641.6	202642.9
493974.6	84780.3	23339.9	517961.7	152486.5
				434.3
41625.8	5555.8	41000.0	82625.8	-32632.0
10868.3			10868.3	1976.5

14－3续表32 continued32

指标名称 Item		二、期末资产负债 The final balance sheet	
		在建工程 Circulating funds	资产总计 Circulating funds
其他外商投资企业	Others		
3. 按控股情况分	Grouped by owned		
国有控股	State－owned	43205.5	25929.2
集体控股	Collective－owned	4301.7	
私人控股	Private－owned	204086.4	11687.2
港澳台商控股	Hongkong, Macao and Taiwan－Owned	833.3	
外商控股	Foreign－owned	4000.0	
其他	Others	75802.0	4790.0
4. 按经营形式分	Grouped by form of management		
独立门店	Substantive store	272233.7	21447.6
连锁总店(总部)	Chain headquarter	43945.2	15908.8
连锁门店	Chain store	8300.0	
其他	Others	7750.0	5050.0
5. 按单位规模分	Gruoped by size of enterprises		
大型	Large－sized	149440.9	22586.0
中型	Medium－sized	136158.8	19426.9
小型	Small－sized	42197.5	343.5
微型	Micro－sized	4431.7	50.0
6. 按零售业态分	Grouped by form of retail		
有店铺零售	Retail trade	332228.9	42406.4
食杂店	Traditional grocery store		
便利店	Convenience store		
折扣店	Discount store		
超市	Market	2443.5	
大型超市	Super market	15981.7	2790.0
仓储会员店	Warehouse store	200.0	
百货店	Consumer goods	89721.6	18605.6
专业店	Specialty store	132171.0	6210.8
专卖店	Exclusive shop	90211.1	14800.0
家居建材商店	Household items hall	200.0	
购物中心	Shopping center	1100.0	
厂家直销中心	Direct sales by manufacturers	200.0	
无店铺零售	Other retail trade		
电视购物	TV shopping		
邮购	Purchase by mail		
网上商店	Store on line		
自动售货亭	Vending machine		
电话购物	Call shopping		

单位：万元 unit:10000 yuan

二、期末资产负债 The final balance sheet					三、损益及分配 Gains and losses and distribution			
集体资本 Collective	法人资本 Corporate	个人资本 Private	港澳台资本 Funded from Hongkong, Macao and Taiwan	外商资本 Foreign funds	营业收入 Operation revenue	主营业务收入 Operating revenue	营业成本 Operation costs	主营业务成本 Operating cost
1500.0	14265.7	1510.6			1222500.0	1149762.4	1030079.5	1023456.6
3591.7		710.0			39092.1	39092.1	37676.5	37676.5
	113228.9	76279.3		2891.0	2900848.3	2757219.2	2681860.5	2584965.6
			833.3		3396.2	3396.2	1487.8	1487.8
1000.0				3000.0	8296.5	8296.5	7318.0	7318.0
3823.5	39789.0	12020.7	15378.8		929345.6	888765.1	778734.9	759084.7
7415.2	142509.1	82692.0	15278.8	2891.0	3936301.8	3766127.1	3567439.0	3451465.5
1000.0	18672.5	4430.6	933.3	3000.0	1060895.4	975283.5	873862.8	867180.8
	6000.0	2300.0			46651.9	45507.4	40718.1	40214.7
1500.0	102.0	1098.0			59629.6	59613.5	55137.3	55128.2
6000.0	81826.6	23749.5	15278.8		2469788.9	2359292.9	2128103.7	2117651.5
1823.5	59087.7	48996.4	933.3	5891.0	1989546.5	1935333.7	1816669.6	1734652.8
2091.7	22904.2	16858.1			518972.0	515964.7	480932.3	459379.1
	3465.1	916.6			125171.3	35940.2	111451.6	102305.8
9915.2	167283.6	90520.6	16212.1	5891.0	5103478.7	4846531.5	4537157.2	4413989.2
573.5	700.0	1170.0			25431.1	24589.3	20277.5	20277.5
3091.7	7004.0	96.0		3000.0	125534.3	118597.8	106924.5	106421.1
	50.0	150.0			1423.7	1423.7	1196.7	1196.7
4750.0	21027.5	30059.7	15278.8		1509416.7	1382870.8	1256791.4	1227189.7
	98401.3	23834.6	833.3	2891.0	1812220.6	1790548.8	1651233.6	1570794.0
1500.0	40100.8	33710.3	100.0		1580775.2	1486460.4	1467694.5	1455071.2
		200.0			1842.4	1842.4	1813.3	1813.3
		1100.0			39729.2	33092.8	24636.1	24636.1
		200.0			7105.5	7105.5	6589.6	6589.6

14 - 3 续表 33 continued33

指标名称	Item	三、损益及分配 Gains and losses and distribution 营业税金及附加 Business taxes and extra charges	主营业务税金及附加 Main operation taxes and extra charges	其他业务利润 Other business profit
其他外商投资企业	Others			
3. 按控股情况分	Grouped by owned			
国有控股	State - owned	8704.1	8703.3	1447.1
集体控股	Collective - owned	233.3	233.3	
私人控股	Private - owned	5764.7	5128.5	32296.5
港澳台商控股	Hongkong, Macao and Taiwan - Owned	10.5	10.5	
外商控股	Foreign - owned			907.3
其他	Others	6681.9	6136.6	12604.0
4. 按经营形式分	Grouped by form of management			
独立门店	Substantive store	12130.5	10949.0	43585.5
连锁总店(总部)	Chain headquarter	8681.0	8681.0	3027.6
连锁门店	Chain store	163.2	163.2	641.8
其他	Others	419.8	419.0	
5. 按单位规模分	Gruoped by size of enterprises			
大型	Large - sized	15020.6	14326.4	19622.8
中型	Medium - sized	4678.0	4326.9	24994.2
小型	Small - sized	1561.5	1442.0	2430.5
微型	Micro - sized	134.4	116.9	207.4
6. 按零售业态分	Grouped by form of retail			
有店铺零售	Retail trade	21394.5	20212.2	47254.9
食杂店	Traditional grocery store			
便利店	Convenience store			
折扣店	Discount store			
超市	Market	218.4	171.2	1193.5
大型超市	Super market	446.5	256.2	11343.2
仓储会员店	Warehouse store	3.4	3.4	
百货店	Consumer goods	14147.7	13919.8	19182.4
专业店	Specialty store	3543.0	3303.0	13410.5
专卖店	Exclusive shop	2244.6	2013.7	2124.5
家居建材商店	Household items hall	0.2	0.2	
购物中心	Shopping center	780.7	534.7	
厂家直销中心	Direct sales by manufacturers	10.0	10.0	0.8
无店铺零售	Other retail trade			
电视购物	TV shopping			
邮购	Purchase by mail			
网上商店	Store on line			
自动售货亭	Vending machine			
电话购物	Call shopping			

单位:万元　unit:10000 yuan

三、损益及分配 Gains and losses and distribution							
销售费用 Marketing expenses	管理费用 Management expenses	税金 Taxes	差旅费 Travel expenses	工会经费 Trade union outlays	财务费用 Financial expenses	利息收入 Interest income	利息支出 Interest expenditure
43038.1	80623.2	4360.1	299.4	142.5	11256.0	2808.9	91.7
683.9	80.8	19.7	27.5	18.6	131.8		
86919.3	93895.4	3909.7	2053.1	679.8	26623.1	1820.1	18452.4
948.4	617.6				201.2		
3237.6	994.3				737.2		
38589.7	64288.1	1492.5	465.5	135.9	10891.6	1437.6	8215.7
112534.8	157910.2	5270.9	2599.5	847.7	38071.5	6063.7	25552.9
56227.5	78920.5	4183.0	127.9	97.8	11156.5	45.1	773.8
2871.0	2828.2	254.2	62.9	2.0	412.7	-45.3	401.8
1783.7	840.5	73.9	55.2	29.3	200.2	3.1	31.3
84545.6	139094.9	5812.3	736.4	283.3	25210.5	4315.4	11235.4
71731.7	81522.1	3156.7	1336.7	481.3	21466.7	1403.1	13097.7
12970.5	17584.3	642.5	597.4	199.1	3073.6	270.6	2417.5
4169.2	2298.1	170.5	175.0	13.1	90.1	77.5	9.2
173417.0	240499.4	9782.0	2845.5	976.8	49840.9	6066.6	26759.8
1501.7	3603.9	281.4	39.0	48.0	994.7	36.7	627.5
15196.9	8216.1	221.7	39.8	9.7	1242.4	7.3	242.3
81.6	71.2	5.2	15.1	0.3	3.2		1.5
41015.3	117643.8	5503.3	389.3	133.0	17858.3	404.1	6298.8
77613.5	59147.2	1625.0	1259.1	579.6	14676.6	1189.4	10568.6
37736.4	41415.6	1623.6	1074.0	179.0	12408.6	3631.7	5653.0
	23.8	1.0		0.1			
	10126.4	484.0	17.1	27.1	2687.3	844.7	3351.0
271.6	251.4	36.8	12.1		-30.2	-47.3	17.1

14－3 续表 34 continued34

指标名称	Item	三、损益及分配 Gains and losses and distribution		
		资产减值损失 Lost	公允价值变动收益 Revenue	投资收益 Investment income
其他外商投资企业	Others			
3. 按控股情况分	Grouped by owned			
国有控股	State – owned	625.4	-252.6	12.9
集体控股	Collective – owned			
私人控股	Private – owned	-250.2		714.2
港澳台商控股	Hongkong, Macao and Taiwan – Owned			
外商控股	Foreign – owned	1507.1		
其他	Others	36.0		5143.5
4. 按经营形式分	Grouped by form of management			
独立门店	Substantive store	230.1		5632.2
连锁总店(总部)	Chain headquarter	1688.2	-252.6	238.4
连锁门店	Chain store			
其他	Others			
5. 按单位规模分	Gruoped by size of enterprises			
大型	Large – sized	841.2	-252.6	4649.4
中型	Medium – sized	1077.1		1221.2
小型	Small – sized			
微型	Micro – sized			
6. 按零售业态分	Grouped by form of retail			
有店铺零售	Retail trade	1918.3	-252.6	5870.6
食杂店	Traditional grocery store			
便利店	Convenience store			
折扣店	Discount store			
超市	Market	1.9		
大型超市	Super market	1524.9		5143.5
仓储会员店	Warehouse store			
百货店	Consumer goods	334.3	-252.6	-420.7
专业店	Specialty store	-438.9		177.9
专卖店	Exclusive shop	497.8		969.9
家居建材商店	Household items hall			
购物中心	Shopping center	-1.7		
厂家直销中心	Direct sales by manufacturers			
无店铺零售	Other retail trade			
电视购物	TV shopping			
邮购	Purchase by mail			
网上商店	Store on line			
自动售货亭	Vending machine			
电话购物	Call shopping			

单位:万元 unit:10000 yuan

三、损益及分配 Gains and losses and distribution					四、人工成本及增值税 Labor cost and added - value tax			
营业利润 Business profits	营业外收入 Norbusiness revenue	补贴收入 Subsidies revenue	利润总额 Total profits	应交所得税 Income taxes payable	应付职工薪酬(本年贷方累计发生额) payroll payable (credit accumulated happening this year)	应交增值税 VAT payableinput	进项税额 VAT payableinput	销项税额 VAT payableexport
48034.1	252.6	108.9	47886.3	12503.6	38097.9	18918.0	47318.1	54144.5
285.8			195.0	65.0	3443.0	79.8	1941.4	1978.5
19459.6	3605.9	424.6	18178.1	7291.4	50297.6	50168.0	391340.0	438767.5
130.7					256.5		313.8	395.4
-3083.3	3.7		-4622.8		174.4		1288.4	1262.5
38540.4	10475.8	-78.9	41614.7	10501.4	16941.7	17114.5	129248.9	144667.6
69592.6	11987.4	85.0	71554.0	19258.5	64817.8	67250.8	535886.2	599556.5
32842.7	1748.4		30376.0	10902.3	36829.3	18068.4	24333.7	29658.1
-341.3	581.2	369.6	177.1	50.6	3755.7	561.9	6379.4	6950.6
1273.3	21.0		1144.2	150.0	3808.3	399.2	4851.3	5050.8
89080.4	10818.3	374.6	89317.8	21803.3	58289.4	35361.8	233101.7	254281.3
4112.1	3342.6	10.0	10413.0	7160.5	40572.9	46486.5	252680.4	297306.0
3076.1	175.7	70.0	3367.1	1371.3	8587.2	4233.6	72690.5	75898.8
7098.7	1.4		153.4	26.3	1761.6	198.4	12978.0	13729.9
103367.3	14338.0	454.6	103251.3	30361.4	109211.1	86280.3	571450.6	641216.0
-815.4	87.9		-851.4	55.1	1577.6	1099.3	2562.3	2978.2
3733.9	618.1	369.6	2662.0	529.9	6466.3	946.6	15145.0	16051.4
67.6			67.6	6.7	27.6	15.8	212.8	228.6
66745.1	601.0	-78.9	72441.7	19384.8	37096.9	26919.3	75810.9	87458.3
8861.1	12533.9	163.9	10000.8	5358.5	38899.2	24377.0	269199.3	290759.1
23256.4	475.5		17477.6	5019.8	23332.7	32394.7	202538.0	237216.8
5.1			4.9	1.2	6.9	2.1	251.1	313.2
1500.4	14.0		1452.2		1693.1	449.0	4601.6	4996.2
13.1	7.6		-4.1	5.4	110.8	76.5	1129.6	1214.2

14－3 续表 35 continued35

指标名称 Item		五、土地和固定资产 Land and fixed asset	
		土地和固定资产支出 Land and fixed asset expenditures	土地购置 Purchase of land
其他外商投资企业	Others		
3. 按控股情况分	Grouped by owned		
国有控股	State－owned	509508.9	39842.2
集体控股	Collective－owned		
私人控股	Private－owned	32535.8	1846.6
港澳台商控股	Hongkong, Macao and Taiwan－Owned		
外商控股	Foreign－owned	103.2	
其他	Others	1108.0	
4. 按经营形式分	Grouped by form of management		
独立门店	Substantive store	32873.4	1846.6
连锁总店(总部)	Chain headquarter	509002.0	39842.2
连锁门店	Chain store	1360.3	
其他	Others	20.2	
5. 按单位规模分	Gruoped by size of enterprises		
大型	Large－sized	517103.1	40149.5
中型	Medium－sized	22442.3	417.3
小型	Small－sized	3612.3	1122.0
微型	Micro－sized	98.2	
6. 按零售业态分	Grouped by form of retail		
有店铺零售	Retail trade	543255.9	41688.8
食杂店	Traditional grocery store		
便利店	Convenience store		
折扣店	Discount store		
超市	Market		
大型超市	Super market	1884.1	
仓储会员店	Warehouse store		
百货店	Consumer goods	510207.3	40043.9
专业店	Specialty store	16246.8	1429.3
专卖店	Exclusive shop	14917.7	215.6
家居建材商店	Household items hall		
购物中心	Shopping center		
厂家直销中心	Direct sales by manufacturers		
无店铺零售	Other retail trade		
电视购物	TV shopping		
邮购	Purchase by mail		
网上商店	Store on line		
自动售货亭	Vending machine		
电话购物	Call shopping		

单位:万元　unit:10000 yuan

五、土地和固定资产 Land and fixed asset			
房屋和建筑物 Buildings and constructing	机器设备 Machine and equipment	运输工具 Means of transport	其他费用 Others
360532.2	39073.0	2333.6	67727.9
8251.2	2297.0	18804.1	1336.9
	103.2		
	528.1	445.2	134.7
7242.4	2873.9	19341.8	1568.7
360332.2	39109.9	2131.3	67586.4
1208.8	17.5	89.6	44.4
		20.2	
361615.8	39987.3	7369.1	67981.4
6560.4	1156.5	13115.9	1192.2
607.2	857.5	999.7	25.9
		98.2	
368783.4	42001.3	21582.9	69199.5
1208.8	515.5	115.4	44.4
361775.1	38642.5	2123.1	67622.7
994.1	2196.2	10529.4	1097.8
4805.4	647.1	8815.0	434.6

14－4 限额以上批发零售法人企业商品购进、销售和库存(2012)

单位:万元

指标名称	Item	法人企业数(个) Corporate enterprises(unit)	从业人员期末人数(人) (person)
总计	Total	338	43245
一、批发业	Wholesale	136	11758
1.按批发行业小类分	Grouped by Sector		
农、林、牧产品批发	Farming,、Fore、animal husbandry	18	1107
谷物、豆及薯类批发	Cereal beans and Tubers	14	966
种子批发	Seed	3	134
饲料批发	Forage	1	7
棉、麻批发	Cotton and Fiber		
林业产品批发	Forestry		
牲畜批发	Animal		
其他农牧产品批发	Others		
食品、饮料及烟草制品批发	Food,drink and tobaccos	5	1096
米、面制品及食用油批发	Grain and edible oil		
糕点、糖果及糖批发	Cake, Candy and Suger		
果品、蔬菜批发	Fruit and Vegetable		
肉、禽、蛋、奶及水产品批发	Meet fowl egg and marine products		
盐及调味品批发	Salt and condiment	2	170
营养和保健品批发	The nutrition and health care products retail		
酒、饮料及茶叶批发	Alcohol beverage and tea tobaccos	1	28
烟草制品批发	Tobaccos	1	794
其他食品批发	Others	1	104
纺织、服装及家庭用品批发	Textile garment and daily articles	9	921
纺织品、针织品及原料批发	Textile, knitwear and raw moterial		
服装批发	Garment	1	30
鞋帽批发	Shoe and hat		
化妆品及卫生用品批发	Cosmetic and sanitary accessories		
厨房、卫生间用具及日用杂货批发	Kitchen, rest room and daily articles	1	32
灯具、装饰物品批发	lamps and lanterns、decorative items wholesale		
家用电器批发	Electrical household appliances	6	743
其他家庭用品批发	Others	1	116
文化、体育用品及器材批发	Sporting goods and equipment wholesale	2	474
文具用品批发	Stationery		
体育用品及器材批发	Sporting goods and equipment wholesale		
图书批发	Books	2	474
报刊批发	Newspaper		
音像制品及电子出版物批发	Audio－visual and E－journal products		
首饰、工艺品及收藏品批发	Jewelry, handicraft article and collection		
其他文化用品批发	Others		
医药及医疗器材批发	Medicine and medical appliance	32	1888
西药批发	Western medicine	27	1757
中药批发	Chinese medicine	3	49
医疗用品及器材批发	Medical component	2	82
矿产品、建材及化工产品批发	Minerals and construction materials	32	4405
煤炭及制品批发	Coal and related products		
石油及制品批发	Petroleum and related products	5	3500
非金属矿及制品批发	Non－metal materials		

TOTAL PURCHASE, SALES AND INVENTORY IN WHOLESALE AND RETAIL TRADE ABOVE DESIGNATED SIZE (2012)

unit:10000 yuan

商品购进额 Amout	进口额 Imports	商品销售额 Commodity sales	批发额 Wholesale	出口额 Exports	零售额 Retail	期末商品库存额 Inventory	年末零售营业面积(平方米) Business areas (m^2)
11438062.2	489239.3	14521661.9	7631028.1	19082.1	6890633.8	950112.0	3176054
7608127.1	463339.5	8027044.1	7070207.6	19082.1	956836.5	439078.1	471796
738458.4	348292.8	715223.5	706927.6	17850.0	8295.9	128224.0	373809
731844.6	348292.8	704803.5	696507.6	17850.0	8295.9	124606.1	349889
4560.4		8408.3	8408.3			3576.2	23920
2053.4		2011.7	2011.7			41.7	
510057.0		669656.6	669656.6			45375.5	9145
11778.5		18322.2	18322.2			2163.8	234
6587.8		6686.8	6686.8			749.7	1000
482333.6		635105.8	635105.8			42277.3	7811
9357.1		9541.8	9541.8			184.7	100
182462.0		185663.1	184509.2		1153.9	7080.3	2601
9630.2		6442.7	6442.7			3187.5	1000
2450.4		2404.1	1250.2		1153.9	46.3	116
151068.5		155803.4	155803.4			1375.4	1305
19312.9		21012.9	21012.9			2471.1	180
40734.7		39750.3	38400.6		1349.7	16525.9	5100
40734.7		39750.3	38400.6		1349.7	16525.9	5100
528932.6	96234.4	567769.3	561103.6		6665.7	60286.3	8894
498185.2	96234.4	534017.8	527352.1		6665.7	58630.0	7894
16507.5		16394.1	16394.1			178.1	460
14239.9		17357.4	17357.4			1478.2	540
4048650.9		4152566.3	3250700.2		901866.1	100760.5	65957
1091502.0		1161938.4	285080.7		876857.7	23721.5	20115

14－4 续表 1 continued1

指标名称	Item	法人企业数(个) Corporate enterprises(unit)	从业人员期末人数(人) (person)
金属及金属矿批发业	Metal materials	6	270
建材批发业	Construction materials	17	579
化肥批发业	Chemical fertilizers	2	10
农药批发	Agricultural chemical		
农用薄膜批发	Agricultural film		
其他化工产品批发	Others	2	46
机械设备、五金交电及电子产品批发业	Machinery, hardware and electronic equipment	28	1867
农业机械批发	Farm machinery	1	48
汽车批发	motorcycle	1	16
汽车零配件批发	motorcycle and parts	4	459
摩托车及零配件批发	Motor vehicles, motorcycle and parts	2	64
五金产品批发	Hardware products	2	51
电气设备批发	Appliances		
计算机、软件及辅助设备批发业	Computer software and accessories	2	37
通讯及广播电视设备批发	Communication and radiated television	1	19
其他机械设备及电子产品批发	Others	15	1173
贸易经纪与代理	Agency and brokerage		
贸易代理	Trade agency		
拍卖	Auction		
其他贸易经纪与代理	Others		
其他批发业	Other wholesale		
再生物资回收与批发	Renewable materials recovery and wholesale		
其他未列明的批发	Others		
2. 按登记注册类型分组	Grouped by type registered		
内资企业	Domestic funds	121	10878
国有企业	State－owned	10	4740
集体企业	Collective－owned		
股份合作企业	Cooperative		
联营企业	Joint		
国有联营企业	State joint owned		
集体联营企业	Collective joint owned		
国有与集体联营企业	State－collective joint owned		
其他联营企业	Other joint owned		
有限责任公司	Limited liability corporations	48	3080
国有独资企业	State－owned solely	2	520
其他有限责任公司	Limited liability corporations	46	2560
股份有限公司	Share holding	7	359
私营企业	Private	42	2058
私营独资企业	Private funded		
私营合伙企业	Private partner	2	89
私营有限责任公司	Private limited company	38	1921
私营股份有限公司	Private share holding	2	48
其他企业	Others	14	641
港、澳、台商投资企业	Funded from Hongkong, Macao and Taiwan	2	475
合资经营(港或澳、台资)	Joint venture		
合作经营(港或澳、台资)	Cooperative		

单位:万元 unit:10000 yuan

商品购进额 Amout	进口额 Imports	商品销售额 Commodity sales	批发额 Wholesale	出口额 Exports	零售额 Retail	期末商品库存额 Inventory	年末零售营业面积(平方米) Business areas (m^2)
1606653.8		1637016.3	1637016.3			54891.0	2947
1260907.0		1259016.7	1234008.3		25008.4	21716.4	42462
59327.2		64272.7	64272.7			414.4	175
30260.9		30322.2	30322.2			17.2	258
1558831.5	18812.3	1696415.0	1658909.8	1232.1	37505.2	80825.6	6290
58.5		3870.7	3870.7			2254.7	1000
3745.9		3703.1	3703.1			93.4	60
1375441.8	18812.3	1502714.2	1502714.2	1232.1		36680.6	975
15576.3		16534.4	16525.4		9.0	2503.4	400
6012.3		5980.6	4784.4		1196.2	259.6	147
26587.7		25996.4	24430.6		1565.8	591.3	63
5617.6		5597.7	4478.3		1119.4	19.9	19
125791.4		132017.9	98403.1		33614.8	38422.7	3626
6170413.8	463339.5	6465428.2	5508591.7	19082.1	956836.5	402536.5	466338
2069477.7		2314554.0	1437696.3		876857.7	111404.2	318388
2882709.4	463339.5	2913417.3	2888101.1	16530.6	25316.2	168420.8	42064
832015.4		841116.9	841116.9			19833.7	290
2050694.0	463339.5	2072300.4	2046984.2	16530.6	25316.2	148587.1	41774
194953.3		172357.8	155850.6	2551.5	16507.2	28120.6	41915
629936.7		672565.2	645960.7		26604.5	64666.2	40092
67355.7		73591.0	73591.0			482.9	232
555406.4		587442.6	560838.1		26604.5	63546.8	23269
7174.6		11531.6	11531.6			636.5	16591
393336.7		392533.9	380983.0		11550.9	29924.7	23879
100192.9		101780.4	101780.4			93.9	4223

14-4 续表 2 continued2

指标名称 Item		法人企业数(个) Corporate enterprises (unit)	从业人员期末人数(人) (person)
港、澳、台商独资经营企业	Solefunds	2	475
港、澳、台商投资股份有限公司	Share holding		
其他港澳台投资企业	Others		
外商投资企业	Foreign funds	3	405
中外合资经营企业	Joint venture	2	375
中外合作经营企业	Cooperative		
外资企业	Foreign funded		
外商投资股份有限公司	Share holding	1	30
其他外商投资企业	Others		
3. 按控股情况分组	Grouped by owned		
国有控股	State - owned	18	5965
集体控股	Collective - owned	1	
私人控股	Private - owned	76	3504
港澳台商控股	Hongkong, Macao and Taiwan - Owned	3	475
外商控股	Foreign - owned	1	30
其他	Others	27	1784
4. 按经营形式分组	Grouped by form of management		
独立门店	Substantive store	112	10637
连锁总店(总部)	Chain headquarter		
连锁门店	Chain store	1	414
其他	Others	13	707
5. 按单位规模分	Gruoped by size of enterprises		
大型	Large - sized	6	5630
中型	Medium - sized	57	4717
小型	Small - sized	52	1109
微型	Micro - sized	11	302
二、零售业	Retail trade	212	31487
1. 按零售行业小类分组	Grouped by sectors		
综合零售业	Retail trade	30	14439
百货零售业	Consumer goods	17	9384
超级市场零售业	Supermarket	11	3030
其他综合零售	Other comprehensive retail business	2	2025
食品、饮料及烟草制品专门零售业	Food, beverage and tobaccos	4	690
粮油零售	Food and Oil		
糕点、面包零售	Cake and bread	1	141
果品、蔬菜零售	Fruit and Vegetable		
肉、禽、蛋及水产品零售	Meet, fowl, egg and marine products	1	17
营养和保健品零售	Nutrition and health care		
酒、饮料及茶叶零售	Alcohol、beverage and tea		
烟草制品零售	Tobaccos	2	532
其他食品零售	Others		
纺织、服装及日用品专门零售业	Textile, garment and daily articles	13	1471
纺织品及针织品零售	Textile and knitwear		
服装零售业	Garments	9	1205
鞋帽零售	Shoe and hat		
化妆品及卫生用品零售	Cosmetic and sanitary accessories		
钟表、眼镜零售	Clock and spectacles	4	266

单位:万元 unit:10000 yuan

商品购进额 Amout	进口额 Imports	商品销售额 Commodity sales	批发额 Wholesale	出口额 Exports	零售额 Retail	期末商品库存额 Inventory	年末零售营业面积(平方米) Business areas (m^2)
100192.9		101780.4	101780.4			93.9	4223
1337520.4		1459835.5	1459835.5			36447.7	1235
1329942.4		1452092.5	1452092.5			35199.7	435
7578.0		7743.0	7743.0			1248.0	800
4921262.8	444527.2	5261258.4	4376414.7	15298.5	884843.7	287855.8	320128
4736.5		4907.1	4907.1			41.9	184
989258.5	18812.3	1049487.9	1001448.6	1232.1	48039.3	107836.0	89633
113988.6		117836.1	117836.1			377.2	4407
7578.0		7743.0	7743.0			1248.0	800
1571302.7		1585811.6	1561858.1	2551.5	23953.5	41719.2	56644
7217783.0	463339.5	7619538.1	6663011.5	16530.6	956526.6	416468.6	463186
32448.5		34351.5	34351.5			13254.6	100
357895.6		373154.5	372844.6	2551.5	309.9	9354.9	8510
3777419.9		4167075.8	3290218.1		876857.7	99180.7	24760
3218590.7	463339.5	3230865.6	3175064.6	16530.6	55801.0	291459.8	96280
550047.3		567900.0	547176.4	2551.5	20723.6	42221.9	59397
62069.2		61202.7	57748.5		3454.2	6215.7	291359
3829935.1	25899.8	6494617.8	560820.5		5933797.3	511033.9	2704258
525325.1		2962113.1	2497.5		2959615.6	123342.1	2181985
357680.3		2792210.8	1417.5		2790793.3	77107.4	1927962
143417.8		141905.8			141905.8	41694.7	133523
24227.0		27996.5	1080.0		26916.5	4540.0	120500
62979.1		66981.7	78.8		66902.9	21445.3	7342
4286.4		4206.8			4206.8	79.6	1100
78.8		78.8	78.8			33.0	1500
58613.9		62696.1			62696.1	21332.7	4742
125935.2		138567.2	15915.3		122651.9	40092.8	121860
102666.7		108899.6	15915.3		92984.3	31051.9	117909
23268.5		29667.6			29667.6	9040.9	3951

14－4 续表 3 continued3

指标名称	Item	法人企业数(个) Corporate enterprises(unit)	从业人员期末人数(人) (person)
箱、包零售	Bags and suitcases retail		
厨房用具及日用杂品零售	Kitchenware and daily commodities retail		
自行车零售	Bicycle		
其他日用品零售	Others		
文化、体育用品及器材专门零售	Cultural and sport goods	10	755
文具用品零售	Stationery		
体育用品及器材零售业	sports good and		
图书、报刊零售	Books、Newspaper	7	664
音像制品及电子出版物零售	Audio－visual and E－journal products		
珠宝首饰零售	Jewelry	2	59
工艺美术品及收藏品零售业	Handicraft article and collection	1	32
乐器零售	Musical instruments retail		
照相器材零售	Photographic apparatus retail		
其他文化用品零售	Others		
医药及医疗器材专门零售业	Medicine and medical appliance	14	2687
药品零售业	Medicine	13	2684
医疗用品及器材零售	Medical component	1	3
汽车、摩托车、燃料及零配件专门零售业	Vehicles，motorcycle and part	113	9506
汽车零售业	Vehicles	97	7956
汽车零配件零售	Installation kit	5	121
摩托车及零配件零售	Motoreycle	1	15
机动车燃料零售业	Fuel	10	1414
家用电器及电子产品专门零售业	Electrical household equipment	12	1193
家用视听设备零售	Household audio and video equipment	3	100
日用家电设备零售	Household appliances retail	4	878
计算机、软件及辅助设备零售业	Computer software and accessories	2	59
通信设备零售业	Teleconmmunicational equipment	2	139
其他电子产品零售	Others	1	17
五金、家具及室内装修材料专门零售业	Hardware funiture and indoor hareware fitting	4	45
五金零售	Hardware		
灯具零售	lamps		
家具零售	Funiture		
涂料零售	Coating		
卫生洁具零售	Sanitary ware retail		
木质装饰材料零售	Wooden decorative materials retail		
陶瓷、石材装饰材料零售	Ceramics、decorative stone materials retail		
其他室内装饰材料零售	Others	4	45
货摊、无店铺及其他零售业	Other retail trade	12	701
货摊食品零售	food		
货摊纺织、服装及鞋零售	Booth textile、clothing and shoes retail		
货摊日用品零售	Booth commodity retail		
互联网零售	Internet retailer		
邮购及电视、电话零售	Mail－order and TV and phone retail		
旧货零售	Second hand		
生活用燃料零售	Fuel for life	7	624
其他未列明零售	Others	5	77
2. 按登记注册类型分组	Grouped by type registered		
内资企业	Domestic funds	205	29256

单位:万元 unit:10000 yuan

商品购进额 Amout	进口额 Imports	商品销售额 Commodity sales	批发额 Wholesale	出口额 Exports	零售额 Retail	期末商品库存额 Inventory	年末零售营业面积(平方米) Business areas (m^2)
49316.8		56606.5	2000.1		54606.4	12256.1	15885
31055.2		31623.1			31623.1	7389.2	15385
8214.5		11127.3	2000.1		9127.2	3136.0	435
10047.1		13856.1			13856.1	1730.9	65
291368.8		301935.9	209308.6		92627.3	36693.2	60749
288228.4		298803.9	206176.6		92627.3	36684.8	60729
3140.4		3132.0	3132.0			8.4	20
2483431.1	25899.8	2678632.5	281200.6		2397431.9	253853.5	198172
2129891.7	25854.2	2245342.9	118469.0		2126873.9	246240.4	177952
4546.2	45.6	64660.0			64660.0	510.3	2112
603.2		835.6			835.6	232.4	580
348390.0		367794.0	162731.6		205062.4	6870.4	17528
127903.5		121630.2	12459.6		109170.6	15698.1	74577
9829.5		9852.4	8000.0		1852.4	1101.5	2958
92046.0		85553.7	1900.6		83653.1	8896.7	67665
5250.1		5399.3	2559.0		2840.3	181.7	104
18851.2		19027.7			19027.7	4913.7	3760
1926.7		1797.1			1797.1	604.5	90
10825.3		12059.6	3898.5		8161.1	1587.8	4160
10825.3		12059.6	3898.5		8161.1	1587.8	4160
152850.2		156091.1	33461.5		122629.6	6065.0	39528
101082.6		103493.2			103493.2	2710.9	39018
51767.6		52597.9	33461.5		19136.4	3354.1	510
3673765.0	25899.8	6326264.2	560332.6		5765931.6	488257.1	2617281

14－4 续表 4 continued4

指标名称	Item	法人企业数(个) Corporate enterprises(unit)	从业人员期末人数(人) (person)
国有企业	State－owned	4	290
集体企业	Collective－owned	1	30
股份合作企业	Cooperative	2	1805
联营企业	Joint		
国有联营企业	State joint owned		
集体联营企业	Collective joint owned		
国有与集体联营企业	State－collective joint owned		
其他联营企业	Other joint owned		
有限责任公司	Limited liability corporations	77	12648
国有独资企业	State－owned solely	3	154
其他有限责任公司	Limited liability corporations	74	12494
股份有限公司	Share holding	6	5705
私营企业	Private	99	8238
私营独资企业	Private funded	24	1800
私营合伙企业	Private partner	5	154
私营有限责任公司	Private limited company	69	6159
私营股份有限公司	Private share holding	1	125
其他企业	Others	16	540
港、澳、台商投资企业	Funded from Hongkong, Macao and Taiwan	3	1446
合资经营企业(港或澳、台资)	Joint venture	2	1325
合作经营企业(港或澳、台资)	Cooperative		
港、澳、台商独资经营企业	Solefunds	1	121
港、澳、台商投资股份有限公司	Share holding		
其他港澳台投资企业	Others		
外商投资企业	Foreign funds	4	785
中外合资经营企业	Joint venture	4	785
中外合作经营企业	Cooperative		
外资企业	Foreign funded		
外商投资股份有限公司	Share holding		
其他外商投资股份有限公司	Others		
3. 按控股情况分组	Grouped by owned		
国有控股	State－owned	15	6965
集体控股	Collective－owned	2	1810
私人控股	Private－owned	160	14185
港澳台商控股	Hongkong, Macao and Taiwan－Owned	1	121
外商控股	Foreign－owned	1	239
其他	Others	33	8167
4. 按经营形式分组	Grouped by form of management		
独立门店	Substantive store	189	21191
连锁总店(总部)	Chain headquarter	13	7441
连锁门店	Chain store	4	911

单位:万元　unit:10000 yuan

商品购进额 Amout	进口额 Imports	商品销售额 Commodity sales	批发额 Wholesale	出口额 Exports	零售额 Retail	期末商品库存额 Inventory	年末零售营业面积(平方米) Business areas(m^2)
16982.9		22367.9			22367.9	5477.6	6628
14986.5		15502.1			15502.1	730.0	6000
24680.7		26644.7			26644.7	2872.6	743
1815052.2	10935.6	1862441.1	404760.9		1457680.2	211875.7	598427
6725.1		6840.1			6840.1	275.4	2730
1808327.1	10935.6	1855601.0	404760.9		1450840.1	211600.3	595697
103830.4		2540249.8	2899.2		2537350.6	75436.4	1712945
1559000.1	4412.5	1711409.1	115406.1		1596003.0	147048.0	243999
362361.5	273.8	427333.8	13683.0		413650.8	24061.9	32911
58591.2		63578.6	33461.5		30117.1	4325.0	3569
1110681.1	4138.7	1196420.6	68261.6		1128159.0	115370.9	204519
27366.3		24076.1			24076.1	3290.2	3000
139232.2	10551.7	147649.5	37266.4		110383.1	44816.8	48539
24633.4		35695.9			35695.9	6121.3	61398
23374.8		31722.3			31722.3	4816.6	58200
1258.6		3973.6			3973.6	1304.7	3198
131536.7		132657.7	487.9		132169.8	16655.5	25579
131536.7		132657.7	487.9		132169.8	16655.5	25579
363564.9		2800867.5	185408.6		2615458.9	119684.6	1670977
38641.6		39566.2			39566.2	2715.0	6683
2747665.3	25899.8	2963147.9	359718.9		2603429.0	316274.6	541554
1258.6		3973.6			3973.6	1304.7	3198
8273.2		8296.5			8296.5	1268.0	14979
670531.5		678766.1	15693.0		663073.1	69787.0	466867
3556450.2	25899.8	3760750.6	520714.6		3240036.0	383496.5	985591
174944.7		2629221.4	13225.7		2615995.7	116861.8	1697952
47315.2		45140.4	92000.1		43140.3	5736.8	18466

14－4 续表 5 continued5

指标名称	Item	法人企业数(个) Corporate enterprises(unit)	从业人员期末人数(人) (person)
其他	Others	6	1944
5. 按单位规模分	Gruoped by size of enterprises		
大型	Large－sized	20	17592
中型	Medium－sized	93	11265
小型	Small－sized	79	2155
微型	Micro－sized	20	475
6. 按零售业态分组	Grouped by form of retail		
有店铺零售	Retail trade	212	21487
食杂店	Traditional grocery store		
便利店	Convenience store		
折扣店	Discount store		
超市	Market	5	719
大型超市	Super market	6	2534
仓储会员店	Warehouse store	1	10
百货店	Consumer goods	24	11683
专业店	Specialty store	96	10262
专卖店	Exclusive shop	77	5820
家居建材商店	Household items hall	1	3
购物中心	Shopping center	1	410
厂家直销中心	Direct sales by manufacturers	1	46
无店铺零售	Other retail trade		
电视购物	TV shopping		
邮购	Purchase by mail		
网上商店	Store on line		
自动售货亭	Vending machine		
电话购物	Call shopping		

单位:万元　unit:10000 yuan

商品购进额 Amout	进口额 Imports	商品销售额 Commodity sales	批发额 Wholesale	出口额 Exports	零售额 Retail	期末商品库存额 Inventory	年末零售营业面积(平方米) Business areas (m^2)
51225.0		59505.4	24880.1		34625.3	4938.8	2249
1380285.2		3823836.8	369770.5		3454066.3	214488.2	2148880
1860147.1	16250.4	2061573.4	82643.5		1978929.9	203305.2	358244
502598.9	9649.4	516729.7	66814.0		449915.7	82005.3	183636
86903.9		92477.9	41592.5		50885.4	11235.2	13498
3829935.1	25899.8	6494617.8	560820.5		5933797.3	511033.9	2704258
22498.1		25274.9	580.2		24694.7	4056.0	10660
118272.2		115437.4			115437.4	38650.6	88663
1245.0		1423.7			1423.7	134.1	8000
400965.9		2839583.4	2497.5		2837085.9	83629.8	2096677
1804888.3	13742.5	1900543.3	274032.3		1626511.0	216518.5	276927
1430186.0	12157.3	1570601.6	281554.9		1289046.7	156238.8	124281
1722.7		2155.6	2155.6			419.1	3000
43512.0		32455.5			32455.5	11056.5	91000
6644.9		7142.4			7142.4	330.5	5050

14－5 限额以上住宿和餐饮法人企业基本情况(2012)

指标名称	Item	法人企业数(个) Corporate enterprises (unit)
总计	Total	106
一、住宿业	Hotels	54
1. 按住宿行业小类分组	Grouped by sectors	
旅游饭店	Tourism restaurant	40
一般旅馆	Hotels	11
其他住宿业	Others	3
2. 按登记注册类型分组	Grouped by type registered	
内资企业	Domestic funds	49
国有企业	State－owned	22
集体企业	Collective－owned	1
股份合作企业	Cooperative	1
联营企业	Joint	1
国有联营企业	State joint owned	1
集体联营企业	Collective joine owned	
国有与集体联营企业	State－collective joint owned	
其他联营企业	Other joint owned	
有限责任公司	Limited liability corporations	15
国有独资公司	State－owned solely	1
其他有限责任公司	Limited liability corporations	14
股份有限公司	Share holding	3
私营企业	Private	4
私营独资企业	Private funded	
私营合伙企业	Private partner	
私营有限责任公司	Private limited company	3
私营股份有限公司	Private share holding	1
其他企业	Others	2
港、澳、台商投资企业	Funded from Hongkong, Macao and Taiwan	2
合资经营企业(港或澳、台资)	Joint venture	1
合作经营企业(港或澳、台资)	Cooperative	1
港、澳、台商独资经营企业	Solefunds	
港、澳、台商投资股份有限公司	Share holding	
其他港澳台投资企业	Others	

GENERAL INFORMATION OF THE ABOVE－NORM HOTELS AND CATERING(2012)

从业人员期末人数(人)(person)	其中:女性 Female	法人所属产业活动单位数(个) The number of legal persons' establishments	住宿和餐饮业 Hotels and catering	其他 Others
15268	8042	125	125	
9199	5444	55	55	
8433	4971	41	41	
423	290	11	11	
343	183	3	3	
7456	4307	50	50	
3982	2308	22	22	
86	50	1	1	
102	78	1	1	
192	105	2	2	
192	105	2	2	
2211	1273	15	15	
265	153	1	1	
1946	1120	14	14	
107	74	3	3	
234	117	4	4	
215	110	3	3	
19	7	1	1	
542	302	2	2	
702	470	2	2	
320	200	1	1	
382	270	1	1	

14－5 续表 1 continued1

指标名称	Item	法人企业数(个) Corporate enterprises(unit)
外商投资企业	Foreign funded	3
中外合资经营企业	Joint venture	2
中外合作经营企业	Cooperative	1
外资企业	Foreign funds	
外商投资股份有限公司	Share holding	
其他外商投资企业	Others	
3. 按控股情况分组	Grouped by owned	
国有控股	State－owned	26
集体控股	Collective－owned	1
私人控股	Private－owned	9
港澳台商控股	Hongkong, Macao and Taiwan－Owned	1
外商控股	Foreign－owned	1
其他	Others	15
4. 按经营形式分组	Grouped by form of management	
独立门店	Substantive store	49
连锁总店(总部)	Chain headquarter	
连锁门店	Chain store	1
其他	Others	4
5. 按单位规模分组	Gruoped by size of enterprises	
大型	Large－sized	3
中型	Medium－sized	19
小型	Small－sized	30
微型	Micro－sized	2
6. 按星级分组	Grouped by star	
五星	Five－star	2
四星	Four－star	14
三星	Three－star	17
二星	Two－star	5
一星	One－star	
其他	Others	16
二、餐饮业	Catering	52
1. 按餐饮行业小类分组	Grouped by sector	
正餐服务	Dinner	52
快餐服务	Fast food	
饮料及冷饮服务	Beverage and cold drink	
茶馆服务	The teahouse services	
咖啡馆服务	Coffee shops serve	
酒吧服务	Bar Service	
其他饮料及冷饮服务	Others	
其他餐饮业	Others	
小吃服务	Snack service	
餐饮配送服务	Food and beverage distribution services	
其他未列明餐饮业	Others	
2. 按登记注册类型分组	Grouped by type registered	
内资企业	Domestic funds	51
国有企业	State owned	4

单位:万元 unit:10000 yuan

从业人员期末人数(人)(person)	其中:女性 Female	法人所属产业活动单位数(个) The number of legal persons' establishments	住宿和餐饮业 Hotels and catering	其他 Others
1041	667	3	3	
812	537	2	2	
229	130	1	1	
4469	2603	27	27	
86	50	1	1	
428	257	9	9	
382	270	1	1	
320	200	1	1	
3369	1977	15	15	
8177	4914	50	50	
95	35	1	1	
927	495	4	4	
1945	1086	3	3	
5066	2994	20	20	
2174	1353	30	30	
14	11	2	2	
1020	614	2	2	
4245	2461	14	14	
1762	1097	18	18	
209	117	5	5	
1963	1155	16	16	
6069	2598	70	70	
6069	2598	70	70	
5962	2548	69	69	
884	141	4	4	

14－5 续表 2 continued2

指标名称 Item		法人企业数(个) Corporate enterprises(unit)
集体企业	Collective owned	3
股份合作企业	Cooperative	2
联营企业	Joint	
国有联营企业	State joint owned	
集体联营企业	Collective joint owned	
国有与集体联营企业	State－collective joint owned	
其他联营企业	Other joint owned	
有限责任公司	Limited liability corporations	13
国有独资企业	State owned solely	
其他有限责任公司	Limited liability corporations	13
股份有限公司	Share holding	2
私营企业	Private	6
私营独资企业	Private funded	
私营合伙企业	Private partner	
私营有限责任公司	Private limited company	12
私营股份有限公司	Private share holding	
其他企业	Others	9
港、澳、台商投资企业	Funded from Hongkong, Macao and Taiwan	1
合资经营企业(港或澳、台资)	Joint venture	
合作经营企业(港或澳、台资)	Cooperative	
港、澳、台商独资经营企业	Solefunds	1
港、澳、台商投资股份有限公司	Share holding	
其他港澳台投资企业	Others	
外商投资企业	Foreign funded	
中外合资经营企业	Joint venture	
中外合作经营企业	Cooperative	
外资企业	Foreign funds	
外商投资股份有限公司	Share holding	
3. 按控股情况分组	Grouped by owned	
国有控股	State－owned	5
集体控股	Collective－owned	3
私人控股	Private－owned	34
港澳台商控股	Hongkong, Macao and Taiwan－Owned	
外商控股	Foreign－owned	
其他	Others	10
4. 按经营形式分组	Grouped by form of retail	
独立门店	Substantive store	50
连锁总店(总部)	Chain headquarter	
连锁门店	Chain store	
其他	Others	2
5. 按单位规模分	Gruoped by size of enterprises	
大型	Large－sized	3
中型	Medium－sized	3
小型	Small－sized	43
微型	Micro－sized	3

单位:万元　unit:10000 yuan

从业人员期末人数（人）(person)	其中:女性 Female	法人所属产业活动单位数(个) The number of legal persons' establishments	住宿和餐饮业 Hotels and catering	其他 Others
189	122	3	3	
67	37	2	2	
1460	446	13	13	
1460	446	13	13	
50	26	2	2	
2535	1274	36	36	
486	216	6	6	
2049	1058	30	30	
777	502	9	9	
107	50	1	1	
107	50	1	1	
939	171	5	5	
189	122	3	3	
3720	2053	52	52	
1221	252	10	10	
6022	2571	68	68	
47	27	2	2	
1932	329	3	3	
1195	610	21	21	
2378	1392	43	43	
564	267	3	3	

14－6 限额以上住宿和餐饮业法人经营情况(2012)

单位:万元

		法人企业数(个) Corporate enter prises (unit)	从业人员期末人数(人) (person)	营业额 Turnover
总　　计	Total	106	15268	286300
一、住宿业	Hotels	54	9199	164546
1. 按住宿行业小类分组	Grouped by sectors			
旅游饭店	Tourism restaurant	40	8433	150198
一般旅馆	Hotels	11	423	6204
其他住宿服务	Other accommomodation services	3	343	8143
2. 按登记注册类型分组	Grouped by type registered			
内资企业	Domestic funds	49	7456	118880
国有企业	State－owned	22	3982	59645
集体企业	Collective－owned	1	86	1231
股份合作企业	Cooperative	1	102	2859
联营企业	Joint	1	192	4001
国有联营企业	State joint owned	1	192	4001
集体联营企业	Collective joint owned			
国有与集体联营企业	State－collective joint owned			
其他联营企业	Other joint owned			
有限责任公司	Limited liability corporations	15	2211	34808
国有独资企业	State－owned soely	1	265	975
其他有限责任公司	Limited liability corporations	14	1946	33833
股份有限公司	Share holding	3	107	2599
私营企业	Private	4	234	6778
私营独资企业	Private funded			
私营合伙企业	Private partner			
私营有限责任公司	Private limited company	3	215	6578
私营股份有限公司	Private share holding	1	19	200
其他企业	Others	2	542	6960
港、澳、台商投资企业	Funded from Hongkong, Macao and Taiwan	2	702	12946
合资经营企业(港或澳、台资)	Joint venture	1	320	5980
合作经营企业(港或澳、台资)	Cooperative	1	382	6966
港、澳、台商独资经营企业	Solefunds	1	382	6966
港、澳、台商投资股份有限公司	Share holding			
其他港澳台投资企业	Others			
外商投资企业	Foreign funded	3	1041	32720
中外合资经营企业	Joint venture	2	812	27347
中外合作经营企业	Cooperative	1	229	5373
外资企业	Foreign funds			
外商投资股份有限公司	Share holding			
其他外商投资企业	Others			
3. 按控股情况分组	Grouped by owned			
国有控股	State－owned	26	4469	66584
集体控股	Collective－owned	1	86	1231
私人控股	Private－owned	9	428	9611
港澳台商控股	Hongkong, Macao and Taiwan－Owned	1	382	6966
外商控股	Foreign－owned	1	320	5980
其他	Others	15	3396	71466
4. 按经营形式分组	Grouped by form of management			

COMPREHENSIVE CONDITIONS OF ENTERPRISES ABOVE DESIGNATED SIZE IN HOTELS AND RESTAURANTS (2012)

unit:10000yuan

客房收入 Guest room income	餐费收入 Food bill	商品销售收入 Goods sale income	其他收入 Other income	客房间数（间） Rooms	床位数（个） Beds	餐位数（位） Seats	年末餐饮营业面积（平方米） Business areas (m^2)
100749	160697	2913	21941	12404	19716	54205	328485
73197	74703	1915	14731	7952	13368	28847	192855
66827	67882	1819	13671	6716	11155	25155	167296
4513	1577	96	18	721	1418	2243	22359
1857	5244		1043	515	795	1449	3200
55416	52695	912	9857	6678	11465	24824	146302
27031	26516	384	5714	2904	4577	11898	70429
322	909			69	223	120	300
1377	801		681	80	110	280	1000
1462	1276		1263	172	254	2000	3000
1462	1276		1263	172	254	2000	3000
16794	16092	492	1431	2431	4539	6084	46254
258	507		209	211	349	454	500
16535	15585	492	1221	2220	4190	5630	45754
1945	649		4	206	431	1382	8800
3523	3195	34	26	431	759	1680	8600
3420	3127	6	25	377	650	1380	5600
103	68	28	1	54	109	300	3000
2964	3257	1	738	385	572	1380	7919
3991	6986	938	1031	444	687	2566	42203
2719	2689		573	262	382	1764	34203
1272	4298	938	459	182	305	802	8000
13790	15022	65	3844	830	1216	1457	4350
12862	10851	53	3581	698	966	1339	3350
927	4171	13	262	132	250	118	1000
29726	28691	326	7841	3431	5448	15664	81599
322	909			69	223	120	300
5424	4046	102	39	1124	2648	2718	18479
1272	4298	938	459	182	305	802	8000
2719	2689		573	262	382	1764	34203
32170	33012	490	5794	2772	4159	7499	48294

14-6 续表1 continued1

		法人企业数(个) Corporate enterprises (unit)	从业人员期末人数(人) (person)	营业额 Turnover
独立门店	Substantive store	49	8177	145494
连锁总店(总部)	Chain headquarter			
连锁门店	Chain store	1	95	4222
其他	Others	4	927	14830
5.按单位规模分	Gruoped by size of enterprises			
大型	Large - sized	3	1945	46429
中型	Medium - sized	19	5066	88139
小型	Small - sized	30	2174	29504
微型	Micro - sized	2	14	294
6. 按星级分组	Grouped by star			
五星	Five - star	2	1020	28480
四星	Four - star	14	4245	73699
三星	Three - star	17	1762	29058
二星	Two - star	5	209	3645
一星	One - star			
其他	Others	16	1963	29664
二、餐饮业	Catering	52	6069	121754
1.按餐饮行业小类分组	Grouped by sector			
正餐服务	Dinner	52	6069	121754
快餐服务	Fast food			
饮料及冷饮服务	Beverage and cold drink			
茶馆服务	The teahouse services			
咖啡馆服务	Coffee shops serve			
酒吧服务	Bar Service			
其他饮料及冷饮服务	Others			
其他餐饮业	Others			
小吃服务	Snack service			
餐饮配送服务	Food and beverage distribution services			
其他未列明餐饮业	Others			
2. 按登记注册类型分组	Grouped by type registered			
内资企业	Domestic funds	51	5962	120994
国有企业	State owned	4	884	22235
集体企业	Collective owned	3	189	2745
股份合作企业	Cooperative	2	67	5519
联营企业	Joint			
国有联营企业	State joint owned			
集体联营企业	Collective joint owned			
国有与集体联营企业	State - collective joint owned			
其他联营企业	Other joint owned			
有限责任公司	Limited liability corporations	13	1460	31035
国有独资企业	State owned solely			

单位:万元　unit:10000 yuan

客房收入 Guest room income	餐费收入 Food bill	商品销售收入 Goods sale income	其他收入 Other income	客房间数（间）Rooms	床位数（个）Beds	餐位数（位）Seats	年末餐饮营业面积（平方米）Business areas (m^2)
62755	66740	1558	14441	7165	12305	26717	168580
2200	2022			62	119	380	4500
8241	5941	357	291	725	944	1750	19775
24901	17598	410	3521	1171	1458	1659	13213
32901	45903	1392	8124	3561	5545	16300	112247
15132	11174	111	3086	3100	6132	10778	66711
263	29	2		120	233	110	684
13143	11863	54	3419	756	1049	1559	8819
27889	38372	1213	6225	2683	4044	10818	96548
12901	12594	69	3494	2004	3402	10599	46560
2116	1088		441	503	906	2283	17176
17147	10786	580	1151	2006	3967	3588	23752
27552	85994	998	7210	4452	6348	25358	135630
27552	85994	998	7210	4452	6348	25358	135630
27552	85234	998	7210	4452	6348	24678	130350
8786	9776	593	3081	772	1245	3545	16132
916	1683		146	171	401	1590	11000
	5519					1250	5000
6852	21770	117	2296	548	831	5710	35419

14－6续表2 continued2

		法人企业数(个) Corporate enterprises(unit)	从业人员期末人数(人)(person)	营业额 Turnover
其他有限责任公司	Limited liability corporations	13	1460	31035
股份有限公司	Share holding	2	50	787
私营企业	Private	18	2535	47620
私营独资企业	Private funded	6	486	6514
私营合伙企业	Private partner			
私营有限责任公司	Private limited company	12	2049	41106
私营股份有限公司	Private share holding			
其他企业	Others	9	777	11053
港、澳、台商投资企业	Funded from Hongkong, Macao and Taiwan	1	107	760
合资经营企业(港或澳、台资)	Joint venture			
合作经营企业(港或澳、台资)	Cooperative			
港、澳、台商独资经营企业	Solefunds	1	107	760
港、澳、台商投资股份有限公司	Share holding			
其他港澳台投资企业	Others			
外商投资企业	Foreign funded			
中外合资经营企业	Joint venture			
中外合作经营企业	Cooperative			
外资企业	Foreign funds			
外商投资股份有限公司	Share holding			
其他外商投资企业	Others			
3. 按控股情况分组	Grouped by owned			
国有控股	State－owned	5	939	23795
集体控股	Collective－owned	3	189	2745
私人控股	Private－owned	34	3720	64219
港澳台商控股	Hongkong, Macao and Taiwan－Owned			
外商控股	Foreign－owned			
其他	Others	10	1221	30996
4. 按经营形式分组	Grouped by form of retail			
独立门店	Substantive store	50	6022	111681
连锁总店(总部)	Chain headquarter			
连锁门店	Chain store			
其他	Others	2	47	10073
5. 按单位规模分	Gruoped by size of enterprises			
大型	Large－sized	3	1932	46548
中型	Medium－sized	3	1195	14282
小型	Small－sized	43	2378	56899
微型	Micro－sized	3	564	4025

单位：万元 unit：10000 yuan

客房收入 Guest room income	餐费收入 Food bill	商品销售收入 Goods sale income	其他收入 Other income	客房间数（间） Rooms	床位数（个） Beds	餐位数（位） Seats	年末餐饮营业面积（平方米） Business areas (m^2)
6852	21770	117	2296	548	831	5710	35419
253	534			35	52	590	3420
8406	37293	235	1687	2601	3164	9436	41454
465	5883		166	139	260	2135	16571
7941	31409	235	1521	2462	2904	7301	24883
2339	8660	53		325	655	2557	17925
	760					680	5280
	760					680	5280
8786	11336	593	3081	772	1245	3995	20132
916	1683		146	171	401	1590	11000
11776	50323	405	1715	3036	4006	14465	81233
6074	22653		2268	473	696	5308	23265
27262	76211	998	7210	4412	6268	24058	133630
290	9783			40	80	1300	2000
18478	22007	560	5504	1320	1963	5456	11950
1943	11197		1142	292	483	4668	15350
6331	49566	438	565	2755	3647	14474	107010
800	3225			85	255	760	1320

14－7　限额以上住宿和餐饮业法人企业财务状况综合表(2012)

单位:万元

指标名称	Item	法人企业数(个) Corporate enter prises(unit)	执行《2006年企业会计准则》企业个数(个) Number of enterprises implmenting Accounting Standards for Business Enterprises 2006	一、年初存货 Inventory
总　计	Total	106	74	10030.9
一、住宿业	Hotels	54	41	6516.4
1. 按住宿行业小类分组	Grouped by sectors			
旅游饭店	Tourism restaurant	40	32	5947.2
一般旅馆	Hotels	11	6	295.3
其他住宿业	Others	3	3	273.9
2. 按登记注册类型分组	Grouped by type registered			
内资企业	Domestic funds	49	37	4342.4
国有企业	State－owned	22	18	2360.7
集体企业	Collective－owned	1	1	49.8
股份合作企业	Cooperative	1	1	103.5
联营企业	Joint	1		181.4
国有联营企业	State joint owned	1		181.4
集体联营企业	Collective joine owned			
国有与集体联营企业	State－collective joint owned			
其他联营企业	Other joint owned			
有限责任公司	Limited liability corporations	15	11	1002.5
国有独资公司	State－owned solely	1	1	298.5
其他有限责任公司	Limited liability corporations	14	10	704.0
股份有限公司	Share holding	3		124.4
私营企业	Private	4	4	138.7
私营独资企业	Private funded			
私营合伙企业	Private partner			
私营有限责任公司	Private limited company	3	3	129.2
私营股份有限公司	Private share holding	1	1	9.5
其他企业	Others	2	2	381.4
港、澳、台商投资企业	Funded from Hongkong, Macao and Taiwan	2	2	789.8
合资经营企业(港或澳、台资)	Joint venture	1	1	340.8
合作经营企业(港或澳、台资)	Cooperative	1	1	449.0
港、澳、台商独资经营企业	Solefunds			
港、澳、台商投资股份有限公司	Share holding			
其他港澳台投资企业	Others			

MAIN FRNANCIAL INDICATIONS OF ANTERPRISES ABOVE DESIGRATED SIZE IN HOTELS AND RESTAURANTS (2012)

unit:10000 yuan

流动资产合计 Circulating funds	应收帐款 Receivables	存货 Inventery	固定资产合计 Total fixed assets	固定资产原价 Original Value of fixed assets	累计折旧 Total depreciation	本年折旧 Depreciation in this year
163794.3	10249.2	10090.7	328459.7	521331.5	195870.5	13137.0
104099.5	6393.8	6187.5	228398.8	389911.8	161710.7	8576.4
95410.3	6315.5	5622.7	224912.0	384786.8	159902.1	8238.3
5567.8	-176.5	284.4	3102.3	4102.8	1170.9	245.9
3121.4	254.8	280.4	384.5	1022.2	637.7	92.2
80115.9	3466.7	3896.5	152067.4	236576.4	84706.7	7149.6
22807.7	1352.6	2153.1	74474.6	118200.6	43753.4	3503.9
411.8	-54.5	51.8	15.8	79.8	64.0	3.4
733.9		103.5	650.0	2663.7	2013.7	59.3
1998.6		156.3	10084.0	15714.6	5630.6	1236.0
1998.6		156.3	10084.0	15714.6	5630.6	1236.0
48306.6	1577.2	745.9	51643.6	69011.1	17374.0	1365.0
3308.6	302.4	154.9	449.7	1074.6	624.9	314.6
44998.0	1274.8	591.0	51193.9	67936.5	16749.1	1050.4
302.8	-336.9	116.3	339.5	414.0	238.3	159.1
1561.6	130.2	147.9	3575.9	4609.7	1033.8	220.5
1531.6	109.7	146.1	3570.9	4604.7	1033.8	220.5
30.0	20.5	1.8	5.0	5.0		
3992.9	798.1	421.7	11284.0	25882.9	14598.9	602.4
11287.9	611.6	708.4	19961.7	38214.9	18253.2	217.3
1844.4	300.9	340.1	16763.1	31799.3	15036.2	
9443.5	310.7	368.3	3198.6	6415.6	3217.0	217.3

14－7 续表 1 continued1

指标名称	Item	在建工程 Circulating funds	资产总计 Circulating funds
总　计	Total	48180.6	599373.9
一、住宿业	Hotels	42715.3	406681.8
1. 按住宿行业小类分组	Grouped by sectors		
旅游饭店	Tourism restaurant	41911.8	391316.0
一般旅馆	Hotels	733.5	11344.2
其他住宿业	Others	70.0	4021.6
2. 按登记注册类型分组	Grouped by type registered		
内资企业	Domestic funds	42172.0	298604.8
国有企业	State－owned	19997.9	134296.1
集体企业	Collective－owned		427.6
股份合作企业	Cooperative	103.1	1693.2
联营企业	Joint		12154.5
国有联营企业	State joint owned		12154.5
集体联营企业	Collective joine owned		
国有与集体联营企业	State－collective joint owned		
其他联营企业	Other joint owned		
有限责任公司	Limited liability corporations	21981.9	125499.0
国有独资公司	State－owned solely	18066.2	21827.4
其他有限责任公司	Limited liability corporations	3915.7	103671.6
股份有限公司	Share holding		1611.8
私营企业	Private	38.0	6051.6
私营独资企业	Private funded		
私营合伙企业	Private partner		
私营有限责任公司	Private limited company	38.0	5970.3
私营股份有限公司	Private share holding		81.3
其他企业	Others	51.1	16871.0
港、澳、台商投资企业	Funded from Hongkong, Macao and Taiwan	15.0	35831.0
合资经营企业(港或澳、台资)	Joint venture	15.0	21322.2
合作经营企业(港或澳、台资)	Cooperative		14508.8
港、澳、台商独资经营企业	Solefunds		
港、澳、台商投资股份有限公司	Share holding		
其他港澳台投资企业	Others		

unit:10000 yuan

二、期末资产负债 The final balance sheet				
流动负债合计 Circulating funds	应付账款 Inventory	非流动负债合计 Total non - current liability	负债合计 Total Investment	所有者权益 Creditor's equity
220120.3	52162.0	91455.6	321539.4	277834.5
157984.0	42864.8	69022.7	236899.6	169782.2
140201.4	35727.4	69022.7	218502.7	172813.3
10044.7	3380.4		10659.0	685.2
7737.9	3757.0		7737.9	-3716.3
116147.2	27547.8	34802.7	160842.8	137762.0
57108.0	19171.8	7025.0	65293.7	69002.4
350.7	36.2		350.7	76.9
501.3	193.7		501.3	1191.9
			8117.9	4036.6
			8117.9	4036.6
51694.4	6311.1	27777.7	80086.4	45412.6
7687.4	488.8	4500.0	12187.4	9640.0
44007.0	5822.3	23277.7	67899.0	35772.6
842.2	475.2		842.2	769.6
1745.2	168.3		1745.2	4306.4
1715.2	138.3		1715.2	4255.1
30.0	30.0		30.0	51.3
3905.4	1191.5		3905.4	12965.6
16502.5	1585.8	17450.0	33952.5	1878.5
13697.2	1206.6	6000.0	19697.2	1625.0
2805.3	379.2	11450.0	14255.3	253.5

14－7 续表 2 continued2

指标名称	Item	实收资本 Driginal Value of fixed assets	国家资本 State owned
总　计	Total	193221.2	90130.9
一、住宿业	Hotels	154160.4	72931.0
1. 按住宿行业小类分组	Grouped by sectors		
旅游饭店	Tourism restaurant	150615.9	70569.3
一般旅馆	Hotels	3308.7	2151.7
其他住宿业	Others	235.8	210.0
2. 按登记注册类型分组	Grouped by type registered		
内资企业	Domestic funds	113111.6	66912.9
国有企业	State－owned	75536.2	50766.2
集体企业	Collective－owned	20.0	
股份合作企业	Cooperative	1068.3	
联营企业	Joint	3000.0	
国有联营企业	State joint owned	3000.0	
集体联营企业	Collective joine owned		
国有与集体联营企业	State－collective joint owned		
其他联营企业	Other joint owned		
有限责任公司	Limited liability corporations	20809.8	15200.0
国有独资公司	State－owned solely	15000.0	15000.0
其他有限责任公司	Limited liability corporations	5809.8	200.0
股份有限公司	Share holding	996.7	946.7
私营企业	Private	2580.0	
私营独资企业	Private funded		
私营合伙企业	Private partner		
私营有限责任公司	Private limited company	2530.0	
私营股份有限公司	Private share holding	50.0	
其他企业	Others	9100.6	
港、澳、台商投资企业	Funded from Hongkong, Macao and Taiwan	10213.5	
合资经营企业(港或澳、台资)	Joint venture	9960.0	
合作经营企业(港或澳、台资)	Cooperative	253.5	
港、澳、台商独资经营企业	Solefunds		
港、澳、台商投资股份有限公司	Share holding		
其他港澳台投资企业	Others		

单位:万元　unit:10000 yuan

集体资本 Collective	法人资本 Corporate	个人资本 Private	港澳台资本 Funded from Hongkong, Macao and Taiwan	外商资本 Foreign funds
156.0	65375.6	5133.1	200.0	32225.6
24.0	48062.8	717.0	200.0	32225.6
20.0	47082.0	520.0	200.0	32224.6
4.0	955.0	197.0		1.0
	25.8			
24.0	45456.7	717.0		1.0
4.0	24718.0	47.0		1.0
20.0		20.0		
	1068.3			
	3000.0			
	3000.0			
	4939.8	670.0		
	4939.8	670.0		
	50.0			
	2580.0			
	2530.0			
	50.0			
	9100.6			
	1547.5		200.0	8466.0
	1494.0			8466.0
	53.5		200.0	

14－7 续表 3 continued3

指标名称	Item	营业收入 Operation revenue	主营业务收入 Operating revenue
总　计	Total	286788.0	279465.4
一、住宿业	Hotels	164124.6	161806.8
1. 按住宿行业小类分组	Grouped by sectors		
旅游饭店	Tourism restaurant	149578.1	147353.1
一般旅馆	Hotels	6346.9	6254.2
其他住宿业	Others	8199.6	8199.5
2. 按登记注册类型分组	Grouped by type registered		
内资企业	Domestic funds	119587.9	117752.6
国有企业	State－owned	59978.3	59904.8
集体企业	Collective－owned	1230.9	1230.9
股份合作企业	Cooperative	2858.6	1376.5
联营企业	Joint	4000.6	4000.6
国有联营企业	State joint owned	4000.6	4000.6
集体联营企业	Collective joine owned		
国有与集体联营企业	State－collective joint owned		
其他联营企业	Other joint owned		
有限责任公司	Limited liability corporations	35073.7	34800.0
国有独资公司	State－owned solely	974.9	765.5
其他有限责任公司	Limited liability corporations	34098.8	34034.5
股份有限公司	Share holding	2573.1	2573.1
私营企业	Private	6913.8	6907.8
私营独资企业	Private funded		
私营合伙企业	Private partner		
私营有限责任公司	Private limited company	6713.7	6707.7
私营股份有限公司	Private share holding	200.1	200.1
其他企业	Others	6958.9	6958.9
港、澳、台商投资企业	Funded from Hongkong, Macao and Taiwan	11815.7	11333.2
合资经营企业(港或澳、台资)	Joint venture	4849.8	4382.3
合作经营企业(港或澳、台资)	Cooperative	6965.9	6950.9
港、澳、台商独资经营企业	Solefunds		
港、澳、台商投资股份有限公司	Share holding		
其他港澳台投资企业	Others		

单位:万元　unit:10000 yuan

营业成本 Operation costs	主营业务成本 Operating cost	营业税金及附加 Business taxes and extra charges	主营业务税金及附加 Operating taxes and extra harges	其他业务利润 Other profits	销售费用 Marketing expenses
115485.2	113743.5	15517.5	14026.4	5629.6	75513.1
59055.0	58995.2	8985.7	8943.5	4657.4	51883.6
53248.1	53228.3	8048.4	8044.4	4626.1	46404.3
2312.5	2272.5	501.6	463.4	31.3	2600.3
3494.4	3494.4	435.7	435.7		2879.0
45688.7	45631.5	6625.2	6583.0	4645.0	41372.4
22874.2	22828.7	3265.4	3265.4	237.1	20880.9
597.9	597.9	60.1	60.1		330.3
983.7	983.7	104.0	104.0	271.1	452.4
708.8	708.8	362.3	362.3		1882.1
708.8	708.8	362.3	362.3		1882.1
12946.4	12934.7	2058.6	2020.4	229.0	13586.6
296.3	284.6	43.1	43.1	197.7	1606.0
12650.1	12650.1	2015.5	1977.3	31.3	11980.6
1092.2	1092.2	155.2	155.2		708.7
4410.9	4410.9	229.2	225.2		1413.0
4272.9	4272.9	229.2	225.2		1361.0
138.0	138.0				52.0
2074.6	2074.6	390.4	390.4	3907.8	2118.4
3481.3	3478.7	653.6	653.6	12.4	4291.9
625.0	625.0	268.4	268.4		2878.9
2856.3	2853.7	385.2	385.2	12.4	1413.0

14－7 续表 4 continued4

指标名称	Item	管理费用 Management expenses	税　金 Taxes
总　计	Total	68536.0	1988.0
一、住宿业	Hotels	42593.9	1245.9
1. 按住宿行业小类分组	Grouped by sectors		
旅游饭店	Tourism restaurant	39044.8	1108.4
一般旅馆	Hotels	1746.4	48.5
其他住宿业	Others	1802.7	89.0
2. 按登记注册类型分组	Grouped by type registered		
内资企业	Domestic funds	30079.0	1102.9
国有企业	State－owned	17214.9	448.2
集体企业	Collective－owned	133.4	
股份合作企业	Cooperative	401.3	
联营企业	Joint	513.7	
国有联营企业	State joint owned	513.7	
集体联营企业	Collective joine owned		
国有与集体联营企业	State－collective joint owned		
其他联营企业	Other joint owned		
有限责任公司	Limited liability corporations	7930.5	459.8
国有独资公司	State－owned solely	922.2	183.6
其他有限责任公司	Limited liability corporations	7008.3	276.2
股份有限公司	Share holding	619.0	45.6
私营企业	Private	808.6	105.3
私营独资企业	Private funded		
私营合伙企业	Private partner		
私营有限责任公司	Private limited company	797.1	105.3
私营股份有限公司	Private share holding	11.5	
其他企业	Others	2457.6	44.0
港、澳、台商投资企业	Funded from Hongkong, Macao and Taiwan	3164.8	43.2
合资经营企业(港或澳、台资)	Joint venture	1912.9	
合作经营企业(港或澳、台资)	Cooperative	1251.9	43.2
港、澳、台商独资经营企业	Solefunds		
港、澳、台商投资股份有限公司	Share holding		
其他港澳台投资企业	Others		

单位:万元 unit:10000 yuan

三、损益及分配 Gains and losses and distribution				
差旅费 Travel expenses	工会经费 Trade union Outlays	财务费用 Financial expenses	利息收入 Interest income	利息支出 Interest expenditure
520.7	244.2	6076.5	657.3	3025.9
276.3	55.2	3310.9	624.6	1486.0
239.8	43.7	3010.4	616.1	1459.3
10.4	11.5	270.0	1.1	26.7
26.1		30.5	7.4	
204.0	55.2	956.0	1.4	263.3
126.7	36.3	438.8	-7.9	176.0
			5.7	
		0.8	0.8	
			10.1	
		10.1		
54.1	9.4	417.8	5.8	70.6
12.8	2.9	2.8		
41.3	6.5	415.0	5.8	70.6
2.5	0.5	26.9	1.2	16.7
15.0	6.0	4.2	-0.4	
15.0	6.0	1.8	-0.4	
		2.4		
5.7	3.0	51.7	1.9	
72.3		1863.5	610.1	1049.4
		755.3	608.9	
72.3		1108.2	1.2	1049.4

14-7续表5 continued5

指标名称	Item	资产减值损失 Lost	公允价值变动收益 Revenue
总　计	Total	6511.0	1785.0
一、住宿业	Hotels	6511.0	
1. 按住宿行业小类分组	Grouped by sectors		
旅游饭店	Tourism restaurant	6511.0	
一般旅馆	Hotels		
其他住宿业	Others		
2. 按登记注册类型分组	Grouped by type registered		
内资企业	Domestic funds	6511.0	
国有企业	State - owned	-0.7	
集体企业	Collective - owned		
股份合作企业	Cooperative		
联营企业	Joint		
国有联营企业	State joint owned		
集体联营企业	Collective joine owned		
国有与集体联营企业	State - collective joint owned		
其他联营企业	Other joint owned		
有限责任公司	Limited liability corporations	6481.7	
国有独资公司	State - owned solely		
其他有限责任公司	Limited liability corporations	6481.7	
股份有限公司	Share holding		
私营企业	Private	30.0	
私营独资企业	Private funded		
私营合伙企业	Private partner		
私营有限责任公司	Private limited company	30.0	
私营股份有限公司	Private share holding		
其他企业	Others		
港、澳、台商投资企业	Funded from Hongkong, Macao and Taiwan		
合资经营企业(港或澳、台资)	Joint venture		
合作经营企业(港或澳、台资)	Cooperative		
港、澳、台商独资经营企业	Solefunds		
港、澳、台商投资股份有限公司	Share holding		
其他港澳台投资企业	Others		

单位:万元　unit:10000 yuan

投资收益 Investment income	营业利润 Business profits	营业外收入 Norbusiness revenue	补贴收入 Subsidies revenue	利润总额 Total profits	应交所得税 Income taxes payable
1007.6	58.5	2054.1	1446.7	-722.3	2731.4
5.5	-7667.9	1956.0	1446.7	-7954.5	1264.9
5.5	-6117.5	1863.8	1446.7	-6476.8	1237.1
	-1107.7	86.0		-1028.8	27.8
	-442.7	6.2		-448.9	
5.5	-11663.1	1942.0	1446.7	-10881.8	78.5
5.5	-4690.0	1761.2	1446.7	-2530.4	0.7
	103.5	0.2		103.7	26.8
	916.4	65.3			
	523.6			523.6	
	523.6			523.6	
	-8371.7	108.1		-8853.2	43.0
	-1895.5	1.1		-1903.1	
	-6476.2	107.0		-6950.1	43.0
	-28.9	3.1		56.8	0.5
	17.8	3.0		-49.6	7.5
	21.6	3.0		-45.8	7.5
	-3.8			-3.8	
	-133.8	1.1		-132.7	
	-1074.7			-1639.4	
	-1026.0			-1590.7	
	-48.7			-48.7	

14－7 续表6 continued6

指标名称 Item		四、工人成本 Workers cost 应付职工薪酬（本年贷方计发生额）payroll payable (credit accumulated happening this year)
总　计	Total	42381.5
一、住宿业	Hotels	27481.2
1. 按住宿行业小类分组	Grouped by sectors	
旅游饭店	Tourism restaurant	25108.5
一般旅馆	Hotels	911.9
其他住宿业	Others	1460.8
2. 按登记注册类型分组	Grouped by type registered	
内资企业	Domestic funds	24560.4
国有企业	State – owned	12726.3
集体企业	Collective – owned	211.3
股份合作企业	Cooperative	307.8
联营企业	Joint	609.3
国有联营企业	State joint owned	609.3
集体联营企业	Collective joine owned	
国有与集体联营企业	State – collective joint owned	
其他联营企业	Other joint owned	
有限责任公司	Limited liability corporations	7358.0
国有独资公司	State – owned solely	871.8
其他有限责任公司	Limited liability corporations	6486.2
股份有限公司	Share holding	237.3
私营企业	Private	936.5
私营独资企业	Private funded	
私营合伙企业	Private partner	
私营有限责任公司	Private limited company	906.5
私营股份有限公司	Private share holding	30.0
其他企业	Others	2173.9
港、澳、台商投资企业	Funded from Hongkong, Macao and Taiwan	1017.3
合资经营企业（港或澳、台资）	Joint venture	238.8
合作经营企业（港或澳、台资）	Cooperative	778.5
港、澳、台商独资经营企业	Solefunds	
港、澳、台商投资股份有限公司	Share holding	
其他港澳台投资企业	Others	

单位:万元　unit:10000 yuan

五、土地和固定资产　Land and fixed asset					
土地和固定资产支出 Land and fixed asset expenditures	土地购置 Purchase of land	房屋和建筑物 Buildings and constructing	机器设备 Machine and equipment	运输工具 Means of transport	其他费用 Others
7072.8		6338.2	505.3		229.3
6953.5		6292.8	441.4		219.3
6918.7		6292.8	406.6		219.3
34.8			34.8		
4621.3		4152.5	378.3		90.5
219.8			193.7		26.1
50.1			50.1		
4248.3		4152.5	31.4		64.4
4248.3		4152.5	31.4		64.4
936.5					
103.1			103.1		
2332.2		2140.3	63.1		128.8
2332.2		2140.3	63.1		128.8

14－7 续表 7 continued7

指标名称	Item	法人企业数(个) Corporate enterprises (unit)	执行《2006 年企业会计准则》企业个数(个) Number of enterprises implmenting Accounting Standards for Business Enterprises 2006	一、年初存货 Inventory
外商投资企业	Foreign funded	3	2	1384.2
中外合资经营企业	Joint venture	2	1	786.5
中外合作经营企业	Cooperative	1	1	597.7
外资企业	Foreign funds			
外商投资股份有限公司	Share holding			
其他外商投资企业	Others			
3. 按控股情况分组	Grouped by owned			
国有控股	State－owned	26	19	2908.4
集体控股	Collective－owned	1	1	49.8
私人控股	Private－owned	9	7	317.1
港澳台商控股	Hongkong, Macao and Taiwan－Owned	1	1	449.0
外商控股	Foreign－owned	1	1	340.8
其他	Others	15	11	2291.2
4. 按经营形式分组	Grouped by form of management			
独立门店	Substantive store	49	36	6161.7
连锁总店(总部)	Chain headquarter			
连锁门店	Chain store	1	1	64.8
其他	Others	4	4	289.9
5. 按单位规模分组	Gruoped by size of enterprises			
大型	Large－sized	3	2	1233.7
中型	Medium－sized	19	15	3849.6
小型	Small－sized	30	22	1403.8
微型	Micro－sized	2	2	29.3
6. 按星级分组	Grouped by star			
五星	Five－star	2	2	1137.1
四星	Four－star	14	11	3474.9
三星	Three－star	17	13	850.9
二星	Two－star	5	3	122.9
一星	One－star			
其他	Others	16	12	930.6
二、餐饮业	Catering	52	33	3514.5
1. 按餐饮行业小类分组	Grouped by sector			

单位:万元　unit:10000 yuan

流动资产合计 Circulating funds	应收帐款 Receivables	存　货 Inventery	固定资产合计 Total fixed assets	固定资产原价 Original Value of fixed assets	累计折旧 Total depreciation	本年折旧 Depreciation in this year
12695.7	2315.5	1582.6	56369.7	115120.5	58750.8	1209.5
8546.8	716.1	900.4	46058.8	95079.2	49020.4	543.5
4148.9	1599.4	682.2	10310.9	20041.3	9730.4	666.0
26620.5	1552.1	2650.8	85716.3	135991.5	50466.4	4970.0
411.8	-54.5	51.8	15.8	79.8	64.0	3.4
6888.6	255.5	302.3	5137.1	6827.8	1690.7	282.9
9443.5	310.7	368.3	3198.6	6415.6	3217.0	217.3
1844.4	300.9	340.1	16763.1	31799.3	15036.2	
56009.7	3867.1	2440.9	117321.9	206818.1	89502.7	2799.9
75659.8	5829.5	5943.2	193748.6	344583.6	151032.7	8104.8
749.3		97.2	1367.0	1595.0	228.0	93.0
27690.4	564.3	147.1	33283.2	43733.2	10450.0	378.6
35722.9	1213.8	1037.2	75422.2	126923.1	51500.9	2551.9
50136.1	4352.2	3891.4	126200.3	222973.6	96800.6	6765.1
18168.0	824.7	1230.4	26277.8	39113.2	13005.8	-786.6
72.5	3.1	28.5	498.5	901.9	403.4	46.0
10733.9	1454.0	1059.1	48476.1	101147.9	52671.8	599.8
36824.9	3491.0	3372.6	97768.2	170401.9	72661.0	4389.3
11967.0	205.0	1029.2	36073.1	53710.9	17644.3	2076.5
1687.9	423.1	49.5	413.8	1945.6	1531.8	-1861.9
42885.8	820.7	677.1	45667.6	62705.5	17201.8	3372.7
59694.8	3855.4	3903.2	100060.9	131419.7	34159.8	4560.6

14－7 续表 8 continued8

指标名称 Item		在建工程 Circulating funds	资产总计 Circulating funds
外商投资企业	Foreign funded	528.3	72246.0
中外合资经营企业	Joint venture	455.6	57594.9
中外合作经营企业	Cooperative	72.7	14651.1
外资企业	Foreign funds		
外商投资股份有限公司	Share holding		
其他外商投资企业	Others		
3. 按控股情况分组	Grouped by owned		
国有控股	State－owned	38167.2	168488.9
集体控股	Collective－owned		427.6
私人控股	Private－owned	771.5	13395.5
港澳台商控股	Hongkong, Macao and Taiwan－Owned		14508.8
外商控股	Foreign－owned	15.0	21322.2
其他	Others	3761.6	185411.8
4. 按经营形式分组	Grouped by form of management		
独立门店	Substantive store	39533.1	338087.8
连锁总店(总部)	Chain headquarter		
连锁门店	Chain store		2116.3
其他	Others	3182.2	66477.7
5. 按单位规模分组	Gruoped by size of enterprises		
大型	Large－sized	16294.4	129288.8
中型	Medium－sized	4227.9	202344.0
小型	Small－sized	22193.0	74473.7
微型	Micro－sized		575.3
6. 按星级分组	Grouped by star		
五星	Five－star	506.7	61188.3
四星	Four－star	38076.8	192235.9
三星	Three－star	216.1	54017.7
二星	Two－star	3182.2	5689.8
一星	One－star		
其他	Others	733.5	93550.1
二、餐饮业	Catering	5465.3	192692.1
1. 按餐饮行业小类分组	Grouped by sector		

单位:万元 unit:10000 yuan

二、期末资产负债 The final balance sheet				
流动负债合计 Circulating funds	应付账款 Inventory	非流动负债合计 Total non - current liability	负债合计 Total Investment	所有者权益 Creditor's equity
25334.3	13731.2	16770.0	42104.3	30141.7
6627.3	1274.0	15770.0	22397.3	35197.6
18707.0	12457.2	1000.0	19707.0	-5055.9
64252.1	18724.5	11525.0	85055.7	83433.2
350.7	36.2		350.7	76.9
9936.5	2972.2	77.7	10014.2	3381.3
253.5	2805.3	379.2	11450.0	14255.3
13697.2	1206.6	6000.0	19697.2	1625.0
65240.4	17941.1	39970.0	105824.7	79587.1
148631.2	41930.4	45822.7	204346.8	133741.0
1193.0	46.0		1193.0	923.3
8159.8	888.4	23200.0	31359.8	35117.9
18872.8	3288.1	37278.2	56151.0	73137.8
109004.7	31274.2	27166.8	144289.4	58054.6
29766.9	8294.5	4577.7	36119.6	38354.1
339.6	8.0		339.6	235.7
9521.0	2053.7	13928.2	23449.2	37739.1
92471.8	28630.7	31786.8	124258.6	67977.3
10606.9	4167.0	30.0	20529.8	33487.9
4281.0	714.9		4281.0	1408.8
41103.3	7298.5	23277.7	64381.0	29169.1
62136.3	9297.2	22432.9	84639.8	108052.3

14-7 续表9 continued9

指标名称	Item	实收资本 Original Value of fixed assets	国家资本 State owned
外商投资企业	Foreign funded	30835.3	6018.1
中外合资经营企业	Joint venture	26700.0	4000.0
中外合作经营企业	Cooperative	4135.3	2018.1
外资企业	Foreign funds		
外商投资股份有限公司	Share holding		
其他外商投资企业	Others		
3. 按控股情况分组	Grouped by owned		
国有控股	State - owned	93848.5	65010.2
集体控股	Collective - owned	20.0	
私人控股	Private - owned	2990.0	
港澳台商控股	Hongkong, Macao and Taiwan - Owned	253.5	
外商控股	Foreign - owned	9960.0	
其他	Others	45385.7	6218.1
4. 按经营形式分组	Grouped by form of management		
独立门店	Substantive store	149060.6	72931.0
连锁总店(总部)	Chain headquarter		
连锁门店	Chain store	50.0	
其他	Others	5049.8	
5. 按单位规模分组	Gruoped by size of enterprises		
大型	Large - sized	42503.3	
中型	Medium - sized	71019.3	39704.3
小型	Small - sized	40424.8	33224.7
微型	Micro - sized	213.0	2.0
6. 按星级分组	Grouped by star		
五星	Five - star	25700.6	
四星	Four - star	94335.8	52801.6
三星	Three - star	23115.8	15818.0
二星	Two - star	2817.0	457.0
一星	One - star		
其他	Others	8191.2	3854.4
二、餐饮业	Catering	39060.8	17199.9
1. 按餐饮行业小类分组	Grouped by sector		

单位:万元　unit:10000 yuan

集体资本 Collective	法人资本 Corporate	个人资本 Private	港澳台资本 Funded from Hongkong, Macao and Taiwan	外商资本 Foreign funds
	1058.6			23758.6
				22700.0
	1058.6			1058.6
4.0	28786.3	47.0		1.0
20.0				
	2830.0	160.0		
	53.5		200.0	
	1494.0			8466.0
	14899.0	510.0		23758.6
24.0	43473.0	207.0	200.0	32225.6
	50.0			
	4539.8	510.0		
	25303.3	500.0		16700.0
	15590.4		200.0	15524.6
20.0	6966.1	214.0		
4.0	203.0	3.0		1.0
	9000.6			16700.0
	25809.6		200.0	15524.6
20.0	7267.8	10.0		
	2350.0	10.0		
4.0	3634.8	697.0		1.0
132.0	17312.8	4416.1		

14－7 续表 10 continued10

指标名称 Item		营业收入 Operation revenue	主营业务收入 Operating revenue
外商投资企业	Foreign funded	32721.0	32721.0
中外合资经营企业	Joint venture	27347.7	27347.7
中外合作经营企业	Cooperative	5373.3	5373.3
外资企业	Foreign funds		
外商投资股份有限公司	Share holding		
其他外商投资企业	Others		
3. 按控股情况分组	Grouped by owned		
国有控股	State－owned	66926.2	65161.2
集体控股	Collective－owned	1230.9	1230.9
私人控股	Private－owned	9746.9	9738.7
港澳台商控股	Hongkong, Macao and Taiwan－Owned	6965.9	6950.9
外商控股	Foreign－owned	4849.8	4382.3
其他	Others	71696.9	71634.8
4. 按经营形式分组	Grouped by form of management		
独立门店	Substantive store	145072.8	142755.0
连锁总店(总部)	Chain headquarter		
连锁门店	Chain store	4222.1	4222.1
其他	Others	14829.7	14829.7
5. 按单位规模分组	Gruoped by size of enterprises		
大型	Large－sized	46904.4	46904.4
中型	Medium－sized	86666.5	86183.9
小型	Small－sized	30259.7	28455.2
微型	Micro－sized	294.0	263.3
6. 按星级分组	Grouped by star		
五星	Five－star	28480.0	28480.0
四星	Four－star	72434.6	71742.6
三星	Three－star	29687.9	28143.8
二星	Two－star	3690.4	3645.4
一星	One－star		
其他	Others	29831.7	29795.0
二、餐饮业	Catering	122663.4	117658.6
1. 按餐饮行业小类分组	Grouped by sector		

单位:万元 unit:10000 yuan

营业成本 Operation costs	主营业务成本 Operating cost	营业税金及附加 Business taxes and extra charges	主营业务税金及附加 Operating taxes and extra harges	其他业务利润 Other profits	销售费用 Marketing expenses
9885.0	9885.0	1706.9	1706.9		6219.3
8271.3	8271.3	1412.3	1412.3		5727.0
1613.7	1613.7	294.6	294.6		492.3
25121.9	25064.7	3737.6	3737.6	705.9	23642.1
597.9	597.9	60.1	60.1		330.3
5754.9	5754.9	467.2	463.2	20.2	2140.6
2856.3	2853.7	385.2	385.2	12.4	1413.0
625.0	625.0	268.4	268.4		2878.9
23296.3	23296.3	3916.9	3878.7	3918.9	20079.9
49575.4	49515.6	8120.1	8077.9	4657.4	47060.5
3571.2	3571.2	70.2	70.2		44.7
5908.4	5908.4	795.4	795.4		4778.4
16725.7	16725.7	2466.8	2466.8		9002.1
27700.5	27697.9	4912.6	4912.6	3920.2	33370.8
14559.7	14542.5	1594.8	1552.6	735.0	9453.0
69.1	29.1	11.5	11.5	2.2	57.7
9228.6	9228.6	1467.4	1467.4	3907.8	6373.8
24261.3	24247.0	3998.0	3998.0	210.1	24807.2
12455.5	12455.5	1528.8	1490.6	508.2	9040.1
1956.7	1951.2	225.1	225.1		578.4
11152.9	11112.9	1766.4	1762.4	31.3	11084.1
56430.2	54748.3	6531.8	5082.9	972.2	23629.5

14－7 续表 11 continued11

指标名称	Item	三、损益及分配 Gains and losses and distribution 管理费用 Management expenses	税金 Taxes
外商投资企业	Foreign funded	9350.1	99.8
中外合资经营企业	Joint venture	6199.5	
中外合作经营企业	Cooperative	3150.6	99.8
外资企业	Foreign funds		
外商投资股份有限公司	Share holding		
其他外商投资企业	Others		
3. 按控股情况分组	Grouped by owned		
国有控股	State－owned	19065.2	677.4
集体控股	Collective－owned	133.4	
私人控股	Private－owned	1674.5	116.3
港澳台商控股	Hongkong, Macao and Taiwan－Owned	1251.9	43.2
外商控股	Foreign－owned	1912.9	
其他	Others	18119.3	409.0
4. 按经营形式分组	Grouped by form of management		
独立门店	Substantive store	39225.0	1151.6
连锁总店(总部)	Chain headquarter		
连锁门店	Chain store	508.0	
其他	Others	2860.9	94.3
5. 按单位规模分组	Gruoped by size of enterprises		
大型	Large－sized	12927.9	70.0
中型	Medium－sized	22563.1	638.2
小型	Small－sized	6976.5	521.7
微型	Micro－sized	126.4	16.0
6. 按星级分组	Grouped by star		
五星	Five－star	6098.4	44.0
四星	Four－star	24311.8	633.7
三星	Three－star	4602.1	263.6
二星	Two－star	1207.2	69.9
一星	One－star		
其他	Others	6374.4	234.7
二、餐饮业	Catering	25942.1	742.1
1. 按餐饮行业小类分组	Grouped by sector		

单位:万元 unit:10000 yuan

三、损益及分配 Gains and losses and distribution				
差旅费 Travel expenses	工会经费 Trade union Outlays	财务费用 Financial expenses	利息收入 Interest income	利息支出 Interest expenditure
		491.4	13.1	173.3
		317.3	13.9	
		174.1	-0.8	173.3
138.0	39.7	503.3	22.9	192.7
		5.7		
16.0	8.9	210.4	-0.4	2.5
72.3		1108.2	1.2	1049.4
		755.3	608.9	
46.0	6.6	756.8	20.8	241.4
267.3	55.2	3218.0	621.6	1426.0
		2.2		
9.0		90.7	3.0	60.0
93.4	12.1	488.8	6.8	60.0
124.9	9.5	2493.8	608.8	1385.0
50.0	25.5	328.1	9.0	41.0
8.0	8.1	0.2		
5.7		378.6	1.4	
204.0	15.1	2449.6	637.9	1385.0
24.3	20.7	81.4	8.0	8.1
5.5	0.8	16.6	0.3	11.8
36.8	18.6	384.7	-23.0	81.1
244.4	189.0	2765.6	32.7	1539.9

14－7 续表 12 continued12

指标名称	Item	资产减值损失 Lost	公允价值变动收益 Revenue
外商投资企业	Foreign funded		
中外合资经营企业	Joint venture		
中外合作经营企业	Cooperative		
外资企业	Foreign funds		
外商投资股份有限公司	Share holding		
其他外商投资企业	Others		
3. 按控股情况分组	Grouped by owned		
国有控股	State－owned	－0.7	
集体控股	Collective－owned		
私人控股	Private－owned	30.0	
港澳台商控股	Hongkong, Macao and Taiwan－Owned		
外商控股	Foreign－owned		
其他	Others	6481.7	
4. 按经营形式分组	Grouped by form of management		
独立门店	Substantive store	29.3	
连锁总店(总部)	Chain headquarter		
连锁门店	Chain store		
其他	Others	6481.7	
5. 按单位规模分组	Gruoped by size of enterprises		
大型	Large－sized	6481.7	
中型	Medium－sized	－0.7	
小型	Small－sized	30.0	
微型	Micro－sized		
6. 按星级分组	Grouped by star		
五星	Five－star		
四星	Four－star	－0.7	
三星	Three－star		
二星	Two－star		
一星	One－star		
其他	Others	6511.7	
二、餐饮业	Catering		
1. 按餐饮行业小类分组	Grouped by sector		1785.0

单位:万元 unit:10000 yuan

投资收益 Investment income	营业利润 Business profits	营业外收入 Norbusiness revenue	补贴收入 Subsidies revenue	利润总额 Total profits	应交所得税 Income taxes payable
	5069.9	14.0		4566.7	1186.4
	5420.3	10.9		4938.7	1186.4
	-350.4	3.1		-372.0	
5.5	-5138.0	1824.9	1446.7	-3821.2	1.2
	103.5	0.2		103.7	26.8
	-530.8	45.9		-555.6	9.6
	-48.7			-48.7	
	-1026.0			-1590.7	
	-976.2	82.3		-1993.0	1227.3
5.5	-1607.9	1951.2	1446.7	-1379.7	1249.4
	25.8	3.0		23.6	
	-6085.8	1.8		-6598.4	15.5
	-1188.6	15.6		-1624.7	1186.4
5.5	-3802.1	1745.4	1446.7	-2252.9	0.7
	-2706.3	191.3		-4084.5	75.9
	29.1	3.7		7.6	1.9
	4933.2	11.6		4463.4	1186.4
5.5	-6821.1	1732.1	1433.5	-5302.5	0.7
	1956.1	151.0	13.2	976.0	67.7
	-293.6	32.9		-700.6	0.2
	-7442.5	28.4		-7390.8	9.9
1002.1	7726.4	98.1		7232.2	1466.5

14－7 续表13 continued13

指标名称 Item		四、工人成本 Workers cost 应付职工薪酬（本年贷方累计发生额）payroll payable (credit accumulated happening this year)
外商投资企业	Foreign funded	1903.5
中外合资经营企业	Joint venture	1353.1
中外合作经营企业	Cooperative	550.4
外资企业	Foreign funds	
外商投资股份有限公司	Share holding	
其他外商投资企业	Others	
3. 按控股情况分组	Grouped by owned	
国有控股	State－owned	14184.8
集体控股	Collective－owned	211.3
私人控股	Private－owned	1326.1
港澳台商控股	Hongkong, Macao and Taiwan－Owned	778.5
外商控股	Foreign－owned	238.8
其他	Others	10184.2
4. 按经营形式分组	Grouped by form of management	
独立门店	Substantive store	24468.8
连锁总店（总部）	Chain headquarter	
连锁门店	Chain store	306.1
其他	Others	2706.3
5. 按单位规模分组	Gruoped by size of enterprises	
大型	Large－sized	5348.7
中型	Medium－sized	16170.5
小型	Small－sized	5847.5
微型	Micro－sized	114.5
6. 按星级分组	Grouped by star	
五星	Five－star	2610.4
四星	Four－star	13424.0
三星	Three－star	4872.1
二星	Two－star	568.5
一星	One－star	
其他	Others	6006.2
二、餐饮业	Catering	14900.3
1. 按餐饮行业小类分组	Grouped by sector	

单位:万元 unit:10000 yuan

五、土地和固定资产 Land and fixed asset					
土地和固定资产支出 Land and fixed asset expenditures	土地购置 Purchase of land	房屋和建筑物 Buildings and constructing	机器设备 Machine and equipment	运输工具 Means of transport	其他费用 Others
251.6			225.5		26.1
2332.2		2140.3	63.1		128.8
4351.4		4152.5	134.5		64.4
2801.0		2140.3	441.4		219.3
4152.5		4152.5			
2728.1		2140.3	371.2		216.6
4225.4		4152.5	70.2		2.7
103.1			103.1		
2451.6		2140.3	174.3		137.0
162.6			144.7		17.9
4153.5		4152.5	1.0		
82.7			18.3		64.4
119.3		45.4	63.9		10.0

14－7 续表 14 continued14

指标名称	Item	法人企业数(个) Corporate enterprises (unit)	执行《2006年企业会计准则》企业个数(个) Number of enterprises implmenting Accounting Standards for Business Enterprises 2006	一、年初存货 Inventory
正餐服务	Dinner	52	33	3514.5
快餐服务	Fast food			
饮料及冷饮服务	Beverage and cold drink			
茶馆服务	The teahouse services			
咖啡馆服务	Coffee shops serve			
其他饮料及冷饮服务	Others			
其他餐饮业	Others			
小吃服务	Snack service			
餐饮配送服务	Food and beverage distribution services			
其他未列明餐饮业	Others			
2. 按登记注册类型分组	Grouped by type registered			
内资企业	Domestic funds	51	32	3506.7
国有企业	State－owned	4	2	400.3
集体企业	Collective－owned	3	1	259.9
股份合作企业	Cooperative	2	1	51.5
联营企业	Joint			
国有联营企业	State joint owned			
集体联营企业	Collective joine owned			
国有与集体联营企业	State－collective joint owned			
其他联营企业	Other joint owned			
有限责任公司	Limited liability corporations	13	6	899.4
国有独资企业	State owned solely			
其他有限责任公司	Limited liability corporations	13	6	899.4
股份有限公司	Share holding	2	2	18.8
私营企业	Private	18	14	1421.1
私营独资企业	Private funded	6	3	319.1
私营合伙企业	Private partner			
私营有限责任公司	Private limited company	12	11	1102.0
私营股份有限公司	Private share holding			
其他企业	Others	9	6	455.7
港、澳、台商投资企业	Funded from Hongkong, Macao and Taiwan	1	1	7.8

单位:万元　unit:10000 yuan

二、期末资产负债 The final balance sheet						
流动资产合计 Circulating funds	应收帐款 Receivables	存　货 Inventery	固定资产合计 Total fixed assets	固定资产原价 Original Value of fixed assets	累计折旧 Total depreciation	本年折旧 Depreciation in this year
59694.8	3855.4	3903.2	100060.9	131419.7	34159.8	4560.6
59542.6	3836.9	3840.0	99903.5	131137.6	34035.1	4534.1
18595.2	1438.5	589.1	33495.0	45396.4	11901.3	1032.9
411.0	168.4	46.3	175.7	317.9	142.2	2.9
1109.1	107.3	232.4	167.0	494.6	327.6	35.5
23701.8	718.9	888.5	41241.6	49617.1	11070.8	250.9
23701.8	718.9	888.5	41241.6	49617.1	11070.8	250.9
74.0		11.0	161.8	262.8	101.0	0.2
14432.7	1238.3	1670.5	24142.0	34122.7	10086.3	3103.9
3619.3	459.2	415.2	1216.6	2722.6	1611.6	42.1
10813.4	779.1	1255.3	22925.4	31400.1	8474.7	3061.8
1218.8	165.5	402.2	520.4	926.1	405.9	107.8
152.2	18.5	63.2	157.4	282.1	124.7	26.5

14－7 续表 15 continued15

指标名称	Item	二、期末资产负债 The final balance sheet 在建工程 Circulating funds	资产总计 Circulating funds
正餐服务	Dinner	5465.3	192692.1
快餐服务	Fast food		
饮料及冷饮服务	Beverage and cold drink		
茶馆服务	The teahouse services		
咖啡馆服务	Coffee shops serve		
其他饮料及冷饮服务	Others		
其他餐饮业	Others		
小吃服务	Snack service		
餐饮配送服务	Food and beverage distribution services		
其他未列明餐饮业	Others		
2. 按登记注册类型分组	Grouped by type registered		
内资企业	Domestic funds	5465.3	191497.3
国有企业	State－owned	4060.4	56200.8
集体企业	Collective－owned		586.7
股份合作企业	Cooperative		2080.1
联营企业	Joint		
国有联营企业	State joint owned		
集体联营企业	Collective joine owned		
国有与集体联营企业	State－collective joint owned		
其他联营企业	Other joint owned		
有限责任公司	Limited liability corporations	16.2	75858.3
国有独资企业	State owned solely		
其他有限责任公司	Limited liability corporations	16.2	75858.3
股份有限公司	Share holding		293.8
私营企业	Private	1388.7	53153.2
私营独资企业	Private funded		5638.6
私营合伙企业	Private partner		
私营有限责任公司	Private limited company	1388.7	47514.6
私营股份有限公司	Private share holding		
其他企业	Others		3324.4
港、澳、台商投资企业	Funded from Hongkong, Macao and Taiwan		1194.8

单位:万元　unit:10000 yuan

二、期末资产负债 The final balance sheet				
流动负债合计 Circulating funds	应付账款 Inventory	非流动负债合计 Total non - current liability	负债合计 Total Investment	所有者权益 Creditor' s equity
62136.3	9297.2	22432.9	84639.8	108052.3
62085.4	9266.0	22432.9	84588.9	106908.4
19102.3	2884.9	4762.0	23864.4	32336.4
454.1	367.8	195.8	720.4	-133.7
1202.7	132.8		1202.7	877.4
15096.8	3949.4	4431.2	19528.0	56330.3
15096.8	3949.4	4431.2	19528.0	56330.3
178.0	70.0		178.0	115.8
23255.9	1553.7	13043.9	36299.8	16853.4
2886.5	226.1	510.8	3397.3	2241.3
20369.4	1327.6	12533.1	32902.5	14612.1
2795.6	307.4		2795.6	528.8
50.9	31.2		50.9	1143.9

14－7 续表 16 continued16

指标名称	Item	实收资本 Driginal Value of fixed assets
正餐服务	Dinner	
快餐服务	Fast food	39060.8
饮料及冷饮服务	Beverage and cold drink	
茶馆服务	The teahouse services	
咖啡馆服务	Coffee shops serve	
其他饮料及冷饮服务	Others	
其他餐饮业	Others	
小吃服务	Snack service	
餐饮配送服务	Food and beverage distribution services	
其他未列明餐饮业	Others	
2. 按登记注册类型分组	Grouped by type registered	
内资企业	Domestic funds	39060.8
国有企业	State－owned	16829.9
集体企业	Collective－owned	102.0
股份合作企业	Cooperative	530.0
联营企业	Joint	
国有联营企业	State joint owned	
集体联营企业	Collective joine owned	
国有与集体联营企业	State－collective joint owned	
其他联营企业	Other joint owned	
有限责任公司	Limited liability corporations	3667.3
国有独资企业	State owned solely	
其他有限责任公司	Limited liability corporations	3667.3
股份有限公司	Share holding	131.0
私营企业	Private	17356.6
私营独资企业	Private funded	1251.6
私营合伙企业	Private partner	
私营有限责任公司	Private limited company	16105.0
私营股份有限公司	Private share holding	
其他企业	Others	444.0
港、澳、台商投资企业	Funded from Hongkong, Macao and Taiwan	

单位:万元 unit:10000 yuan

国家资本 State owned	集体资本 Collective	法人资本 Corporate	个人资本 Private	港澳台资本 Funded from Hongkong, Macao and Taiwan	外商资本 Foreign funds
17199.9	132.0	17312.8	4416.1		
17199.9	132.0	17312.8	4416.1		
16749.9		80.0			
	102.0				
450.0	30.0		50.0		
		2879.5	787.8		
		2879.5	787.8		
		131.0			
		13946.0	3410.6		
		80.0	1171.6		
		13866.0	2239.0		
		276.3	167.7		

14－7 续表 17 continued17

指标名称	Item	营业收入 Operation revenue	主营业务收入 Operating revenue
正餐服务	Dinner	122663.4	117658.6
快餐服务	Fast food		
饮料及冷饮服务	Beverage and cold drink		
茶馆服务	The teahouse services		
咖啡馆服务	Coffee shops serve		
其他饮料及冷饮服务	Others		
其他餐饮业	Others		
小吃服务	Snack service		
餐饮配送服务	Food and beverage distribution services		
其他未列明餐饮业	Others		
2. 按登记注册类型分组	Grouped by type registered		
内资企业	Domestic funds	121903.0	116898.2
国有企业	State－owned	22235.1	22235.1
集体企业	Collective－owned	2791.4	2791.4
股份合作企业	Cooperative	5519.3	5519.3
联营企业	Joint		
国有联营企业	State joint owned		
集体联营企业	Collective joine owned		
国有与集体联营企业	State－collective joint owned		
其他联营企业	Other joint owned		
有限责任公司	Limited liability corporations	31155.9	31004.4
国有独资企业	State owned solely		
其他有限责任公司	Limited liability corporations	31155.9	31004.4
股份有限公司	Share holding	787.2	787.2
私营企业	Private	47631.2	45977.9
私营独资企业	Private funded	6514.0	4931.7
私营合伙企业	Private partner		
私营有限责任公司	Private limited company	41117.2	41046.2
私营股份有限公司	Private share holding		
其他企业	Others	11782.9	8582.9
港、澳、台商投资企业	Funded from Hongkong, Macao and Taiwan	760.4	760.4

单位:万元 unit:10000 yuan

营业成本 Operation costs	主营业务成本 Operating cost	营业税金及附加 Business taxes and extra charges	主营业务税金及附加 Operating taxes and extra harges	其他业务利润 Other profits	销售费用 Marketing expenses
56430.2	54748.3	6531.8	5082.9	972.2	23629.5
56072.6	54390.7	6480.4	5031.5	972.2	23196.0
6239.5	6239.5	1216.6	206.9	245.3	1509.0
1914.0	1914.0	182.1	182.1	201.1	163.5
3363.3	3363.3	393.6	393.6		1288.6
15807.5	15807.5	1720.3	1703.2	219.1	2706.6
15807.5	15807.5	1720.3	1703.2	219.1	2706.6
468.2	468.2	33.5	33.5		
22459.3	21777.4	2229.0	1996.9	306.7	13776.4
2884.1	2202.2	351.7	164.9		2275.0
19575.2	19575.2	1877.3	1832.0	306.7	11501.4
5820.8	4820.8	705.3	515.3		3751.9
357.6	357.6	51.4	51.4		433.5

14－7 续表 18 continued18

指标名称	Item	管理费用 Management expenses
正餐服务	Dinner	25942.1
快餐服务	Fast food	
饮料及冷饮服务	Beverage and cold drink	
茶馆服务	The teahouse services	
咖啡馆服务	Coffee shops serve	
其他饮料及冷饮服务	Others	
其他餐饮业	Others	
小吃服务	Snack service	
餐饮配送服务	Food and beverage distribution services	
其他未列明餐饮业	Others	
2. 按登记注册类型分组	Grouped by type registered	
内资企业	Domestic funds	25709.9
国有企业	State－owned	12417.1
集体企业	Collective－owned	424.0
股份合作企业	Cooperative	184.9
联营企业	Joint	
国有联营企业	State joint owned	
集体联营企业	Collective joine owned	
国有与集体联营企业	State－collective joint owned	
其他联营企业	Other joint owned	
有限责任公司	Limited liability corporations	6218.2
国有独资企业	State owned solely	
其他有限责任公司	Limited liability corporations	6218.2
股份有限公司	Share holding	235.8
私营企业	Private	4747.8
私营独资企业	Private funded	797.9
私营合伙企业	Private partner	
私营有限责任公司	Private limited company	3949.9
私营股份有限公司	Private share holding	
其他企业	Others	1482.1
港、澳、台商投资企业	Funded from Hongkong, Macao and Taiwan	232.2

单位:万元 unit:10000 yuan

三、损益及分配 Gains and losses and distribution					
税　金 Taxes	差旅费 Travel expenses	工会经费 Trade union Outlays	财务费用 Financial expenses	利息收入 Interest income	利息支出 Interest expenditure
742.1	244.4	189.0	2765.6	32.7	1539.9
742.1	244.4	189.0	2764.9	32.7	1539.9
7.7	18.3	11.7	94.0	1.3	42.1
101.2		1.2	0.7		
		1.6	36.0	0.7	27.5
11.6	39.5	1.2	728.2	1.0	202.1
11.6	39.5	1.2	728.2	1.0	202.1
21.5		1.1	0.5		
395.1	53.8	17.4	1741.1	29.3	1258.8
7.5	0.6	1.2	107.4	2.6	0.3
387.6	53.2	16.2	1633.7	26.7	1258.5
205.0	132.8	154.8	164.4	0.4	9.4
			0.7		

14－7 续表 19 continued19

指标名称 Item		资产减值损失 Lost	公允价值变动收益 Revenue
正餐服务	Dinner		1785.0
快餐服务	Fast food		
饮料及冷饮服务	Beverage and cold drink		
茶馆服务	The teahouse services		
咖啡馆服务	Coffee shops serve		
其他饮料及冷饮服务	Others		
其他餐饮业	Others		
小吃服务	Snack service		
餐饮配送服务	Food and beverage distribution services		
其他未列明餐饮业	Others		
2. 按登记注册类型分组	Grouped by type registered		
内资企业	Domestic funds		1785.0
国有企业	State－owned		
集体企业	Collective－owned		
股份合作企业	Cooperative		
联营企业	Joint		
国有联营企业	State joint owned		
集体联营企业	Collective joine owned		
国有与集体联营企业	State－collective joint owned		
其他联营企业	Other joint owned		
有限责任公司	Limited liability corporations		
国有独资企业	State owned solely		
其他有限责任公司	Limited liability corporations		
股份有限公司	Share holding		
私营企业	Private		
私营独资企业	Private funded		
私营合伙企业	Private partner		
私营有限责任公司	Private limited company		
私营股份有限公司	Private share holding		
其他企业	Others		1785.0
港、澳、台商投资企业	Funded from Hongkong,Macao and Taiwan		

单位:万元 unit:10000 yuan

投资收益 Investment income	营业利润 Business profits	营业外收入 Norbusiness revenue	补贴收入 Subsidies revenue	利润总额 Total profits	应交所得税 Income taxes payable
1002.1	7726.4	98.1		7232.2	1466.5
1002.1	8041.4	97.8		7546.9	1437.6
	758.7	16.5		416.4	
	107.1			23.8	9.1
	252.9	0.3		338.9	
	3975.1	54.5		4065.1	1018.6
	3975.1	54.5		4065.1	1018.6
	49.2			9.2	17.2
	2709.1	26.1		2589.5	351.8
	97.9	7.2		156.7	26.8
	2611.2	18.9		2432.8	325.0
1002.1	189.3	0.4		104.0	40.9
	-315.0	0.3		-314.7	28.9

14-7 续表 20 continued20

指标名称	Item	四、工人成本 Workers cost 应付职工薪酬（本年贷方累计发生额）payroll payable (credit accumulated happening this year)
正餐服务	Dinner	14900.3
快餐服务	Fast food	
饮料及冷饮服务	Beverage and cold drink	
茶馆服务	The teahouse services	
咖啡馆服务	Coffee shops serve	
其他饮料及冷饮服务	Others	
其他餐饮业	Others	
小吃服务	Snack service	
餐饮配送服务	Food and beverage distribution services	
其他未列明餐饮业	Others	
2. 按登记注册类型分组	Grouped by type registered	
内资企业	Domestic funds	14777.9
国有企业	State - owned	2644.3
集体企业	Collective - owned	381.5
股份合作企业	Cooperative	358.5
联营企业	Joint	
国有联营企业	State joint owned	
集体联营企业	Collective joine owned	
国有与集体联营企业	State - collective joint owned	
其他联营企业	Other joint owned	
有限责任公司	Limited liability corporations	4093.6
国有独资企业	State owned solely	
其他有限责任公司	Limited liability corporations	4093.6
股份有限公司	Share holding	86.5
私营企业	Private	6057.5
私营独资企业	Private funded	244.3
私营合伙企业	Private partner	
私营有限责任公司	Private limited company	5813.2
私营股份有限公司	Private share holding	
其他企业	Others	1156.0
港、澳、台商投资企业	Funded from Hongkong, Macao and Taiwan	122.4

单位:万元 unit:10000 yuan

五、土地和固定资产 Land and fixed asset					
土地和固定资产支出 Land and fixed asset expenditures	土地购置 Purchase of land	房屋和建筑物 Buildings and constructing	机器设备 Machine and equipment	运输工具 Means of transport	其他费用 Others
119.3		45.4	63.9		10.0
119.3		45.4	63.9		10.0
10.7		0.7			10.0
108.6		45.4	63.2		
108.6		45.4	63.2		

14－7 续表 21 continued21

指标名称 Item		法人企业数(个) Corporate enter prises (unit)	执行《2006 年企业会计准则》企业个数(个) Number of enterprises implmenting Accounting Standards for Business Enterprises 2006	一、年初存货 Inventory
合资经营企业(港或澳、台资)	Joint venture			
合作经营企业(港或澳、台资)	Cooperative			
港、澳、台商独资经营企业	Solefunds	1	1	7.8
港、澳、台商投资股份有限公司	Share holding			
其他港澳台投资企业	Others			
外商投资企业	Foreign funded			
中外合资经营企业	Joint venture			
中外合作经营企业	Cooperative			
外资企业	Foreign funds			
外商投资股份有限公司	Share holding			
其他外商投资企业	Others			
3. 按控股情况分组	Grouped by owned			
国有控股	State－owned	5	2	451.8
集体控股	Collective－owned	3	1	259.9
私人控股	Private－owned	34	27	2023.3
港澳台商控股	Hongkong, Macao and Taiwan－Owned			
外商控股	Foreign－owned			
其他	Others	10	3	779.5
4. 按经营形式分组	Grouped by form of management			
独立门店	Substantive store	50	31	3465.0
连锁总店(总部)	Chain headquarter			
连锁门店	Chain store			
其他	Others	2	2	49.5
5. 按单位规模分组	Gruoped by size of enterprises			
大型	Large－sized	3	2	720.4
中型	Medium－sized	3	2	481.3
小型	Small－sized	43	26	2164.4
微型	Micro－sized	3	3	148.4

单位:万元 unit:10000 yuan

流动资产合计 Circulating funds	应收帐款 Receivables	存 货 Inventery	固定资产合计 Total fixed assets	固定资产原价 Original Value of fixed assets	累计折旧 Total depreciation	本年折旧 Depreciation in this year
152.2	18.5	63.2	157.4	282.1	124.7	26.5
18890.4	1439.8	633.0	33651.4	45878.7	12227.2	1067.7
411.0	168.4	46.3	175.7	317.9	142.2	2.9
21747.1	1826.5	2208.4	25252.9	36414.5	11267.4	3289.9
18646.3	420.7	1015.5	40980.9	48808.6	10523.0	200.1
58855.6	3749.4	3714.7	99921.4	131193.8	34073.4	4547.1
839.2	106.0	188.5	139.5	225.9	86.4	13.5
28569.2	600.7	753.9	85640.7	111549.0	25908.2	2690.0
7145.0	398.1	729.4	2238.0	3648.1	1410.1	1150.2
21478.0	2653.3	2316.2	12076.1	15615.7	6340.7	720.4
2502.6	203.3	103.7	106.1	606.9	500.8	

14－7 续表 22 continued22

指标名称	Item	二、期末资产负债 The final balance sheet 在建工程 Circulating funds	资产总计 Circulating funds
合资经营企业(港或澳、台资)	Joint venture		
合作经营企业(港或澳、台资)	Cooperative		
港、澳、台商独资经营企业	Solefunds		1194.8
港、澳、台商投资股份有限公司	Share holding		
其他港澳台投资企业	Others		
外商投资企业	Foreign funded		
中外合资经营企业	Joint venture		
中外合作经营企业	Cooperative		
外资企业	Foreign funds		
外商投资股份有限公司	Share holding		
其他外商投资企业	Others		
3. 按控股情况分组	Grouped by owned		
国有控股	State－owned	4060.4	57456.4
集体控股	Collective－owned		586.7
私人控股	Private－owned	1404.9	63590.3
港澳台商控股	Hongkong, Macao and Taiwan－Owned		
外商控股	Foreign－owned		
其他	Others		71058.7
4. 按经营形式分组	Grouped by form of management		
独立门店	Substantive store	5465.3	190551.8
连锁总店(总部)	Chain headquarter		
连锁门店	Chain store		
其他	Others		2140.3
5. 按单位规模分组	Gruoped by size of enterprises		
大型	Large－sized	4068.8	129998.3
中型	Medium－sized	1380.3	14032.2
小型	Small－sized	16.2	46052.5
微型	Micro－sized		2609.1

单位:万元 unit:10000 yuan

二、期末资产负债 The final balance sheet				
流动负债合计 Circulating funds	应付账款 Inventory	非流动负债合计 Total non - current liability	负债合计 Total Investment	所有者权益 Creditor's equity
50.9	31.2		50.9	1143.9
19857.9	2911.7	4762.0	24620.0	32836.4
454.1	367.8	195.8	720.4	-133.7
28806.3	3030.2	16475.1	45281.4	18308.9
13018.0	2987.5	1000.0	14018.0	57040.7
61449.2	9191.2	22093.4	83613.2	106938.6
687.1	106.0	339.5	1026.6	1113.7
34299.2	4131.7	4112.0	38411.3	91587.0
4390.3	389.7	7600.0	11990.3	2041.9
22361.9	4775.1	10220.1	32652.5	13400.0
1084.9	0.7	500.8	1585.7	1023.4

14－7 续表23 continued23

指标名称	Item	实收资本 Driginal Value of fixed assets	国家资本 State owned
合资经营企业(港或澳、台资)	Joint venture		
合作经营企业(港或澳、台资)	Cooperative		
港、澳、台商独资经营企业	Solefunds		
港、澳、台商投资股份有限公司	Share holding		
其他港澳台投资企业	Others		
外商投资企业	Foreign funded		
中外合资经营企业	Joint venture		
中外合作经营企业	Cooperative		
外资企业	Foreign funds		
外商投资股份有限公司	Share holding		
其他外商投资企业	Others		
3. 按控股情况分组	Grouped by owned		
国有控股	State－owned	17329.9	17199.9
集体控股	Collective－owned	102.0	
私人控股	Private－owned	18436.9	
港澳台商控股	Hongkong, Macao and Taiwan－Owned		
外商控股	Foreign－owned		
其他	Others	3192.0	
4. 按经营形式分组	Grouped by form of management		
独立门店	Substantive store	38730.8	17199.9
连锁总店(总部)	Chain headquarter		
连锁门店	Chain store		
其他	Others	330.0	
5. 按单位规模分组	Gruoped by size of enterprises		
大型	Large－sized	30653.4	16653.4
中型	Medium－sized	1340.0	
小型	Small－sized	6997.4	546.5
微型	Micro－sized	70.0	

单位:万元 unit:10000 yuan

集体资本 Collective	法人资本 Corporate	个人资本 Private	港澳台资本 Funded from Hongkong, Macao and Taiwan	外商资本 Foreign funds
	80.0	50.0		
102.0				
	14473.3	3963.6		
30.0	2759.5	402.5		
102.0	17012.8	4416.1		
30.0	300.0			
	14000.0			
	1340.0			
132.0	1916.8	4402.1		
	56.0	14.0		

14－7 续表 24 continued24

指标名称	Item	营业收入 Operation revenue	主营业务收入 Operating revenue
合资经营企业(港或澳、台资)	Joint venture		
合作经营企业(港或澳、台资)	Cooperative		
港、澳、台商独资经营企业	Solefunds	760.4	760.4
港、澳、台商投资股份有限公司	Share holding		
其他港澳台投资企业	Others		
外商投资企业	Foreign funded		
中外合资经营企业	Joint venture		
中外合作经营企业	Cooperative		
外资企业	Foreign funds		
外商投资股份有限公司	Share holding		
其他外商投资企业	Others		
3. 按控股情况分组	Grouped by owned		
国有控股	State－owned	23795.2	23795.2
集体控股	Collective－owned	2791.4	2791.4
私人控股	Private－owned	64943.5	60070.3
港澳台商控股	Hongkong, Macao and Taiwan－Owned		
外商控股	Foreign－owned		
其他	Others	31133.3	31001.7
4. 按经营形式分组	Grouped by form of management		
独立门店	Substantive store	112590.3	107585.5
连锁总店(总部)	Chain headquarter		
连锁门店	Chain store		
其他	Others	10073.1	10073.1
5. 按单位规模分组	Gruoped by size of enterprises		
大型	Large－sized	46548.1	46477.1
中型	Medium－sized	14282.1	14282.1
小型	Small－sized	57008.2	56856.7
微型	Micro－sized	4825.0	42.7

单位:万元 unit:10000 yuan

营业成本 Operation costs	主营业务成本 Operating cost	营业税金及附加 Business taxes and extra charges	主营业务税金及附加 Operating taxes and extra harges	其他业务利润 Other profits	销售费用 Marketing expenses
357.6	357.6	51.4	51.4		433.5
6947.6	6947.6	1303.9	294.2	245.3	2180.2
1914.0	1914.0	182.1	182.1	201.1	163.5
31294.1	29612.2	3271.8	2832.6	394.2	18483.3
16274.5	16274.5	1774.0	1774.0	131.6	2802.5
49220.5	47538.6	6042.1	4593.2	972.2	22970.7
7209.7	7209.7	489.7	489.7		658.8
12911.7	12911.7	2588.5	1565.0	71.0	6313.2
4854.6	4854.6	777.4	777.4		5057.5
36969.5	36969.5	2884.9	2738.1	901.2	9558.7
1694.4	12.5	281.0	2.4		2700.1

14－7 续表 25 continued25

指标名称	Item	管理费用 Management expenses	税　金 Taxes
合资经营企业(港或澳、台资)	Joint venture		
合作经营企业(港或澳、台资)	Cooperative		
港、澳、台商独资经营企业	Solefunds	232.2	
港、澳、台商投资股份有限公司	Share holding		
其他港澳台投资企业	Others		
外商投资企业	Foreign funded		
中外合资经营企业	Joint venture		
中外合作经营企业	Cooperative		
外资企业	Foreign funds		
外商投资股份有限公司	Share holding		
其他外商投资企业	Others		
3. 按控股情况分组	Grouped by owned		
国有控股	State－owned	12474.5	7.7
集体控股	Collective－owned	424.0	101.2
私人控股	Private－owned	6748.8	622.1
港澳台商控股	Hongkong, Macao and Taiwan－Owned		
外商控股	Foreign－owned		
其他	Others	6294.8	11.1
4. 按经营形式分组	Grouped by form of management		
独立门店	Substantive store	25750.2	742.1
连锁总店(总部)	Chain headquarter		
连锁门店	Chain store		
其他	Others	191.9	
5. 按单位规模分组	Gruoped by size of enterprises		
大型	Large－sized	17530.5	231.9
中型	Medium－sized	2827.2	140.8
小型	Small－sized	5029.4	269.4
微型	Micro－sized	555.0	100.0

单位:万元 unit:10000 yuan

三、损益及分配 Gains and losses and distribution				
差旅费 Travel expenses	工会经费 Trade union Outlays	财务费用 Financial expenses	利息收入 Interest income	利息支出 Interest expenditure
		0.7		
18.3	13.3	130.0	2.0	69.6
	1.2	0.7		
186.6	173.9	2298.0	29.7	1268.2
39.5	0.6	336.9	1.0	202.1
244.4	189.0	2764.1	31.4	1537.1
2.8			1.5	1.3
34.3	8.0	1083.8	-1.4	824.9
35.1	10.7	365.7	2.0	173.0
55.0	20.3	1185.0	32.1	542.0
120.0	150.0	131.1		

14－7 续表 26 continued26

指标名称 Item		资产减值损失 Lost	公允价值变动收益 Revenue
合资经营企业(港或澳、台资)	Joint venture		
合作经营企业(港或澳、台资)	Cooperative		
港、澳、台商独资经营企业	Solefunds		
港、澳、台商投资股份有限公司	Share holding		
其他港澳台投资企业	Others		
外商投资企业	Foreign funded		
中外合资经营企业	Joint venture		
中外合作经营企业	Cooperative		
外资企业	Foreign funds		
外商投资股份有限公司	Share holding		
其他外商投资企业	Others		
3. 按控股情况分组	Grouped by owned		
国有控股	State－owned		
集体控股	Collective－owned		
私人控股	Private－owned		1785.0
港澳台商控股	Hongkong, Macao and Taiwan－Owned		
外商控股	Foreign－owned		
其他	Others		
4. 按经营形式分组	Grouped by form of management		
独立门店	Substantive store		1785.0
连锁总店(总部)	Chain headquarter		
连锁门店	Chain store		
其他	Others		
5. 按单位规模分组	Gruoped by size of enterprises		
大型	Large－sized		
中型	Medium－sized		
小型	Small－sized		
微型	Micro－sized		1785.0

单位:万元 unit:10000 yuan

投资收益 Investment income	营业利润 Business profits	营业外收入 Norbusiness revenue		利润总额 Total profits	应交所得税 Income taxes payable
			补贴收入 Subsidies revenue		
	-315.0	0.3		-314.7	28.9
	758.8	16.8		416.8	
	107.1			23.8	9.1
1002.1	3209.9	26.5		2949.4	435.3
	3650.6	54.8		3842.2	1022.1
1002.1	6204.9	98.1		5625.0	1466.5
	1521.5			1607.2	
	6120.2	81.6		5830.3	1097.2
	399.7			398.7	119.2
2.1	1410.1	9.1		1017.5	230.5
1000.0	-203.6	7.4		-14.3	19.6

14－7 续表27 continued27

指标名称 Item		四、工人成本 Workers cost 应付职工薪酬（本年贷方累计发生额）payroll payable (credit accumulated happening this year)
合资经营企业（港或澳、台资）	Joint venture	
合作经营企业（港或澳、台资）	Cooperative	
港、澳、台商独资经营企业	Solefunds	122.4
港、澳、台商投资股份有限公司	Share holding	
其他港澳台投资企业	Others	
外商投资企业	Foreign funded	
中外合资经营企业	Joint venture	
中外合作经营企业	Cooperative	
外资企业	Foreign funds	
外商投资股份有限公司	Share holding	
其他外商投资企业	Others	
3. 按控股情况分组	Grouped by owned	
国有控股	State－owned	2936.8
集体控股	Collective－owned	381.5
私人控股	Private－owned	7864.9
港澳台商控股	Hongkong, Macao and Taiwan－Owned	
外商控股	Foreign－owned	
其他	Others	3717.1
4. 按经营形式分组	Grouped by form of management	
独立门店	Substantive store	14780.3
连锁总店（总部）	Chain headquarter	
连锁门店	Chain store	
其他	Others	120.0
5. 按单位规模分组	Gruoped by size of enterprises	
大型	Large－sized	6999.1
中型	Medium－sized	3097.0
小型	Small－sized	4679.0
微型	Micro－sized	125.2

单位:万元 unit:10000 yuan

五、土地和固定资产 Land and fixed asset					
土地和固定资产支出 Land and fixed asset expenditures	土地购置 Purchase of land	房屋和建筑物 Buildings and constructing	机器设备 Machine and equipment	运输工具 Means of transport	其他费用 Others
10.7			0.7		10.0
108.6		45.4	63.2		
119.3		45.4	63.9		10.0
119.3		45.4	63.9		10.0

统计资料

STATISTICS

◎ 对外经济贸易和旅游业

FOREIGN TRADE AND TOURISM

第十五篇　对外经济贸易和旅游业

据海关统计，2012年，我市实现进出口总额196.8亿美元，同比增长13.4%。其中实现进口额167.8亿美元，增长11.3%。实现出口额29.0亿美元，增长27.9%。

从我市进出口的贸易方式看，仍然以一般贸易为主，占全市进出口额的九成。2012年，我市一般贸易进出口额为179.0亿美元，占全部进出口额的91.0%，同比增长11.0%。其次是加工贸易进出口额10.8亿美元，占全部进出口额的5.5%，增长26.7%。外商投资企业作为投资进口的设备和物品进出口额为6.5亿美元，增长1.3倍。

从进出口市场情况看，2012年，我市对亚洲进出口38.4亿美元，下降9.8%。对非洲实现进出口额3.0亿美元，同比增长80.8%。对欧洲进出口139.0亿美元，增长16.5%。对拉丁美洲进出口7.0亿美元，增长85.1%。对北美洲进出口5.6亿美元，增长19.7%。对大洋洲进出口3.9亿美元，增长1.4倍。

实际利用外资增长较快，新批外资仍然以二产投资为主。2012年，我市实际利用外资36.8亿美元，同比增长19.6%。其中：外商直接投资8.5亿美元，增长9.9%。外商间接投资28.3亿美元，增长22.8%。新设立外商投资企业42户，同比下降4.5%。合同外资金额8.5亿美元，增长64.1%。

从新批外资的投资领域看，外资仍然以二产投资为主，合同外资和直接投资均在九成左右。二产投资15户，合同外资7.9亿美元，占新设立合同外资金额的93.1%，同比增长1.4倍。直接投资7.5亿美元，占外商直接投资总额的88.4%，同比增长85.7%。三产投资26户，合同外资0.5亿美元，占新设立合同外资金额的6.2%，同比下降71.7%。直接投资0.8亿美元，占外商直接投资总额的9.4%，同比下降73.6%。

从投资来源看，共有15个国家和地区来我市投资建厂，其中，合同外资金额排在前3位的分别是：德国(63126.8万美元)、百慕大(5000.0万美元)、香港(3937.3万美元)。

15-1 对外经济贸易指标
FOREIGN TRADE AND ECONOMIC COOPERATION

		单位	Unit	2011	2012
进出口总额(一)	Total import and export(Ⅰ)	万美元	$10000	1734394	1968046
其中:进口	Imports	万美元	$10000	1507388	1677694
出口	Exports	万美元	$10000	227006	290352
1.国有企业	State owned	万美元	$10000	875665	897119
其中:进口	Imports	万美元	$10000	766153	753131
出口	Exports	万美元	$10000	109512	143988
2.集体企业	Collective owned	万美元	$10000	1240	445
其中:进口	Imports	万美元	$10000	4	5
出口	Exports	万美元	$10000	1236	440
3.三资企业	Foreign funded	万美元	$10000	791357	976066
其中:进口	Imports	万美元	$10000	723339	905720
出口	Exports	万美元	$10000	68018	70346
4.私营企业	Private	万美元	$10000	65945	94243
其中:进口	Imports	万美元	$10000	17868	18809
出口	Exports	万美元	$10000	48076	75434
进出口总额(二)	Total import and export(Ⅱ)	万美元	$10000	1717122	1858746
其中:进口	Imports	万美元	$10000	1517550	1592033
出口	Exports	万美元	$10000	199572	266713
新批项目(企业)数	Number of new registered enterprises	个	unit	44	42
投资总额	Total investment	万美元	$10000	129943.9	557791.8
合同利用外资额	Contract foreign investment	万美元	$10000	51785.6	84955
其中:直接利用外资额	Direct foreign investments	万美元	$10000	51785.6	84955
实际利用外资额	Total of foreign funds actually used	万美元	$10000	307964.9	368236
其中:直接利用外资额	Direct foreign investment	万美元	$10000	77352	85003.6

注:进出口总额(一)中进出口总额是指在长春行政区域内工商注册、并在长春海关登记、赋予代码为“2201”的全部有外贸经营权的企业(公司)进出口总额。它是衡量我市有外贸经营权的企业(公司)经营规模和总体水平的标志。

进出口总额(二)中进出口总额是指在全国各地工商注册,并在当地海关登记的赋予相应代码的有外贸经营权的企业(公司),进口商品目的地为长春市、出口产品货源地产自长春市的进出口总额。它是衡量我市进口市场需求(包括项目)及出口生产质量、能力的标志。

Note:

*lmport - export value(Ⅰ) by changchun foreign trade managing units refer to actul value of imports and exports carried out by corporation which have been registered by changchun customhouse and vested with ri - ght to run import, export business. It is a measure of trade rights to the city and the o-verall level of the enterprise size.

**lmport value of commodities by the places of their destination and export value of commodities by the place of their origin in china: The places of their consumption, utilization or the place of their final des - tination. The latter indicator refers to the value of export commodities of the places of their ori-gin or t - he place of the commodities dispatched, changchun.

15－2 2000－2012长春市旅游经济情况

		2000	2001	2002
海外旅游者(人次)	International tourists(person－time)	55734	66853	76146
外国人(人次)	Foreigners(person－time)	38277	45720	55064
华侨(人次)	Overseas Chinese(person－time)			
港澳同胞(人次)	Compatriots from Hongkong and Macao(person－time)	6831	7280	5861
台湾同胞(人次)	Compatriots from Taiwan(person－time)	10626	13853	1522
海外旅游者(人天)	International tourists(person－day)	135065	193350	246356
外国人(人天)	Foreigners(person－day)	107131	153382	196813
华侨(人天)	Overseas Chinese(person－day)			
港澳同胞(人天)	Compatriots from Hongkong and Macao(person－day)	11296	17327	15691
台湾同胞(人天)	Compatriots from Taiwan(person－day)	16638	22641	33852
国内旅游者(万人次)	Domestic tourists(10000person－time)	819	1001	1085.5
旅游外汇收入(万美元)	Foreign exchange earnings from tourism($10000)	2261	3072	4204
旅游业总收入(亿元)	Revenue of tourism(100 millon yuan)	28.9	48	67

DEVELOPMENT OF TOURISM(2000－2012)

2003	2004	2005	2006	2007	2008	2009	2010	2011	2012
68877	87201	110000	151100	200248	217008	217000	249824	301639	356627
51523	70249	87100	117200	164834	187702	183251	219780	248034	286961
8546	8378	12100	17500	19210	13905	23326	20475	28809	36828
8808	8574	10700	16200	16204	10399	10534	9569	24796	32838
215277	258627	330000	420600	459611	595025	670934	806995	998963	1146277
178884	220862	276000	340200	409052	510417	583681	722157	838729	935851
18188	20187	28700	40800	50559	54444	57799	57121	85530	109363
18205	17578	24800	39500	47440	30164	29454	27717	74706	101063
1031	1100	1218.4	1366.7	1587.2	1896.6	2246.5	2612.64	3084.17	3620.21
3671	4295	5103.3	6665	8930	10680	11625	13747.87	16974.46	22379.05
83	96.7	120.2	148.2	182.84	228.31	276.6	350.42	431.65	548.28

15－3　主要出口商品情况
MAIN EXPORT GOODS

商品名称	Item	出口金额（万美元）Export（$10000）	占出口总额比重（%）Proportion（%）
合计	Total	290352	100.00
粮食	Food	5334	1.80
汽车（包括整套散件）	Automobile	24049	8.30
汽车零件	Vehicle parts	13225	4.60
服装及衣着附件	Garments and accessories	10857	3.70
新的充气橡胶轮胎	New pneumaticrubber tire	8621	3.00
塑料制品	Plastic products	1730	0.60
肉及杂碎	Meat	4451	1.50
胶合板及类似多层板	Veneer and multiply wood	6938	2.40
家具及其零件	Furniture	4089	1.40
摩托车	Motorcycles	1526	0.53
通断保护电路装置及零件	Hardware	965	0.30
医药品	Medicine materials	1954	0.70
箱包及类似容器	Bags and similar containers	1704	0.59
纺织纱线、织物及制品	Weave and products	1463	0.50
家用或装饰用木制品	Timeber products for household or decoration	577	0.20
医疗仪器及器械	Medical apparatus and appliance	388	0.13
灯具照明装置及其零件	Lighting installation and its spares	1811	0.60
手用或机用工具	Manual or machine tools	1102	0.38
玻璃制品	Glasswares	404	0.14
钢材	Steel products	419	0.14

15－4　主要进口商品情况
MAIN IMPORT GOODS

商品名称	Item	进口金额（万美元） Import（$10000）	占进口总额比重（%） Proportion（%）
合计	Total	1677694	100
汽车零件	Vehicles parts	440939	26.30
汽车（包括整套散件）	Vehicles	505492	30.10
计量检测分析自控仪器及器具	Analysis of measurement control equipment and appliance	92094	5.50
大豆	Soybean	50637	3.00
金属加工机床	Metal－cutling machine tools	49501	3.00
通断保护电路装置及零件	Hardware	25029	1.50
活塞式内燃机的零件	Parts of piston eagine	11471	0.70
钢材	Steel products	9440	0.56
钢铁制标准坚固件	Standard strong steel products	17244	1.02
收音设备	Recording equipment	11015	0.66
集成电路	Integrated circuit	9676	0.58
电动机及发电机	Electromotor and dynamo	9449	0.56
电视、收音机及无线电讯装置的零附件	Electrical apparatus and parts	38307	2.30
初级形状的塑料	Initial shape plastics	6347	0.38
液泵及液体提升机	Pump and liquid elevator	8453	0.50
变压、整流、电感器及零件	Transformer rectifier inductor and parts	6486	0.39
机械提升搬运装卸设备及零件	Mechanical handling equipmeat and parts to upgrade handing	15646	0.93
医疗仪器及器械	Medical apparatus and appliance	5015	0.30
合成橡胶（包括乳胶）	Synthetic rubber（including emulsion）	7779	0.46
电线和电缆	Wire and cable	5959	0.36
制冷设备用压缩机	Compressor for refrigeration facility	4263	0.25
塑料制品	Plastic products	3720	0.22
纺织纱线、织物及制品	Weave and products	4077	0.24
空气调节器	Air conditioners	4638	0.28
阀门	Valve	1739	0.10
棉花	Conton	2111	0.13

15－5 外贸进出口总值分国别(地区)出口情况(2012)
BASIC CONDITIONS OF FOREIGN TRADE BY COUNTRY(2012)

国家(地区)	Country or region	出口额(万美元) Exports($10000)
总值	Total	290352
日本	Japan	32353
韩国	Korea	12359
美国	United States	14115
德国	Germany	8528
印度	India	8475
香港	HongKong	19821
越南	Vietnam	4494
台湾	Taiwan	3316
比利时	Belgium	3154
加 拿 大	Canada	2337
伊朗	Iran	12891
巴基斯坦	Pakistan	4788
英国	United Kingdom	2850
墨西哥	Mexico	3342
荷兰	Netherland	7578
澳大利亚	Australia	34982
俄罗斯	Russia	12522
菲 律 宾	Philippines	3246
尼日利亚	Nigeria	1173
意 大 利	Italy	2055
阿拉伯联合酋长国	United Arab Emirates	2717
马来西亚	Malaysia	7814
沙特阿拉伯	Saudi Arabia	1733
印度尼西亚	Indonesia	6046
埃及	Egypt	791
法国	France	1295
约旦	Jordan	629
西班牙	Spain	1060
南非(阿扎尼亚)	South Africa	3993
柬埔寨	Cambodia	701
巴西	Brazil	15389
丹麦	Denmark	1620
乌克兰	Ukraine	2085
土耳其	Turkey	1648
泰国	Algeria	5438

15－6 外贸进出口总值分国别(地区)进口情况(2012)

BASIC CONDITIONS OF IMPORT IN FOREIGN TRADE BY COUNTRY(2012)

国家(地区)	Country or region	出口额(万美元) Exports($10000)
德国	Germany	899265
日本	Japan	198395
匈牙利	Hungary	93285
美国	United States	38182
阿拉伯联合酋长国	The United Arab Emirates	356
意大利	Italy	20270
韩国	Korea	12132
捷克共和国	Czech	31158
比利时	Belgium	54493
法国	France	19074
瑞典	Sweden	4186
马来西亚	Malaysia	11677
墨西哥	Mexico	3380
西班牙	Spain	20426
奥地利	Austria	15683
巴西	Brazil	26102
英国	Britain	4195
俄罗斯	Russia	1297
泰国	Thailand	5302
台湾	Taiwan	3649
澳大利亚	Australia	3455
波兰	Poland	5772
瑞士	Switzerland	4716
荷兰	Netherlands	11395
菲律宾	Philippines	1391
新 加 坡	Singapore	1745
印度尼西亚	Indonesia	351
香港	HongKong	650
挪威	Norway	1738
印度	India	1499
以色列	Israel	449
越南	Vietnam	1141
土耳其	Turkey	2199
加 拿 大	Canada	867
丹麦	Denmark	1594
爱尔兰	Ireland	472

15－7　2012 年新批外商项目(企业)分类表
NEW REGISTERED FOREIGN PROJECTS (ENTERPRISES) BY CATEGORY IN 2012

		户　数 (个) Enterprises (unit)	外商投资 (万美元) Investment ($10000)	比重 (%) Percentage (%)
总计	Total	42	84955	
1. 按行业类别分	Grouped by sector			
第一产业	Primary industry	1	515	0.60
第二产业	Secondary industry	15	79135	93.10
第三产业	Terinary industry	26	5305	6.30
2. 按国别、地区分	Grouped by country or region			
香港	Hongkong	10	3937.3	4.60
投资性公司投资	korea	1	1703.3	2.00
日本	Japan	11	3364.6	4.00
荷兰	Holland	1	3655.2	4.30
新加坡	Singapore	2	1082.6	1.30
德国	Germany	3	63126.8	74.30
百慕大	Bermuda	1	5000	5.90
英属维尔京群岛	British Virgin Islands	2	2171.3	2.6
3. 按经济类型分	Grouped by ownership			
外资企业	Foreign funds	25	14974.4	17.60
合资经营	Joint venture	17	69980.6	82.40
合作经营	Cooperative			

统计资料

STATISTICS

◎ 金融保险业

BANKING AND INSURANCE

第十六篇　金融、保险业

2012 年，在市委、市政府的重视支持下，全市金融部门认真贯彻落实稳健的货币政策，以保持信贷合理均衡投放、信贷结构不断优化为重点，突出抓好深化金融改革、加快金融创新、改进金融服务等工作，货币信贷总体运行平稳，金融支持实体经济和社会民生及薄弱环节的力度加大，为我市经济稳增长提供了有力的资金支持。

（一）各项存款较快增长。2012 年末，全市人民币存款余额 6578.3 亿元，比年初新增 1010.2 亿元，增长 18.1%。存款较快增长的原因主要是受楼市调控、股市低迷、理财产品收益率下降影响，社会资金向存款回流，以及宏观经济增速放缓背景下，企业投资较为谨慎，存款意愿增强。

分结构看，2012 年，全市个人存款 2813.9 亿元，比年初新增 456.6 亿元，增长 19.4%；单位存款 3354.6 亿元，比年初新增 533.0 亿元，增长 18.9%；财政性存款 324.4 亿元，比年初新增 27.6 亿元，增长 9.3%。个人存款中储蓄存款 2767.4 亿元，比年初新增 429.6 亿元，增长 18.4%。单位存款中定期存款新增 190.5 亿元，同比多增 73.6 亿元，活期存款新增 70.9 亿元，同比少增 68.7 亿元，单位存款结构变化反映当前企业经营活跃度有所降低．这主要与企业扩大再生产意愿减弱，偏好高收益存款有关。

（二）各项贷款增长趋缓。2012 年末，全市人民币贷款余额 5727.2 亿元，比年初增加 571.3 亿元，增长 11.1%，同比少增 95.2 亿元。贷款同比少增的原因，一是受雨雪天气较多以及农民惜售因素影响，农发行全年贷款减少，年末贷款余额同比下降；二是受总行政策调整影响，部分国有银行 12 月份贷款减少较多。

（三）信贷支持重点突出。一是对企业生产经营支持力度加大。2012 年，全市单位经营贷款、票据融资分别新增 41.9 亿元和 43.4 亿元，合计新增 85.3 亿元，较好地满足了企业流动资金需求。二是发挥金融合力，支持经济发展。2012 年，全市银团贷款新增 98.5 亿元，较好满足实体经济发展的金融需求。三是积极支持居民扩大消费。2012 年，全市个人消费贷款新增 142.3 亿元，同比多增 25.8 亿元。

三、保险事业进一步发展

2012 年，长春市保险业深入贯彻落实科学发展观，大力推进发展方式转变和业务结构调整，坚持深化改革，开拓创新，扩大保险服务领域，服务经济社会发展全局，行业呈现出稳健发展态势。2012 年全市保险业实现保费收入 89.5 亿元，在全省保险市场中占比达到 38.5%，同比增长 5.9%，高于全省平均增速 1.82 个百分点，其中财产险公司保费收入 38.9 亿元，人身险公司保费收入 50.6 亿元；累计承担风险保障 27107 亿元，全年赔付支出 31.7 亿元，同比增长 25.5%，其中财产险公司赔付支出 20.3 亿元，人身险公司赔付支出 11.4 亿元，为保障人民群众的生命和财产安全提供了巨大的资金支持。

16－1 主要年份城乡居民储蓄存款(人民币)
DEPOSITS OF URBAN AND RURAL RESIDENTS

单位:万元　　unit:10000yuan

		2006	2007	2008	2009	2010	2011	2012
年末储蓄存款余额	Balance of deposits at year－end	11745969	12020796	15073851	18341564	20627232	23377845	27673822
按地区分	Grouped by region							
市辖区	District	10109765	10214788	12704620	15512984	17316468	19352550	22643743
榆树市	Yushu	384426	441694	574939	676928	779902	893225	1090981
农安县	Nong′an	430827	486593	603493	722512	846674	1072861	1296227
德惠市	Dehui	438505	487249	643234	765246	865048	1039702	1339419
九台市	Jiutai	382446	390472	547565	663894	819140	1019507	1303452

16－2 1993－2012 年保险费收入和赔款支出
PREMIUM AND CLAIM OF INSURANCE(1993－2012)

单位:千元　　unit:1000yuan

年份 Year	保险费收入 Premium	赔款支出 Claim	赔付率(%) Payment rate
1992	226790	134070	59.1
1993	225929	130248	57.6
1994	208195	132679	63.7
1995	242880	156920	64.6
1996	243165	27898	11.5
1997	834330	216260	25.9
1998	467423	288599	61.7
1999	840370	234360	27.9
2000	897800	284490	31.7
2001	1203345	404926	33.7
2002	1870688	484611	25.9
2003	2871260	562650	19.6
2004	3212130	579940	18.1
2005	2986980	665300	22.3
2006	3513544	902754	25.7
2007	4521397	1687103	37.3
2008	5685661	2069416	36.4
2009	6810096	2234097	32.8
2010	9325866	2259205	24.2
2011	8443132	2505617	29.7
2012	8953946	3167895	35.4

注:因执行新会计准则,保费收入计算口径发生变化,2011 年保费收入为新口径。

16－3 2012年全市金融机构信贷收支(人民币)
CREDIT FUNDS BALANCE SHEET OF FINANCIAL INSTITUTIONS (RMB) IN 2012

单位:亿元 unit:100million yuan

来源项目名称 Item of sources	金 额 Amount	运用项目名称 Item of uses	金 额 Amount
一、各项存款 Deposits	6578.30	一、各项贷款 Loans	5727.21
1.单位存款 Deposits of enterprises	3354.64	(一)境内贷款 Domestic loans	5726.67
其中:活期存款 Current deposits	1631.47	1、短期贷款 Short term loans	1418.42
定期存款 Fixed deposits	819.48	(1)个人贷款及透支 Personal loans and overdrafts	188.42
通知存款 deposit at notice	190.83	其中:个人消费贷款 Individual consumption loans	43.00
保证金存款 margin deposit	313.13	(2)单位普通贷款及透支 Non－personal and overdrafts	1129.95
2、个人存款 personal deposit	2813.95	其中:经营贷款 business loans	1082.66
储蓄存款 savings deposit	2767.38	固定资产贷款 Fixed asset loans	14.61
保证金存款 margin deposit for security	4.00	(3)普通并购贷款 General M & A payment	2.00
结构性存款 structured deposit	42.57	(4)银团贷款 Syndicated loans	3.85
3.财政性存款 Treasury deposits	324.35	(5)贸易融资 Trade financing	94.20
4.临时性存款 Government and organization	5.61	(6)境外筹资转贷款 On－lending of overseas financing	
5.委托存款 Precative deposits	18.69	2、中长期贷款 Medium and long－term loans	4142.25
6.其他存款 Others	61.07	(1)个人贷款 Personal loans	866.96
二、金融债券 Bonds	26.97	其中:个人消费贷款 Individual consumption loans	679.41
三、中长期借款 Payable		(2)单位普通贷款 Non－personal loans	2828.10
四、应付及暂收款 Interbank loan	193.69	其中:经营贷款 business loans	407.28
其中:应付利息 of which:interest payable	87.35	固定资产贷款 Fixed asset loans	2420.82
五、同业往来(来源方) Interbank loan	427.59	(3)普通并购贷款 General M & A payment	6.07
六、系统内资金往来(来源方) Pooling currency	586.63	(4)银团贷款 Syndicated loans	441.11
七、外汇买卖(来源方)foreign exchange trading (sources)	338.95	(5)贸易融资 Trade financing	
其中:结售汇 of which: exchange settlement	338.95	(6)境外筹资转贷款 On－lending of overseas financing	
八、各项准备 Creditor's equity	143.68	3、融资租赁 Lease	0.61
其中:贷款损失准备金 of which: loan loss reserves	132.41	4、票据融资 Bill financing	164.81
九、所有者权益 Creditor's equity	357.45	其中:贴现 of which: discount	164.81
其中:实收资本	146.45	5、各项垫款 Delay loans	0.58
十、其他 Others	－1690.92	(二)境外贷款 Foreign loans	0.54
		二、有价证券 securities	240.78
		三、股权及其他投资 Equities and other investments	230.93
		四、应收及预付款 Recceivable and payable	76.21
		其中:应收利息 of which: interest payable	37.93
		五、同业往来(运用方) Interbank account	200.07
		六、系统内资金往来(运用方)Within account	
		七、金银占款 Funds outstanding for gold and silver	
		八、外汇买卖(运用方)foreign exchange trading (users)	339.67
		其中:结售汇 of which: exchange settlement	339.06
		九、固定资产 Fixed assets	101.80
		十、库存现金 Cash in vault	43.47
		十一、投资性房地产 Investment real estate	2.20
资金来源总计 Total of sources	6962.33	资金运用总计 Total of uses	6962.33

16－4 2012年全市金融机构年末储蓄存款余额(人民币)
DEPOSITS BALANCE SHEET OF FINANCE INSTITUTIONS IN 2012(RMB)

单位:万元 unit:10000yuan

		金 额 Amount
全市金融机构年末储蓄存款余额	Total	27673822
按地区划分	Grouped by object	
市辖区	District	22643743
榆树	Yushu	1090981
农安	Nong'an	1296227
德惠	Dehui	1339419
九台	Jutai	1303452

16－5 2012年全市保险业务状况
BASIC STATISTICS ON INSURANCE IN 2012

单位:千元 unit:1000yuan

		保费收入 Premium	赔款支出 Claim	赔付率(%) Loss ratio
总计	Total	8953946	3167895	35.4
一、财产险合计	Property	3837714	2007120	52.3
企财险	Enterprises property insurance	299296	89878	
家财险	Family property insurance	20639	9497	
机动车险	Motor vehicle insurance	2862927	1583262	
工程保险	Engineering insurance	4881	6359	
责任险	Liability insurance	83397	39337	
保证保险	Guarantee insurance	161646	7783	
货运险	Freight transport insurance	215611	139075	
农业保险	Agriculture insurance	185314	129716	
其他	Other life insurance	4003	2213	
二、人身险合计	Life insurance	5116232	1160775	22.7
人寿保险	Life insurance	4486497	952691	
意外伤害险	Accident injury insurance	176894	40942	
健康险	Health insurance	452841	167142	

统计资料

STATISTICS

◎ 教育、科技及文化事业

EDUCATION,SCIENCE AND TECHNOLOGY CULTURE

第十七篇　教育、科技及文化事业

2012年，教育事业整体水平得到进一步提升。年末全市拥有各级各类教育学校2533所（含学前教育，以下同），其中：在长普通高校37所（含专修学院），成人高校8所，中等职业学校104所，普通高中65所，普通初中265所，职业初中3所，小学1349所，特殊教育学校9所，幼儿园692所，工读学校1所；全市各级各类教育学校招生43.6万人，其中：普通高校招收本专科生11.1万人，成人高校招收本专科生4.1万人，中等职业学校招生2.7万人，普通高中招生4.8万人，普通初中招生6.3万人，小学招生7万人，幼儿园招生6万人；全市各级各类教育学校拥有在校生146.3万人（含在园儿童），其中；普通高校本专科在校生38.8万人，成人高校本专科在校生9.1人，中等职业在校生8.1万人，普通高中在校生14.5万人，普通初中在校生19.7万人，小学在校生40.2万人，特殊教育在校生0.12万人，在园儿童11万人。

2012年，文化事业得到进一步发展。年末全市共有文化（文物）事业机构228家，其中：艺术表演团体3家，艺术表演场馆4家，公共图书馆12家，艺术馆、文化馆12家，文化站161家，文化艺术科技、科研机构2家，文物保护研究机构1家，文物保护管理机构4家，博物馆7家，公共图书馆总藏量401万册。

全市拥有各类文化经营场所1440家，其中，互联网上网服务营业场所827家，（连锁70家），文化娱乐场所327家，演出场所31家，古玩（美术品）经营店9家。市区（含开发区）文化经营场所1049家，其中，互联网上网服务营业场所578家（连锁69家），文化娱乐场所253家，演出场所23家（市直3家），古玩（美术品）经营店9家。

长春电影制片场全年共生产故事片6部，科教片10部。

2012年，全市有广播电台5座，节目10套，中波发射台和转播台2座，广播人口覆盖率为100%；电视台5座，节目9套，电视人口覆盖率为100%。

17-1 长春市各级各类教育基本情况
BASIC STATISTICS ON EDUCATION

		校数（所）Schools	毕业生数（人）Graduates (person)	在校学生数（人）Student enrollment (person)	教职工数（人）Teacher and staff(person) 合计 Total	#:专职教师 Full time teacher
一、高等教育	Higher education	45	144590	526168	47411	26641
1、研究生培养机构	Graduate cultivation mechanism		13346	47885		
普通高校	Instituions of higher education		13104	46482		
科研机构	Scientific research institution		242	1403		
2.普通高等教育	Regular higher education	37	96092	387662	43930	24644
本科生	Undergraduate		70322	313875		
专科生	Specialty		25770	73787		
3.成人高等教育	Adult Higher Education	8	35152	90621	2177	1387
本科生	Instituions of higher education		12173	41941		
专科生	Adult eduction shcolls		22979	48680		
4.民办其他高等教育机构	Other private institutions of higher education	12			1304	610
二、高中段教育	High school education	169	78157	226403	20368	15077
1.中等职业	Secondary vocation	104	30230	80938	8351	5671
其中:普通中专	Special education schools	12	4962	19538	1728	1327
成人中专	Special secondary schools for adults	12	3055	7717	1785	1327
职业高中	Vocational senior middle schools	80	15804	35638	4393	2752
其他机构	Others	15	6409	18045	445	265
2.普通高中	Senior secondary schools	65	47927	145465	12017	9406
三、义务教育	Compulsory education	1617	140726	599935	58152	48569
(一)初中阶段	Junior high school education	268	75712	197306	24551	19445
1.职业初中	Vocational middle schools	3	219	352	80	60
2.普通初中	Junior secondary schools	265	75493	196954	24471	19385
(二)小　学	Primary shools	1349	65014	402629	33601	29124
四、特殊教育	Special education schools	9	173	1257	426	326
五、工读学校	Approved shcools	1			43	31
六、幼儿园	Kindergartens	692	41624	110308	13387	7819

17－2 中 学 概 况
BASIC STATISTICS ON SECONDARY SCHOOLS

		校 数（所）Schools	班数（个）Classes（unit）	毕业生数（人）Graduates（person）	在校学生数（人）Student enrollment（person）	教 职 工 数 （人）Teacher and staff（person）	
						合 计 Total	#:专职教师 Full time teacher
长春市	Changchun	330	6871	123420	342419	36488	28791
城区	District	144	3365	54424	165734	17018	14023
市辖区	District	27	964	15104	51054	3892	3321
南关区	Nanguan	10	155	2649	6420	988	857
宽城区	Kuancheng	10	217	3869	9604	952	777
朝阳区	Chaoyang	13	232	4100	10245	1266	1090
二道区	Erdao	10	267	4984	12952	1706	1286
绿园区	Lvyuan	9	199	3100	9077	1040	980
高新开发区	High－technical developing area	4	47	737	2119	295	253
经济开发区	Economic technical developing area	3	34	483	1086	238	210
净月开发区	Jingyue developing area	4	50	757	1926	217	190
汽车区	Automobile area	13	220	3400	9590	1393	1192
省直	Directly under province	12	634	10241	36574	2984	2482
双阳区	Shuangyang	26	327	4741	14397	1875	1248
莲花山区	lianhuashan	3	19	259	690	172	137
四县（市）区	Four counties（cities）	186	3506	68996	176685	19470	14768
农安县	Nong'an	53	935	16251	45601	5779	4131
九台市	Jiutai	35	634	12927	31722	5517	4023
榆树市	Yushu	56	1073	20819	55857	4548	3624
德惠市	Dehui	42	864	18999	43505	3626	2990

注：中学概况各指标口径为普通初中、普通高中学校。

17－3 小 学 概 况
BASIC STATISTICS ON PRIMARY SCHOOLS

		校数(所) Schools	班数(个) Class (unit)	毕业生数(人) Graduates (person)	在校学生数(人) Student enrollment (person)	教职工数(人) Teacher and staff(person) 合计 Total	#:专职教师 Full time teacher
长春市	Changchun	1349	13181	65014	402629	33601	29124
城区	District	296	4837	30006	172467	12582	10890
市辖区	District	5	243	1836	12068	629	552
南关区	Nanguan	26	452	3118	16391	1372	1263
宽城区	Kuancheng	27	517	3288	19619	1651	1436
朝阳区	Chaoyang	31	567	4132	20812	1751	1596
二道区	Erdao	15	425	3565	17774	943	807
绿园区	Lvyuan	27	476	3137	18474	1389	1224
高新开发区	Economic technical developing area	2	83	411	3488	41	35
经济开发区	Economic developing area	14	247	1308	8826	567	520
净月开发区	Jingyue developing area	12	295	868	5996	438	405
汽车区	Automobile Disttict	8	282	1615	11326	477	410
省直	Directly under province	5	361	3020	16149	649	545
双阳区	Shuangyang	111	792	3331	19313	2458	1909
莲花山	lianhuashan	13	97	377	2231	217	188
四县(市)区	Four counties(cities)	1053	8344	35008	230162	21019	18234
农安县	Nong'an	303	2241	8485	55563	6540	5475
九台市	Jiutai	200	1449	7004	40370	3427	3003
榆树市	Yushu	320	2766	11509	75633	6140	5492
德惠市	Dehui	230	1888	8010	58596	4912	4264

17－4 幼 儿 园
BASIC STATISTICS ON KINDERGARTENS

		园数(所) Kindergartens (unit)	在园幼儿数(人) Children (person)	教职工数(人) Teacher and staff(person) 合计 Total	#:专职教师 Full time teacher
长春市	Changchun	692	110308	13387	7819
城区	District	420	61218	9936	5468
市辖区	District	1	436	67	44
南关区	Nanguan	39	5937	1081	672
宽城区	Kuancheng	52	6329	1373	689
朝阳区	Chaoyang	74	10250	2019	1059
二道区	Erdao	62	8878	1372	762
绿园区	Lvyuan	79	10110	1659	923
高新开发区	Economic technical developing area	5	1535	220	140
经济开发区	Economic developing area	28	3649	585	341
净月开发区	Jingyue developing area	9	1054	185	104
汽车区	Automobile Disttict	13	3327	595	280
省直	Directly under province	0	962	0	0
双阳区	Shuangyang	51	7767	729	411
莲花山	lianhuashan	7	984	51	43
四县(市)区	Four counties(cities)	272	49090	3451	2351
农安县	Nong'an	69	14239	683	550
九台市	Jiutai	39	10132	903	601
榆树市	Yushu	36	8359	469	379
德惠市	Dehui	128	16360	1396	821

17-5 文化事业基本情况
BASIC STATISTICS ON CULTURAL INSTITUTIONS

		单位 Unit	全市 Total	市区 District	县(市) County
一、座席个数	Seats	个 sets	3077	2177	900
1. 电影院、开放礼堂俱乐部	Cinema music hall	个 unit			
2. 艺术表演场所	Theater	个 unit	3077	2177	900
二、演(映)出场次	Performances	场 shous	3130	2900	230
1. 电影院、开放礼堂俱乐部	Cinema music hall	场 shows			
2. 艺术表演场所	Theater	场 shows	309	159	150
其中:艺术演出	Performancing	场 shows	151	151	
3. 艺术表演团体	Art performance group	场 shows	2821	2741	80
三、观众人次	Spectators	千人次 1000person-time	2012	1827	185
1. 电影院、开放礼堂俱乐部	Cinema music hall	千人次 1000person-time			
2. 艺术表演场所	Theater	千人次 1000person-time	220	195	25
其中:艺术演出	Performancing	千人次 1000person-time	183	183	
3. 艺术表演团体	Art performance group	千人次 1000person-time	1792	1632	160
四、举办展览个数	Number of exhibition	个 unit	189	77	112
1. 群众艺术馆	Mass art centres	个 unit	13	13	
2. 文化馆(站)	Cultural centers	个 unit	145	36	109
3. 博物馆	Museums	个 unit	31	28	3
其中:文化部门	Cultural department	个 unit	31	28	3
4. 文物商店	Arts store	个 unit			
五、参观人次	Visitors	千人次 1000person-time	3110	2825	285
1. 文物保护管理机构	Agency of historical relics	千人次 1000person-time			
2. 博物馆	Museums	千人次 1000person-time	3110	2825	285
其中:文化部门	Cultural department	件 pcs	3110	2825	285
六、文物藏品	Number of collection	件 pcs	139376	133531	5845
1. 文物保护管理机构	Agency of historical relics	件 pcs	1008	526	482
2. 博物馆	Museums	件 pcs	138368	133005	5363
其中:文化部门	Cultural department	件 pcs	138368	133005	5363
七、总藏量	Number of collections	千册(件) 1000 pcs	9924	8875	1049
1. 群众艺术馆	Mass art centres	千册 1000 pcs	10	10	
2. 文化馆(站)	Cultural centers	千册 1000 pcs	683		683
3. 公共图书馆	Public libraries	千册 1000 pcs	9231	8865	366

17－6 文化事业机构、人数
INSTITUTIONS AND PERSONNEL INCULTURE AND ART

		机构数（个）Institutions			职工数（人）Workers and staff members(person)		
		总计 Total	市区 District	县（市）County	总计 Total	市区 District	县（市）County
一、电影事业	Film						
1.电影发行放映管理机构	Film renting units						
2.电影制片厂	Film studios						
3.电影院、影剧院	Cinemas						
4.开放礼堂、俱乐部	Music hall						
5.对内礼堂、俱乐部	Theatre						
6.电影队	Film team						
二、艺术业	Art institutions	18	13	5	1342	1257	85
1.艺术表演团体	Art performance troups	7	6	1	1103	1078	25
2.艺术表演场所	Theatre	7	6	1	223	178	45
3.艺术创作机构	Art creation institution	4	1	3	16	1	15
三、文化科技科研机构	Institutions of S&R	4	4		110	110	
四、出版事业	Published						
1、报社	Newspapers						
2、出版	Published						
3、画报社	Painting						
4、杂志社	Magazine						
五、文物事业	Cultural relics	16	10	6	553	453	100
1.文物保护管理机构	Agency of historical relics	4	1	3	49	3	46
2.文物研究机构	Research historical relics agency	2	2		69	69	
3.博物馆	Museums	9	6	3	422	368	54
其中：文化部门	Cultural department	9	6	3	422	368	54
4.文物商店	Arts store	1	1		13	13	
六、图书馆	Public libraries	13	9	4	665	519	146
其中：少儿公共图书馆	Public libraries	2	2		275	275	
七、群众文化	Mass culture	173	9	164	816	255	561
1.群众艺术馆	Mass art centres	3	3		152	152	
2.文化馆	Culture centres	10	6	4	284	103	181
3.文化站	Culture department and stations	160		160	380		380
其中：乡镇文化站	Township cultural stations	96		96	226		226

17－7　2012年全部工业企业基本情况

指标名称	Item	企业数(个) Enterprises (unit)
总计	Total	1081
一、按企业规模分组	Grouped by size of enterprises	
大型企业	Large－sized enterprises	46
中型企业	Medium－sized enterprises	159
小型企业	Small－sized enterprises	830
微型企业	Micro－sized enterprises	46
二、按隶属关系分组	Grouped by administrative	
中央	Central	29
省(自治区、直辖市)	Province (autonomous region, municipality)	32
地(区、市、州、盟)	Region (district, city, prefecture, league)	102
县(区、市、旗)	County (district, city, banner)	89
街道	Street	5
镇	Town	21
乡	Township	2
(社区)居委会	Residents committee	
村委会	Village committee	5
其他	Others	796
三、按登记注册类型分组	Grouped by type registered	
内资企业	Domestic funds	931
国有企业	State－owned	35
集体企业	Collective－owned	12
股份合作企业	Share holding cooperative	4
联营企业	Joint ownership	
国有联营企业	State joint ownership enterprises	
集体联营企业	Joint ownership	
国有与集体联营企业	Joint ownership	
其他联营企业	Others	
有限责任公司	Limited company	260
国有独资公司	State－owned	9
其他有限责任公司	Others	251
股份有限公司	Share holding	58
私营企业	Private	514
私营独资企业	Solely Owned	74
私营合伙企业	Private partnership	4
私营有限责任公司	Limited company	420
私营股份有限公司	Private share holding	16
其他企业	Others	48
港、澳、台商投资企业	Funded from Hongkong, Macao and Taiwan	26
合资经营企业(港或澳、台资)	Funded from Hongkong, Macao and taiwan	15
合作经营企业(港或澳、台资)	Cooperative	1
港、澳、台商独资经营企业	Solely owned	8
港、澳、台商投资股份有限公司	Company invested by Hong Kong, Macau or Taiwan businessmen	2
其他港澳台投资企业	Others	

BASIC CONDITIONS OF ALL INDUSTRIAL ENTERPRISES IN 2012

#有 R&D 活动 With R&D activities	#有科技机构 With S&T institutions	年末从业人员(人) Employees at yearend(person)	工业总产值(万元) Total industrial output value (10000yuan)	主营业务收入(万元) Main business revenue (10000yuan)	利润总额(万元) Profit (10000yuan)	资产总计(万元) Total assets (10000yuan)	出口交货值 Export delivery value (万元) (10000yuan)
81	50	482532	82941695.5	86428767.4	6574263.6	60346467.6	1586527.3
21	10	293433	59684953.6	64222970.8	5227670.1	40931659.1	1411809.8
25	16	94123	8202777.1	8128316.9	609620.1	7771140.9	97915.4
35	24	93756	14358354.7	13471756.2	724371.1	10955320.7	76064.0
		1220	695610.1	605723.5	12602.3	688346.9	738.1
11	7	216652	45008946.2	50043837.8	4228615.3	36085010.5	896743.5
6	4	17008	4973122.7	4468623.7	308878.0	5398167.4	22146.0
18	9	58048	7257093.3	7264525.7	519517.1	4553600.6	26712.7
4		21099	2207298.6	2161484.2	105330.7	1402928.7	2760.0
		423	27234.5	32995.4	817.4	14538.7	
		1832	245774.7	242852.5	11565.4	48061.6	
		456	24259.9	26207.0	557.1	12046.3	
		519	27947.8	21200.5	373.7	13717.2	
42	30	166495	23170017.8	22167040.6	1398608.9	12818396.6	638165.1
57	45	403774	68231680.2	72092672.5	5492473.2	51444587.0	1079146.3
6	4	167507	38576994.0	43518577.1	4085018.9	28016022.3	396553.2
		2119	101553.3	96810.3	16035.4	91807.6	
		1723	31681.6	61383.6	334.7	86582.3	
20	14	102046	8548606.0	8367239.3	365334.6	8668723.4	42154.2
4	2	44083	3659245.5	3716629.4	3397.3	4626148.3	1258.1
16	12	57963	4889360.5	4650609.9	361937.3	4042575.1	40896.1
14	5	56035	12869517.4	12348948.0	584884.1	11038339.1	589493.4
14	19	66570	7355796.1	7049337.5	414374.3	3078248.4	50898.2
	4	6813	831850.8	795739.1	49777.6	282391.1	
		241	33388.8	32231.2	2452.4	7686.8	
12	13	57278	6205242.5	5952959.8	352388.5	2611006.8	50898.2
2	2	2238	285314.0	268407.4	9755.8	177163.7	
3	3	7774	747531.8	650376.7	26491.2	464863.9	47.3
8		17592	6560854.6	6199916.8	388763.5	2762520.4	318797.2
5		5762	387450.7	384119.8	52286.6	609638.0	15629.4
		392	4553.2	6712.8	171.1	3762.2	
2		11076	6090994.5	5737171.3	324574.6	2076002.6	303167.8
1		362	77856.2	71912.9	11731.2	73117.6	

17－7 续表1

指标名称	Item	企业数(个) Enterprises (unit)
外商投资企业	Foreign funded	124
中外合资经营企业	Joint Venture	73
中外合作经营企业	cooperative enterprises	3
外资企业	Solely Owned	46
外商投资股份有限公司	Company invested by foreign businessmen	2
其他外商投资企业	Others	
四、按国民经济行业大类分组	Grouped by sector	
农、林、牧、渔业	Farming,forestry,animal husbandry and fishery	
农业	Agricultural science	
林业	Mining Industry	
畜牧业	Animal husbandry	
渔业	Fishery	
农、林、牧、渔服务业	Farming,forestry,animalhusbandry and fishery services	
采矿业	Mining Industry	17
煤炭开采和洗选业	Coal mining and dressing	11
石油和天然气开采业	Extraction of petroleum and natural gas	1
黑色金属矿采选业	Minging and dressing of ferrous metals	
有色金属矿采选业	Mining and dressing of nonferrous metals	
非金属矿采选业	Nonmetal Minerals minging and of dressing	3
开采辅助活动	Mining auxliary activities	2
其他采矿业	Others	
制造业	Manufacturing	1030
农副食品加工业	Farm sideline food processing	145
食品制造业	Food manufacturing	35
酒、饮料和精制茶制造业	Wine、drinks and Refined tea Industry	34
烟草制品业	Tobacco processing	1
纺织业	Textile industry	6
纺织服装、服饰业	Garments shoes and hats	13
皮革、毛皮、羽毛及其制品和制鞋业	Leather, fur, feather and related products and footwear industry	1
木材加工和木、竹、藤、棕、草制品业	Timber,bamboo,cane,palm and straw products	18
家具制造业	Furniture manufacturing	14
造纸和纸制品业	Paper making and paper products	13
印刷和记录媒介复制业	Printing and record medium reproduction	21
文教、工美、体育和娱乐用品制造业	Education, arts and crafts, PE, and entertainment products	4
石油加工、炼焦和核燃料加工业	Petroleum processing coking and nuclear processing	7
化学原料和化学制品制造业	Raw chemical material and chemical products	48
医药制造业	Medical and pharmacutical products	56
化学纤维制造业	Chemical fiber manufacturing	1
橡胶和塑料制品业	Rubber and plastic products	39
非金属矿物制品业	Nonmetal mineral products	70
黑色金属冶炼和压延加工业	Smelting and pressing of ferrous metals	11
有色金属冶炼和压延加工业	Smelting and pressing of non－ferrous metals	1
金属制品业	Nonmetal mineral products	54

continued1

#有 R&D 活动 With R&D activities	#有科技机构 With S&T institutions	年末从业人员(人) Employees at yearend(person)	工业总产值(万元) Total industrial output value (10000yuan)	主营业务收入(万元) Main business revenue (10000yuan)	利润总额(万元) Profit (10000yuan)	资产总计(万元) Total assets (10000yuan)	出口交货值 Export delivery value (万元) (10000yuan)
16	5	61166	8149160.7	8136178.1	693026.9	6139360.2	188583.8
13	5	37703	5831129.0	5736276.8	410848.1	3908059.9	46383.3
		645	139667.6	161676.9	18625.0	378367.6	
3		20141	1681064.2	1749059.3	214537.0	1468586.5	81849.7
		2677	497299.9	489165.1	49016.8	384346.2	60350.8
		13490	551303.2	504347.6	13756.3	1006741.9	
		10435	282963.3	231823.3	51181.2	315785.0	
		43	2001.3	2001.3	2.0	1447.7	
		348	51143.2	50833.8	1083.4	6553.6	
		2664	215195.4	219689.2	-38510.3	682955.6	
79	49	408310	77367788.8	80924016.1	6651846.9	51396960.6	1586527.3
2	9	37555	10236572.2	10073658.7	551601.9	2695706.6	338058.5
1	1	9105	1384774.0	1037198.2	59750.1	1102665.5	59906.6
1		7763	647441.5	658495.6	9355.4	441675.9	
		1427	435432.6	415800.6	44301.0	361586.7	
		1432	58161.4	55329.0	427.8	77243.5	
1	1	5044	191816.9	200458.2	15992.2	208712.1	6545.3
		108	14505.3	15391.5	1344.2	11039.1	
1		2023	351515.0	302855.6	10859.7	387383.0	17250.3
		2033	170221.5	164754.9	9217.8	67879.3	5432.7
		1472	150281.3	87723.5	5937.8	40644.6	
		2668	178727.4	171155.6	10257.4	100306.2	
		1107	64601.2	61869.3	4144.6	20041.7	10838.2
		1019	440446.2	479156.8	28228.2	199185.8	
2	2	7869	1132088.4	1010957.8	71766.2	1122049.2	17083.4
20	6	14630	885989.5	739502.5	113747.2	1325864.2	47758.1
		120	5363.4	5363.4	149.8	2543.4	
1		5136	577906.2	553008.6	33999.3	430456.8	
1		10462	4746031.5	4339163.5	238347.1	4342367.9	10714.1
		1927	508600.1	466800.0	15468.6	215690.4	
		70	22921.0	24289.4	299.4	5341.4	
1		8216	695233.9	674660.0	17094.7	469947.9	

17－7 续表 2

指标名称	Item	企业数(个) Enterprises (unit)
通用设备制造业	Ordinary machinery	56
专用设备制造业	Special purpose equipment	37
汽车制造业	Automobile industry	234
铁路、船舶、航空航天和其他运输设备制造业	Railway, water way, aviation and other transportation equipment	23
电气机械和器材制造业	Electric equipment and machinery	51
计算机、通信和其他电子设备制造业	Telecommunication equipment computer and other electronic equipment	16
仪器仪表制造业	Instrument manufacturing	14
其他制造业	Others	5
废弃资源综合利用业	Waste resources comprehensive utilization industry	2
金属制品、机械和设备修理业	Metal products、machinery、Equipment repair industry	
电力、热力、燃气及水生产和供应业	Production and supply of electric power and heat power and gas and water	34
电力、热力生产和供应业	Production and supply of electric power and heat power	30
燃气生产和供应业	Production and supply of gas	2
水的生产和供应业	Water production and supply	2
五、按企业控股情况分组	Grouped by owned	
国有控股	State－owned	93
集体控股	Collective－owned	35
私人控股	Private－owned	734
港澳台商控股	Hongkong, Macao and Taiwan－owned	19
外商控股	Foreign－owned	84
其他	Others	116
六、按地区分组	Total	
市辖区	District	
南关区	Nanguan	117
宽城区	Kuancheng	119
朝阳区	Chaoyang	169
二道区	Erdao	276
绿园区	Lvyuan	99
双阳区	Shuangyang	36
农安县	Nong'an	48
九台市	Jiutai	43
榆树市	Yushu	60
德惠市	Dehui	114

continued2

#有 R&D 活动 With R&D activities	#有科技机构 With S&T institutions	年末从业人员（人） Employees at yearend (person)	工业总产值（万元） Total industrial output value (10000yuan)	主营业务收入（万元） Main business revenue (10000yuan)	利润总额（万元） Profit (10000yuan)	资产总计（万元） Total assets (10000yuan)	出口交货值 Export delivery value（万元）(10000yuan)
2	3	8005	781892.8	760825.8	83369.4	468490.1	276.6
5	2	7177	564077.9	534185.0	38445.6	354789.8	17735.0
26	18	234461	49209993.9	54215676.0	4959254.9	32743105.1	518375.2
2	2	23254	2721581.9	2706120.1	222339.9	3221906.5	520537.8
3	1	6688	695958.6	686005.3	37000.1	460082.9	1954.6
4	2	3982	233393.3	198728.9	41628.9	231852.2	5131.1
6	2	2895	146367.5	125325.4	19877.4	239002.7	8929.8
		280	51364.4	77097.8	4193.7	15878.5	
		382	64528.0	82459.1	3446.6	33521.6	
2	1	60732	5022603.5	5000403.7	-91339.6	7942765.1	
2	1	55167	4764615.8	4780374.4	-76864.7	7416920.8	
		1816	188569.6	157473.9	-1698.3	277912.3	
		3749	69418.1	62555.4	-12776.6	247932.0	
26	14	270300	54248885.0	58661300.2	4678977.6	43910180.5	953817.6
4	2	12807	2502563.8	2460616.6	100820.0	1403070.7	77602.2
24	26	108530	11487189.9	10983938.0	629621.8	6146233.0	65855.1
4		14866	6360277.2	5975853.6	334485.5	2628721.1	303215.1
9	2	38125	5331666.8	5425061.4	544185.8	3832993.2	151169.5
14	6	37904	3011112.8	2921997.6	286172.9	2425269.1	34867.8
15	11	56119	6295528.3	6308327.6	431771.7	4742198.4	55574.7
4	2	26907	7228661.8	7134492.9	319541.4	2798126.9	235864.0
41	17	108084	10349624.2	10037663.9	459527.7	11260819.1	149686.8
11	9	61098	10230525.4	9724933.0	632708.7	8004706.6	106220.5
7	2	174857	42172896.8	47258861.6	4373700.8	29680862.2	937846.3
1		7246	294479.8	265974.1	1273.5	431095.8	
		8917	1341296.3	1264693.0	116966.0	617726.6	182.0
1	1	8793	849455.5	813506.7	44177.2	963301.7	
		10832	1280496.8	1246029.7	39034.5	769924.6	2712.6
1	8	19679	2898730.6	2374284.9	155562.1	1077705.7	98440.4

17－8 2012年全部工业企业R&D人员

指标名称	Item	R&D人员合计(人)	#1. 参加项目人员 Personnel in S&T project	2. 管理和服务人员 S&t Management and service
总计	Total	18806	15160	3643
一、按企业规模分组	Grouped by size of enterprises			
大型	Large－sized enterprises	15272	12068	3204
中型	Medium－sized enterprises	2013	1792	221
小型	Small－sized enterprises	1521	1300	221
微型	Micro－sized enterprises			
二、按隶属关系分组	Grouped by administrative			
中央	Central	12736	9678	3058
省(自治区、直辖市)	Province (autonomous region, municipality)	1258	1174	84
地(区、市、州、盟)	Region (district, city, prefecture, league)	1849	1706	143
县(区、市、旗)	County (district, city, banner)	109	105	4
街道	Street			
镇	Town			
乡	Township			
(社区)居委会	Residents committee			
村委会	Village committee			
其他	Others	2854	2497	357
三、按登记注册类型分组	Grouped by type registered			
内资企业	Domestic funds	16647	131217	3467
国有企业	State－owned	9668	6858	2810
集体企业	Collective－owned			
股份合作企业	Share holding cooperative			
联营企业	Joint ownership			
国有联营企业	State joint ownership enterprises			
集体联营企业	Joint ownership			
国有与集体联营企业	Joint ownership			
其他联营企业	Others			
有限责任公司	Limited company	3868	3488	380
国有独资公司	State－owned	2177	2136	41
其他有限责任公司	Others	1691	1352	339
股份有限公司	Share holding	2627	2423	204
私营企业	Private	438	383	55
私营独资企业	Solely Owned			
私营合伙企业	Private partnership			
私营有限责任公司	Limited company	328	276	52
私营股份有限公司	Private share holding	110	107	3
其他企业	Others	83	65	18
港、澳、台商投资企业	Funded from Hongkong, Macao and Taiwan	1046	1003	43
合资经营企业(港或澳、台资)	Funded from Hongkong, Macao and taiwan	242	227	15
合作经营企业(港或澳、台资)	Cooperative			
港、澳、台商独资经营企业	Solely owned	784	756	28
港、澳、台商投资股份有限公司	Company invested by Hong Kong, Macau or Taiwan businessmen	20	20	
其他港澳台投资企业	Others			
外商投资企业	Foreign funded	1076	940	136
中外合资经营企业	Joint Venture	935	847	88
中外合作经营企业	cooperative enterprises			
外资企业	Solely Owned	141	93	48
外商投资股份有限公司	Company invested by foreign businessmen			
其他外商投资企业	Others			

BASIC STATISTICS ON R&D PERSONNEL OF ALL INDUSTRIAL ENTERPRISES IN 2012

#女性 Female	#研究人员 Researcher	#1. 全时人员 Full - time	2. 非全时人员 Part - time	R&D 人员折合全时当量合计(人年) Full - time equivalent of R&D staff	#研究人员 Researcher	#1. 基础研究人员 fundamental research	2. 应用研究人员 Application research	3. 试验发展人员 Experimental developing
5581	8530	8101	10705	14495.4	6371.6		1705.2	12790.2
4455	7330	5957	9315	12162.1	5551.8		1705.2	10456.9
431	523	1462	551	1256.9	349.1			1256.9
695	677	682	839	1076.4	470.7			1076.4
3715	6130	4022	8714	10251.0	4749.5		1647.0	8604.0
542	569	760	498	1101.4	512.1			1101.4
425	518	1099	750	1476.4	406.7		58.2	1418.2
25	50	57	52	70.9	33.5			70.9
874	1263	2163	691	1595.7	669.8			1595.7
5072	7569	6716	9968	13138	5769.7		1705.2	11432.8
2884	3990	3331	6337	8803.5	3567.4		1647.0	7156.5
1116	2256	1255	2613	1822.6	1086.8			1822.6
822	1855	163	2014	1067.7	911.3			1067.7
294	401	1092	599	755	175.5			755
883	1145	1801	826	2194.7	1041.4		58.2	2136.5
153	162	303	135	245.4	60.7			245.4
115	158	215	113	145.2	59.3			145.2
38	4	88	22	100.2	1.3			100.2
36	16	26	57	71.8	13.4			71.8
337	596	963	83	557.1	305.7			557.1
61	48	180	62	147.1	26.3			147.1
261	543	783	1	395.5	275.8			395.5
15	5		20	14.4	3.6			14.4
172	365	422	654	800.3	296.3			800.3
133	333	379	556	714.1	275.2			714.1
39	32	43	98	86.2	21.0			86.2

17－8 续表 1

指标名称	Item	R&D 人员合计(人) Personnel	#1. 参加项目人员 Personnel in S&T project	2. 管理和服务人员 S&t Management and service
四、按国民经济行业大类分组	Grouped by sector			
制造业	Manufacturing	16750	13131	3619
农副食品加工业	Farm sideline food processing	763	733	30
食品制造业	Food manufacturing	38	38	
酒、饮料和精制茶制造业	Wine、drinks and Refined tea Industry	18	18	
烟草制品业	Tobacco processing			
纺织业	Textile industry			
纺织服装、服饰业	Textile clothing industry	13	10	3
皮革、毛皮、羽毛及其制品和制鞋业	Leather, fur, feather and related products and footwear industry			
木材加工和木、竹、藤、棕、草制品业	Timber, bamboo, cane, palm and straw products	515	450	65
家具制造业	Furniture manufacturing			
造纸和纸制品业	Paper making and paper products			
印刷和记录媒介复制业	Printing and record medium reproduction			
文教、工美、体育和娱乐用品制造业	Education, arts and crafts, PE, and entertainment products			
石油加工、炼焦和核燃料加工业	Petroleum processing coking and nuclear processing			
化学原料和化学制品制造业	Raw chemical material and chemical products	155	114	41
医药制造业	Medical and pharmacutical products	1402	1193	209
化学纤维制造业	Chemical fiber manufacturing			
橡胶和塑料制品业	Rubber and plastic products	11	11	
非金属矿物制品业	Nonmetal mineral products	68	63	5
黑色金属冶炼和压延加工业	Smelting and pressing of ferrous metals			
有色金属冶炼和压延加工业	Smelting and pressing of non－ferrous metals			
金属制品业	Nonmetal mineral products	23	22	1
通用设备制造业	Ordinary machinery	93	78	15
专用设备制造业	Special purpose equipment	88	78	10
汽车制造业	Automobile industry	11239	8329	2910
铁路、船舶、航空航天和其他运输设备制造业	Railway, water way, aviation and other transportation equipment	1028	787	241
电气机械和器材制造业	Electric equipment and machinery	57	47	10
计算机、通信和其他电子设备制造业	Telecommunication equipment computer and other electronic equipment	431	414	17
仪器仪表制造业	Instrument manufacturing	808	746	62
其他制造业	Others			
废弃资源综合利用业	Waste resources comprehensive utilization industry			
金属制品、机械和设备修理业	Metal products、machinery、Equipment repair industry			
电力、热力、燃气及水生产和供应业	Production and supply of electric power and heat power and gas and water	2056	2029	27
电力、热力生产和供应业	Production and supply of electric power and heat power	2056	2029	27
燃气生产和供应业	Production and supply of gas			
水的生产和供应业	Water production and supply			
五、按企业控股情况分组	Grouped by owned			
国有控股	State－owned	14572	11320	3252
集体控股	Collective－owned	408	362	46
私人控股	Private－owned	810	716	94
港澳台商控股	Hongkong, Macao and Taiwan－owned	834	806	28
外商控股	Foreign－owned	739	651	88
其他	Others	1443	1305	138
六、按地区分组	Total			
市辖区	District			
南关区	Nanguan	1438	1310	128
宽城区	Kuancheng	849	801	48
朝阳区	Chaoyang	5528	5119	409
二道区	Erdao	632	527	105
绿园区	Lvyuan	10260	7328	2932
双阳区	Shuangyang	50	27	23
农安县	Nong'an			
九台市	Jiutai	11	10	1
榆树市	Yushu			
德惠市	Dehui	38	38	

continued1

#女性 Female	#研究人员 Researcher	#1. 全时人员 Full－time	2. 非全时人员 Part－time	R&D 人员折合全时当量合计(人年) Full－time equivalent of R&D staff	#研究人员 Researcher	#1. 基础研究人员 fundamental research	2. 应用研究人员 Application research	3. 试验发展人员 Experimental developing
4817	6682	8037	8713	13486.6	5465.3		1705.2	11781.4
263	548	755	8	392.0	279.6			392.0
9		37	1	16.7				16.7
10	10		18	4.7	2.6			4.7
4	2	7	6	1.4	0.2			1.4
364	240	107	408	486.7	226.8			486.7
64	40	8	147	9.0	2.3			9.0
526	356	884	518	973.9	243.4			973.9
1	3		11	5.1	1.4			5.1
2	8	33	35	68.0	8.0			68.0
1	4	23		13.2	2.3			13.2
31	56	57	36	41.2	26.4			41.2
19	39	66	22	44.0	27.0			44.0
3140	4252	4170	7069	10016.0	3764.2		1705.2	8310.8
132	586	698	330	544.4	488.7			544.4
11	17	49	8	31.8	9.9			31.8
142	255	428	3	364.8	220.3			364.8
98	270	715	93	473.7	162.2			473.7
764	1844	64	1992	1008.8	906.3			1008.8
764	1844	64	1992	1008.8	906.3			1008.8
4445	7046	5112	9460	11879	5513.3		1705.2	10173.8
97	90	227	181	128.9	23.0			128.9
259	256	570	240	487.6	94.9			487.6
276	556	783	51	436.6	286.5			436.6
90	286	200	539	557.5	239.6			557.5
414	296	1209	234	1005.8	214.4			1005.8
399	512	1022	416	1141.5	391.3		58.2	1083.3
299	575	802	47	466.8	302.0			466.8
1840	3602	2175	3353	3290.4	1676			3290
117	270	369	263	501.3	206.8			501.3
2894	4155	3670	6590	9036.6	3784.5		1647.0	7389.6
21	13	19	31	41.0	10.6			41.0
2	3	7	4	1.2	0.3			1.2
9		37	1	16.7				16.7

17－9 2012年全部工业企业R&D经费情况

指标名称	Item	R&D经费内部支出合计 Internal expenses of R&D	（一）按活动类型分组 ①基础研究支出 fundamental research	②应用研究支出 Application research	③试验发展支出 Experimental developing
总计	Total	311356.5		78333.9	233022.6
一、按企业规模分组	Grouped by size of enterprises				
大型	Large－sized enterprises	272169.8		78333.9	193835.9
中型	Medium－sized enterprises	25133.8			25133.8
小型	Small－sized enterprises	140529		140529	
微型	Micro－sized enterprises				
二、按隶属关系分组	Grouped by administrative				
中央	Central	199895.8		77191.5	122704.3
省（自治区、直辖市）	Province (autonomous region, municipality)	6970.0			6970.0
地（区、市、州、盟）	Region (district, city, prefecture, league)	26256.7		1142.4	25114.3
县（区、市、旗）	County (district, city, banner)	892.3			892.3
街道	Street				
镇	Town				
乡	Township				
（社区）居委会	Residents committee				
村委会	Village committee				
其他	Others	77341.7			77341.7
三、按登记注册类型分组	Grouped by type registered				
内资企业	Domestic funds	240573.2		78333.9	162439.3
国有企业	State－owned	157907.3		77191.5	80715.8
集体企业	Collective－owned				
股份合作企业	Share holding cooperative				
联营企业	Joint ownership				
国有联营企业	State joint ownership enterprises				
集体联营企业	Joint ownership				
国有与集体联营企业	Joint ownership				
其他联营企业	Others				
有限责任公司	Limited company	20118.2			20118.2
国有独资公司	State－owned	5453.4			5453.4
其他有限责任公司	Others	14664.8			14664.8
股份有限公司	Share holding	53851.8		1142.4	52709.4
私营企业	Private	8017.8			8017.8
私营独资企业	Solely Owned				
私营合伙企业	Private partnership				
私营有限责任公司	Limited company	7336.5			7336.5
私营股份有限公司	Private Share holding	681.3			681.3
其他企业	Others	878.1			878.1
港、澳、台商投资企业	Funded from Hongkong, Macao and Taiwan	49882.4			49882.4
合资经营企业（港或澳、台资）	Funded from Hongkong, Macao and taiwan	1884.8			1884.8
合作经营企业（港或澳、台资）	Cooperative				
港、澳、台商独资经营企业	Solely owned	47856.6			47856.6
港、澳、台商投资股份有限公司	Company invested by Hong Kong, Macau or Taiwan businessmen	141.0			141.0
其他港澳台投资企业	Others				
外商投资企业	Foreign funded	20700.9			20700.9
中外合资经营企业	Joint Venture	18144.2			18144.2
中外合作经营企业	cooperative enterprises				
外资企业	Solely owned	2556.7			2556.7
外商投资股份有限公司	Company invested by foreign businessmen				
其他外商投资企业	Others				

EXPENDITURE FOR R&D FUNDS OF ALL INDUSTRIAL ENTERPRISES IN 2012

(二)按支出用途分组					(三)按资金来源分组				R&D 经费外部支出 Exterior outlays of R&D			
1. 经常费支出 Regular expenses	#人员劳务费 personnel	2. 资产性支出 Assets	#①土建工程 Civil engineering	②仪器设备 Equipment	1. 政府资金 Government funds	2. 企业资金 Enterprises funds	3. 境外资金 Offshore funds	4. 其他资金 Other funds		对境内研究机构支出 Expenses on domestic research instiues	对境内高等学校支出 Expenses on domestic colleges	对境外支出 Expenses offshore
287963.8	59887.3	23392.7	441.4	22951.3	8354.1	301154.6	873.7	974.1	103952.2	55286.2	32735.9	5379.2
255714.4	49725.2	16455.4	419.9	16035.5	5953.7	265301.8	839.2	75.1	97767.7	50387.4	32600.9	4840.1
19608.1	6411.8	5525.7	15.0	5510.7	1625.8	22699.1	34.5	774.4	3955.0	3484.9	37.8	
12641.3	3750.3	1411.6	6.5	1405.1	774.6	13153.7		124.6	2229.5	1413.9	97.2	539.1
184718.4	40958.4	15177.4	244.2	14933.2	5877.4	193158.7	859.7		97620.8	50273.5	32600.9	4840.1
4460.7	2440.3	2509.3	0.6	2508.7	102.9	6092.7		774.4	1224.8	1218.4	6.4	
24006.5	6434.6	2250.2	169.8	2080.4	349.3	25907.4			3629.9	2657.0	2.6	539.1
694.7	307.1	197.6		197.6	85.4	806.9			48.2		48.2	
74083.5	9746.9	3258.2	26.8	3231.4	1939.1	75188.9	14.0	199.7	1428.5	1137.3	77.8	
218574.3	52567.3	22198.9	433.6	21765.3	7625.3	231375.2	873.7	899.0	99250.4	51721.0	32715.9	4840.1
143842.3	34677.7	14065.0	234.3	13830.7	1379.0	156528.3			88068.3	47164.2	32007.1	1788.0
17839.7	8346.6	2278.5	10.4	2268.1	999.2	18959.9	34.5	124.6	3187.8	3100.5	54.3	
4006.6	1806.7	1446.8	10.0	1436.8	370.2	5062.7	20.5		1537.5	1537.5		
13833.1	4539.9	831.7	0.4	831.3	629.0	13897.2	14.0	124.6	1650.3	1563.0	54.3	
50170.8	9460.6	3681.0	168.4	3512.6	4526.5	47711.7	839.2	774.4	7660.1	1195.5	615.2	3052.1
6057.8	1921.5	1960.0	20.5	1939.5	715.2	7302.6			103.4	30.0	39.3	
5376.5	1610.1	1960.0	20.5	1939.5	715.2	6621.3			103.4	30.0	39.3	
681.3	311.4					681.3						
663.7	160.9	214.4		214.4	5.4	872.7			230.8	230.8		
49867.9	1624.6	14.5	0.1	14.4	636.3	49246.1			20.0		20.0	
1870.3	579.8	14.5	0.1	14.4	10.0	1874.8			20.0		20.0	
47856.6	1037.0				626.3	47230.3						
141.0	7.8					141.0						
19521.6	5695.4	1179.3	7.7	1171.6	92.5	20533.3		75.1	4681.8	3565.2		539.1
17155.8	5185.3	988.4	1.4	987.0	92.5	18051.7			2335.0	1218.4		539.1
2365.8	510.1	190.9	6.3	184.6		2481.6		75.1	2346.8	2346.8		

表17－9续表1

指标名称	Item	R&D经费内部支出合计 Internal expenses of R&D	（一）按活动类型分组 ①基础研究支出 fundamental research	②应用研究支出 Application research	③试验发展支出 Experimental developing
四、按国民经济行业大类分组	Grouped by sector				
制造业	Manufacturing	308339.1		78333.9	230005.2
农副食品加工业	Farm sideline food processing	45866.1			45866.1
食品制造业	Food manufacturing	2429.3			2429.3
酒、饮料和精制茶制造业	Wine、drinks and Refined tea Industry	285.0			285.0
烟草制品业	Tobacco processing				
纺织业	Textile industry				
纺织服装、服饰业	Textile clothing industry	29.3			29.3
皮革、毛皮、羽毛及其制品和制鞋业	Leather, fur, feather and related products and footwear industry				
木材加工和木、竹、藤、棕、草制品业	Timber, bamboo, cane, palm and straw products	321.0			321.0
石油加工、炼焦和核燃料加工业	Petroleum processing coking and nuclear processing				
化学原料和化学制品制造业	Raw chemical material and chemical products	927.6			927.6
医药制造业	Medical and pharmacutical products	14505.8			14505.8
化学纤维制造业	Chemical fiber manufacturing				
橡胶和塑料制品业	Rubber and plastic products	272.8			272.8
非金属矿物制品业	Nonmetal mineral products	371.9			371.9
黑色金属冶炼和压延加工业	Smelting and pressing of ferrous metals				
有色金属冶炼和压延加工业	Smelting and pressing of non－ferrous metals				
金属制品业	Nonmetal mineral products	297.8			297.8
通用设备制造业	Ordinary machinery	401.6			401.6
专用设备制造业	Special purpose equipment	2041.6			2041.6
汽车制造业	Automobile industry	189227.7		78333.9	110893.8
铁路、船舶、航空航天和其他运输设备制造业	Railway, water way, aviation and other transportation equipment	40494.3			40494.3
电气机械和器材制造业	Electric equipment and machinery	1409.4			1409.4
计算机、通信和其他电子设备制造业	Telecommunication equipment computer and other electronic equipment	3520.6			3520.6
仪器仪表制造业	Instrument manufacturing	6137.3			6137.3
其他制造业	Others				
废弃资源综合利用业	Waste resources comprehensive utilization industry				
金属制品、机械和设备修理业	Metal products、machinery、Equipment repair industry				
电力、热力、燃气及水生产和供应业	Production and supply of electric power and heat power and gas and water	2817.4			2817.4
电力、热力生产和供应业	Production and supply of electric power and heat power	2817.4			2817.4
燃气生产和供应业	Production and supply of gas				
水的生产和供应业	Water production and supply				
五、按企业控股情况分组	Grouped by owned				
国有控股	State－owned	217678.0		78333.9	139544.1
集体控股	Collective－owned	2974.9			2974.9
私人控股	Private－owned	14148.1			14148.1
港澳台商控股	Hongkong, Macao and Taiwan－owned	48103.1			48103.1
外商控股	Foreign－owned	14898.1			14898.1
其他	Others	13354.3			13354.3
六、按地区分组	Total				
市辖区	District				
南关区	Nanguan	17581.6		1142.4	16439.2
宽城区	Kuancheng	46773.9			46773.9
朝阳区	Chaoyang	49342.2			49542.2
二道区	Erdao	9644.4			9644.4
绿园区	Lvyuan	184411.9		77191.5	107220.4
双阳区	Shuangyang	623.2			623.2
农安县	Nong'an				
九台市	Jiutai	350.0			350.0
榆树市	Yushu				
德惠市	Dehui	2429.3			2429.3

continued1

(二)按支出用途分组					(三)按资金来源分组				R&D经费外部支出 Exterior outlays of R&D			
1. 经常费支出 Regular expenses	#人员劳务费 personnel	2. 资产性支出 Assets	#①土建工程 Civil engineering	②仪器设备 Equipment	1. 政府资金 Government funds	2. 企业资金 Enterprises funds	3. 境外资金 Offshore funds	4. 其他资金 Other funds		对境内研究机构支出 Expenses on domestic research institues	对境内高等学校支出 Expenses on domestic colleges	对境外支出 Expenses offshore
285695.1	58396.5	22844.0	431.4	22412.6	8354.1	298137.2	873.7	974.1	102414.7	53748.7	32735.9	5379.2
45598.1	1035.3	268.0	6.0	262.0	656.3	45209.8			50.0	30.0	20.0	
2429.3	55.7					2429.3						
285.0	240.0				45.0	240.0						
29.3	6.5					8.8	20.5					
226.0	43.0	95.0		95.0		321.0						
927.6	489.4					927.6						
12357.2	3035.4	2148.6	0.4	2148.2	1547.0	12958.8			2571.0	2533.4	37.6	
112.2	23.2	160.6		160.6		272.8						
371.9	74.3					371.9						
297.8	155.8					297.8						
201.6	151.1					201.6			10.0		10.0	
1642.2	413.6	399.4	0.5	398.9	77.1	1964.5			6.4		6.4	
172099.8	42006.9	17127.9	418.1	16709.8	1664.2	187549.5	14.0		92007.4	49952.3	32008.5	2327.1
40494.3	5960.0				3664.9	35990.2	839.2		7686.1	1221.5	615.2	3052.1
1288.2	291.4	121.2	6.3	114.9		1334.3		75.1				
2797.9	2258.1	722.7	0.1	722.6	108.9	3287.1		124.6	34.1			
4336.7	2056.8	1800.6		1800.6	590.7	4772.2		774.4	49.7	11.5	38.2	
2268.7	1490.8	548.7	10.0	538.7		2817.4			1537.5	1537.5		
2268.7	1490.8	548.7	10.0	538.7		2817.4			1537.5	1537.5		
198923.5	46893.6	18954.5	413.1	18541.4	6210.6	209908.7	859.7	899.0	97652.2	50273.5	32632.3	4840.1
2785.6	1067.7	189.3	0.1	189.2	108.1	2866.8			38.2		38.2	
11764.9	3085.0	2383.2	20.5	2362.7	720.6	13413.5	14.0		834.6	702.1	65.4	
48103.1	1084.9				635.3	47467.8						
14386.8	2847.1	511.3	7.7	503.6		14823.0		75.1	4283.6	3565.2		539.1
11999.9	4909.0	1354.4		1354.4	679.5	12674.8			1143.6	745.4		
14882.3	6604.3	2699.3	176.1	2523.2	659.4	16847.1		75.1	1238.4	1218.4	20.0	
46704.4	1256.8	69.5		69.5	695.0	46078.9			11.5	11.5		
45089.6	13049.3	4452.6	72.7	4379.9	1848.4	47693.8			3748.3	3078.5	110.3	94.2
7197.4	1665.4	2447.0	6.0	2441.0	168.7	8556.2	20.5	899.0	2961.2	2222.8	20.0	539.1
170775.4	36916.5	13636.5	186.2	13450.3	4889.4	178669.3	853.2		95642.5	48404.7	32585.6	4745.9
535.4	109.3	87.8	0.4	87.4	93.2	530.0			350.3	350.3		
350.0	230.0					350.0						
2429.3	55.7					2429.3						

17－10　2012年全部工业企业全部R&D项目情况

指标	Item	项目数（项）Projects（unit）
总计	Total	978
一、按企业规模分组	Grouped by size of enterprises	
大型	Large - sized enterprises	603
中型	Medium - sized enterprises	232
小型	Small - sized enterprises	143
微型	Micro - sized enterprises	
二、按隶属关系分组	Grouped by administrative	
中央	Central	494
省（自治区、直辖市）	Province (autonomous region, municipality)	45
地（区、市、州、盟）	Region (district, city, prefecture, league)	128
县（区、市、旗）	County (district, city, banner)	11
其他	Others	300
三、按登记注册类型分组	Grouped by type registered	30
内资企业	Domestic funds	799
国有企业	State - owned	447
集体企业	Collective - owned	
有限责任公司	Limited company	119
国有独资公司	State - owned	31
其他有限责任公司	Others	88
股份有限公司	Share holding	172
私营企业	Private	54
私营独资企业	Solely Owned	
私营合伙企业	Private partnership	
私营有限责任公司	Limited company	45
私营股份有限公司	Private Share holding	9
其他企业	Others	7
港、澳、台商投资企业	Funded from Hongkong, Macao and Taiwan	44
合资经营企业（港或澳、台资）	Funded from Hongkong, Macao and taiwan	30
合作经营企业（港或澳、台资）	Cooperative	
港、澳、台商独资经营企业	Solely owned	12
港、澳、台商投资股份有限公司	Company invested by Hong Kong, Macau or Taiwan businessmen	2
其他港澳台投资企业	Others	
外商投资企业	Foreign funded	135
中外合资经营企业	Joint Venture	121
中外合作经营企业	cooperative enterprises	
外资企业	Solely owned	14
外商投资股份有限公司	Company invested by foreign businessmen	
其他外商投资企业	Others	
四、按国民经济行业大类分组	Grouped by new sector	
制造业	Manufacturing	960
农副食品加工业	Farm sideline food processing	11
食品制造业	Food manufacturing	2
酒、饮料和精制茶制造业	Wine、drinks and Refined tea Industry	5
烟草制品业	Tobacco processing	
纺织业	Textile industry	
纺织服装、服饰业	Textile clothing industry	

SUMMARY OF ALL R&D PROJECTS OF ALL INDUSTRIAL ENTERPRISES IN 2012

参加项目人员(人) Personnel in R&D project	项目人员折合全时当量(人年) Full - time equivalent of engaged project personnel (person year)	全部项目经费内部支出(万元) Internal expenpenses of all projects (10000 yuan)
15160	11561.2	283459.5
12068	9505.4	250895.4
1792	1115.9	20930.6
1300	939.9	11633.5
9678	7700.0	183108.0
1174	1024.6	4403.0
1706	1383.7	22494.1
105	67.8	685.8
2497	1385.1	72768.6
13217	10326.8	214930.7
6858	6238.4	144416.3
3488	1735.0	16033.0
2136	1049.7	3874.6
1352	685.3	12158.4
2423	2068.5	48006.4
383	229.7	5719.0
276	131.6	5057.4
107	98.1	661.6
65	55.1	756.0
1003	533.9	49254.1
227	138.2	1882.8
756	381.3	47230.3
20	14.4	141.0
940	700.5	19274.7
847	642.7	16911.0
93	57.8	2363.7
13131	10564.2	281190.8
733	376.2	45177.0
38	16.7	2429.3
18	4.7	240.0
10	1.1	29.3

17－10续表1

指标 Item		项目数（项） Projects（unit）
皮革、毛皮、羽毛及其制品和制鞋业	Leather, fur, feather and related products and footwear industry	
木材加工和木、竹、藤、棕、草制品业	Timber, bamboo, cane, palm and straw products	9
家具制造业	Furniture manufacturing	
造纸和纸制品业	Paper making and paper products	
印刷和记录媒介复制业	Printing and record medium reproduction	
文教、工美、体育和娱乐用品制造业	Education, arts and crafts, PE, and entertainment products	
石油加工、炼焦和核燃料加工业	Petroleum processing coking and nuclear processing	
化学原料和化学制品制造业	Raw chemical material and chemical products	3
医药制造业	Medical and pharmacutical products	112
化学纤维制造业	Chemical fiber manufacturing	
橡胶和塑料制品业	Rubber and plastic products	2
非金属矿物制品业	Nonmetal mineral products	4
黑色金属冶炼和压延加工业	Smelting and pressing of ferrous metals	
有色金属冶炼和压延加工业	Smelting and pressing of non－ferrous metals	
金属制品业	Nonmetal mineral products	6
通用设备制造业	Ordinary machinery	5
专用设备制造业	Special purpose equipment	5
汽车制造业	Automobile industry	662
铁路、船舶、航空航天和其他运输设备制造业	Railway, water way, aviation and other transportation equipment	39
电气机械和器材制造业	Electric equipment and machinery	17
计算机、通信和其他电子设备制造业	Telecommunication equipment computer and other electronic equipment	12
仪器仪表制造业	Instrument manufacturing	65
其他制造业	Others	
废弃资源综合利用业	Waste resources comprehensive utilization industry	
金属制品、机械和设备修理业	Metal products、machinery、Equipment repair industry	
电力、热力、燃气及水生产和供应业	Production and supply of electric power and heat power and gas and water	18
电力、热力生产和供应业	Production and supply of electric power and heat power	18
燃气生产和供应业	Production and supply of gas	
水的生产和供应业	Water production and supply	
五、按企业控股情况分组	Grouped by owned	
国有控股	State－owned	658
集体控股	Collective－owned	59
私人控股	Private－owned	105
港澳台商控股	Hongkong, Macao and Taiwan－owned	17
外商控股	Foreign－owned	44
其他	Others	95
六、按地区分组	Total	
市辖区	District	
南关区	Nanguan	89
宽城区	Kuancheng	26
朝阳区	Chaoyang	439
二道区	Erdao	39
绿园区	Lvyuan	371
双阳区	Shuangyang	11
农安县	Nong'an	
九台市	Jiutai	1
榆树市	Yushu	
德惠市	Dehui	2

continued1

参加项目人员(人) Personnel in S&T project	项目人员折合全时当量(人年) Full - time equivalent of engaged project personnel (person year)	全部项目经费内部支出(万元) Internal expenpenses of all projects (10000 yuan)
450	425.2	258.0
114	6.8	485.0
1193	828.8	11876.8
11	5.1	171.4
63	63.0	371.9
22	12.6	297.8
78	37.3	401.6
78	39.6	1375.4
8329	7385.4	173430.7
787	534.8	36855.1
47	25.7	1194.6
414	348.5	1040.6
746	452.8	5556.3
2029	997.0	2268.7
2029	997.0	2268.7
11320	9164.7	197124.3
362	123.9	2436.1
716	451.9	10338.2
806	422.4	47467.8
651	503.1	13845.4
1305	895.3	12247.7
1310	1058.9	12841.2
801	434.7	45942.3
5119	3053.2	42186.7
527	433.0	8455.4
7328	6541.5	170788.5
27	22.1	466.1
10	1.1	350.0
38	16.7	2429.3

17－11　2012年全部工业企业办科技机构情况

指标名称	Item	机构数（个）Institutions
总计	Total	52
一、按企业规模分组	Grouped by size of enterprises	
大型	Large－sized enterprises	12
中型	Medium－sized enterprises	16
小型	Small－sized enterprises	24
微型	Micro－sized enterprises	
二、按隶属关系分组	Grouped by administrative	
中央	Central	7
省（自治区、直辖市）	Province (autonomous region, municipality)	4
地（区、市、州、盟）	Region (district, city, prefecture, league)	11
县（区、市、旗）	County (district, city, banner)	
其他	Others	
三、按登记注册类型分组	Grouped by type registered	
内资企业	Domestic funds	47
国有企业	State－owned	4
集体企业	Collective－owned	
有限责任公司	Limited company	14
国有独资公司	State－owned	2
其他有限责任公司	Others	12
股份有限公司	Share holding	7
私营企业	Private	19
私营独资企业	Solely Owned	4
私营合伙企业	Private partnership	
私营有限责任公司	Limited company	13
私营股份有限公司	Private Share holding	2
其他企业	Others	3
港、澳、台、商投资企业	Funded from Hongkong, Macao and Taiwan	
外商投资企业	Foreign funded	5
中外合资经营企业	Joint Venture	5
中外合作经营企业	cooperative enterprises	
外资企业	Solely owned	
外商投资股份有限公司	Company invested by foreign businessmen	
其他外商投资企业	Others	
四、按国民经济行业大类分组	Grouped by sector	
制造业	Manufacturing	51
农副食品加工业	Farm sideline food processing	9
食品制造业	Food manufacturing	1
酒、饮料和精制茶制造业	Wine、drinks and Refined tea Industry	
烟草制品业	Tobacco processing	
纺织业	Textile industry	
纺织服装、服饰业	Textile clothing industry	1
皮革、毛皮、羽毛及其制品和制鞋	Leather, fur, feather and related products and footwear industry	
木材加工及木、竹、藤、棕、草制品业	Timber,bamboo,cane,palm and straw products	
家具制造业	Furniture manufacturing	
造纸及纸制品业	Paper making and paper products	
印刷和记录媒介复制业	Printing and record medium reproduction	
文教、工美、体育和娱乐用品制造业	Education, arts and crafts, PE, and entertainment products	

BASIC CONDITIONS OF R&D INSTITUTIONS OF ALL INDUSTRIAL ENTERPRISES IN 2012

机构人员合计(人) Personnel	#博士毕业 Doctors	硕士毕业 Postgraduates	本科毕业 Bachelor	机构经费支出(万元) Institutions' expenses (10000yuan)	仪器和设备原价(万元) Prices of instruments and equipment (10000yuan)	进口 Import	境外机构数(个) Offshore institutions
11846	212	2102	7431	280175.6	231298.2	106720.3	
10122	169	1853	6264	255257.9	192006.6	106678.2	
1251	15	151	966	16848.0	32842.0	42.0	
473	28	98	201	8069.7	6449.6	0.1	
9078	163	1732	5564	245859.1	180076.9	106477.3	
254	9	76	158	2820.6	2632.5	15.0	
1331	19	95	1016	9342.3	26164.6	227.9	
1183	21	199	693	22153.6	22424.2	0.1	
11013	209	1982	6854	262324.8	216168.8	106720.2	
8121	123	1425	5048	222127.2	172672.2	103277.3	
1184	49	263	665	12027.4	27971.6	3215.0	
559	32	158	298	3640.0	8753.4	3200.0	
625	17	105	367	8387.4	19218.2	15.0	
1173	23	235	834	21195.3	9036.4	227.9	
368	10	45	214	6562.9	6008.6		
30		1	3	346.5	331.4		
320	8	43	205	6094.4	5583.9		
18	2	1	6	122.0	93.3		
167	4	14	93	412.0	480.0		
833	3	120	577	17850.8	15129.4	0.1	
833	3	120	577	17850.8	15129.4	0.1	
11299	180	1944	7145	276675.6	222598.2	103520.3	
68	2	4	13	1022.9	2883.2		
5			4	0.5	0.5		
12			12	140.0	53.4		

17－11 续表1

指标名称	Item	机构数（个） Institutions
石油加工、炼焦和核燃料加工业	Petroleum processing coking and nuclear processing	
化学原料和化学制品制造业	Raw chemical material and chemical products	2
医药制造业	Medical and pharmacutical products	6
化学纤维制造业	Chemical fiber manufacturing	
橡胶和塑料制品业	Rubber and Plastic products	
非金属矿物制品业	Nonmetal mineral products	
黑色金属冶炼和压延加工业	Smelting and pressing of ferrous metals	
有色金属冶炼及压延加工业	Smelting and pressing of non－ferrous metals	
金属制品业	Nonmetal mineral products	
通用设备制造业	Ordinary machinery	3
专用设备制造业	Special purpose equipment	2
汽车制造业	Automobile industry	20
铁路、船舶、航空航天和其他运输设备制造业	Railway, water way, aviation and other transportation equipment	2
电气机械和器材制造业	Electric equipment and machinery	1
计算机、通信和其他电子设备制造业	Telecommunication equipment computer and other electronic equipment	2
仪器仪表制造业	Instrument manufacturing	2
其他制造业	Others	
金属制品、机械和设备修理业	Metal products、machinery、Equipment repair industry	
电力、热力、燃气及水生产和供应业	Production and supply of electric power and heat power and gas and water	1
电力、热力生产和供应业	Production and supply of electric power and heat power	1
燃气生产和供应业	Production and supply of gas	
水的生产和供应业	Water production and supply	
五、按企业控股情况分组	Grouped by owned	
国有控股	State－owned	16
集体控股	Collective－owned	2
私人控股	Private－owned	26
港澳台商控股	Hongkong, Macao and Taiwan－owned	
外商控股	Foreign－owned	2
其他	Others	6
六、按地区分组	Total	
市辖区	District	
南关区	Nanguan	13
宽城区	Kuancheng	2
朝阳区	Chaoyang	17
二道区	Erdao	9
绿园区	Lvyuan	2
双阳区	Shuangyang	
农安县	Nong'an	
九台市	Jiutai	1
榆树市	Yushu	
德惠市	Dehui	8

continued1

机构人员合计(人) Personnel	#博士毕业 Doctors	硕士毕业 Postgraduates	本科毕业 Bachelor	机构经费支出(万元) Institutions' expenses (10000yuan)	仪器和设备原价(万元) Prices of instruments and equipment (10000yuan)	进口 Import	境外机构数(个) Offshore institutions
33	5	11	15	194.0	222.0		
243	9	43	127	1942.4	847.0		
149	7	41	80	1591.1	953.7	27.0	
87	1	13	71	581.7	277.6	15.0	
9668	130	1583	6096	249707.6	211838.6	103478.3	
709	21	176	489	17820.6	2886.3		
45		3	36	1560.0	264.3		
139	2	38	99	922.9	585.9		
141	3	32	103	1191.9	1785.7		
547	32	158	286	3500.0	8700.0	3200.0	
547	32	158	286	3500.0	8700.0	3200.0	
10045	181	1857	6344	250380.3	190597.9	106720.2	
127	5	49	64	4211.6	7069.1		
854	18	65	523	12074.7	24104.1		
334		25	248	3344.8	945.1	0.1	
486	8	106	252	10164.2	8582.0		
1584	26	228	1160	15694.8	17175.3	227.9	
79	1	6	39	1563.0	464.3		
1752	44	331	1113	38649.1	44089.4	3894.3	
340	13	51	236	5296.0	5964.5	42.1	
8024	126	1484	4871	218319.8	163009.5	102556.0	
10	2	1	5	35.0	12.0		
57		1	7	617.9	583.2		

17－12　2012年全部工业企业自主知识产权保护情况

指标名称	Item	专利申请数(件) Patent application (piece)	发明专利(件) Inventions
总计	Total	1302	427
一、按企业规模分组	Grouped by size of enterprises		
大型	Large－sized enterprises	835	266
中型	Medium－sized enterprises	252	110
小型	Small－sized enterprises	215	51
微型	Micro－sized enterprises		
二、按隶属关系分组	Grouped by administrative		
中央	Central	637	230
省(自治区、直辖市)	Province (autonomous region, municipality)	21	6
地(区、市、州、盟)	Region (district, city, prefecture, league)	256	61
县(区、市、旗)	County (district, city, banner)	33	7
街道	Street		
镇	Town		
乡	Township		
(社区)居委会	Residents committee		
村委会	Village committee		
其他	Others	352	122
三、按登记注册类型分组	Grouped by type registered		
内资企业	Domestic funds	1138	374
国有企业	State－owned	433	122
集体企业	Collective－owned		
股份合作企业	Share holding cooperative		
联营企业	Joint ownership		
国有联营企业	State joint ownership enterprises		
集体联营企业	Joint ownership		
国有与集体联营企业	Joint ownership		
其他联营企业	Others		
有限责任公司	Limited company	258	123
国有独资公司	State－owned	66	36
其他有限责任公司	Others	192	87
股份有限公司	Share holding	363	117
私营企业	Private	65	13
私营独资企业	Solely Owned	8	2
私营合伙企业	Private partnership		
私营有限责任公司	Limited company	40	10
私营股份有限公司	Private Share holding	17	1
其他企业	Others	19	1
港、澳、台商投资企业	Funded from Hongkong, Macao and Taiwan	17	17
合资经营企业(港或澳、台资)	Funded from Hongkong, Macao and taiwan	3	3
合作经营企业(港或澳、台资)	Cooperative		
港、澳、台商独资经营企业	Solely owned	14	14
港、澳、台商投资股份有限公司	Company invested by Hong Kong, Macau or Taiwan businessmen		
其他港澳台投资企业	Other		
外商投资企业	Foreign funded	147	36
中外合资经营企业	Joint Venture	125	32
中外合作经营企业	cooperative enterprises		
外资企业	Solely owned	22	4
外商投资股份有限公司	Company invested by foreign businessmen		
其他外商投资企业	Others		

INDEPENDENT INTELLECTUAL PROPERTY RIGHTS OF ALL INDUSTRIAL ENTERPRISES AND RELEVANT CONDITIONS IN 2012

有效发明专利数(件) Effective patent inventions	境外注册 Overseas registration	专利所有权转让及许可数(项) Number of patent ownership transferred and licensed	专利所有权转让与许可收入(万元) Income of patent ownership transferred and licensed (10000yuan)	发表科技论文(篇) Science and technology papers published	拥有注册商标数(件) Registered trademarks owned	境外授权 Offshore authorization	形成国家或行业标准数(项) national standards or trade standards
1918	8	24		575	1141	36	63
1666	2	2		500	795	27	44
142	3	21		38	116		13
110	3	1		37	230	9	6
1601	3			517	354	9	44
6				9	16		
172	2	1		13	113		8
49							
87	3	23		12	656	27	11
1834	8	9		575	654	9	59
1497				395	357	9	8
126	5	1		112	72		13
37	3			95	20		3
86	2	1		17	52		10
188				40	91		32
18		8		4	131		6
8					66		
4		8		4	64		6
6					1		
5	3				2		
15					478	27	2
1					66	9	
14					412	18	2
69		15			9		2
45		15			6		2
24					3		

17－12 续表1

指标名称	Item	专利申请数（件）Patent application（piece）	发明专利（件）Inventions
四、按国民经济行业大类分组	Grouped by sector		
制造业	Manufacturing	1255	415
农副食品加工业	Farm sideline food processing	5	5
食品制造业	Food manufacturing		
酒、饮料和精制茶制造业	Wine、drinks and Refined tea Industry		
烟草制品业	Tobacco processing		
纺织业	Textile industry		
纺织服装、服饰业	Textile clothing industry	7	7
皮革、毛皮、羽毛及其制品和制鞋业	Leather, fur, feather and related products and footwear industry		
化学原料和化学制品制造业	Raw chemical material and chemical products	41	7
医药制造业	Medical and pharmacntical products	139	45
化学纤维制造业	Chemical fiber manufacturing		
橡胶和塑料制品业	Rubber and plastic products	5	1
非金属矿物制品业	Nonmetal mineral products		
黑色金属冶炼和压延加工业	Smelting and pressing of ferrous metals		
有色金属冶炼和压延加工业	Smelting and pressing of non－ferrous metals		
金属制品业	Nonmetal mineral products	14	2
通用设备制造业	Ordinary machinery	28	5
专用设备制造业	Special purpose equipment	32	5
汽车制造业	Automobile industry	691	182
铁路、船舶、航空航天和其他运输设备制造业	Railway, water way, aviation and other transportation equipment	152	96
电气机械和器材制造业	Electric equipment and machinery	25	4
计算机、通信和其他电子设备制造业	Telecommunication equipment computer and other electronic equipment	78	42
仪器仪表制造业	Instrument manufacturing	36	14
其他制造业	Others		
废弃资源综合利用业	Waste resources comprehensive utilization industry		
金属制品、机械和设备修理业	Metal products、machinery、Equipment repair industry		
电力、热力、燃气及水生产和供应业	Production and supply of electric power and heat power and gas and water	47	12
电力、热力生产和供应业	Production and supply of electric power and heat power	46	12
燃气生产和供应业	Production and supply of gas	1	
水的生产和供应业	Water production and supply		
五、按企业控股情况分组	Grouped by owned		
国有控股	State－owned	804	288
集体控股	Collective－owned	64	14
私人控股	Private－owned	157	28
港澳台商控股	Hongkong, Macao and Taiwan－owned	27	16
外商控股	Foreign－owned	46	14
其他	Others	204	67
六、按地区分组	Total		
市辖区	District		
南关区	Nanguan	157	32
宽城区	Kuancheng	17	2
朝阳区	Chaoyang	530	159
二道区	Erdao	64	27
绿园区	Lvyuan	520	203
双阳区	Shuangyang	13	3
农安县	Nong'an		
九台市	Jiutai	1	
榆树市	Yushu		
德惠市	Dehui		

continued1

有效发明专利数(件) Effective patent inventions	境外注册 Overseas registration	专利所有权转让及许可数(项) Number of patent ownership transferred and licensed	专利所有权转让与许可收入(万元) Income of patent ownership transferred and licensed (10000yuan)	发表科技论文(篇) Science and technology papers published	拥有注册商标数(件) Registered trademarks owned	境外授权 Offshore authorization	形成国家或行业标准数(项) national standards or trade standards
1894	8	24		452	1139	36	61
2				1	454	18	2
					1		
3	3				2		
151	5			17	296	9	2
2							
					3		
3					3		1
3				6	4		
1596		23		392	358	9	17
25				25			27
1		1			1		
8				5	2		2
97				6	16		10
24				99			2
23				99			2
1							
1638	3			545	419	9	50
49		13			1		
31	3	8		4	203	9	7
14					412	18	2
40					5		
143	2	3		2	101		4
50		2		11	159	9	10
2					413	18	2
330	5	22		131	180	1	14
14				13	60		3
1522	3			420	329	8	34

17－13　2012年全部工业企业新产品开发、生产及销售情况

指标名称	Item	新产品开发项目数（项）Number of new product development
总计	Total	1631
一、按企业规模分组	Grouped by size of enterprises	
大型	Large－sized enterprises	780
中型	Medium－sized enterprises	548
小型	Small－sized enterprises	303
微型	Micro－sized enterprises	
二、按隶属关系分组	Grouped by administrative	
中央	Central	518
省(自治区、直辖市)	Province (autonomous region, municipality)	49
地(区、市、州、盟)	Region (district, city, prefecture, league)	448
县(区、市、旗)	County (district, city, banner)	17
街道	Street	
镇	Town	
乡	Township	
(社区)居委会	Residents committee	
村委会	Village committee	
其他	Others	599
三、按登记注册类型分组	Grouped by type registered	
内资企业	Domestic funds	1119
国有企业	State－owned	515
集体企业	Collective－owned	
股份合作企业	Share holding cooperative	
联营企业	Joint ownership	
国有联营企业	State joint ownership enterprises	
集体联营企业	Joint ownership	
国有与集体联营企业	Joint ownership	
其他联营企业	Others	
有限责任公司	Limited company	287
国有独资公司	State－owned	58
其他有限责任公司	Others	229
股份有限公司	Share holding	231
私营企业	Private	84
私营独资企业	Solely Owned	
私营合伙企业	Private partnership	
私营有限责任公司	Limited company	62
私营股份有限公司	Private Share holding	22
其他企业	Others	16
港、澳、台商投资企业	Funded from Hongkong, Macao and Taiwan	91
合资经营企业(港或澳、台资)	Funded from Hongkong, Macao and taiwan	54
合作经营企业(港或澳、台资)	Cooperative	
港、澳、台商独资经营企业	Solely owned	35
港、澳、台商投资股份有限公司	Company invested by Hong Kong, Macau or Taiwan businessmen	2
其他港澳台投资企业	Others	
外商投资企业	Foreign funded	407
中外合资经营企业	Joint Venture	352
中外合作经营企业	cooperative enterprises	1
外资企业	Solely owned	51
外商投资股份有限公司	Company invested by foreign businessmen	3
其他外商投资企业	Others	

NEW PRODUCT DEVELOPMENT, MANUFACTURING AND SALE OF ALL INDUSTRIAL ENTERPRISES IN 2012

新产品开发经费支出(万元) Expenses on new product development (10000yuan)	新产品产值(万元) Production value of new product (10000yuan)	新产品销售收入(万元) Sales income of new product (10000yuan)	出口 Exporto
454993.1	5622113.6	18315622.3	547352.2
352155.9	4929526.4	17636997.7	525744.2
65576.7	330106.5	343174.2	21608.0
37260.5	362480.7	335450.4	
159217.6	2301750.4	14904789.6	520153.7
8909.8	128193.5	97940.2	5508.0
72787.0	546400.4	540464.7	5704.6
6289.6	10395.2	8907.8	
207789.1	2635374.1	2763520	15985.9
240808.2	27929798	15506475.6	544863.3
31847.3	221763.9	12821099.5	27546.2
46625.6	182810.0	183984.3	21043.9
9683.9	1359.8	1330.0	
36941.7	181450.2	182654.3	21043.9
152243.6	2311315.5	2437214.1	495823.2
13016	79290.4	64847.2	450.0
	478.6	427.8	
11084.3	60716.4	61854.4	450.0
1931.7	18095.4	2565	
1419.2	300.0	180.0	
116590.2	2058078.0	2057569.6	
5211.6	56338.5	55830.1	
111237.6	2001739.5	2001739.5	
141.0			
93251.2	768555.8	750727.6	2488.9
70272.1	636734.3	616325.2	
1000.5	1068.6	3562.0	
15897.5	130752.9	130840.4	2488.9
6081.1			

17－13 续表1

指标名称	Item	新产品开发项目数（项）Number of new product development
四、按国民经济行业大类分组	Grouped by sector	
制造业	Manufacturing	1618
农副食品加工业	Farm sideline food processing	33
食品制造业	Food manufacturing	4
酒、饮料和精制茶制造业	Wine、drinks and Refined tea Industry	4
烟草制品业	Tobacco processing	
纺织业	Textile industry	
纺织服装、服饰业	Textile clothing industry	2
皮革、毛皮、羽毛及其制品和制鞋业	Leather, fur, feather and related products and footwear industry	
木材加工和木、竹、藤、棕、草制品业	Timber, bamboo, cane, palm and straw products	5
化学原料和化学制品制造业	Raw chemical material and chemical products	7
医药制造业	Medical and pharmacntical products	142
化学纤维制造业	Chemical fiber manufacturing	
橡胶和塑料制品业	Rubber and plastic products	8
非金属矿物制品业	Nonmetal mineral products	5
黑色金属冶炼和压延加工业	Smelting and pressing of ferrous metals	3
有色金属冶炼和压延加工业	Smelting and pressing of non－ferrous metals	
金属制品业	Nonmetal mineral products	6
通用设备制造业	Ordinary machinery	11
专用设备制造业	Special purpose equipment	34
汽车制造业	Automobile industry	1097
铁路、船舶、航空航天和其他运输设备制造业	Railway, water way, aviation and other transportation equipment	115
电气机械和器材制造业	Electric equipment and machinery	52
计算机、通信和其他电子设备制造业	Telecommunication equipment computer and other electronic equipment	20
仪器仪表制造业	Instrument manufacturing	69
其他制造业	Others	
废弃资源综合利用业	Waste resources comprehensive utilization industry	1
金属制品、机械和设备修理业	Metal products、machinery、Equipment repair industry	
电力、热力、燃气及水生产和供应业	Production and supply of electric power and heat power and gas and water	13
电力、热力生产和供应业	Production and supply of electric power and heat power	11
燃气生产和供应业	Production and supply of gas	2
水的生产和供应业	Water production and supply	
五、按企业控股情况分组	Grouped by owned	
国有控股	State－owned	826
集体控股	Collective－owned	88
私人控股	Private－owned	249
港澳台商控股	Hongkong, Macao and Taiwan－owned	37
外商控股	Foreign－owned	162
其他	Others	266
六、按地区分组	Total	
市辖区	District	
南关区	Nanguan	193
宽城区	Kuancheng	43
朝阳区	Chaoyang	1052
二道区	Erdao	170
绿园区	Lvyuan	143
双阳区	Shuangyang	27
农安县	Nong'an	
九台市	Jiutai	2
榆树市	Yushu	
德惠市	Dehui	1

continued1

新产品开发经费支出(万元) Expenses on new product development (10000yuan)	新产品产值(万元) Production value of new product (10000yuan)	新产品销售收入(万元) Sales income of new product (10000yuan)	出口 Exporto
445287	5622113.6	18200517.1	547352.2
110452.6	2012418.5	2013418.5	
1014.3	1306.4	3799.8	
228.0			
1119.8	630.0	630.0	
107.0			
4320.0	1178.0	1946.0	
21399.2	123024.3	93324.3	
3224.5			
1163.6			
3475			
297.8	3940.8	3940.8	
2257.1	6530.8	6318.5	180.0
3295.9	21018.9	20684.9	
142009.5	1076519.3	13677630.9	47732.2
130196.5	2175887.3	2174750.2	495560.7
9505.9	140543.1	149364	
5112.0	36556.2	35313.9	3684.0
5712.2	22560.0	19395.3	195.3
35.1			
9706.1		115105.2	
2164.7			
7541.4		115105.2	
199777.6	2535185.3	15244677.3	532111.4
8234.7	98917.8	103511.9	
34518.7	148596.9	154543.3	12556.6
111378.6	2007739.5	2007262.5	
64157.9	560782.7	537008.2	2488.9
36925.6	270891.4	268619.1	195.3
52245.4	723562.0	692572.3	3215.7
108656.0	2034770.8	2034000.8	
126747.4	558487.3	643521.6	33800.3
31440.8	122882.4	129510.6	2668.9
132930.4	2178842.5	14801290.0	507667.3
	2500.0	11165.0	
1350.5	1068.6	3562.0	
22.0			

17－14　2012 年全部工业企业政府相关政策落实情况

指标名称	Item	来自政府部门的科技活动资金（万元） Science and technology activity fund from government	研究开发费用加计扣除减免税（万元） Research and development expenses with additional deduction of tax reduction and exemption	高新技术企业减免税（万元） High tech enterprise tax reduction and exemption
总计	Total	24631.7	180129.3	18447.2
一、按企业规模分组	Grouped by size of enterprises			
大型	Large - sized enterprises	19368.0	177673.0	11770.1
中型	Medium - sized enterprises	3840.1	1529.2	5310.2
小型	Small - sized enterprises	1423.6	927.1	1366.9
微型	Micro - sized enterprises			
二、按隶属关系分组	Grouped by administrative			
中央	Central	19468.9	177327.7	3364.7
省（自治区、直辖市）	Province (autonomous region, municipality)	138.0	87.2	232.8
地（区、市、州、盟）	Region (district, city, prefecture, league)	1197.1	1180.6	6503.7
县（区、市、旗）	County (district, city, banner)	135.0	1.8	2528.4
街道	Street			
镇	Town			
乡	Township			
（社区）居委会	Residents committee			
村委会	Village committee			
其他	Others	3692.7	1532.0	5817.6
三、按登记注册类型分组	Grouped by type registered			
内资企业	Domestic funds	22735.9	179279.0	10022.5
国有企业	State - owned	4013.0	174100.7	763.4
集体企业	Collective - owned			
股份合作企业	Share holding cooperative			
有限责任公司	Limited company	3090.9	1169.8	4180.7
国有独资公司	State - owned	1293.0	492.0	
其他有限责任公司	Others	1797.9	677.8	4180.7
股份有限公司	Share holding	14843.1	3439.7	4269.3
私营企业	Private	779.9	568.8	809.1
私营独资企业	Solely Owned			
私营合伙企业	Private partnership			
私营有限责任公司	Limited company	779.9	568.8	809.1
私营股份有限公司	Private Share holding			
其他企业	Others	9.0		
港、澳、台商投资企业	Funded from Hongkong, Macao and taiwan	1515.0		322.9
合资经营企业（港或澳、台资）	Funded from Hongkong, Macao and taiwan	46.0		322.9
合作经营企业（港或澳、台资）	Cooperative			
港、澳、台商独资经营企业	Solely owned	1469.0		
港、澳、台商投资股份有限公司	Company invested by Hong Kong, Macau or Taiwan businessmen			
其他港澳台投资企业	Others			
外商投资企业	Foreign funded	380.8	850.3	8101.8
中外合资经营企业	Joint Venture	380.8	407.2	8101.8
中外合作经营企业	cooperative enterprises			
外资企业	Solely owned		443.1	
外商投资股份有限公司	Company invested by foreign businessmen			

IMPLEMENTATION OF GOVERNMENT'S RELEVANT POLICIES OF ALL INDUSTRIAL ENTERPRISES SIZE IN 2012

17－14 续表 1 continued1

指标名称	Item	来自政府部门的科技活动资金（万元）Science and technology activity fund from government	研究开发费用加计扣除减免税（万元）Research and development expenses with additional deduction of tax reduction and exemption	高新技术企业减免税（万元）High tech enterprise tax reduction and exemption
其他外商投资企业	Others			
四、按国民经济行业大类分组	Grouped by sector			
制造业	Manufacturing	24631.7	180129.3	18447.2
农副食品加工业	Farm sideline food processing	1501.0		
食品制造业	Food manufacturing			
酒、饮料和精制茶制造业	Wine、drinks and Refined tea Industry	45.0		
烟草制品业	Tobacco processing			
医药制造业	Medical and pharmacntical products	2654.0	537.0	2508.2
化学纤维制造业	Chemical fiber manufacturing			
橡胶和塑料制品业	Rubber and plastic products			
非金属矿物制品业	Nonmetal mineral products			
黑色金属冶炼和压延加工业	Smelting and pressing of ferrous metals	3.5		
有色金属冶炼和压延加工业	Smelting and pressing of non－ferrous metals			
金属制品业	Nonmetal mineral products			10.0
通用设备制造业	Ordinary machinery	85.0	87.2	232.8
专用设备制造业	Special purpose equipment	120.1	49.8	305.8
汽车制造业	Automobile industry	4703.1	175998.4	12428.5
铁路、船舶、航空航天和其他运输设备制造业	Railway, water way, aviation and other transportation equipment	14084.3	3039.2	2012.0
电气机械和器材制造业	Electric equipment and machinery		196.5	552.9
计算机、通信和其他电子设备制造业	Telecommunication equipment computer and other electronic equipment	342.9		261.2
仪器仪表制造业	Instrument manufacturing	1092.8	221.2	135.8
五、按企业控股情况分组	Grouped by owned			
国有控股	State－owned	20373.1	177762.5	6646.9
集体控股	Collective－owned	175.0	89.0	581.2
私人控股	Private－owned	970.4	858.9	1411.0
港澳台商控股	Hongkong, Macao and Taiwan－owned	1509.0		
外商控股	Foreign－owned		850.3	4335.7
其他	Others	1604.2	568.6	5472.4
六、按地区分组	Total			
市辖区	District			
南关区	Nanguan	961.3	909.3	8591.3
宽城区	Kuancheng	1717.8	365.6	334.2
朝阳区	Chaoyang	3973.8	1092.3	6534.9
二道区	Erdao	541.3	919.7	
绿园区	Lvyuan	17081.5	176604.3	2051.0
双阳区	Shuangyang	356.0	238.1	935.8
农安县	Nong'an			
九台市	Jiutai			
榆树市	Yushu			
德惠市	Dehui			

17－15　2012年全部工业企业技术获取和技术改造情况

指标名称	Item	引进技术经费支出（万元）Expenses on technology introduction
总计	Total	16953.2
一、按企业规模分组	Grouped by size of enterprises	
大型	Large－sized enterprises	16305.5
中型	Medium－sized enterprises	633.8
小型	Small－sized enterprises	13.9
微型	Micro－sized enterprises	
二、按隶属关系分组	Grouped by administrative	
中央	Central	16305.5
省（自治区、直辖市）	Province (autonomous region, municipality)	
地（区、市、州、盟）	Region (district, city, prefecture, league)	13.9
县（区、市、旗）	County (district, city, banner)	
其他	Others	633.8
三、按登记注册类型分组	Grouped by type registered	
内资企业	Domestic funds	16319.4
国有企业	State－owned	5447.8
有限责任公司	Limited company	13.9
国有独资公司	State－owned	
其他有限责任公司	Others	13.9
股份有限公司	Share holding	10857.7
私营企业	Private	
私营独资企业	Solely Owned	
私营合伙企业	Private partnership	
私营有限责任公司	Limited company	
私营股份有限公司	Private Share holding	
其他企业	Others	
港、澳、台商投资企业	Funded from Hongkong, Macao and Taiwan	
合资经营企业（港或澳、台资）	Funded from Hongkong, Macao and taiwan	
合作经营企业（港或澳、台资）	Cooperative	
港、澳、台商独资经营企业	Solely owned	
港、澳、台商投资股份有限公司	Company invested by Hong Kong, Macau or Taiwan businessmen	
其他港澳台投资企业	Others	
外商投资企业	Foreign funded	633.8
中外合资经营企业	Joint Venture	633.8
中外合作经营企业	cooperative enterprises	
外资企业	Solely owned	
外商投资股份有限公司	Company invested by foreign businessmen	
其他外商投资企业	Others	
四、按国民经济行业大类分组	Grouped by sector	
制造业	Manufacturing	16953.2
农副食品加工业	Farm sideline food processing	
食品制造业	Food manufacturing	
酒、饮料和精制茶制造业	Wine、drinks and Refined tea Industry	
烟草制品业	Tobacco processing	
纺织业	Textile industry	
纺织服装、服饰业	Textile clothing industry	

BASIC STATISTICS ON TECHNOLOGICAL TRANSFORMATION TECHNOLOGY DEVELOPING OF ALL INDUSTRIAL ENTERPRISES SIZE IN 2012

消化吸收经费支出(万元) Expenses on training	购买国内技术经费支出(万元) Technology developing	技术改造经费支出(万元) Innovation
4668.3	5633.5	235680.6
4169.0	743.1	223640.3
	4885.6	11779.3
499.3	4.8	261.0
4169.0	743.1	185824.4
320.0	4890.4	17377.8
179.3		32478.4
4489.0	747.9	200961.5
4169.0	658.9	171708.4
320.0	89.0	3911.7
		15.0
320.0	89.0	3896.7
		23816.8
		1324.6
		1324.6
		200.0
		34719.1
		5500.0
		29219.1
179.3	4885.6	
179.3		
	4885.6	
4668.3	5633.5	218793.3
		11550.0
		17869.1
		15.0

表 17－15 续表 1

指标名称	Item	引进技术经费支出（万元）Expenses on technology introduction
专用设备制造业	Special purpose equipment	
汽车制造业	Automobile industry	6081.6
铁路、船舶、航空航天和其他运输设备制造业	Railway, water way, aviation and other transportation equipment	10871.6
电气机械和器材制造业	Electric equipment and machinery	
计算机、通信和其他电子设备制造业	Telecommunication equipment computer and other electronic equipment	
仪器仪表制造业	Instrument manufacturing	
其他制造业	Others	
废弃资源综合利用业	Waste resources comprehensive utilization industry	
金属制品、机械和设备修理业	Metal products、machinery、Equipment repair industry	
电力、热力、燃气及水生产和供应业	Production and supply of electric power and heat power and gas and water	
电力、热力生产和供应业	Production and supply of electric power and heat power	
燃气生产和供应业	Production and supply of gas	
水的生产和供应业	Water production and supply	
五、按企业控股情况分组	Grouped by owned	
国有控股	State－owned	16305.5
集体控股	Collective－owned	633.8
私人控股	Private－owned	13.9
港澳台商控股	Hongkong, Macao and Taiwan－owned	
外商控股	Foreign－owned	
其他	Others	
六、按地区分组	Total	
市辖区	District	
南关区	Nanguan	
宽城区	Kuancheng	
朝阳区	Chaoyang	851.6
二道区	Erdao	13.9
绿园区	Lvyuan	16087.7
双阳区	Shuangyang	
农安县	Nong'an	
九台市	Jiutai	
榆树市	Yushu	
德惠市	Dehui	

continued1

消化吸收经费支出(万元) Expenses on training	购买国内技术经费支出(万元) Technology developing	技术改造经费支出(万元) Innovation
		56.8
4348.3	5544.5	173405.7
320.0	89.0	14162.0
		134.7
		1600.0
		16887.3
		16887.3
4169.0	743.1	203141.2
320.0	4.8	1520.3
		29219.1
179.3	4885.6	
		1800.0
		11873.6
		11484.7
69.0	8.9	11358.9
499.3	4890.4	15119.3
4100.0	734.2	167975.0
		17869.1

17-16 2012年全部工业企业限额以上R&D项目情况

指标名称	Item	项目数合计(项) Projects (unit)	参加科技项目人员(人) science and technology personnel	本年度项目经费内部支出(万元) Internal expenpenses of all projects (10000 yuan)
总计	Total	718	8132	276459.1
一、按项目来源分组	Grouped by proiects			
国家科技项目	National at projects	18	387	14282.8
地方科技项目	Local projects	32	606	44164.6
其他企业委托科技项目	Other enterprises projects	50	363	8209.9
本企业自选科技项目	Enterprises prjects	608	6651	207276.1
来自境外的科技项目	Foreign proiects	4	32	1099.3
其他科技项目	Others	6	93	1426.4
二、按项目合作形式分组	Grouped by cooperation eype			
与境外机构合作	With foreign countries	12	38	2378.9
与境内高校合作	With higher education	53	691	21726.3
与境内独立研究院所合作	With institution	44	397	10585.4
与境内注册的外商独资企业合作	With foreign cooperata	1	4	100.0
与境内注册的其他企业合作	With others enterprises	26	419	8170.5
独立研究	Independent studies	578	6559	227474.6
其他	Others	4	24	6023.4
三、按项目活动类型分组	Grouped by activetype			
基础研究	Fundamental research			
应用研究	Application research	145	1685	72634.6
试验发展	Experimental developing	573	6447	203824.5
四、按项目成果形式分组	Experimenteelaevelopment			
论文或专著	Prototype or sample	3	23	369.2
自主研制的新产品原型或样机、样件、样品、配方、新装置	Sample article, recipe, new device of self-developed product	306	3353	109970.4
自主开发的新技术或新工艺、新工法	Self-developed new technology, new process, or new method	394	4612	165014.6
发明专利	Inventions and patents	15	144	1104.9
五、按项目技术经济目标分组	Crouped by goals			
科学原理的探索、发现	Exploration and discovery of scientific principles	3	13	172.1
技术原理的研究	Technology principal research	279	3571	131398.7
开发全新产品	New products	286	3201	118051.9
增加产品功能或提高性能	Product function and performance improvement	107	873	20421.7
提高劳动生产率	Raising productivity	15	159	892.2
减少能源消耗或提高能源使用效率	Reducting energy consumption, or improving engergy usage effectiveness	13	173	887.8
节约原材料	Saving material	5	58	2798.7
减少环境污染	Reducing environment waste	1	12	190.0
其他	Others	9	72	1646.0
六、企业规模分组	Grouped by size of enterprises			
大型	Large-sized enterprises	432	6213	247707.4
中型	Medium-sized enterprises	158	1147	18850.5
小型	Small-sized enterprises	128	772	9901.2
微型	Micro-sized enterprises			
七、隶属关系分组	Grouped by administrative			
中央	Central	374	4885	180856.6
省(自治区、直辖市)	Province (autonomous region, municipality)	24	491	4189.1
地(区、市、州、盟)	Region (district, city, prefecture, league)	115	1159	21888.9
县(区、市、旗)	County (district, city, banner)	10	78	368.9
其他	Others	195	1519	69155.6

R&D PROJECTS STATUS ABOVE NORM OF ALL INDUSTRIAL ENTERPRISES IN 2012

17－16 续表 1　　continued1

指标名称	Item	项目数合计(项) Projects (unit)	参加科技项目人员(人) science and technology personnel	本年度项目经费内部支出(万元) Internal expenpenses of all projects (10000 yuan)
八、登记注册类型分组	Grouped by type registered			
内资企业	Domestic funds	574	7013	209541.9
国有企业	State－owned	288	3726	142426.2
集体企业	Collective－owned			
有限责任公司	Limited company	100	1166	14710.6
国有独资公司	State－owned	27	361	3209.9
其他有限责任公司	Others	73	805	11500.7
股份有限公司	Share holding	130	1721	47021.7
私营企业	Private	52	367	4974.5
私营独资企业	Solely Owned			
私营合伙企业	Private partnership			
私营有限责任公司	Limited company	43	260	4412.9
私营股份有限公司	Private Share holding	9	107	561.6
其他企业	Others	4	33	408.9
港、澳、台商投资企业	Funded from Hongkong, Macao and Taiwan	29	536	49035.0
合资经营企业(港或澳、台资)	Funded from Hongkong, Macao and taiwan	15	115	1663.7
合作经营企业(港或澳、台资)	Cooperative			
港、澳、台商独资经营企业	Solely owned	12	401	47230.3
港、澳、台商投资股份有限公司	Company invested by Hong Kong, Macau or Taiwan businessmen	2	20	141.0
其他港澳台投资企业	Others			
外商投资企业	Foreign funded	115	583	17882.2
中外合资经营企业	Joint Venture	101	497	15518.6
中外合作经营企业	cooperative enterprises			
外资企业	Solely owned	14	86	2363.6
外商投资股份有限公司	Company invested by foreign businessmen			
其他外商投资企业	Others			
九、按国民经济行业大类分组	Grouped by sector			
制造业	Manufacturing	700	7875	274855.1
农副食品加工业	Farm sideline food processing	11	375	44901.0
食品制造业	Food manufacturing	2	38	2429.3
酒、饮料和精制茶制造业	Wine、drinks and Refined tea Industry	5	18	240.0
烟草制品业	Tobacco processing			
纺织业	Textile industry			
纺织服装、服饰业	Textile clothing industry	1	10	29.3
皮革、毛皮、羽毛及其制品和制鞋业	Leather, fur, feather and related products and footwear industry			
木材加工和木、竹、藤、棕、草制品业	Timber, bamboo, cane, palm and straw products	6	146	180.0
家具制造业	Furniture manufacturing			
造纸和纸制品业	Paper making and paper products			
印刷和记录媒介复制业	Printing and record medium reproduction			
文教、工美、体育和娱乐用品制造业	Education, arts and crafts, PE, and entertainment products			
石油加工、炼焦和核燃料加工业	Petroleum processing coking and nuclear processing			
化学原料和化学制品制造业	Raw chemical material and chemical products	3	39	385.0
医药制造业	Medical and pharmacntical products	98	706	10453.3

表 17－16 续表 2　　continued2

指标名称	Item	项目数合计(项) Projects (unit)	参加科技项目人员(人) science and technology personnel	本年度项目经费内部支出(万元) Internal expenpenses of all projects (10000 yuan)
化学纤维制造业	Chemical fiber manufacturing			
橡胶和塑料制品业	Rubber and plastic products	2	11	158.9
非金属矿物制品业	Nonmetal mineral products	4	52	371.9
黑色金属冶炼和压延加工业	Smelting and pressing of ferrous metals			
有色金属冶炼和压延加工业	Smelting and pressing of non－ferrous metals			
金属制品业	Nonmetal mineral products	6	22	297.8
通用设备制造业	Ordinary machinery	5	48	231.6
专用设备制造业	Special purpose equipment	5	74	1375.4
汽车制造业	Automobile industry	471	4905	169338.3
铁路、船舶、航空航天和其他运输设备制造业	Railway, water way, aviation and other transportation equipment	39	787	36855.1
电气机械和器材制造业	Electric equipment and machinery	10	33	1170.4
计算机、通信和其他电子设备制造业	Telecommunication equipment computer and other electronic equipment	9	152	940.9
仪器仪表制造业	Instrument manufacturing	23	459	5496.9
其他制造业	Others			
废弃资源综合利用业	Waste resources comprehensive utilization industry			
金属制品、机械和设备修理业	Metal products、machinery、Equipment repair industry			
电力、热力、燃气及水生产和供应业	Production and supply of electric power and heat power and gas and water	18	257	1604.0
电力、热力生产和供应业	Production and supply of electric power and heat power	18	257	1604.0
燃气生产和供应业	Production and supply of gas			
水的生产和供应业	Water production and supply			
十、企业控股情况分组	Grouped by owned			
国有控股	State－owned	442	5902	194020.7
集体控股	Collective－owned	41	116	1814.8
私人控股	Private－owned	93	635	9081.8
港澳台商控股	Hongkong, Macao and Taiwan－owned	17	451	47381.3
外商控股	Foreign－owned	31	408	12894.2
其他	Others	94	620	11266.3
十一、按地区分组	Total			
市辖区	District			
南关区	Nanguan	82	815	12580.9
宽城区	Kuancheng	18	422	45756.6
朝阳区	Chaoyang	238	1882	37963.9
二道区	Erdao	38	478	7488.6
绿园区	Lvyuan	333	4474	169612.2
双阳区	Shuangyang	6	13	377.6
农安县	Nong'an			
九台市	Jiutai	1	10	250.0
榆树市	Yushu			
德惠市	Dehui	2	38	2429.3

统计资料

STATISTICS

◎ 体育、卫生及其他事业

SPORTS, PUBLIC HEALTH AND OTHERS

第十八篇　体育、卫生及其他事业

2012 年，我市成功承办了全球华人羽毛球锦标赛、瓦萨国际越野滑雪赛、世界杯自由式滑雪赛等国际国内大型体育赛事 20 项次。举办了市青少年短道、速滑、篮球等省市各级各类体育赛事 220 项。我市代表团参加了十二届全国冬季运动会 3 大项 10 分项 91 小项角逐，夺得金牌 29 枚、银牌 16 枚、铜牌 20 枚、金牌总数列全国第二的优异成绩，继续保持了我市冬季项目全国前列位置。

以“健康长春——体育伴随你我他”为主题，开展全民健身活动 1000 项次，公布了《长春市体质状况报告》。投入资金 450 万元，为城区安装 43 套健身路径，为 10 乡镇、62 个行政村安装健身器材。全年体育彩票销售 6.3 亿元，占全省销售比例的 42.3%。

2012 年末，全市卫生医疗机构 4092 个，增长 1.47%。其中：医院、卫生院 302 所，下降 1.31%，拥有医疗、疗养床位 4.23 万张，比上年增长 6.47%。卫生技术人员 4.3 万人，比上年增长 5.5%。每千人拥有执业医师和执业助理医师 2.44 人。

截止 2012 年末，市辖区建成社区卫生服务中心 51 家，城区人员覆盖率达到 100%，367 万农民参加了新型合作医疗，参合率达到 99.7%，共筹集资金 10.6 亿元，已有 121 万参合农民受益，支付补偿金 10.2 亿元，占筹资总额的 96.2%。

18－1 公共体育场
STADIUMS AND GYMNASIUMS

	实际数（个）Number		实际数（个）Number		实际数（个）Number
体育场 Stadium	20	体育馆 Gymnasiums	22	室内游泳池 Swimming pool	7
室外游泳池 Outdoor swimming pools	6	运动场 Stadiums	75	足球场 Football court	45
室内游泳馆 Swimming pools	16	室内网球场 Indoor tennis court	7	保龄球房 Bowling ball room	5

18－2 卫生机构床位、人员数
BEDS AND PERSONNEL IN HEALTH INSTITUTIONS

机构分类 Institutions		机构数（个）Institutions	床位数（张）Beds	人员数（人）Personnel 合计 Total	#卫生技术员 Medical technical personnel 合计 Total	执业医师 Certified doctors	执业助理医师 Assistant doctors	注册护士 Registered nurses
总计	Total	4090	42283	59158	42934	17078	18505	15795
一、医院	Hospitals	167	37144	37780	30388	11879	12460	12523
二、社区卫生服务中心(站)	Community health ceve canters	96	1086	2993	2442	885	1006	849
三、卫生院	Clinics	135	3243	3976	2932	923	1267	651
四、门诊部	Policlinic	226	103	1560	1505	863	919	456
五、诊所、卫生所、医务室	Clinique meadical instituteinfirmary	1223		2276	2270	1284	1311	776
六、急救中心(站)	First－aid centre	1		141	76	43	43	33
七、村卫生室	Village clinic	2189		6765	452	215	397	55
八、采供血机构	Blood bank	1		238	175	32	42	90
九、妇幼保健院(所站)	Maternity and child care centers	11	429	1008	779	388	431	210
十、专科疾病防治院(所站)	Specialized prevention & treatment centers or station	7	278	416	288	117	136	61
十一、疾病预防控制中心	Sanitation and antiepidemic agencies	13		1341	1025	431	475	83
十二、卫生监督所(中心)	Health care centre	15		500	497	0	0	0
十三、健康教育所(站中心)	Health training centre	2		53	32	5	5	1
十四、其他卫生机构	Other institutions	4		17	16	4	4	6

18－3 计划生育情况

BASIC STATISTICS ON BIRTH CONTROL

	育龄妇女人数（人）Birth－aged women (person)	其中：已婚 Married	20周岁以前结婚人数（人）Married before 20 years old	23周岁以后结婚人数（人）Married after 23 years old	晚婚率（%）Rate of married at mature age (%)	晚育率（%）Rate of late childbirth (%)	计划内出生（人）Plan birth (person)	计划生育率（%）Birth control rate (%)	领证率（%）Link card rate (%)
总计 Total	2106400	1454087	10820	14331	45.55	64.52	50780	95.87	36.96
南关区 Nanguan	130576	84829		648	55.91	93.7	2469	100	66.71
宽城区 Kuancheng	139184	98563	9	1212	48.93	91.44	4271	99.81	31.79
朝阳区 Chaoyang	191548	121314	185	1007	74.43	90.09	4005	99.28	29.09
二道区 Erdao	90278	62921	5	482	76.14	94.12	1676	99.94	60.76
绿园区 Lvyuan	141405	100213		416	70.51	91.82	2077	99.81	39.72
榆树市 Yushu	347160	242874	2954	1725	34.66	42.11	7716	92.77	50.26
农安县 Nong'an	313593	221625	2786	3528	45.09	47.33	9332	92.54	30.04
德惠市 Dehui	268885	168112	2285	1619	35.99	46.92	6463	96.81	19.7
九台市 Jiutai	212773	154902	1977	1934	42.4	48.1	6549	93.61	26.58
双阳区 Shuangyang	95468	70367	567	844	46.2	51.49	2261	94.8	38.97
经开区 Developing area	63791	47711	1	374	63.61	92.31	1813	100	9.21
净旅区 Tourism area	34041	25560	42	154	54.8	80.14	521	99.05	20.64
高新区 High－technical area	20493	15679	4	193	57.78	80.28	552	100	30.56
汽开区 Motor vehicle development zone	44372	31197		113	64.57	90.65	841	99.64	50.07
莲花山 Lianhua mountainarea	12833	8220	5	82	43.85	63.1	234	100	37.67

18－4 节育情况
BASIC CONDITION OF CONTRACEPTION

		避孕人数(人) Persons of contraception (person)	避孕率(%) Rate of contraception (%)	手术例数(个) Number of operations
总计	Total	1308959	90.02	47103
南关区	Nanguan	73138	86.22	721
宽城区	Kuancheng	88302	89.59	3572
朝阳区	Chaoyang	111360	91.8	5629
二道区	Erdao	58966	93.71	1971
绿园区	Lvyuan	90195	90	949
榆树市	Yushu	207119	85.28	7872
农安县	Nong'an	202866	91.54	9781
德惠市	Dehui	155836	92.7	7197
九台市	Jiutai	143135	92.4	5549
双阳区	Shuangyang	65151	92.59	1416
经开区	Developing area	39741	83.3	771
净月区	Tourism area	23582	92.26	435
高新区	High－technical area	14409	91.9	755
汽开区	Motor vehicles development zone	27599	88.47	278
莲花山	Lianhua mountainarea	7560	91.97	207

18－5 火灾基本情况
BASIC STATISTICS ON FIRES

		全市 Total
次数(次)	Cases	2569
死人(人)	Deaths(person)	2
伤人(人)	Injuries(person)	1
直接损失(元)	Direct losses (yuan)	7845141

18－6　交通事故情况
BASIC STATISTICS ON TRAFFIC ACCIDENTS

		次　数 Times	死　亡(人) Death(person)	伤　人(人) Injuries(person)	直接折款(元) Loss(yuan)
总计	Total	28009	551	1398	89963683
市辖区	District	431	35	73	1799320
南关交警大队	Nanguan traffic police department	1270	29	14	1827250
宽城交警大队	Kuancheng traffic police department	5611	32	423	19123447
朝阳交警大队	Chanyang traffic police department	10584	27	340	21843578
二道交警大队	Erdao traffic police department	1954	25	16	2862367
绿园交警大队	Lvyuan traffic police department	1751	27	119	6351988
汽车厂交警大队	Automobile factory traffic police department	1589	18	232	8706596
高新交警大队	High－teeh traffic police department	13	18		23000
双阳交警大队	Shuangyang traffic police department	971	58	111	5413273
农安交警大队	Nong'an traffic police department	67	66		76740
经济开发区交警大队	Econmic development zone traffic police department	936	17		831101
净月开发区交警大队	Jing yue development zone traffic police department	1937	26	21	8762790
公路治安巡逻大队	Road peace and patrol department				
九台交警大队	Jiutai traffic police department	31	57	3	116800
榆树交警大队	Yushu traffic police department	813	65	46	12194183
德惠交警大队	Dehui traffic police department	51	51		31250

18－7　刑事案件情况
BASIC STATISTICS ON PUBLIC ORDER

立　案 Put on record	合计(起) Total(case)	33677	破　案 Break cases	合计(件) Total(case)	14633
发案地域 Put on record Area of Cases happened	城区 City zone	26637	破获年前案件 Break cases before the year		5860
	郊区 Suburb	217	破获外省、区市案件 Break cases in other provinces and cities		361
	镇 Town	6682	直接受害人 Direct victims	死亡(人) Death (person)	412
				受伤(人) Injury (person)	1738
	其他 Others	141		其他(人) Others (person)	11823
补立年前案件 Makeup case before the year		3695	财物、损失总价值(万元) Total value of property and loss(10000yuan)		13951.3

主要统计指标解释

EXPLANATORY NOTES ON MAIN STATISTICAL INDICATORS

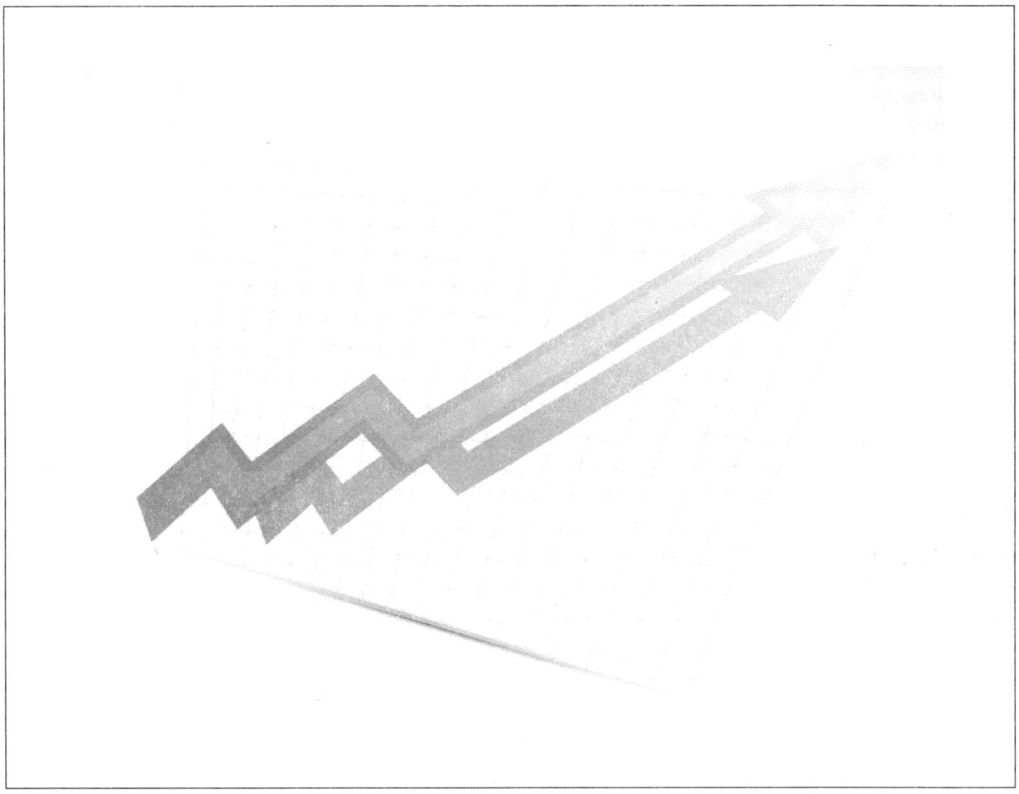

主 要 统 计 指 标 解 释

自然资源

森林覆盖率　通常是指森林面积占土地总面积之比，一般用百分数表示。但国家规定在计算森林覆盖率时，森林面积还包括灌木林面积、农田林网树占地面积以及四旁树木的覆盖面积。森林覆盖率，是反映一个国家或地区森林资源和绿化水平的重要指标。计算公式：

$$森林覆盖率(\%)=\frac{森林面积}{土地总面积}\times 100\%$$

本《年鉴》内所列森林覆盖率是按有林地面积计算的。

森林蓄积量　指森林面积上生长着的林木树干材积总量。它是反映一个国家或地区森林资源总规模和水平的重要指标。

矿产保有储量　指探明的矿产储量(包括工业储量和远景储量)扣除已开采部分和地下损失量后的年末实有储量。它反映国家矿产资源的现状。

综　　合

国内生产总值　是按市场价格计算的国内生产总值的简称。它是一个国家(地区)所有常住单位在一定时期内生产活动的最终成果。国内生产总值有三种表现形态，即价值形态、收入形态和产品形态。从价值形态看，它是所有常住单位在一定时期内所生产的全部货物和服务价值超过同期投入的全部非固定资产货物和服务价值的差额，即所有常住单位的增加值之和；从收入形态看，它是所有常住单位在一定时期内所创造并分配给常住单位和非常住单位的初次分配收入之和；从产品形态看，它是最终使用的货物和服务减去进口货物和服务。在实际核算中，国内生产总值的三种表现形态表现为三种计算方法，即生产法、收入法和支出法。三种方法分别从不同的方面反映国内生产总值及构成。

国民生产总值　是按市场价格计算的国民生产总值的简称。它是一个国家所有常住单位在一定时期内收入初次分配的最终成果。一国常住单位从事生产活动所创造的增加值在初次分配过程中主要分配给该国的常住单位，但也有一部分以劳动者报酬和财产收入等形式分配给该国的非常住单位，同时，国外生产所创造的增加值也有一部分以劳动者报酬和财产收入等形式分配给该国的常住单位。从而产生了国民生产总值概念，它等于国内生产总值加上来自国外的劳动者报酬和财产收入减去付给国外的劳动者报酬和财产收入。与国内生产总值不同，国内生产总值是一个生产概念，而国民生产总值则是个收入概念。

国民生产总值同社会总产值、国民收入的区别，从核算范围看，社会总产值和国民收入都只计算物质生产部门的劳动成果，而国民生产总值除计算物质生产部门劳动成果外，还计算非物质生产部门的劳动成果。从这三个指标的价值构成看，社会总产值计算了社会产品的全部价值；国民生产总值计算在生产产品和提供劳务过程中增加的价值，即增加值不计算中间产品和中间劳务投入的价值；而国民收入除了不计算中间产品价值外，还不包括固定资产折旧价值，即只计算净产值。

三次产业　根据社会生产活动历史发展的顺序对产业结构的划分，产品直接取自自然界的部门称为第一产业，对初级产品进行再加工的部门称为第二产业，为生产和消费提供各种服务的部门称为第三产业。它是世界上通用的产业结构分类，但各国的划分不尽一致。我国的三次产业划分是：

第一产业：农业(包括种植业、林业、牧业、副业和渔业)。

第二产业：工业（包括采掘工业、制造业、自来水、电力、蒸汽、热水、煤气）和建筑业。

第三产业：除第一、第二产业以外的其他各业。由于第三产业包括的行业多、范围广，根据我国的实际情况，第三产业可分为两大部分，一是流通部门，二是服务部门。具体又可分为四个层次：

第一层次：流通部门，包括交通运输业、邮电通讯业、商业、饮食业、物资供销和仓储业。

第二层次：为生产和生活服务的部门，包括金融、保险业，地质普查业，房地产、公用事业，居民服务业，咨询服务业和综合技术服务业，农、林、牧、渔、水利服务业和水利业，公路、内河（湖）航道养护业等。

第三层次：为提高科学文化水平和居民素质服务的部门，包括教育、文化、广播电视，科学研究、卫生、体育和社会福利事业等。

第四层次：为社会公共需要服务的部门，包括国家机关、政党机关、社会团体，以及军队和警察等。

支出法国内生产总值 指一个国家（或地区）所有常住单位在一定时期内用于最终消费、资本形成总额，以及货物和服务的净出口总额，它反映本期生产的国民生产总值的使用构成。

最终消费 指常住单位在一定时期内对于货物和服务的全部最终消费支出，也就是常住单位为满足物质、文化和精神生活的需要，从本国经济领土和国外购买的货物和服务的支出，它不包括非常住单位在本国经济领土内的消费支出。最终消费分为居民消费和政府消费。

（一）居民消费：指常住住户在一定时期内对于货物和服务的全部最终消费支出。居民关于货物的最终消费支出在货物的所有权发生变化时记录，关于服务的最终消费支出在服务提供的时候记录。居民消费支出按市场价格计算，即按居民支付的购买者价格计算，货物的购买者价格是购买者取得交货所支付的价格，它包括购买者支付的运输和商业费用。居民消费支出除了直接以货币形式购买的货物和服务的消费支出外，还包括以其他方式获得的货物和服务的消费支出，即所谓的虚拟消费支出。居民虚拟消费支出包括如下几种类型：单位以实物报酬及实物转移的形式提供给劳动者的货物和服务；住户生产并由本住户消费了的货物和服务，其中的服务仅指住户的自有住房服务；金融机构提供的金融媒介服务；保险公司提供的保险服务。

（二）政府消费：指政府部门为全社会提供的公共服务的消费支出和免费或以较低的价格向居民住户提供的货物和服务的净支出，前者等于政府服务的产出价值减去政府单位所获得的经营收入的价值，政府服务的产出价值等于它的经常性业务支出加上固定资产折旧；后者等于政府部门向居民住户提供的货物和服务的市场价值减去向居民住户收取的价值。

资本形成总额 指常住单位在一定时期内获得减去处置的固定资产和存货的净额，包括固定资产形成总额和存货增加两项。

（一）固定资产形成总额：指常住单位在一定时期内购置、转入和自产自用的固定资产价值，扣除固定资产的销售和转出后的价值。可分为有形固定资产形成总额和无形固定资产形成总额。有形固定资产形成总额包括一定时期内完成的建筑工程、安装工程和设备工器具购置（减处置）价值，以及土地改良、新增役、种、奶、毛、娱乐用牲畜和新增经济林木价值。无形固定资产形成总额包括矿藏的勘探、计算机软件、娱乐和文学艺术品原件等获得减处置。

（二）存货增加：指常住单位在一定时期内存货实物量变动的市场价值即期末价值减期初价值的差额。存货增加可以是正值，也可以是负值，正值表示存货上升，负值表示存货下降。它包括生产单位购进的原材料、燃料和储备物资等存货，以及生产单位生产的产成品、在制品和半成品等存货等。

人　口

人口数 指一定时点、一定地区范围内的有生命的个人的总和。年度统计的年末人口数是指每年 12 月 31 日 24 时的人口数。

出生率（又称粗出生率） 指在一定时期内（通常为一年）平均每千人所出生的人数的比率，一般用千分率表示。计算公式：

$$出生率=\frac{年出生人数}{年平均人数}\times 1000‰$$

出生人数是指活婴儿，即胎儿脱离母体时（不管怀孕月数），有过呼吸或其他生命现象。

年平均人数是年初、年底人口数的平均数，也可用年中人口数代替。

死亡率（又称粗死亡率） 指在一定时期内（通常为一年）一定地区的死亡人数与同期平均人数（或期中人数）之比，一般用千分率表示。计算公式为：

$$死亡率 = \frac{年死亡人数}{年平均人数} \times 1000‰$$

人口自然增长率 指在一定时期内（通常为一年）人口自然增加数（出生人数减死亡人数）与该时期内平均人数（或期中人数）之比，一般用千分率表示。计算公式：

$$人口自然增长率 = \frac{本年出生人数 - 本年死亡人数}{年平均人数} \times 1000‰$$

$$人口自然增长率 = 人口出生率 - 人口死亡率$$

从业人员和职工工资

从业人员 指从事一定社会劳动并取得劳动报酬或经营收入的人员。包括：

(1)全部职工

(2)再就业的离退休人员

(3)私营业主

(4)个体户主

(5)私营和个体从业人员

(6)乡镇企业从业人员

(7)农村从业人员

(8)其他从业人员（包括民办教师、宗教职业者、现役军人等）

这一指标反映了一定时期内全部劳动力资源的实际利用情况，是研究我国基本国情国力的重要指标。

各单位的从业人员是指在各级国家机关、政党机关、社会团体及企业、事业单位中工作，并取得劳动报酬的全部人员。包括职工、再就业的离退休人员、民办教师以及在各单位中工作的外方人员和港、澳、台方人员。

各单位的从业人员反映了各单位实际参加生产或工作的全部劳动力。

经济活动人口 指在16岁以上，有劳动能力，参加或要求参加社会经济活动的人口。包括：从业人员和失业人员。

城镇登记失业人员及失业率 指有非农业户口，在一定的劳动年龄内，有劳动能力，无业而要求就业，并在当地就业服务机构进行求职登记的人员。城镇登记失业率指城镇登记失业人数同城镇从业人数与城镇登记失业人数之和的比。计算公式为：

$$城镇登记失业率 = \frac{城镇登记失业人数}{(城镇从业人数 + 城镇登记失业人数)} \times 100\%$$

职工工资总额 指各单位在一定时期内直接支付给本单位全部职工的劳动报酬总额。

工资总额的计算原则应以直接支付给职工的全部劳动报酬为根据。各单位支付给职工的劳动报酬以及其他根据有关规定支付的工资，不论是计入成本的还是不计入成本的，不论是按国家规定列入计征奖金税项目的，还是未列入计征奖金税项目的，不论是以货币形式支付的还是以实物形式支付的，均包括在工资总额内。

职工平均工资 指企业、事业、机关单位的职工在一定时期内平均每人所得的货币工资额。它表明一定时期职工工资收入的高低程度，是反映职工工资水平的主要指标。计算公式为：

$$职工平均工资 = \frac{报告期实际支付的全部职工工资总额}{报告期全部职工平均人数}$$

职工平均实际工资 指扣除物价变动因素后的职工平均工资。计算公式为：

$$职工平均实际工资 = \frac{报告期职工平均工资}{报告期城镇居民消费价格指数}$$

固定资产投资

全社会固定资产投资 固定资产投资是社会固定资产再生产的主要手段。通过建造和购置固定资产的活动，国民经济不断采用先进技术装备，建立新兴部门，进一步调整经济结构和生产力的地区分布，增强经济实力，为改善人民物质文化生活创造物质条件。这对我国的社会主义现代化建设具有重要意义。

固定资产投资额是以货币表现的建造和购置固定资产活动的工作量，它是反映固定资产投资规模、速度、比例关系和使用方向的综合性指标。全社会固定资产投资按经济类型可分为国有、集体、个体、联营、股份制、外商、港澳台商、其他等。按照管理渠道，全社会固定资产投资总额分为基本建设、更新改造、房地产开发投资和其他固定资产投资四个部分。

基本建设投资 基本建设是企业、事业、行政单位以扩大生产能力或工程效益为主要目的新建、扩建工程及有关工作。其综合范围为总投资50万元以上(含50万元，下同)的基本建设项目。具体包括：(1)列入中央和各级地方本年基本建设计划的建设项目，以及虽未列入本年基本建设计划，但使用以前年度基建计划内结转投资(包括利用基建设备材料)在本年继续施工的建设项目；(2)本年基本建设计划内投资与更新改造计划内投资结合安排的新建项目和新增生产能力(或工程效益)达到大中型项目标准的扩建项目，以及为改变生产力布局而进行的全厂性迁建项目；(3)国有单位既未列入基建计划，也未列入更新改造计划的总投资在50万元以上的新建、扩建、恢复项目和为改变生产力布局而进行的全厂性迁建项目，以及行政、事业单位增建业务用房和行政单位增建生活福利设施的项目。

更新改造投资 更新改造是指企业、事业单位对原有设施进行固定资产更新和技术改造，以及相应配套的工程和有关工作(不包括大修理和维护工程)。其综合范围为总投资50万元以上的更新改造项目。具体包括：(1)列入中央和各级地方本年更新改造计划的投资单位(项目)和虽未列入本年更新改造计划，但使用上年更新改造计划内结转的投资在本年继续施工的项目；(2)本年更新改造计划内投资与基本建设计划内投资结合安排的对企、事业单位原有设施进行技术改造或更新的项目和增建主要生产车间、分厂等其新增生产能力(或工程效益)未达到大中型项目标准的项目，以及由于城市环境保护和安全生产的需要而进行的迁建工作；(3)国有企、事业单位既未列入基建计划也未列入更新改造计划，总投资在50万元以上的属于改建或更新改造性质的项目，以及由于城市环境保护和安全生产的需要而进行的迁建工程。

房地产开发投资 指房地产开发公司、商品房建设公司及其他房地产开发法人单位和附属于其他法人单位实际从事房地产开发或经营的活动单位统一开发的包括统代建、拆迁还建的住宅、厂房、仓库、饭店、宾馆、度假村、写字楼、办公楼等房屋建筑物和配套的服务设施、土地开发工程(如道路、给水、排水、供电、供热、通讯、平整场地等基础设施工程)的投资。不包括单纯的土地交易活动。

其他固定资产投资 指全社会固定资产投资中未列入基本建设、更新改造和房地产开发投资的建造和购置固定资产的活动。具体包括：

(1)国有单位按规定不纳入基本建设计划和更新改造计划管理，计划总投资(或实际需要总投资)在50万元以上的以下工程：①用油田维护费和石油开发基金进行的油田维护和开发工程；②煤炭、铁矿、森工等采掘采伐业用维简费进行的开拓延伸工程；③交通部门用公路养路费对原有公路、桥梁进行改建的工程；④商业部门用简易建筑费建造的仓库工程。

(2)城镇集体固定资产投资：指所有隶属城市、县城和经国务院及省、自治区、直辖市批准建制的镇领导的集体单位(乡镇企业局管理的除外)建造和购置固定资产计划总投资(或实际需要总投资)在50万元以上的项目。

(3)除上述以外的其他各种企、事业单位、个体建造和购置固定资产总投资在50万元以上的、未列入基本建设计划和更新改造计划的项目。

城镇和工矿区私人建房投资和农村个人投资 城镇和工矿区私人建房包括市、县城、镇、工矿区所辖范围内的全部私人建房,不论其房主是否系本地的常住户口均应包括。农村个人投资包括农村个人建房及购置生产性固定资产的投资。

新增生产能力 指通过固定资产投资活动而增加的设计能力或工程效益,它是用实物形态表示的固定资产投资的成果。新增生产能力的计算,是以能独立发挥生产能力或效益的单项工程(或项目)为对象。当单项工程(或项目)建成,经有关部门鉴定合格,正式移交投入生产,即可计算新增生产能力。

新增生产能力或工程效益有以下几种表现形式:

(1)以建设项目或单位工程建成后的年产能力表示,如煤炭开采、石油开采等。

(2)以建设项目或单项工程建成后处理原料的能力表示,如选矿工程的年处理矿石能力,洗煤厂年洗原煤能力等。

(3)以新增的主要设备数量或容量表示。如棉纺锭枚数,发电机组容量等。

(4)以建筑物容积、容量、面积或长度表示。如水库容量、铁路公路里程等。

新增生产能力的数量一般按设计能力计算。设计能力是指设计文件中规定的在正常情况下能够达到的生产能力,而不论投产后的实际产量如何。以设备数量、建筑物容积、面积、长度等表示的新增生产能力(或效益),则按建成的实际数量计算。

房屋建筑面积 指从房屋外墙线算起的各层平面面积的总和,包括可供使用的有效面积和房屋结构(如柱、墙)占用面积。多层建筑按各层(包括地下室)面积总和计算。

住宅建筑面积 指施工和竣工房屋建筑面积中供居住用的施工和竣工房屋建筑面积。

施工面积 指报告期内施工的全部房屋建筑面积。包括本期新开工的面积、上期跨入本期继续施工的房屋面积、上期停缓建在本期恢复施工的房屋面积、本期竣工的房屋面积及本期施工后又停缓建的房屋面积。

竣工面积 指在报告期内房屋建筑按照设计要求已全部完工,达到住人和使用条件,经验收鉴定合格,正式移交使用单位的建筑面积。

房屋建筑面积竣工率 指一定时期内房屋竣工面积占同期房屋施工面积的比率。它是从房屋建筑施工速度的角度反映投资效果和建筑业经济效益的指标。

新增固定资产 指通过投资活动所形成的新的固定资产价值。包括已经建成投入生产或交付使用的工程价值和达到固定资产标准的设备、工具、器具的价值及有关应摊入的费用。它是以价值形式表示的固定资产投资成果的综合性指标,可以综合反映不同时期、不同部门、不同地区的固定资产投资成果。

建设项目投产率 指一定时期内全部建成投入生产项目个数与同期正式施工项目个数的比率。它是从项目建设速度的角度反映投资效果的指标。

固定资产交付使用率 指一定时期新增固定资产与同期完成投资额的比率。它是反映各个时期固定资产动用速度,衡量建设过程中投资效果的一个综合性指标。

能源和原材料消费

能源生产总量 指一定时期内全国(地区)一次能源生产量的总和,是观察全国(地区)能源生产水平、规模、构成和发展速度的总量指标。一次能源生产量包括原煤、原油、天然气、水电及其他动力能(如风能、地热能等)发电量。不包括低热值燃料生产量、生物质能、太阳能等的利用和由一次能源加工转换而成的二次能源产量。

能源消费总量 指一定时期内全国(地区)物质生产部门、非物质生产部门和生活消费的各种能源的总和,是观察能源消费水平、构成和增长速度的总量指标,能源消费总量包括原煤和原油及其制品、天然气、电力。不包括低热值燃料、生物质能和太阳能等的利用。能源消费总量分为三部分,即终端能源消费量、能源加工转换损失量和损失量。

(1)终端能源消费量 指一定时期内全国(地区)物质生产部门、非物质生产部门和生活消费的各种能源在扣除了用于加工转换二次能源消费量和损失量以后的数量。

(2)能源加工转换损失量 指一定时期内全国(地区)投入加工转换的各种能源数量之和与产出各种能源

产品之和的差额。它是观察能源在加工转换过程中损失量变化的指标。

(3)能源损失量 指一定时期内能源在输送、分配、储存过程中发生的损失和由客观原因造成的各种损失量。包括各种气体能源放空、放散量。

财　政

财政收入 国家财政参与社会产品分配所取得的收入，是实现国家职能的财力保证。财政收入所包括的内容几经变化，目前主要包括：

(1)各项税收 包括增值税、营业税、消费税、土地增值税、城市维护建设税、资源税、城市土地使用税、印花税、固定资产投资方向调节税、个人所得税、企业所得税、关税、农牧业税和耕地占用税等。

(2)专项收入 包括征收排污费、征收城市水资源费收入，教育费附加收入等。

(3)其他收入 包括基本建设贷款归还收入、国家能源交通重点建设基金收入、国家预算调节基金等。

(4)国有企业计划亏损补贴 这项为负收入，冲减财政收入。

财政支出 国家财政将筹集起来的资金进行分配使用，以满足经济建设和各项事业的需要，主要包括：

(1)基本建设支出 指按国家有关规定，属于基本建设范围内的基本建设有偿使用、拨款、资本金支出以及经国家批准对专项和政策性基建投资贷款，在部门的基建投资额中统筹支付的贴息支出。

(2)企业挖潜改造资金 指国家预算内拨给的用于企业挖潜、革新和改造方面的资金。包括各部门企业挖潜改造资金和企业挖潜改造贷款资金，为农业服务的县办“五小”企业技术改造补助，挖潜改造贷款利息支出。

(3)地质勘探费用 国家预算用于地质勘探单位的勘探工作费用，包括地质勘探管理机构及其事业单位经费、地质勘探经费。

(4)科技三项费用 国家预算用于科技支出的费用，包括新产品试制费、中间试验费、重要科学研究补助费。

(5)支援农村生产支出 国家财政支援农村集体(户)各项生产的支出。包括对农村举办的小型农田水利和打井、喷灌等的补助费；对农村水土保持措施的补助费；对农村举办的小水电站的补助费；特大抗旱的补助费；农村开荒补助费；扶持乡镇企业资金；农村农技推广和植保补助费；农村草场和畜禽保护补助费；农村造林和林木保护补助费；农村水产补助费；发展粮食生产专项资金。

(6)农林水利气象等部门的事业费用 国家财政用于农垦、农场、农业、畜牧、农机、林业、森工、水利、水产、气象、乡镇企业的技术推广、良种推广(示范)、植物(畜禽、森林)保护、水质监测、勘探设计、资源调查、干部训练等项费用，园艺特产补助费，中等专业学校经费，飞播牧草试验补助费，营林机构、气象机构经费，渔政费以及农业管理事业费等。

(7)工业交通商业等部门的事业费 国家预算支付给工交商各部门用于事业发展的经费。包括勘探设计费、中等专业学校经费、技术学校经费、干部训练费。

(8)文教科学卫生事业费 国家预算用于文化、出版、文物、教育、卫生、中医、公费医疗、体育、档案、地震、海洋、通讯、电影电视、计划生育、党政群干部训练、自然科学、社会科学、科协等项事业的经费支出和高技术研究专项经费。主要包括工资、补助工资、福利费、离退休费、助学金、公务费、设备购置费、修缮费、业务费、差额补助费。

(9)抚恤和社会福利救济费 国家预算用于抚恤和社会福利救济事业的经费，包括由民政部门开支的烈士家属和牺牲病残人员家属的一次性、定期抚恤金，革命伤残人员的抚恤金，各种伤残补助费、烈军属、复员退伍军人生活补助费、退伍军人安置费，优抚事业单位经费，烈士纪念建筑物管理、维修费，自然灾害救济事业费和特大自然灾害后重建补助费等。

(10)国防支出 国家预算用于国防建设和保卫国家安全的支出，包括国防费、国防科研事业费、民兵建设以及专项工程支出等。

(11)行政管理费 包括行政管理支出，党派团体补助支出，外交支出，公安安全支出，司法支出，法院支出，检察院支出和公检法办案费用补助。

(12)价格补贴支出　经国家批准，由国家财政拨给的政策性补贴支出，主要包括粮食加价款，粮、棉、油差价补贴，棉花收购价外奖励款，副食品风险基金，市镇居民的肉食价格补贴，平抑市价肉食、蔬菜价差补贴等以及经国家批准的教材课本、报刊新闻纸等价格补贴。

物　　价

零售价格指数　是反映城乡商品零售价格变动趋势的一种经济指数。零售物价的调整变动直接影响到城乡居民的生活支出和国家的财政收入，影响居民购买力和市场供需平衡，影响消费与积累的比例。因此，计算零售价格指数，可以从一个侧面对上述经济活动进行观察和分析。

居民消费价格指数　是反映一定时期内城乡居民所购买的生活消费品价格和服务项目价格变动趋势和程度的相对数。是综合了城市居民消费价格指数和农民消费价格指数计算取得。利用居民消费价格指数，可以观察和分析消费品的零售价格和服务价格变动对城乡居民实际生活费支出的影响程度。

城市居民消费价格指数　是反映城市职工及其家庭所购买的生活消费品和服务项目价格变动趋势及其程度的相对数。编制城市居民消费价格指数，可以观察和分析消费品的零售价格和服务项目价格变动对职工货币工资的影响，作为研究职工生活和确定工资政策的依据。

农村居民消费价格指数　是反映农村居民家庭所购买的生活消费品的价格和服务项目价格变动趋势和程度的相对数。用它可以观察农村消费品的零售价格和服务项目价格变动对农村居民生活消费支出的影响，直接反映农民生活水平的实际变化情况，为分析和研究农村居民生活问题提供依据。

农产品收购价格指数　是反映国有商业、集体商业、个体商业、外贸部门、国家机关、社会团体等各种经济类型的商业企业和有关部门收购农产品价格的变动趋势和程度的相对数。农产品收购价格指数可以观察和研究农产品收购价格总水平的变化情况，以及对农民货币收入的影响，作为制订和检查农产品价格政策的依据。计算指数所选的商品有 11 个大类、包括 276 种农副土特产品。采用加权倒数平均公式(即按报告期实际收购金额加权综合法)计算。

农村工业品零售价格指数　是反映农村市场工业品零售价格水平变动趋势和程度的相对数。通过农村工业品零售价格指数，可以观察工业品零售价格变动对农民货币支出的影响。

工业品出厂价格指数　是反映全部工业产品出厂价格总水平的变动趋势和程度的相对数。其中除包括工业企业售给商业、外贸、物资部门的产品外，还包括售给工业和其他部门的生产资料以及直接售给居民的生活消费品。通过工业生产价格指数能观察出厂价格变动对工业总产值的影响。

固定资产投资价格指数　是反映固定资产投资额价格变动趋势和程度的相对数。固定资产投资额是由建筑安装工程投资完成额、设备、工器具购置投资完成额和其他费用投资完成额三部分组成的。编制固定资产投资价格指数应首先分别编制上述三部分投资的价格指数，然后采用加权算术平均法求出固定资产投资价格总指数。

编制固定资产投资价格指数可以准确地反映固定资产投资中涉及的各类商品和取费项目价格变动趋势和变动幅度，消除按现价计算的固定资产投资指标中的价格变动因素，真实地反映固定资产投资的规模、速度、结构和效益，为国家科学地制定、检查固定资产投资计划并提高宏观调控水平，为完善国民经济核算体系提供科学的，可靠的依据。

人民生活

城镇居民家庭就业人口　指城镇居民从事社会劳动并取得劳动报酬或经营收入的人口。就业人口包括通过国家统筹规划和指导由劳动部门介绍就业，自愿组织起来就业和自谋职业等方式，在国有制、集体所有制、中外合资、中外合作、外资在华独资的企事业单位和私营企业单位工作或从事个体劳动的有固定性职业或临时性职业的人口。被聘用和留用的离退休人员也计入就业人口。本指标可以反映城镇居民的就业情况，是计算就业面、负担系数的重要资料。

城镇居民家庭全部收入 指被调查城镇居民家庭全部的实际现金收入，包括经常或固定得到的收入和一次性收入。不包括周转性收入，如提取银行存款、向亲友借入款、收回借出款以及其他各种暂收款。

城镇居民家庭可支配收入 指被调查的城镇居民家庭在支付个人所得税之后，所余下的实际收入。

城镇居民家庭消费性支出 指被调查的城镇居民家庭用于日常生活的全部支出，包括购买商品支出和文化生活、服务等非商品性支出。不包括罚没、丢失款和缴纳的各种税款(如个人所得税、牌照税、房产税等)，也不包括个体劳动者生产经营过程中发生的各项费用。

城镇居民家庭购买商品支出 指被调查的城镇居民家庭购买商品的全部支出，包括从商店、工厂、饮食业、工作单位食堂、集市以及直接从农民购买各种商品的开支。共分九类：食品、衣着品、日用品、文化娱乐用品、书报杂志、药及医疗用品、房屋及建筑材料、燃料、其他商品。不论自用的或赠送亲友的都包括在内。

农村居民家庭纯收入 指农村常住居民家庭总收入中，扣除从事生产和非生产经营费用支出、缴纳税款和上交承包集体任务金额以后剩余的，可直接用于进行生产性、非生产性建设投资、生活消费和积蓄的那一部分收入。它是反映农民家庭实际收入水平的综合性的主要指标。农民家庭纯收入，既包括从事生产性和非生产性的经营收入，又包括取自在外人口寄回带回和国家财政救济、各种补贴等非经营性收入；既包括货币收入，又包括自产自用的实物收入。但不包括向银行、信用社和向亲友借款等属于借贷性的收入。

农村居民家庭整半劳动力 指农村常住居民家庭成员中有劳动能力并经常参加实际劳动的人员。是生产的基本要素指标之一，是发展生产增加农民家庭收入的重要源泉。按规定，农村男 18 周岁至 50 周岁、女 18 周岁至 45 周岁为整劳动力；男 16 周岁到 17 周岁、51 周岁到 60 周岁，女 16 周岁到 17 周岁、46 周岁到 55 周岁为半劳动力。农民家庭整半劳动力，既包括在上述规定劳动年龄内和在劳动年龄以外有劳动能力并经常参加实际劳动的男女整半劳动力；也包括农民家庭常住人员中属于职工的劳动力。但不包括在劳动年龄内已丧失劳动能力的人员。

农村居民家庭生活消费支出 指农村常住居民家庭年内用于日常生活的全部开支。它是用来反映和研究农民家庭实际生活消费水平高低的重要指标。农民家庭生活消费支出，包括用于吃、穿、住、烧、用等生活消费品开支和文化、生活服务费用开支两大部分。

农村居民家庭商品性生活消费支出 指农村常住居民家庭用其货币收入，在市场上购买食品、衣着、家庭用家具器皿、日用杂品、燃料、耐用消费品、以及文教卫生用品等生活消费总量。包括向国有商店、集体商店和集市贸易市场以及其他流通渠道购买的全部生活消费品。农民家庭商品性生活消费支出，是农民家庭生活消费支出的一个重要组成部分，是用来反映和分析农民家庭生活消费水平的商品化程度，及其由自给性经济向商品经济发展趋势的重要指标，也是研究和预测农民家庭对市场消费品需求，制定商品供应计划的重要依据。

城乡居民储蓄存款余额 城乡居民储蓄存款，包括城镇居民储蓄存款和农民个人储蓄存款两部分。不包括居民的手存现金和工矿企业、部队、机关团体等集团存款。储蓄存款余额，是指城乡居民存入银行及农村信用社储蓄的时点数(存入数扣除取出数的余额)，如月末、季末或年末数额。

市政公用事业

年底自来水生产能力 指年底城建部门管理的自来水厂和自备水源的社会单位取水、净化、送水、出厂输水干管等环节的实际生产能力。

年底供水管道长度 指从送水泵到用户水表之间所有管道的长度。

全年供水总量 指公用自来水厂和自备水源的社会单位全年的供水总量，包括有效供水量及损失水量。

生活用水量 指居民日常生活与公共福利设施的用水量。包括居民、饮食店、旅馆、医院、理发店、浴池、洗衣店、游泳池、商店、学校、机关、部队等单位的用水量。

城市人口用水普及率 指城市用水的非农业人口数(不包括临时人口和流动人口)与城市非农业人口总数之比。计算公式：

$$用水普及率=(城市用水的非农业人口数 \div 城市非农业人口数)\times 100\%$$

人工煤气生产能力 指城市煤气厂制气、净化、输送等环节的综合实际生产能力。

输气管道长度 指由压缩机、鼓风机、储气罐的出口到用户立管之间的全部管道长度。

全年供气总量 指全年售给各类用户的全部煤气量。包括工业用量、家庭用量和其他用量。

城市用气普及率 指使用煤气(包括人工煤气、液化石油气、天然气)的城市非农业人口数(不包括临时人口和流动人口)与城市非农业人口总数之比。计算公式:

$$城市煤气普及率=\frac{城市用气的非农业人口}{城市非农业人口总数}\times 100\%$$

城市供热能力 指热电厂、热力公司和达到标准的集中采暖锅炉房向城市输送的供热源的设计能力。每小时向城市输送的蒸汽、热水能力。

城市供热总量 指热电厂、热力公司和达到标准的集中采暖锅炉房全年向城市输送的全部蒸汽、热水量。

城市供热管道长度 指热电厂、热力公司和达到标准的集中采暖锅炉房管理的集中供热热源到用户之间的全部供气、供热水的管道长度。

年底实有铺装道路长度 指除土路外,路面经过铺装宽度在3.5米以上的道路,包括高级、次高级道路和普通道路。

城市桥梁 指城市范围内,修建在河道上的桥梁和道路与道路立交、道路跨越铁路的立交桥,以及人行天桥。包括永久性桥和半永久性桥,不包括临时性桥、铁路桥、涵洞。

城市下水道总长度 指所有排水总管、干管、支管及暗渠、检查井、连接井进出水口等长度之和。

城市污水日处理能力 指污水处理厂每昼夜处理污水量的设计能力。

年末实有公共汽(电)车 指年底可参加营运的全部车辆数,包括年底营运车辆数和库存查封未参加营运的车辆,不包括非营运车辆,如架线车、油罐车、工程车、货车及其他专用车辆和借入客运车辆。

营运线路长度 指设置的固定营运线路长度,包括郊区营运线路长度。不包括临时行驶的线路长度。

城市园林绿地面积 指城市公共绿地、专用绿地、生产绿地、防护绿地、郊区风景名胜区的全部面积。

公共绿地 指供游览休息的各种公园、动物园、植物园、陵园以及花园、游园和供游览休息用的林荫道绿地、广场绿地。不包括一般栽植的行道树及林荫道的面积。

农　　业

农林牧渔业总产值 是以货币表现的农、林、牧、渔业全部产品的总量,它反映一定时期内农业生产总规模和总成果。

农、林、牧、渔业的统计范围包括国有经济的各种专业农(农、林、牧、渔)场以及国家各级机关团体学校、部队、集体所有制的乡、镇、村各级办农场;工矿企业经营的农、林、牧、渔业,农村各种经济组织和农户经营的农林牧渔业和农民家庭兼营的商品性工业等。

(1)农业　包括种植业和其他农业。

种植业 包括谷物、豆类、薯类、棉、油料、糖料、麻类、烟叶、蔬菜、药材、瓜类和其他农作物的种植,以及茶园、桑园、果园的生产经营。

其他农业 包括采集野生植物的果实、纤维、树胶、树脂、油料以及柴草、野生药材、菌类以及农民家庭兼营的商品性工业。

(2)林业　包括林木的栽培(不包括茶园、桑园和果园的栽培、管理和收获等活动)、林产品的采集和村及村以下合作经济组织和农户的竹木采伐。

(3)牧业　包括除渔业养殖以外的一切动物饲养和放牧以及野生动物的捕猎和饲养。

(4)渔业　包括水生动物和海藻类植物的养殖和捕捞。

农业总产值的计算方法通常是按农林牧渔业产品及其副产品的产量分别乘以各自单位产品价格求得,少数生产周期较长,当年没有产品或产品产量不易统计的,则采用间接方法匡算其产值,然后将四业产品产值相加即为农业总产值。

1957年以前的农业总产值中包括了厩肥和农民自给性手工业(如农民自制衣服、鞋、袜、自己从事粮食初步加工等)。1958年及以后的农业总产值,林业中增加了村及村以下竹木采伐产值;牧业中取消了厩肥产值;副业中取消了农民自给性手工业产值,增加了村及村以下办的工业产值;渔业中增加了海洋捕捞水产品产值。1980年及以后的农业总产值,在副业中增加了农民家庭兼营工业商品部分的产值。从1984年起村及村以下办工业产值划归工业。从1993年起,取消副业。将野生动物的捕猎划入牧业,野生植物采集和农民家庭兼营商品性工业划归农业。

粮食产量 指全社会的产量。包括国有经济经营的、集体统一经营的和农民家庭经营的粮食产量,还包括工矿企业办的农场和其他生产单位的产量。粮食除包括稻谷、小麦、玉米、高粱、谷子及其他杂粮外,还包括薯类和豆类。其产量计算方法,豆类按去豆荚后的干豆计算;薯类(包括甘薯和马铃薯,不包括芋头和木薯)1963年以前按每4公斤鲜薯折1公斤粮食计算,从1964年开始及以后改为按5公斤鲜薯折1公斤粮食计算。城市郊区作为蔬菜的薯类(如:马铃薯等)按鲜品计算,并且不做为粮食统计。其他粮食一律按脱粒后的原粮计算。

油料产量 指全部油料作物的生产量。包括花生、油菜籽、芝麻、向日葵籽、胡麻籽(亚麻籽)和其他油料。不包括大豆,也不包括木本油料和野生油料。花生以带壳干花生计算。

水产品产量 指人工养殖的水产品和天然生长的水产品的捕捞量。包括海水的鱼类、虾蟹类、贝类和藻类以及内陆水域的鱼类、虾蟹类和贝类,不包括淡水生殖物。

猪、牛、羊肉产量 指当年出栏并已屠宰后除去头蹄下水后带骨肉(即胴体重)的重量。

耕地面积 指年初可以用来种植农作物、经常进行耕锄的田地,除包括熟地、当年新开荒地、连续撂荒未满三年的耕地和当年的休闲地(轮歇地)外,还包括以种植农作物为主并附带种植桑树、茶树、果树和其他林木的土地,以及沿海、沿湖地区已围垦利用的"海涂"、"湖田"等面积。但不包括属于专业性的桑园、茶园、果园、果木苗圃、林地、芦苇地、天然或人工草地面积。

农作物播种面积 指实际播种或移植有农作物的面积。凡是实际种植有农作物的面积,不论种植在耕地上还是种植在非耕地上,均包括在农作物播种面积中。在播种季节基本结束后,因遭灾而重新改种和补种的农作物面积,也包括在内。

有效灌溉面积 指具有一定的水源,地块比较平整,灌溉工程或设备已经配套,在一般年景下当年能够进行正常灌溉的耕地面积。

农用化肥施用量 指本年内实际用于农业生产的化肥数量。包括氮肥、磷肥、钾肥和复合肥。化肥施用量要求按折纯量计算数量。折纯法化肥施用量是把氮肥、磷肥和钾肥分别按含氮、含五氧化二磷、含氧化钾的百分之一百成份折算后的数量。复合肥按其所含主要成分折算。

农业机械总动力 指主要用于农、林、牧、渔业的各种动力机械的动力总和。包括耕作机械、排灌机械、收获机械、农用运输机械、植物保护机械、牧业机械、林业机械、渔业机械和其他农业机械〔内燃机按引擎马力折成瓦(特)计算,电动机按功率折成瓦(特)计算〕。不包括专门用于乡、镇、村、组办工业、基本建设、非农业运输、科学试验和教学等非农业生产方面的动力机械与作业机械。

农林牧渔业劳动力 指直接参加农林牧渔业生产劳动的劳动力。

期初(末)畜禽存栏头(只)数 指本期期初(末)农村各种合作经济组织和国营农场、农民个人、机关、团体、学校、工矿企业、部队等单位以及城镇居民饲养的大牲畜、猪、羊、家禽等畜禽的存栏头(只)数。

谷物 指籽实主要供作粮食的作物。这类作物包括稻谷、小麦、玉米、谷子、高粱和其他谷物,不包括豆类和薯类作物。

工　业

工业 指从事自然资源的开采,对采掘品和农产品进行加工和再加工的物质生产部门。具体包括:(1)对自然资源的开采,如采矿、晒盐、森林采伐等(但不包括禽兽捕猎和水产捕捞);(2)对农副产品的加工、再加工,如粮油加工、食品加工、轧花、缫丝、纺织、制革等;(3)对采掘品的加工、再加工,如炼铁、炼钢、化工生产、石油加工、机器制造、木材加工等,以及电力、自来水、煤气的生产和供应等;(4)对工业品的修理、翻新,如机器设备的修理、交通运输工具(包括小卧车)的修理等。

1984年以前农村的村及村以下办工业归属农业,1984年以后划归工业。

本年鉴中涉及的企业登记注册类型:

(1)国有及国有控股企业。国有企业(即过去的全民所有制工业或国营工业) 是指企业全部资产归国家所有,并按《中华人民共和国企业法人登记管理条例》规定登记注册的非公司制的经济组织。包括国有企业、国有独资公司和国有联营企业。1957年以前的公私合营和私营工业,后均改造为国营工业,1992年改为国有工业,这部分工业的资料不单独分列时,均包括在国有企业内。国有控股企业是对混合所有制经济的企业进行的"国有空股"分类。它是指这些企业的全部资产中国有资产(股份)相对其他所有者中的任何一个所有者占资(股)最多的企业。该分组反映了国有经济控股情况。

(2)集体企业 指企业资产归集体所有,并按《中华人民共和国企业法人登记管理条件》规定登记注册的经济组织。是社会主义公有制经济的组成部分。包括城乡所有使用集体投资举办的企业,以及部分个人通过集资自愿放弃所有权并依法经工商行政管理机关认定为集体所有制的企业。

(3)股份有限公司 指根据《中华人民共和国企业法人登记管理条例》规定登记注册,其全部注册资本由等额股份构成并通过发行股票筹集资本,股东以其认购的股份对公司承担有限责任,公司以其全部资产对其债务承担责任的经济组织。

(4)港、澳、台商投资企业 指企业注册登记类型中的港、澳、台合资、合作、独资经营企业和股份有限公司之和。

(5)外商投资企业 指企业注册登记类型中的中外资、合作经营企业、外资企业和外商投资股份有限公司之和。

(6)本年鉴中涉及的名为"其他"的企业均指除国有企业、集体企业、个体经营以外的其他类型工业企业(单位)。包括联营企业、私营企业、股份有限公司、有限责任公司;外商投资企业(中外合资经营、中外合作经营、外资企业)港、澳、台投资企业(与大陆合资经营与大陆合作经营,港、澳、台独资企业)及其它企业。

轻工业 指主要提供生活消费品和制作手工工具的工业。按其所使用的原料不同,可分为两大类:(1)以农产品为原料的轻工业,是指直接或间接以农产品为基本原料的轻工业。主要包括食品制造、饮料制造、烟草加工、纺织、缝纫、皮革和毛皮制作、造纸以及印刷等工业;(2)以非农产品为原料的轻工业,是指以工业品为原料的轻工业。主要包括文教体育用品、化学药品制造、合成纤维制造、日用化学制品、日用玻璃制品、日用金属制品、手工工具制造、医疗器械制造、文化和办公用机械制造等工业。

重工业 是指为国民经济各部门提供物质技术基础的主要生产资料的工业。按其生产性质和产品用途,可以分为下列三类:(1)采掘(伐)工业,是指对自然资源的开采,包括石油开采、煤炭开采、金属矿开采、非金属矿开采和木材采伐等工业;(2)原材料工业,指向国民经济各部门提供基本材料、动力和燃料的工业。包括金属冶炼及加工、炼焦及焦炭化学、化工原料、水泥、人造板以及电力、石油和煤炭加工等工业;(3)加工工业,是指对工业原材料进行再加工制造的工业,以及为农业提供的生产资料如化肥、农药等工业。

根据上述划分原则,修理业中以重工业产品为修理作业对象的划为重工业,反之划为轻工业。

工业总产值 是以货币表现的工业企业在一定时期内生产的已出售或可供出售工业产品总量,它反映一定时间内工业生产的总规模和总水平。它包括:在本企业内不再进行加工,经检验、包装入库(规定不需包装的产品除外)的成品价值,工业性作业价值,自制半成品、在产品期末期初差额价值。工业总产值采用"工厂法"计算,即以工业企业作为一个整体,按企业工业生产活动的最终成果来计算,企业内部不允许重复计算,不能把企业内部各个车间(分厂)生产的成果相加。但在企业之间、行业之间、地区之间存在着重复计算。

轻重工业总产值的划分也是按"工厂法"计算的,即一个工业企业在正常情况下生产的主要产品的性质属于轻工业,则该企业的全部总产值作为轻工业总产值;一个工业企业生产的主要产品的性质属于重工业,则该企业的全部总产值作为重工业总产值。

工业增加值 是指工业行业在报告期内以货币表现的工业生产活动的最终成果。

固定资产原价 固定资产原价指企业在建造、购置、安装、改建、扩建、技术改造某项固定资产时所支出的全部货币总额。它一般包括买价、包装费、运杂费和安装费等。

固定资产净值 是指固定资产原价减去历年已提折旧额后的净额。

流动资产 流动资产是指可以在一年或者超过一年的一个营业周期内变现或者耗用的资产，包括现金及各种存款、短期投资、应收及预付货款、存货等。

利税总额 指企业利润总额、产品销售税金及附加和应交增值税之和。

资金利税率 指在一定时期内已实现的利润、税金总额与同期的资产（固定资产净值和流动资产）之比。计算公式：

$$资金利税率(\%)=\frac{报告期累计实现利税总额}{固定资产净值平均余额+流动资产平均余额}\times100\%$$

资金利税率反映每单位（通常是每万元）资金所提供的利润税金额。它是考察和评价部门或企业资金运用的经济效益，分析资金投入效果的主要分析指标。

工业成本费用利润率 指在一定时期内实现的利润与成本费用之比，是反映工业生产成本及费用投入的经济效益指标，同时也是反映降低成本的经济效益的指标。计算公式：

$$工业成本费用利润率(\%)=\frac{利润总额}{成本费用总额}\times100\%$$

工业增加值率 指在一定时期内工业增加值占同期工业总产值的比重，反映降低中间消耗的经济效益。计算公式：

$$工业增加值率(\%)=\frac{工业增加值(现价)}{工业总产值(现价)}\times100\%$$

流动资金周转次数 指在一定时期内流动资产完成的周转次数，反映流动资产的周转速度。计算公式：

$$流动资金周转次数=\frac{产品销售收入}{全部流动资产平均余额}$$

产品销售率 指一定时期内销售产值与同期全部工业总产值之比，反映工业产品生产已实现销售的程度。计算公式：

$$工业产品销售率(\%)=\frac{报告期现价工业销售产值}{报告期现价工业总产值}\times100\%$$

产品销售收入 指企业销售产品的销售收入和提供劳务等主要经营业务取得的业务总额。

产品销售成本 指企业销售产品和提供劳务等主要经营业务的实际成本。

产品销售税金及附加 指企业销售产品和提供工业性劳务等主要经营业务应负担的城市维护建设税、消费税、资源税和教育费附加。

产品销售利润 指企业销售产品和提供工业性劳务等主要经营业务收入扣除其成本、费用、税金后的利润。

利润总额 指企业实现的利润。

应交增值税 指企业在报告期内应交纳的增值税额。

产值利税率 指报告期已实现的利润、税金总额（包括利润总额、产品销售税金及附加和应交增值税）占同期全部工业总产值的百分比，计算公式为：

$$产值利税率(\%)=\frac{利税总额}{工业总产值}\times100\%$$

全员劳动生产率 指根据产品的价值量指标计算的平均每一个职工在单位时间内的产品生产量。是考核企业经济活动的重要指标，是企业生产技术水平、经营管理水平、职工技术熟练程度和劳动积极性的综合表现。目前我国的全员劳动生产率是将工业企业的工业增加值除以同一时期全部职工的平均人数来计算的。计算公式：

$$全员劳动生产率=\frac{工业增加值}{全部职工平均人数}$$

资本金 指企业在工商行政管理部门登记的注册资金合计。企业资本金按投资主体可分为国家资本金、法人资本金、个人资本金和外商资本金等。资本金合计包括企业各种投资主体注册的全部资本金。

总资产 指企业拥有或控制的全部资产。包括流动资产、长期投资、固定资产、无形及递延资产、其他长期资产、递延税项等,即为企业资产负债表的资产总计项。

(1)流动资产 指企业可以在一年内或者超过一年的一个生产周期内变现或耗用的资产合计。包括现金及各种存款、短期投资、应收及预付款项、存货等。

(2)固定资产 指企业固定资产净值、固定资产清理、在建工程、待处理固定资产损失所占用的资金合计。

(3)无形资产 指企业长期使用而没有实物形态的资产。包括专利权、非专利技术、商标权、著作权、土地使用权、商誉等。

总负债 指企业承担并需要偿还的全部债务。包括流动负债和长期负债、递延税项等,即为企业资产负债表的负债合计项。

(1)流动负债 指企业在一年内或者超过一年的一个营业周期内需要偿还的债务合计,其中包括短期借款,应付及预收款项、应付工资、应交税金和应交利润等。

(2)长期负债 指企业在一年以上或者超过一年的一个生产周期以上需要偿还的债务合计,其中包括长期借款、应付债务、长期应付款项等。

所有者权益 指企业投资人对企业净资产的所有权。企业净资产等于企业全部资产减去全部负债后的余额,其中包括投资者对企业的最初投入,以及资本公积金、盈余公积金和未分配利润,对股份制企业即为股东权益。

交通运输和邮电通讯业

铁路营业里程 又称营业长度,指办理客货运输业务的铁路正线总长度。凡是全线或部分建成双线及以上的线路,以第一线的实际长度计算;复线、站线、段管线、岔线和特殊用途线以及不计算运费的联络线都不计算营业里程。铁路营业里程是反映铁路运输业基础设施发展水平的重要指标,也是计算客货周转量、运输密度和机车车辆运用效率等指标的基础资料。

铁路正线延展里程 是正线第一线、第二线、第三线和其他正线建筑里程之和,不包括站线、段管线、岔线及特殊用途线的延展里程。它是作为计算铁路线上钢轨、枕木及路基砂石需要量的主要依据。

公路里程 指在一定时期内实际达到《公路工程技术标准 JTJ01 - 88》规定的等级公路,并经公路主管部门正式验收交付使用的公路里程数。其计算单位为:km。它包括大中城市的郊区公路以及通过小城镇街道部分的公路里程,也包括桥梁、渡口的长度,但不包括大中城市的街道、厂矿、林区生产用道和农业生产用道的里程。两条或多条公路共同经由一路段,只计算一次,不得重复计算里程长度。公路里程是反映公路建设发展规模的重要指标,也是计算运输网密度等指标的基础资料。

内河航道里程 也称"内河通航里程",是反映内河水运网规模、水平和发展情况的主要指标;是指在一定时期内,能通航运输船舶及排筏的天然河流、湖泊水库、运河及通航渠道的长度。包括全年季节性通航累计三个月以上的航道,但不包括仅供零散流放竹、木排的河道。

民用航空航线里程 指民航运输定期班机飞行的航线长度的总和。航线长度按机场之间的距离计算,通常有两种计算方法:将每条航线长度相加称为重复计算航线里程;如将两条或两条以上航线经过同一区段里程,只计算一次航线长度称为不重复计算航线里程。一般常用的是后者,它能确切反映民航运输网的规模,表明民航事业为国民经济服务和方便人民生活程度的主要指标。

货(客)运量 指在一定时期内,各种运输工具实际运送的货物(旅客)数量。是反映运输业为国民经济和人民生活服务的数量指标,也是制定和检查运输生产计划,研究运输发展规模和速度的重要指标。货运按吨计算,客运按人计算。货物不论运输距离长短,货物类别,均按实际重量统计;旅客不论行程远近或票价多少,均按一人一次作为客运量统计。半价票、小孩票也按一人统计。

货物(旅客)周转量 指在一定时期内,由各种运输工具运送的货物(旅客)数量与其相应运输距离的乘积之总和,是反映运输业生产总成果的重要指标,也是编制和检查运输生产计划,计算运输效率、劳动生产率以及核算运输单位成本的主要基础资料。通常以吨公里和人公里为计算单位。计算货物周转量通常按发出站与到达站之间的最短距离,也就是计费距离计算。

邮电业务总量 指以货币表现的邮电部门用于传递信息和提供其他邮电服务的总数量。它综合反映了一定时期邮电工作的总成果,是研究邮电业务量构成和发展趋势的重要指标。根据邮电管理体制不同,分为中央国营业务总量和地方国营业务总量。它用各种邮电分类业务量,如函件件数、电报份数、长话张数、市内电话和农村电话的年均户数、订销报刊累计份数等,分别乘以相应的平均单价(不变价),加总后再加上出租电路和设备的收入、代用户维护电话交换机和线路等设备的收入、其他业务收入求得。

市内电话 指接入县城(包括个别城镇)及县以上城市的市内电话网上,并按市内电话进行经营管理的电话。按计费办法分为包月制和计次制两种。

(1)住宅电话 指话机装在居民住宅里的电话。它包括私人付费、公费和免费三个部分。

(2)私人付费电话 指住宅居民自费安装并自己缴纳通话费的电话。

无线寻呼电话用户 指携带小型寻呼机,接收市话用户通过无线寻呼中心,在规定范围内向其发出声音、数字或文字显示信息的用户。目前在邮电部门办理登记手续的无线寻呼电话用户,每一部寻呼机按一户计算。

移动电话用户 指在邮电部门登记,通过移动电话交换机进入移动电话网、占有移动电话号码的电话用户。用户数量以实际办理登记手续进入邮电部门移动电话网的户数进行计算,一部或一台移动电话统计为一户。

建 筑 业

建筑业总产值(即自行完成施工产值) 指建筑业企业或附营建筑施工单位自行完成的按工程进度计算的建筑安装生产总值。建筑业产值包括:

① 建筑工程产值:指列入建筑工程预算内的各种工程价值。

② 设备安装工程产值:指设备安装工程价值。

③ 房屋、构筑物修理产值:指房屋、构筑物修理所完成的价值,但不包括被修理房屋、构筑物本身的价值和生产设备的修理价值。

④ 非标准设备制造产值:指加工制造没有定型的、非标准的生产设备的加工费和原材料价值,不论是现场还是附属加工厂为本单位承建工程制造的非标准设备的价值,都应计算产值。

建筑业增加值 指建筑业企业在报告期内以货币表现的建筑业生产经营活动的最终结果。目前建筑业增加值采用分配法(收入法)计算,即从收入的角度出发,根据生产要素在生产过程中应得的收入份额计算。具体计算公式为:

建筑业增加值=本年提取的固定资产折旧+应付工资+应付福利费+管理费中的劳动待业保险金、税金+工程结算税金及附加+工程结算利润。

房屋建筑施工面积 指在报告期内施工的全部房屋建筑面积。包括本期内新开工的、上期施工跨入本期继续施工、上期停建本期复工的房屋建筑面积;不包括上期开工后又停工,本期未施工的房屋建筑面积。

房屋建筑竣工面积 指在报告期内,按照设计所规定的工程内容全部完成,达到了设计规定的交工条件,经有关部门检查验收鉴定合格的房屋建筑面积。

自有机械设备年末总台数 指归本企业(或单位)所有,属于本企业固定资产的生产性机械设备年末总台数。包括施工机械、生产设备、运输设备以及其他设备。

自有机械设备年末总功率 指本企业(或单位)自有施工机械、生产设备、运输设备以及其他设备等列为在册固定资产的生产性机械设备年末总功率,按设定能力或查定能力计算。包括机械本身的动力和为该机械服务的单独动力设备,如电动机等。计算单位用千瓦,动力换算可按1马力=0.735千瓦折合成千瓦数。电焊机、变压器、锅炉不计算动力。

工程结算收入 指企业(或单位)按工程的分部分项自行完成的建筑产品价值并已与甲方在报告期内办理结算手续的工程价款收入,以及向甲方收取的除工程价款以外的按规定列作营业收入的各种款项,如临时设施费、劳动保险费、施工机械调迁费等以及向甲方收取的各种索赔款。

工程结算利润 指已结算工程实现的利润。如为亏损以"-"号表示。其计算公式为:

工程结算利润=工程结算收入-工程结算成本-工程结算税金及附加

企业总收入 指与企业生产经营直接有关的各项收入,包括工程结算收入和其他业务收入,即:

企业总收入=工程结算收入+其他业务收入

批发零售贸易和餐饮业

社会消费品零售额 指各种经济类型的批发零售贸易业、餐饮业、制造业和其他行业对城乡居民和社会集团的消费品零售额。这个指标反映通过各种商品流通渠道向居民和社会集团供应的生活消费品来满足他们生活需要,是研究人民生活,社会消费品购买力、货币流通等问题的重要指标。社会消费品零售额包括:(1)售给城乡居民作为生活用的商品和修建房屋用的建筑材料;(2)售给机关、团体、学校、部队、企业、事业单位的职工食堂和旅店(招待所)附设专门供本店旅客食用,不对外营业的食堂的各种食品、燃料;企业、单位和国营农场直接售给本单位职工和职工食堂的自己生产的产品;(3)售给部队干部、战士生活用的粮食、副食品、衣着品、日用品、燃料;(4)售给来华的外国人、华桥、港澳台同胞的消费品;(5)居民自费购买的中、西药品、中药材及医疗用品;(6)报社、出版社直接售给居民和社会集团的报纸、图书、杂志、集邮公司出售的新、旧纪念邮票、特种邮票、首日封、集邮册、集邮工具等;(7)旧货寄售商店自购、自销部分的商品;(8)煤气公司、液化石油气站售给居民和社会集团的煤气灶具和罐装液化石油气;(9)农民售给非农业居民和社会集团的商品。不包括售给国民经济各部门企业、事业单位(包括国有经济的农场)生产经营用的各种原材料、燃料、设备、工具等和售给批发零售贸易业、餐饮业作为转卖用的商品、旧货寄售商店受托寄售卖出的商品、服务业的营业收入、邮局出售邮票的收入、自来水、电力、煤气生产(供应)单位的产品供应收入,也不包括农民之间的商品销售。

批发零售贸易业商品购、销、存总额 指以各种经济类型的批发、零售贸易业(不包括个体)为总体的商品购、销、存。

商品购进总额 指从本企业(单位)以外的单位和个人购进(包括从国外直接进口)作为转卖或加工后转卖的商品。这个指标反映批发零售贸易业从国内、国外市场上购进商品的总量。商品购进总额包括:(1)从工农业生产者购进的商品;(2)从出版社、报社的出版发行部门购进的图书、杂志和报纸;(3)从各种经济类型的批发零售贸易企业(单位)购进的商品;(4)从其他单位购进的商品,如从机关、团体、企业、单位购进的剩余物资,从餐饮业、服务业购进的商品,从海关、市场管理部门购进的缉私和没收的商品,从居民收购的废旧商品等;(5)从国(境)外直接进口的商品。不包括企业(单位)为自身经营用,和未通过买卖行为而收入的商品以及销售退回、商品升溢等。

商品销售总额 指对本企业(单位)以外的单位和个人出售(包括对国(境)外直接出口)的商品。这个指标反映批发零售贸易业在国内市场上销售商品以及出口商品的总量。商品销售总额包括:(1)售给城乡居民和社会集团消费用的商品;(2)售给工业、农业、建筑业、运输邮电业、批发零售贸易业、餐饮业、服务业等作为生产、经营使用的商品;(3)售给批发零售贸易业作为转卖或加工后转卖的商品;(4)对国(境)外直接出口的商品。不包括:出售本企业(单位)自用的废旧包装用品,未通过买卖行为付出的商品,经本单位介绍,由买卖双方直接结算,本单位只收取手续费的业务,购货退出的商品以及商品损耗和损失等。

批发零售贸易业年末库存 指年末各种经济类型的批发零售贸易企业(单位)已取得所有权的商品。它反映各地区、各批发零售贸易企业(单位)的商品库存情况,和对市场商品供应的保证程度。期末库存包括:(1)存放在批发零售贸易业经营单位(如门市部、批发站、经营处)仓库、货场、货柜和货架中的商品;(2)挑选、整理、包装中的商品;(3)已记入购进而尚未运到本单位的商品,即发货单或银行承兑凭证已到而货未到部分;(4)寄放他处的商品,如因购货方拒绝承付而暂时存放在购货方的商品和已办完加工成品收回手续而货未提回的商品;(5)委托其他单位代销(未作销售或调出)尚未售出的商品;(6)代其他单位购进尚未交付的商品。不包括所有权不属于本单位的商品、拨付除批发零售贸易业以外的其他行业所属独立核算加工厂等加工生产尚未收回成品的商品、代国家物资储备部门保管的商品等。期末库存总额计算方法是:农副产品采购单位按购进价计算,批发单位按进货价计算,零售单位按什么价格核算就按什么价格计算。

城乡集市贸易成交额 指在农村集市和城市集市上买卖双方(包括农民、非农业居民、机关、团体、工商企业、个体商贩)成交的全部商品金额,是反映集市贸易规模的综合性指标。

对外经济贸易和旅游业

利用外资 指我国各级政府、部门、企业和其他经济组织通过对外借款、吸收外商直接投资以及用其他方式筹措的境外现汇、设备、技术等。

对外借款 是我国利用外资的主要部分。包括我国通过外国政府贷款,国际金融组织贷款,外国银行商业贷款,出口信贷以及对外发行债券,股票等方式,从境外筹措的资金。

外商直接投资 是指外国企业和经济组织或个人(包括华侨、港澳台胞以及我国在境外注册的企业)按我国有关政策、法规、用现汇、实物、技术等在我国境内开办外商独资企业、与我国境内的企业或经济组织共同举办中外合资经营企业、合作经营企业或合作开发资源的投资(包括外商投资收益的再投资)以及经政府有关部门批准的项目投资总额内,企业从境外借入的资金。

旅游人数 指来我国参观、访问、旅行、探亲、访友、休养、考察、参加会议和从事经济、科技、文化、教育、体育、宗教等活动的外国人、华侨、港澳和台湾同胞的人数。不包括外国在我国的常驻机构,如使领馆、通讯社、企业办事处的工作人员;来我国常驻的外国专家、留学生以及在岸逗留不过夜人员。

国际旅游(外汇)收入 指入境旅游的外国人、华侨、港澳台同胞在中国大陆旅游过程中发生的一切旅游支出,对于国家来说就是国际旅游(外汇)收入。

进出口总额 海关进出口总额指实际进出我国国境的货物总金额。包括对外贸易实际进出口货物,来料加工装配进出口货物,国家间、联合国及国际组织无偿援助物资和赠送品,华侨、港澳台同胞和外籍华人捐赠品,租赁期满归承租人所有的租赁货物,进料加工进出口货物,边境地方贸易及边境地区小额贸易进出口货物(边民互市贸易除外),中外合资经营企业、中外合作经营企业、外商独资经营企业进出口货物和公用物品,到、离岸价格在规定限额以上的进出口货样和广告品(无商业价值、无使用价值和免费提供出口的除外),从保税仓库提取在中国境内销售的进口货物,以及其他进出口货物。进出口总额用以观察一个国家在对外贸易方面的总规模。我国规定出口货物按离岸价格统计,进口货物按到岸价格统计。

金融和保险

存款 企业、机关、团体或居民根据可以收回的原则,把货币资金存入银行或其他信用机构保管并取得一定利息的一种信用活动形式。根据存款对象的不同可划分为企业存款、财政存款、机关团体存款、基本建设存款、城镇储蓄存款、农村存款等科目。它是银行信贷资金的主要来源。

贷款 银行或其他信用机构根据必须归还的原则,按一定利率,为企业、个人等提供资金的一种信用活动形式。我国银行贷款分为流动资金贷款、固定资产贷款、城乡个体工商户贷款以及农业贷款等科目。

承保额 又叫保险金额。它是保险人对被保险人负担损失补偿或约定给付的金额。它是保险合同上的最高责任额,也是计算保费的依据。

保费 又叫保险费。是保险人根据保险合同的有关规定,为被保险人取得因约定危险事故发生所造成的经济损失补偿(或给付)权利,付给保险人的代价。包括财产险和人身险储金收入。

赔款 保险事故发生后,经查证确属保险责任范围以内的保险标的损失,保险人根据保险合同的规定履行赔偿义务,给予被保险人的款项叫做赔款。赔款可分为已决赔款和未决赔款两种。

教育、科技和文化事业

普通高等学校 指按照国家规定的设置标准和审批程序批准举办，通过国家统一招生考试，招收高中毕业生为主要培养对象，实施高等教育的全日制大学、独立设置的学院和高等专科学校、短期职业大学。

成人高等学校 指按照国家有关规定审批，招收通过全国成人高教统一招生考试的具有高中毕业或同等学历的在职从业人员利用脱产、半脱产、业余或函授等多种形式对其实施高等学历教育，培养高等教育专科或本科毕业水平的专门人才，修业年限、课程设置和总学时数均按高等学历教育要求付诸实施的学校。包括广播电视大学、职工高等学校、农民高等学校、管理干部学院、教育学院、独立设置的函授学院等。

小学学龄儿童入学率 指调查范围内已入小学学习的学龄儿童占校内外学龄儿童总数(包括弱智儿童在内，但不包括盲聋哑儿童)的比重。计算公式：

$$小学学龄儿童入学率=\frac{已入学的小学学龄儿童数}{校内外小学学龄儿童总数}\times 100\%$$

独立研究与开发机构 指有明确的任务和研究方向，有一定学术水平的业务骨干和一定数量的研究人员，具有研究、开发、开展学术工作的基本条件，主要进行科学研究与技术开发活动，并且在行政上有独立的组织形式财务上独立核算盈亏，有权与其他单位签订合同，在银行有单独户头的单位。包括国务院各部门、中国科学院、中国社会科学院和各省、自治区、直辖市以及地(市)以上〔含地(市)〕各部门所属的国有独立的科学研究与技术开发机构。

独立研究与开发机构职工 指在科学研究与技术开发机构工作，并由其支付工资的各种人员。包括长期职工和临时职工，不包括编制以外的离休、退休人员和停薪留职人员，但包括招聘人员。

研究与发展经费支出 指报告期内用于研究与实验发展课题活动(基础研究、应用研究、实验发展)的全部实际支出。包括用于研究与发展课题活动的直接支出，还包括间接用于研究与发展活动的一切支出(院、所管理费、维持院、所正常运转的必需费用和与研究发展有关的基本建设支出)。

科学家和工程师 指具有大学本科及以上学历的和不具备上述学历但有高、中级职称的人员。

其他科技人员 指大专、中专毕业和具有初级职称的从事科技活动人员。

发明 指专利法及其实施细则所称的发明，指对有关产品、方法或其改进所提出的新的技术方案。

实用新型 指专利法及其实施细则所称的实用新型，指对产品的形状、构造或者其结合所提出的适于实用的新的技术方案。

外观设计 专利法及其实施细则所称的外观设计是指对产品的形状、图案、色彩或者其结合所作出的富有美感并适于工业上应用的新设计。

文化事业机构 指从事专业文化工作和为专业文化工作服务的独立建制的单独核算的单位。不包括这些单位另外举办独立核算的其他机构和各部门的业余文化组织。

艺术表演团体 指从事戏曲、音乐、舞蹈、杂技等专业艺术表演，有独立帐户，实行单独核算的团体。不包括半工半艺、半农半艺和民间职业剧团。

电影放映单位 指具有放映机器设备、固定或不固定的放映场所与专职或兼职的放映技术人员，经有关部门登记批准，经常为一定的观众对象放映电影的机构。包括经批准对外开放进行营业，并与电影发行放映管理机构分帐的专用放映单位和军委系统租片单位。

艺术表演观众人数(人次) 指售票、包场演出或民族地区免费演出的艺术表演观众人次数。不包括彩排审查和内部观摩演出的观看人次数。

体育、卫生和其他事业

等级运动员人数 指经考核正式批准授予等级运动员称号的人数。运动员等级分为国际级运动健将、运动健将、一级运动员、二级运动员、三级运动员、少年级运动员。

等级裁判员人数 指经考核正式批准授予等级裁判员称号的人数。裁判员等级分为国际裁判、国家级裁判、一级裁判、二级裁判、三级裁判。

体育场　指有400米跑道(中心含足球场),有固定道牙,跑道6条以上,并有固定看台的室外田径场地。以看台容纳观众人数分:甲级25000人以上,乙级15000－25000人,丙级5000－15000人,丁级5000人以下。

体育馆　指有固定看台,可借篮球、排球、羽毛球、乒乓球、体操等项目训练比赛活动用的室内运动场地。以看台容纳观众人数分:甲级6000人以上,乙级4000－6000人,丙级2000－4000人,丁级2000人以下。

医院　指名称为医院,设有固定床位能收容病人住院并能为病人提供医疗、护理服务的医疗机构。包括县及县以上医院、农村乡卫生院、其他医院三部分。按所属性质分为卫生部门、工业及其他部门,集体经济单位三类。其中县及县以上医院按业务性质分为综合医院和专科医院。

卫生技术人员　指卫生事业机构支付工资的全部固定职工和合同制职工中现任职务为卫生技术工作的专业人员。包括中医师、西医师、中西医结合高级医师、护师、中药师、西药师、检验师、其他技师、中医士、西医士、护士、助产士、中药剂士、西药剂士、检验士、其他技士、其他中医、护理员、中药剂员、西药剂员、检验员,其他初级卫生技术人员。

医生　指经卫生部门审查合格,从事医疗工作的专业人员。分为中医医生和西医医生。包括卫生技术人员中的中医师、西医师、中西结合高级医师、中医士、西医士和其他中医。

社会福利事业单位　指集中收养社会孤老、残、幼的机构。包括由民政部门管理的社会福利院、儿童福利院、精神病人福利院和城镇集体办的福利院,以及农村集体举办的敬老院。

社会福利事业单位收养人数　包括民政部门管理的和城镇及农村集体举办的社会福利事业单位中收养的老人、少年儿童、缺乏生活自理能力的残疾人员和精神病人。

社会福利企业单位　指以安置城镇有一定劳动能力的盲、聋、哑和肢体残疾人员就业为目的,享受国家减免税待遇的国有或集体经济性质的企业。包括福利工厂、福利商业服务业、假肢厂和安置农场等单位。

律师　指受聘参加法律顾问处工作,担任法律顾问、刑(民)事代理人、刑事辩护人,办理非诉讼事件、解答法律询问,代写法律事务文书等主要从事律师业务的专职法律工作者和兼职律师。

公证人员　指在国家公证机关依法办理公证事务的司法人员。包括公证员、助理公证员和在公证处工作的其他人员。

办理公证文书　指公证处在一定时期内办结的公证文书件数。公证文书系按司法部规定或批准的格式制作。包括国内公证和涉外公证两部分。其中国内公证分为经济合同公证和民事法律关系公证两大类。

调解人员　在人民调解委员会担负调解民间一般民事纠纷和轻微违法行为所引起的纠纷的工作人员。包括调解委员会的委员和调解小组的调解员。

调解民间纠纷　指调解委员会依照法律规定,根据自愿原则,用说服教育的方法调解民间发生的有关民事权利和义务的争执,促成当事双方达到协议和谅解,解决纠纷。包括婚姻家庭纠纷,财产权益纠纷等。不包括法院受理调解的民事案件数。

离休、退休、退职人员　指正式办理了离休、退休、退职手续,并享受相应的离休、退休、退职待遇的人员。

保险福利费用　指企业、事业、机关单位在工资以外实际支付给职工和离休、退休、退职人员个人以及用于集体的劳动保险和福利费用。

(1)职工保险福利费用具体包括:

①**医疗卫生费**　指实行公费医疗企业的职工及其供养的直系亲属的医疗费、医务经费、职工因工负伤就医路费以及住院伙食补助费等;卫生部门开支的事业及机关单位职工的公费医疗经费;未参加公费医疗的企业、事业和机关单位职工的医药费。

②**丧葬抚恤救济费**　指职工死亡的丧葬费、丧葬补助费和所遗供养直系亲属的抚恤费、救济费、生活补助费以及职工供养直系亲属死亡时的丧葬补助费等。

③**生活困难补助**　指对生活困难的职工实际支付的定期补助和临时性补助。

④**文体宣传费**　指企业、事业和机关单位实际支付的文体宣传费。不包括学习费。

⑤**集体福利事业补贴费**　指对职工浴室、理发室、洗衣房、哺乳室、托儿所等集体福利设施各项支出与收入相抵后的差额补助费。

⑥集体福利设施费　指按照国家规定开支的集体福利设施费用。如职工食堂炊事用具的购置费、修理费、职工宿舍的修缮费用。不包括由企业、事业、机关单位自筹经费开支的职工福利设施的基本建设费用。

⑦计划生育补贴　指发给职工独生子女的补贴费和保健费。

⑧其他　指上述费用以外,单位支付给职工的保险福利费。

(2)离休、退休、退职人员保险福利费用具体包括:

①离休金　指发给离休人员的工资和按 1982 年国务院发布的"关于老干部离职休养制度的几项规定"发给符合规定的离休干部相当于 1-2 个月标准工资的生活补贴和国务院〔1989〕82、83 号文件规定提高离休人员的待遇所增加的费用及粮油价格补贴等。

②退休金　指按照国家有关规定发给退休人员的退休费和国务院〔1989〕82、83 号文件规定提高退休人员的待遇所增加的费用及粮油价格补贴等。

③退职生活费　指按照 1978 年国务院《关于工人退休、退职的暂行办法》规定定期发给退职人员的生活费用和国务院〔1989〕82、83 号文件规定提高退职人员的待遇所增加的费用及粮油价格补贴等。

④医疗卫生费　离休、退休、退职人员的医疗费、住院费以及住院伙食补助等费用。

⑤护理费　因工致残、饮食起居需人扶助的离休、退休人员的护理费以及因病不能自理的离休人员的护理费。

⑥生活补贴　按照 1985 年国务院《关于发给离休退休人员生活补贴费的通知》规定,发给离休、退休人员的生活补贴费。

⑦交通费补贴　指按月发给离休人员的交通费补贴。

⑧丧葬抚恤救济费　指离休、退休、退职人员死亡的丧葬费、丧葬补助费和所遗供养直系亲属的抚恤费、救济费、生活补助费以及供养直系亲属死亡时的丧葬补助费等。

⑨其他　包括易地安置的离休、退休、退职人员的安家补助费;离休、退休、退职人员的生活困难补助费、书报费、洗理费、副食品价格补贴、房租价格补贴、水电补贴、少数民族补贴以及老干部活动经费开支的旅游费用等。

工业废水排放量　指经过企业厂区所有排放口排到企业外部的工业废水量。包括生活废水、外排的直接冷却水、超标排放的矿井地下水和与工业废水混排的厂区生活污水,不包括外排的间接冷却水(清污不分流的间接冷却水应计算在内)。

工业废水排放达标量　指各项指标都达到国家或地方排放标准的外排工业废水量,包括未经处理外排达标的和经过处理后外排达标的两部分。国家排放标准见 GB8978-88。

工业废水处理量　指报告期内各种水治理设施实际处理的工业废水量,包括处理后外排的和处理后回用的工业废水量。虽然处理但未达到国家或地方排放标准的废水量也应计算在内。计算时,如遇有车间和厂排放口均有治理设施,并对同一废水分级处理时,不应重复计算工业废水处理量。

工业废气排放量　指企业厂区内燃料燃烧和生产工艺过程中产生的各种排入空气的含有污染物的气体的总量,以标准状态〔273K,101325Pa〕计。

二氧化硫排放量　指企业在燃料燃烧和生产工艺过程中排入大气的二氧化硫量。

工业烟尘排放量　指企业厂区内的燃料燃烧产生的烟气中夹带的颗粒物的量。

工业粉尘排放量　指企业在生产工艺过程中排放的颗粒物重量。如钢铁企业的耐火材料粉尘、焦化企业的筛焦系统粉尘、烧结机的粉尘、石灰窑的粉尘、建材企业的水泥粉尘等。不包括电厂排入大气的烟尘。

工业固体废物产生量　指企业在生产过程中产生的固体状、半固体状和高浓度液体状废弃物的总量,包括危险废物、冶炼废渣、粉煤灰、炉渣、煤矸石、尾矿、放射性废物和其他废物等;不包括矿山开采的剥离废石和掘进废石(煤矸石和呈酸性或碱性的废石除外)。酸性或碱性废石是指采掘的废石其流经水、雨淋水的 pH 值小于 4 或 pH 值大于 10.5 者。

环境污染与破坏事故　指由于违反环境保护法规的经济、社会活动与行为,以及意外因素的影响或不可抗拒的自然灾害等原因,致使环境受到污染,国家重点保护的野生动植物、自然保护区受到破坏,人体健康受到危害,社会经济和人民财产受到损失,造成不良社会影响的突发性事件。

Explanatory Notes on Main Statistical Indicators

ADMINISTRATIVE DIVISION AND NATURAL RESOURCE

Forest Coverage - Rate refers to the ratio of area of afforested land to total area of land (measured in percentage). According to regulations of the government , calculation forest coverage - rate, in addition to afforested land, the area of bush forest, the area of forest land inside farm land and the area of trees planted by the side of farm houses and along the roads, rivers and fields should be included in the area of afforested land in the calculation of the forest coverage - rate. This indicator shows the forest resources and afforestation progress of a country or a region. The formula for calculating forest coverage - rate is as follows:

$$\text{Forestry Coverage - rate}(\%) = \frac{\text{Area of Afforested Land}}{\text{Area of Total Land}} \times 100\%$$

Stock Volume of Forest refers to total stock volume of wood growing in forest area, which shows the total size and level of forest resources of a country or a region.

Ensured Mineral Reserves refer to the actual mineral reserves , which equal to the proven mineral reserves (including industrial reserves and prospective reserves) minus extracted parts and underground losses. This indicator shows the current condition of the mineral resources of a country.

GENERAL SURVEY

Gross Domestic Product refers to gross domestic product calculated at market prices, which is the final products of all resident units in a country (or region) during a certain period of time. Gross domestic product is expressed in three different forms, i. e. value added, income, and products respectively. The form of value added refers to the total value of all products and suervices produced by all resident units during a certain period of time minus total value of input of materials and services of the nature of non - fixed assets or the summation of the value added of all resident and non - resedent units; the form of products refers to all final goods and services minus imports of goods and services. In the practice of national accounting, gross domestic product is calculated with three approaches, i.e. product approach, income approach, and expenditure approach respectively to reflect gross domestic product and its composition from different aspects.

Gross National Product refers to gross national product calculated at market price, which is the final result of the primary distribution of the income created by all the resident units of a country during a certain period of time. The value added created by the resident units of a country engaged in production activities is mainly distributed to the resident units of that country while a part of it is distributed to the non - resident units of the country in the form of remuneration for the labourers and property income. Simultaneously a part of the value added created abroad is distributed to the resident units of the country in the form of remuneration for the labourers and property income. Thus the concept of gross national product is formed, which equals to gross domestic product plus overseas incomeas remuneration for the labourers and property in come minus payment abroad as remuneration for the labourers and property income. Unlike gross domestic product which is a comcept of production, gross national product is a concept of income.

The difference among gross national product and total value of society and notional income is that the total value of society and national income only take into account products of material production sectors, while the gross national product, in addition to products of material production sectors, also takes into account of products of non – material production sectors . in terms of the value composition of the three conceptions, the total value of society includes the total value of all products of the society; the gross national product includes only the newly created value in the process of producing goods and services, i.e. the value added and excludes the value of the input of intermediate goods and services; National income excludes both the intermediate input and depreciation of fixed assets and includes only the net value of output.

Three Industries Industry structure has been classified according to the historical sequence of development. Primary industry refers to estraction of natural resources; secondary industry involves processing of primary products ; and tertiary industry provides services of various kinds for production and consumption. The above classification is universal although it varies to some extent form country to country. Industry in China comprises:

Primary industry: agriculture (including farming, forestry, animal husbandry, sideline production and fishery).

Secondary industry: industry (including mining and quarrying, manufacturing, water supply, electricity generation and supply, steam , hot water, gas) and construction.

Tertiary industry: all other industries not included in primary or secondary .

Due to the fact that tertiary industry involves in a large variety of industries in China, it is divided into two sectors: circulation sector and service sector and further into four levels:

The first level: circulation sector, including transportation, postal and telecommunications, services, commerse, catering trade, material supply and marketing, and storage.

The second level: service sector providing services for production and consumption, including banking, insurance, geological survey, real estate, puglic utilities, service for residents, consultancy service, and comprehensive technical services, and service for agriculture, forestry, animal husbandry, fishery, water conservancy, and maintenance of roads and inland water ways, etc.

The third level : service sector for up grading scientific, educational and cultural level of thepeople, including education, culture, broadcasting, televiseon, scientific research, public health, sports, and social welfare, etc.

The fourth level: sector ptoviding services for public needs, including government agencies, political and party organizations, social organizations, armies, and policemen.

GDP Calculated With Expenditure Approach refers to total expenditure on final comsumption, total capital formation and net export of goods and services by resident units of a country in a certain period of time. It reflects the composition of GDP by its use.

Final Consumption refers to the total expenditure of resident units on final consumption of goods and services in a certain period, namely the expenditure of the resident units for purchases of goods and services from domestic economic territory and abroad to meet the requirements of material, cultural and spiritual life. It excludes the expenditure of non – resedent units on consumption in the economic territory of the country. The final consumption is classi fied into resident consumption and government consumption.

(1) Resident consumption refers to the total expenditure of resident housen olds on the final consumption of goods and services in a certain period of time. The expenditure of residents on final consumption of goods is recorded when the change of the ownership of goods happens. The expenditure of residents on final consumption of services is recorded when

the services are provided. The expenditure of the residents on consumption is calculated at market prices, namely the purchasers' privices which the residents pay; the purchasers' prices of goods are the prices the resedents pay when they obtain the goods, including the transport and commercial expenses paided by the residents. In addition to the expenditure on consumption of goods and services bought by the residents directly with money, the expenditure on goods and services obtained by the residents in other ways, i.e. the so - called fictitious expenditure on consumption, is also included in the expenditure of the residents on consumption. The fictitious expenditure of the residents on consumption includes the following types: (a) the goods and services provided to the residenrs by the units in the form of payment in kind and transfer in kind; (b) the goods and services produced and consumed by the households themselves, in which the services refer only to the services provided by the residential buildings owned by the households; (c) the ser vices of financial intermediary provided by the fiancial institutions; (d) the insurance services provided by the insurance companies.

(2) Government consumption refers to the expenditure on the consumption of the public services provided by the government to the whole society and the net expenditure on the goods and services provided by the government to the households free charge or at lower prices. The former equals tothe output value of the govenment services minus the value of operating in come obtained by the government departments. (The output value of the government serveces equa ls to its current operating expenditure plus depreciation of fixed assets). The latter equals to the market value of the goods and services provided by the government to the households minus the value received by the government from the households.

Total Capital Formation refers to the net amount of the fixed assets and stock acquired minus those disposed, including the total fixed assets formation and the increase in stock.

(1)Total Fixed Capital Formation refers to the value of fixed assets purchased, transferred in by the resident units and those produced and used by themselves in a certain period deducting the value of fixed assets sold and transferred out. It can be classified into total tangible assets formation and total intangible assets formation. The total tangible assers formation include the valus of the construction projects, installation projects completed and the equipment, apparatus and instruments purchased as well as the value of land improved, the value of draught animals, breeding stock, milk, wool and recreational animals and the newly increased economic forest in acertain period. The total intangible assets formation includes the prospecting of minerals, the acquisition of computer soft wares, the originals of recreational works and works of literature and arts minus the disposal of them.

(2) Increase in stock refers to market value of the change in a certain period, i. e. the difference of value between the begining and the end of the period. The increase in stock can depositive. A positive valus indicates the increase in stock while a negative value indicates the decrease in stock. The stock includes the raw materials, fuels and reserve mate rials purchased by the production units as well as the stock of finished products, semi - finished products, work - in - progress, etc.

POPULATION

Total Population refers to the total number of people alive at a certain point of time within agiven area.

The annual statistics on total population is taken at mid night, the 31st of December.

Birth Rate (or Crude Birth Rate) refers to the ratio of the number of births to the average population during a certain period of time(usually a year), which is often expressed in ‰ . The following formula is used:

$$\text{Birth Rate} = \frac{\text{Number of Births}}{\text{Average Number of Population}} \times 1000‰$$

Number of Births refers to live births, i.e. the births when babies had showed any vital phenomena regardless of the length of pregnancy.

Annual Average Number of Population is the average of the number of population at the baginning of the year and that at the end of the year. sometimes it is substituted for with the mid - year population.

Death Rate (or Crude Death Rate) refers to the ratio of the number of deaths to the average population (or mid - year population) during a certain period of time(usually a year), which is often expressed in ‰. The following formula is used:

$$\text{Birth Rate} = \frac{\text{Number of Deaths}}{\text{Annual Average Numger of Po pulation}} \times 1000‰$$

Natural Growth Rate of Population refers to the ratio of natur al increase in population (number of births minus number of deaths) in a certain period of time (usually a year) to the average population (or mid - year population) of the same period, which is often expressed in ‰. The following formulas are applied:

$$\text{Natural Growth of Population} = \frac{\text{Number of Births} - \text{Number of Deaths}}{\text{Average Number of Population}} \times 1000‰$$

$$\text{Natural Growth Rate of Population} = \text{Birth Rate} - \text{Death Rate}$$

EMPLOYMENT AND WAGE

Employed Persons refers to the persons who are engaged in social labour and receivere muneration payment or earn business income, including:

(1) total staff and workers,

(2) reemployed retirees,

(3) employers of private enterprises,

(4) employcrs of individual economy,

(5) employed persons in private enterprises and individual economy,

(6) employed persons in the enterprises in the urban areas,

(7) employed persons in the rural areas,

(8) other employed persons (including teachers in the schools run by the local people engaged in religious profession and the servicemen, etc.)

This indicator reflects the actual utilization of total labour force during a certain period of time and is often used for the research on China's economic affairs and national power.

Persons employed in various units refer to all the persons working in government agencies of various levels, political and party organizations, social organizations, and enterprises and institutions and reciving payment, including staff and workers, reemployed retirees, teachers in schools run by the local people, foreigners, and Chinese compatriots from Hong Kong, Macao, and Taiwan working in various units. This indicator reflects the total number of laborers actually engaged in production or other operations in various units.

Economically Active Population refers to the population, th e members of which are aged 16 and over, capable to labour, participating in or desitous to participate in the social and economic activities, including employed persons and unemployed persons.

Registered Unemployed Persons And Registered Unemployent Rate in Urban Areas: The registered unemployed persons in urban areas refer to the persons who are registered as permanent residents in the urban areas engaged in non – agricultural activities, aged within the range of working age, capable to labour, unemployed but desirous to be employed and have been registered at the local employment service agencies to apply for a job. Registered unemployment rate in persons and the registered unemployed persons. The formula is as follows:

Registered unemployment rate in urban areas = the number of the registered unemployed persons ÷ (the number of employed persons + the number of the registered unemployed persons) × 100‰

Total Wages of Staff And Workers refer to the total remunera tion payment to staff and workersin various units during a certain period of time.

The calculation of total wages is based on the total remuneration payment to the staff and workers. Therefore, all the wages and salaries and other payments to staff and workers are included in the total wages regardless of their sources, category, and forms(in kind or cash).

Average Wage of Staff And Workers refers to the average wage in money terms per person during acertain period of time for staff and workers in enterprises, insitutions, and government agencies, which reflects the general level of wage income during a certain period of time and is calculated as follows:

$$\text{Average wage of staff and workers} = \frac{\text{Total Wages of Staff and Workers in Reference Period}}{\text{AverageNumber of Staff and Workers in Reference Period}}$$

Average Real Wage of Staff and Workers refers to average wage of sraff and workers after removing the effects of price changes, whichis calculated as follows:

Average Real Wage of Staff and Workers = Average Wage of Staff and Workers in Reference Period ÷ Consumer Price Index of Urban Residents in Reference Period

INVESTMENT IN FIXED ASSETS

Total Investment in Fixed Assets in the Whole Country Investment in fixed assets is the essential means for social reproductuion of fixed assets. By means of construction and purchase of fixed assets, more advanced technonlogies and equipment are adopted in the national economy, and new sectors are established, which promote the adjustment of economic structure and the regional distribution of productive forces and enhance the economic strengths so as to provide the material conditions for improving prople's livelihood. This is significant for speeding up the drive of socialist modernization in China.

Amount of investment in fixed assets refers to the volume of activities in construction and purchases of fixed assets in monetary terms. It is a comprehensive indicator which shows the size, pace, proportional relations and use orientation of the investment in fixed assets. Total investment in fixed assets in the whole country includes, by status of economic ownership, the investment by the state – owned units, collective units, individuals, joint ownership units, share – holding units, as well as investment by businessmen from foreign countries and from Hong Kong, Macau and Taiwan, and by other units. According to China's current management system, the investment in fixed assets in the whole country is classified into the following four parts: investment in capital construction, investment in innoation, investment in real estates development and other investment in fixed assets.

Investment in Capital Construction Capital construction refers to the new construction projects or extension projects and the related work of the enterprises, institutions or administrative units mainly for the purpose of expanding production capacity or improving project efficiency covering only projects each with a total investment of 500000 RMB yuan and over. It includes(1)projects listed in the capital construction plan of the current year of the central government and the local governments at various levels as well as the projects, though not listed in the capital construction plan of the current year, but continued to be constructed in this year, using the investment listed in the plan of capital construction of previous years and carried forward to this year(also using the equipment and materials kept in stock of the capital construction);(2)new construction projects arranged both in the plan of capital construction and the plan of innovation;extension projects with the newly increased production capacity (or project efficiency)up to the standard of a large and mediumsized project; and the projects of moving the whole factory to a new site so as to improve the distribution of productive forces; (3)new construction projects, extension projects or restoration projects or restoration projects with the total investment of 500000RMB yuan and over by the state -- owned units, though listed neither in the plan of capital construction nor in the plan of innovation; the projects in the state – owned units of moving the whole factory to a nes site so as to improve thd distribution of productive forces;and the projects of building additional business houses by the administrative units and institutions and building welfare facilities by the administrative units.

Investment in Innovation Innovation refers to the renewal of fixed assets and technolical innovation of the original facilities by the enterpriese and institutions as well as the corresponding supplementary projects and the related work(excluding majoroverhaul and maintenance projects) covering only projects each with a total investment of 500000RMB yuan and over. It includes(1)projects listed in the innocvation plan of the current year of the central government and the local governments at various levels as well as the projects, though not listed in the innovation plan of the current year, but continued to be constructed in this year, using the investment listed in the plan of innovation of previous years and crarried forward to this year;(2)projects of technological innovation or renewal of the original facilitiews, arranged both in the plan of innovation and in the plan of capital construction;extension projects(main workshops ora branchof the factory) with the newly increased production capacity (or project efficiency) not up to the standard of a large and mediumsized project; and the projects of moving the whole factory to a new site so as to meet the requirements of urban environmental protection or safe production;(3) projects of reconstruction or technological innovation with the total investment of 500000 RMB yuan and over by the state – owned units, though listed neither in the plan of capital construction nor in the plan of innovation; the projects in the state – owened units of moving the whole factory to a new site so as to meet the requirements of urban environmental protection or safe production.

Investment in Real Estate Development It includes the investment by the real estate development companies, commercial buildings construction companies and other real estate development units of various types of ownership in the construction of house buildings, such as residential buildings, factory buildings, warehouses, hotels, guesthouses, holiday villages, office buildings, and the complementary service facilities and land development projects, such as roads, water supply, water drainage, power supply, heating, telecommunications, land leveling and other projects of infrastructure. It excludes the activities in simple land transactions.

Other Investment in Fixed Assets refers to the construction and purchases of fixed assets not listed in the investment in capital construction, investment in innovation and investment in real estate development. It includes:

A) The following projects of the state - owned units with the total planned (or actually needed) investment of 500000 yuan and over, which are not included in the plan of capital construction and the plan of innovation(1) projects of oil fields maintenance and exploitation with the oil fields maitenance funds and petroleum development funds; (2) opening and extending projects with the maintenance funds in coal, ore and other mining enterprises and logging enterprises; (3) project of reconstruction of the original highways and bridges with the highway maintenance funds in the department of communication; (4) projects of construction of warehouses with the funds of simple construction in the commercial department.

B) The investment in fixed assets by urban collective units: refer to projects of construction and purchases of fixed assets with the planned total investment of 500000 yuan and over by all collective units in cities and county towns and in townships which are approved by the State Council or provincial governments, excluding investment by collective units under township enterprise administration offices.

C) The projects of construction and purchases of fixed assets by the enterprises, institutions or individuals other than those mentioned above with total investment of 500000 yuan and over, which are not included in the plan of capital construction and the plan of innovation.

Private Investment in House Construction in Urban Areas, Industrial and Mining Areas and Individual Investment in Rural Areas The private house construction in the urban areas and industrial and mining areas includes all the private house construction under the jurisdiction of cities, counties, towns and industrial and mining areas, no matter whether the owner of the house is registered as the permanent resident in the locality or not. The individual investment in the rural areas includes the investment in house construction and purchase of productive fixed assets by the individuals in the rural areas.

Newly Increased Production Capacity refers to the increase of designed capacity and project efficiency through investment in fixed assets, which reflects the accomplishment of investment in fixed assets, which reflects the accomplishment of investment in fixed assets in kind. The calculation of newly increased production capacity is based on individual project which operates independently and efficiently. When an individual project is completed and checked and accepted and put into production, it is counted as newly increased production capacity.

The newly increased production capacity and project efficiency are usually expressed in one of the following forms:

(1) annual production capacity, such as extraction of coal and petroleum;

(2) raw material processing capacity, such as ore dressing capacity of ore dressing projects, the dressing capacity of a coal washery;

(3) number or capacity of major equipment increased, such as the number of cotton spindles increased and the capacity of generating sets increased;

(4) physical measures of construction, such as volume, capacity, area, and length, for instance, the capacity of reservoire, the length of railways of highways.

Newly increased production capacity in terms of quantity is calculated in designed capacity of a capacity in general, which refers to the production capacity of a project under normal conditions designed capacity in general, which refers to the production capacity of a project under normal conditions designed in construction documents regardless of the actual output.

Foor Space of Builidings Under Construction and Completed refers to total floor space in each story of buildings calculated from the outside line of building walls, including both usable space and the space occupied by constructions like pillars or walls, The floor space of multi – story buildings includes the total floor space of each story (including basement).

Floor Space of Residential Buildings refers to the floor space of the residential buildings under construction and completed among the total space of buildings under construction and completed.

Floor Space Under Construction refers to total floor space of all buildings under construction during the reference period, including floor space of newly started buildings during the reference period, floor space of construction extended from the previous period to the current period, floor space of construction suspended during the previous period and resumed in the current period, floor space of construction completed in the current period, and floor space of construction started and then suspended in the current period.

Floor Space of Buildings Completed refers to the floor space of buildings completed in the reference period, which have come up to the designed standards and have been put into use.

Completion Rate of Floor Space of Buildings refers to the ratio of the floor space of buildings completed in certain period of time to the floor space of buildings under construction in the same period, which reflects the investment result and economic efficiency of the construction industry from the angle of the speed of project construction.

Newly Increased Fixed Assets refer to the newly increased value of fixed assets through investment, including the value of equipment, tools, and vessels considered as fixed assets, as well as the relevant expenses as investment in fixed assets. This is a comprehensive indicator of investment in fixed assets, reflecting the achievements of investment in fixed assets in fifferent periods, different sectors, and different regions.

Rate of Construction Projects Completed and Put into Use refers to the ratio of the number of construction projects completed and put into use in certain period of time to the number of projects under construction in the same period. This reflects the investment efficiency from the angle of the speed of projects construction.

Rate of Projects of Fixed Assets Completed and Put into Operation refers to the ratio of the newly increased fixed assets to the total investment made in the same period. This is a comprehensive indicator, reflecting the speed of the employment of fixed assets and the investment efficiency.

ENERGY AND MATERIAL

Total Eneray Production refers to the total production of primary energy by all energy producing enterprises in the country (region) in a given period of time. It is a comprehensive indicator to show the capacity, scale, composition and development of energy production of the country(region) .The production of primary energy includes that of coal, crude oil, natural gas, hydro - power and electricity generated by other means such as wind power and geothermal power. However, it excludes the production of fuels of low calorific value, bioenergy, solar energy and the secondary energy converted from the primary energy.

Total Domestic Energy Consrmpionrefers to the total consumption of energy of various kinds by material production sectors, non - material production sectors and households in the country(region)in a given period of time. It is a comprehensive indicator to show the scale, composition and development of energy consumption. The total energy consumption includes that of coal, crude oil and their products, natural gas and electricity, However, it excludes the consumption of fuel of low calorific value, bioenergy and solar energy. Total domestic energy consumption can be divided intothree parts:

(1) Final Energy Consumption: It refers to the total energy consumption by material production sectors, non - material production sectors and households in the country(region) in a given period of time, but excludes the consumption in conversion of the primary energy into th e secondary energy and the loss in the process of energy conversion.

(2) Loss During the Process of Energy Conversion: It refers to the total input of various kinds of energy for conversion, minus the total output of various kinds of energy in the country in agiven period of time. It is an indicator to show the loss that occurs during the process of energy conversion.

(3) Loss: It refers to the total of the loss of energy during the course of energy transport, distribution and storage and the loss caused by any objective reason in a given period of time. Theloss of vareous kinds of gas due to gas discharges and stock taking is excluded.

PUBLIC FINANCE

Government Revenue refers to the revenue of the government finance by means of participating in the distribution of the social products, which is the financial resources for ensuring the government to function. The contents of government revenue have been changed several times. Now itincludes the following main items:

(1) Various tax revenues, including value added tax, business tax, consumption tax, land value added tax , tax on city maintenance and construction, resources tax, tax on use of urban land, stamp tax, tax on adjustment of the orientation of investment in fixed assets, personal income tax, enterprise income tax, tariff, tax on agriculture and animal husbandry and ta x on occupancy of cultivated land etc.

(2) Special revenues, including revenue collected from imposing fee on sewage treatment, revenue collected from imposing fee on urban water resources, and extra - charges for education, etc.

(3) Other revenues, including revenue from the repayment of capital construction loan, the funds for the state key construction projects in energy industry and transportation, and the funds foustate budget adjustment, etc.

(4)Planned subsidies for the losses of the state - owned enterprises. This is an item of negativerevenue, used to eat up part of the government revenue.

Government Expenditure refers to the distribution and use of the funds the government financehas raised, so as to meet the needs of economic construction and various causes. It includes the following main items:

(1) Expenditure for capital construction: It refers to the non – gratuitous use and appropriation of funds for capital construction in the range of capital construction, outlay of capital as well as the loans on capital construction approved by the government for special purpose or policy purpose and the expenditure with discount paid in an overall way within the amount of the funds appropriated to the departments for capital construction.

(2) Innovation funds of the enterprises: They refer to the funds appropriated from the government budget for the enterprises to tap the latent power, upgrade the technology and carry out innovation, including the innovation fund of the departments, loan of the enterprises for innovation, subsidies on the innovation of the small fertilizer plant, small cement plant, small coal mines, small machinery plant and small steel plant, the expenditure of interest for the loan for innovation.

(3) Geological prospecting expenses: They refer to the expenses appropriated from the government budget to the geological prospecting units for the expenditure of the prospecting: work, including the expenditures of the administrative agencies for geological prospecting and their institutional units as well as the geological prospecting expenditure.

(4) Expenditures for science and technology promotion: They refer to the expenses appropriated from the government budget for the scientific and technological expenditure, including new products development expenditure, expenditure for intermediate trial and subsidies on important scientific researches.

(5) Expenditure for supporting rural production: It refers to the expenditure s appropriated from the government budget for supporting the various expenditures of the rural collective units or households for production, including the subsidies to the small water conservancy projects and well drilling, sprinkling irrigation projects run by the villages; subsidies on the rural water and soilcon serving measures; subsidies to the small power stations run by the villages; subsidies to the expenditure for fighting against particularly severe draughts; subsidies on the rural waste land exclamation; fund for supportin the township enterprises; subsidies to the expenditure for popularization of the agricultural technologies and plant protection in the rural areas; subsidies to the expenditure for the protection of grass lands and cattle and rowls; subsidies on afforestation and forest protection in rural areas; subsidies on the rural aquatic products industry; special fund for developing grain prodrction.

(6) Operating expenses of the departments of farming, forestry, water conservancy and meteorologyetc.: They refer to the expenses apprlpriated from the government budget for the expenditures of agricultural exclamation, farms, agriculture, animal husbandry, agricultural machinery, forsetry, timber industry, water conservancy, aquatic products industry, meteorology, technology popularization in township enterprises, popularization (demonstration) of improved varieties, plant (cattle and fowls, forest) protection, water quality monitoring, prospecting and designing, resources investigation, cadres training, subsidies to horticulture gardens, expenditures of afforestation agencies and meteorology agencies, expenses for fishery administration and operating expenses for agricultural administration, etc.

(7) Operating expenses of the departments of industry, transport and commerce: They refer to the expenses appropriated form the government budget to the departments of industry, transport and commerce for the expenditure of buseness development, including expenses for prospecting and designing, expenditures of specialized secondary schools, expenditures of the technical training schools and expenditures for cadres training, etc.

(8) Operating expenses of the departments of culture, education, science and public health: Theyrefer to the expens-

es appropriated from the government budget for the expenditures of the causes of culture, publication, cultural relics, education, public health, traditional Chinese medical science, free medical services, sports, archives, earthquake, ocean, communications, broadcasting, film and television, family planning; expenditure for training of cadres of government, party and mass organization; expenditures for natural sciences, social sciences, association s for science and technology and the special expenditure for the high - tech researches. They include mainly wages, extra wages, welfare funds, pension for the retirees, stipend, expenses for official business, expenses for equipment purchases, expenses for repairs, business expenses and subsidies to theunits which are unable to support their expenditures by their own earnings.

(9) Pension for the disabled or for the families of the bereaved and relief funds for social welfard: They refer to the funds appropriated from the government budget for the expenditures of penseon for the disabled or for the families of the bereaved and relief funds for social welfare, including the lump - sum or regular pinsion paid by the departments of civil affairs to the members of martyrs' families and families of those who died for the public interest, pension to the revolutionary disabled, subsidies for permanent disability of various kinds, subsidies to the military martyrs' dependents and the demobilized armymen, expenditure for settling down the demobilized armymen, operating expenses of the consoling institutions, expenses for management and repair of the commemorative buildings for the martyrs, the expenses managed by the departments of civil affairs for the retirees and those who have quitted their work, expenses for social relief inrural and urban areas, operating expenses for providing relief to the areas of matural calmity andsubsidies on the reconstruction after the particularly severe natural calamities , etc.

(10) Expenditures for national defence: They refer to the funds appropriated form the government budget for the expenditures for building up national defence and safeguarding national security, including expenses fo national defence, expenses of scientific researches on national defence, expenses for building up people's militia and expenditure for special projects, etc.

(11) Administrative expenses: They include expenditrue for administration, subsidies to the parties and mass organizations , diplomatic expenditure, expenditure for public security, judicial expenditure, law court expenditure, procuratorial expenditure and srbsidies to the expenses fortreating the cases by the public security departments, procuratorial organs and law courts.

(12) Expenditure for price subsidies: It refers to the expenditure appropriated, with the approval of the government, form the government budget for the policy subsidies to price adjustment, including the fund for the increase of grain prices, the subsidies to the difference between the selling prices and purchasing prices of grain , cotton and edible oil, awards in addition to thepurchasing prices of cotton, risk fund for mom - staple food, siubsidies on the prices of meat and meat products, subsidies on the price difference for curbing the high market prices of meat, meatproducts and vegetables and the subsidies approved by the government on the prices of textbooks andnewaprint of newspapers and perodicals.

PRICE

Retail Price Index reflects the general change in retail prices of commodities. The change and adjustment in retail prices directly affect the living expenditure of urban an d rural residents, government revenue, purchasing power of resedents and the equilibrium of market supply and demand, amd the ratio of consumption to accumulation. Therefore, the clalculation of retail price index isuseful to analyze the changes of the above economic acivities.

Consumer Price Index reflects the relative change in prices of consumer goods and services purchased by urban and rural resedents, and is a composite index derived from the urban consumer price index and the rural consumer price index. Consumer price index can be used to analyze the impact of consumer price change on actual expenditure for living cost of urban and rural residents.

Urban Consumer Price Index reflects the relative change in prices of consumer goods and services purchased by urban and staff and worders and their families and can be used to observe and analyze the impact of price changes in consumer goods and services on money wages of staff and workers, andprovide bases for policy making concerning the living cost and wages of staff and workers.

Rural Consumer Price Index reflects the relative change in prices of consumer goods and services purchased by rural households and can be used to observe the impact of change in prices of consumer goods and services on living expenditure and actual change in peasants' living cost. It providesbases for analysis and research on peasants' living cost and welfare.

Index of Purchasing Prices of Farm Products reflets the relative change in purchasing prices of farm products purchased by state – owned, collective – owned, and individual commercial enteprises, foreign trade sectors, government agencies, social orgazinations and other units of various types of ownership. It is used to observe the impact of change in purchasing prices of farm products on money income of peasants and is calculated with the method of weighted harmonic mean , taking theamount of purchases during a given period as the weight. Number of products involved in the current calculation totalled 276 in 11 categories.

' **Retail Price Index of Rural Industrial Products** reflects the relative change in prices of industrial prodrcts in rural market and can be used to observe the impact of the price change on farmers' money expenditure.

Ex – factory Price Index of Industrial Products reflects the change in general ex – factory prices ofall industrial products, including sales of industrial products to commercial enterpeises, foreign trade sectors, materials supplying and distributing sectors as well as sales of production means to industry and other sectors and sales of consumer goods to residents. It can be used to analyze theimpact of ex – factory prices on gross industrial output value.

Price Index of Investment in Fixed Assets reflects th e change in prices of investment in fixedassets. The investment in fixed assests consists of three components, namely the investment inconstruction and installation, the investment in purchases of equipment and instrument, and the investment in other items. Price index of investment in fixed assets in calculated as the weighted arithmetic mean of the price indices of the three components of investment in fixed assets.

Price index of investmint in fixed assets reflects the changes of prices in various goods and services involved in investmetn in fixed assets and therefore can be used to observe the actual size, speed , structure, and efficiency of investment in rixed assets and provides reliable and scientific data for government planning, management, decision making , and further improving the current national accounting system.

PEOPLE'S LIVELIHOOD

Employed Population in Urban Households rfefers to urban residnts engagd in certain work and receiving payment for their labour or income from their business operation, including those who work in state – owned or collective units , joint ventures, foreign – owned units and private units with permanent or temporary jobs. The self – employed individuals and reemployed retires are also included. This indicator reflects the situation of urban employment and is the basic data for calculating employment rate and dependency ratio.

Total Income of Urban Households refers to the total actual cash income of the same holds, including regular or fixed income and occasional income. The income of a circulating nature such as withdrawal from band deposits, loans borrowed from relatives or friends, repayment of loans received and various temporary collection of money is excluded.

Disposable Income refers to the income of the sample horseholds which can be used for daily expenses, i.e. total income minus income tax.

Expenditure For Consumption refers to total expenditure of th e sample hoseholds for consumptionin daily life, including expenditure for various commodities and expenses for non – commodity items such as culture and service, etc., but excluding fines and confiscation, loss , tax payments (such asincome tax, license tax, real estates tax, etc.) and various espenses by individual laborers for business purposes.

Expenditure For Purchases of Commodities refers to total expense s of the sample households for the purchases of commodities from shops, factories, catering trade, canteens, markets and the peasants. This expenditure is classified into nine itims: food , clothing, daliy – life necessities, culturaland recreational articles, newspapers and magazines, medicines and medical appliances, housing and building materials, fuels and other commodities. No matter whether the commodities are purchased for their own consumption or for gifts to relatives and friends, they are all included.

Net Income of Rural Households refers to the total income of the permanet residents of the rural households during a year after the eduction of the expenses for productive and non – productive business operation, the payment ofr taxes and the payment for collective units for their contracted askd. The net income can be spent for investments in productive and non – productive construction, for consumption in daily life and for savings deposit. It is a comprehensive indicator to show the actual level of the income of the peasants' household. The net income of the rural householdaincludes not only the income from the productive and non – productive business operation, but also the income from the non – business operation, such as the money remitted or brought back by the members of the bousehold who are in other places, the government relief payment and various subsidies. It includes not only the money income, but also the income inkind. But the income from borrowing frombanks, friends and relatives is excluded.

Able – bodied and Semi – Ablebodied Laborers of Rural Households refer to permanent residents of rural horseholds who are able to work and actually engaged in social labour, which are one factor of production and sources of rural household income. According to the relevant regulations, maleaged 18 – 50, female aged 18 – 45 are considered as able – bodied laborers; male aged 1 6 – 17 and actually engaged in social labour are also considered as able – bodied or semi – ablebodied laborers, while those who are within the above ahe range but unaboe to work are not counted as able – bodied or semi – ablebodied laborers.

Expenditure of Rural Households For Consumption refers to total expenses of rural households on daily life, including expenses on food, clthing, housing, fuel, articles for daily use, and expecnseson cultural life and services. This indicator in used to show the actual consumption level of peasants.

Expenditure of Rural Households on Commodities refers tototal expenses of the permanent residents of the rural households on purchases of food, clothing, furniture, household appliances, articles for daily use, fuels, durable foodes, and cultural, educational and medicinal articles, including purchases from state – owned shops, collective shops, free mardets, and etc. Expenditure of peasants for purchase of commodities is an important part of peasants' consumption expenditure, which reflects the extent of commercialization of peasants' consumption and the developingprocess from self – sufficient economy toward commodity economy. It provides basis for the analysis and research of peasants' market demand and for the formulation of the plan of commodity supply.

The Outstanding Amount of Savings Deposits of Urban and Rural Residents includes two parts: the band savings deposit of urban residents and the band savings deposit of rural re sidents. The cashhold by residents and the deposits of organizations such as enterprises, etc. are not included. The outstanding amount of saving deposits is the amount of saving deposits at a certain point of time such as the end of month, quarter, or year.

General Survey of Cities(Prefecture)

Production Capacity of Tap Water at The Year – End refers to the actual comprehensive production capacity of the waterworks administered by the urban construction department and those owned by enterprises or institutions, taking the capacity of the main links, such as water inflow, purification, conveyance and outflow of the trunk pipelines into account.

Length of Water Supply Pipelines at The Year – end refers to the total length of all the pipelines between the water pumps and the users' water meters.

Annual Volume of Water Supply refers to the total volume of water supplied by the public water – works and those owned by individual enterprises and institutions during the whole year, including both the effective water supply and loss during the water supply.

Consumption of Water For Residental Use refers to the water consumption of householes for daily life and the water consumption of public welfare facilities, including the consumption of restaurants, hotels, hospitals, barber shops, public bathhouses, laundries, swimming pools, shops, schools, institutions, army units and other units.

Percentage of Urban Population With Access to Tap Water refers to the ratio of the urban non – agricultural population (excluing temporary and mobile population) with access to tap water to the total urban non – agricultural population. The formula is:

$$\text{Percentage of Population with Access to Tap Water} = \frac{\text{Urban Non – agrecultural Population with Access to Tap Water}}{\text{Urban Non – agricultural Population}} \times 100\%$$

Production Capacity of Gaswork Gas refers to the actual comprehe nsive production capacity of theurban gasworkd in gas generation, purification and delivery.

Length of Gas Pipelines refers to the total pipeline length between the outlet of the compressor, blower or gas tank and the shaft pipe of users.

Volume of Gas Supply refers to the total volume of gas sold to users in a year, including the volume for industrial use, residential use and other uses.

Percentage of Urban Population With Access Gas refers to the ratio of the urban non – agricrltural population with access to gas (including gas, liquefied petroleum gas and natural gas) to the urbannon – agricultural population (excluding temporary and mobile population). The formual is:

$$\text{Percentage of Population with Access to Gas} = \frac{\text{Urban Non – agriculotural Population with Access to Gas}}{\text{Urban Non – agricultural Population}} \times 100\%$$

Heating Capacity in Urban Area refers to the capacity of hourly supply of steam and hot water tocities by thermal power plants, beating corporations and centralized neating boiler rooms which meet certain standard.

Feating Volume in Urban Area refers to the total volume of steam and hot water supplied to cities every year by therual power plants, heating corporations and centralized heating boiler rooms whichmeet certain standard.

Length of Heating Pipelines refers to the total length of pipelines for centralized supply of steam and hot water from the thermal power plants, heating corporations and centralized heatingboiler rooms which met certain standard to the users.

Length of Paved Roads at The Year – end refers to the length of r oads with a paved surface, and with a width of more than 3.5 meters, including high – quality, medium – quality and ordinary roads.

Urban Bridgesrefer to bridges over river courses, great separated junctions and overpasses inurban areas. Permanent bridges and semi – permanent bridges are included. Temporary bridges, railwaybridges and culverts are excluded.

Length of Urban Sewage Pipes refers to the total length of gener al drainage, trunks. branch and blind drainage, inspection wells, connection wells, inlets and outlets, etc.

Daily Disposal Capacity of Urban Sewage refers to the designed 24 – hour capacity of sewage disposal at the sewage treatment works.

Number of Public Vehicles (Buses and Trolley – Buses) at The Year – end refers to the total number of operational buses available at the year – end, including the year – end operational vehicles andvehicles in stock. Non – operational vehicles such as stringing cars, tank cars, m achine – shop cars, trucks and other special vehicles and the borrowed passenger vehicles are excluded.

Length of Routes in Operation refers to the length of designated regular routes in operation, including the length of suburbanroutes in operation. The length of temporary op erational lines is not included.

Area of Urban Gardens and Green Areasrefers to the total area of urban public green land, specialgreen land, production green land, protection green land and suburban scenic spots.

Public Green Arearefers to green areas of varions parks, zoos, botanical gardens, cemeterise, amusement parks, tree – flanked boulevards green – land squares for tourism and relaxing. Areas withtrees planted along – side the streets and boulevards are excluded.

AGRICULTURE

Gross Output Value of Farming, Forestry, Animal Husbandry and Fishery refers to the total volume of products of farming, forestry, animal husbandry and fishery in value terms, which reflects the total scale and total result of anricultural production during a hiven period of time. The statistical coverage of farming, forestry, animal husbandry and rishery are as follows: In terms of ownership, China's agreculture includes specialized state farms (farming, forestry, animal husbandry, fishery), farms managed by various government agencies, organ ezations, schools, research institutions, and army; farms managed by rural collective organizatons at levels of township, town, and village; farming, forestry, animal husbandry, fishery run by various rural collective organizations and individual farmers.

(1) Farming includes cultivation of farm crops and other agricultural activities. Cultivation includes the cultivation of grain crops, beans, tubers, cotton, oil – bearing crops, sugarcrops, fiber crops tobacco, vegetables, medicinal herbs, melons and gourds, a nd cultivation andmanagement of tea plantations, mulberryficlds and orchards. Other agricultural activities includes gathering fruits, fiber, gum and resin of wild plants, oil – bearing plants, grass, wild medicinal herbs, fungus plants, and commodity industries of the rural households.

(2) Forestry refers to planting trees of various kinds (excluding tea plantations, mulberryfields and orchards), gathering of forest products, and cutting and felling of bamboo and trees by villages and other cooperative organizations under villages. (3) Animal husbandry refers to raising and grazing of all animals except fishe ry and aquaculture, and hunting and raising of wild animals.

(4) Fishery refers to cultivationand catching of fish and other aquatic animals and cultivationand collection of seaweed and other aquatic plants. Gross output value of agriculture is obtained by first multiplying the output of each product orby – product by its price, resulting in the output value of each single item. For a small number of products, annual output of which is not available or difficult to get due to the long production/growing process involved, the output value is estimated through an indirect approach. The sum of output value of all products of farming, forestry, animal husbandry, and fishery is then equal to the gross output value of agriculture.

Prior to 1957, China's gross agricultural output value included barn yard men ure and handicraft products for self – con – sumption (clothes, shoes, stockings, and initial grain proce ssing undertaken bypeasants). Since 1958, cutting and felling of bamboo and trees by villages and other cooperative organizations under villages have been included in forestry; value of barnyar d manure has been excluded from animal husbandry; self – consumed handicrafts has been excluded from sidelineoccupations, while the output value of industries run by villages and cooperative orhanizationsunder village had been included in sideline occupations and the output value of fish catches bymotou fishing boats has been added to fishery. Since 1980, the value of handicraft products made forsale by individuals in households had been added to sideline occupations. Since 1984, industries run by villages and cooperative organizations under villages haue been included in the sector ofindustry. Since 1993, the subdivision of sideline occupations has been canceled, and the hunting of wild animals has been classified into animal husbandry, and the gathering of wild plants and commodity industry run by rural househole have been included in farming.

Grain Yield refers to the yield in the whole country including g rains produced by state farms, collectine units, indrstrial enterprises and mines. Grain includes rice, wheat, corn, sorghum, millet and other miscellaneous grains as well as tubers and beans. Output of beans re fers to dry beanswithout pods. The output of tubers (sweet potatoes and potatoes, not including ta ros and cassava) was converted into that of grain at the ratio 4:1 ,i. e. four dilograms of fresh tub ers was equivalentto one kilogram of grain up to 1963. Since 1964 the ratio for conversion has been 5: 1. Tuberssupplied as vegetables(such as potatoes) in cities and suburbs are calculated as fresh vegetables and their output is not included in the output of grain. Ouptut of all other grains refers to husked grain.

Yield of Oil – Bearing Crops refers to the total yield of oil – bearing crops of various kinds, including peanuts, (dry, inshell) rapeseeds, sesame, sun flower seeds, flax seeds, and other oil – bearing crops. Ssybeans, oil – bearing woody plants, and wild oil – bearing crops are not included.

Output of Aquatic Products refers to catches of both artificially cultured and naturally grown aquatic products, including fish, shrimps, crabs and shellfish in sea and inland water as well asseaweed. Freshwater plants are not included.

Output of Pork, Beef and Mutton refers to the meat of slaughtered hogs, cattle, sheep and goatswith head, feet, and offal taken away.

Cultivated Area (Area Under Cultivation) refers to farm land which is plowed constantly for growing crops, including cultivated land, newly cultivated land in the current year, farmland left without cultivation for less than three years and fallow land in the current year, rotation land, rotation land of grass and crops, farmland with some fruit trees, mulberry trees and other trees andcultivated seashore land, lake land, and etc. The land of mulberry fields, tea pl antations, orchards, nurseries of young plants, forest land, reed land, natural and man – made grassla nd and other landare not included in cultivated land.

Sown Area of Crops refers to area of land sown or trans planted with crops regard less of being incultivated area of non – cultivated area. Area of land resown due to natural disast ers is also included.

Irrigated Arearefers to areas that are effectively irrigated, i . e. level land which has water source and complete sets of irrigation facilities to lift and move adequate water for irrigation purpose under normal conditions.

Consumption of Chemical Fertilizers in Agriculture refers to the quantity of chemical fertilizersapplied in agriculture in the year, including nitrogenous fertilizer, phosphate ferttilizer, potashferilier, and compound fertilizer. The consumptiohn of chemical fertilizers is required incalcration to convert the gross weight into weight containing 100% effective component(eg. 100% nitrogen content in nitrogenous fertilizer, 100% phosphorous pentoxide contem in phosphatefertilizer, 100% potasium oxide content in potash fertilizer). Compound fertilizer is converted with its major compoment.

Total Power of Farm Machinery refers to total mechanical power of machinery used in faming, forestry, animal husbandry, and fishery, including ploughing, irrigation and dra inage, harvesting, transport, plant protection, stock breeding, forestry and fishery. The power of internal combustionengines is required to convert horsepowers into watts and the power of electric motors is required to be converted into watts. Machinery employed for non – agricultural purposes, such as the machines used in township – run and village – run industry, construction, non – agricultural transport, scientific experiments and teaching, is excluded.

Laborers Engaged in Farming, Forestry, Animal Husbandry And Fishery refers to the total laborers who are directly engaged in production of farming, forestry, animal husbandry and fishery.

Number of Livestock or Poultry on Hand at Teh Beginning (or end) Of The Reference Perild refers to the total number of large animals, pigw, sheep, fowls, ets. raised by rural cooperative organizations, state farms, rural individuals, government agencies, schools, industrial and mining enterprises, army, and urban residents at the beginning (or end)of the reference period.

Cerealsrefer to seeds of various kinds of crops which are used mainly for grain. Cereals include paddy, wheat, maize, millet, Chinese sorghum, etc., escept beans and tubers.

INDUSTRY

Industryrefers to the material production sector which is engaged in extraction of natural resources and proce ssing and reprocesseing of minerals and agricultural products, including (1)extraction of natural resources, such as mining, salt production, logging (but not includinghunting and fishing); (2) processing and reprocessing of farm and sideline produces, such as ricehusking, flour milling, wine making, oil pressing, cotton ginning, silk reeling, spinning and weaving, and leather making; (3) manufacture of industrial products, such as steel making, iron smelting, chemicals manufacturing, petroleum processing, machine building, timber processing; water and gasproduction and electricity generation and supply; (4) repairing of industrial products such as therepairing of machinery and means of transport (including cars).

Prior to 1984, the rural industry run by villages and cooperative organiza tions under village wasclassified into agriculture. Since 1984, it has been grouped into industry.

(1)**State – owned and state holding majority shares enterprises** refer to state – owned enterprises and the enterprises which state holds majority shares. State – owned enterprises(industry ownership by the whole people or state – run industry)refers to non – corporation economic units, where the entire assets are owned by the state and which have registered in accordance with the Regulation of the People's Republic of China on the Management of Registration of Corporate Enterprises, including the state – owned enterprise, sole stae – funded corporation and state – owned joint ownership enterprise. Joint state – private industries and private industries, which existed before 1957, have been transformed into state – run industrics. Since 1992, those were named state – owned industries. Statistics on these enterprises has been included in the state – industries since 1957 when separation of data was no longer necessary.

(2)**Collective – owned Enterprises** refers to industrial enterprises where the means of production are owned collectives and some enterprises which were formerly owned privately but have been registered in industrial and commercial administration agency as collective units through raising fund from the public.

(3)**Share – holding Corporations Ltd**. Refer to economic units registered in accordance with the Regulation of the People' sRepublic of China on the Management of Registration of Corporate Enterprises, with total registered capitals divided into equal shares and raised throught issuing stocks. Each investor hears limited liability to the corporationdepending on the holding of shares, and the corporation bears liability to its debt to the maximum of its total assets.

Light Industry refers to the industry that produces consummer goods and hand tools. It consists of two categories, depending on the materials used:

(1)Industries using farm products as raw materials. These are branches of light industry which directly or indirectly use farm products as basic raw materials, including the manufacture of food and beverages, tobacco processing, textile, clothing, fur and leather manufacturing, paper making, printing, etc.

(2)Industries using non farm products as raw materials. These are branches of light industry which use manufactured goods as raw materials, including the manufacture of cultural, educational articles and sports goods, chemicals, synthetic fiber, chemical products for daily use, glass products for daily use, metal products for daily use, hand tools, medical apparatus and instruments, and the manufacture of cultural and clerical machinery.

Heavy Industry refers to the industry which produces capital goo ds, and provides various sectorsof the national economy with necessary material and technical basis. It consists of the following three branches according to the purpose of production or the use of products:

(1) Mining, quarrying and logging industry refers to the industry that extracts natural resources, including extraction of petroleum, coal, metal and non – metal ores and logging.

(2) Raw materials industry refers to the industry that provides various sector s of the national economy with raw materials, fuels and power. It includes smelting and processing of metals, coking and coke chemistry, chemical materials and building materials such as cement, plywood, and power, petroleum refining and coal dressing.

(3) Manufacturing industry refers to the industry that processes raw materials. It includes machine – builiding industry which equips sectors of the national economy, industries of metal structure and cement products, industries producing means of agricultural production, such as chemical fertilizers and pesticides.

According to the above principle of classification, the rpeairing trades which are engaged primarity in repairing products of heavy industry are classified into heavy in dustry while these engaged in repairing products of light industry are classified into light indrstry.

Gross Industrial Output Value is the total volume of indrstrial products sold or available forsale in value terms which reflects the total achievements and overall scale of industrial production during a given period. It includes the value of the finished products, which are not tobe further processed in the enterprises and have been inspected, packed and prt in storage, the value of industrial services rendered to other units and the changes in the value of the semi – finihed products and products in process between the behinning and closing of th e period(only theenterprises with long ptoduction cycle are required to calculatc the changes). The gross industrial output value is calculated with "factory method". Nodouble calculations are to be made within the same enterprise. However, double counting does occur among different enterprises.

Output value of light and heavy industries is also classified with the "factory" method. Undernormal conditions, if the major products of an industrial enterprise belong to light industry products, the gross output value of that enterprise is classified whohhy into light industry; thesame principle applies to heavy industry.

Value Added of Industryrefers to the final results of industrial production of the industrial trade in money terms during the reference pereod.

Original Value of Fixed Assets refers to the original value of all fixed assets owned by industrial enterpreses, calculated at the cost paid at the time of purch ase, installation, reconstruction, expansion, and technical innoivation and transformation of the said assets, which includes expenses on purchase, package, transportation, and installation, etc.

Net Value of Fixed Assetsis obtained by deducting depreciation over years from the original value of fixed assets.

Working Capital (Circulating Assets) refers to assets which can be cashed in or spent or consumed in an operating cycle of one year or over one year, which includes cash, various deposits, shortterm investment, and receivable payments, and advance payments, stock, etc.

Total Value of Profit and Tax (Pre – Tax Profits) refers to the sum of the total profits, products sales tax and surcharges and the value added tax payable of industrial enterprises. It is alsocalled pre – tax profits.

Ration of Pre – Tax Profits to Assets refers to the ration of pre – tax profits realized in a givenperiod to total assets (net fixed assets plus working capital), which reflects the economic efficiency of the assets utilization and is calculated as follows:

$$\text{Ratio of Pre - tax Profits to Assets}(\%) = \frac{\text{Pre - tax Profits in Reference Per iod}}{\text{Average Net Fixed Asses + Average Balance of Working Capital}} \times 100\%$$

Ration of Profits to Total Industrial Costs refers to the ratil of profits realized in a given period to the total costs in the same period, which reflects the economec efficiency of input cost and is calculoated as follows:

$$\text{Ratio of Profits to Total Industrial Cost }(\%) = \frac{\text{Total Profits}}{\text{Tota l Costs}} \times 100\%$$

Value Added Rate of Industry refers to the ratio of value added of industry in a given period of the gross output value in the same period, which reflects the economic efficiency of cutting down the intermediate input and is calculated as follows:

$$\text{Value added Rate of Industry}(\%) = \frac{\text{Calue Added of Industry (at Current Prices)}}{\text{Gross Output Value (at Current Prices)}} \times 100\%$$

Number of Times of The Turnover or Working Capital refers to the number of times of turnover of work in capital in a given period of time, which reflects the speed of the turnover of working capital and is calculated as follows:

$$\text{Turnover of Working Capital }(\%) = \frac{\text{Sales Revenue of Products}}{\text{Average Balance of total Working Capital}} \times 100\%$$

Sales Rate of Industrial Products refers to the ratio of total sales in a given period to the gross output value in the same period, which reflects the extent of industrial output sold and is calculated as follows:

$$\text{Sales Rate of Industrial Products}(\%) = \frac{\text{Total Sales (at Current Prices)}}{\text{Gross Output Value (at Current Prices)}} \times 100\%$$

Sales Revenue of Industrial Productsrefers to the revenre from the sales of products by industrial enterprises and the revenre from services provided and etc.

Sales Cost of Industrial Products refers to the actual cost of products of industrial enterprises and industrial enterprises and industrial services provided, etc.

Tax and Extra Charger on Sales of Products refer to the tax on c ity maintenance and construction, consumption tax, resources tax and extracharges for education, which should be borne by the enteprises in selling products and providing industrial services.

Sales Profit of Products refers to the profit gained by the enter prises by deducting cost, chargesand taxes from the business income of the enterprises obtained in selling prod ucts and providing industrial services.

Total Profits refer to the profits gained by the enterprises.

Value Added Tax Payable refers to the amount of the value added tax which should be paid by the eterprises in the reporting period.

Ratio of Per - Tax Profits to Gross Output Value refers to the rat io of the total amount of pre - tax profits gained (including total profits, sales tax and extra charges of prod ucts as well as thevalue added tax payable) in the reporting period to the gross output value in th e samd period (theratio is expressed in percentage). The formula is as follows:

$$\text{Ratio of Pre - tax Profits to Gross Output Value}(\%) = \frac{\text{Total Amount of Pr e - tax Profits}}{\text{Gross Output Value}} \times 100\%$$

Overall Labour Productivity of Industrial Enterprises refers to the average output per staff and worker in industrial enterprises in value terms. At present, the value added and the average number of staff and workers of an industrial enterprises in a given period are used to calculate the overall labour productivity. The formula used is:

$$\text{Overall Labour Productivity} = \frac{\text{Value Added of Industry}}{\text{Average Number of Staff and Workers}}$$

For the purpose of comparison of the overall labour productivity among different years, the data on the overall labour productivity of the years prior to 1990 have beeh adjusted on the bases of 1990 constant prices.

Capital refers to the corporation's capital registered in the departments of administration for industry and commerce. According to the different nature of investors, corporations' capital can be divided into state capital, legal person's capital, personal capital, foreign capital, etc. Total capital includes total registered capital of all investors in the corporation.

Total Assetsrefer to all assets which are owned or controlled by enterprises, including circulating assets, long – term investmint, fixed assets, intangible assets and deferred assets, other long – term assets, and dererred taxes, etc. The summation of above items is equal to total assets shown in the balance sheets of the enterprises.

(1) Circulating assets (working capital) refer to assets which can be cashed in or spent or consumed in an operating cycle of one year or over one year, including cash, all kings of deposits, short term investmint, receivables, advance payment, stock, etc.

(2) Fixed assets refer to the net value of fixed assets, clearance of fixed as sets, project under construction, fised assets losses in suspense. These are corporations' fund holdings.

(3) Intangible assets refer to the assets without matereial form used by enter prises over a longtime, such as patints, non – patent technolohies, trade marks, copy right, land use right, business reputation, etc.

Total Liabilities refer to the debts that enterprises are respon sible for repayment, including liquid liabilitier, long – term liabilities and deferred taxes, etc. Total liabilities correspond to the summation item of liabilities shown in the balance sheets of rhe enterprises .

(1) Liquid liabilities (also called quick liabilities or immediate liab ilities) refer to enterprises total debt payable within an operating cycle of one year or over on e year, includingshort term loans, payables and advance payments, wages payable, taxes payable and profit payable, etc.

(2) Long – term liabilities refers to total debt payable within an operating cycle of one year orover one yera, including long – tern loans, payable liabilities, long – term payables, etc.

Creditors' Equityrefers to investors' ownership of net assets of the enterprise. It is equal to the total assets of the enterprise minus its total liabilities, including the primary input from investors, capital accumulation fund, surplus accumulation fund and undistributed profit. It is the stock nolders' equity in stock companies.

TRANSPORTATION, POSTAL AND TELECOMMUNICATIONS SERVICES

Length of Railwaus in Operationrefers to the total length of the trunk line under passenger and freight transportation. The calculation is based on the actual length of the first line even if this line has a full or partial double track or more tracks, excluding double tracks, stationsidings, tracks under the charge of stations, branch lines, special purpose lines and the non – payable connecting lines. The length of railways in operation is an important indi cator to show the development of the intra – structure for the railway transport, and also the essential data to calculate volume of passenger freight transport, traffic density and utilization efficiency of the locomotives and carriages.

Extention Length of Trunk Lines refers to the sum of the first, the second, the third lines and other constructed length of the trunk railways, excluding the extention length of the station lines, lines under the jurisdiction of depots, sidings and lines for special purpose. It provide simportant information for the calculation of the needs for rails, sleepers, sand and stone for the construction of railways.

Length of Highways refers to the length of highways which are built in conformity with the grades specified by the bighway engineering standard formulated by the Ministry of Communications, and have been formally checked and accepted by the departments of highways and put into use. The lengthof highways includes that of the suburb highways at large and medium - sized cities, highways passingthrough streets at small cities and towns, and also the length of bridges and fe rries. It does notinclude the length of streets in big and medium - sixed cities and highways built for the production purpose at factories, mines, forest areas and agricultural areas. If two or more highways go the semesaction of the way, the length of the section is only calculated for once and on duplication isallowed. The length of highways is an important indicator to show the development of the highway construction and to provide essential information to calculate the transport net work density.

Length of Navigable Inland Waterways refers to the length of the natural rivers, lakes, reservoirs, canals, and ditches open to navigation during a given period, which enables the transport byships and rafts. It includes the channels open to navigation for over 3 months a ccumulatively in ayear, yet this does not include the river courses which are only used to float o dd logs and bamboorafts.

Length of Civil Aviation Routes refers to the length of all rou tes for regular civil aviationflights. There are usually two ways to calculate the distance between airports connected by theroute length: One is to put the length of all air routes together , called duplic ated calculation ofthe length of the routes; the other is not to allow the duplication in calculati on when two or moreroutes passing the same section. The latter is usually used, as it can precisely show the size ofthe civil aviation network and indicate the extent of civil aviation serving th e national economyand the people.

Freight (Passenger) Traffic refers to the volume of freight (pas senger) transported with various means. Freight transport is calculated in tons and passenger traffic is calculated in the number of persons. Despite the type of freight and travelling distance, the freight transport is calculated in the actual weight of the goods: and despite the travelling distance and ticket price, the apassenger traffic is calculated by the principle that one person can be counted only once in onetravel. The passenger who travel with a half - price ticket or a child ticket is also calculated asalso calculated as one person. The freight (passenger) traffic provides a quant itative measure to show how the transport industry serves the national economy and people, and is also an important indicator for planning the transport industry and for studying the development scale and speed of the transport industry.

Freight Ton - Kilometers (Passenger - Kilometers) refer to the sum of the products of the volume of transported cargo (passengers) multiplying ty the transport distance, usually using ton - kilometer and passenger - kilometere as units for measurmement. Normally, the shortest distance between thedeparture station and the desination station (i.e., the payable distance) is the basis to calculatethe freight ton - kilometers. This is an important indicator to show the total results of thetranspor industry, to prepare and examine the transport plan and to measure th e efficiency, thelabour productivity and the unit cost of transport.

Business Volume of Post and Telecommunications refers to the inf ormation delivered and other post and telecommunications services provided by the post and telecommunications departments for the customers. It is derived by first multiplying busindss volume of different types , such as number of letters, telegrams, long distance calls, city and rural telephone subscribers and accumulated number of newspapers and jounals subscribed and sold, etc. by their respective average unit price (fixedprice) and then adding these products together: plus the income from mainte nance of telephone exchanges and lines, and the income from other business operations. The business volume of post and telecommunitations indicates the total achievements made by the post and telecommunications deparment during a given period of time in a comprehensive way, and is an important indicator to study the composition and development of the post and telecommunications busines s.

Local (Urban) Telephone refers to telephones connected to urban telephone network (at and abovework (at and above county level). The telephone charge is either monthly fixed rate or numerical rate.

(1) Resident telephones refer to telephones installed in resident dwellings, in cluding those withtelephone charges paid by individuals, by public units and free of charge.

(2) Personal telephones refer to telephones instlled and paid at one's own expe nse.

Subscriber of Pagding Services refer to subscribers who carry small size pagers and receive audiosignals, digital signals or literal signals sent out by city telephone through wireless pagingcenter within assigned area. Each pager is counted as a subscriber.

Mobile Thlephone Subscribers rerfer to the persons who own mobil e belephone number connected withthe mobile telephone communicaiton network and registered by post and telecommunications organization. The number of subscribers is calculated only when the subscribers who bave gone through all the register formalities and entered into the mobile telephone ne twork. One mobile telephone is treated as a subscriber.

CONSTRUCTION

Gross Output Value of Construction (Output Value of Projeots Under Cons truction) refers to the gross output value of construction and installation projects that are undertaken by construction enterpreses or affiliated constructing units, calculated in line with the planned schedule. It includes;

(1) Output value of construction projects, that is the value of projects covered by the project budgets;

(2) Output value of installation projects, that is the value of the installation of equipment;

(3) Output value of repair of buidings and structures, that is the value created through therepairs of buildings or structures, but does not include the value of buildings or structures being repaired and the value of the repair of production equipmint;

(4) Output value of manufactured non – standard equipment, that is the valu e of non – standard production equipment (including raw materials and manufacturing cost) made for the construction project, irrespective of whether the equipment is manufactured on the construction site or by subsidiary owrkshops.

Value – added of Construction refers to the final result of the activities of production and management of construction in monetary terms in the reference period. At present, the vcalue added of construction is calculated with the income approach. In other words, it is the sum of income of various production factors in the production process. The formula is as follows:

Value – added of construction = depreciation of fixed assets in the year + wages payable + welfare expenses payable + insurance premium and tax for wait in for employment in the administrative expenses + taxes and sturcharges on project settlement + profit gained from project settlement.

Floor Space of Buildings Under Construction refer to floor space of building under construction during the reference period, in cluding newly started buildings, buildings started earlier and continued during the reference period, and buildings suspended earlier but restarted during thereference period. Excluded are buildings started and then suspended earlier that have not been restarted during the reference time.

Floor Space of Buildings Completed refers to the floor space of buildings that are completed in the reference period in accordance with the requirements of the design, up to the standard for putting them into use, and have been checked and accepted by concerned departments as qualified ones.

Total Number of Machinery and Equipment Owned by The Construction Ente rprises(or Units) By TheEnd of Year refers to the number of machines and equipment owned by the enterprises (or units, andlisted as the fixed assets of the enterprises (or units) by the end of the year, including machinery and equipment for construction, production and transportation.

Total Power of Machinery and Equipment Owned By The Construction Enterprises (Or Untits) By The End of Year refers to the total power of machinery and equipment owned by the enterprises (or nuits), and listed as the fixed assets of the enterprises (of units) by the end of the year, including machinery and equipment for construction, production and transportation. The power of the machineryis calculated on basis of the designed or verifide capacity, covering the power of the machinery/equipment and the separate power equipment serving the machinery/equipment (such aselectric motors), but excluding welders, transformers and boilers. The unit used for the calcuation of power is kilowatt, with horsepower converted to kilowatt by 1 horsepower = 0.73 5 kilowatt.

Income From Settlement of Projects refers to the incom e received by the construction enterprise/unit from the commpleted portion of the project through settlement procedures with the contracte during the reference preiod, and other charges to the contractee as operational costs, such as facility fee, labour insurance premium, moving cost of construction unit, as well as various types of claims to the contractee.

Profit From Settlement of Projects refers to profit realized th rough settled projects. It is calculated with the following formula:

Profit from Settlement of Projects = Income from Settlement of Projects – Sttled Cost – Settled Taxes and Other Cost

Total Revenys of Enterprisesrefers to the sum of income from production and operation of enterprises, including income from settlement of projects and other operational income, namely:

Total Revenue of Enterprises = Income from Settlement of Projects + Other Operational Income

WHOLESALE, RETAIL SALES AND CATERING TRADE

Total Retail Sales of Consumer Goods refer to the sum of retail sales of consumer goods by the establishments in wholesale trade, retail sale trade, catering trade, manufacturing industry and other industries of different types of ownership, to urban and rural residents and social groups. This indicator is used to show the supply of consumers goods through various channels to households and institutions to meet their demands, and is therefore very important for the study of the issues on people's livelihood, on the purchasing power of consumer goods and on the circulation of money. The retail sales of consumer goods include: (1) commodities sold to urban and rural residents forresidential use and building materials sold to them for the construction of repair of houses; (2)food and fuels sold to canteens of institutions, enterprises, schools, military units and to canteens of hotels and hostels that only serve their guests, and commodities produced by enterprises, institutions of state farms and sold directly to their employees of their canteens; (3) grain and non – staple food, clothing, daily articles and fuels sold to military personnel; (4) cosumer goods sold to foreigners, overseas Chinese, and Chinese compatriots from Taiwan, Hong Kong and Macao during their stay in the mainland of China; (5) Chinese and western medicines, herbs and medicalfacilities purchased by residents; (6) newspapers, books and magazines directly sold to residentsand social groups by publishers, new and old commemorative stamps, special stamps , first – day covers, stamp albums and other stamp – collection articles sold by stamp companies; (7) consumer goods purchased and then sold by second – hand shops; (8) stoves and other heating facilities and liquified gas sold by gas companies to households and institutions; and (9) commodities sold by farmers to non – agricultural residents and social groups. Excluded under this heading are: raw materials, fuels, epuipment, tools sold to enterprises, institutions and state farms for production purpose; commodities sold to trade establishments for re – selling; commissioned sales at second – hand shops; operational income of urban public utilities; stamps sold at post offices; income of water, power, gas production and supply establishmets from the supply of their products; and sales of commodities among farmers.

Pruchase, Sales and Stock of Commodities by Wholesale and Retail Trade refer to the purchase, sales and stock of commodities by wholesale and retail estabilshments of different ownership (excluding individual sellers).

Total Purchasses of Commodities refer to the purchases of commodities by the establishments fromother establishments or individuals (including direct import from abroad) for the purpose of re – selling, either with or without further processing of the commodities purchased.

This indicator isused to show the total value of purchases of commodities by wholesale and retail establishmentsfrom domestic and overseas markets. The total purchases include: (1) agricultual and industrial products purchased from producers; (2) books, magazines and newspapers purchased from distribution departments of the publishers; (3) commodities purchased from wholesale and retail establishments; (4) commodities purchased from other units, such as surplus materials purchased from govermnent agencies, enterprises or institutions, commodities purchased from cate ring and service establishments, confiscated goods purchased from customs authorities or market m anagement agencies, second – hand goods and wastes purchased from residents; and (5) commodities directly imported from abroad. Excluded are commodities purchased by establishments (units) for use in their own businessoperation, commodities obtained without buying or selling procedures, rejected commodities, etc.

Total Sales of Commodities refer to selling of commodities by the establishments to other establishments and individuals (including direct export). This indicator is used to show the total value of sales of commodities at domestic markets and export. The total sales include: (1) commodities sold to urban and rural residents and social groups for their consumption; (2) commodities sold to establishments in industry, agriculture, construction, transportation, post and telecommunications, wholesale and retail trades, catering trade and public utility for their production and operation; (3) commodities sold to wholesale and retail establishments for re – selling, with or without further processing; and (4) commodities for direct to other countries. Excluded are selling of waste packaging materials used by the establishments (units) themselves, commoditie stransferred without buying of selling procedures, commission income from brokerage in transcationswhose settlement is directly handled by buyers and sellers, rejected commodities in the purchase, loss in commodities, etc.

Commodity Stock of Wholesale and Retail Enterprices at Year – End refers to total commodities possessed by wholesale and retail enterprises (units) of various types of owners hip, which reflects the commodity stock level of various wholesale and retail enterprises and the potential for market supply. It includes: (1)commodites located in storage, garages, counters, and shelves of operating units (such as sale stores, wholesale centers, and operating offices) of wholesale and retail enterprises; (2)commodities in the process of selecting, sorting, and packing; (3) commodities not arrived but recorded as purchase in the account, i.e. commodities not arrived but payment receiptsfor the commodities from the sellers or the banks arrived; (4) commodities deposited in other places rather than places mentioned above, for instance: commodities in the hold of purchasers temporarily due to the refusal of payment and commodities not taken back after going through the formalities; (5)commodities entrusted entrusted to other units to sell but not sold yet; (6) commodities purchased for other units but not delivered yet. Commodities not included as stock are thos e not owned by theenterprises (units), those allocated to financially independent factories rather than wholesale and retail enterprises for processing but not taken back yet, and finally those put in stock bywholesale and retail enterprises on behalf of the state material reserves units. In the calculation of the value of commodities stock at the end of period, the value is calculated at purchasing prices in agricultural goods purchasing units and wholesale units, and at the a ccunting prices in retail units.

Volume of Business (Transaction Value) at Urban and Rural Free Market refers to the value of all goods changed hands between sellers and buyers, includiug farmers, non – agricultural residents, institutions, organizations, enterprises and private, at urban and rural free markets. It is a comprehensive indicator used to show the size of the transaction at the free trade markets.

FOREIGN ECONOMY TRADE AND INTERNATIONAL TOURISM

Utilization of Foreign Capital refers to remittance, equipment and technology financed from abroad, by loans, foreign direct investment and other forms undertaken by the Chinese governments at alllevel, by various departments, enterprises and other economic units.

Forcing Loansa major part of China's utilization of foreign capital, refer to funds borrowed from abroad, including loans of foreign governments, loans of international financial institutions, commercial loans of foreign bands, export credit, and funds raised by Chinese bonds and shares issued abroad.

Direct Investment By Foreing Entrepreneurs refers to the investments inside China by foreign enterprises and economic organizations or individuals(including overseas Chinese, compatriots from Hong Kong and Macao, and Chinese enterprises registered abroad), following the relevant policies and laws of China, for the establishment of ventures exclusively with foreign own investment, Sino – foreign joint ventures and cooperative enterprises or for co – operative exploration of resources with enterprises or economic organizations in China . It includes the re – investment of the foreign entrepreneurs with the profits gained from the investment and the funds that enterprises borrow form abroad in the total investment of projects which are approved by the relevant department of the government.

Number of Tourists refers to the number of foreigners, overseas Chinese, and compatriots from HongKong, Macao and Taiwan coming to China for sight seeing, visits, tours, family reunions, vacations, study tours and other activities of an economic, scientific and technological, cultural, physical cultureand religious nature. This does not include the number of employees of foreign organizations stationed in China such as embassies, consulates, news agencies, the offices of corporations and enterprises and foreign experts and students residing in China and the persons staying briefly inChina but not for passing the night.

Foreing Exchange Earnings From International Tourism refer to the total expenditures of the foreigners, overseas Chinese, compatriots from Hong Kong, Macao and Taiwan in the process of their tourism in the mainland of China. Their expenditures mentioned above are foreign exchange earnings to China.

Total Imports and Exports at Customs refer to the value of commodities imported into and exported from the boundary of China. They include the actual imports and exports through foreign trade, imported and exported goods under the processing and assembling trades and materials, supplies and gifts as aid given gratis between governments and by the United Nations and other internation alorganizations, and contributions donated by overseas Chinese, compatriots in Hong Kong and Macao and Chinese with foreign citizenship, leasing commodities owned by tenant at the expiration of leasing period, the imported and exported commodities processed with imported materials, commodities trading in border areas (excluding mutual exchange goods), the imported and exported commodities and articles for public use of the Sino – foreign joint ventures, cooperatioe enterprises and ventures exclucively with foreign own investment. Also included are import or export of samples and ad vertising goods forwhose CIF or FOB value are beyond the permitted ceiling (excluding goods of no tr ading or use value and free commodities for export), imported goods sold in China from bonded warehoues and other imported or exportde goods. The indicator of the total imports and exports at customs can be used toobserve the total size of external trade in a country. In accordance with the stipulation of theChinese government, imports are calculated at CIF, while exports are calculated at FOB

BANKING AND INSURANCE

Deposit is a form of credit by which enterprises, institutions, or ganizations or residents can putmoney into banks and other credit institutions for safekeeping and interest earning under the principle of free withdrawal. According to different depositors, deposits are divided into enterprise deposits, treasury deposits, deposits of govenment agencies and organizations, capital constructiondeposits, urban savings deposits, rural deposits and other deposits. Deposits are major sources of the credit funds of bands.

Loan is a form of credit by which banks and other credit institutions provide funds at certaininterest rate to enterprises and individuals in the light of the principle of unconditional repayment. Loans from Chinese banks include circulating capital loans, fixed assets loans, loans tourban and rural individuals engaged in industrial and commercial business and agricultural loans.

Amount Insured refers to the amount of compensation for the loss or agreed sum of money to be paid by the insurer to the insurant. It is the maximum amount of liabilities written in thein surance contract and is also used as a basis to calculate the premium.

Premium is the fee paid by the insurant based on a proportion of the benefit he or she may get from the insurance plus the insurance value. It includes the income from the deposit of property insurance and presonal insurance.

Settled Clain is the compensation paid by the insurer to the insurant in accordance with the insurance contract for the loss which has been checked and found to be in the range of liability of the insurance after an accident has happened to the insured property or to a person who has insured his life. It is further divided into settled and unsettled claim.

EDUCATION, SCIENCE AND CULTURE

Regular Institutions of Hegher Learning refer to educational est ablishments set up according to the government evaluation and approval procedures, enrolling graduates from senior secondary schoolsand providing higher education courses and training for senior professionals. They include full – time universities, colleges, high professional schools and short – term professional universities.

Institutions of Higher Learning For Adults refer to educational establishments, set up in line with relevant rules approved by the government, enrolling staff and workers with senior secondary school or equivalent education, and providing higher education courses in many forms of full – time, part – time, spare – time, or correspondence for adults. professionals thus trained receive aqualification equivalent to graduates studying regular courses at regular univer sities, colleges and professional colleges. Institutions of higher learning for adults include Radio and TV universities, schools of high education for staff and workers and peasants, colleges for management cadres, pedagogical colleges, independent correspondence colleges.

Proxlment Rrte of Primary School – Age Children refers to the propor tion of school – age children enrolled at schools to the total number of school – age children both in and outside schools (including regarded children, but excluding blind, deaf and mute children). The formula is:

$$\text{Enrollment Rate of Primary School – age Children} = \frac{\text{Total Primary School – age Children at Schools}}{\text{Total Primary school – age Children Both at and Outside Schools}} \times 100\%$$

Independent Research and Development Institutions refer to the state – owned insitutions which havederect mission and research purpose, a certain number of core member with higher research level and a certain number of research personnel, favorable conditions for R&D and engaging in scientific research and technological development. The institutions also have their own independent organization and finance, authority to sign contracts with other units, with their own accounts inbands. Independent research and development institutions include the institutions attached tocentral governmert agencies, Chinese Academy of Sciences. Chinses Academy of Social Sciences and the institutions attached to local governments.

Presonnel of Independent Research and Development Institutions refers to the persons who work and receive payment in research and development institutions. It includes regular full – time and temporary staff and workers, but excludes retirees and persons who leave their work temporarily without payment but still retain their posts.

Total Expenditure on Research and Development refers to all actual expenditure made for R&D (basic research, applied research and experimental development) in reference period. It includes direct expenditure on R&D and indirect expenditure on R&D (including m anagement expenses, administrative expense and investment in capital construction ralating to R & D.

Scientists and Engineers refer to persons who have completed university or higher education orobtained titles of senior and middle – level professional positions.

Other Technical Personnel refers to persons involved in science and technology with secondary specialized education or three – year college education and persons with junior professional titles.

Inventions refer to the inventions as specified by the patent law and its detailed rules and regulations for implementation. They refer to the new technical proposals to the products ormethods or their modifications.

Utility Models refer to the utility models as specified by the patent law and its detailed rulesand regulations for implementation. They refer to the practical and new technical proposals on the shape and structure of the product or the combination of both.

Desings refer to the designs as specified by the patent law and its detailed rules and regulationfor implementation. They refer to the aesthetics and industry - applicable new designs for the shape, pattern and color of the product, of their combinations.

Cultural Institutions refer to units which have their own organizatinal system and independent accounting system and specialize in or serve cultural development. They exclude other establishments run by these cultural institutions and amateur cultural groups established by various departments.

Art Troupe refers to the troupe which is engaged in drama, opera, music, dance, acrobatics or other art performance, opens independent accounts with banks annd has self - supporting accounting system; excluding the troupes which are engaged partly in industrial or agricultural activities, partly art performance and the professional troupes organized by the people.

Film Projection Units refer to units with film projection equipment, full or part - time projectionists, permanent or non - permanent places, approved by related administrative departments to show films regularly for certain groups of audience, includinng those film projection units whichhave been approved to give commercial shows and run business with independent accounting system aswell as those film - renting units of the military system.

Number or Spectators at art Performance refers to the number of attendants at commercial shows, completely booked shows or free shows given in minority national areas, and does not include thenumber of spectators at rehearsals for examination and internal shows for study.

SPORTS, PUBLIC HEALTY AND OTHERS

Number or Athletes in Grades refers to the number of athletes who have been given titles through examination. The titles of athletes include international masters of sports, masters of sports, first - grade, second - grade and third - grade sportsmen and young athletes.

Number of Referees in Grades refers to the number of referees who have been given titles after examination. They are classified as international referees, national referecs and referees of the first, second and third grades.

Stadiums refer to stadiums for track annd field events with six - lane 400 - meter tracks around soccer felds, permanent track marks and permanent bleachers. stadiums are classified according toseating capacity. They inclrde Class A stadiums seating 25000 people each. Class B stadiums seating15000 to 25000 people each. Class C stadiums seating 5000 to 15000 people each, and Class D stadiums seating fewer than 5000 people.

Gymnasiums refer to indoor sports grounds with permanent seats in which basketball, volleyball. badminton, tabble tennis and gymnastics competitions can be held. Gymnasiums are classified according to seating capacity. They include Class A gymnasiums seating over 6000people. Class B gymnasiums seating 4000 to 6000 people. Class C gymnasiums seating 2000 to 4000 people, and Class D gymnasiums seating fewer than 2000 people.

Hospitals refer to medical institutions named as"hospital"with permanent hospital beds, which areable to take in patients and provid them with medical and nursing services. Hospitals are classified into three categories: hospitals at or above the county level, hospitals of rural townships, and otherhospitals. According to their ownership, hospitals can be classified into three categories: hospitals under the public health departments, hospitals under industrial and other departments and collective – owned hospitals. Hospitals at or above county level are divided into comprehensi ve and specialized hospitals.

Medical Technical Personnel refers to all permanent medical staff and workers employee by medical institutions, including doctors of Chinese and Western medicine, senior doctors who integrate traditional Chinese thrapeutics with Western thrapeutics in practice, senior nurses, pharmacists of Chinese and Western medicine, laboratory specialists, other specilists, paramedics of Chinese and Western medicine, nurses, midwives, druggists in Chinese and Western medicine, laboratory technicians, other technieians, other practitioners of Chinese medicine , nursing attendants, pharmacological workers of Chinese and Western medicine, laboratory workers, and other primary medical personnel.

Doctors refer to qualified professional medical workers approved to practice by public health departments. They are classified into doctors of Chinese medicine, doctors of Western medicine, seniordoctors who integrate traditinal Chinese thrapeutics with Western thrape utics in practice, paramedics of Chinese medicine and Western medicine, annd other specialists of Chinese medicine.

Social Welfare Institutions refer to institutions taking care of old people without children, handicapped people and orphans. They include social welfare institutions run by civil affairs departments, children's welfare institutions, social welfare institutions form ental patients, and collective – owned old people's homes in rural areas.

Number of People Taken in By Social Welfare Institutions refers to the number of old people, children, totally dependent handicapped people and mental patients taken in by scoial welfare institutions run by civil affairs departments and those run by collective units in urban and ruralareas.

Social Welfare Enterprises are collective – owned enterprises which employ the blind, deaf – mute, and other handicapped people who are able to work in cities and towns and enjoy exemption from state taxes, including welfare plants, welfare commercial services, artificial limb plants and farms, etc.

Lawyers are legal workers who are employed full – time by legal counseling firms to act as legal advisers, agents in criminal or civil law suits, or defenders in criminal law suits, or to handle non – litigious legal affairs, to advise on matters of law or to write legal papers for others. Both full – time and part – time lawyers are included.

Notary Personnes refers to judicial workers of the state notary offices handling notarization work according to law. They include notaries, as sistant notaries, and other people working for notary offices.

Notarized Documents refer to the documents settled by notary offices in a year. The notarial documents are drawn up in accordance with the regulations of the Ministry of Justice, including domestic documents and foreign – related documents. Domestic documents are divided into two major categories, documents on economic contracts and documents on civil legal relations.

Mediatorsrefer to workers on people's mediation committees res ponsible for mediating in civil disputed and cases of slight in fraction of the law. They include members of the mediation committees and mediators of mediation groups.

Mediation of Civil Disputes refers to mediation committees' work in mediating in civil disputes concerning civil rights and duties through persuasion and education in a ccordance with the provisions of law on a voluntary basis, so as to solve disputes by helping the parties involved come to an agreement and understanding. These disputes include divorce cases and disputes over property ownership, but exclude the civil cases to be handled by the court.

Retired or Restgned Personnel refers to the persons who have formally gone through the formalities for their retirement or quitting work and enjoy the corresponding treatments.

Insurance and Welfare Funds refers to labour insurannce and welfare fund paid by entrprises, oranizations and institutions to their staff and worders as well as retired and resigned personsin addition to their wages and salaries.

(1) **Insurance and Welfare Funds For Staff and Workess** include:

① Medical Care Allowance: It refers to the cost of medical care of staff and workers and their dependent family members who are covered by the medicare system of enterprises, travellig expenses of injured employees to hospital and their perdiem subsidies during hospita lization, cost of medical care of employees who are covered by the medicare system of institutions and organizations, as well as cost of medicine of employees of enterprises and institutions who are not covered by the medicare system.

② Funeral Expenses and Pensions for family of the Deceased: They refer to funeral expenses of staff and workers, and pensions and allowance for their dependent family members, as well assbsidies to funeral expenses of staff and workers' dependent family members.

③ Subsidies for Living Expenses: They refer to regular or abhoc subsidies to staff and worderswho have difficulties in making ends meet.

④ Expenses for Recreational, Sports and Pubilcity Acitivities: They refer to actual payment made by enterprises and institutions in recreational, sports and publicity activities, excluding training cost.

⑤ Subsidies to Collective Welfare Undertakings: They refer to subsidies to the operation of welfare undertakings that can not fully cover their cost, such as public bath rooms, barber shops, laundries, nurseries and kinder gartens.

⑥ Expenses for Collective Welfare Facilities: They refer to expenses for collective welfare facilities that are spent in line with state regulations, such as the purchase and repair of cook ingutensils for canteens, and repair of living quarters of staff and workers, but excluding the expenses for welfare projects that are constructed with self – raised funds.

⑦ Family Planning Subsidy: It refers to subsidy and health allowance paid to the one – child family of staff and workers.

⑧ Others: They refer to other insurance and welfare funds paid to staff and workers.

(2) **Insurance and Welfare Funds For Retired and Resigned Staff and Workers**

① Pensions for retired veteran cadres: They refer to pensions and other subsidies paid toretired in line with relevant government documents.

② Pensions for retirement: They refer to living allowance and other subsidies paid to retired staff and workers in line with the relevant government documents.

③ Resignation Allowances for Living Expenses: They refer to living allowance and subsidies paid to resigned staff and workers in line with relevant government instructions.

④ Expenses for Medical Care: They refer to the costs for medical treatment, hospetalization and food subsidies in hbospitals for retired and resigned staff and workers.

⑤ Nursing Cost: It refers to cost for nursing retired or resigned staff and workers who are unable to take care of themselves and need the help from nurses.

⑥ Living Subsidy: It refers to living subsidy paid to retired employees in line with the instructions in a 1985 State Council document.

⑦ Traffic Subsidy: It refers to the monthly traffic subsidy paid to senior retired staff.

⑧ Funeral Expenses and Pensions for Family of the Deceased: They refer to th e funeral expenses of retired staff and workers, and pensions and allowance for their dependent family members, as wellas subsidies to funeral expenses of retired staff and workers' dependent family members.

⑨ Others: They refer to other expenses, including moving and settlement allow ance, allowance for difficult families, book and newspaper allowance, subsidy for non – staple foods, housing subsidy, water and electricity subsidy, special allowanec for staff and workers of national minorities, travelling cost for senior retired staff, etc.

Volume of Industrial Waste Water Discharged refers to the volume of industrial waste water discharged, through all outlets, to the outside of industrial enterprises, including waste water produced, direct – cooling water, underground water from mines that does not meet the standard of discharge, and the domestic sewage mixed up with industrial waste water when discharged, but excluding discharged indirect – cooling water.

Volume of Waste Water up to The Standard For Discharge refer s to the volume of discharge dindustrial waste water that, with or without treatment, has come up to the national or local standards for discharge.

Volume of Treated Industrial Wasth Waterrefers to the volume of industrial waste water after being treated and purified through various water treatment facilities in the reference period, including the volume discharged or recovered after being treated. The volume of waste water that fails to meet the national or local standards after treatment is also included. If there aretreatment facilities both at the outlets of workshops and at the outlets of the factory, and the same volume of waste water has been treated twice, duplication should be avoided in the calculation of the volume of treated industrial waste water.

Volume of Wasth Gas Emission refers to waste gas emitted from burning of fuels and from production process in the area of the factory, and is measured by 10000 standard cubic metres each year under normal condition.

Volume of Sulphur Dioxide Discharged refers to the volume of sulp hurdioxide discharged to the air in the process of fuel burning or in the production process.

Volume of Industrial Soot Discharged refers to the volume of solid soot in the smoke discharged in the process of fuel burning in the area of the factory.

Industrial Dust Discharged refers to the total weight of solid dust discharged by industrial enterprises in the production process, such as dust of refactory materials from iron plants, dust from coke – screening system or from sintering machines of coking plants, dust from lime kilms, cementdust from building material enterprises, etc., but excluding smoke and dust discharged by powerplants.

Volume of Industrial Solid Wastes Produced refers to the total volume of solid, semi – solid or high concentration liquid residue produced by industrial enterprises in their production process, including dangerous wastes, residues from melting, slag, powdered coal ash, gangue, chemical residues, tailings, radioactive residues and other residues, but excluding stripped or dug stones inmining (except gangue and acid or alkali stones which are stones washed or soaked by water with a pH value smaller than 4 or larger than 10.5.)

Accidents of Environment Pollution and Destruction refer to sudden accidents, due to economic and social behavior or activities in contrast with environment protection legislation, unexpected factors or irresistible natural disasters, that cause the pollution of environment, the destructionof natural protectionzones, wild plants and animals, the danger to the health of people, and theloss in the property of the society and people.